石油高职高专规划教材

石油 HSE 管理教程
（第二版）

郑社教　主编

石油工业出版社

内 容 提 要

本书系统地介绍了 HSE 管理体系产生与发展的历程、HSE 管理体系的建立与该体系的审核等方面的知识,对 HSE 管理体系的标准条款、要求进行了系统解析,对风险管理、应急管理进行了专题介绍。另外本书对 HSE 管理中的专业安全问题,如职业卫生与劳动保护、环境管理、防火防爆技术、危险化学品管理、电气安全技术、有毒有害气体防护技术、作业许可体系、现场急救技术等也进行了全面的介绍。

本书是一部全面反映 HSE 管理理论、实践经验的书籍,不仅可供石油高职高专院校的师生使用,也可供 HSE 管理人员、工程技术人员参考。

图书在版编目(CIP)数据

石油 HSE 管理教程/ 郑社教主编. —2 版. —北京:石油工业出版社,2019.3(2022.1 重印)
石油高职高专规划教材
ISBN 978 – 7 – 5183 – 3077 – 5

Ⅰ. ①石⋯ Ⅱ. ①郑⋯ Ⅲ. ①石油工业—工业企业管理—高等职业教育—教材 Ⅳ. ①F407.22

中国版本图书馆 CIP 数据核字(2018)第 288533 号

出版发行:石油工业出版社
(北京市朝阳区安定门外安华里 2 区 1 号楼 100011)
网 址:www.petropub.com
编辑部:(010)64251362 图书营销中心:(010)64523633
经 销:全国新华书店
排 版:北京创意弘图文化发展有限公司
印 刷:北京中石油彩色印刷有限责任公司

2018 年 12 月第 2 版 2022 年 1 月第 27 次印刷
787 毫米×1092 毫米 开本:1/16 印张:31.75
字数:810 千字

定价:65.00 元
(如发现印装质量问题,我社图书营销中心负责调换)
版权所有,翻印必究

第二版前言

《石油HSE管理教程》一书自2008年出版以来,在石油高职院校和安全培训机构获得了高度认可和众多好评,重印20余次,销量十余万册,在中国石油行业的HSE培训工作中起到了极为重要的作用。随着HSE管理的不断改进和深化,为了适应新时期教学和培训的需要,该书的修订工作也在石油工业出版社的组织下有条不紊地展开。2015年5月,在石油工业出版社的组织下,各石油高职院校在西安召开了《石油HSE管理教程》教材修订会,确定了新的编写大纲,完善了该教程的理论体系。随后,修订工作逐步展开,吸收和借鉴了近年来石油工业HSE管理的最新理论进展和最佳实践结果,听取有关石油高职高专院校意见,结合我国法律、法规和行业标准的变化,对原书进行了细致的修改,主要进行了以下工作:

1. 内容增减。删除了原教材"HSE管理体系标准的术语和定义"一章,增加了"有毒有害气体防护技术"的内容为一章,并在"防火与防爆技术"这一章增加了安全色和安全标志的内容。

2. 优化和充实。在积极吸收HSE管理最新成果的基础上,对原教材几乎所有章节内容进行了优化和充实,提高了教材内容的科学性、实用性。

3. 总结和考查。为了方便石油高职高专院校的师生使用本书,本次修订在对每一章的内容分别进行了总结归纳的基础上,在每一章的开头增加了本章重点简介及导学,并在每一章的末尾安排了习题,还在全书最后提供了全部习题的答案。

经过诸位参编人员数年的辛勤工作和不断打磨,本书终于将在2019年初付梓。参加本次修订的编写人员有:中国石油长庆培训中心的郑社教、栾忠鹤、王凤兰、冯俊霞、杨保林,天津工程职业技术学院的刘华、陈海峰,渤海石油职业学院的李树才,天津石油职业技术学院的吕凤滨,西南石油大学财经学院的吴跃,辽河石油职业技术学院的付喜忠,中国石油天然气管道局工程有限公司研究院的王宁。郑社教编写了绪论、第三章、第四章、第五章、第八章、第十一章,杨保林编写了第一章,吴跃编写了第二章,王宁编写了第六章,刘华编写了第七章,吕凤滨编写了第九章,付喜忠编写了第十章,陈海峰编写了第十二章,栾中鹤编写了第十三章,王凤兰编写了第十四章,冯俊霞编写了第十五章,李树才编写了第十六章。全书由郑社教统稿并担任主编。

在编写过程中,编者得到了中国石油长庆培训中心、各石油高职院校的同仁们的大力支持,在此深表谢意。

由于编者水平有限,近年我国法律、法规和行业相关标准变化很快,HSE管理的理论、实践一直在发展和变化之中,本书的不足之处,望各位读者不吝批评指正。

编者

2018年12月

第一版前言

随着我国法制化建设的不断深入和市场经济的不断完善,国家对企业的职业卫生管理、安全生产管理、环境管理的要求越来越高,企业面临的压力越来越大。全社会已经形成了"热爱生命、关注安全"的舆论氛围,"安全第一""可持续发展""清洁生产"的理念深入人心。在石油、石化企业,进一步深化 HSE 管理已是大势所趋,HSE 管理受到了空前的重视,这必将促进中国石油天然气集团公司的健康、安全与环境管理,建立安全长效机制,为集团公司率先建成一流的社会主义现代化企业和具有较强国际竞争力的跨国企业集团提供保障。如何处理好安全与生产、安全与环境的关系问题,预防事故、减少污染,已成为企业发展的首要问题。

《石油 HSE 管理教程》在石油工业出版社的组织下,在各石油高职高专院校的大力支持下,经过编写组成员的努力,终于和读者见面了。该教材是依据第二届石油高职高专教学与教材规划研讨会暨基础学科教材规划会(2006 年 12 月,海南三亚)会议精神组织编写的,是石油高职高专规划教材。编写该教材的目的是推进 HSE 走进课堂,为石油、石化企业培养具备 HSE 知识和健康、安全与环境管理技术的综合性人才。相信该教材在石油高职高专院校的使用,将对石油、石化企业的 HSE 管理起到促进作用。

《石油 HSE 管理教程》系统地介绍了 HSE 管理体系产生与发展的历程,对 HSE 管理体系标准的条款和要求进行了解析,对风险管理、应急管理进行了专题介绍。本书还对 HSE 管理中的专业安全问题如职业卫生与劳动保护、防火防爆技术、危险化学品管理、电气安全技术、作业许可体系、环境管理、现场急救等进行了全面介绍,是一部全面反映石油、石化企业 HSE 管理理论、实践经验的书籍,不仅可供石油高职高专院校学生使用,也可供石油、石化企业 HSE 管理人员、工程技术人员参考使用。

参加《石油 HSE 管理教程》编写的单位有:中国石油长庆培训中心、重庆科技学院安全工程学院、中国石油管道学院、山东胜利职业学院、天津石油职业技术学院、辽河石油职业技术学院、渤海石油职业学院。其中第一章、第二章由中国石油长庆培训中心杨保林同志编写,第三章由中国石油长庆培训中心冯军霞同志编写,绪论、第四章、第五章、第十四章由中国石油长庆培训中心郑社教同志编写,第六章由重庆科技学院安全工程学院陈坤同志编写,第七章、第八章由中国石油管道学院王宁同志编写,第九章由中国石油管道学院刘伏生同志编写,第十章由山东胜利职业学院王光玲同志编写,第十一章由天津石油职业技术学院韩永辉、郭健同志编写,第十二章由天津工程职业技术学院刘华同志编写,第十三章由中国石油长庆培训中心栾中鹤同志编写,第十五章由辽河石油职业技术学院王明国、孙晓革同志编写,第十六章由渤海石油职业学院于久远同志编写。全书由郑社教同志完成统稿工作并担任主编,王宁任副主编。

在教材编写过程中,得到了长庆石油勘探局有关领导的关心和鼓励,中国石油长庆培训中心给予了大力协助,有关石油高职高专院校积极配合、协助,在此表示谢意。

由于我们的编写水平有限,加之中石油、中石化、中海油及其下属企业 HSE 管理的差异,书中错误在所难免,恳请读者予以批评指正。

《石油 HSE 管理教程》编写组
2007 年 11 月,西安

目 录

绪 论 ……………………………………………………………………………………（1）

第一篇　HSE 管理体系

第一章　HSE 管理体系的产生及发展 ……………………………………………（6）
第一节　HSE 管理体系的产生和发展历程 …………………………………………（6）
第二节　HSE 管理体系的思想原则、运行模式与基本要素 ………………………（13）
第三节　相关管理体系标准 …………………………………………………………（16）
习题 ……………………………………………………………………………………（20）

第二章　HSE 管理体系要素解析 …………………………………………………（21）
第一节　领导和承诺 …………………………………………………………………（21）
第二节　健康、安全与环境方针 ……………………………………………………（25）
第三节　策划 …………………………………………………………………………（27）
第四节　组织结构、职责、资源和文件 ……………………………………………（40）
第五节　实施和运行 …………………………………………………………………（59）
第六节　检查与纠正措施 ……………………………………………………………（83）
第七节　管理评审 ……………………………………………………………………（96）
第八节　HSE 管理体系各要素之间关系的分析 ……………………………………（98）
习题 ……………………………………………………………………………………（100）

第三章　HSE 管理体系的建立、实施与保持 ……………………………………（101）
第一节　概述 …………………………………………………………………………（101）
第二节　HSE 管理体系建立的准备工作 ……………………………………………（102）
第三节　HSE 管理体系的策划 ………………………………………………………（104）
第四节　HSE 管理体系文件的编制 …………………………………………………（108）
第五节　HSE 管理体系的实施和保持 ………………………………………………（113）
习题 ……………………………………………………………………………………（117）

第四章　HSE 管理体系审核和管理评审 …………………………………………（118）
第一节　基本概念 ……………………………………………………………………（118）
第二节　HSE 管理体系审核的策划与准备 …………………………………………（121）

— I —

第三节　HSE 管理体系审核的实施 ………………………………………………(126)
　　第四节　审核员 …………………………………………………………………(132)
　　第五节　管理评审简介 …………………………………………………………(133)
　习题 ………………………………………………………………………………(135)

第二篇　HSE 风险管理与应急管理

第五章　危害因素辨识 ……………………………………………………………(137)
　　第一节　风险管理的概念、策略和发展 …………………………………………(137)
　　第二节　HSE 风险管理的基本概念 ……………………………………………(141)
　　第三节　HSE 风险管理说明 ……………………………………………………(147)
　　第四节　危害因素辨识的范围、原则和方法 ……………………………………(153)
　　第五节　危害因素辨识的有关标准 ……………………………………………(156)
　　第六节　故障树分析法 …………………………………………………………(163)
　　第七节　事件树分析法 …………………………………………………………(169)
　　第八节　危害因素辨识示例 ……………………………………………………(174)
　习题 ………………………………………………………………………………(179)

第六章　风险评价 …………………………………………………………………(181)
　　第一节　风险评价与安全评价 …………………………………………………(181)
　　第二节　风险矩阵法 ……………………………………………………………(187)
　　第三节　作业条件危险性评价法 ………………………………………………(190)
　　第四节　其他风险评价方法简介 ………………………………………………(192)
　习题 ………………………………………………………………………………(198)

第七章　风险削减措施的制订与实施 ……………………………………………(199)
　　第一节　风险削减措施的特点与分类 …………………………………………(199)
　　第二节　风险削减措施的制订 …………………………………………………(205)
　　第三节　风险削减措施的评价、实施和评审 …………………………………(209)
　　第四节　风险管理实训 …………………………………………………………(211)
　习题 ………………………………………………………………………………(212)

第八章　应急管理 …………………………………………………………………(213)
　　第一节　应急管理的产生与发展 ………………………………………………(213)
　　第二节　应急管理基础知识 ……………………………………………………(222)
　　第三节　法律、法规对应急管理的要求 ………………………………………(228)

第四节	应急管理体系	(234)
第五节	应急管理各阶段工作任务	(240)
第六节	应急预案的编制与演练	(244)
第七节	应急预案的评审与备案	(261)
习题		(268)

第三篇　石油工业 HSE 管理技术

第九章　职业卫生与劳动保护 (269)

第一节	职业病及职业危害因素	(269)
第二节	石油、石化行业常见职业病及防治	(275)
第三节	劳动保护	(282)
第四节	职业健康管理	(288)
习题		(292)

第十章　环境管理 (293)

第一节	环境管理基础知识	(293)
第二节	有关环境管理的法律、法规、标准和制度简介	(301)
第三节	环境污染防治技术简介	(311)
习题		(317)

第十一章　防火与防爆技术 (318)

第一节	燃烧与爆炸的基础知识	(318)
第二节	火灾与爆炸危险环境的分类与设备选型	(325)
第三节	电气设备防火知识	(327)
第四节	灭火知识	(329)
第五节	安全色与安全标志	(333)
习题		(335)

第十二章　危险化学品的安全管理 (336)

第一节	危险化学品基础知识	(336)
第二节	危险化学品安全管理制度	(341)
第三节	危险化学品安全技术说明书	(350)
第四节	危险化学品事故与预防	(353)
习题		(356)

第十三章　电气安全技术 (357)

- 第一节　电气事故简介 (357)
- 第二节　触电事故预防技术 (362)
- 第三节　雷击事故预防技术 (367)
- 第四节　静电事故预防技术 (370)
- 习题 (377)

第十四章　有毒有害气体防护技术 (378)

- 第一节　概述 (378)
- 第二节　硫化氢防护技术 (384)
- 第三节　其他有毒有害气体防护技术 (401)
- 习题 (413)

第十五章　作业许可 (414)

- 第一节　作业许可体系 (414)
- 第二节　高处作业安全管理 (421)
- 第三节　动火作业安全管理 (426)
- 第四节　进入受限空间作业安全管理 (432)
- 第五节　其他危险作业安全管理 (437)
- 习题 (441)

第十六章　现场急救 (442)

- 第一节　现场急救概述 (442)
- 第二节　现场急救基本技术 (444)
- 第三节　心肺复苏技术 (458)
- 第四节　常见伤害急救技术 (461)
- 第五节　中毒及急救 (466)
- 习题 (470)

参考文献 (471)

全书习题答案 (472)

绪 论

一、什么是 HSE 管理体系

HSE 管理体系是健康、安全与环境管理体系的简称,是实施 HSE 管理的组织的管理体系的一个部分,便于组织对与其业务相关的健康、安全与环境风险的管理。它包括为制定、实施、实现、评审和保持健康、安全与环境方针所需的组织结构、策划活动、职责、惯例、程序、过程和资源。组织的 HSE 管理体系是依据 HSE 管理体系的标准建立起来的。其中 H 代表健康,是英文单词 health(健康)的首字母,是指组织内员工的职业健康,属于职业卫生管理的范畴,即通过管理来消除或减少劳动过程中的职业危害因素,预防职业危害或职业病,保证员工健康;S 代表安全,是英文单词 safety(安全)的首字母,一般是指生产、服务过程的安全,即不出事故,保证组织的员工、相关方人员生命和财产安全;E 代表环境,是英文单词 environment(环境)的首字母,是指通过控制组织的环境因素,消除或减少组织活动的环境影响,实现相关方的满意,实现可持续发展的目标,属于环境保护的范畴。HSE 管理体系将健康、安全、环境三个要素纳入一个管理体系之中,实施一体化管理。

组织要实现其目标,必须依赖于规范、有效的管理。管理就是管理者为实现预定目标而组织和使用人力、物力、财力等各种物质资源的过程,这个过程包括计划、组织、指挥、协调和控制等职能活动。HSE 管理要实现的最高目标是"零事故、零伤害、零污染"。

二、为什么要实施 HSE 管理

总的来讲,实施 HSE 管理就是要实现 HSE 管理的最高目标。具体来讲,实施 HSE 管理是组织落实国家法律、法规,落实国家和上级部门要求的需要,也是提高组织形象、提升组织核心竞争力、实现可持续发展和科学发展的需要。实施 HSE 管理的具体目的包括:

(1)满足政府对健康、安全和环境的法律、法规要求;
(2)为组织提出的总方针、总目标以及各方面具体目标的实现提供保障;
(3)减少事故发生,保证员工的健康与安全,保护企业财产不受损失;
(4)保护环境,满足可持续发展的要求;
(5)提高原材料和资源利用率,保护自然资源,增加经济效益;
(6)减少医疗、赔偿、财产损失的费用;
(7)满足公众期望,保持良好的公共社会关系;
(8)维护企业名誉,增强市场竞争力。

由于 HSE 管理体系是国际石油天然气工业普遍采用的健康、安全与环境管理体系,国际石油公司都在按照 HSE 管理体系运作和管理,在承包方的评价和工程招投标过程中是受到普遍关注的问题,因此实施 HSE 管理是石油企业进入国际市场的需要。

三、石油、石化企业 HSE 管理回顾

HSE 管理体系最早起于 1994 年壳牌公司的健康、安全、环境（HSE）方针指南。自原中国石油天然气总公司颁布行业标准 SY/T 6276—1997 至今，我国实施 HSE 管理至今也有 20 多年了。中外 HSE 管理的理论研究和实践探索证明，HSE 管理理念是先进的，HSE 管理体系标准是科学的，HSE 管理的方法是实用的，取得的成效是显著的，具体体现在以下方面：

(1) 中石油、中石化、中海油及其下属企业普遍建立了 HSE 管理体系，实施了 HSE 管理，"体系管理"的思想得到普遍接受，健康、安全与环境管理更加规范；"监管分开"在石油、石化企业内初步形成了自我管理、自我监督、自我约束的机制，企业防范各类风险的能力明显增强。

(2) 石油、石化企业初步形成了企业 HSE 理念和 HSE 文化，摆正了 HSE 管理在企业管理中的位置，各级领导 HSE 管理的出发点、目标明确了，全员风险意识明显增强。

(3) 石油、石化企业履行 HSE 承诺的自觉性普遍提高。企业普遍能自觉遵守国家法律、法规，落实工业标准，"以人为本""事故预防""持续改进""清洁生产""全员参与"的思想得到落实，"负责任"国有特大型企业形象已经形成。

(4) 石油、石化企业 HSE 资源配置得到加强。人力资源培训与开发得到普遍重视，队伍素质明显提高；新技术、新工艺、新设备研究与推广明显增强，提高了过程的本质安全性，企业核心竞争力明显提高，奠定了坚实的 HSE 管理基础。

(5) HSE 管理的主要管理过程如"风险管理""应急管理"的方法和技术得到普及和广泛应用，使得 HSE 风险得到有效控制，应急能力普遍增强。"方针、目标管理""基础管理""设施管理""变更管理""运行控制""承包方管理""采购管理""绩效测量和监视管理""事故管理""记录管理"等管理过程更加规范，效果明显；"审核"和"管理评审"有效性不断增强，体系健康、安全与环境的保证能力不断提高。

(6) 企业 HSE 培训得到重视和加强，形成了企业 HSE 管理骨干队伍；职业健康安全、危险化学品安全、防火防爆、锅炉压力容器安全、电气安全、特种设备安全、机械安全、交通安全等专业安全管理更加规范，管理技术水平明显提高。

(7) 在 HSE 管理实施过程中，各石油、石化企业积极探索、推广基层 HSE 管理方式、方法，如"两书一表"的推广、STOP 卡的使用等，极大地丰富了 HSE 管理经验，使 HSE 在基层得到普及和深化。

然而，在 HSE 管理中也存在一些问题，主要集中在以下方面：

(1) 一些管理人员对 HSE 管理重要性和必要性认识不清，对 HSE 标准理解不清，对概念的认识含混，致使管理过程目标性差或管理达不到 HSE 标准要求。

(2) HSE 风险管理在一些企业或单位开展不够扎实，危害因素辨识不系统、不充分，导致一些事故预防措施不能到位，留下安全隐患，甚至导致事故。

(3) "两书一表"执行不到位。HSE 管理关键要落实到基层，而一些单位的项目 HSE 计划书、岗位作业指导书缺乏科学性、指导性，未得到也不可能充分贯彻落实，操作层习惯性违章还未得到有效遏制，低级错误、低级违章行为导致事故频繁发生。

(4) 一些企业由于业务扩张速度快，未能较好处理安全与生产的关系，人力资源、安全投入不足，给安全生产造成威胁。

(5) 特殊作业或许可作业不能严格执行"许可证"或"工作票"制度，导致近年来许可作业事

故频发。

（6）一些企业或单位 HSE 管理体系内部审核计划、审核实施过程、审核员能力存在不足，起不到发现问题、解决问题、改进管理的目的。

（7）一些基层单位安全管理人员缺乏安全知识和理论，缺少管理方法，管理抓不住要害，影响了 HSE 管理效果。

所有这些问题必须通过 HSE 推进、HSE 理论研究和实践探索加以解决。

要实现 HSE 的最高目标，必须培养一批熟悉 HSE 管理、熟悉国家法律法规、熟悉健康、安全、环境管理技术的石油人才。作为对 HSE 管理的支撑，在石油高职高专院校开设 HSE 课程，是非常必要和重要的。

四、本课程的内容和任务

将 HSE 管理作为"课程"引入高职高专院校课堂。首先要解决的是本课程的内涵和课程定位问题，这是一个复杂的教育学问题，涉及课程与教学论的有关原理，此处不作深究。HSE 管理体系属于管理学的范畴，所解决的问题是如何通过规范管理解决组织的健康、安全与环境管理问题，因此课程必然涉及有关管理及 HSE 管理的问题。但仅靠 HSE 管理体系解决不了健康、安全与环境管理中的所有问题，而"技术"是保证"安全"（此处的安全是广义的，包括健康、安全、环境三方面的安全）的基础，必须研究这些专业管理中面对的"安全技术"问题。因此该课程定位于研究组织（包括企业单位、事业单位、政府机构、社会团体等）健康、安全与环境管理体系与技术这个层面。尽管这一观点有待于进一步研究，但总算为该课程的开设提供了依据。基于上述观点，"石油 HSE 管理"这一课程的内容和任务也就决定了。该课程的内容、任务主要有以下几个方面。

（一）研究健康、安全与环境管理体系标准及涉及的管理问题

健康、安全与环境管理体系标准的开发本身就集现代管理理论之大成，是众多学者、专家共同努力的结果，其科学性、思想性、系统性是经过实践检验的。不论生产管理、质量管理、安全管理，其"道"是相通的。首先要解决管理思想与管理理念的问题，也就是管理的出发点问题。出发点对了，管理就有了灵魂，方针和目标就有了保证。HSE 管理的出发点无疑是要实现组织内部员工、承包商员工以及众多相关方的满意。因此，管理体系标准确定了"遵守所在国家法律法规""预防为主、防治结合""持续改进""全员参与"等思想，这些思想自始至终体现在管理体系各要素中，也是各要素设置的依据。其次要明白管理遵循的模式，就是著名的戴明模式，这个模式也是经过管理实践验证了的，是符合人们认识问题、处理问题的规律的。中国石油天然气集团公司企业标准《健康、安全与环境管理体系第一部分：规范》（Q/SY 1002.1—2013）的 7 个一级要素、26 个二级要素的设置就体现了管理的实质，体现了戴明模式。再次是管理的技术问题，即要通过哪些方面的规范管理才能控制住健康、安全与环境方面的危害因素，才能实现"安全"和相关方的满意，这就是 26 个二级要素具体控制的对象和要求。

为了帮助读者能够对管理有更多的了解，本书还介绍了目前国际上流行的有关标准，如 ISO 9001 质量保证体系、ISO 14001 环境管理体系、ISO 18000 职业健康安全管理体系、SA8000 社会责任国际标准体系等，读者通过对比这些管理标准，相信会有所发现。

以上内容将在第一篇"HSE 管理体系"中介绍。

(二)研究事故预防与控制的有关理论

HSE 管理的核心问题是预防和控制各类健康、安全与环境事故。在 HSE 管理中,运用了"风险管理"和"应急管理"两个手段来实现"预防为主、防治结合"的思想的。"风险管理"解决的是"如何才能不让事故发生"的问题,"应急管理"解决的是"发生了事故或突发事件怎么办"的问题。这相当于拳击手的两只拳头,只有双拳并用,才能有效地预防和控制事故,减少其损失。

在学习 HSE 管理体系时,一定要掌握风险管理、应急管理的实质和方法,并通过必要的实际训练掌握风险管理、应急管理的方法。这些内容将在第二篇"HSE 风险管理与应急管理"(第五章至第七章)中详细介绍。

(三)研究各类专业安全技术问题

健康、安全与环境管理涉及各个方面的专业安全问题,各专业的安全又有各自的特点和规律。要做好 HSE 管理,必须研究这些专业安全技术,如职业卫生和劳动保护、防火防爆技术、危险化学品管理、电气安全技术、环境管理技术和有毒有害气体防护技术;为了保证特殊作业安全,还必须学习作业许可体系;现场自救、互救技术也是必须掌握的基本技能。这些内容构成了对 HSE 管理的支持。石油高职高专学生有必要掌握这些技术。对这些技术的说明构成了本教材第三篇"石油工业 HSE 管理技术"的主要内容。

五、学习本课程的方法

要学好本课程,一定要注意以下几点。

(一)注意将 HSE 管理与所在国家的法律、法规和行业标准相结合

HSE 管理的前提是要求组织承诺遵守所在国家的法律、法规和行业标准。HSE 管理体系标准没有规定管理的具体要求,况且健康、安全、环境管理本身就是法律性极强的活动,因此,虽然本课程没有设置法律法规有关章节,但学习时可以适当参考国家相关法律、法规及标准,只有将两者有效结合,才能在管理中自觉树立法律意识。法律、法规和行业标准不但是 HSE 管理的基本要求,而且是风险判别准则,也是 HSE 目标、指标制定的依据,还是 HSE 审核的依据。在 HSE 管理实践中,一定要明白管理的依据是什么、目标是什么,过程控制的标准是什么,怎样才算履行了自己的职责,明白了这些问题,管理才不至于犯错误、走弯路。

(二)注意将专业知识与 HSE 管理知识相结合

HSE 管理不是单纯的管理问题,HSE 管理是建立在各专业技术基础上的管理,没有各专业技术的支撑,HSE 将是空谈,任何将 HSE 管理与技术管理割裂开来的思想都是错误的。石

油、石化各专业的理论是解决安全与生产问题的基础,是各生产运行过程遵循的最基本规律,合理运用这些规律,将大大提高生产过程的本质安全性。

(三)注意理论与实践相结合

HSE 管理是实践性较强的活动,学习中不仅要掌握 HSE 管理体系标准要求、风险管理理论和方法、各专业安全管理技术,而且要善于实践。如信息交流、文件资料管理、设备管理、HSE 审核、风险管理、应急管理、事故管理等过程都必须通过实践或实训才能领会和掌握,各专业安全技术也必须通过实践和训练才能形成技能。学习中应积极参加各种实训活动,并通过各种案例分析加深对理论知识的理解。

(四)注意吸收和借鉴先进的管理思想、方法和安全技术

现代社会正处在信息时代,各个组织都有各自的管理理念、方法,安全技术也日新月异。在 HSE 管理中一定要树立创新思想,积极吸收和借鉴有效的管理方法和安全技术,并在实践中不断探索、总结,这样才能不断完善 HSE 管理,形成一套适合组织特点的管理方法。

法制化和市场经济给组织带来了巨大压力,同时也带来了契机。未来,国家对职业健康安全、安全生产、环境保护的要求只能越来越高,市场竞争将最终体现在组织核心竞争力的竞争中,组织只有顺应这种历史潮流,调整经营理念和战略,妥善处理组织与相关方的关系,不断提升组织的公众形象,才能赢得市场,因此 HSE 管理必将得到越来越多的组织的关注、接受和推广。

第一篇　HSE 管理体系

本篇是学习 HSE 管理的基础。内容主要包括 HSE 管理体系的产生及发展、HSE 管理体系标准要素解析、HSE 管理体系的建立实施与保持、HSE 管理体系的审核和管理评审,这些内容构成了 HSE 管理体系的理论基础和管理实务。学习本篇内容,要在认识和理解 HSE 管理体系的思想原则、运行模式的基础上,把握"体系管理"和"过程管理"的内涵。通过 HSE 管理体系要素解析,理解各个要素的控制过程、标准要求和管理要点,以达到对 HSE 管理体系标准融会贯通的目的。体系建立和体系审核是 HSE 管理中的两个重要工作,属于管理实务。前者解决的是如何建立一个符合标准的 HSE 管理体系并保证有效运行,后者解决的是如何保证组织的 HSE 管理体系持续保持符合性、有效性的问题,从而保证管理体系和管理绩效持续改进。学习中,可以借鉴管理学的理论、原理,辅以必要的社会实践(如参与体系审核等活动),正确理解 HSE 管理的精髓,掌握 HSE 管理实务。

第一章　HSE 管理体系的产生及发展

本章主要介绍了有关 HSE 管理体系的基本知识,主要内容有:HSE 管理体系的产生及发展历程、国内 HSE 管理体系标准的变迁、HSE 管理体系的思想原则和运行模式、相关的管理体系标准。学习本章内容,要通过典型的事故案例来理解"一体化管理"和"体系管理"的思想,理解 HSE 管理体系的含义,掌握 HSE 管理体系的思想原则、运行模式和体系要素,了解相关的管理体系标准及其与 HSE 管理体系标准的联系。

第一节　HSE 管理体系的产生和发展历程

20 世纪后期,国际形势由冷战时期进入到和平发展时期。和平与发展成为国际政治经济生活的主题,世界经济得到快速的发展,经济全球化的格局已经形成。与此同时,经济的发展也带来了一些全球性问题,如各类工业事故居高不下、能源短缺、环境污染加剧等。这些问题迫使各国政府积极通过法律手段调整经济秩序,以遏制各类工业事故的发生。一些国际性团体也积极呼吁,要求各国政府、企业采取有效的管理手段,以保证劳动者的健康、保护环境、减少事故。如 1987 年前挪威首相布伦特兰夫人领导的环境与发展委员会在《我们共同的未来》中正式提出了"可持续发展"的概念,在 1992 年召开的联合国环境与发展大会上,又将这一概念阐释为"人类应享有以与自然和谐的方式过健康而富有生产成果生活的权利,并公平地满足今世后代在发展和环境方面的需要,求取发展的权利必须实现。""可持续发展"成为全世界的共同追求和指导人类社会发展的共同纲领。

在此形势下,企业面临的压力越来越大,一方面是市场竞争的压力,一方面是政策的压力。作为国际性竞争及高风险行业,石油天然气工业更是如此。全球各石油天然气生产商都积极地通过改善内部管理来提高公司在员工健康保护、事故预防、环境保护方面的业绩,以提高公司的社会形象,赢得社会各界的支持和更多的市场机会。

就安全管理工作来说,大体经历了以下的过程:20世纪60年代以前,主要是从装备上不断改善对人们的保护,如利用劳动保护加强对人员的保护,利用自动化控制手段使工艺的安全性能得到完善;从70年代开始,注重了对人的行为研究,考察人与环境的相互关系,取得了一些成果;80年代以后,逐渐发展形成了一系列安全管理的思路和方法,一系列制度出台。

1987年,国际标准化组织发布了ISO 9000系列标准,这种通过规范管理方式提高组织质量保证能力的做法获得了巨大成功,"体系管理"的思想被众多组织所接受。

在HSE管理体系产生与发展过程中,众多石油、石化公司,特别是壳牌(Shell)公司持续、积极地改进管理的推动作用是首先值得肯定的,无疑是最早推行HSE管理的公司。

另外,石油工业国际勘探开发论坛(即E&P Forum,该组织成立于1974年,有60多个国际成员,1999年9月1日更名为油气生产者国际协会,简称OGP)在HSE管理体系的形成过程中发挥了重要作用,它组织了专题工作组,从事健康、安全与环境管理体系的开发。

其次,20世纪80年代后期国际上几次重大事故以血的教训推动了HSE管理工作的不断深化和发展,促进了"一体化管理"思想的形成,促进了HSE管理体系的产生。如1988年英国北海油田的帕玻尔·阿尔法平台事故以及1989年的埃克森公司瓦尔迪兹油轮触礁溢油事故引起了国际工业界的普遍关注,大家都深深认识到,必须进一步采取更有效、更完善的管理措施,以避免重大事故的再次发生。

一、石油、化工行业的典型工业事故简介

(一)帕玻尔·阿尔法平台火灾事故

1988年7月6日,位于英国大陆架北海海域的帕玻尔·阿尔法石油天然气生产平台发生了严重的火灾爆炸事故,平台上226人中167人死于这场灾难,这是世界海洋石油工业最悲惨的事故之一。

帕玻尔·阿尔法石油天然气生产平台由4家公司组成的集团所拥有。该平台是一座固定式大型油气平台,在生产甲板上有4个生产模块,A模块装有井口,B模块装有生产分离器,C模块为气体压缩站,D模块为电站和各种设备。设计原油日生产能力为250000桶。

在平台最初设计时,帕玻尔·阿尔法石油天然气生产平台没有考虑天然气分离和处理设施,是后来增加的。平台上有两台凝析油泵,使用一台,另一台备用。1988年7月6日,一台凝析油泵(A泵)停用检修,计划在下午下班前完成检修。但下班时,维修工未能将A泵检修好,于是就填了一张维修单,注明"A泵没有检修好",送到平台经理的办公室。但由于当时平台经理非常繁忙,维修工就将维修单放到了平台经理的办公桌上。此时,A泵仅检修了一部分,泄压管线上的安全阀已经撤掉,在安装安全阀的位置上安装了一个盲板法兰,且该法兰没有紧固。7月6日晚21时45分B泵出现故障。为了不影响生产,决定启动A泵。当A泵开启后,凝析油立刻从没有紧固的盲板法兰处泄漏出来并着火,当场导致2名员工死亡。其余员工乱成一团,纷纷逃至平台宿舍区等待直升飞机来救援。此时,周围几个平台已经发现帕玻

尔·阿尔法平台爆炸、失火,但是在没有得到总部命令之前,仍然向帕玻尔·阿尔法平台输送天然气凝析油,这样就等于给帕玻尔·阿尔法平台火上加油,导致帕玻尔·阿尔法平台发生接连不断的爆炸。最终导致帕玻尔·阿尔法平台报废,167人死亡。

事故发生后,工业界和官方都震惊了。英国能源大臣任命卡伦爵士(Lord Cullen)带队对这次事故进行公开调查。调查团提出了106条建议,于1990年11月向世界公开发表,这就是世界工业界著名的卡伦报告。报告不仅对管理体制的基本做法有了重新认识,促进了新的海上安全法规的制定,而且还启动了以目标管理为目的的法规研究。特别是卡伦报告中提出的安全状况报告(Safety Case)、安全管理体系(SMS)、安全立法和强化执法等建议对现代安全管理产生了革命性的影响。

(二)瓦尔迪兹(Valdez)油轮触礁溢油事件

1989年3月24日晚上9时,埃克森公司的"瓦尔迪兹"号超级油轮(载重21.5×10^4t)从阿拉斯加装满原油驶出威廉太子港,启航后仅3小时,在距离威廉太子港以南40km的勃莱岛附近突然发现前方有冰山,为躲避冰山驾驶员匆忙转舵,结果触礁搁浅,油舱8处破裂,3.6×10^4t原油泄漏到海上。10多天后,油污面积扩大到2300km^2,对海洋生物造成了极大的危害。据统计,截止到当年10月,在阿拉斯加海湾内共有993只海海獭、3万多只海鸟死亡;环境污染也破坏了成千上万只候鸟一年两次来阿拉斯加觅食的这块土地,每年的渔业收入估计将损失1亿美元……有关瓦尔迪兹号油轮泄漏事故的法庭诉讼从90年代初就一直在进行之中。1994年,陪审团裁决要求埃克森公司赔款50亿美元,但埃克森随后在上诉中胜诉。2004年1月28日,美国阿拉斯加州联邦法官判决埃克森石油集团为1989年的瓦尔迪兹号油轮泄漏事故交出共67.5亿美元罚款,其中45亿美元是对油轮泄漏所造成的各项损失的赔偿,另外22.5亿美元则是赔偿费的利息。

事故发生后,美国又发生了几起重大原油污染事故,引起了强烈反应。在保护环境的强大压力下,美国众议院、参议院通过了OPA-90(Oil Pollution Act of 1990)石油污染法,根据该法律规定:1990年6月20日以前建造的现有油轮,按吨位大小、船龄等从1995年开始改装为双壳船,最后日期是2010年,否则淘汰。具有双层底或双层旁板的现有油轮改装为双壳船的最后日期延长至2015年;不到美国本土港口而只到离美国海岸60海里以外的海上石油装卸站的现有油轮改装的最后日期也可延长至2015年。

1990年11月19日至30日,在美国、日本的倡议和资助下,国际海事组织(IMO)召开了"国际油污防备和反应国际合作会议",于1990年11月30日形成《1990年国际油污防备反应和合作公约》(简称OPRC公约),并按阿拉伯、中文等6种语言形成版本。该公约还对《防止船舶污染国际公约》进行了修订,新增"船上油污应急计划修正案""(新油轮)防止在碰撞或搁浅事故中油污染""防止现有油轮在碰撞或搁浅事故中油污染措施"等内容。

(三)印度博帕尔市农药厂毒气泄漏事故

印度博帕尔市农药厂发生的"12·3"事故是世界上最大的一次化工毒气泄漏事故。其死伤损失之惨重震惊全世界,今天仍然令人触目惊心。

1984年12月3日凌晨,印度的中央联邦首府博帕尔市的某联合碳化物公司农药厂发生毒气泄漏事故,约45t剧毒的甲基异氰酸酯(MIC)及其反应物在2小时内冲向天空,顺着每小时7.4km的西北风,向东南方向飘荡,霎时间毒气迷漫,覆盖了相当大一部分市区(约64.7km²)。高温且密度大于空气的MIC蒸气,在当时17℃的大气中,迅速凝聚成毒雾,贴近地面层飘移,许多人在睡梦中就离开了人世。更多的人被毒气熏呛后惊醒,涌上街头,不知所措。博帕尔市顿时变成了一座恐怖之城,一座座房屋完好无损,满街到处是人、畜和飞鸟的尸体,惨不忍睹。

在短短几天内,博帕尔市死亡2500余人,有20多万人受伤,需要治疗。据统计,事故共造成3500多人死亡,5万多人双目失明。孕妇流产、胎儿畸形、肺功能受损者不计其数。

从以上事故可以看出,事故的直接原因无非是人的不安全行为和物的不安全状态,只有通过严格、系统的管理,杜绝问题,才能避免事故发生。对于石油、石油化工这些高风险行业来说,一起事故不光会造成人员伤亡,还会造成财产损失、环境污染。因此,将健康、安全与环境"一体化"管理是非常必要的。所谓"一体化"管理,就是将健康、安全与环境三个管理对象纳入一个管理体系,即HSE管理体系实施管理。

二、壳牌公司与HSE管理体系

(一)壳牌公司的职业健康、安全、环境管理

1984年1月,壳牌(Shell)公司在咨询当时世界上安全管理和安全业绩最佳的杜邦(Dupont)公司的基础上,首次在石油勘探开发领域提出了"强化安全管理(Enhance Safety Management)"的11条原则。

1986年,在强化安全管理的基础上,形成手册,以文件的形式确定下来。

1987年,壳牌公司发布了环境管理指南(EMG),并于1992年修订再版。

1989年,壳牌公司颁发了职业健康管理导则(OHMG)。

1994年7月,壳牌公司为勘探开发论坛(E&P Forum)制定的"开发和使用健康、安全、环境管理体系导则"正式出版。

1994年9月壳牌公司HSE委员会制定的"健康、安全与环境管理体系"正式颁布。

(二)HSE管理体系的产生,ISO/ CD14690标准

在HSE管理体系产生、发展过程中,油气勘探、开发健康、安全与环境国际会议(也称为HSE国际会议)起到了巨大的推进作用。该会议由SPE(美国石油工程师学会)发起,并得到IPICA(国际石油工业保护协会)和AAPG(美国石油地质工作者协会)的支持,影响面很大。1991年,第一届油气开发的健康、安全、环境国际会议在荷兰海牙召开,石油天然气工业健康、安全与环境问题实行"一体化"管理、"体系管理"的思想被大会采纳,HSE的概念被世界各大石油公司接受。1994年,第二届油气开发的HSE国际会议在印度尼西亚的雅加达召开,全球各大石油公司和服务商都积极参与,我国的中国石油天然气总公司也派人员参加。大会表决通过了在全球油气勘探、开发的组织中实施HSE管理,因此HSE活动在全球范围内迅速展开。1994年7月,Shell为勘探开发论坛制定了"开发和使用健康、安全与环境管理体系导则",国际标准化组织(ISO)的TC67技术委员会也随之在进行HSE管理体系标准的开发工作。1996年1月,ISO/TC67的SC6分委会起草了ISO/CD 14690《石油和天然气工业健康、安全与环境管理体系(委员会草案标准)》,成为HSE管理体系在国际石油工业普遍推行的里

程碑,标志着 HSE 管理体系标准的产生。同年 6 月,第三届 HSE 国际会议在美国奥尔良召开,HSE 管理在全球范围内进入了一个蓬勃发展时期。截至 2018 年,HSE 国际会议已经举办了 14 届,会议主要内容是论文交流,全球的重要油气公司代表在大会上交流 HSE 管理中的管理经验和成功做法,包括 HSE 文化、风险管理、行为安全、工艺安全、HSE 技术、职业健康、污染防治等方面内容。HSE 国际会议对促进 HSE 管理起到了巨大的作用。

三、国内 HSE 管理简介

随着石油工业跨国合作机会的增多,原中国石油天然气总公司(以下称为总公司)逐步认识到了开展 HSE 管理的重要性。1994 年油气勘探开发的健康、安全与环境国际会议在印度尼西亚雅加达召开,总公司作为会议的发起者和资助者派代表团参加了会议。通过会议,总公司与国际石油组织、全球各大石油公司和服务商进行交流,建立了良好的沟通渠道。总公司密切关注国际上 HSE 管理体系标准制定的发展动态,并开始在总公司及其下属企业全面推行 HSE 管理。从 1996 年 9 月开始,总公司组织人员对 ISO/CD 14690 草案标准进行了等同转化,于 1997 年 6 月 27 日正式颁布了石油天然气行业标准《石油天然气工业健康、安全与环境管理体系》(SY/T 6276—1997),自 1997 年 9 月 1 日起实施。同期颁布的标准还有《石油地震队健康、安全与环境管理规范》(SY/T 6280—1997)、《石油天然气钻井健康、安全与环境管理体系指南》(SY/T 6283—1997),二者皆于 1997 年 11 月 1 日起实施。

1999 年 12 月,中国石油天然气集团公司在经过石油、炼化企业广泛试点的基础上,编写了《中国石油天然气集团公司健康、安全与环境管理体系管理手册》,并于 2000 年 1 月 29 日发布,这标志着中国石油天然气集团公司 HSE 管理体系的全面推行。

(一)中国石油天然气集团公司 HSE 管理简介

1. 中国石油天然气集团公司 HSE 标准的变迁

SY/T 6276—1997《石油天然气工业健康、安全与环境管理体系》标准由 7 个一级要素共 26 个二级要素构成,是中国石油天然气集团公司最早的 HSE 管理体系标准。

1998 年,国务院机构改革,撤销了原来具有行政职能的中国石油天然气总公司和中国石油化工总公司,对原有资产重新进行调拨划分,分别组建中国石油天然气集团公司(简称中石油)和中国石油化工集团公司(简称中石化)两个特大型企业集团公司。经过这次重组,基本实现了政企分开,中国石油天然气集团公司不再具有行政职能,发布的标准采用企业标准代码 Q/CNPC。另外,随着 HSE 管理在中国石油天然气集团公司的推广、深入,东西方管理理念的碰撞,加上职业健康安全管理体系、环境管理体系标准的存在,人们对 HSE 管理有了深入的理解,也出现了 HSE 管理体系标准与这些标准的兼容问题。考虑到 HSE 管理标准与国家标准 GB/T 24001《环境管理体系:规范和使用指南》、GB/T 28001《职业健康安全管理体系—规范》兼容的需要,并参照 GB/T 19001《质量管理体系—要求》标准有关要求,中石油对 SY/T 6276 标准进行了修订,颁布了 Q/CNPC 104.1—2004 标准《健康、安全与环境管理体系 第 1 部分:规范》。新标准采用了 GB/T 24001 标准的结构,整合了环境管理体系、职业健康安全管理体系的有关要求,具有更强的通用性,标志着中国石油天然气集团公司的 HSE 管理进入了新的阶段。

1999 年 11 月,随着中国石油天然气股份有限公司(中油股份)的成立,中国石油天然气集团公司内部结构又发生了重大变化。2007 年中国石油天然气集团公司对 Q/CNPC 104.1—

2004 标准进行了修订,增加了 8 个术语与定义,对部分术语名称进行了改变,增加了"合规性评价"和"作业许可"两个二级要素,对一些二级要素内容进行了修改,颁布了 Q/SY 1002.1—2007《健康、安全与环境管理体系,第 1 部分:规范》。Q/CNPC 104.1—2004 与 Q/SY 1002.1—2007 在中国石油天然气集团公司 HSE 管理中发挥了巨大作用,见证了集团公司 HSE 管理思想逐渐走向成熟的重要历程。

2007 年,中国石油天然气集团公司引进杜邦(Dupont)公司的 HSE 管理体系,并在塔里木油田、川庆钻探、长城钻探、东方物探、宁夏石化、大港石化等试点单位开展 HSE 管理体系试点工作。期间集团公司对 HSE 管理制度进行了系统梳理,出台了一系列有关 HSE 管理的新标准,现场取得了大量的 HSE 管理经验和做法,通过借鉴杜邦公司 HSE 管理理念、管理方法与工具,于 2013 年对 Q/SY 1002.1—2007 标准进行了修订,出台了新标准 Q/SY 1002.1—2013《健康、安全与环境管理体系,第 1 部分:规范》(2013 年 7 月 23 日发布,2013 年 10 月 1 日实施)。

由 Q/SY 1002.1—2007 标准到 Q/SY 1002.1—2013 标准,标志着中国石油天然气集团公司 HSE 管理进入新的阶段,主要的变化有:

(1)增加了"判别准则"、"健康损害"、"工作场所"、"有感领导"、"直线责任"和"属地管理"六个术语;对个别术语名称进行了修改,对"事故"等 13 个术语内容进行了澄清性修改。

(2)Q/SY 1002.1—2013 标准增加了"职业健康"和"清洁生产"这两个二级要素,删除二级要素"管理者代表",并将其内容与"组织结构与职责"合并。

(3)对部分二级要素的名称进行了修改,几乎对所有的二级要素的内容进行了修改,不仅管理要求有了变化,而且为许多要素增加了管理方法或工具。

2. HSE 管理体系模式——螺旋桨模型

由 Q/CNPC 104.1—2004 标准到 Q/SY 1002.1—2013 标准,它们都符合图 1-1 所示的健康、安全与环境管理体系模式——螺旋桨模型,其含义是:"领导和承诺"是建立和实施 HSE 管理体系的核心,是螺旋桨的轴心。叶轮片为顺序排列的其他关键要素,整个螺旋桨围绕轴心循环上升,表明集团公司致力于持续改进其 HSE 管理体系和表现的决心。

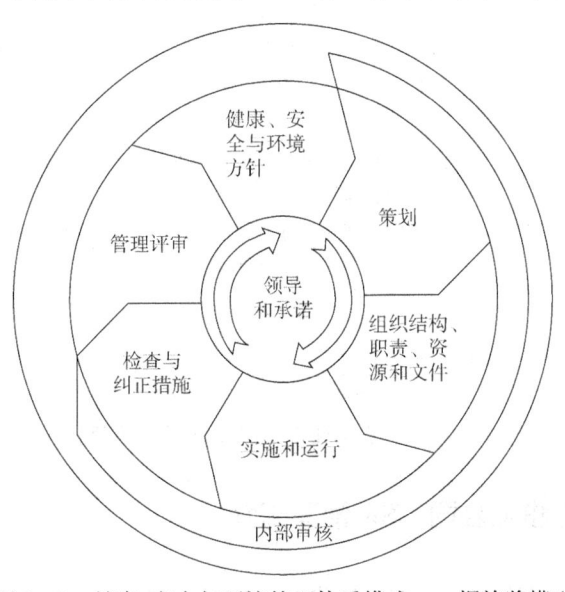

图 1-1 健康、安全与环境管理体系模式——螺旋桨模型

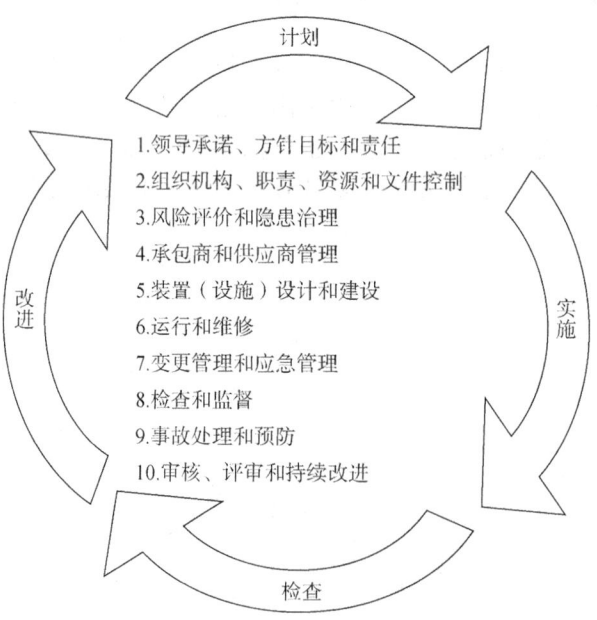

(二)中国石油化工集团公司 HSE 管理简介

中国石油化工集团公司于 2001 年 2 月 8 日正式发布了《中国石油化工集团公司安全、环境与健康(HSE)管理体系》(Q/SHS 0001.1—2001)。另外还颁布了 4 个规范和 5 个指南,4 个规范是指《油田企业 HSE 管理规范》《炼化企业 HSE 管理规范》《施工企业 HSE 管理规范》《销售企业 HSE 管理规范》,5 个指南是指《油田企业基层队 HSE 实施程序编制指南》《炼油化工企业生产车间(装置)HSE 实施程序编制指南》《销售企业油库、加油站 HSE 实施程序编制指南》《施工企业工程项目 HSE 实施程序编制指南》《职能部门 HSE 职责实施计划编制指南》。《中国石油化工集团公司安全、环境与健康(HSE)管理体系》规定了安全、环境与健康管理体系的基本要求,适用于中国石油化工集团公司及其直属企业的 HSE 管理工作。而 4 个 HSE 管理规范是中国石油化工集团公司 HSE 管理体系的支持性文件,是中国石油化工集团公司直属企业实施 HSE 管理的具体要求和规定,描述企业的安全、环境与健康管理的承诺、方针和目标以及企业对安全、环境与健康管理的主要控制环节和程序。其中,《油田企业 HSE 管理规范》适用于集团公司各勘探局、管理局及所属二级单位;《炼化企业 HSE 管理规范》适用于集团公司各炼油企业、化工企业;《销售企业 HSE 管理规范》适用于销售企业、管输公司及所属二级单位;《施工企业 HSE 管理规范》适用于集团公司各施工企业和油田企业、炼化企业分离出来的施工单位。

HSE 管理体系由十要素构成(图 1-2),各要素之间紧密相关,相互渗透,不能随意取舍,以确保体系的系统性、统一性和规范性。

图 1-2 中国石油化工集团公司 HSE 管理体系

(三)中国海洋石油总公司 HSE 管理简介

中国海洋石油总公司从 20 世纪 90 年代初开始探索、推动公司内 HSE 体系的建立,并相继出台了 HSE 管理体系文件编制基本要求、安全管理体系技术规范、企业系统安全评价方法等企业标准。期间各单位分别建立、健全了各自的 HSE 管理体系。2003 年,公司总部编制了持续改进计划,促进各单位的体系执行。

所属单位的体系结合各自的特点,内容覆盖了完整的作业过程,主要包括组织与机构、人员能力及培训、变更管理、作业许可、安全操作规章、职业健康及个人防护、检查及维修、体系审核、信息沟通、承包商管理、作业监督、危险品管理、设施设备完整性、危险辨识及风险评价、事故应急、事故管理等。

第二节　HSE 管理体系的思想原则、运行模式与基本要素

一、HSE 管理体系的思想原则

在编制、开发 HSE 管理体系标准时,依据了以下思想原则。

(一)"遵守法律法规和其他要求"的原则

HSE 管理体系标准没有给组织规定具体的 HSE 管理目标和指标,只要求组织承诺遵守所在国家或地区的法律法规、标准和其他要求。法律、法规、标准是一个国家、地区的最低要求,遵守法律、法规是公民和组织的义务,任何一个组织和个人都不能凌驾于法律、法规和标准之上。组织要实施 HSE 管理,必须承诺遵守法律、法规和其他要求,在符合法律、法规要求的范围内开展生产经营活动或其他活动,否则认证机构将不会对其 HSE 管理体系进行认证。

(二)"预防为主、防治结合"的原则

由于事故可能会导致人员伤亡、财产损失及环境污染等后果,给组织造成无法挽回的经济损失和声誉影响,也会给相关方带来严重影响,因此,对于事故,预防是第一位的,组织应识别其业务范围内所有的潜在事故和危害,并积极采取预防措施,以降低事故发生的可能性和后果的严重性,这就是预防。另外,组织应针对其潜在的突发事件和事故制定必要的补救措施或应急措施,一旦预防失效而发生突发事件或事故,能迅速将其后果和影响降到最低,这就是防治结合。这是人们对于事故应有的态度,必须将这种态度体现到行动上。

(三)"全员参与"的原则

"全员参与"是指 HSE 管理是在组织的所有员工参与下实现的,所有的员工都有岗位,都有属地,都要承担 HSE 责任。没有全员参与,事故预防是空话。因此人人都要参与 HSE 管理事务,如人人要遵守 HSE 制度、遵守操作规程或工作流程,人人要履行岗位职责、人人要参与沟通和协商、人人要参与危害因素辨识和风险控制、人人要参与隐患排查、人人要报告事故事件等等。

(四)"持续改进"的原则

"持续改进"就是不断改进。正由于 HSE 管理体系标准没有给组织制定具体的目标、指标,这就要求组织应当依据法律、法规和其他要求,结合自身业务特点制定科学合理的目标、指标,并持续提高这些目标、指标,从而不断改进组织的 HSE 业绩。组织就是通过不断提高 HSE 目标、指标来实现 HSE 业绩持续改进的。

以上原则在 HSE 管理体系要素中得到了充分的体现,在学习中,读者应认真体会,这也是 HSE 管理体系标准科学性的体现。

二、HSE 管理体系的运行模式

HSE 管理体系运行模式就是指 HSE 管理体系运行遵守的一般规律,也是众多过程(包括管理过程与操作过程)运行时遵循的普遍规律。HSE 管理体系运行遵循戴明模式,即"计划(Plan)—实施(Do)—检查 Check)—改进(Act)"的循环,构成了一个持续改进的管理系统。

戴明模式也称为戴明循环(Deming cycle)或 PDCA 循环。戴明模式起源于 20 世纪 20 年代,由有"统计质量控制之父"之称的沃特·阿曼德·休哈特(Walter A. Shewhart)提出了"计划—执行(实施)—检查(Plan-Do-See)"的概念,戴明将休哈特的 PDS 循环(Shewhart 循环)进一步发展为计划—实施—检查—改进(行动)循环,如图 1-3 所示。

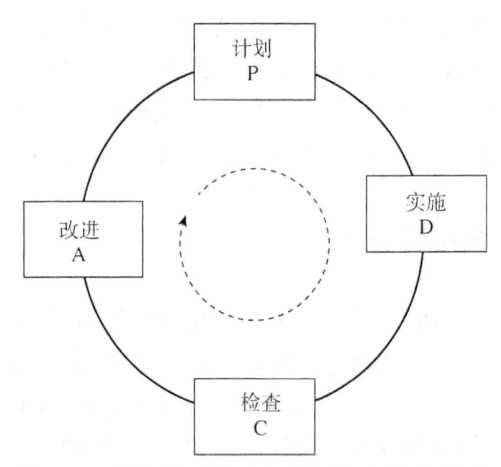

图 1-3 HSE 管理体系的运行模式(戴明模式)

戴明模式适合于所有管理过程或生产过程。其含义是:在从事某项活动(包括管理活动或生产活动)之前,必须依据过程的目标、指标,经过认真的调查、分析和策划,制定出计划,这就是"计划"的含义;然后在该计划的指导下,"实施"该项活动,严禁实施者对计划进行修改,所有对计划的修改必须经过计划审核者的批准,这就是"实施";在实施过程中,必须随时随地地对实施过程进行检查,防止实施中对计划的任何偏离,以免产生质量或健康、安全与环境事故,这就是"检查";如果在检查过程中发现了实施活动中存在对计划的偏离,必须采取改进活动,对偏差进行及时纠正,即使没有发现偏离,也要对整个实施过程进行总结、回顾或专项审核,发现存在的不足,确保下次从事类似活动时予以改进,这就是"改进"。

戴明模式作为管理学的重要成果,具有广泛的指导意义,已经被应用于各种管理活动中。

几乎所有的管理体系都将戴明模式作为其运行模式。HSE管理体系标准的要素设置中,充分体现了戴明模式。表1-1给出了健康、安全与环境管理体系标准(Q/SY 1002.1—2013)的有关要素,体现了戴明模式在HSE管理体系中的应用。

表1-1 Q/SY 1002.1—2013 标准基本要素

一级要素	二级要素	基本内容	管理环节
5.1 领导和承诺		自上而下的承诺,建立和维护HSE企业文化	P
5.2 健康、安全与环境方针		健康、安全与环境管理的意图,行动的原则,改善HSE表现和目标	P
5.3 策划	5.3.1 危害因素辨识、风险评价和控制措施的确定;5.3.2 法律法规和其他要求;5.3.3 目标和指标;5.3.4 方案	对活动、产品及服务中的健康、安全与环境风险进行识别、评价并制定风险控制措施。根据法律及其他要求,制定目标、指标及实现目标、指标的方案	P
5.4 组织结构、职责、资源和文件	5.4.1 组织结构和职责;5.4.2 资源;5.4.3 能力、培训和意识;5.4.4 沟通、参与和协商;5.4.5 文件;5.4.6 文件控制	人员、组织结构、资源和完善的健康、安全与环境管理体系文件	A
5.5 实施和运行	5.5.1 设施完整性;5.5.2 承包方和(或)供应方;5.5.3 顾客和产品;5.5.4 社区和公共关系;5.5.5 作业许可;5.5.6 职业健康;5.5.7 清洁生产;5.5.8 运行控制;5.5.9 变更管理;5.5.10 应急准备与响应	工作活动的实施计划,通过一套控制程序来对与风险相关的活动进行控制,包括对设施完整性、承包方和供应方、顾客和产品、社区和公共关系、变更管理实施的控制,确保安全生产、职业健康、清洁生产目标实现,以及制定和更新应急计划等	D
5.6 检查与纠正措施	5.6.1 绩效测量和监视;5.6.2 合规性评价;5.6.3 不符合、纠正措施和预防措施;5.6.4 事故、事件管理;5.6.5 记录控制;5.6.6 内部审核	对表现和活动的监测及必要时所采取的纠正措施,对体系整体符合性进行的评价	C
5.7 管理评审		对体系执行效果和适应性的定期评价	

三、HSE管理体系的基本要素

为了确保HSE管理取得预期的管理绩效,根据HSE管理活动的特点,用若干相对独立的条款将各项管理活动描述清楚,并按照管理学共同遵循的规律将这些条款有机地结合起来,构成HSE管理体系,即"体系管理",这些条款被称为HSE管理体系的要素。管理体系就是有关HSE管理的软件与硬件的总称,软件包括文件、程序、惯例,硬件包括过程、资源。这些都体现在HSE管理体系的要素中。中国石油天然气集团公司的HSE管理体系标准Q/SY 1002.1—2013较好地符合了GB/T 24001—1996、GB/T 28001—2001、SY/T 6276—1997、ISO/CD14690以及壳牌公司等国际石油公司的HSE管理体系等标准、惯例的内容及结构。

第三节　相关管理体系标准

一、质量管理体系标准 ISO 9000

ISO 是国际标准化组织(International Organization for Standardization)名称的英文缩写。国际标准化组织是由多国联合组成的非政府性国际标准化机构。到 2017 年底为止,ISO 有正式会员国 160 多个,我国是其中之一。每一个会员国均有一个国际标准化机构与 ISO 相对应。国际标准化组织 1946 年成立于瑞士日内瓦,负责制定在世界范围内通用的国际标准,以推进国际贸易和科学技术的发展,加强国际间经济合作。

ISO 的技术工作是通过技术委员会(简称 TC)来进行的。根据工作需要,每个技术委员会可以设若干分委员会(SC),TC 和 SC 下面还可设立若干工作组(WG)。ISO 技术工作的成果是正式出版的国际标准,即 ISO 标准。

"ISO 9000"不是指一个标准,而是一系列标准的统称,是由 ISO/TC 176 技术委员会开发的。TC176 技术委员会成立于 1980 年,全称是"品质保证技术委员会",1987 年又更名为"品质管理和品质保证技术委员会"。TC176 专门负责制定品质管理和品质保证技术的标准。ISO 9000 质量管理体系标准从 1987 年发布至今,已经过多次修订,存在有 1987 版、1994 版、2000 版、2008 版、2016 版等。

(一)GB/T 19000 系列质量管理体系的核心标准

我国对 ISO 9000 系列标准进行了等同转化,形成了国家标准,即 GB/T 19000 系列标准。它可以帮助组织建立、实施并有效运行质量管理体系。它不受具体的行业限制,可广泛适用于各种类型和规模的组织,其中 GB/T 19001—2016 为核心标准。

表 1-2　质量管理体系(GB/T 19001—2016)要素

一级要素	二级要素	三级要素
4.质量管理体系	4.1 总要求	
	4.2 文件要求	4.2.1 总则;4.2.2 质量手册;4.2.3 文件控制;4.2.4 记录的控制
5.管理职责	5.1 管理承诺	
	5.2 以顾客为关注焦点	
	5.3 质量方针	
	5.4 策划	5.4.1 质量目标;5.4.2 质量管理体系的策划
	5.5 职责权限和沟通	5.5.1 职责和权限;5.5.2 管理者代表;5.5.3 内部沟通
	5.6 管理评审	5.6.1 总则;5.6.2 评审输入;5.6.3 评审输出

续表

一级要素	二级要素	三级要素
6.资源管理	6.1 资源的提供	
	6.2 人力资源	6.2.1 总则；6.2.2 能力、培训和意识
	6.3 基础设施	
	6.4 工作环境	
7.产品实现	7.1 产品实现的策划	
	7.2 与顾客有关的过程	7.2.1 与产品有关的要求的确定；7.2.2 与产品有关的要求的评审；7.2.3 顾客沟通
	7.3 设计和开发	7.3.1 设计和开发策划；7.3.2 设计和开发输入；7.3.3 设计和开发输出；7.3.4 设计和开发评审；7.3.5 设计和开发验证；7.3.6 设计和开发确认；7.3.7 设计和开发更改控制
	7.4 采购	7.4.1 采购过程；7.4.2 采购信息；7.4.3 采购产品的验证
	7.5 生产和服务提供	7.5.1 生产和服务提供的控制；7.5.2 生产和服务提供的过程确认；7.5.3 标识和可追溯性；7.5.4 顾客财产；7.5.5 产品防护
	7.6 监视和测量设备的控制	
8.测量、分析和改进	8.1 总则	
	8.2 监视和测量	8.2.1 顾客满意；8.2.2 内部审核；8.2.3 过程的监视和测量；8.2.4 产品的监视和测量
	8.3 不合格品控制	
	8.4 数据分析	
	8.5 改进	8.5.1 持续改进；8.5.2 纠正措施；8.5.3 预防措施

(二)质量管理应遵循的原则

GB/T 19000 规定了质量管理遵循的八项原则，即：

(1)以顾客为关注焦点：组织依存于顾客。因此，组织应当理解顾客当前和未来的需求，满足顾客要求并争取超越顾客期望。

(2)领导作用：领导者确立组织统一的宗旨及方向。他们应当创造并保持使员工能充分参与实现组织目标的内部环境。

(3)全员参与：各级人员都是组织之本，只有他们的充分参与，才能使他们的才干为组织带来收益。

(4)过程方法：将活动和相关的资源作为过程进行管理，可以更高效地得到期望的结果。

(5)管理的系统方法：将相互关联的过程作为系统加以识别、理解和管理，有助于组织提高实现目标的有效性和效率。

(6)持续改进：持续改进总体业绩应当是组织的一个永恒目标。

(7)基于事实的决策方法：有效决策应建立在数据和信息分析的基础上。

(8)与供方互利的关系：组织与供方是相互依存的，互利的关系可增强双方创造价值的能力。

这八项质量管理原则形成了 GB/T 19000 质量管理体系标准的基础。

图 1-4 所示为质量管理体系的模式。

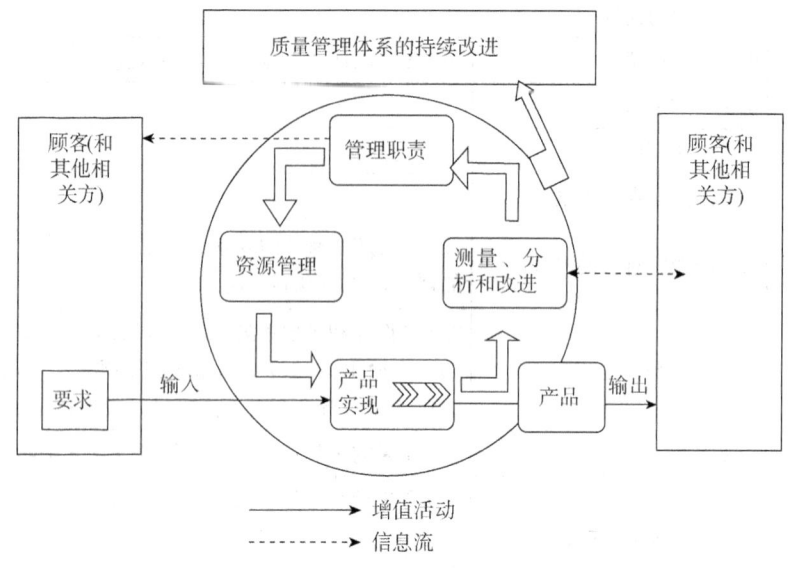

图 1-4 以过程为基础的质量管理体系模式

目前已有 150 个国家和地区采用 ISO 9000 标准。截至 2017 年 9 月,国内约有 2.9 万家企业获得了 ISO 9000 质量管理体系认证,占全世界认证企业的三分之一。

二、环境管理体系系列标准 ISO 14000

ISO 14000 系列标准是国际标准化组织 ISO/TC 207 负责起草的国际标准。ISO 14000 是一个系列标准,它包括了环境管理体系、环境审核、环境标志、生命周期分析等国际环境管理领域内的许多焦点问题,旨在指导各类组织进行环境管理活动。ISO 14000 系列标准共预留 100 个标准号。该系列标准共分七个系列,其编号为 ISO 14001—14100。表 1-3 给出了 ISO 14000 系列标准标准号分配情况。1996 年,我国也将 ISO 14000 系列标准进行了等同转化,形成了 GB/T 24000 系列国家标准。

表 1-3 ISO 14000 系列标准标准号分配表

分技术委员会或工作组	名称	标准编号
SC1	环境管理体系(EMS)	14001~14009
SC2	环境审核(EA)	14010~14019
SC3	环境标志(EL)	14020~14029
SC4	环境行为评价(EPE)	14030~14039
SC5	生命周期分析(LCA)	14040~14049
SC6	术语和定义(T&D)	14050~14059
WG1	产品标准中的环境指标	14060
	备用	14061~14100

三、职业健康安全管理体系标准（GB/T 28001）

职业健康安全管理体系标准是以系统安全的思想为核心，采用系统、结构化的管理模式，为组织提供了一种科学、有效的职业健康安全管理规范和指南。

ISO 18001 职业健康安全管理体系标准是继 ISO 9001 质量管理体系标准和 ISO 14001 环境管理体系标准后，世界各国关注的又一管理标准。该标准通过职业危害因素、危险源辨识、风险评价、制定目标指标、制定并实施职业健康安全管理方案等活动，达到预防、控制事故的发生，保障企业劳动者和相关方的安全与健康。GB/T 28001 是对国际标准 ISO18001 标准的等同转化。

四、社会责任国际标准体系 SA 8000

SA 8000 为 Social Accountability 8000 的简称，即"社会责任标准"，由总部设在美国的社会责任国际组织制定，SA 8000 是世界上第一个社会道德责任标准(1997)。目前，该标准已开始作为第三方认证的准则，在全球的工商领域和企业机构逐渐推广。

SA 8000 标准对公司提出的基本社会责任有：

(1)公司不可雇用童工或支持雇用童工的行为。

(2)公司不可雇用或支持雇用强制性劳工的行为，也不可要求员工在受雇之时交纳押金或存放身份证于公司。

(3)健康与安全。

①公司应该考虑到产业中普遍认知的危险和任何特定的危险，而提供一个健康与安全的工作环境，并应采取适当的措施，在可能条件下最大限度地降低工作环境中的危害隐患，以避免在工作中的或由于工作发生（或与工作有关）的事故对健康造成危害。

②公司应该指定一个高级管理代表来负责所有员工的健康与安全，并且负责实施本标准中有关健康与安全的规定。

③公司应该保证所有的员工都接受定期和有纪录的健康与安全训练，并为新进的和调职的员工重新进行培训。

④公司应该建立系统来侦查、防范或反映可能危害员工健康与安全的潜在威胁。

⑤公司应该为所有员工提供干净的厕所、可饮用的水，在适当的情形下，也要提供为员工储藏食物的卫生设备。

⑥如果公司提供员工宿舍的话，应该保证宿舍设备干净、安全，并能满足员工的基本需求。

(4)组织工会的自由与集体谈判的权利。

①公司应该尊重所有员工自由成立、参加工会的权利以及集体谈判的权利。

②当自由组织工会和集体谈判的权利受到法律限制的时候，公司应该协助员工采用类似的方法来达到独立、自由结社和谈判的权利。

③公司应该保证工会代表不受歧视，并且在工作环境中能够接触工会的会员。

(5)歧视。

①公司在雇用、薪酬、训练机会、升迁、解雇或退休等事务上，不可从事或支持任何基于种族、社会阶级、国籍、宗教、残疾、性别取向、工会会员资格或政治关系的歧视行为。

②公司不可干涉员工遵奉信仰和风俗的权利,应满足涉及种族、社会阶级、国籍、宗教、残疾、性别、性别取向和工会的信条、政治需要的权利。

③公司不可允许带有强迫性、威胁性、凌辱性或剥削性的性行为,包括姿势、语言和身体的接触。

(6)惩戒性措施:公司不可从事或支持肉体上的惩罚、精神或肉体方面的胁迫以及言语凌辱。

(7)工作时间:公司应该遵守适用法律及行业标准有关工作时间的规定;在任何情况下,不可经常要求员工一个星期的工作时间超过48h,并且员工在每个7d之内至少有1d的休息时间。所有超时工作应付额外报酬。在任何情况下每个员工每周加班不得超过12h。

(8)薪酬。

①公司应该保证它所付的标准工作周的工资至少能够达到法律或行业规定的最低工资标准,而且满足员工的基本需求,并提供一些可随意支配的收入。

②公司应该保证不会为了惩戒的目的而扣减工资,并且保证定期向员工清楚地列明工资、福利的构成;公司还应该保证工资、福利完全合乎所有适用的法律,而且薪酬给付的形式,无论是现金或支票,都必须合乎方便员工的原则。

③公司不可采用纯劳务性质的合约安排或虚假的见习期(学徒工制度)办法,来逃避劳动法和社会安全法规中明定的公司对员工应尽的义务。

SA 8000标准包括政策、管理审核、公司代表、计划与实施、对外沟通、核实渠道、记录等七个要素。

习 题

1. "一体化"管理思想的含义是什么?
2. 中国石油天然气总公司1997年颁布了哪三个HSE管理标准?
3. 中国石油天然气集团公司发布、修订了哪些HSE管理体系企业标准?
4. 由Q/SY 1002.1—2007标准到Q/SY 1002.1—2013标准,主要的变化有哪些?
5. HSE管理体系的思想原则有哪些?
6. 请简述"预防为主、防治结合"的含义。
7. HSE管理体系运行模式的含义是什么?
8. 质量管理遵循的八项原则是什么?

第二章 HSE 管理体系要素解析

本章系统介绍了中国石油天然气集团公司企业标准《健康、安全与环境管理体系 第1部分:规范》(Q/SY 1002.1—2013)中各个要素的内涵、功能、要求及管理过程,重点对 HSE 管理体系标准的一级要素、二级要素进行了解析,并以具体的实例帮助读者理解。通过学习,不仅要掌握各个要素的要求,还要理解各要素之间的相互关系,以便有效实施 HSE 管理,改善组织的 HSE 绩效。

中国石油天然气集团公司发布的《健康、安全与环境管理体系 第1部分:规范》(Q/SY 1002.1—2013)标准第五部分提出的健康、安全与环境管理体系要求涵盖了7个一级要素及26个二级要素(表1-1)。七个一级要素中,"领导和承诺"是健康、安全与环境管理体系建立与实施的前提条件;"健康、安全与环境方针"是健康、安全与环境管理体系建立和实施的总体原则;"策划"是健康、安全与环境管理体系建立与实施的输入;"组织结构、职责、资源和文件"是健康、安全与环境管理体系建立与实施的基础;"实施和运行"是健康、安全与环境管理体系实施的关键;"检查与纠正措施"是健康、安全与环境管理体系有效运行的保障;"管理评审"是推进健康、安全与环境管理体系持续改进的动力。本章将系统地对 HSE 管理体系标准进行解析,以便读者掌握其管理要求。

在本章中,第一节至第七节均以 Q/SY 1002.1—2013 标准的一级要素名称(标准中的5.1至5.7)作为每一节的节名,每一节一级标题名称来自二级要素名称,以保持与标准的一致性。[规范条款]中黑体字部分来自标准原文,在此提醒读者特别注意。

第一节 领导和承诺

[规范条款]

组织应明确各级领导健康、安全与环境管理的责任,保障健康、安全与环境管理体系的建立与运行。最高管理者应对组织建立、实施、保持和持续改进健康、安全与环境管理体系提供强有力的领导和明确的承诺。组织健康、安全与环境的最终责任由最高管理者承担。

各级领导应落实有感领导,通过以下活动予以证实:
a)遵守法律、法规及相关要求;
b)制定健康、安全与环境方针;
c)确保健康、安全与环境目标、指标的制定和实现;
d)主持管理评审;
e)提供必要的资源;
f)明确作用、分配职责和责任、授予权力,并提供有效的健康、安全与环境管理;
g)确保健康、安全与环境管理体系有效运行的其他活动,在各项工作和活动中使员工感受到自己对安全的重视和态度。

组织应建设和维护企业安全文化,采取多种形式的安全文化活动,引导全体员工的安全态度和安全行为,形成具有其特点的安全价值观。

条款要求和对条款的理解如下。

一、最高管理者及其 HSE 管理职责

最高管理者的 HSE 承诺是 HSE 管理体系的核心,是体系运行的动力,对体系的建立、实施和保持具有十分重要的意义。最高管理者对健康、安全与环境管理负有重要的领导责任是不言而喻的,因为无论是哪种管理体系,如果离开最高管理者的领导和支持都会寸步难行。

各级主管领导都负有领导和动员全体员工来实现健康、安全与环境目标和指标的责任,领导的作用是通过展示正确的 HSE 行为,通过确定 HSE 职责和义务、通过提供所需资源、通过考核和评审来不断提高公司的 HSE 绩效。

(一)最高管理者在 HSE 管理体系中的作用

(1)通过全方位的身体力行树立 HSE 榜样,支持正确行为;
(2)就 HSE 管理有关问题与员工、承包商和其他相关方进行沟通、交流;
(3)将 HSE 要求综合反映到业务发展计划中去,确保建立文件化的管理要求;
(4)从思想、组织和制度上保证 HSE 管理体系按照既定方针和目标运行,并兼顾生产业务等其他方面;
(5)建立明确的 HSE 目标、标准、职责、业绩考核办法,配备相应的资源;
(6)在本公司内根据年度目标对各单位主管领导进行考核,考核时还应征求各方面的意见;
(7)将集团公司建立的指标落实到本公司的 HSE 活动中;
(8)促进 HSE 经验的内、外部交流。

(二)最高管理者在 HSE 管理中的职责

(1)提出 HSE 承诺,制定并颁布组织的健康、安全与环境方针和总目标;
(2)任命管理者代表并赋予其职责与权限;
(3)为建立、实施和保持 HSE 管理体系提供必要的资源;
(4)主持管理评审。

(三)《安全生产法》规定的领导职责

《安全生产法》第五条:生产经营单位的主要负责人对本单位的安全生产工作全面负责。
《安全生产法》第十八条:生产经营单位的主要负责人对本单位安全生产工作负有下列职责:
(1)建立、健全本单位安全生产责任制;

(2)组织制定本单位安全生产规章制度和操作规程；

(3)组织制定并实施本单位安全生产教育和培训计划；

(4)保证本单位安全生产投入的有效实施；

(5)督促、检查本单位的安全生产工作，及时消除生产安全事故隐患；

(6)组织制定并实施本单位的生产安全事故应急救援预案；

(7)及时、如实报告生产安全事故。

二、有感领导

"有感领导"由美国杜邦公司首创，最早诞生于杜邦公司早期严峻的安全生产环境。杜邦公司早期火药生产过程中的高风险性和安全管理措施的不完善使生产中曾发生过多次严重安全事故。事故使杜邦公司的高层领导意识到，各级管理层对安全负责和员工的参与，是当时能否生存的重要条件。

Q/SY 1002.1—2013 标准术语中"有感领导"的定义为：组织的各级领导通过以身作则的良好个人安全行为，使员工真正感知到安全的重要性，感受到领导做好安全的示范性，感悟到自身做好安全的必要性。

"有感领导"主要包括三层含义：

(1)安全影响力：有感是部属的感觉不是领导者本人的感觉，是让员工和下属体会到领导对安全的重视。往往一个企业的领导对安全的重视程度，决定着这个企业的安全生产态势。让员工和下属体会领导对安全的重视，最明显的标志就是形成安全文化氛围。

(2)安全示范力：自上而下，领导通过强有力的个人参与，各级管理者深入现场，以身作则，亲力亲为，向全体员工示范，展示遵守 HSE 管理制度、要求的重要性。示范是表率作用，只有率先垂范，以身作则，才能让员工感知到安全的重要性。在中国石油天然气集团公司 HSE 管理九项原则(以下简称为 HSE 管理九项原则)中要求各级管理者必须亲自参加健康安全环境审核，各级管理者对业务范围内的健康安全环境工作负责。

(3)安全执行力：领导提供人力、物力和组织运作上的保障，让员工感受到各级管理者履行对安全责任做出承诺；安全执行力是"有感领导"是否有效践行的关键；安全执行力是各级管理者对安全责任所做出的承诺和保障。

三、HSE 承诺

最高管理者的 HSE 承诺来源于公司初始风险分析，来源于众多相关方、公司员工、承包商员工对组织的期望和要求，来源于组织的愿景与核心理念，因此，承诺指明了 HSE 工作的方向，表明了领导做好 HSE 工作的决心，对广大员工具有巨大的号召力。

对 HSE 的承诺应从组织的最高管理层开始，组织的最高管理者应以文件的形式对组织的 HSE 管理做出明确的承诺，组织最高管理者的承诺是对全体员工和社会所做的公开承诺。

(一)对承诺的要求

(1)要由最高管理者在体系建立前提出，并形成文件；

(2)在正式颁布前,要征求员工和社会对承诺的意见;
(3)承诺要明确、简要,便于员工和公众理解和掌握;
(4)承诺要公开透明,并利用各种形式加以宣传,如张贴、上因特网等;
(5)承诺要深入人心,成为企业文化的有机组成部分;
(6)当条件发生变化时,最高管理者应提出修改意见,并在管理体系修订时进行修改。

(二)承诺的基本内容

(1)对实现安全、健康与环境管理方针、战略目标和计划的承诺;
(2)对遵守法律法规、以人为本、持续改进、事故预防、清洁生产等方面的承诺;
(3)对 HSE 优先位置和有效实施 HSE 管理的承诺;
(4)对在一切活动中满足 HSE 要求和规定的承诺;
(5)对员工 HSE 表现的期望;
(6)对承包商 HSE 表现的期望。

在以上内容中,"两个承诺,一个框架"是最基本的。两个承诺是遵守法律法规的承诺和持续改进 HSE 管理的承诺;一个框架是指为组织制定目标、指标提供一个框架。

(三)自上而下的承诺

各个层次的领导者都应对组织的 HSE 承诺和自己所负的 HSE 职责有明确的了解,并据此做出相应的承诺。组织的各级管理者所做出的承诺应与组织的承诺保持一致。

1. 中国石油天然气集团公司的 HSE 承诺

中国石油天然气集团公司一贯认为:世界上最重要的资源是人类自身和人类赖以生存的自然环境。保护环境、关爱员工的健康和人民群众的生命财产安全,是本公司的核心工作之一。为了"奉献能源,创造和谐",我们将:

○ 遵守所在国家和地区的法律法规,尊重当地的风俗习惯;
○ 以人为本,预防为主,追求零事故、零伤害、零污染的目标;
○ 保护环境,推行清洁生产,致力于可持续发展;
○ 优化配置 HSE 资源,持续改进健康、安全、环境管理;
○ 各级最高管理者是 HSE 第一责任人,HSE 表现和业绩是奖惩、聘用人员以及雇佣承包商的重要依据;
○ 实施 HSE 培训,建立和维护企业 HSE 文化;
○ 向社会坦诚地公开我们的 HSE 业绩;
○ 在世界上任何一个地方,在业务的任何一个领域,我们对 HSE 态度如一。

中国石油天然气集团公司的所有员工、供应商和承包商都有责任维护本公司对健康、安全与环境做出的承诺。

2. 壳牌公司的 HSE 承诺

在集团公司内,我们一致承诺:不使人员受到伤害是我们的追求;所有的作业都要保护环境;提供高效利用原材料和能源的产品和服务;在与上述原则一致的前提下,开发能源和产品,提供服务;定期公布我们的表现;在促进本行业 HSE 的最佳行为方面发挥带头作用;像管理其他关键业务那样来进行 HSE 管理;培养一种使所有 Shell 员工都分担承诺的企业文化。这样做的目的是为了使我们取得引以为自豪的良好 HSE 表现,以赢得广大客户、股东和社会公众的信任,成为一个好邻居,并为可持续发展做出贡献。

四、HSE 文化

现代"安全文化"作为一个全新的概念引入我国安全界,应追溯到 20 世纪 90 年代。在建立现代企业制度的今天,企业安全文化成为企业文化的一部分,是企业安全意识、安全目标、安全责任、安全设施、安全监察和各种安全法律、法规、技术标准以及规章制度的总和,它从保护人的生命安全和健康的基本目的出发,将"以人为本"和"人的管理"作为工作方针,强调人的因素在保证安全上的主导地位,促进企业所有员工都密切关注安全。它包括企业的安全精神文化、安全物质文化、安全制度文化、安全技术文化。

良好的企业安全文化不仅会使企业的安全环境长期处于相对稳定状态,更重要的是能使员工的思想素质、敬业精神、专业技能等方面得到不同程度的提高,同时也会带动与安全管理相适应的经营管理、科技创新、结构调整等中心工作的平衡发展,这对树立企业的品牌形象和增强企业的综合实力等都将大有裨益。安全文化是对传统安全管理的一种升华,它在改变以往的安全观念的过程中,创造和更新了人们的安全观念。安全文化能够提高员工的自我防范意识,从而保障个体和群体的安全,达到安全生产的最终目的。

企业 HSE 文化是在企业文化和安全管理理念的基础上,在全员参与积极创建的基础上逐渐形成的,是从根本上促进企业文化建设和提高管理水平的重要保证。

一个企业只有培育出良好的 HSE 企业文化,才能使理念转化为全体员工的行动,并最终实现"HSE 融入我心中"的要求。HSE 文化包括了信念、价值观、驱动力、个人承诺、参与和责任等,主要体现在:

(1)持续改进 HSE 表现的信念;
(2)鼓励和促进员工改善 HSE 表现;
(3)每个员工的责任和义务都体现公司的 HSE 表现;
(4)各个层次上的员工都参与 HSE 管理体系的建立和运行;
(5)自上而下地实施 HSE 管理承诺;
(6)保证 HSE 管理体系的有效实施。

企业文化的建立过程是一个持续和复杂的过程。领导层对培育这种文化负有重要责任,组织的员工和承包商都要参与到 HSE 企业文化的创建和保持中来。

第二节　健康、安全与环境方针

[规范条款]

组织应具有经过最高管理者批准的健康、安全与环境方针,规定组织的健康、安全与环境的原则和政策,与上级组织的健康、安全与环境方针保持一致,并通过内涵阐述使其做到:

a)包括对遵守法律、法规和其他要求的承诺,以及对持续改进和清洁生产、事故预防、社会责任的承诺等;

b)适合于组织的活动、产品或服务的性质和规模以及健康、安全与环境风险。

健康、安全与环境方针应:

a)传达到所有在组织控制下工作的人员,使其认识各自的健康、安全与环境义务;

b)形成文件,实施并保持;

c)可为相关方所获取;

d)定期评审。

组织应建立健康、安全与环境战略(总)目标,应与健康、安全与环境方针相一致,以提供建立和评审健康、安全与环境目标和指标的框架。

条款要求和对条款的理解如下。

一、健康、安全与环境方针内容的要求

(1)适用于组织的HSE风险性质和规模,以确保其对具体化目标的指导作用;

(2)遵守有关法律、法规和其他要求,在法律、法规没有规定的领域采用企业标准;

(3)对持续改进、清洁生产、预防事故、保护员工安全健康以及社会责任的承诺;

(4)建立与健康、安全与环境方针相一致的健康、安全与环境战略目标。

二、健康、安全与环境方针的管理

1. 制定依据

组织制定健康、安全与环境方针的依据主要有:

(1)适用的健康、安全与环境法律、法规及其他要求;

(2)组织的总方针或宗旨,以及对健康、安全与环境的承诺;

(3)健康、安全与环境风险,活动性质与规模;

(4)过去和现在的健康、安全与环境绩效;

(5)持续改进的可能性和必要性;

(6)所需要的资源,包括人力、物力、财力、技术等资源;

(7)员工及其代表的意见和建议;

(8)相关方的要求。

2. 管理过程

健康、安全与环境方针的形成应该经过交流和评审,由最高管理者批准,并应符合下列要求:

(1)适合于组织的活动、产品或服务的性质和规模及其健康、安全与环境风险,健康、安全与环境危害因素辨识、风险评价和风险控制是建立和实施健康、安全与环境管理体系的核心,需在方针中体现出来。

(2)对持续改进和清洁生产、事故预防、保护员工健康安全的承诺。除承担法律责任外,组织还应在努力改善其健康、安全与环境管理体系和绩效方面做出承诺,使之充分适应经营活动和法律、法规及其他要求的不断变化,有效地预防事故,保护员工健康与安全,保护环境。

(3)遵守适用的健康、安全与环境的法律、法规和其他要求的承诺。组织应公开表明其遵守现行健康、安全与环境的法律、法规和其他要求的义务,并将履行这种承诺。

(4)确保员工及其代表的参与。参与建立健康、安全与环境管理体系是员工的权利和义务,组织应确保与员工及其代表进行协商,鼓励员工积极地参与健康、安全与环境管理,并做出有效的安排,以保证员工及其代表有时间和资源积极参与健康、安全与环境管理体系的建立、实施、评价和改进措施等活动,组织应在征询员工及其代表意见的基础上,制定健康、安全与环境方针。

(5)形成文件,付诸实施,予以保持。组织应避免由于提供的资源不充分、不适宜而造成制定的健康、安全与环境方针不切实际,并在公开声明之前,确保可获得必要的财力、技术等资源支持。

(6)传达到全体员工。组织应确保员工认识到健康、安全与环境管理对其自身工作的影响,及各自的健康、安全与环境义务,所有员工应理解其职责并有能力完成所承担的工作,组织应向员工明确传达健康、安全与环境方针和战略目标,使他们能够衡量其健康、安全与环境绩效。

(7)可为相关方所获取。组织应建立与其相关方就健康、安全与环境方针进行交流的渠道,确保相关方在需要时能获得组织的健康、安全与环境方针。

(8)定期进行评审,确保其对组织的适宜性。由于组织的内部变化,法律、法规的不断完善和社会期望值的增加等变化,组织需定期评审和修订其健康、安全与环境方针,以确保其持续适宜性和有效性。

通过以上管理过程,制定出一个全面的、符合组织实际并得到广泛、充分交流和易于理解的健康、安全与环境方针。

3. 实例

(1)中国石油天然气集团公司 HSE 管理的方针是:"以人为本、预防为主、领导承诺、全员参与、体系管理、持续改进。"

(2)壳牌公司的 HSE 方针和战略目标,要求壳牌公司所属每个公司都要做到:"有一套健康、安全与环境管理体系,以确保其在商业活动中遵纪守法,不断改进,取得更好的业绩;不断提出改善目标,衡量、评价和报告自己在健康、安全与环境方面的成绩;要求承包商依据本政策管理健康、安全与环境事务和工作;要求在壳牌公司控制之下经营的合资企业应用本政策,并通过自己的影响促进本政策在其他企业的推广;在对员工进行评比时,将健康、安全与环境方面的表现包括在内,并给予相应奖励。"

第三节 策划

防止事故发生,将危害及影响降低到可接受的程度,是 HSE 管理的最终目的。对风险正确而科学地识别、评价和有效管理是达到此目的的关键所在。风险管理是一个持续的过程,应定期检查危害的存在,并评估业务活动中的相关风险。对所有潜在事故都应采取控制措施,以降低事故发生的可能性和后果的严重性。中国石油天然气集团公司 HSE 管理体系要求:任何活动和任务的 HSE 风险都应进行识别、评价,实施风险削减措施。

策划要素从危害因素辨识开始,系统识别组织的活动、产品及服务中存在的危害、危害因素,将法律、法规和其他要求作为危害因素辨识的依据和判别准则,对特定危害事件(事故)的风险进行评价,依据法律法规和其他要求对重要的危害和影响制定风险控制的目标和指标,评价和采取风险控制削减措施,制定并实施管理方案,把风险降到合理并尽可能低的水平——即组织的可接受风险,确保活动达到健康、安全及环保的要求。以上活动过程就是 HSE 管理中的"风险管理"。

该要素包含 4 个二级要素,见表 2-1。

表 2-1 "策划"的 4 个二级要素

二级要素	要点
5.3.1 危害因素辨识、风险评价和控制措施的确定	组织应建立、实施和保持程序,用来确定其活动、产品或服务中能够控制或能够施加影响的健康、安全与环境危害因素,以持续进行危害因素辨识、风险评价和实施必要的风险控制和削减措施
5.3.2 法律法规和其他要求	组织应识别、获取、传达、更新适合于组织的健康、安全与环境相关的法律法规和要求
5.3.3 目标和指标	确定适合组织特点的风险管理的目标和指标
5.3.4 方案	制定并实施旨在实现健康、安全与环境管理目标的管理方案

一、危害因素辨识、风险评价和控制措施的确定

[规范条款]

组织应建立、实施和保持程序,用来确定其活动、产品或服务中能够控制或能够施加影响的健康、安全与环境危害因素,以持续进行危害因素辨识、风险评价和实施必要的风险控制和削减措施。这些程序应考虑:

a) 常规和非常规的活动;

b) 所有进入工作场所的人员(包括承包方人员和访问者)的活动;

c) 人的行为、能力和其他人为因素;

d) 已识别的源于工作场所外,能够对工作场所内组织控制下的人员产生不利影响的危害因素;

e) 在工作场所附近,由组织控制下的相关活动所产生的危害因素;

f) 由本组织或外界所提供的工作场所的基础设施、设备和材料;

g) 组织及其活动、材料的变更,或计划的变更;

h) 健康、安全与环境管理体系的更改包括临时性变更等,及其对运行、过程和活动的影响;

i) 任何与风险评价和实施必要控制措施相关的适用法律义务;

j) 对工作区域、过程、装置、机器和(或)设备、操作程序和工作组织的设计,包括其对人的能力的适应性;

k) 事故及潜在的危害和影响;

l) 以往活动的遗留问题。

组织用于危害因素辨识和风险评价的方法应：

a)依据风险和影响的范围、性质和时机进行界定(如工程初步设计、工艺复杂的流程可采用危险与可操作性分析(HAZOP)的方法)，以确保其是主动的而非被动的；

b)规定判别准则，进行风险分级，识别出可通过风险管理措施来削减或控制的风险和影响；

c)与运行经验和所采取的风险控制措施的能力相适应；

d)为确定设施完整性要求、识别培训需求和(或)开展运行控制、监视和测量提供输入信息。

在确定控制措施或考虑变更现有控制措施时，应按如下顺序考虑降低风险：

a)消除；

b)替代；

c)工程控制措施；

d)标志、警告和(或)管理控制措施；

e)个体防护装备。

组织应将危害因素辨识、风险评价和确定控制措施的最新结果形成文件并予以保存，对研究和技术开发、新改扩建项目、在役装置、停用封存、拆除报废等各阶段的工艺危害分析信息应得到记录并保存。

在建立、实施和保持健康、安全与环境管理体系时，组织应确保对健康、安全与环境风险和影响以及确定的控制措施加以考虑。

组织应对危害因素辨识、风险评价和风险控制过程的有效性进行评审，并根据需要进行改进。

组织应经常性开展事故隐患排查，对排查出的事故隐患进行分级管理，制定方案，落实整改措施、责任、资金、时限等，并对隐患整改效果进行评价(见5.3.4)。

组织应对其危险设施或场所进行重大危险源辨识与安全评估，确定安全监控措施，实施分级监控管理。

条款要求和对条款的理解如下。

(一)总体要求

危害因素是指可能导致人身伤害和(或)健康损害、财产损失、工作环境破坏、有害的环境影响的根源、状态或行为，或其组合。危害因素辨识是指识别健康、安全与环境危害因素的存在并确定其特性的过程。

(1)危害因素辨识、风险评价和风险控制是HSE风险管理的主要环节。原则上，风险管理措施宜首先考虑消除危害因素，然后降低风险(降低伤害或损坏发生的可能性或潜在的严重程度)，最后考虑采用个体防护。

(2)危害因素辨识、风险评价和风险控制的策划过程的复杂程度主要取决于组织的规模和性质、作业场所的状况、作业的复杂性等因素。组织在进行危害因素辨识、风险评价和风险控制的策划时要充分考虑其风险控制现状，以满足实际需要和适用的健康、安全与环境法律、法规要求。

(3)危害因素辨识、风险评价和风险控制活动应作为一项主动的而不是被动的活动，即应在开展活动或任务之前积极地、系统地、定期地进行。

(4)组织应及时更新有关危害因素辨识、风险评价和风险控制的文件、资料和记录,并在新项目、新活动开展之前或对原有活动进行变更之前,用这些文件、资料和记录指导这些活动的运行。

(5)危害因素辨识、风险评价和控制措施的确定的过程的输出就是方案,它既是风险控制的依据,也是人员培训、资源配置、监视与测量、目标与指标的确定、应急管理等管理过程的输入。

(二)管理过程

1.典型输入

在进行危害因素辨识、风险评价和风险控制的策划时,典型输入包括主要包括:

适用的健康、安全与环境法律、法规及其他要求(见5.3.2);组织制定的承诺和方针(见5.1和5.2);不符合记录(见5.6.3);事故、事件报告和调查处理的记录(见5.6.4);健康、安全与环境管理体系审核结果(见5.6.6);员工及其代表参与作业场所健康、安全与环境协商、评审和改进活动的信息(见5.4.4);与其他相关方的沟通与协商结果(见5.4.4)。

此外,还应考虑与组织的活动、产品和服务有关的场所、设施与设备、工艺安全信息,典型危害因素和事故类型,本行业曾经发生的事故和事件的信息。

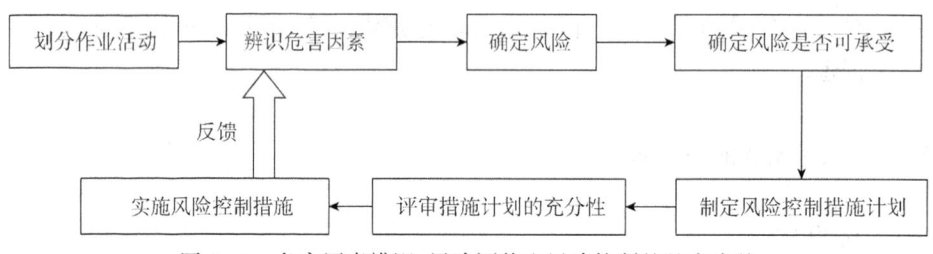

2.控制过程

危害因素辨识、风险评价和风险控制的基本步骤如图2-1所示。

图2-1 危害因素辨识、风险评价和风险控制的基本步骤

组织应确定其开展危害因素辨识、风险评价和风险控制的范围,并尽可能做到危害因素辨识、风险评价和控制过程完整、合理和充分,并应满足如下要求:

(1)考虑常规和非常规的活动,不仅针对正常的活动,而且还应针对周期性或临时性的活动(如装置清洗和维护、装置启动或关停等)。

(2)考虑组织自身员工的活动所带来的危害因素和风险,HSE管理九项原则要求员工必须参与岗位危害识别及风险控制;此外,还应考虑承包方人员和访问者等相关方的活动以及使用外部提供的产品或服务所带来的危害因素和风险。

(3)考虑作业场所内所有的物料、材料、装置和设备造成的健康、安全与环境危害和风险。

(4)考虑危害因素的不同表现形式,如三种状态和三种时态。三种状态,即正常状态、异常状态和紧急状态。组织的生产过程往往是连续几个星期、几个月,甚至更长时间的连续生产,是正常状态;生产中开机、停机、检修、搬迁等情况下的危害因素与正常状态下不同,属异常状

态;紧急状态则是指发生泄漏、火灾、爆炸、洪水等事故时的状态。三种时态,即过去、现在、将来。组织在辨识危害因素时应考虑过去曾经有哪些、现在可能有哪些、将来可能存在哪些危害、危害因素。

(5)考虑人为失误的风险;材料、装置或设备的过期老化所形成的危害因素和风险;考虑组织活动、产品和服务过程周边环境的风险和影响。

危害因素辨识、风险评价和风险控制过程还应确定:
(1)危害因素辨识、风险评价和风险控制的时限、范围和方法;
(2)适用的法律、法规和其他要求;
(3)负责实施危害因素辨识、风险评价和风险控制过程的人员的作用和权限;
(4)执行危害因素辨识、风险评价和风险控制过程的人员的能力要求和培训需求(见5.4.3),如有必要可借助外部的咨询或服务机构进行危害因素辨识、风险评价;
(5)与员工及其代表进行协商,使其参与此项工作,包括评审和改进活动。

应考虑的后续工作包括:
(1)组织通过相应的监视和测量以确定所采取的纠正措施或预防措施(见5.6.1)已按时完成,必要时,需要组织进一步进行危害因素辨识和风险评价,以调整风险控制措施,确定是否为可承受风险;
(2)向管理者提供有关纠正措施或预防措施完成情况的信息,为管理评审(见5.7)和修改或制定新的健康、安全与环境目标和指标提供依据;
(3)应确定从事危险作业人员的能力是否与所规定的风险控制要求相一致,为培训需求提供相应的信息;
(4)通过随后的运行过程,为危害因素辨识、风险评价和风险控制过程的修改提供信息反馈。

此外,应按预定的或由管理者确定的时间或周期对危害因素辨识、风险评价和风险控制过程进行评审。评审期限取决于:
(1)危害因素的性质;
(2)风险的大小;
(3)运行过程的变化;
(4)原材料、中间产品和化学品等的改变;
(5)如果由于组织的客观状况发生变化,使得对现有评价的有效性产生疑义,应进行评审,并在发生变化前采取适当的预防性措施,这种变化可能包括组织内部和外部因素引起的变化。

3. 典型输出

典型输出包括以下方面:
(1)危害因素辨识、风险评价和风险控制的程序;
(2)辨识出的危害因素;
(3)确定出每项危害事件的风险级别,是否为可承受风险;
(4)对识别的各类事故拟采取的风险削减措施;
(5)为降低风险和影响所需制定的目标、指标和方案(见5.3.3和5.3.4)以及对该过程进行监视和测量所采取的手段;
(6)为实施风险控制措施所需人员的能力要求和相应的培训需求(见5.4.3);

(7)为实施风险控制措施所需的资源;
(8)上述各个过程所产生的记录。

> **实用指导——关于危害因素辨识、风险评价方法的示例**
>
> 危害因素辨识和风险评价可参考使用的方法:
> ——询问和交谈;
> ——现场观察;
> ——工作任务分析;
> ——检查表;
> ——风险矩阵;
> ——危险与可操作性研究(HAZOP);
> ——事件树分析(ETA);
> ——故障树分析(FTA)等等。

二、法律法规和其他要求

[规范条款]

组织应建立、实施和保持程序,用来:

a)识别适用于其活动、产品和服务中的危害因素、风险管理的法律法规和其他应遵守的要求,并建立获取这些要求的渠道;

b)确定这些要求如何应用于组织的危害因素和风险管理;

c)确保在建立、实施、保持和改进健康、安全与环境管理体系时,现行适用的法律法规和其他要求得到考虑。

组织应及时更新有关法律法规和其他要求的信息,并向在其控制下工作的人员和其他有关的相关方传达相关法律法规和其他要求的信息。

(一)总体要求

条款的总体要求是使组织识别和了解影响其活动、产品和服务的适用的健康、安全与环境的法律、法规和其他要求,并将这些信息传达给有关部门和人员,应用到健康、安全与环境管理体系的建立、实施、保持和改进。条款要求与对条款的理解如下。

(1)条款规定,组织应建立并保持程序(可以称为"法律、法规和其他要求控制程序"或"法律、法规和其他要求管理程序"),规定"识别""获取""更新""传达"适合于组织的法律法规和其他要求的职责、权限、程序和要求。

(2)本条款的含义是要求组织"知法",这是 HSE 体系要素中直接和法律法规有关的条款之一。组织承诺要遵守所在国家的法律、法规和其他要求,首先要建立起识别和获取有效的、适合组织情况的法律法规的渠道;由于法律、法规、工业标准(标准也属于法律体系的一部分)可能换版或修订,因此法律、法规、标准要不断更新,保持有效版本,更新的信息要传达给相关的员工和承包方。

(3)对法律法规和其他要求的管理只要做好"识别""获取""更新""传达""应用"这几个环节,就符合标准要求。

(4)法律、法规、标准一方面是制定目标、指标的依据,也是判别准则,还是风险控制、危害因素控制的要求。任何对法律、法规、工业标准、公司方针、合同规定的违背行为都是有害或有影响的,都会给组织带来风险。

(5)HSE管理体系的结构是十分严谨的,内容是科学的。在策划阶段一开始,就提出了"知法"的要求,以便组织在进行风险管理时,在制定目标指标时,在制定健康、安全与环境管理方案时不会出现违背法律、法规和其他要求的情况,以保证在实施运行阶段遵守法律、法规和其他要求。遵守法律、法规和其他要求是公民和组织的义务,应该是自觉的行为。因此,组织在"程序"中应建立获取法律法规、标准的渠道,与政府有关部门(如法律、法规主管部门,标准主管部门)建立良好的关系,以便获得法律、法规方面的支持,这方面的工作必须归口到一个部门管理。

(二)管理过程

1. 典型输入

典型输入包括:组织的活动、产品和服务过程的信息;危害因素辨识、风险评价和风险控制的结果(见5.3.1);作业实践;法律及行政法规;国内、国外、地区性或国际性的标准;组织的内部要求;相关方的要求;法律、法规及其他要求的信息来源。

2. 控制过程

1)法规及其他要求的识别和获取

组织应获取适用的法律、法规和其他要求,建立获取这类信息的有效渠道(如各级政府、行业协会或团体、商业数据库以及健康、安全与环境服务机构等),包括提供此类信息的媒体(报纸、CD、磁盘、互联网等)。对于哪些要求是适用的、适用于何处、各部门应接受哪类信息,组织应进行准确的识别。

组织应确定和理解适用于其活动、产品和服务的有关法律、法规及其他要求。为了对法律、法规和其他要求进行跟踪,组织应建立和保持与其活动、产品和服务适用的法律、法规和其他要求的登记目录或清单,并及时予以更新。

组织可根据具体情况和自身需求,识别和获取法律、法规要求之外的,适合其活动、产品和服务的其他要求。这些要求可包括:上一级组织的方针和政策要求;与政府机构的协定;行业协会的要求;与顾客的协议;与社区团体或非政府组织的协议;组织或者上一级组织对公众的承诺;非法规性指南;自愿性原则或工作规范;组织自己确定的要求。

2)法律、法规及其他要求的应用

组织应将所识别、获取的适用的法律、法规及其他要求应用到健康、安全与环境管理体系的建立、实施、保持和改进,并将适用的法律、法规及其他要求应用到危害因素的管理以及风险和影响的控制中去。

3)企业标准

当法律、法规和其他要求不存在或不能满足组织需要时,组织可制定并实施企业标准来指导组织的生产、经营活动。

3. 典型输出

典型输出包括以下方面:
(1)法律、法规及其他要求的管理程序文件;
(2)法律、法规及其他要求中应遵守的有关内容及其适用范围(本项内容可采用登记表的形式);
(3)组织适用的《法律、法规、工业标准和其他要求台账》(可以是实际文本、摘要或相关说明等);
(4)法律、法规及其他要求应用于健康、安全与环境管理体系和风险管理;
(5)企业标准。

实用指导——关于法规要求的示例

为遵守法律、法规,组织应确定和理解适用于其活动、产品或服务的法律、法规要求。法律、法规内容可包括如下方面:

——针对组织活动的(如场地运行许可);
——针对组织产品或服务的;
——针对组织所属行业的;
——健康、安全与环境法律;
——授权、执照和许可。

可通过以下来源确定健康、安全与环境的法律、法规及其发展变化:

——各级政府;
——行业协会或团体;
——商业数据库;
——专业性服务机构。

为了保持对法律法规要求的跟踪,组织可建立并保持与其活动、产品或服务有关的所有法律和法规的目录。

三、目标和指标

[规范条款]

组织应在其内部各有关职能和层次,建立、实施和保持形成文件的健康、安全与环境目标和指标。

目标和指标应可测量。目标和指标应符合健康、安全与环境方针及战略(总)目标,并考虑对遵守法规、事故预防、清洁生产和持续改进的承诺。

组织在建立和评审健康、安全与环境目标和指标时,应考虑:

a)法律、法规和其他要求;

b) 危害因素辨识、风险评价的结果和风险控制的效果；

c) 可选择的技术方案；

d) 财务、运行和经营要求；

e) 过程性指标和结果性指标结合；

f) 相关方的意见。

(一)对条款的理解

1. 管理的目标

从逻辑上讲,任何一个管理活动都要实现某一个目标,如公司的生产管理就是要实现利润或产值,目标不明确或不适当,会给管理带来困难:目标太高,无法实现,挫伤员工积极性,有时会出现主动放弃的情况;目标太低,达不到促进的效果。HSE 管理的最高目标是:无事故、无污染、无损失。中国石油天然气集团公司 HSE 管理的战略目标是:追求零事故、零伤害、零污染,努力实现健康、安全与环境管理的国际先进水平。Statoil(挪威国家石油公司)的 HSE 目标是:无事故、无伤害和无损失。

2. HSE 承诺与 HSE 目标

组织在 HSE 承诺和健康、安全与环境方针中已经提出了 HSE 战略目标,这就为目标、指标的制定提供了一个框架。本条款要求组织应针对各职能和层次对总目标、指标进行层层分解,形成组织的目标、指标体系。这是目标管理方法在 HSE 管理中的应用。

3. 目标与指标

目标是组织某一层次管理意图的体现,指标是目标的细化和量化。目标是要实现的,目标是否实现或达到,可以通过对指标的考核来确定。因此,目标、指标一定要明确,应尽可能予以量化和可测量,否则无法判定目标、指标是否实现或达到。

4. 目标、指标的管理

HSE 管理体系没有给组织规定具体的目标和指标,但本条款规定了组织在制定健康、安全与环境目标、指标时应考虑的因素。首先是法律、法规和其他要求,其次是组织面临的 HSE 风险以及可选技术方案,再就是财务、运行和经营要求,最后还要考虑相关方的意见。因为 HSE 管理就是要满足众多相关方的要求,可以说,目标指标的制定涉及法律、法规和其他要求,以及技术与经济各个方面。因此,目标指标的制定与分解是科学管理、科学决策的体现,不是盲目的。

5. 过程性指标和结果性指标

按照过程管理的思想,在一个管理周期内,由组织起点状态到终点状态所经历的路径就是过程。结果性指标就是描述管理终点状态的有关管理业绩参数,如"事故起数""百万工时事故率""交通事故万车死亡人数""千人死亡率""千人重伤率""百万吨产品死亡率"等,结果性指标反映了管理结果。为了实现结果性指标,管理者必须开展各种管理活动,描述这些管理活动的开展与完成情况,即管理过程运行情况的量化指标就是过程性指标,它反映了管理过程实际运行情况,如"事故隐患整改率""人员持证上岗率""操作人员违章率""行为安全审核完成率""不符合项整改率""劳保上岗率"等等。管理中,不仅要注意结果性指标,同时要结合实际,有目的地设置一些过程性指标,通过过程性指标的完成,保证结果性指标的实现。

6.目标指标的动态性

管理者不要忘记"持续改进"的承诺。在 HSE 管理中,目标要不断提高,指标要越来越严格,这样才能使组织的 HSE 绩效不断得到改善,这是本条款基本要求。随着科学技术的提高,本质安全技术、污染防治技术、清洁生产技术不断出现,组织应考虑应用这些技术来为目标、指标的提高提供支持。

(二)总体要求

确保在组织内建立可测量的目标和指标,实现健康、安全与环境方针,并为评价健康、安全与环境绩效提供依据,实现持续改进。

(三)管理过程

1. 典型输入

典型输入包括:上级组织下达的 HSE 目标、指标;本组织的总体经营方针和目标;管理承诺(见 5.1);健康、安全与环境方针(见 5.2);危害因素辨识、风险评价和风险控制(见 5.3.1)的结果;适用的法律、法规及其他要求(见 5.3.2);可供选择的技术方案;财务、经营及运行要求;员工及其代表参与作业场所的健康、安全与环境事务协商、评审和改进活动的信息(见 5.4.4);可能给组织公众形象带来的影响;其他相关方的意见(见 5.5.4);对以前目标和指标实现情况的分析;事故、事件和不符合的记录(见 5.6.3);管理评审的结果(见 5.7)。

2. 控制过程

组织应针对其相关职能和层次制定健康、安全与环境目标、指标,并排定优先顺序。指标应具有可测量的特性,与健康、安全与环境方针相一致,并以健康、安全与环境初始评审的结果为基础。

在制定健康、安全与环境目标、指标时,应重点考虑那些受其影响的有关职能和层次的信息和资料,也应考虑相关方的信息,以确保目标、指标合理并得到广泛接受。

目标和指标应满足以下条件:

(1)根据组织的特点制定,并适用于组织的规模和活动类型,要针对组织内共同的健康、安全与环境问题,以及个别职能和层次特定的健康、安全与环境问题;

(2)与组织适用的相关健康、安全与环境法律、法规及其他要求相一致;

(3)应将重点放在员工的健康、安全防护措施及环境保护措施的持续改进上,以达到最好的健康、安全与环境绩效;

(4)目标、指标应形成文件,并向组织所有相关职能部门和各级员工进行传达;

(5)定期评审,必要时予以更新;

(6)应为每个健康、安全与环境目标确定适当的指示参数,这些指示参数应有利于监视和测量指标的实现情况;

(7)目标应合理、可行,并为实现每个目标和指标确定适宜的时间表;

(8)结果性指标与过程性指标相结合,通过过程指标的实现来保证结果性指标的实现。

组织可根据其规模、目标的复杂性及时间表,将健康、安全与环境目标分解为不同的指标,指标和目标之间应有明确的联系。

目标和指标应传达到相关员工(如通过培训或沟通,见 5.4.4),并通过健康、安全与环境管理方案来实现(见 5.3.4)。

3. 典型输出

(1)形成文件化的、可测量的健康、安全与环境目标和指标。
(2)组织层层制定目标、指标,并层层签订 HSE 业绩合同书。

实用指导——关于目标和指标设定的示例

通常可用与组织风险相关的健康、安全与环境绩效参数作为目标设定,如:
——职业病特定病种发病率;
——特定有害粉尘的浓度;
——噪声强度;
——消除或降低特定意外事件的频次;
——隐患治理和改善现有状况;
——降低原材料或能源的使用量;
——特定污染气体(如 SO_2、CO_2、NO_2)的排放浓度;
——污水特定污染物排放浓度;
——污水排放的总量;
——单位产量成品所产生废物的量。

四、方案

[规范条款]

组织应制定、实施并保持旨在实现其目标和指标以及针对特定的活动、产品或服务健康、安全与环境管理的方案。方案应形成文件,内容至少应包括:

a)为实现目标和指标所赋予有关职能和层次的职责和权限;
b)实现目标和指标的方法和时间表。

应定期或在计划的时间间隔内对方案进行评审,必要时对方案进行调整。

条款要求和对条款的理解如下。

(一)关于方案

"方案"以前称为"健康、安全与环境管理方案",是风险管理的输出文件。前面针对特定的活动、产品、服务已经进行了危害、危害因素辨识、风险评价、风险控制工作,并针对这些活动、产品、服务过程制定了目标和控制指标,下一步怎么办?要开展事故预防和控制行动。行动要有计划或方案——这就是健康、安全与环境管理方案的来由。

(1)方案是针对某一具体活动、产品和服务活动制定的,目的是保证目标、指标的实现——不出事故。因此,方案是必须落实的,否则前面的风险管理工作就是无效的。

(2)方案的内容。主要包括活动或任务、目标与指标、潜在事故或危害、事故风险、风险控制与削减措施、各职能和层次的职责与权限、措施完成时间等。方案可以写进项目 HSE 计划书或岗位作业指导书,也可以专门以文件形式发布。

(3)关于 HSE 关键任务。方案中规定的风险控制、削减措施的落实或实施任务就是 HSE 关键任务。如果这些任务没有完成或落实,那么一些危害因素就没有得到控制,就可能导致事故的发生。这是 HSE 管理的原则性问题,也是一个关键问题,还是一个责任问题。因此对于方案或 HSE 关键任务决不能忽视或掉以轻心,否则后果不堪设想。

(二)关于方案的管理

由于组织面对的风险是动态的,所以风险管理要定期进行。由于风险管理定期进行,所以作为风险管理的输出文件,方案也是动态的。本条款要求定期并且在计划的时间间隔内对方案进行评审,必要时应针对组织的活动、产品、服务或运行条件的变化对方案进行修订。这就和风险管理的要求相一致。由于方案的核心内容是事故预防、控制措施,所以评审的主要内容是措施的科学性、有效性和可行性,关键是措施的有效性,能够保证目标指标的实现。另外,活动或任务中的危害事件也可能会发生变化,也应当进行评审,评审后应当对方案进行修订,以保证 HSE 管理的持续适宜性、有效性。

(三)总体要求

通过方案的"制定""传达""实施""评审",确保风险削减措施的落实,确保特定活动过程全面控制,防止事故的发生,实现组织的健康、安全与环境方针和目标。

(四)管理过程

1.典型输入

典型输入包括:健康、安全与环境方针(5.2);健康、安全与环境目标和指标(5.3.3);适用的法律、法规及其他要求(5.3.2);危害因素辨识、风险评价和风险控制的结果(5.3.1);组织的活动、产品和服务过程的信息;员工及其代表参与作业场所的健康、安全与环境事务协商(5.4.4)、评审和改进活动的信息;对可供选择的技术方案的评审结果;持续改进的要求;为实现健康、安全与环境目标和指标可利用的资源(5.4.2)。

2.控制过程

制定适当的方案,以实现健康、安全与环境的目标和指标,是策划过程的一个部分。方案应确定:

(1)需要完成的各项活动、任务,并确定负责完成活动、任务的责任人员;
(2)为特定活动、任务制定方案,应规定各相关层次的职责和权限,确定完成时间表;
(3)为完成任务配置适当的资源(如财力、人力、设备和后勤保障等);
(4)所需采取的措施,这些措施可针对过程、项目、产品、服务、场所或场所内的设施。

如果方案涉及特定的培训计划(见5.4.3),则培训计划中应进一步规定相关的培训内容和相应的监督措施。

如果方案涉及作业规程、工艺过程、设备或物料方面的重大变更时,方案中应规定进行新的危害因素辨识和风险评价,并就相应的变化内容与有关人员进行协商。

方案应是动态的,当健康、安全与环境管理体系的过程及活动、服务和产品发生变化时,应对目标、指标和相关的方案进行必要的修订。

组织应就方案的有关内容进行交流,对目标实现情况进行监视和测量、评审和记录。

针对组织特定的活动、产品或服务进行策划形成文件化的方案,内容应包括:
(1)目标的明确表述;
(2)明确各相关层次为实现目标的职责和权限;
(3)实现目标所采取的方法、措施;
(4)资源需求及配备;
(5)实施方案的进度表;
(6)促进和鼓励员工参与作业场所健康、安全与环境事务的协商、评审和改进活动,建立协商和信息沟通的机制;
(7)建立评优机制;
(8)确定评审和改进的机制等。

3. 典型输出

形成文件化的方案,指导相关工作。

实用指导——关于健康、安全与环境管理方案的示例

例1 降低COD排放量管理方案

危害因素	目标	指标	方法	阶段	完成时间	责任部门
污水排放	COD排放量达到本地区总量控制要求	COD排放量从2000t降至200t	建污水处理装置	设计	××年××月	装备部
				施工	××年××月	装备部
				验收	××年××月	生产部

例2 电气线路隐患治理管理方案

危害因素	目标	指标	方法	阶段	完成时间	责任部门
电气线路老化隐患	消除电气线路火灾隐患	触电事故为零;电气火灾事故为零	更换电气线路	调研	××年××月	生产科
				安装	××年××月	生产科
				验收	××年××月	安全科

注:本示例并不意味着健康、安全与环境管理方案的表现形式一定如示例的方式,根据情况的不同可表现为多种形式。

第四节　组织结构、职责、资源和文件

本节主要介绍 HSE 管理中的基础管理,如组织结构和职责、人力资源管理、资源管理、文件和资料管理、沟通与协商等。标准中共设置了 6 个二级要素,表 2-2 列出了这些二级要素。

表 2-2 "组织结构、职责、资源和文件"的 6 个二级要素

二级要素	要点
5.4.1 组织结构和职责	组织体系及各层次人员的 HSE 职责和权限
5.4.2 资源	提供必要的资源以完成 HSE 活动和任务
5.4.3 能力、培训和意识	从事 HSE 主要活动和任务的员工所必须具备的能力的考核及必要的培训
5.4.4 沟通、参与和协商	组织、承包商及合作者对 HSE 事务应持有的共同认识,信息交流
5.4.5 文件	以纸或电子文件等形式建立和保存 HSE 管理体系文件
5.4.6 文件控制	控制文件的内容及文件的管理

一、组织结构和职责

[规范条款]

组织应确定与健康、安全、环境风险和影响有关的各级职能和层次及岗位的作用、职责和权限,形成文件,予以沟通,通过明确直线责任,便于健康、安全与环境管理。

所有承担管理职责的人员,应证实其对健康、安全与环境绩效持续改进的承诺。

组织应确保工作场所的属地管理人员在其能控制的领域承担健康、安全与环境方面的责任,遵守组织适用的健康、安全与环境管理要求。

组织应在最高管理层中指定一名成员作为管理者代表,承担特定的职责,以确保健康、安全与环境管理体系的有效实施,并在组织内推行各项要求。无论是否还负有其他方面的责任,应界定明确的作用和权限,以便:

a)确保按本部分的要求建立、实施和保持健康、安全与环境管理体系;

b)向最高管理者报告健康、安全与环境管理体系的运行情况和绩效,以供评审,并提出改进建议。

管理者代表的身份应对所有在本组织控制下工作的人员公开。

条款要求和对条款的理解如下。

(一)组织结构和职责说明

(1)条款要求。要实施 HSE 管理,就要设置相应的 HSE 管理组织结构,并规定这些组织结构和人员的职责,以文件下达。组织结构设置要合理,职责不能重叠也不能出现盲区。HSE 组织结构和生产管理组织结构不同,有 HSE 管理的专职机构,但大部分是兼职机构。专

职机构有最高管理者、HSE管理者代表、HSE管理委员会、HSE领导小组、HSE体系办公室、HSE总监、监督员、健康安全环保主管部门等，兼职机构是指组织生产管理体系中的机构，同时肩负HSE管理任务的各职能和层次，如公司办公室、生产运行主管部门、人力资源主管部门、企业文化主管部门、市场开发、经营、物资供应等其他部门。凡是对组织的活动、设施和过程的健康、安全与环境风险有影响的职能和层次，都承担相应的HSE管理职责；落实直线责任就是要落实各级领导及每名员工的安全环保责任，做到"谁组织谁负责、谁管理谁负责、谁执行谁负责"，即安全不只是安全部门的事情，各分管领导、职能部门都要对其分管工作和负责领域的HSE工作负责；各项目负责人都要对自己承担的项目工作和负责领域的HSE工作负责；每名员工都要对所承担工作(任务、活动)的HSE负责。

组织的组织结构可以用组织结构图来表示。图2-2给出了中国石油天然气集团公司的HSE管理体系组织结构图。

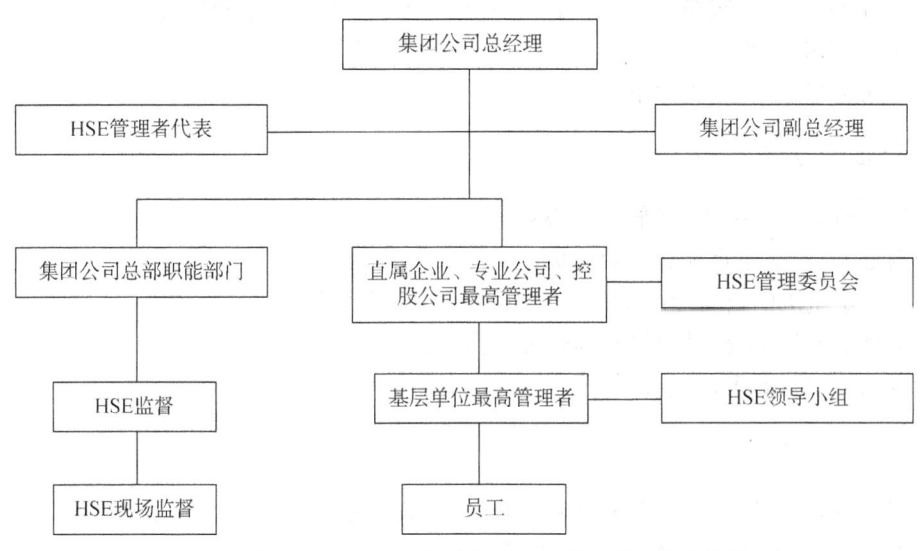

图2-2 中国石油天然气集团公司HSE管理体系组织结构图

中国石油天然气集团公司实行的是集团公司最高管理者、HSE管理委员会主任及其授权的管理代表和各部门负责人为首的线性组织体系。HSE管理委员会主任由总经理担任，执行部门是安全环保部。直属企业设HSE管理委员会，直属企业下属单位设HSE领导小组。

(2)HSE管理的最终责任由最高管理者承担，这一点和我国安全生产法的要求一致。

(3)组织应在最高管理层指定一名成员作为管理者代表承担特定职责，并规定了管理者代表的职责。最高管理者往往公务繁忙，对HSE管理不可能事必躬亲，因此必须授权一个最高管理者代表来行使必要的职责。管理者代表可以在授权范围内代表最高管理者进行管理，但应定期向最高管理者汇报和请示。

(4)各职能和层次的管理者应提出HSE承诺。

(5)落实属地管理，就是要落实各项工作的负责人对各自承担工作的安全环保负责，做到"谁工作谁负责，谁管理谁负责"；落实各级领导对分管领域、业务、系统的安全环保负责，落实每一名员工对自己工作岗位区域内的安全环保负责，包括对区域内设备、作业活动的安全环保负责，做到"谁的领域谁负责，谁的区域谁负责，谁的属地谁负责"，把岗位职责和属地责任融为一体，形成事事有人管，人人有专责的良好局面。

(二)有关人员的 HSE 职责

职责是指各级管理人员在其管辖范围内建立、实施和保持 HSE 管理体系的具体职责及员工个人在确保 HSE 表现方面的职责。负责 HSE 管理的主要机构和管理人员的职责简述如下(引自《中国石油天然气集团公司 HSE 手册》)。

1. 最高管理者(HSE 指导委员会主任)

(1)提供强有力的领导和明确的承诺;
(2)贯彻执行国家健康、安全与环境的法律、法规;
(3)组织制定 HSE 方针政策;
(4)主持 HSE 指导委员会会议,对重大健康、安全与环境问题进行决策;
(5)提供 HSE 资源;
(6)定期主持 HSE 管理评审。

2. HSE 管理者代表

(1)负责建立和实施 HSE 管理体系;
(2)制定 HSE 战略目标和绩效指标;
(3)组织审定集团公司年度 HSE 工作计划,并监督实施;
(4)审核 HSE 相关标准、规定、惯例和指南;
(5)定期组织开展 HSE 管理体系审核。

3. HSE 执行机构

(1)组织建立和维护 HSE 管理体系文件,并负责体系运行管理;
(2)组织制定并实施集团公司年度 HSE 规划和计划;
(3)制定 HSE 管理体系审核计划,组织 HSE 管理体系审核活动;
(4)负责协调解决 HSE 的专业技术问题,组织重大安全隐患治理和污染控制项目的技术论证;
(5)组织对各直属单位实施 HSE 工作计划的情况进行监督、检查和监测;
(6)负责指导 HSE 风险管理;
(7)负责组织重特大事故的调查处理;
(8)组织开展 HSE 科研和学术交流,配合开展重大 HSE 科技项目立项论证和成果鉴定;
(9)组织 HSE 管理和技术人员培训,归口管理集团公司所属的 HSE 科研、咨询机构。

4. 各职能管理部门

各职能管理部门都有支持 HSE 管理体系建立和运行的义务,并承担相应的管辖范围内的 HSE 管理职责。

5. HSE 管理委员会

(1)贯彻执行集团公司的 HSE 方针,支持和参与集团公司组织的 HSE 管理评审;

(2)组织本单位 HSE 管理体系文件的编制、修订,并负责体系运行管理;
(3)参与企业综合决策,组织制定年度 HSE 的目标、指标和方案,授权处理本单位 HSE 问题;
(4)主持本单位内部 HSE 管理体系审核工作,审批 HSE 管理体系审核计划和报告;
(5)每年向集团公司 HSE 委员会汇报各项指标完成及工作实施情况,提出下一步工作部署,交集团公司审核备案;
(6)组织开展 HSE 宣传、教育、培训、技术信息交流活动,负责 HSE 管理体系有关事宜与外部各方的联系;
(7)负责调查、处理、报告 HSE 方面的事故,建立并完善 HSE 记录、统计报表及技术档案。

6. HSE 总监

(1)对 HSE 整体表现负责;
(2)保证所有生产现场纳入 HSE 管理体系;
(3)对体系各组成部分委派责任人;
(4)确定和控制风险;
(5)根据法律和上级部门要求组织生产;
(6)实现 HSE 目标,提高 HSE 管理持续改进能力。

7. HSE 现场监督

(1)负责解释相关法规、措施和 HSE 指南,制定和编写本单位技术标准、惯例和指南;
(2)监督和评价 HSE 表现,及时更新和维护记录,编写 HSE 表现阶段报告;
(3)保证发生突发事件时有很好的通信系统,做出有效的应急反应;
(4)完成独立审核,向上级主管部门保证所有风险可以得到有效控制;
(5)从集团公司内部或外部事故中吸取教训,并通过各种渠道掌握最新技术,促进 HSE 表现的改善;
(6)为本单位的各项活动征求专家意见,组织开发 HSE 新技术、新工艺;
(7)为上级领导部门制定 HSE 战略和计划提供技术和工程方面的合理化建议;
(8)组织开展 HSE 风险评估,对承包商的 HSE 业绩和生产活动进行监督。

8. 员工

(1)具有维护 HSE 企业文化的义务和权利;
(2)接受 HSE 培训;
(3)按照 HSE 文件完成工作任务;
(4)接受 HSE 管理部门的检查和监督;
(5)报告事故、事件;
(6)参与 HSE 管理。

(三)总体要求

为有效地实施健康、安全与环境管理,对各相关职能和层次的作用、职责和权限进行规定。

(四)管理过程

1. 典型输入

组织机构及机构图;危害因素辨识、风险评价和风险控制的结果;健康、安全与环境目标、指标和管理方案;适用的法律、法规及其他要求;组织的活动、产品和服务,设施、工艺过程的信息;程序和工作指南。

2. 控制过程

1)组织机构和职责的确定

组织应确定所有执行健康、安全与环境任务的人员的职责和权限,包括明确界定不同职能和不同层次之间的职责衔接。

各职能和层次的管理人员应有效管理其管辖范围内的健康、安全与环境工作。

最高管理者提供的资源应使所规定的职责能够实现。当组织的机构发生变化时,应对职责和权限予以评审。

2)作用和职责应形成文件

应采用与组织相适应的形式,对健康、安全与环境的作用、职责和权限形成文件,如:健康、安全与环境管理体系的手册、工作程序和任务描述、程序和工作指南等。

组织在向员工下达的书面工作指南文件中应明确其承担的健康、安全与环境职责。

3)作用和职责的交流

组织应向所有相关人员有效传达 HSE 管理组织结构、职责和权限,确保相关人员了解职责的范围、接口关系和付诸实施的途径。采用各种方式传达和宣传其健康、安全与环境理念,使员工意识到健康、安全与环境工作是每个人的责任,而不仅仅是健康、安全与环境管理部门和人员的责任。

3. 典型输出

典型输出包括以下方面:
(1)所有相关人员的健康、安全与环境职责和权限的确定;
(2)手册、程序和工作指南文件中形成文件的职责和权限;
(3)与所有员工和其他相关方就其作用和职责进行交流的过程;
(4)各级管理者对健康、安全与环境工作的积极参与和支持;
(5)管理者代表的任命文件。

二、资源

[规范条款]
组织应为建立、实施、保持和持续改进健康、安全与环境管理体系提供必要的资源,包

括但不限于以下：
　　a)基础设施；
　　b)人力资源；
　　c)专项技能；
　　d)技术资源；
　　e)财力资源；
　　f)信息资源。
　　组织应考虑法规的要求(如按法规要求保障安全生产投入、提取安全费用)以及来自各级管理者和相关方的意见,确保提供的资源适合于的活动、产品或服务的性质和规模以及风险控制的需要,应用于改进健康、安全与环境管理,并定期评审资源的适宜性。

　　条款要求与对条款的理解如下。

(一)资源

　　条款规定了"资源有哪几类,如何配置"的问题,即资源管理问题。HSE 管理中的重要资源有 6 类,要从事管理活动,必须具备必要的资源,资源是开展业务的基础。组织可根据需要确定是否建立资源管理程序,尽管条款没有规定。

(二)资源管理

1.资源配置负责人

　　资源配置工作应由最高管理者主持并负责。

2.资源配置程序

　　为确保提供的资源适合于组织的活动、产品或服务的性质和规模,以及健康、安全与环境风险控制的需要,最高管理者应考虑来自各级管理者和健康、安全与环境专家的意见,且定期评审资源的适宜性,这样才能保证资源配置合理,确保各职能、层次履行职责。从条款规定的资源可以看出,资源是各部门、单位都急需的,有限的人、财、物、技术没有一个不是财富,大家都想拥有最好的资源,这样就很容易导致资源配置中出现不合理的问题。

3.工艺设备更新

　　组织在建立 HSE 管理体系时,应考虑对工艺设备的更新。我国目前对设施、设备实行淘汰制度,国家定期公布淘汰的工艺和设备目录,这些设备或工艺一般能耗高、污染严重、安全性能差。因此应在全面了解、掌握现有设施、设备的基础上,全盘考虑需要改进和补充的部分,当现有资源不能满足要求时,可按以下次序确定：
　　(1)对不符合国家、地方法规、工业标准要求的设施和设备,应坚决予以淘汰；
　　(2)目前能满足组织健康、安全与环境目标和表现准则要求的设施和设备,但相对落后或陈旧,且生产效率低下的设备,应根据情况予以必要的更新；

(3)若组织还有能力,则可以考虑增加一部分持续改进 HSE 管理绩效所需的设施和设备。

4. 资源配置情况

应定期评审资源配置情况,评审要有记录,必要时对资源配置进行改进。

(三)配置资源的原则

(1)量力而行、循序渐进原则:在现有的资源条件下,充分考虑法律、法规的要求,企业的义务和长远利益,分阶段地改进企业的 HSE 管理体系,优先解决重点问题。既不可不顾财力、物力作出不切实际的承诺和制定不现实的目标,也不应以资源不足为借口,削弱 HSE 管理。
(2)经济与技术统一的原则:应在进行经济技术评价、风险评估的基础上,确定资源的最佳利用方式,寻求经济效益与技术的平衡点、经济效益与风险控制的平衡点。
(3)多方征求意见原则:征求各级管理者和各方面专家的意见,以确保资源得到更为合理的配置。

(四)总体要求

规定了最高管理者应提供足够的资源,以建立、实施、保持和持续改进健康、安全与环境管理体系。

(五)管理过程

1. 典型输入

典型输入包括:组织的活动、产品或服务的性质和规模;适用的法律、法规及其他要求;危害因素辨识、风险评价和风险控制的结果;健康、安全与环境专家的意见;相关方的意见;管理评审(见 5.7)。

2. 控制过程

组织的管理者应确定并提供建立、实施、保持和改进健康、安全与环境管理体系所需的资源,并及时予以有效的供给。

组织应对当前和将来的资源配置需求予以考虑,应适合于组织的活动、产品或服务的性质和规模以及健康、安全与环境风险控制的需要。在资源配置上,组织可跟踪健康、安全与环境效益和成本。

组织应做出安排,对资源及其配置进行定期评审,适当时,可结合管理评审进行,评审应考虑来自各级管理者和健康、安全与环境专家的意见。对资源的充分性进行评价时,应考虑计划的变更、新的项目和运行。在某种程度上,可通过健康、安全与环境目标的预期效果与实际结果的比较来评审资源的充分性。

3. 典型输出

典型输出包括以下方面:

(1)满足健康、安全与环境管理体系建立、实施、保持和持续改进需要的资源;
(2)资源及其配置的评审记录。

> **实用指导——关于石油地震队所需要的资源示例**
>
> 石油地震队实施物探项目所需要的资源,包括但不限于以下:
> ——地球物理勘探施工的过程设备、运输设备、通讯设施、安防设施、消防设施、环保设施、办公场所等;
> ——具备相应岗位能力的管理人员、技术人员、操作人员等;
> ——项目健康、安全与环境投入资金;
> ——山地、沙漠、海上地球物理勘探的专项技术。

三、能力、培训和意识

[规范条款]

组织应建立、实施和保持程序,以实现:

对于其工作可能产生健康、安全与环境风险和影响的所有人员,应具有相应的工作能力。在教育、培训和(或)经历方面,组织应对其能力做出适当的规定,并对员工完成工作的能力进行定期的评估。

组织应识别培训的需求,依据岗位风险和任职要求确定培训需求矩阵,根据培训计划提供培训,对培训效果进行评估并采取改进措施。培训程序应考虑不同层次的职责、能力和文化程度以及风险。组织应对管理人员、操作岗位人员、相关方的作业人员、来访人员根据需求和法规要求进行教育培训及告知。

组织确保处于各有关职能部门和管理层次的员工都意识到:

a)符合健康、安全与环境方针、程序和健康、安全与环境管理体系要求的重要性;

b)在工作活动中实际的或潜在的健康、安全与环境风险,以及个人工作的改进所带来的健康、安全与环境效益;

c)在执行健康、安全与环境方针和程序中,实现健康、安全与环境管理体系要求,包括应急准备和响应(见5.5.10)方面的作用和职责;

d)偏离规定的运行程序的潜在后果。

条款要求与对条款的理解如下。

本条款是 HSE 管理中对人力资源管理的要求。对于人员的管理,应重点关注两方面:一是能力,二是意识。条款要求组织应建立并保持程序(建议称其为"人力资源管理程序"),对人力资源管理的职责、权限、能力评价、晋升奖励、降级处罚等方面的要求和程序加以规定,形成公平、开明的用人机制。也可以再制定"培训管理程序",就员工培训的职责、权限、培训程序(培训需求的确定、培训计划的制定、培训机构的确定、培训组织实施、监督检查、培训考核、改进等)等方面做出规定。条款着重谈了三个问题:能力、培训和意识。意识就是员工对 HSE 管理的认知和态度。

HSE 管理九项原则要求安全是聘用的必要条件,员工应承诺遵守安全规章制度,接受安全培训并考核合格。具备良好的安全表现是企业聘用员工的必要条件。企业应充分考察员工的安全意识、技能和历史表现,不得聘用不合格人员;企业必须对员工进行健康、安全与环境培训,接受岗位 HSE 培训是员工的基本权利,也是企业 HSE 工作的重要责任,通过培训以确保员工掌握相关 HSE 知识、技能和良好的 HSE 意识、行为。所有员工都应主动接受 HSE 培训,经考核合格,取得相应资质后方可上岗。

由事故致因理论可知,事故发生的直接原因是人的不安全行为和物的不安全状态。在所有资源中,人是最重要也是最活跃的要素,因此,加强人力资源管理是实现有效 HSE 管理的基础。

(一)能力评估

1.能力评估的范围

能力主要指从事生产活动和 HSE 风险控制的能力。评估的人员范围包括各级管理人员、操作人员、应急组织及人员、特殊工种及危害岗位人员、承包方人员以及所有承担体系职责的人员。

2.能力评估的依据

组织应对各个岗位上的员工的 HSE 任职能力要求予以规定,能力要求可以根据国家有关规定、标准来确定,也可以依据一些方法如岗位责任分析法来确定,形成组织的 HSE 岗位能力标准,能力评估依据该标准。

3.能力评估的程序

主要是能力评估的归口管理部门,能力评估的时间和频次,参与评估的人员,评估的方式、方法和内容等,目的是保证对所有员工的 HSE 任职能力做出客观公正的评价。

4.能力评估的内容

员工能力评估主要包含但不限于以下内容:
(1)资历,指学历、工龄等;
(2)工作表现,包括责任心、工作态度、工作业绩等;
(3)理论考核和操作考核,包括考核方法、综合测评方法等;
(4)岗位培训要求;
(5)各方面的意见。

(二)培训

HSE 管理体系的成功实施,在很大程度上取决于公司人员的整体素质和能力,而个人素质和能力的形成和提高主要来自培训和实践。为保证各级人员有较高的素质和能力,需要根据具体情况做好培训,因此组织应建立培训管理程序。

1.培训需求

培训需求的确定是培训成功的基础,组织应确定需要安排哪些培训,以保证培训项目有的放矢。培训需求确定一般按如下程序确定:

(1)国家法律、法规要求的培训。《安全生产法》规定,危险物品的生产、经营、储存单位以及矿山、建筑施工单位的主要负责人和安全生产管理人员,经有关主管部门对其进行安全生产知识和管理能力考核后,成绩合格方可任职;生产经营单位应当对从业人员进行安全生产教育和培训,保证从业人员具备必要的安全生产知识,熟悉有关的安全生产规章制度和安全操作规程,掌握本岗位的安全操作技能。未经安全生产教育或培训不合格的从业人员,不得上岗作业。生产经营单位采用新工艺、新技术、新材料或者使用新设备时,必须了解、掌握其安全技术特性,采取有效的安全防护措施,并对从业人员进行专门的安全生产教育和培训;生产经营单位的特种作业人员必须按照国家有关规定,经专门的安全作业培训,取得特种作业操作资格证书后,方可上岗作业。

(2)由培训主管部门征求各部门和基层单位意见,确定培训需求,并以年度培训计划安排下达。

(3)根据需要,确定一些临时培训项目。

2. 培训计划

培训计划是实施某一培训项目的指导性文件,内容主要有:培训项目名称、培训目标、培训对象、培训起止日期、培训地点、培训类型、培训内容与课程设置、培训教师安排、学时安排、培训监督管理、考试考核要求、纪律与安全要求等。

培训类型有岗位培训和脱产培训,也可以分为理论知识培训和操作技能培训等。另外培训要做好记录,如考勤记录、培训计划、课程表、学员登记表、考试考核成绩等均属于记录资料。

3. 培训机构的确定

HSE培训具有很强的法律性,一定要选择有培训资质和能力的培训机构开展培训。

4. 培训检查和改进

对于培训项目实施过程的监督、检查、考核是培训主管部门的职责之一,应采取适当的方法对培训过程进行检查和考核,发现问题应及时纠正。常用的方法有听课、问卷调查、综合测评等。

(三)意识

培训的目的不只是提高知识和技能,还要培养员工的HSE意识,使员工具有良好的风险意识和HSE态度和文化。众多的事故案例说明了员工HSE意识不足的危害。如员工贸然进入容器导致中毒死亡,就表现了员工对于进入容器作业的性质不清楚,对于进入容器的危害不清楚,由于无知导致鲁莽,鲁莽导致死亡。通过培训,使员工明确岗位上存在的危害、危害因素和现场具有的防范措施,以及紧急情况下的应急措施,形成HSE意识。

(四)总体要求

通过有效的能力评价了解员工的HSE意识和能力状态,并将能力评价结果作为培训需求确定的依据之一。通过培训,提高员工岗位风险控制能力和HSE意识。

(五)管理过程

1.典型输入

典型输入包括:程序和工作指南文件(5.5.8);危害因素辨识、风险评价和风险控制的结果(5.3.1);健康、安全与环境方针和目标、指标(5.3.3);方案(5.3.4);法律、法规和其他要求(5.3.2)。

2.控制过程

1)员工能力评估

从事具有实际和潜在风险和影响的工作的人员应具有承担相应工作的能力,从而符合健康、安全与环境体系的要求。组织应确定承担这些工作的人员所需的健康、安全与环境意识和能力,在教育、培训、技能和(或)经历等方面,对员工能力做出适当的规定,并通过针对不同人员的能力评估程序确保有关人员达到这些要求。

组织应识别和评价员工岗位意识和能力需求和实际个人能力之间的差距,并通过教育、培训、技能培养等方式予以弥补。

目前,中国石油天然气集团公司已经开始对各个层级员工进行HSE履职能力评估。具体评估程序、方法可参考有关文件。

在选择承包方和(或)供应方时也应考虑人员的能力要求。

2)培训

培训实施过程一般包括:培训需求确定;制订培训计划;及时并系统地提供必要的培训;对培训效果进行评价,以确保每个员工已获得并保持所要求的知识和能力。

有关健康、安全与环境管理体系培训计划应考虑的内容:

(1)使员工了解组织的健康、安全与环境工作安排及其个人在其中的作用和职责;

(2)员工上岗、换岗培训和继续教育的系统培训计划;

(3)在工作开始前就健康、安全与环境工作安排、危害因素和风险、所采取的预防措施以及所遵循的程序进行培训;

(4)对进行危害因素辨识、风险评价和风险控制的人员的培训;

(5)关键岗位所需专门的内部或外部培训;

(6)对最高管理者进行其作用和职责的培训;

(7)对承包方人员进行健康、安全与环境培训,以确保其了解所负责运行活动中的危害因素和风险,按照健康、安全与环境程序的要求安全地从事作业活动。

应对培训的有效性和实际达到的能力水平进行评价,这种评价可在培训过程中进行,也可通过适当的现场检查或监测培训产生的长期效果来确定是否已获得相应的能力。来自训练和事故的经验可反馈到培训程序中,以改善HSE培训的质量。

应保持培训档案资料和有关记录。

3)健康、安全与环境意识

最高管理者通过阐明组织的健康、安全与环境价值观,宣传健康、安全与环境方针,树立员工的健康、安全与环境意识,鼓励员工就改进健康、安全与环境绩效提出建议。

组织应确保员工意识到：
(1)符合健康、安全与环境方针、程序和健康、安全与环境管理体系要求的重要性；
(2)在执行健康、安全与环境方针和程序方面，实现健康、安全与环境管理体系要求，包括应急准备和响应要求方面的作用和职责；
(3)在工作活动中实际的或潜在的健康、安全与环境风险，以及个人工作的改进所带来的健康、安全与环境效益。

3. 典型输出

典型输出包括以下方面：
(1)岗位的能力需求；
(2)员工能力评价结果；
(3)培训需求；
(4)培训方案或计划；
(5)组织内可利用的培训课程或资料；
(6)培训记录和培训效果的评价记录。

> **实用指导——关于健康、安全与环境培训类型的示例**
>
> 组织应根据确定的培训需求制定培训计划，实施培训。培训的类型如：
> ——对高级管理者进行的提高健康、安全与环境管理重要性认识的培训；
> ——对全体员工进行的提高健康、安全与环境意识的培训及法规要求培训；
> ——对体系相关管理部门人员进行的体系标准及体系文件培训；
> ——对从事与组织重要风险有关的人员进行的操作规程或作业文件培训；
> ——对特种作业人员组织的特种作业资质培训；
> ——对应急组织人员进行的应急程序及应急预案培训；
> ——对设备或仪器操作人员进行的操作技能培训等。

四、沟通、参与和协商

[规范条款]

A. 沟通
组织应建立、实施和保持程序，确保就相关健康、安全与环境信息进行相互沟通：
a)组织内各职能和层次间的内部沟通；
b)与进入工作场所的承包方和其他访问者进行沟通；
c)接收、记录和回应来自外部相关方的相关沟通。
组织应通过安全经验分享等方式对健康、安全与环境相关理念、知识、案例等进行沟通和分享，并应确保各级管理人员就作业行为、程序执行、作业场所、工具和设备等事项开展行为安全观察与沟通。

B. 参与和协商
组织应建立、实施并保持程序，确保员工和相关方就健康、安全与环境事务的参与和

协商。组织应告知员工参与的安排,包括谁是他们的员工代表。员工应通过以下方式进行参与:

a) 参与危险因素辨识、风险评价和确定风险控制措施;

b) 参与事件调查;

c) 参与健康、安全与环境方针、目标的制定、实施和评审;

d) 参与商讨影响工作场所内人员健康和安全的条件和因素的任何变更;

e) 对健康、安全与环境事务发表意见。

适当时,组织应确保与相关的外部相关方协商有关的健康、安全与环境事务,包括与承包方和(或)供应方就影响其健康、安全与环境的变更进行协商。

条款要求与对条款的理解如下。

沟通、参与和协商是确保健康、安全与环境管理体系具有系统化特点的关键要素。其目的是通过协商与沟通机制鼓励员工积极参与健康、安全与环境实践,并支持其实现健康、安全环境管理的方针和目标,是HSE"全员参与"思想的体现。条款要求组织建立并保持程序(可以称为《沟通和协商管理程序》或《信息交流管理程序》),建立协商和沟通的机制和渠道,对信息交流、沟通和协商的职责、权限、程序要求予以规定。一个组织只有对各种内外部信息进行有效交流,快速做出反应,才能使管理效率提高。

(一)沟通

1. 沟通的含义

沟通是指组织内部各职能和层次之间,组织与外部相关方之间的信息交流。组织的各部门之间及组织与各相关方之间必须建立高效的信息沟通或交流渠道,就HSE管理事务信息进行交流,以便及时做出反应,避免造成影响或损失。沟通是信息的沟通,信息是指HSE管理过程中的各种信息。

2. 沟通的类型

沟通可以分为内部沟通和外部沟通两种类型。

1)内部沟通

内部沟通是指组织内部各职能和层次间的沟通,沟通的是内部信息。如日常的联络、指令、常规报表、各种消息、通报、各部门间的行文等,对组织的HSE管理起协调和促进作用,对组织内部信息的上传下达起保障作用。

内部沟通又分为纵向和横向沟通。纵向沟通是组织各层次之间的沟通,即"最高管理者—管理者代表—主管领导—部门或作业区负责人—班组负责人—员工"之间的沟通。这是一个上情下达、下情上传的渠道,一般来讲,这个信息沟通渠道应当是畅通的,如果不畅通,则会导致政令不通,领导意图得不到贯彻,基层意见无法反馈——组织是瘫痪的。

横向交流或沟通是各个职能部门或各个作业区这些横向机构之间的沟通。一个组织有没有战斗力,肌体是否健康、是否团结,横向沟通可以表现出来。由于沟通双方职务级别相同,不存在"管"与"被管"的关系,更多的是协作与配合,难免会出现推诿、消极等问题,因此横向沟通存在的问题较多。如果一个组织缺乏有效的横向沟通,则后果是各部门各行其是、单打独斗、形不成合力——组织是涣散的。

顺畅有序的内部信息流动,有助于组织内部各个单位的成功协作及相互促进,是健康、安全与环境管理体系有效运作的必要条件。

2) 外部沟通

外部沟通是组织与外部各相关方之间的沟通。在 HSE 管理中,组织与政府有关部门、组织与社区、顾客、承包商、股东及其他相关方之间也存在着频繁的信息沟通,外部沟通所传递的信息的性质一般是比较重要的,沟通处置不及时,会使组织遭受损失。如地方政府安全生产监督管理部门下达的限期整改通知,如不能及时处置可能导致罚款、停业整顿或导致事故等后果;对社区居民的抱怨或投诉不能及时沟通、处置可能导致矛盾激化,甚至诉诸法律,使公司声誉受到影响。因此,条款要求对于外部信息应设立专门的机构,负责外部相关方联络的接收、文件形成和答复。

总之,组织的信息交流沟通对 HSE 管理体系的有效运行有着润滑剂的功效,是提高管理效率的重要手段。

3. 沟通的方式

(1) 各种短会,如班前 HSE 短会;
(2) 部门 HSE 计划和文件;
(3) 录像、快讯;
(4) 黑板报,图表;
(5) E - Mail,HSE 新闻、公报;
(6) HSE 信息电话;
(7) 对外安全、健康与环境数据报告。

此处应注意,沟通是双向的。

4. 沟通的能力

沟通能力包含着表达能力、争辩能力、倾听能力和设计能力(形象设计、动作设计、环境设计)。沟通能力看起来是外在的东西,而实际上是个人素质的重要体现,它关系着一个人的知识、能力和品德。沟通过程的要素包括沟通主体、沟通客体、沟通介体、沟通环境和沟通渠道。

一般说来,沟通能力指沟通者所具备的能胜任沟通工作的优良主观条件。简言之,人际沟通的能力指一个人与他人有效地进行沟通信息的能力,包括外在技巧和内在动因。其中,恰如其分和沟通效益是人们判断沟通能力的基本尺度。恰如其分,指沟通行为符合沟通情境和彼此相互关系的标准或期望;沟通效益,则指沟通活动在功能上达到了预期的目标,或者满足了沟通者的需要。

5. 安全观察与沟通

安全观察与沟通改变以往以惩罚、批评为主的管理模式,缓和管理者与被管理者之间对立、紧张的工作关系,充分体现了"以人为本"的管理理念,以一种全新的方式推进安全管理,实现操作人员自觉、主动接受管理者的意见和建议,形成和谐、有效的管理氛围。

在实际应用中,安全观察与沟通的方法主要采用"六步法",即:观察—表扬—讨论—沟通—启发—感谢,通过这些方法,可以引导岗位操作人员正确对待安全检查,认真准确地分析、评估不安全行为,通过诚恳的交流和启发,消除与员工之间的抵触情绪,消除或减少人的不安全行为和物的不安全状态,创建安全工作环境,最大可能地减少和降低事故的发生。

(二)参与和协商

参与和协商是组织与员工、员工代表、各相关方之间就 HSE 管理重要问题进行正式交换意见的一种制度。它是"民主管理""员工参与"等管理思想在 HSE 管理中的体现,也是沟通的一种方式,如定期在社区举办"HSE 管理发布会"等。在组织内应形成民主协商的制度,定期倾听员工、相关方对组织 HSE 管理的意见、建议,确保员工、相关方合法权益不受侵犯,使 HSE 管理不断改进。

(三)总体要求

通过沟通、参与和协商机制,鼓励员工参与健康、安全与环境管理体系的过程,确保 HSE 信息及时传递,提高 HSE 管理效率。

(四)管理过程

1. 典型输入

典型输入包括:健康、安全与环境方针和目标(5.2);健康、安全与环境管理体系文件(5.4.5);危害因素辨识、风险评价和风险控制的结果(5.3.1);法律、法规和其他要求确定的健康、安全与环境作用、职责和权限(5.4.1);作业场所的健康、安全与环境信息;相关方的健康、安全与环境信息;员工与管理者就健康、安全与环境事务进行协商的结果;员工及其代表对作业场所的健康、安全与环境进行协商、评审和改进的信息。

2. 控制过程

1)信息沟通

组织应建立并保持程序,促进其就有关健康、安全与环境信息进行沟通和交流,包括:

(1)组织应建立组织内各层次和职能间的内部沟通渠道,鼓励所有层次反馈信息、积极参与,接受和答复员工的建议,以解决问题、协调行动、跟踪实施计划、改进健康、安全与环境管理体系。

(2)组织应建立、实施并保持与外部相关方信息的接收、文件形成和答复的程序,特别是应明确发生紧急情况或事故时与相关方进行信息交流渠道和方式。

(3)对于涉及健康、安全与环境重要危害因素的信息,组织要考虑进行处理,并记录有关的决定。

(4)组织应确定健康、安全与环境事项的信息沟通方式。

2)参与和协商

组织应就员工参与和协商健康、安全与环境事务做出安排,形成文件,并通报有关的相关方。应安排员工参与相关的活动:

(1)方针和目标的制定及评审、风险管理的决策(包括参与与其作业活动有关的危害因素辨识、风险评价和风险控制);

(2)对作业场所内影响健康、安全与环境的有关变更(如引入新的设备、原材料、化学品、技术、过程、程序或工作模式或对它们进行改进)而进行的协商。

员工在健康、安全与环境事务上享有知情权、建议权和监督权等权力,并支持员工代表和管理者代表的工作。

3. 典型输出

典型输出包括以下方面:
(1)管理者与员工通过健康、安全与环境委员会或类似机构的正式协商结果;
(2)员工参与危害因素辨识、风险评价和风险控制;
(3)员工参与作业场所健康、安全与环境问题的协商、评审和改进的有关反馈信息;
(4)确定员工代表,并建立与管理者的交流机制,例如参与事故、事件调查及现场健康、安全与环境检查等;
(5)包含健康、安全与环境绩效信息和其他有关健康、安全与环境信息的简报、公告;
(6)健康、安全与环境通讯;
(7)健康、安全与环境方面的行政文件;
(8)健康、安全与环境宣传标语等。

五、文件

[规范条款]

健康、安全与环境管理体系文件应包括:
a) 承诺;
b) 方针、目标和指标;
c) 对健康、安全与环境管理体系覆盖范围的描述;
d) 对健康、安全与环境管理体系主要要素及其相互作用的描述,以及相关文件的查询途径;
e) 组织为确保对涉及危害因素的过程进行有效策划、运行和控制所需的文件和记录;
f) 本部分要求的其他文件,包括记录。

注:重要的是,文件要与组织的复杂程度、相关的危害因素和风险相匹配,按有效性和效率的要求使文件数量尽可能少。

条款要求与对条款的理解如下。

(一)HSE 管理体系文件

HSE 管理体系是一个文件化的管理体系,条款要求组织应建立并保持 HSE 体系文件(不管是书面的或是电子的)。HSE体系文件构成了组织HSE管理政策、制度和要求,是政策性文件,是必须执行的,这些文件是实施HSE管理的基础。在HSE活动计划阶段,组织应开发、保持这些文件,以保证各个管理活动有规可循,有法有度。但应注意文件的实施效果,尽量减少无效的文件。

(二)HSE体系文件的类型

按照国际石油天然气行业HSE管理惯例,HSE体系文件分为三个层次(图2-3):HSE管理手册、HSE程序文件、HSE作业文件。具体包括以下五类:

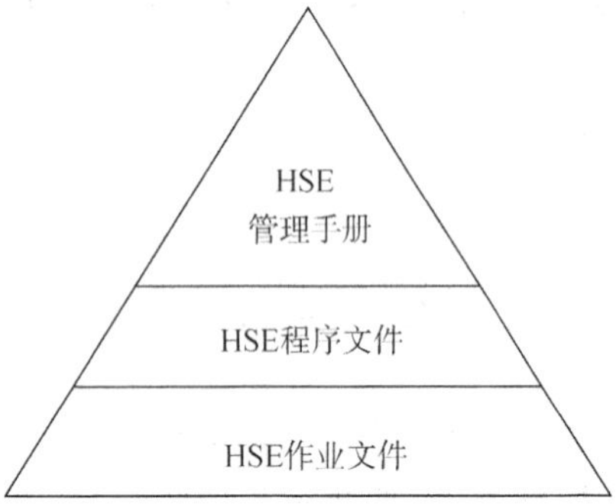

(1)HSE管理体系管理手册;
(2)程序文件;
(3)管理作业文件,HSE作业指导书、HSE作业计划书、HSE检查表;
(4)项目HSE计划;
(5)其他文件。

图2-3 HSE体系文件层次

HSE管理手册的主要作用是介绍组织HSE管理体系的基本情况。其内容主要有组织概况,HSE体系结构与职责,HSE管理体系要素以及相互关系,组织建立的体系文件及归口部门、接口关系,查询文件的途径等。

程序文件是指导管理活动的文件。在组织内部存在众多的管理过程,如人力资源管理、设备管理、风险管理、物资采购管理、应急管理、事故管理等;程序就是完成某一管理活动的逻辑顺序。程序文件就是对以上管理活动实施管理的程序,一般要规定某个管理过程的归口部门、相关部门及其职责,管理程序及要求,相关文件及记录等。

作业文件是指导作业过程的书面文件。包括管理作业文件、项目HSE计划书、岗位作业指导书、现场检查表等。

项目HSE计划是依据风险管理原理开发重要项目的指导性文件,重点阐述项目运行中存在的风险及控制要求,也称为项目例卷(项目CASE)。

其他文件包括各种记录及其他与HSE管理有关的文件。

(三)总体要求

规定组织健康、安全与环境管理体系文件的要求,确保建立的健康、安全与环境管理体系得到充分理解和有效实施。

(四)管理过程

1. 典型输入

典型输入包括:组织为支持其健康、安全与环境管理体系及其相关活动,为满足规范的要求而所建立的文件和信息系统的详细资料;作用、职责和权限;使用文件和信息的局部环境状况,文件的物理特性或者使用电子及其他媒介的限制条件。

2. 控制过程

根据组织的规模及活动的类型,建立并保持健康、安全与环境管理体系文件,其内容应包括:

(1)健康、安全与环境承诺;
(2)健康、安全与环境方针和目标;
(3)健康、安全与环境管理的组织结构与职责;
(4)程序文件;
(5)作业文件,如 HSE 计划书、HSE 岗位作业指导书、现场检查表、管理作业文件、管理方案、程序、工作指南和其他文件。

关于实施结果或活动证据的记录也属于文件,但通常以记录管理过程予以控制(见5.6.5)。

形成文件时应考虑以下方面:

(1)文件和信息使用者的职责和权限,在制定文件时应考虑可能因为安全性的需要而规定的使用权限,尤其是对电子形式的文件以及修改权限加以控制;
(2)拟采用文件的物理特性及其使用的环境,因为这可能要求对文件形式进行考虑,对信息系统电子设备的使用也应给予类似的考虑。

3. 典型输出

典型输出包括以下方面:
(1)健康、安全与环境管理体系手册;
(2)HSE 管理体系程序文件;
(3)HSE 管理体系作业文件;
(4)健康、安全与环境承诺、方针和目标;
(5)方案;
(6)健康、安全与环境记录。

六、文件控制

[规范条款]

组织应对健康、安全与环境体系所要求的体系文件和资料进行控制。记录是一种特殊类型的文件,应依据5.6.5的要求进行控制。

组织应建立、实施和保持程序,以规定:

a)在文件发布前进行审批,以确保其充分性和适宜性;
b)必要时对文件进行评审和修订,并重新审批;
c)确保对文件的更改和现行修订状态做出标识;
d)确保在使用处得到适用文件的有关版本;
e)确保对电子文件的使用予以控制;
f)确保对策划和运行健康、安全与环境管理体系所需的外来文件做出标识,并对其发放予以控制；

g) 防止对过期文件的非预期使用，如需将其保留要做出适当的标识。

条款要求与对条款的理解如下。

(一)文件的控制

本条款提出了对文件控制的基本要求。组织应当建立并保持程序(可以称为"文件控制程序"或"文件管理程序")，对文件管理的职责、权限、程序和要求进行规定。文件控制的目的是确保组织的 HSE 体系文件和资料处于受控状态，确保文件的持续适宜性，确保文件易于查找、不被误用，失效的文件根据法律、法规要求应予以留存。

如前所述，HSE 体系文件属于组织的政策性文件，必须正确地贯彻和落实。因此，文件的管理是落实文件的基础，是精细管理、实现体系可追溯性的前提。

(二)文件的控制要求

条款要求，组织应制定和保持《HSE 文件控制程序》，通过这套程序使文件管理工作做到：
(1)组织的 HSE 体系文件被分类、归档、标记、便于查找，并由专门部门负责管理；
(2)定期进行文件的评审，在必要时进行修订，并在发布前由授权人认可其适用性；
(3)在需要使用文件的岗位都可得到文件的现行版本；
(4)文件失效以后，应立刻从所有发放处和使用处剔除、回收；
(5)出于法律、法规要求需要留存的失效文件应予以留存，并标记清楚。

所有的文件都应字迹清楚，注明发布日期(包括修订日期)、实施日期、文件编号、版本号、修改码、受控要求。

文件管理的关键环节包括文件的"评审—修订—发放—归档—撤回—留存"。

(三)总体要求

条款规定了组织对健康、安全与环境管理体系文件和资料进行识别和控制的要求。

(四)管理过程

1.典型输入

典型输入包括 HSE 体系文件。

2.控制过程

1)文件的评审

所有文件在发布前应组织有关部门进行评审。

2) 文件的格式

组织应对各类文件的封面、格式、内容、修改码、版本代码进行规范,保证体系文件形式统一。受控文件应加盖"受控文件"印章。

3) 文件的发放、借阅、回收、留存

应确保所有使用单位能够得到文件的有效版本。文件发放部门应建立文件发放记录。各部门、单位应建立 HSE 体系受控文件台账、文件借阅记录。对于失效文件应及时从使用单位回收,因法规要求需要留存的文件要予以留存。

3. 典型输出

典型输出包括以下方面:
(1) 文件和资料控制程序;
(2) 文件登记册、总目录或索引;
(3) 受控文件及其发放清单;
(4) 归档记录。

第五节　实施和运行

前面几个要素完成了 PDCA 模式中计划(P)的过程。通过承诺、方针、目标管理解决了如何管理、管理到什么程度的问题,即解决了管理态度与理念、方针与目标、风险管理和资源配置以及管理方案等问题;通过风险管理,组织对需要控制的活动、过程进行了详尽的风险控制策划,制定了方案;通过基础管理(组织结构、资源和文件)在组织内形成了 HSE 管理机构和职责体系,形成了组织的管理制度、作业要求等文件资料体系,形成了协商和沟通的制度和机制。紧接着就是要依据策划的结果来指导组织的活动和任务。实施和运行是 HSE 管理中的关键环节,是过程控制的体现。如果在实施运行过程中不能发挥作用,那么策划只能停留在书面上,风险就不会被控制,事故依然会发生。"实施和运行"是在程序文件、作业文件指导、控制下的"实施和运行"。该要素包含 10 个二级要素。表 2-3 给出了该要素所有的 10 个二级要素和要点。

表 2-3 "实施和运行"的 10 个二级要素

二级要素	要点
5.5.1 设施完整性	工程或关键设施的设计、建造、采购、操作、维护和检查都应符合既定目标和规定的表现准则
5.5.2 承包方和(或)供应方	对承包方或供应方的 HSE 管理要求
5.5.3 顾客和产品	对提供服务和产品活动过程中的 HSE 风险控制
5.5.4 社区和公共关系	开展与社区的信息沟通,并取得社区对组织业务活动的支持
5.5.5 作业许可	对危险作业采用许可制度予以控制
5.5.6 职业健康	为工作场所的人员提供符合职业健康要求的工作环境和条件

续表

二级要素	要点
5.5.7 清洁生产	实施清洁生产方案,采取清洁生产措施
5.5.8 运行控制	对活动中的危害因素进行控制与管理
5.5.9 变更管理	对人员、设施、过程和程序等永久性或暂时性变化实施控制措施
5.5.10 应急准备和响应	对突发事件采取防范措施所制定的计划

一、设施完整性

[规范条款]

组织应建立、实施和保持程序,以确保对设备设施的设计、建造、采购、安装、操作、维修维护和检查等达到规定的准则要求:

a) 建立完整的工艺安全管理系统;

b) 对设计、制造、监理监造、运输、验收、储存、安装等采取质量保证和质量控制措施,使用质量合格、设计符合要求的设备设施;

c) 对设备设施的设计、建造、运行等过程应进行健康、安全与环境评价;

d) 设备设施在试运行前,应进行启动(投用)前安全检查,制定试运行方案并落实安全措施;

e) 确定关键设备,并进行标识;

f) 对设备设施进行检修维护,制定检维修方案,检维修过程中采取风险控制措施并进行监督检查;

g) 进行设备设施测试检查及可靠性分析;

h) 对设备、设施的变更带来的风险采取控制和削减措施(见 5.5.9);

i) 设备设施的拆除、报废应分析风险及影响,制定方案,并采取控制措施;

j) 对设备设施的设计、选用、安装、投用投产、操作、检测、维修、变更等运行过程与设施完整性有关的信息进行审查、整理、传递和保存;

k) 对设计、建设、运行、维修过程中与准则之间的偏差,组织应当进行评审,找出偏差的原因,确定纠正偏差的措施并形成文件。

条款要求与对条款的理解如下。

本条款提出了 HSE 设施、设备的管理要求。组织应建立并保持程序(可以称为"设施完整性管理程序"),对 HSE 关键设施管理的职责、权限、程序、要求进行规定,确保设施、设备运行正常。

(一)HSE 关键设施与设施的完整性

1. HSE 关键设施

HSE 关键设施就是与健康、安全与环境保护有关的设施。从逻辑上讲,就是 HSE 关键任务涉及的设施,主要作用是提供职业卫生防护、安全生产事故预防及控制和环境保护。如有毒有害气体场所的通风装置及气体检测报警装置,粉尘场所的除尘设备,钻井作业中的安全装置(如防喷器、防碰天车、二层台逃生装置、硫化氢检测报警装置),有关的环境保护装置(如污水处理装置、气体净化装置),等等。显然,这些设施是事故预防控制设施,如果不能正常使用,则可能导致事故的发生。

2. 设施的完整性

设施的完整性是指与健康、安全与环境保护有关的设施与主体设施的同时存在且运行状态良好。

(二)设施的完整性管理要求与制度

1. 设施的完整性管理要求

条款对设施的完整性提出了以下要求。

(1)7个环节。即对 HSE 关键设施管理要抓住"设计、建造、采购、安装、操作、维修维护和检查"7个关键环节,这也是设备管理中的7个逻辑步骤。要为这7个环节制定标准或表现准则,使管理活动符合准则,只要做好这7个环节的管理,设施也就管好了。

(2)建立完整的工艺安全管理系统。工艺安全管理的好坏很大程度上取决于工艺安全信息的管理程度。例如,开展工艺设备设施的设计、工艺系统的危害分析、工艺系统变更的审查、操作规程及培训材料的编制、投运前的安全审查、设备的测试、应急预案的编制、事故调查、识别工艺过程中潜在的危害等工作都需要参考相关的工艺安全信息。

(3)对新建项目、设施购置及建造过程的管理。条款要求进行健康、安全与环境评价,从满足本质健康、安全与环境的要求出发,做好新建项目设计施工、设备设计、制造及选型工作,从根本上杜绝事故发生的可能性。本质安全技术是工业安全上推崇的安全技术,是设备安全的最高境界。即工艺、设备本身是安全的,具有防止人员失误、设备故障可能造成事故的能力,这些能力是设备本身固有的,而不是后来增加的。本质安全型设备主要包括"失误—安全型""故障—安全型"两大类。显然采用本质安全技术可以从根本上消除由于设备、设施引起的事故。

(4)对于设计、建造、运行、维修过程中与准则之间的偏差,组织应当进行评审,找出偏差的原因及纠正偏差的措施并形成文件。

由于设计单位、建设单位、操作维护人员的能力或其他原因,可能会造成达不到准则要求的情况,即出现偏差,可能会导致事故。如污水处理工程设计时,设备能力设计太小,达不到设计处理量,则可能导致污水超标排放或停工事故;建造单位在设备制造时降低材料规格会导致强度不足,引起破裂、爆炸等事故;操作人员违章、不定期维护或检修也会导致各类事故。出现与准则的偏差时一定要评审,找出偏差的原因和可能的后果,并予以纠正或补救,防止事故发生。

2. 我国有关工程项目、设备的管理制度

1)"三同时"制度

《安全生产法》第二十四条规定:生产经营单位新建、改建、扩建工程项目(统称建设项目)的安全设施,必须与主体工程同时设计、同时施工、同时投入生产和使用。安全设施投资应当纳入建设项目概算。另外,《中华人民共和国环境保护法》《中华人民共和国职业病防治法》等法律条款中都有相应的"三同时"制度。

2)安全评价制度、环境评价制度、职业卫生安全评价制度

《安全生产法》第二十五条规定:矿山建设项目和用于生产、储存危险物品的建设项目,应当分别按照国家有关规定进行安全条件论证和安全评价。

《职业病防治法》第十五条规定:新建、扩建、改建建设项目和技术改造、技术引进项目(统称建设项目)可能产生职业病危害的,建设单位在可行性论证阶段应当向卫生行政部门提交职业病危害预评价报告。卫生行政部门应当自收到职业病危害预评价报告之日起 30 日内,做出审核决定并书面通知建设单位。未提交预评价报告或者预评价报告未经卫生行政部门审核同意的,有关部门不得批准该建设项目。

职业病危害预评价报告应当对建设项目可能产生的职业病危害因素及其对劳动者健康的影响做出评价,确定危害类别和职业病防护措施。

《环境法》也规定了环境评价的要求。

3)竣工验收制度、许可证制度

《安全生产法》第二十七条规定了竣工验收制度:矿山建设项目和用于生产、储存危险物品的建设项目的施工单位必须按照批准的安全设施设计施工,并对安全设施的工程质量负责。

矿山建设项目和用于生产、储存危险物品的建设项目竣工投入生产或者使用前,必须依照有关法律、行政法规的规定对安全设施进行验收,验收合格后方可投入生产和使用。验收部门及其验收人员对验收结果负责。

另外,《特种设备安全监察条例》对特种设备的设计、制造、安装实行许可制度,未经有关部门许可或未取得许可证,不得从事相应工作。

以上制度是保证设施完整性的基础。

(三)总体要求

条款对健康、安全与环境相关的关键设施的设计、建造、采购、安装、操作、维修维护和检查进行控制,以控制因设施、设备缺陷带来的风险。

(四)管理过程

1. 典型输入

典型输入包括:适用的健康、安全与环境法律、法规及其他要求;健康、安全与环境方针、目标和指标;危害因素辨识、风险评价和风险控制的结果;组织的活动、产品和服务,设施、工艺过程的信息;程序和工作指南。

2. 控制过程

组织应该通过建立并保持程序,确保对健康、安全与环境相关的关键设施的设计、建造、采购、安装、操作、维修维护和检查达到规定的准则要求,对关键设施进行全过程控制。在组织提

供活动、产品和服务的过程中,通过对健康、安全与环境关键设施配备的完整性,消除物的不安全状态,削减和控制风险和影响。

所有执行设计、建造、采购、操作、维护和检查任务的人员,以及与设施完整性有关的人员都应具有必需的经验、资质和培训,以保证具有承担对重要风险控制的能力。

新项目建设、设施购置及建造前应进行健康、安全与环境评价,以满足本质健康、安全与环境要求的设计来削减和控制风险和影响。

对设计、建设、运行、维修过程中与准则之间的偏差,组织应进行评审,找出偏差的原因并形成文件。评审应考虑具有相应能力的人参加,经过偏差的评审确定为不符合时,应采取纠正措施和预防措施,并予以验证。

3. 典型输出

典型输出包括以下方面:
(1)设施完整性控制的程序;
(2)满足要求的健康、安全与环境关键设施;
(3)有关项目、设施健康、安全与环境评价的文件;
(4)设施完整性检查和验收的文件。

实用指导——与健康、安全、环境相关的关键设施示例

专用的健康、安全与环境关键设施,如:
——井控装置;
——消防设施、器材;
——防雷避电装置
——污水处理设施;
——噪声监测仪;
——防毒设施、仪器;
——急救医疗器械、药品;
——其他。

主体设施中与健康、安全、环境有关的关键设施,如:
——锅炉、压力容器上的安全阀;
——起重机械上的限位装置;
——电梯上的限速器、缓冲装置;
——各类机械设施上的防护罩;
——其他。

二、承包方和(或)供应方

[规范条款]

A. 承包方
组织应建立、实施和保持程序,以确保其承包方的健康、安全与环境管理与其要求相一致。组织应收集承包方的相关信息并定期评审,在选择确定承包方的评定过程中应当考虑资质、历史业绩、能力,以及健康、安全与环境管理状况等。组织应通过合同准备、招投标、合同签订等确定对承包方的健康、安全与环境要求,明确各自的责任。

组织应对承包方作业人员进行安全教育培训和安全技术交底(见 5.4.3),告知作业风险,对承包方提供活动、产品或服务的过程进行协调和监督检查,并定期对其健康、安全与环境绩效进行评价。

B. 供应方

组织应建立、实施和保持程序,以确保其供应方的健康、安全与环境管理与其要求相一致。组织应收集供应方的相关信息并定期评审,在选择确定供应方的评定过程中应当考虑资质、历史业绩、能力,以及健康、安全与环境管理状况等。组织应采取监造、检验、验收等,以确保供应方提供满足其要求的产品,并对供应方绩效进行评价,以定期更新。

条款要求与对条款的理解如下。

(一)对承包方和(或)供应方的管理要求

在现代企业经营中,承包与反承包已成为常见的经济活动。为了维护企业的利益和保持企业的良好形象,要求承包方或供应方遵循组织的 HSE 管理模式进行运作已成为国际惯例。组织应当建立并保持相应的工作程序,以保证其承包方和(或)供应方的健康、安全与环境管理与组织的健康、安全与环境管理体系要求一致。组织与承包方之间应当有特定的关系文件(如签订合同),以便于明确各自的职责,在工作之前解决任何差异,认可有关工作文件。

组织应建立并保持程序[可以称为"承包方和(或)供应方管理程序"],对承包方和(或)供应方管理的职责、权限、程序、要求明确规定,以便组织对承包方实施有效管理,以降低组织的健康、安全与环境风险。

(二)承包方的评价

在工程项目(或供应项目)发包时,对承包方和(或)供应方的评价极为重要,目的是选择最为理想的承包方和(或)供应方。承包方和(或)供应方选择不当,必然会给组织带来风险。在与承包方和(或)供应方签订的合同里应同时有 HSE 管理的内容,合同中的 HSE 管理规定将作为承包方和(或)供应方履行 HSE 管理的依据及甲方进行检查的依据。组织应备有文件化的资质审核程序。

评价合格承包方和(或)供应方的主要内容包括:
(1)能提供符合健康、安全与环境要求的服务或产品;
(2)具备相关要求的资质与资格;
(3)具有保证组织 HSE 绩效的技术装备、检验与试验和质量保障能力;
(4)承包方和(或)供应商作业人员的资质和素质,按合同要求开展 HSE 培训情况;
(5)健康、安全与环境管理现状和业绩;
(6)服务或产品质量信誉、售后服务等。

关于承包商的HSE管理体系，一种是使用组织（甲方）的管理体系，二是使用承包商和（或）供应方（乙方）自己的管理体系，但应与甲方的健康、安全与环境管理体系要求一致。对于前一种情况，甲方给予指导和检查监督；对于后一种情况，承包商自己进行检查监督和审核，向甲方表明HSE管理体系在有效运行，甲方则进行必要的检查和外部审核，确认HSE管理起到了应有的作用。图2-4给出了HSE管理在承包商管理中的作用。

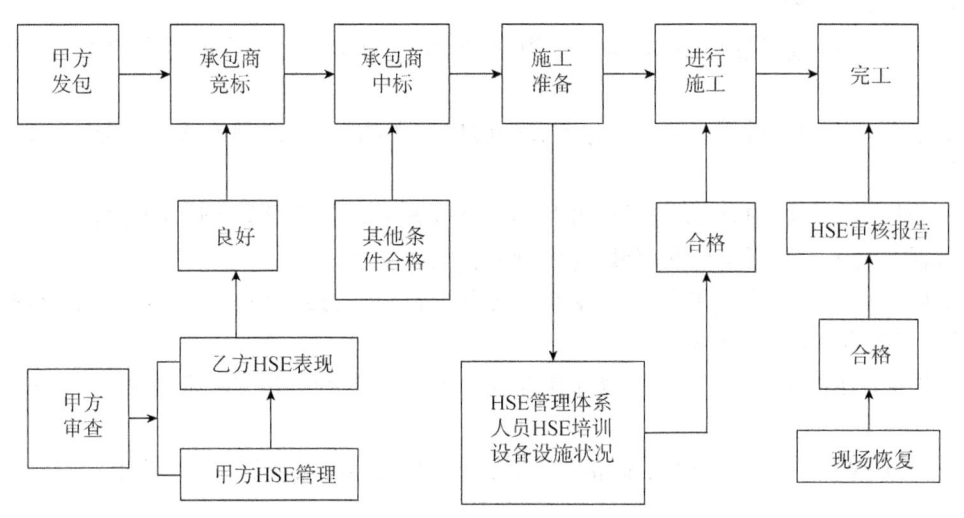

图2-4　HSE管理在承包商管理中的作用

(三)总体要求

为了维护组织的利益和保持组织的健康、安全与环境绩效，对承包方和（或）供应方进行管理。

(四)管理过程

1.典型输入

典型输入包括：健康、安全与环境方针、目标和指标；适用的健康、安全与环境法律、法规及其他要求；危害因素辨识、风险评价和风险控制的结果；承包方和（或）供应方的相关信息。

2.控制过程

1）承包方和（或）供应方评价及健康、安全与环境要求

组织应建立并保持相应工作程序，评价选择承包方和（或）供应方，保证其承包方和（或）供应方的健康、安全与环境管理与组织的健康、安全与环境管理体系要求一致。组织在采购与接受服务前，应明确相关的法律、法规要求和自身的健康、安全与环境要求。

组织与承包方和（或）供应方之间应有特定的关系文件，以便于明确各自的职责，在工作之前解决任何差异，认可有关工作文件。特定的关系文件可能包括合同及其附件、协议，以及其他有关的文件。组织与承包方和（或）供应方之间应认可有关工作文件，以在工作之前解决任何差异，有关工作文件可在特定的关系文件中提出或作为附件，并作为承包方和（或）供应方履行健康、安全与环境管理的依据及组织进行检查的依据，这类文件可包括具体活动、产品或服

务的健康、安全与环境的管理规定要求,如有关承包方和(或)供应方培训的要求、危险货物运输的要求等。

2)承包方和(或)供应方的管理要求

组织应建立并保持对承包方和(或)供应方的管理程序,针对作业场所内承包方和(或)供应方管理的程序应考虑:

(1)承包方和(或)供应方的人员在组织内作业时,如何报告作业场所内的事故和事件的规定;

(2)定期监视和测量作业现场承包方和(或)供应方的活动、产品或服务的健康、安全与环境绩效;

(3)确保作业开始前,组织与承包方和(或)供应方之间在适当层次建立有效的交流与协调机制,包括有关风险和影响情况、预防与控制措施的各项规定;

(4)确保在作业开始前和作业时,对承包方和(或)供应方或其员工开展必要的健康、安全与环境知识教育和培训活动;

(5)确保承包方和(或)供应方遵守作业现场健康、安全与环境管理的程序、工作指南或方案。

有关的健康、安全与环境要求的信息应传达给承包方和(或)供应方及其员工。

3.典型输出

典型输出包括以下方面:
(1)承包方和(或)供应方管理的程序;
(2)承包方和(或)供应方选择评价的记录;
(3)组织与承包方和(或)供应方之间的关系文件;
(4)合格的承包方和(或)供应方台账。

实用指导——承包方和(或)供应方评价的示例

对承包方和(或)供应方的评价的方式包括:

——通过索取和收集有关承包方和(或)供应方的有关资质、历史业绩、能力、健康、安全与环境管理状况等方面来对承包方和(或)供应方进行评价;

——通过以顾客的名义对承包方和(或)供应方进行第二方审核,对承包方和(或)供应方进行评价。

评价承包方和(或)供应方的主要内容包括但不限于以下方面:

——能提供符合健康、安全与环境要求的服务或产品;

——具备相关要求的资质与资格;

——具有保证组织健康、安全与环境绩效的技术装备、检验与试验和质量保障能力;

——承包方作业人员的资质和素质,按合同要求的健康、安全与环境培训情况;

——健康、安全与环境管理现状和业绩;

——服务或产品的质量信誉、售后服务等。

三、顾客和产品

[规范条款]

组织应识别、确定并满足顾客健康、安全与环境方面的需求。对产品的生产、运输、储存、销售、使用和废弃处理过程中的健康、安全与环境风险和影响应进行评估和管理。组织应对化学品进行分类,建立档案,提供与产品相关的健康、安全与环境信息资料(如化学品安全技术说明书和安全标签)。

条款要求与对条款的理解如下。

(一)识别顾客需求

组织应识别并确定顾客的需求,通过市场调研、竞争对手分析、水平对比等识别顾客对服务或产品的需求和期望,并确定相关要求,主要包括:
(1)顾客规定的要求;
(2)顾客未做要求但服务或生产过程预期发生的事件的要求;
(3)与服务有关的义务,包括法律、法规和行业惯例等要求(如健康、安全与环境要求,顾客财产的控制要求等);
(4)组织承诺的其他要求等。

(二)提供符合 HSE 标准的产品

组织应持续对其活动、产品或服务过程中存在的健康、安全与环境风险进行评价与控制。对产品的生产、销售、使用和废弃处理以及服务过程,应按要求制定清洁生产方案,对清洁生产的现状进行评价(见 5.5.7)。

(三)总体要求

对组织提供的产品及服务的健康、安全与环境的风险和影响进行管理,以提高组织的声誉和改进绩效。

(四)管理过程

1. 典型输入

典型输入包括:健康、安全与环境方针、目标和指标;适用的健康、安全与环境法律、法规及其他要求;危害因素辨识、风险评价和风险控制的结果;顾客的健康、安全与环境要求。

2. 控制过程

组织应识别并确定顾客的需求,对产品的生产、运输、贮存、销售、使用和废弃处理以及服务过程中的健康、安全与环境的风险和影响进行评估,该过程应考虑与危害因素辨识、风险评价和风险控制过程相结合。

组织的活动、产品或服务过程中相关的健康、安全与环境信息,应通过各种形式和渠道提供给顾客和相关方,特别是具有健康、安全与环境风险和影响的产品,应提供有关的信息如化学品安全技术说明书(MSDS)、产品质量标准、产品使用说明书等。

3. 典型输出

典型输出可包括以下方面:
(1)满足健康、安全与环境要求的产品;
(2)与产品和服务相关的健康、安全与环境数据资料。

四、社区和公共关系

[规范条款]

组织应就其活动、产品或服务中的健康、安全与环境风险和影响,与社区内关注组织健康、安全与环境绩效或受其影响的各方进行沟通(见 5.4.4),采取适宜的方式向生产设施周边相关方告知健康、安全与环境风险和防范措施。参加社区的公共应急准备和响应(见 5.5.10)。通过适当的规划和活动,展示组织的健康、安全与环境绩效,获取社区各相关方对组织改进健康、安全与环境绩效的支持。

条款要求与对条款的理解如下。

组织在活动或任务的实施、运行时,应充分考虑其活动、产品或服务对社区的危害和影响;组织应及时与社区各方沟通其健康、安全与环境管理绩效或影响,特别是可能对社区公众健康、安全和环境产生重大危害及影响的活动,应通过各种渠道向社区及相关方通报;组织应当通过规划、活动、宣传、审核等形式向社区各方展示其健康、安全与环境管理绩效,这也是提高组织声誉、展示组织企业形象、融洽公共关系的有效途径,以此来获得社区各方对其活动的支持。

(一)总体要求

通过积极的沟通及适当的规划和活动获取社区支持,建立起良好的公共关系。

(二)管理过程

1. 典型输入

典型输入包括:健康、安全与环境方针、目标和指标;适用的健康、安全与环境法律、法规及其他要求;危害因素辨识、风险评价和风险控制的结果;社区基本情况和信息。

2. 控制过程

(1)定期与相关方就 HSE 事务进行沟通协商;

(2)涉及实施对相关方有重要影响的活动或任务时,及时向相关方、社区通报相关信息;
(3)定期开展 HSE 业绩展示会、HSE 宣传等活动向相关方展示组织的 HSE 表现和业绩。

3. 典型输出

典型输出可包括以下方面:
(1)社区和公共关系的政策;
(2)社区和公共关系改进的计划。

> **实用指导——改善社区和公共关系的规划和活动示例**
> ——开展各种宣传活动,如广播、有线电视、网络、板报、散发材料等;
> ——对社区进行赞助,如完善医疗设施、配置运动器材或设施、完善校园设施、修建道路等;
> ——支持社区发展,如通过提供就业机会安置社区受组织影响的人员;
> ——参与社区公共应急系统;
> ——其他公益活动。

五、作业许可

[规范条款]

组织应建立、实施和保持作业许可程序,规定作业许可类型以及作业许可的申请、批准、实施、变更与关闭,对动火作业、受限空间内作业、临时用电作业、高处作业等危险性较高的作业活动实施作业许可管理,通过执行作业许可程序控制关键活动和任务的风险和影响。作业许可内容应包括风险分析(如工作前安全分析)、风险控制措施(如能量隔离等)和应急措施,以及作业人员的资格和能力、监督监护、审批及授权等。

条款要求与对条款的理解如下。

(一)危险作业

在石油、石化行业生产中,常常存在一些特殊作业,这些作业往往要打破正常的生产秩序,对作业区域附近的人员和设备安全等有较大的影响,如动火作业、高处作业、进入受限空间作业、挖掘作业等等,这些作业称为危险作业,对这些危险作业管理采取作业许可制度,主要包括规定危险作业的种类、作业前进行风险管理、制定施工方案、作业审批、现场监督监护、实施危险作业、作业关闭等环节。

(二)条款要求

本条款要求组织应建立、实施和保持作业许可程序,确保对危险作业的有效控制。
按照条款要求,作业许可程序的内容有:

(1)规定作业许可的类型。作业许可程序中应识别、规定组织内可能存在的危险作业。

(2)规定危险作业应申办的证明。在石油、石化行业,目前普遍采用工作票或许可证制度,即从事危险作业时必须申请工作票或许可证。

(3)规定工作票或许可证的申请、批准、变更和关闭的职责和权限。一般来说,许可证的申请或变更由施工单位提出;生产单位有关负责人负责审批工作票或许可证,对变更进行审批;施工单位应按照许可证规定的区域,在规定的时间内按照规定的程序完成规定的任务,完成作业后,对作业区域内的工艺、设施设备进行恢复,称为作业许可的关闭。

(4)工作票或许可证应明确规定作业任务、作业区域、作业时间、风险控制措施和应急措施。

(5)作业许可程序应明确规定作业现场负责人、监护人、作业人员、安全监督的能力要求、职责、权限和沟通要求。

具体管理过程详见作业许可体系的内容。

六、职业健康

[规范条款]

组织应建立、实施和保持程序,为工作场所的人员提供符合职业健康要求的工作环境和条件,配备与职业健康保护相适应的设施、工具,定期对作业场所职业危害进行检测,在检测点设置标识牌予以告知。对可能发生急性职业危害的有毒、有害工作场所,应采取应急准备和应急响应措施(见5.5.10)。组织应对工作场所的人员进行职业危害告知,并对存在严重职业危害的作业岗位现场设置职业危害警示和警示说明。组织应按法规要求进行职业危害因素申报。

条款要求与对条款的理解如下。

首先,应建立健全有效的职业健康管理制度。应建立健全职业健康培训教育制度、职业健康检查和隐患治理管理制度、职业健康经费投入保障制度、劳动保护用品和保健品发放管理制度、职业病危害因素监测和评价制度以及防尘、防毒、防噪声等管理制度,根据生产工艺、技术、设备特点和原材料、辅助材料、产品的危害特性编制岗位操作规程,在其中明确职业病危害因素及其预防控制措施。制定职业病防治计划和实施方案。

其次,应识别职业病危害因素,如:化学因素,包括各种化学毒物引起的慢性危害和急性危害;物理因素,包括噪声、高温、低温、振动、电离辐射和非电离辐射等;粉尘,指由粉尘引起的慢性危害;生物因素;人机工效学和心理健康等。

最后,应采取控制措施,为员工提供符合要求的工作环境和场所。对职业危害因素进行监测,如对粉尘、毒物、噪声等场所设置检测仪器,对作业人员进行警示;在有职业危害的场所采取除尘、通风、降噪、隔离等措施,消除或减轻职业危害因素;提供应急处置设施,减轻危害后果;为员工配备符合要求的劳动保护用品。

(一)总体要求

为营造健康安全的企业文化,贯彻"以人为本,关爱员工"的理念,并将"以人为本,关爱生命"的健康管理方针落到实处,促进组织改善作业条件,增强员工身心健康,持续改进职业健康管理水平。

(二)管理过程

1. 典型输入

典型输入包括:健康、安全与环境方针、目标和指标;适用的健康、安全与环境法律、法规及其他要求;危害因素辨识、风险评价和风险控制的结果;组织结构和资源;员工及其代表对作业场所的健康、安全与环境进行协商、评审和改进的信息。

2. 控制过程

明确各级 HSE 管理部门、HSE 管理人员以及员工代表的职业健康管理职责。员工代表应收集员工关于职业健康方面的抱怨和建议;管理人员应当搜集《中华人民共和国职业病防治法》《使用有毒物品作业场所劳动保护条例》《职业健康监护管理办法》等法律法规要求,对防尘、防毒、噪声与振动控制、辐射防护、劳动防护用品等职业健康方面的标准规范进行及时更新,并进行合规性评价。

组织在进行危害因素辨识、风险评价和风险控制时,应充分考虑其活动、产品或服务中的危害因素对员工健康的影响。组织应将其健康、安全与环境绩效或影响及时与员工进行沟通,特别是可能对员工健康、安全和环境产生重大危害及影响的活动,应通过各种渠道和方式向员工通报。在醒目位置设置公告栏,公布有关职业病防治的规章制度、操作规程、职业(病)危害事故应急救援措施和工作场所职业(病)危害因素检测结果。

在与劳动者订立劳动合同时,将工作过程中可能产生的职业(病)危害及其后果、职业(病)防护措施和待遇等如实告知劳动者并在劳动合同中写明。

投入专项经费用于职业病危害的预防和控制,如防尘毒、防噪声、防灼伤、员工洗浴和休息、应急救援方面的等设施。

为从业人员配备符合要求的个体防护用品及保健品,保证重大隐患治理所需费用、职业病防治培训教育所需费用、开展应急救援演练所需费用、职业健康检查和职业病危害因素监测所需经费,并为从业人员缴纳保险费用等。

职业健康管理人员应具有相关职业健康专业知识背景和能力;各级 HSE 培训中应关注职业健康知识的培训,特别是通过何种教育和培训方式使接触职业危害的员工了解其岗位和作业场所的职业危害、所接触化学品的安全技术说明书的内容、应急救援措施等。

3. 典型输出

典型输出可包括以下方面:
(1)职业健康管理程序;
(2)岗位职业健康危害因素辨识与控制措施;
(3)有毒有害工作场所监视测量要求;
(4)职业健康隐患治理计划;
(5)职业病防治计划与措施;
(6)员工体检计划与结果。

七、清洁生产

[规范条款]

组织应建立、实施和保持程序,推行清洁生产。针对活动、产品和服务应采用资源利用率高以及污染物产生量少的清洁生产技术、工艺和设备。对使用有毒有害原料进行生产或者在生产中排放有毒有害物质以及污染物超标排放时,应进行清洁生产审核,实施清洁生产方案,采取清洁生产措施。

(一)条款理解

1. 评价与控制

组织应持续对其活动、产品或服务过程中存在的健康、安全与环境风险进行评价与控制。对产品的生产、销售、使用和废弃处理以及服务过程,应按要求制定清洁生产方案,对清洁生产的现状进行评价,内容包括:

(1)从原材料开始,直至产品的使用和使用后的处置进行全过程环境影响分析;

(2)建设项目的工艺、设备与国家和地方现行的环保和技术政策的符合情况,是否属限期淘汰行列;

(3)建设项目的原材料、水、能源等的消耗指标及单位产品的排放指标在本行业中是否处于国内先进水平。

2. 制定清洁生产方案

组织应根据法律法规、相关方及顾客要求,制定清洁生产方案。例如,CNPC对清洁生产的原则要求:

(1)对生产,要求节约原材料和能源,淘汰有毒、有害的原材料,减降所有废弃物数量和毒性。

(2)对产品,要求从生命周期的各阶段减少原材料、产品、包装对人类和环境的不利影响。

(3)对服务,要求从设计、施工、验收全过程考虑环境影响,并将环境成本纳入生产经营管理范围。此外,活动、产品或服务过程中相关的健康、安全与环境信息,应通过各种形式和渠道提供给顾客和相关方,特别是对健康、安全与环境可能产生重大危害的产品,如提供危险化学品安全技术说明书,危险化学品的储存、运输、使用安全及防护技术资料等。

3. 实施清洁生产的措施

1)资源综合利用

资源综合利用是推行清洁生产的首要方向。这里所说的综合利用,有别于所谓的"三废的综合利用",特指未转化为废料的物料的综合利用。资源综合利用的前提是资源的综合勘探、综合评价、综合开发、综合利用。

2)改革工艺与设备

简化流程,减少工序和设备是削减污染排放的有效措施;变间歇操作为连续操作,这样可减少开车、停车次数,保持生产过程的稳定状态,从而提高成品率,减少废料量;装置大型化可以提高单套设备的生产能力,降低物耗、能耗;适当改变工艺条件,通过必要的预处理或适当工序调整,往往也能收到减废的效果;改变原料,原料是不同工艺方案的出发点,通过原料改变往往引起整个工艺路线的改变,合理的改变可促进清洁生产。

3)组织厂内的物料循环

厂内物料再循环可分为如下几种情况:将流失的物料回收后作为原料返回工序中;将生产过程中生成的废料经过适当的处理后作为原料或原料替代物返回原生产流程中;将生产过程中生成的废料经过适当的处理后作为原料返用于本厂其他生产过程中;在厂内物料再循环中,应特别强调生产过程中水、气的再循环,以减少废气和废水的排放。

4)加强管理

在企业管理中要突出清洁生产目标,从着重于末端处理向源头治理全过程控制倾斜,使环境管理落实到企业的各个层次,分解到生产过程的各个环节,贯穿于企业的全部经济活动之中,与企业的计划管理、生产管理、财务管理等专业管理紧密结合起来。

5)改革产品体系

在当前科学技术迅猛发展的形势下,产品的更新换代的速度越来越快,新产品的不断问世促使人们认识到,工业污染不但发生在生产产品的过程中,也会发生在产品的使用过程中,有些产品使用后废弃、分散在环境之中,也会造成严重的危害。因此,产品的环境性能已经成为决定该产品兴衰存亡的重要因素。

6)必要的末端治理

在推行清洁生产的全过程控制中还应包括必要的末端处理。清洁生产本身是一个相对概念,一个理想的模式,在目前的技术水平和经济发展水平条件下,实现完全彻底的无废生产还是有难度的,废料的产生和排放还难以避免。因此,还要对他们进行必要的末端处理和处置,使其对环境的危害降至最低。

7)组织区域内清洁生产

在地区范围内削减和消除废料是实现清洁生产的重要途径之一。具体可采取如下措施:围绕优势资源的开发利用,实现生产力的科学配置,组织工业链,建立优化的产业结构体系;从当地自然条件及环境出发进行科学的规划,根据产业特点及物料的流向合理布局;统一考虑区域的能源供应、开发和利用清洁能源;建立供水、用水、排水、净化的一体化管理体制,进行城市污水集中处理;组织跨行业的厂外物料循环,特别是大吨位固体废料的二次资源化;生活垃圾的有效管理和利用;合理利用环境容量,以环境条件作为经济发展的一个制约因素,控制发展的速度和规模;建立区域环境质量监测和管理系统,重大事故应急处理系统;组织清洁生产的科技开发和装备供应。

(二)总体要求

进一步完善健康、安全与环境管理体系,推行清洁生产技术,提升环境管理水平,促进组织树立良好的社会形象,实现经济与环境协调发展的目标。

(三)管理过程

1. 典型输入

典型输入包括:适用的健康、安全与环境法律、法规及其他要求;健康、安全与环境方针、目标和指标;环境因素辨识结果、风险评价和风险控制的结果、以往清洁生产审计结果;组织的活动、产品和服务,设施、工艺过程的信息。

2. 控制过程

组织根据法律法规、相关方及顾客要求,针对产品的生产、销售、使用和废弃处理以及服务过程,制定清洁生产方案,实施清洁生产。组织清洁生产工作程序一般包括准备、清洁生产审计、制定清洁生产方案和实施方案四个阶段。清洁生产审计作为一种技术方法可考虑与健康、安全与环境风险评估过程结合。

3. 典型输出

典型输出可包括以下方面:
(1)清洁生产管理程序;
(2)清洁生产方案。

八、运行控制

[规范条款]

组织应确定那些与已辨识的、需实施必要控制措施的风险相关的运行和活动任务,并且不同职能和层次的管理者应当针对这些活动任务进行策划,确保其在相应程序和工作指南规定的条件下执行。

对于这些运行和活动任务,组织应实施并保持:

a)适合组织及其活动任务的运行控制措施,并把这些运行控制措施纳入其健康、安全与环境管理体系之中;

b)与采购的货物、设备和服务相关的控制措施(见 5.5.2);

c)与进入工作场所的承包方和访问者相关的控制措施;

d)与生产作业行为安全管理相关的控制措施;

e)在有较大风险的作业场所和设备设施上进行危险提示、警示、告知、隔离等相关安全目视化控制措施;

f)形成文件的程序和工作指南(如操作规程、作业指导书等),以及规定的运行准则,以避免因其缺乏而可能偏离健康、安全与环境方针和目标。

条款要求与对条款的理解如下。

运行控制是指按照目标、指标及有关程序控制活动和任务,保证活动和任务在规定的要求下安全地运行。组织对具体生产操作,尤其是那些可能引发重大事故的活动,应予以规范和控制,制定相应的程序和作业指导书,明确规定运行标准和要求。

组织不仅要考虑自身的危害因素,也要关注相关方的危害因素。这就要对承包方、供应方提出要求,制定程序,使他们的行动符合组织的健康、安全与环境方针和其他要求。即组织有责任对承包方和供应方提出健康、安全与环境方面的要求,要求承包方和供应方按照组织的健康、安全与环境方针和程序规定从事作业活动。在承包方和供应方的行为出现偏离时,组织应以合同的约定对其实行纠正、处罚、撤销合同等管理措施。

运行控制是健康、安全与环境管理体系实际的运作过程,也是逐步实现目标、指标的过程,应对运行过程实施有效控制。

(一)活动和任务

在 HSE 的管理过程中,组织中不同层次的人员负有不同的职责和担当不同的任务。不同层次的人员应根据 HSE 方针,在计划阶段或更早阶段按照工作程序和指南开展和执行各自的活动和任务:

(1)领导层:遵循 HSE 方针制定战略目标和高层活动计划。
(2)管理层:采用计划和工作程序的形式制定有关活动的书面指导(通常包括多项任务),指导各项工作。
(3)操作层:在作业文件的指导下,从事相应的工作。

管理者对保证按照有关程序进行活动和进行检查负有责任。应保证通过连续监测使组织的 HSE 表现一贯处于良好状态。为保证活动和任务计划有效的实施,组织的所有层次都须遵守工作程序和指南,组织和承包商的雇员须在开始工作前熟悉相关的工作程序和指南。

(二)制定程序文件

"程序"是指为进行某项活动所规定的途径。许多情况下,程序可形成文件,而被称为"书面程序"或"文件化程序"。程序通常包括活动的目的和范围,做什么和谁来做,何时、何地和如何做,应使用什么设备、材料和文件,如何对活动进行控制和记录等。"工作指南"规定了在工作现场完成任务的程序,通常以操作规程的形式提供给任务的执行者。

应将由于缺少成文的工作程序导致的违反 HSE 方针、法规要求或表现准则的活动识别出来,并为这些活动制定成文的程序和准则。在文件中应规定任务如何进行,是由组织自己的员工进行,还是由承包商进行,以保证技术的完整性和信息的有效传递。

应尽量让负责实施这些程序的人员参与到程序文件和指南文件的制定中来,应力求采取简明的格式和通俗的语言编制这些文件,并尽量全面覆盖它们所涉及的活动;所有形成文件的工作程序都应表述简单、明确、易于理解,应明确人员职责、所用和方法,必要时还应指明应满足的表现准则;在工作指南中可以规定监测要求和设备维护的需求。总之,制定文件时应注意:

(1)编制文件时应根据组织的情况和风险识别结果进行很好的策划,争取做到在实现控制的前提下,尽量减少文件的数目和篇幅;程序文件之间有必要的衔接,但要避免过多重复。
(2)充分利用组织已有的适用程序。
(3)文件具有可操作性:内容简单、明确、易于理解,易于明确个人责任。

购买和签约应制定工作程序,以保证供应商和组织的委托方的行为符合组织的方针要求。

提供现场工作任务指南的方式有多种,取决于任务的复杂程度、执行任务人员的能力和与之有关的危害和风险,取决于对设施和操作的其他方面的影响。

例如,对于储存或生产烃类的生产设施,具有潜在的火灾和爆炸危险,需要严格控制和管理,因此,大部分工作都应在作业许可体系的控制下进行。在这里,指南确定了作业内容、注意事项及如何通知可受到影响的其他方,并规定在许可作业区域都张贴出作业许可标识。

(三)工作指南的颁布

工作指南规定了在工作现场完成任务的方式(无论工作是由组织自己的雇员进行还是由承包商员工进行)。对于 HSE 关键任务,如果不能正确地执行,很可能会产生不利的 HSE 后果,因此,这些工作指南应形成文件,并发放到相关人员。对于所有人员,包括承包方员工,应提供有关安全操作、维护和检查的工作指南。对于许可作业,应严格执行许可证制度或工作票制度,并制定相应的工作指南。

(四)总体要求

组织通过采用运行控制,对健康、安全与环境风险和影响实施有效的控制和管理,以实现健康、安全与环境方针和目标,遵守法律、法规和其他要求。

(五)管理过程

1. 典型输入

典型输入包括:健康、安全与环境方针和目标;危害因素辨识、风险评价和风险控制的结果;适用的法律、法规和其他要求;组织的活动、产品和服务,设施、工艺过程的信息。

2. 控制过程

1)活动和任务的确定和策划

组织应确定与健康、安全与环境风险和影响相关的活动和任务,并且不同职能和层次的管理者应针对这些活动和任务进行策划,使组织不同职能和层次的人员在从事健康、安全与环境管理的过程中,依据计划、程序和工作指南开展和执行各自的活动和任务:

(1)领导层应遵循健康、安全与环境方针制定战略目标和高层活动计划;

(2)管理层应采用计划和工作程序的形式制定有关活动和任务的书面指导,指导各项工作;

(3)操作层应按照确定的工作指南或文件规定的要求完成任务。

在确定运行控制需求时,组织应考虑其全部运行,包括与管理职能有关的活动,如采购、销售、研发、设计、施工作业、日常运行,并考虑外部过程,如产品和服务的交付。

2)运行控制策划

组织应对已识别的存在健康、安全与环境风险的运行和活动建立运行控制,这些风险包括了引起事故、事件或其他偏离健康、安全与环境方针和目标的情况。

建立运行控制通用的方法包括：
(1)选择一种控制方法；
(2)选择可接受的运行准则；
(3)需要时建立程序，规定如何对运行和活动进行策划、实施和控制；
(4)需要时将程序形成文件。

组织在对运行控制进行策划时考虑以下方面：
(1)根据与风险有关的活动和任务的策划结果，确定是否需要建立形成文件的程序，主要依据是因缺乏程序指导可能导致偏离健康、安全与环境方针、目标和指标的运行情况；
(2)考虑来自承包商和供货方的风险和影响，包括对于组织所购买和(或)使用的货物、设备和服务中已识别的健康、安全与环境风险和影响，建立并保持管理程序或作业指导书，并通报相关方；
(3)对工作场所、过程、装置、机械、工作程序和工作组织的设计应充分考虑运行控制的要求；
(4)组织应建立安全作业许可系统，对危险作业实施进行作业许可控制；
(5)考虑组织的风险和影响可能会扩展到其他外部相关方的作业场所或控制区域的情况。

3)制定程序和工作指南文件

根据运行控制的策划，对与风险有关的运行、活动和任务制定形成文件的程序和运行准则。形成文件的运行控制程序都应表述简单、明确、易于理解，应明确职责和权限、方法和运行准则。

根据工作任务的复杂程度、执行任务人员的能力、与之有关的风险及对设施和操作的影响等因素，提供现场工作任务指南，可能包括作业指导书、安全技术规程、工作手册等。

除了程序、工作指南和其他运行控制外，运行控制还可包括对监视和测量的规定，以确定是否符合运行准则的规定。

4)运行控制的评审

为了确保运行控制的适宜性和有效性，组织应该考虑对运行控制程序和工作指南进行定期评审，并在需要时进行修改。

3.典型输出

典型输出包括以下方面：
(1)运行控制程序；
(2)工作指南文件，如作业指导书等。

九、变更管理

[规范条款]

组织应建立、实施和保持程序，以控制因组织内人员、设备设施、工艺等变更带来的有害影响及风险。包括：
a)确定提议的变更；

b)对变更及其实施可能导致的健康、安全与环境风险和影响进行分析,并制定相应措施;

c)提议的变更应当经过授权部门或人员的批准;

d)对变更实施程序采取控制措施;

e)跟踪验证、沟通和培训、信息更新等变更后续管理。

条款要求与对条款的理解如下。

(一)变更管理的要求

在 HSE 管理中,组织内人员、设备、过程和程序暂时性或永久性的变化称为变更。人员、设备、过程和程序的变化必然会使组织面临的风险发生变化,那么之前形成的风险管理的结果、发布的作业指南就不再适应新的作业情况。就像人们常说的"计划没有变化快",需要重新进行风险管理。在 HSE 管理中对变更过程进行的一系列的管理活动,称为变更管理。

HSE 管理体系采用风险管理、制定作业指导书或计划书对常规生产过程的实施运行进行控制,以防止出现事故。但在实施运行过程中,由于种种原因,会导致实施运行条件变化,这些变化主要是人员、设备、过程和作业程序的变化。从逻辑上讲,既然运行条件发生了变化,那么依据风险管理制定的"方案"就不适应新情况下的风险控制要求,必须对变更过程重新进行风险管理,重新制定作业指导书。

(1)组织应当建立并保持程序(如"变更管理程序")。对变更管理的职责、权限、程序和要求进行规定。

(2)变更管理的环节。主要环节有:"确认变更并形成文件—进行风险管理并记录—制定实施程序并形成文件—沟通培训—变更的实施"。显然,这几个环节既体现了 HSE 管理强烈的风险意识,又展示了 HSE 管理中对精细管理的追求。一方面,由于变更而导致事故的实例实在太多,事故往往出现在节假日、气候转变、恶劣天气、人事调动、装置开停车、新装置投运等这些容易出现变更的情况下,不得不使人们对变更持谨慎态度,对变更过程加强风险管理;另一方面,由于变更过程容易导致事故,所以管理的各个环节都不能出现疏漏,因此不是要求形成文件,就是要做好记录,为责任追究做准备。当然,并不真正是为了追究责任,目的是增加相关管理人员的责任感和保持变更管理的严肃性。如果新的运行会导致管理体系的变化,那么就超出了变更管理的范围,组织就要建立专门的管理计划。

(二)总体要求

通过对健康、安全与环境管理体系范围内人员、设备、生产工艺、运行程序的各种变更进行控制,避免因变更产生对健康、安全与环境的不利影响。

(三)管理过程

1. 典型输入

典型输入包括:适用的健康、安全与环境法律、法规及其他要求;健康、安全环境目标、指标和管理方案;组织结构、资源和文件;运行控制;有关变更的要求和信息等。

实用指导——可能影响健康、安全与环境的变更的示例

可能影响健康、安全与环境的变更包括：

1) 设施的变更

当工艺或机械设计改变时，会引起设施的变更，生产介质、添加剂、产品规格、副产品、废品、设计条款、监测仪器、控制系统或建筑材料的改变也可能引起设施的变更。在下述条件下，设施变更可能发生：

(1) 生产或工艺设施的建造。

(2) 新设施的建设，包括生产（或过程）与现有设施的配套连接，设施的重新配置或对现有设施（设备）的改造。

(3) 现有设施的改造导致设施或设备的设计、结构支持、布局、配置的变化。

(4) 增加设施生产量或接纳不同介质的项目。

(5) 操作条件的明显改变，包括与原始工艺或设计不同的压力、温度、流速或其他工艺条件的变化。

(6) 设备的改变，包括增加新设备或改造现有设备，主要是报警、检测和控制程序的变化。

(7) 工艺或设备的更改可导致设施泄压或放空要求的变化，包括生产量、提高操作温度或压力，扩大设备规格或要求更大压力的附加设备。

(8) 正常使用中设备的跨接。

(9) 超出现有操作程序规定范围的作业，包括启动、正常关闭和紧急关闭。

(10) 健康、安全与环境管理体系风险评价和管理各要素所涉及的机械设计的变化。

(11) 新的或不同化学试剂（如防腐剂、防垢剂和防泡剂）的引进。

(12) 设施的改变包括机械（如钻井设备、建造设备、临时连接或失效部件替换）的改变，其中的一些改变可能未在工艺和检测流程图中注明，可能包括：

① 替换了规格上不同于风险评价和管理过程中所考虑要求的机械和设备；

② 临时管线、连接件、皮管或修补过的管线；

③ 工艺材料、催化剂或反应剂的替代供给；

④ 临时电力设备或公用动力的连接，不包括应急情况。

(13) 基于工艺控制或安全系统的程序变化。

2) 人员的变更

(1) 承包商的变动，来自组织机构的变更或设备监督和操作人员的改变引起的变更；

(2) 由于设施转让引起的组织机构变更，可能需要组织对健康、安全与环境管理体系进行修订。

3) 生产工艺的变更

这一部分变更手动操作改为机械操作；机械传动改为液压传动等。

4) 程序的变更

对健康、安全与环境有影响的程序、工作指南、操作规程、指导书等的变化。

5) 法律、法规的变更

组织研究已颁布或新颁布的法律、法规的内容，以使健康、安全与环境管理体系与法律、法规的要求相适应。

2.控制过程

1)变更管理的范围

组织应控制组织内设施、人员、过程和程序等永久性或暂时性的变化,应考虑体系范围内的所有的变更,包括组织重组带来的变更,如收买、合并、新的联合开发和合作方的加入等带来的变更。与变更有关的计划要考虑各个阶段受变更影响所产生的健康、安全与环境事项,以保证通过有效的计划和管理将风险或影响减少至可接受风险。

2)变更管理的程序

根据变更的特点及其潜在的风险和影响,变更管理的程序要考虑:
(1)对提议的变更及其实施要明确并形成文件,如变更的说明或变更申请;
(2)对变更及其实施可能导致的健康、安全与环境风险和影响进行评审和做出记录;
(3)对认可的变更及其实施程序形成文件,包括确认的风险和影响及风险削减措施、沟通和培训要求、时间要求、验证和监视测量要求、不符合的处理等;
(4)提议的变更应经过授权部门(人)的批准。

当新的运行或者更改运行会引起健康、安全与环境管理体系的变化,如引入某个新的生产过程或引入新的物料系统等,变更管理不再适宜,组织应建立专门的管理计划。计划要考虑:
(1)要达到的健康、安全与环境目标;
(2)达到目标的机构职责和资源的要求;
(3)达到目标的方法和措施的要求;
(4)修订或更改运行实施程序;
(5)所采用的监视和测量方法,以及如何采取纠正措施和预防措施。

3.典型输出

典型输出包括以下方面:
(1)变更管理的程序;
(2)变更申请、评审、批准、实施的文件记录。

十、应急准备和响应

[规范条款]

组织应建立、实施和保持程序,用于:

a)**系统地识别潜在的紧急情况或事故;**

b)**应急准备;**

c)**对紧急情况或事故做出响应。**

组织应建立针对潜在紧急情况或事故的应急预案,规定响应紧急情况或事故的程序。组织在策划应急响应时,应考虑有关相关方的需求,如应急服务机构、相邻组织、相邻社区或居民。

组织应建立与其需求相适应的专、兼职应急救援队伍,储备应急物资,配备应急设施、装备,并进行检查、维护、保养,确保其完好、可靠。

组织应对实际发生的紧急情况或事故做出响应,以便预防和减少可能随之引发的人身伤害、健康损害、财产损失和环境影响。

可行时,组织也应定期通过演练方式测试应急预案及其响应紧急情况或事故的程序,可行时,使有关相关方适当参与其中。

组织应定期评审应急预案及其响应紧急情况或事故的程序,必要时对其修订,特别是在定期测试以及事故或紧急情况发生后。

条款要求与对条款的理解如下。

事故是可以预防的。通过前期的策划活动,对组织内各种活动或任务进行了风险控制的安排,完成了事故预防工作,制定并落实了活动或任务的"方案";用作业指南(计划书、指导书、许可作业体系)对活动或任务进行管理和控制;对于变更则实施变更管理。应当说风险已经得到了有效的控制。

但从事故因果理论来讲,事故的发生是必然的。因为,作为石油、石化企业,存在着固有的危险性,事故预防只是降低了事故发生的可能性,推迟了事故发生的时间,由于人员、设备、管理等其他原因,事故不可能完全杜绝。应急管理解决的问题就是,一旦事故发生或出现突发事件或事故,应有计划或措施将损失降到最低。这就是"预防为主、防治结合"的原则的体现。

(一)条款要求

组织应建立并保持计划和程序,程序可以称为"应急管理控制程序"或"应急准备与响应管理程序",对应急管理的职责、权限、应急处置程序和要求进行规定;组织应针对特定的突发事件制定应急预案,一旦紧急情况出现,能将损失降到最低程度。

(二)应急管理的重要环节

按照条款要求,应急管理应做好以下环节的工作。

首先,系统识别组织内存在的事故或突发事件。如自然灾害(洪水、地质灾害、地震、火山爆发、恶劣天气等)、工业事故(如火灾、爆炸、危险化学品泄漏、井喷、坍塌、交通事故、个体伤害事故等)、公共安全事件(如绑架、袭击、踩踏等事件等)、公共卫生事件(如疫情蔓延、食物中毒等)和其他突发事件。

其次,分别对这些突发事件进行风险评价、分析研究,制定应急预案。

第三,做好应急预案的管理工作,包括:

(1)传达。应急预案应传达到指挥控制人员、应急服务部门、可能受到影响的雇员和承包方、其他可能受到影响的相关方。

(2)演练。如果可行,应定期对应急预案进行演练。

(3)评审与修订。根据演练结果或事故发生后的应急情况,应对应急预案的有效性和实用性进行评审,必要时进行修订。

第四,组织建立好应急管理系统。如应急机构、应急队伍建设、通信系统、专家咨询系统等。

最后,准备好应急物资。

(三)总体要求

组织通过对潜在的事故和突发事件进行识别,进行应急准备,制定应急预案,并对突发事件或事故进行积极响应,使突发事件或事故得到快速、及时和有效的处置,以减少可能随之引发的疾病、伤害、财产损失和环境影响。

(四)管理过程

1.典型输入

典型输入包括:危害因素辨识、风险评价和风险控制的结果;现有应急设施和制定的应急响应计划(或预案);适用的法律、法规及其他要求;以往的事故、事件和紧急情况;应急演练及改进措施效果的评审结果。

2.控制过程

1)应急计划(或预案)

应急计划(或预案)的制定应充分考虑作业内容、作业环境条件、作业设施的类型、自救能力和可获得的外部支援等因素,应能够处置各类突发事件和可能引发事故的险情,并按实际情况的变化及时修改或补充。

应急计划(或预案)应说明特定紧急情况发生时需采取的措施。

组织在应急计划(或预案)中应对外部相关机构的参与明确规定,并向相关机构提供相关信息,以便于有效参与应急响应活动。

组织的应急预案通常包括综合预案、专项预案和现场处置方案,根据组织的情况可考虑形成应急预案体系。

2)应急设备

组织应确定并提供适当的应急设备,并定期对这些应急设备进行测试,以保证其能够有效使用。

3)应急计划(或预案)和程序的测试

为保证应急计划(或预案)和程序的适宜性、有效性和充分性,在可行时,组织应定期进行测试。测试可通过现场演练、模拟或其他合适方法进行,通过演练检验应急计划(或预案)的有效性和完整性。组织应尽可能采用符合实际情况的应急演练方式。组织应按预定计划进行演练,应鼓励外部应急机构参与演练,并应对应急演练结果进行评审,必要时修改应急计划(或预案)。还应定期评审应急设备需求及应急设备是否处于备用状态。

4)应急计划(或预案)和程序的评审

组织应评审其应急计划(或预案)和程序,尤其是在事故或紧急情况发生后,以便改进计划和程序。

3.典型输出

典型输出包括以下方面:

(1)应急计划(或预案)和程序;
(2)应急设备清单;
(3)应急设备的测试记录;
(4)应急演练及评审的记录;
(5)对应急演练评审产生的建议措施。
(6)应急预案和备案记录。

具体内容可参考本书第八章。

第六节 检查与纠正措施

在领导和承诺中,组织对社会各界及雇员提出了明确的承诺,并制定了健康、安全与环境方针,在策划中制定了方案,在文件中开发并颁布了组织的 HSE 体系文件。那么,经过实施运行活动,组织是否做到了遵守所在国家法律法规和工业标准? HSE 管理绩效是否得到改进? 组织制定的各种程序要求是否得到了贯彻和落实? 各个岗位的员工是否履行了各自的 HSE 职责? 风险是否得到有效的控制? 组织的承诺、方针目标是否能够实现? 出现了违背组织方针、目标和文件要求的情况怎么办? 这些组织和相关方关心的问题是通过"检查和纠正措施"完成的。HSE 管理体系为组织规定了"三级监督机制",并为不符合的纠正、事故管理提出了要求。表2-4给出了该要素的二级要素。

表2-4 "检查与纠正措施"的6个二级要素

二级要素	要点
5.6.1 绩效测量和监视	监测 HSE 表现情况,校准和维护所用到的检测设备,建立、保存相应记录
5.6.2 合规性评价	定期评价组织对法律、法规及其他要求的遵守情况
5.6.3 不符合、纠正措施和预防措施	不符合情况的确定和不符合的纠正和预防措施
5.6.4 事故、事件管理	记录、报告已经影响或正在影响 HSE 的各类事件、事故及其调查和处理
5.6.5 记录控制	记录的管理
5.6.6 内部审核	开展内部审核,确定 HSE 管理体系的符合性、有效性,改进 HSE 管理

一、绩效测量和监视

[规范条款]

组织应建立、实施和保持程序,对可能具有健康、安全与环境影响的运行和活动的关键特性以及健康、安全与环境绩效进行监视和测量。程序应规定:

a)适合组织需要的定性和定量测量;
b)对健康、安全与环境目标和指标的满足程度的监视;
c)对风险控制措施有效性的监视;
d)健康、安全与环境监督检查;
e)主动性的绩效测量,即监视和测量是否符合方案、控制措施和运行准则;

f) 被动性的绩效测量,即监视和测量事故、事件、健康损害、污染和其他不良健康、安全与环境绩效的历史证据;

g) 对监视和测量的数据和结果的记录,以便于其后续的纠正措施和预防措施的分析;

h) 测量和监视结果应用于健康、安全与环境绩效的考核和评价,且健康、安全与环境绩效应纳入组织的整体绩效管理;

i) 根据定性和定量测量及监视结果,进行分析,建立反映组织健康、安全与环境管理状况及发展趋势的预警指数系统。

如果测量或监视绩效需要设备,适当时,组织应建立并保持程序,对此类设备进行校准和维护,并应保存校准和维护活动及其结果的记录。

条款要求与对条款的理解如下。

(一)条款要求

本条款是 HSE 管理体系"三级监督"机制中操作层的监督,目的是通过随时随地的监视和测量,发现运行过程中不符合 HSE 管理要求、公司方针、法律法规和工业标准的情况和问题,并予以纠正,以便实现过程的目标和指标,持续改进 HSE 管理绩效。

组织应建立并保持程序(可以称为《绩效测量和监视管理程序》),对组织内具有健康、安全与环境影响的运行和活动的关键特性和健康、安全与环境管理绩效的测量和监视予以安排,定期进行主动性绩效测量,监视和测量事故、事件、疾病、污染和其他不良健康、安全与环境绩效的历史证据(被动性绩效测量),并保持好测量和监视的记录。

程序应对绩效测量和监视管理的职责、权限、程序和要求加以规定。具体应包括但不限于以下内容:

(1)检查和记录获得的监测信息,并规定监测结果所要求的准确度;

(2)规定和记录监测方法、监测地点和测量频次;

(3)建立、记录和保持控制测量质量的方法;

(4)建立和记录数据处理和解释方法;

(5)建立和记录监测结果超出表现准则时须采取的措施;

(6)评价和记录监测系统发生故障时受影响数据的有效性;

(7)保护监测系统,避免损害和未经授权的校验。

组织应建立程序(可以称为"监视和测量器具(或仪器)管理程序"),对监视和测量器具(或仪器)管理的职责、权限、程序和要求加以规定,目的是确保监视和测量器具(或仪器)管理符合法律法规和标准要求、状态良好,测量、监视结果准确可靠。组织也可以根据需要将上述两个程序合并为一个程序。

(二)测量和监视的方法

在石油石化企业,对过程的关键特性或 HSE 绩效进行测量和监视十分重要。常用的方法如下。

1. 仪器仪表的测量和监视

如原油沉降罐是保证原油脱水的装置,需要监视和测量的关键特性有:罐温及分布、原油的流量、溢流口原油含水量、脱水口污水含油量、油水界面等。这些测量过程包括化验人员探罐取样,用温度计测量温度,用含水测量仪(蒸馏法)测量含水量,用荧光录井仪测定污水含油量等。对化工反应器,通常的关键特性有温度、原料进料流量、压强、液位、成分等等,这些测量和监视一般是靠现场的自动化检测、控制仪表完成的,这些仪表往往还具有控制功能,一旦参数偏离规定值,会自动调节至规定值,否则,可能造成严重后果。因此,现场的温度计、压力(真空)表、流量计、成分分析仪器、气体检测装置、噪声检测仪、密度计、液位计、黏度计、磅秤等一般都是测量、监视器具或仪表,用来测量或监视过程的关键特性。这里的关键特性主要是与健康、安全与环境绩效密切相关的特性,如锅炉要检测烟气的黑度、二氧化硫含量、烟尘浓度、锅炉排污、锅炉压力、液位等参数。表2-5给出了物探过程中的环境监测项目及频率。

表 2-5 物探过程中环境监测项目及频率

类别	项目	频率
生活污水	化学需氧量,悬浮物,阴离子洗涤剂,生化需氧量,大肠菌群,细菌总数,pH值,石油类	施工前后各1次
噪声	发电机,推土机,震源车,爆炸	每施工期1次
汽车尾气	总烃,一氧化碳,氮氧化物	每施工期1次

2. 管理人员的监督和检查

管理人员的监督和检查也是测量和监视的手段。如检查操作人员是否遵守操作规程、作业人员是否劳保上岗、持证上岗等。

(三)绩效测量和监视管理的关键环节

(1)根据总目标和具体目标、指标制定项目或活动的测量和监视计划;
(2)规定测量和监视的方法和器具;
(3)按照规定开展监视和测量工作;
(4)对测量和监视结果进行解释;
(5)记录测量和监视结果;
(6)做好测量和监视器具的管理。

(四)总体要求

确定反映组织整体健康、安全与环境绩效的关键绩效参数,开展监视和测量活动,以保证健康、安全与环境管理体系在受控状态下运行。

(五)管理过程

1. 典型输入

典型输入包括:危害因素辨识、风险评价和风险控制的结果;适用的法律、法规及其他要求;工艺、设备类别及其关键特性;健康、安全与环境方针,目标和指标;HSE事故事件台账、以往审核结果、以往 HSE 检查结果等。

2.控制过程

1)主动性测量和被动性测量

组织的健康、安全与环境管理体系应将主动性测量和被动性测量结合起来：

主动性的绩效测量,即监视和测量运行过程否符合方案、控制措施和运行准则。如作业过程是否按照计划书要求运行,风险控制措施是否落实了"方案"的要求,作业过程是否达到了规定的标准要求;对生产工艺、设施设备各项工艺参数、运行参数进行监视和测量等。

被动性的绩效测量,即监视和测量事故、事件、健康损害、污染和其他不良健康、安全与环境绩效的历史证据。如测量发生有毒气体中毒事故时有毒气体的浓度、污水超标排放(事故)时有关物质的浓度、发生井喷事故时监视和测量钻井液的参数指标等,为事故调查、分析提供证据。

主动性测量监视和测量和被动性监视和测量的结果应纳入组织的健康、安全与环境绩效考核中。

2)健康、安全与环境监督检查

组织应考虑以下形式的监督检查:

(1)组织应明确规定需要进行检测的全部设备清单,应按要求对这些设备进行检查,并纳入检查计划中。

(2)组织应确定作业场所工作条件的标准,在规定的时间间隔内按标准进行检查,可使用包含检查标准详细内容和所有待检项目的检查表。

(3)组织应进行验证检查,但验证检查并不能替代基层管理者进行定期检查的责任。

组织应保存健康、安全与环境监督检查的记录,对健康、安全与环境检查、巡视、调查和审核的记录进行统计分析和抽样分析,识别不符合出现的根本原因,并采取必要的预防措施。对于检查时所发现的达不到标准要求的作业条件、不安全状态等情况,应作为不符合并形成文件,进行风险评价,按照不符合处理程序采取相应纠正、预防措施。

3)监视和测量方法

组织应确定监视和测量健康、安全与环境绩效的方法和技术。

组织应根据风险水平的不同,确定监视和测量的对象、地点、频次和采用的方法。装置或设备的检验频次如有法规规定(如锅炉、起重设备等),组织应根据法律及法规要求,制定监测计划。

组织各级管理者应按照监测计划,对工艺过程、作业场所和操作运行进行健康、安全与环境监视和测量。应对重要作业任务的现场进行检查,以确保与程序和工作指南的要求相符合。

应在受控的状况下进行监视和测量,其过程应能支持结果的有效性,包括监测仪器设备应经过必要的校准或检验,监视和测量人员应具有所需的资质,并应用适当的质量控制方法。

应对监视和测量结果进行分析,确保监视和测量结果的可靠性。

4)测量设备管理

如果绩效测量和监视需要设备,组织应建立并保持程序,对健康、安全与环境测量的设备进行管理。建立监视和测量器具台账,使用唯一标识,并进行控制,并按规定维护和保管,使其保持应有的精度。

为确保取得正确监视、测量的结果,应按规定的时间间隔或在使用之前,依据标准对测量器具进行校准或检验,如缺乏测量标准,则应将校准依据做出记录。校准方案应形成文件,包括:校准频次;可供参考的测试方法;校准设备;发现测量设备未校准时应采取的措施。

组织应保存所有校准、维护活动和结果的记录。

组织应要求承包方和(或)供应方对所用测量设备进行管理,保证其符合要求。

3. 典型输出

典型输出包括以下方面:

监视和测量的程序;检查计划和检查表;关键设备清单;设备检验检查表;作业条件标准及其检查表;测量设备清单;测量设备校准和维护程序;校准计划和校准记录;测量设备维护活动和结果;不符合报告;实施各类程序的证据。

实用指导——测量健康、安全与环境绩效方法的示例

有关测量健康、安全与环境绩效的方法包括:

——对危害辨识、风险评价和风险控制过程结果的分析;

——利用检查表对作业场所进行系统检查;

——健康、安全与环境检查,例如巡查;

——对新的装置、设备、材料、化学品、技术、工艺、程序或作业模式的预评价;

——检查特种机械和装置,以检查与安全有关的部件是否适合及处于良好状态;

——安全抽查,检查健康、安全与环境的特定方面;

——作业环境抽样,测量在化学、生物或物理等因素(如噪声、挥发性有机物等)中的暴露情况并与有关安全健康标准相比较;

——具有健康、安全与环境工作经历或正式资格的人员情况,并记录这些人员的使用效果;

——行为抽样,例如评估员工的行为,识别可能需要纠正的不安全的工作方式;

——文件和记录的分析;

——以其他组织的作业实践为基准进行对照检查;

——调查员工对健康、安全与环境管理体系,运行操作和员工协商过程的态度。

二、合规性评价

[规范条款]

为了履行遵守法律法规要求的承诺,组织应建立、实施和保持程序,以定期评价对适用法律法规的遵守情况。

组织应评价对应遵守的其他要求的遵守情况。可以和对法律法规遵守情况的评价一起进行,也可以分别进行评价。

组织应保存对上述定期评价结果的记录。

注:对不同法律法规要求和应遵守的其他要求的定期评价的频次可以有所不同。

条款要求与对条款的理解如下。

"遵守法律、法规和其他要求"是 HSE 管理体系为组织规定的"两个承诺"之一,为了确保组织遵守法律、法规和其他要求,HSE 管理体系标准专门设置了一些二级要素,确保组织履行承诺。本条款则是要求组织对其遵守法律、法规和其他要求的情况进行定期评价。

条款要求组织应建立、实施并保持程序(可称为"合规性评价控制程序"),对组织开展合规性评价的频次、职责、权限、评价程序、要求等方面进行规定,以便客观地评价组织对法律、法规和其他要求的遵守情况。

法律、法规和其他要求是组织必须遵守的,对法律、法规和其他要求的违背将会给组织带来巨大的风险,因此合规性评价应定期、有效、客观地进行。

三、不符合、纠正措施和预防措施

[规范条款]

组织应建立、实施并保持程序,以处理实际和潜在的不符合,并采取纠正措施和预防措施。程序应明确下述要求:

a)识别和纠正不符合,采取措施减少因不符合而产生的风险和影响;
b)对不符合进行调查,确定其原因,并采取纠正措施以避免再次发生;
c)评价采取预防措施的需求,实施所制定的适当措施,以避免不符合的发生;
d)记录和沟通采取纠正措施和预防措施的结果;
e)评审所采取的纠正措施和预防措施的有效性。

如果在纠正措施或预防措施中识别出新的或变化的危害因素,或者对新的或变化的控制措施的需求,则程序应要求对拟定的措施在其实施前先进行风险评价。

为消除实际和潜在不符合的原因而采取的任何纠正或预防措施,应与问题的严重性相适应,并与面临的风险和影响相匹配。

对因纠正措施和预防措施而引起的任何必要变化,组织应确保其体现在健康、安全与环境管理体系文件中。

条款要求与对条款的理解如下。

(一)不符合及其关闭

"不符合"是一个专用名词,是指各种偏离或违背 HSE 方针、目标、指标或体系其他要求的情况。纠正、预防措施是为了消除确认的不符合的根源,以防其再次发生而采取的行动。由发现不符合到调查不符合出现的原因,采取纠正措施予以纠正、采取预防措施防止不符合的再次发生的整个过程叫不符合的关闭。显然,本条款解决的问题是"出现不符合怎么办?"

不符合的发现途径很多,如有关地方政府主管部门的监督检查、各级管理人员的监督检查、HSE 监督员的监督检查、测量和监视活动的结果、HSE 体系审核、安全评价、相关方的抱怨、投诉等。

(二)条款要求

组织应建立并保持程序(可以称为"不符合、纠正和预防措施管理程序"),对不符合及其纠正、预防的管理职责、权限、程序和要求加以规定,以便出现不符合时,进行对不符合的调查、纠正和预防等工作。

出现不符合时,具体应当按照如下程序行动,使不符合关闭:
(1)通知有关单位或相关方;
(2)确定起因或根源;
(3)制定行动计划或改善计划;
(4)实施与不符合相匹配的纠正、预防措施;
(5)进行控制管理,保证所有实施的纠正、预防措施都有效;
(6)修改程序,加强措施,防止事故的再次发生,并将程序的变化通知相关人员去执行。

(三)不符合的处理方法

目前,在石油企业普遍实行了"监管分离"的制度。企业内设置了 HSE 总监(安全总监)、成立了监督站,开展 HSE 监督工作;另外,政府职业卫生、安全生产、环境保护等部门要定期对企业进行监督检查;再加上"谁主管、谁负责",企业内生产管理机构在管理的同时还要负监督职责。因此,石油企业初步形成了"自我约束、自我完善"的机制。不符合发现后,按照不符合的性质和严重程度一般通过口头劝告、罚款、下达整改通知单、停业整顿等不同方式予以处理,由生产组织单位对不符合进行关闭。

(四)总体要求

通过建立有效的程序,确定实际和潜在的不符合,确定不符合的原因,采取纠正措施和预防措施,使不符合项关闭,使组织和 HSE 管理体系得到改进。

(五)管理过程

1. 典型输入

典型输入包括:危害因素辨识、风险评价和风险控制的结果;监视和测量的结果;不符合报告;健康、安全与环境管理体系审核报告;管理评审报告。

2. 控制过程

组织应制定程序,可以称为"不符合、纠正与预防措施管理程序",以确保对不符合进行原因分析并实施纠正措施和预防措施,监视和测量纠正措施和预防措施的进展情况,并评审这些措施的有效性。

程序宜考虑以下方面:
(1)确定参与调查和处理不符合,制定、实施、跟踪验证纠正措施及预防措施的人员、职责和权限。

(2)规定调查不符合产生的原因、不符合的影响的程序和要求。

(3)明确采取纠正措施时,应考虑纠正措施带来的风险,如:

①纠正措施应适于不符合的性质、规模和影响;

②实施纠正措施的责任、期限等要求;

③评价纠正措施对危害因素辨识和风险评价结果的影响;

④记录因为纠正措施所引起的对程序的更改;

⑤采取风险控制措施或修改现有风险控制措施,确保纠正措施得到实施并有效。

(4)确定和实施预防措施应考虑的因素,包括:

①运用合理的信息来源(趋势分析、审核报告、记录、风险分析的更新信息、新的危险物质、检查结果、员工建议等);

②识别所有拟采取的预防措施;

③对这些预防措施进行分析、评价,确定预防措施;

④实施预防措施,并对其进行有效控制;

⑤记录预防措施引起的程序更改。

(5)组织应采取系统的后续措施,确保纠正措施和预防措施得到实施并有效,应进行跟踪验证,并向高层管理者报告未完成的措施。

3.典型输出

典型输出包括以下方面:

(1)不符合报告;

(2)确定纠正措施与预防措施方面的证据;

(3)评价和验证所采取的纠正措施与预防措施是否有效的证据;

(4)跟踪验证记录。

四、事故、事件管理

[规范条款]

组织应建立、实施并保持程序,报告、调查和处理事故和事件,以便:

a)记录并报告已经影响或正在影响健康、安全与环境的各类事故、事件(包括突发情况或管理体系的缺陷所引起的事故、事件),事故、事件报告应达到法律法规要求及组织规定的范围;

b)确定事故、事件调查和处理的工作程序及职责,调查应及时开展和完成,并沟通调查结果;

c)确定内在的、可能导致或有助于事故、事件发生的健康、安全与环境管理缺陷和其他因素;

d)对任何已识别的纠正措施的需求或预防措施的机会,应与发生不符合情况时所采取纠正措施和预防措施的工作程序(见 5.6.3)相一致;

e)事故、事件作为资源在组织范围内进行共享;

f)事故、事件调查和处理的结果应形成文件并予以保存。

条款要求与对条款的理解如下。

(一)条款基本要求

组织应建立并保持程序(可以称为"事故、事件管理程序"),对事故、事件的报告、调查和处理的职责、权限、程序和要求进行规定,一旦发生事故,及时对事故进行报告、调查和处理。本条款解决的问题是"出现事故、事件怎么办"。

(二)事故报告

各级组织应记录和报告组织内部已经影响和可能正在影响 HSE 表现的各类事故、事件,以吸取教训和采取必要的措施。

事故调查应尽可能快地开始,并应考虑事故现场、人员和环境保护的需要。

应有一个向执法部门报告事故的明确机制。事故报告应达到法律要求的范围,或达到作为组织对外交流所要求的更广泛的范围。

1. 事故报告的关键内容

(1)所有伤害、职业病或不利环境影响的详细情况;
(2)伤害涉及的人数;
(3)环境条件的描述;
(4)事件详情;
(5)结果详情;
(6)可能的后果;
(7)HSE 管理体系引起的不利影响。

对造成人员的伤害、财产损失或环境污染的事故通常要求立即进行报告。但未造成人员伤害、财产损失或环境破坏的事件(可称为"事故苗头"或"未遂事件")却是更经常发生的,同样的事故起因在不同的环境下可能会引发重大事故。但这些事故苗头往往得不到报告,或是由于未感觉到其潜在的重要性,或不敢报告。因此,应鼓励员工报告事故苗头。

2. 事故报告的主要原则

(1)统计量。按照规定的方法和要求进行事故统计。
(2)覆盖范围。统计应覆盖 HSE 关键操作和所有员工,同时包括承包商的单独统计数据。
(3)分类。报告应按要求分类。
(4)标准化。报告应使用标准格式。
(5)行为指标。

安全用四类指标报告,即致死频率、误工损伤频率、总体报告事故频率和严重程度。

健康用两类指标报告,即暴露特性指标和职业病特性指标。

环境指标主要用在以下方面:向大气的有组织和无组织的废气排放;向地面水的有组织和无组织的废水排放;有组织和无组织的废弃物处置;污染土壤和地下水;事故(申诉、火灾、泄漏和各种不符合);能源和自然资源的使用。

(三)事故调查处理

不管是突发事故,还是 HSE 管理体系的潜在缺陷引起的事故,都应进行识别,以便负责事故处理的人员做出判断。

应明确规定事故处理的程序和责任,这一程序应与出现 HSE 管理体系不符合时实施纠正措施的过程基本相似。

1. 事故调查的目的

(1)找出事故根源,确定采取的行动,以防再次发生;
(2)达到调查和报告的法律规定的要求;
(3)提供事故发生条件的真实记录。

2. 调查过程的基本步骤

(1)通知、初始评审和事故报告;
(2)决定是否需要进一步评审,指定调查组;
(3)调查本身包括审查事故现场和环境条件,会见见证人,分析操作条件、数据和其他证据;
(4)准备调查报告,就补救行动形成一致意见;
(5)签署报告和纠正行动计划。

事故调查的首要作用是确定可能的原因和适合的补救措施。因此,调查组可能需要公司领导层的支持和授权,以获得必要的信息和保证实施确定的补救行动。

事故的调查处理包括调查和采取补救措施两部分,对补救措施的实施进展必须进行跟踪,直到显示出其效果才能认为补救行动完成。

(四)总体要求

建立程序,对事故、事件进行报告、调查和分析,识别和消除事故、事件发生的根本原因,防止事故再次发生。

(五)管理过程

1. 典型输入

典型输入包括:危害因素辨识、风险评价和风险控制的结果;适用的法律、法规及其他要求;事故、事件报告信息;不符合处理的程序。

2. 控制过程

1)事故、事件报告

组织应鼓励员工对事故、事件的报告,对于法律、法规的特定要求应按要求及时上报。

2)事故、事件的统计分析

事故和事件的资料及信息反映了组织的健康、安全与环境绩效。组织应对已识别出典型事故和事件的原因进行分类,并进行定期分析。组织在对其进行分类和分析时,应考虑如下因素:

(1)应报告的或有损失工作日的伤害或疾病的频率或严重程度;
(2)地点、伤害类型、伤害部位、事故起因物、日期、时间等;
(3)财产损失类型和数量;
(4)直接原因和间接原因。

组织应注意涉及财产损失的事故,有关设施维修的记录可作为未上报事故或事件所造成损失的参考依据。

3)事故、事件的调查、处理

事故的调查程序一般应包括:成立事故调查小组—事故的现场处理—物证搜集—事故事实材料的搜集—证人材料收集—现场摄影—事故图绘制—事故原因分析—事故调查报告编写—事故调查结案归档。

组织应通过事故调查、处理汲取经验教训,以:
(1)识别出健康、安全与环境管理体系存在的缺陷及其根本原因;
(2)就发现的问题和建议与管理者及相关方进行交流(见5.4.4);
(3)将调查中发现的问题和建议纳入健康、安全与环境评审过程中(见5.7);
(4)监测纠正措施与预防措施实施的及时性及其持续有效性;
(5)不仅限于采取具体措施,应避免相同的地方重复发生类似事故、事件,而且应将调查中吸取的经验教训分享到整个组织。

事故、事件调查和处理所确定的责任应与事故、事件的实际和潜在影响的程度相符合。事故、事件调查应尽可能快地开始,并考虑到事故现场、人员和环境保护的需要。

4)事故、事件的评审

组织应对事故和事件做出正确结论,并采取纠正措施,至少每年将这些分析结果上报到最高管理者并纳入管理评审中(见5.7)。

3. 典型输出

典型输出包括以下方面:
(1)"事故、事件管理程序"与记录表单;
(2)事故、事件台账;
(3)事故调查处理报告(包括经过、原因分析、事故处理、防范措施等)。
(4)跟踪验证记录。

五、记录控制

[规范条款]

组织应建立并保持必要的记录,用于证实符合健康、安全与环境管理体系和本部分的要求,以及所实现的结果。

组织应建立、实施和保持程序,用于记录的标识、存放、保护、检索、留存和处置。健康、安全与环境记录应字迹清楚、标识明确,并可追溯。

条款要求与对条款的理解如下。

(一)条款基本要求

本条款主要要求组织要做好"记录管理"。记录是证据,记录是实现体系"可追溯性"的基础,是精细管理的基本要求。组织经常出现由于记录的缺乏而无法澄清责任,无法进行回顾和评价的情况。记录可以使管理者、审核人员了解体系以往的运行情况,便于掌握事件的真实面目。

组织应建立并保持"记录管理程序",对 HSE 记录管理的职责、权限、程序、要求予以规定,以便组织对 HSE 记录实施有效管理。

组织应依据有关法律、法规要求和标准要求,确定需要保存的记录,如事故记录、相关承包商记录、培训记录、环境监测记录、安全记录、雇员医疗记录、紧急事件及应急措施的记录、不符合情况的纠正记录、内部审该记录、管理评审的记录等。

应规定记录的保存时间和登记制度,应保证记录的可得性和保密性。记录是 HSE 管理体系正在运行的证据,因此,应注意将重点放在实施管理体系所必需的记录和有关目标、指标和任务实现程度的记录上。

(二)记录管理的基本环节

记录管理的基本环节主要包括"收集、标识、编目、归档、储存、维护、查阅、保管和处置"。本条款并不是要求写记录,而是要求把写好的记录进行收集整理、标识清楚、进行编目归档,做好储存、维护工作,防止记录出现丢失、发霉变质等情况。记录超过保存期限,应予以处置。

在 HSE 管理体系标准条款中,有许多条款要求做记录,组织应按照这些要求开发相关记录表,要求员工做好记录。

(三)总体要求

通过保存健康、安全与环境记录并进行管理,证实健康、安全与环境管理体系有效运行和所有过程在符合的条件下进行。

(四)管理过程

1.典型输入

典型输入包括:HSE 管理体系中所有的记录;有关记录管理的法规要求;组织记录管理的现状。

2.控制过程

记录为健康、安全与环境管理体系的连续运行和结果提供证据。组织应确定并有效管理其健康、安全与环境事务所需的记录。

记录管理应考虑以下内容:健康、安全与环境记录的处理权;健康、安全与环境记录的保密性;法律、法规及其他要求中有关记录保存期的规定;使用电子记录可能出现的问题。

健康、安全与环境记录管理的关键内容包括对记录的标识、收集、编目、归档、存放、维护、检索和留存。记录应填写完整、字迹清楚、标识明确。组织应确定健康、安全与环境记录的保存期,并将其存放在安全地点,便于查阅,避免损坏。对于重要的健康、安全与环境记录应以适当方式或按法规要求妥善保护,以防损坏。

3. 典型输出

典型输出包括以下方面:
(1)"记录的管理程序";
(2)记录和文件管理所需要的资源;
(3)记录台账。

六、内部审核

[规范条款]

组织应确保按照计划的间隔对健康、安全与环境管理体系进行内部审核,以便确定健康、安全与环境管理体系是否:

a)符合健康、安全与环境管理工作的策划安排,包括满足本标准的要求;
b)得到了正确的实施和保持;
c)有效地满足组织的方针和目标。
应向管理者报告审核的结果。

组织应基于组织活动、产品和任务的风险和影响以及以前的审核结果,策划、制定、实施和保持审核方案。

组织应建立、实施和保持审核程序,以明确:
a)策划和实施审核、报告审核结果和保存相关记录的职责、能力和要求;
b)审核的准则、范围、频次、方法和能力要求;
c)审核流程,包括跟审核准备、现场审核实施、跟踪验证等审核后续管理。
审核员的选择和审核的实施应确保审核过程的客观性和公正性。

条款要求与对条款的理解如下。

审核是 HSE 管理体系"三级监督"机制中的二级监督,发生在组织的管理层,由管理者代表主持。目的是通过定期的审核活动,发现 HSE 管理中存在的问题或"不符合",以评价管理体系的符合性、有效性,以便改进组织的 HSE 管理。

(一)总体要求

规定了健康、安全与环境管理体系审核的要求,以定期、全面地检查、评价健康、安全与环境管理体系的符合性和有效性。

(二)管理过程

1.典型输入

典型输入包括:健康、安全与环境方针;健康、安全与环境目标和指标;健康、安全与环境程序和工作指南文件;危害因素辨识、风险评价和风险控制的结果;适用的法律、法规和其他要求;健康、安全与环境管理体系要素;作业实践;不符合报告;健康、安全与环境管理体系审核程序;胜任审核工作的审核人员;不符合的处理程序。

2.典型输出

典型输出包括以下方面:
(1)审核方案;
(2)健康、安全与环境管理体系审核计划;
(3)健康、安全与环境管理体系审核程序;
(4)健康、安全与环境管理体系审核报告;
(5)不符合报告。
(6)跟踪验证记录。

第七节　管理评审

[规范条款]

组织的最高管理者应按计划的时间间隔对健康、安全与环境管理体系进行评审,以确保其持续适宜性、充分性和有效性。评审应包括评价改进的机会和对健康、安全与环境管理体系进行修改的需求。管理评审过程应确保收集到必要的信息提供给管理者进行评价。应保存管理评审的记录。

管理评审的输入应包括但不限于:
a)审核和合规性评价的结果;
b)参与和协商的结果;
c)和外部相关方的沟通信息,包括投诉;
d)组织的健康、安全与环境绩效;
e)目标和指标的实现程度;
f)事故、事件的调查和处理;
g)纠正措施和预防措施的状况;
h)以前管理评审确定的后续改进措施及落实情况;
i)客观环境的变化,包括与组织有关的法律法规和其他要求的发展变化;
j)改进建议。

管理评审的输出应符合组织持续改进的承诺,并应包括与如下方面可能的更改有关的任何决策和措施:

a)健康、安全与环境绩效；
b)健康、安全与环境方针和目标、指标；
c)资源；
d)其他健康、安全与环境管理体系要素。

管理评审的相关输出应可用于沟通和协商(见 5.4.4)。

当组织机构和职能分配有重大调整、外部环境发生重大变化，以及发生较大健康、安全与环境事故等情况时，组织应增加管理评审的频次。

条款要求与对条款的理解如下。

管理评审是组织的最高管理者对健康、安全与环境管理体系的持续适宜性及其执行情况进行的正式评审。该要素是 HSE 管理体系"三级监督"机制中的一级监督，发生在组织的领导层，由组织的最高管理者主持。目的是通过定期的管理评审活动，依据组织外部的变化和审核的结果，对组织 HSE 管理中的重大问题如方针、目标、资源配置等进行评审，并予以改进。

一、总体要求

为评价健康、安全与环境体系的适宜性、充分性和有效性，持续改进健康、安全与环境管理体系，组织的最高管理者应定期进行管理评审。

二、管理过程

(一)典型输入

典型输入包括：健康、安全与环境管理体系审核的结果；合规性评价的结果；来自外部相关方的交流信息，包括抱怨、投诉等；健康、安全与环境管理体系运行绩效；目标和指标的实现程度；事故、事件统计数据；危害因素辨识、风险评价和风险控制过程的有关报告；资源配备的分析；应急总结报告(包括实际发生的或演练的)；以前管理评审的后续措施，包括了所采取的纠正措施和预防措施；各级管理者所负责部分的体系有效性状况的报告；客观环境的变化，包括组织产品、活动和服务的变化，法律法规和其他要求的变化等；改进建议。

(二)典型输出

典型输出包括以下方面：
(1)管理评审报告及其他有关记录；
(2)对健康、安全与环境方针和目标的修改；
(3)健康、安全与环境管理体系各要素的改进；
(4)管理评审确定改进项目的具体纠正措施、改进措施及其预期完成日期。

第八节 HSE 管理体系各要素之间关系的分析

在 HSE 管理体系中，七个一级要素和二十六个二级要素不是孤立存在的，他们之间存在着紧密的联系，互相结为一个有机的整体。因此，在把握 HSE 管理体系要素时，既要搞清楚每一要素要求的内容和实质，更要注意将每一个要素看作是 HSE 管理体系不可分割的一个组成部分，把它们放到 HSE 管理体系这个整体中去考察，才能更深刻地理解每一个要素的地位、作用和它们之间的相互关系。这些要素按在体系中的作用可分为三大类：一类是构成 HSE 管理体系的主体框架，是体现体系基本功能的关键要素；一类是对主体框架起支持作用，对实现基本功能起支持作用的要素；一类是对体系各要素进行全面监控，实现持续改进的要素。图 2-5 反映了体系要素之间的关系。

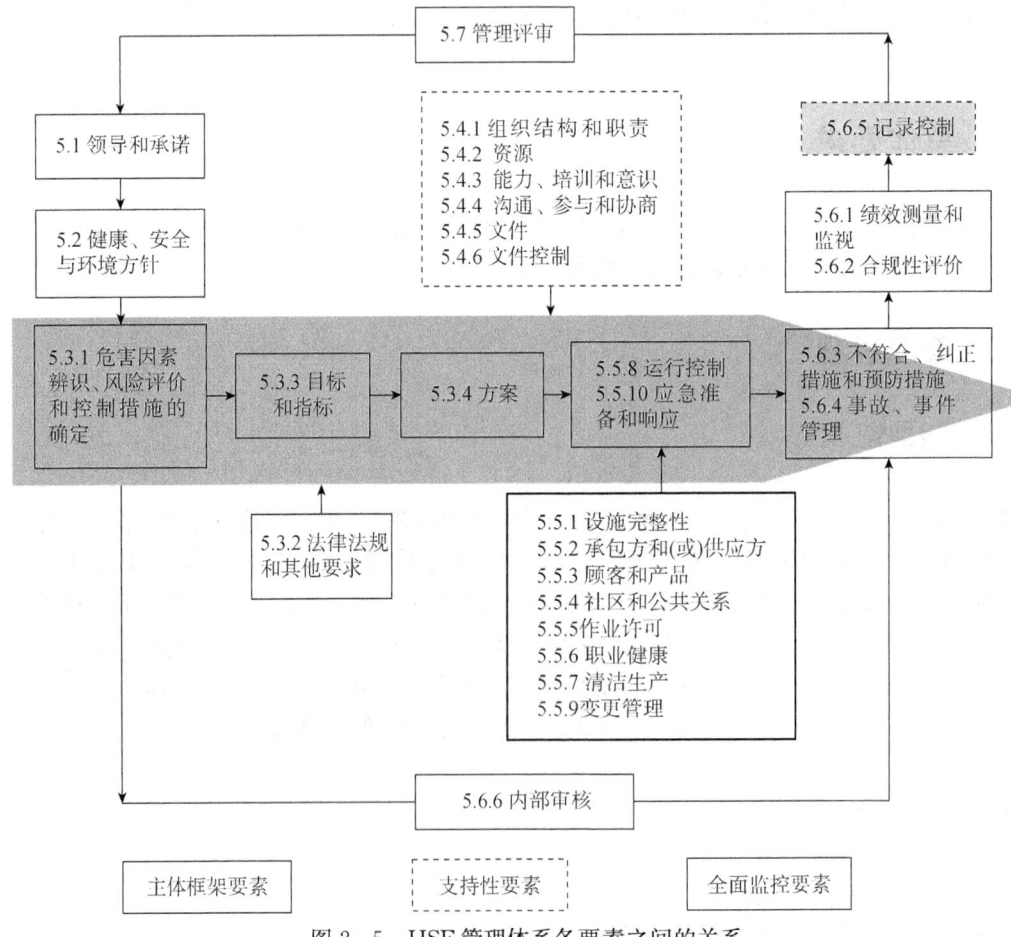

图 2-5 HSE 管理体系各要素之间的关系

一、主体框架要素

主体框架要素包括：领导和承诺；健康、安全与环境方针；危害因素辨识、风险评价和控制措施的确定;法律法规和其他要求;目标和指标;方案;设施完整性;承包方和(或)供应方;顾客和产品;社区和公共关系;作业许可;职业健康;清洁生产;运行控制;变更管理;应急准备和响应;不符合、纠正措施和预防措施;事故、事件管理等 18 个要素。这些要素构成了 HSE 管理的基本流程和框架。关系是这样的:组织的最高管理者根据组织的情况、政策法规以及相关方的要求,适时提出"HSE 承诺",建立健康、安全与环境管理体系,并制定"健康、安全与环境方针和总目标",这是 HSE 管理的出发点、努力方向和目标。为保证组织能实现 HSE 承诺、方针和目标,组织对其活动和任务进行"策划",开展"风险辨识、风险评价、风险控制"等活动,目的是认识活动与任务过程中存在的风险,并予以控制。为了确保对风险控制、"目标、指标"的制定符合"法律、法规和其他要求",组织应建立获取法律、法规和其他要求的渠道,传达法律法规。随着方案的制定和实施,风险管理策划就完成了,进入"实施运行"阶段。运行中,首先要落实方案,管理好 HSE 关键设施,确保"设施完整性";其次要处理好组织与"承包方和(或)供应方"、"顾客"、"社区和公共关系"之间的关系,以免造成风险;实施清洁生产,减少对环境的污染;监测员工的职业健康,控制职业危害。所有的"运行"都要在计划或程序的"控制"下运行,以免活动和任务出现偏离要求的情况。对于出现变更的情况,要实施"变更管理",防止因为变更而导致事故。一旦出现事故,组织应及时启动"应急反应计划",将损失降到最低。对于在实施运行过程中出现的不符合,要采取纠正与预防措施,防止不符合的再次发生;运行过程出现事故、事件,要进行报告、调查和处理。

二、支持性要素

在 HSE 管理体系标准中,共有 7 个支持性要素。这些要素不是 HSE 管理体系特有的,其他管理体系也有这些要素,它们是管理的基础,这些要素问题解决不好,要么无法实施管理(没有条件),要么效率低下,要么管理混乱。这些要素是:组织结构和职责;资源;能力、培训和意识;沟通、参与和协商;文件;文件控制;记录控制。"组织结构和职责"解决的是结构和职责问题,"资源"解决资源配置问题。"能力、培训和意识"解决人力资源管理问题,"沟通、参与和协商"解决信息交流问题。"文件"解决管理制度、要求、标准问题。"文件和资料控制"解决文件资料的管理问题。"记录控制"做好记录管理,为证实健康、安全与环境管理体系有效运行和所有过程的运行提供证据。

三、全面监控要素

任何一个管理体系,不管它如何科学、实用,如失去监督则失去控制。这是由于人类道德水平还没有达到一定的高度。为了保证体系有效运行,保证组织方针、目标的实现,HSE 管理体系设计了"三级监督"机制,从不同层面对管理体系实行全面监控:"三级监督"是作业层的监督,发生在作业层,通过"绩效测量和监视"这个要素来实现,目的是通过测量和监视仪器的测量和监视活动,通过作业现场管理人员、监督人员的监督检查活动,随时随地地发现体系运行和活动中存在的问题,并予以纠正、预防。"二级监督"发生在管理层,由管理者代表定期主持"内部审核"活动,集中发现各部门、各单位存在的"不符合"或其他问题,检查体系的符合性和有效性,予以整改。"合规性评价"是客观地评价组织对法律、法规和其他要求的遵守情况。"一级监督"发生在领导层,是领导层的监督。最高管理者定期主持 HSE"管理评审"活动,解决组织 HSE 管理中的方针、政策、目标、资源等重大问题。以上三个要素的共同目标是"持续改进"。

体系要素之间的关系是比较复杂的。读者有兴趣的话,可以自己找一下哪些要素与"法律、法规和其他要求"直接相关,管理体系是怎样保证组织遵守法律、法规和其他要求的;哪些要素与"事故预防"有关,管理体系是怎样保证组织实现事故预防的;哪些要素与"持续改进"直接相关,管理体系又是怎样保证组织不断改进 HSE 绩效的。关于人力资源,体系是如何管理的;对于设施,体系是如何要求管理的;对于文件资料,体系是如何要求管理的;对于信息,体系是如何要求管理的。对于外部关系,体系是如何处理的;对于员工参与,体系是如何要求的。对于风险管理,HSE 体系讲得最多,怎样开展风险管理;出现"不符合"、"事故"怎么处理……带着这些问题学习 HSE 标准,相信你会发现 HSE 管理的真谛。

习 题

1. 中石油天然气集团公司发布的标准 Q/SY 1002.1—2013 中包含了多少个一级要素和二级要素?
2. 简要介绍七个一级要素的作用。
3. 如何理解有感领导的含义?
4. HSE 承诺的内容有哪些?
5. 危害因素辨识、风险评价和控制措施包括哪些基本步骤?
6. 组织在制定健康、安全与环境的目标和指标时,应考虑哪些因素?
7. "方案"的内容有哪些?
8. HSE 管理体系的资源有哪些?
9. 员工 HSE 能力评估的内容有哪些?
10. 员工应参与哪些 HSE 管理事务?
11. HSE 管理体系文件有哪些类型?
12. HSE 文件控制的要求有哪些?
13. 评价承包方和(或)供应方的主要内容有哪些?
14. 职业病危害因素包括哪些方面?
15. 变更管理的内容有哪些?
16. 组织内潜在的突发事件有哪些?
17. 应急管理工作的主要环节有哪些?
18. 出现不符合时,应采取哪些行动?
19. 事故调查的目的是什么?
20. HSE 管理体系的全面监控要素有哪些?

第三章　HSE 管理体系的建立、实施与保持

本章主要介绍了 HSE 管理体系建立的任务和步骤、体系建立的准备工作、管理体系策划、体系文件编制、HSE 管理体系的实施、保持五个方面的内容。通过这五个方面内容的学习，目的是掌握 HSE 管理体系建立的全过程，掌握各个阶段的主要任务，最终掌握如何建立一个符合标准的 HSE 管理体系。

第一节　概述

要实施 HSE 管理，首先要建立一个符合健康、安全与环境管理体系标准（如 Q/SY 1002.1—2013）要求的管理体系。一般来讲，从最高管理者颁布 HSE 承诺、决策实施 HSE 管理开始，到 HSE 管理体系试运行、通过认证审核（取得认证证书），经历的过程就是建立 HSE 管理体系的过程。健康、安全与环境管理体系的内涵决定了建立健康、安全与环境管理体系工作的主要任务如下：

第一，通过颁布 HSE 承诺及健康、安全与环境方针、编写与发布 HSE 体系文件，通过贯标学习、培训以及初始风险评价实践，初步形成组织的 HSE 管理理念或 HSE 文化，形成组织 HSE 管理骨干队伍。

第二，根据需要，调整组织的内部结构和职能，形成 HSE 管理的组织结构－职责体系。

第三，优化资源配置，为实施、改进 HSE 管理提供必要的资源。

第四，通过开展初始风险评价活动，系统、全面掌握组织面对的 HSE 风险以及所需要的控制。

第五，编写体系文件，形成对各个重要的管理过程和作业过程控制的指导文件与控制标准。

第六，至少开展一次内部审核和管理评审，确认体系在有效运行；通过认证审核，证明 HSE 管理体系符合标准要求。

完成了以上任务，一个合乎标准的 HSE 管理体系在组织内部就建立起来了。实施和保持则是 HSE 管理体系按照标准要求持续运行的过程。

要建立 HSE 管理体系，一般要经过以下步骤：

第一，领导决策与准备；

第二，HSE 标准宣贯与有关培训，如 HSE 标准培训、体系文件编写人员培训、风险管理人员培训、内部审核员培训等。

第三，初始风险评价；

第四，组织 HSE 管理体系策划；

第五，HSE 体系文件的编写、评审与发布；

第六，HSE 管理体系试运行；

第七，HSE 管理体系的审核与管理评审。

以上七个步骤可划为四个阶段:其中第一到第四步可合称为策划准备阶段;第五步也称为文件编写阶段,第六步为试运行阶段,第七步为审核认证阶段。

本章就建立 HSE 管理体系的重要过程做简要介绍。

第二节　HSE 管理体系建立的准备工作

为保证 HSE 管理体系建立工作顺利高效进行,组织一般需完成以下准备工作。

一、领导决策与准备

(一)领导决策

组织的最高管理者无疑是建立 HSE 管理体系的核心。正是最高管理者根据组织面对的社会环境、政策环境、市场环境以及组织可持续发展的需要,适时的向社会各界提出了 HSE 承诺,才使得是否实施 HSE 管理的问题被提到议事日程上来。也是由于最高管理者会同领导层,根据组织实际和需要,决定实施 HSE 管理,才使得体系建立工作成为实际。"领导决策与准备"其实在最高管理者提出 HSE 承诺时已经完成。

领导决策就是领导层下决心,决定是否实施 HSE 管理以及时机问题。可能包括以下几个方面的权衡:

(1)政策环境、市场准入的问题。外部环境要求是否很迫切,急需实施 HSE 管理;

(2)组织的 HSE 管理体系要实现怎样的管理目标;

(3)组织是否具有能力(主要是财务能力)满足建立 HSE 管理体系的需要(因为需要一定的投入、改进工作);

(4)组织目前是否适合建立新的管理体系等。

这些问题研究清楚了,是否决策实施 HSE 管理的问题也就解决了。

但有一个问题必须清楚,对于中石油、中石化、中海油的下属企业,必须实施 HSE 管理。这是因为它们的母公司都实施了 HSE 管理,对于这些组织,要决策的只是实施 HSE 管理的时机问题,而不是是否实施 HSE 管理的问题,这是不容讨论的,况且标准 Q/SY 1002.1—2013 属于强制标准。

(二)准备工作

实施 HSE 管理的决策一旦形成,紧接着就要做如下准备。

1. 调整组织机构,明确责任

这里主要包括成立跨部门的决策和协调机构,就建立 HSE 管理体系的重大问题进行规划、组织、协调工作;任命管理者代表,全面负责 HSE 管理体系的建立、实施和运行工作;组建体系建立工作组,归管理者代表管理,从事体系策划、标准宣贯、初始风险评价、文件编写等工作。

2.宣传和培训

HSE管理要求全员参与,因此广泛的宣传和培训,是取得员工理解、支持、参与的基础。宣传的内容主要有HSE标准宣传、HSE文化宣传、法律法规宣传、事故案例宣传等。HSE培训包括贯标培训、文件编写人员培训、风险管理人员培训、内部审核员培训、关键岗位人员培训等。

3.制订体系建立工作实施计划

为保证HSE管理体系能如期通过认证,一般以认证日期为准,对体系建立四个阶段(即策划准备阶段、文件编写阶段、试运行阶段、审核认证阶段)的具体工作进行倒计时安排,就形成了体系建立实施计划,用以指导体系建立整个过程。

二、组织管理体系调查

HSE管理体系是在组织现有的管理体系基础上建立起来的,组织现有管理体系是建立HSE管理体系的基础,应当对现有的管理体系调查清楚。目前组织的管理体系可能有行政管理体系、质量管理体系(GB/T 19001)、环境管理体系(GB/T 24001)、职业健康安全管理体系(GB/T 28001),在这些管理体系基础上建立HSE管理体系,应当考虑支持与兼容的问题,而且这些管理体系分别控制不同的管理对象,发挥着各自的作用,不能轻易替代。目前在国内出现了整合的管理体系,如QHES,就是对质量、环境、职业健康安全、HSE管理体系的整合,这是一种进步。应当处理好HSE管理体系与其他管理体系的关系。

三、组织健康、安全与环境管理状况的了解

了解组织目前健康、安全与环境管理状况是实施HSE管理的前提。上面介绍到有关健康、安全与环境管理的管理体系,这里主要了解健康、安全与环境管理的组织机构、职责、程序、事故档案、管理经验与教训等,为吸收和借鉴做准备。

四、机构调整

要实施HSE管理,就必须建立HSE管理的组织机构,并制定各机构的职责。这就要对原有的组织机构进行必要的调整。HSE管理的组织机构有:公司设立HSE管理委员会、管理者代表、HSE体系办公室,基层设立HSE领导小组、HSE监督等,组织的其他部门和单位都要承担有关的HSE职责。只有这样,HSE责任才能落实。

五、初始风险评价

在建立HSE管理体系之前,要在组织内部开展初始风险评价工作,为HSE管理体系策划做准备。初始风险评价主要的任务有:

(1)了解组织的主要业务或生产过程,了解所涉及的原辅料、中间品、产品;

(2)了解组织的生产工艺、设备、工作流程、生产方式等;
(3)系统识别组织应当遵守的法律法规、工业标准和规范;
(4)系统识别组织活动、产品、服务中存在的健康、安全与环境风险,并予以评价;
(5)了解目前的风险削减措施,并予以评价,提出和实施风险削减措施;
(6)对组织的健康、安全与环境管理进行评价,并提出改进意见。

初始风险评价人员一般由外部咨询人员和组织的员工共同构成,最后形成初始风险评价报告,作为下一步风险管理的依据,以指导 HSE 建立工作。

第三节　HSE 管理体系的策划

HSE 管理体系策划的实质是对体系方案的策划。HSE 管理体系的建立是一个比较复杂的过程,涉及的问题比较多,如 HSE 管理体系认证范围的确定,组织 HSE 管理理念的共识,健康、安全与环境方针的确定、机构的设置、职责的确定、文件层次的划分等,只有预先对管理体系进行了周密的策划,才能保证整个体系建立过程有序、科学、高效。

作为一个完整的 HSE 管理体系方案策划,一般应包括以下内容。

一、确定组织体系建立或认证的范围

HSE 管理体系标准最适合从事石油、天然气勘探开发的组织,其他组织可以参考执行。一个组织往往由多个不同业务的下属单位组成,组织的 HSE 管理体系是否要覆盖组织所有的下属单位是一个值得探讨的问题。应根据需要明确界定 HSE 管理体系覆盖哪些下属单位、业务领域和工作区域,这也是今后的认证范围,应当在策划阶段予以解决。

二、对健康、安全与环境方针和总目标的策划

方针、目标既属于 HSE 管理理念和文化的问题,也属于管理问题。即解决怎么进行 HSE 管理,管到什么程度的问题,但最终应保证 HSE 承诺的实现。因此,领导 HSE 承诺是核心,其他工作都是围绕实现 HSE 承诺开展的。理念问题解决了,出发点就对了。象"依法经营""持续改进""预防为主""以人为本""可持续发展""清洁生产"等理念无疑都要写进健康、安全与环境方针并切实落实。其他内容应该根据组织性质、规模来决定。

HSE 总目标即"无伤害、无事故、无污染",一方面为全体员工规定了努力方向,也为各下属单位制定指标提供了一个框架。

以上问题需要咨询单位和最高管理者进行反复沟通。从这个意义上讲,建立 HSE 管理体系的过程,也是接受、学习 HSE 管理理念的过程。

三、对执行标准的策划

现行的 HSE 管理体系标准有 SY/T 6276—2014、Q/CNPC 104.1—2004、Q/SY 1002.1—2013,还有 QHSE 标准(Q/SY 2.2—2001,《质量健康安全环境管理体系　要求》,中国石油天

然气股份有限公司标准),究竟选择依据哪个标准建立 HSE 管理体系也是一个重要问题。建议根据组织的需要,尽量与上级组织保持一致,选用最新标准,如对中石油及其下属单位,采取 Q/SY 100 2.1—2013 标准。

四、过程控制的策划

根据初始风险评价报告,可以了解、识别组织内存在哪些管理过程和作业过程。为这些过程设置目标、指标,并制定控制文件,是过程管理思想的体现。对这些管理过程进行有效控制,是实现事故预防的基础。这里应策划过程控制所需的人员能力、职责、流程、方法、标准、资源等。

五、HSE 管理体系的要素

若依据 Q/SY 1002.1—2013 标准建立 HSE 管理体系,则管理体系有七个一级要素、二十六个二级要素,不可缺失;若建立 QHSE 管理体系,则要考虑质量管理体系与 HSE 管理体系的整合,对有关质量管理的要素与 HSE 管理体系要素进行合并或删减,但应保证不能破坏 HSE 管理体系及质量管理体系的完整性。在策划时应注意以上情况。

六、对组织机构—职责的策划

这一部分的策划是解决"谁来管、管什么"的问题的。应按照归口管理的原则,将所有的要素归口到相应的部门予以管理,确定组织机构和职责。应做到职责不重叠、不空缺、精干高效。

七、对体系文件的策划

HSE 管理体系文件分为三个层次,即 HSE 管理手册、程序文件、作业文件。主要策划需要建立的程序文件、作业文件、HSE 记录、现场检查表等。表 3-1 给出了××公司开发的程序文件目录。

表 3-1 ××公司 HSE 管理体系程序文件开发一览表

序号	程序文件名称	标准代码	对应标准条款	办公室	财务部	人事劳资部	企管法规部	质量安全环保部	生产运行部	物资供应部	市场开发部	企业文化部	分公司
1	HSE 承诺、HSE 文化管理管理程序	Q/LY-HSECX-5.1-01-A-2014	5.1	○	○	○	○	○	○	○	○	★	○
2	健康、安全与环境方针管理程序	B/LY-HSECX-5.2-A-2014	5.2	○	○	○	○	○	○	○	○	★	○

续表

序号	程序文件名称	标准代码	对应标准条款	办公室	财务部	人事劳资部	企管法规部	质量安全环保部	生产运行部	物资供应部	市场开发部	企业文化部	分公司
3	HSE风险管理控制程序	B/LY-HSECX-5.3.1-01-A-2014	5.3.1	○	○	○	○	★	○	○	○	○	○
4	法律法规和其他要求管理程序	B/LY-HSECX-5.3.2-A-2014	5.3.2	○	○	○	★	○	○	○	○	○	○
5	HSE目标、指标管理程序	B/LY-HSECX-5.3.3-A-2014	5.3.3	○	○	○	○	★	○	○	○	○	○
6	方案控制程序	B/LY-HSECX-5.3.4-A-2014	5.3.4	○	○	○	○	★	○	○	○	○	○
7	组织结构与职责管理程序	Q/LY-HSECX-5.4.1-A-2014	5.4.1	○	○	★	○	○	○	○	○	○	○
8	HSE资源管理程序	Q/LY-HSECX-5.4.2-A-2014	5.4.2	★	○	○	○	○	○	○	○	○	○
9	员工能力评价与培训管理程序	Q/LY-HSECX-5.4.3-A-2014	5.4.3	○	○	★	○	○	○	○	○	○	○
10	沟通、参与和协商管理程序	Q/LY-HSECX-5.4.4-A-2014	5.4.4	★	○	○	○	○	○	○	○	○	○
11	HSE文件和资料控制程序	Q/LY-HSECX-5.4.6-A-2014	5.4.6	○	○	○	○	★	○	○	○	○	○
12	HSE设施完整性管理程序	Q/LY-HSECX-5.5.1-01-A-2014	5.5.1	○	○	○	○	○	★	○	○	○	○
13	物资采购管理程序	Q/LY-HSECX-5.5.1-02-A-2014	5.5.1	○	○	○	○	○	○	★	○	○	○
14	承包方和(或)供应方管理程序	Q/LY-HSECX-5.5.2-A-2014	5.5.2	○	○	○	★	○	○	○	○	○	○
15	顾客和产品管理程序	QB/LY-HSECX-5.5.3-A-2014	5.5.3	○	○	○	○	○	○	○	★	○	○
16	作业许可控制程序	Q/LY-HSECX-5.5.5-A-2014	5.5.5	○	○	○	○	★	○	○	○	○	○

续表

序号	程序文件名称	标准代码	对应标准条款	管理部门									
				办公室	财务部	人事劳资部	企管法规部	质量安全环保部	生产运行部	物资供应部	市场开发部	企业文化部	分公司
17	职业卫生健康管理程序	B/LY-HSECX-5.5.6-A-2014	5.5.6	○	○	○	○	★	○	○	○	○	○
18	清洁生产管理程序	B/LY-HSECX-5.5.7-A-2014	5.5.7	○	○	○	○	★	○	○	○	○	○
19	生产过程安全控制程序	B/LY-HSECX-5.5.8-01-A-2014	5.5.8	○	○	○	○	○	★	○	○	○	○
20	交通安全安全管理程序	B/LY-HSECX-5.5.8-02-A-2014	5.5.8	○	○	○	○	★	○	○	○	○	○
21	变更管理程序	Q/LY-HSECX-5.5.9-A-2014	5.5.9	○	○	○	○	★	○	○	○	○	○
22	应急准备与响应管理程序	Q/LY-HSECX-5.5.7-A-2014	5.5.10	○	○	○	○	○	★	○	○	○	○
23	HSE绩效测量与监视管理程序	Q/LY-HSECX-5.6.1-A-2014	5.6.1	○	○	○	○	★	○	○	○	○	○
24	合规性评价管理程序	Q/LY-HSECX-5.6.2-A-2014	5.6.2	○	○	○	★	○	○	○	○	○	○
25	不符合、纠正和预防措施管理程序	Q/LY-HSECX-5.6.3-A-2014	5.6.3	○	○	○	○	★	○	○	○	○	○
26	事故、事件管理程序	Q/LY-HSECX-5.6.4-A-2014	5.6.4	○	○	○	○	★	○	○	○	○	○
27	记录控制程序	Q/LY-HSECX-5.6.5-A-2014	5.6.5	○	○	○	○	★	○	○	○	○	○
28	内部审核管理程序	Q/LY-HSECX-5.6.6-A-2014	5.6.6	○	○	○	○	★	○	○	○	○	○
29	管理评审控制程序	Q/LY-HSECX-5.7-A-2014	5.7	★	○	○	○	○	○	○	○	○	○

注：★——归口部门；○——相关部门。

第四节　HSE 管理体系文件的编制

HSE 管理体系是一个文件化的管理体系，这些文件构成了管理体系的"软件"，编制这些文件是建立 HSE 管理体系的基础工作。

一、管理手册的编写

(一)HSE 管理手册的作用

HSE 管理手册是对组织健康、安全与环境管理体系的全面描述，是全部体系文件的索引。它的作用可以概括为宣传和介绍作用。一个组织的 HSE 手册可能分为两种版本，即受控版本和非受控版本，非受控版本可以对外交流。它们的主要作用是宣传、介绍组织的 HSE 政策，介绍组织的 HSE 管理体系基本情况、管理体系要素与相互关系、组织结构与职责、组织建立的程序文件及归口管理部门、文件之间的接口关系等，人们只要浏览手册就可以对组织的 HSE 管理体系有全面了解，并获得查询某一文件的路径。

(二)手册的主要内容与编写

1. 手册封面

(1)组织名称。
(2)组织标准号。
(3)手册标题：××公司健康、安全与环境管理体系手册。
(4)手册发行版本、手册编码、手册发放控制号。

2. 批准页

批准页是最高管理者批准颁布 HSE 手册的声明，应声明手册是 HSE 管理体系纲领性和证实性文件，是全体员工必须遵守的准则，是最高管理者批准发布实施的命令，有发布日期、实施日期、最高管理者的签字。

3. 组织概况

组织概况介绍组织的基本情况、地理位置、历史沿革、主营业务、资质、技术状况、取得的成绩、联系方式等。

4. 组织最高管理者的 HSE 承诺

这一部分介绍组织最高管理者的 HSE 承诺。

5. 组织的健康、安全与环境方针和目标

这一部分介绍组织的 HSE 方针和目标。

6. 组织的 HSE 管理者代表任命文件

这一部分将提供组织的 HSE 管理者代表任命文件。

7. 目录

目录介绍手册各章节题目、页码及附录等。

8. 目的与范围

目的与范围介绍实施 HSE 管理的目的和体系覆盖的范围。

9. 术语和定义

术语和定义介绍手册中使用的具有特定意义的名词。

10. 组织机构、职责与权限

组织机构、职责与权限说明部分介绍组织 HSE 管理体系的组织结构、职责及权限。

11. 体系要素描述

体系要素描述部分对组织的 HSE 管理体系七大要素及二级要素进行描述介绍,包括程序的目的与范围、职责、程序内容、相关文件、相关记录等。

12. 组织开发的程序文件、作业文件名称及归口部门

这一部分提供组织开发的程序文件、作业文件的名称,并说明归口部门。

二、程序文件的编写

(一)程序文件简介

程序是指"为进行某项活动所规定的途径"。在 HSE 管理体系中,客观存在着一些管理过程,表 3-1 中各个要素均对应一个管理过程:如风险管理过程、法律法规管理过程、HSE 目标与指标管理过程、方案控制过程、组织结构与职责管理过程、培训管理过程……等等。这些管理过程如果失控,将会导致管理失效,可能会引起 HSE 事故。识别这些过程的存在并予以控制,被称为"过程管理"方法。程序文件就是指导这些管理过程有效、规范运行的文件。一个组织的程序文件数量与组织的规模、业务复杂程度有关,表 3-1 中列出的程序文件是 HSE 管理体系标准要求开发的程序文件。

一个程序文件既然规范着一个管理过程的运行,那么程序文件内容必然符合戴明 PDCA 模式。即程序文件必然包含计划(策划)、实施、检查、改进四个管理环节,缺少任何环节,程序文件都是不完整的,必然导致管理效能降低或失控。比如员工 HSE 培训管理过程,从宏观上讲计划环节就是员工年度培训计划如何编制,实施就是年度 HSE 培训应按照计划要求实施;检查就是指在实施过程中,主管部门必须对各单位 HSE 培训开展情况进行检查或专项审核,发现培训中存在的问题,改进环节就是对发现的问题采取纠正、预防措施,改进培训效果。

另外,一个有效的程序文件,还必须符合 OPPT 方法要求。其中 O 指的是"职责",第一个 P 指的是管理流程,第二个 P 是人员的能力,T 指的是管理时应采取的方法或工具。也就是说,一个好的程序文件应当规定明确的管理职责(即谁来管)、科学简明的管理流程、管理人员应当具备的能力以及推荐适用的管理方法或工具,这样一个管理过程就能得到有效的控制。

对于程序文件的作用,可以从以下几个方面理解:

(1)程序文件是对那些产生健康、安全与环境影响的活动进行管理所用的文件,是管理手册支持性文件。

(2)每一个程序文件的实质是对 HSE 管理体系中一个逻辑上独立的管理过程的管理或控制,可能是标准中的一个要素,或要素中的一部分,或几个要素相关要求的一组活动。程序文件的数量、格式由组织自行确定,但标准中明确要求写程序文件的必须开发程序文件。其内容一般不涉及技术细节。

(3)程序文件的有效实施才能体现 HSE 管理体系的功能,因此要求程序文件的内容要密切结合实际情况。

(4)程序文件实质是组织在 HSE 管理中的管理制度,是法规性文件,必须强制执行,因此要求程序文件必须有可操作性和可检查性,并在管理过程中填写必要的记录表单。

(二)程序文件编写的原则

程序文件编写遵循 5W1H 原则,即要规定 What(做什么)、Who(谁来做、谁检查评价)、Where(在那里做)、When(何时做)、Why(为什么做)、How(怎样做)。

(三)程序文件的格式与内容

目前,HSE 程序文件普遍采用以下格式和内容。

(1)文件编号和标题:文件采用统一编号,程序文件名称为"××××管理程序"。
(2)目的和适用范围:介绍编制本程序文件的目的,本程序文件的适用范围。
(3)术语:对程序中需要解释的名词或术语进行解释或说明。
(4)职责:介绍执行程序时主管部门、相关部门的职责。
(5)程序内容:为程序的正文部分。
(6)相关程序、文件:指需要引用或与本程序相关的程序或文件。
(7)报告和记录格式:指使用本程序所产生的记录和报告的格式。

三、作业文件的编写

作业文件可以分为两类,一类是指导管理工作的文件,称为管理作业文件;另一类是指导基层作业过程的文件,包括 HSE 岗位作业指导书、项目 HSE 计划书。

(一)管理作业文件

管理作业文件是程序文件的支持性文件,当一个程序文件比较复杂,涉及管理业务较多时,可以分解为若干个管理作业文件,指导管理工作。例如,"安全管理程序"就是一个比较大的程序文件,涉及生产安全、交通安全、特种设备安全、锅炉压力容器安全、用电安全、机械安全等专业安全,如果要在"安全管理程序"中进行规范的话,比较困难。处理这一问题有两种方法,一种是在"安全管理程序"中对安全管理程序做一般性要求,具体专业安全管理可制定相应的专业安全管理规定,如"锅炉压力容器安全管理规定"、"特种设备安全管理规定"等,这些规定性文件就是管理作业文件。另一种方法是针对这些专业安全管理开发程序文件。一般企业普遍采用开发管理作业文件的方法来指导具体的管理工作。

管理作业文件的格式与内容包括以下七个方面。

(1)标题:可以是"×××管理规定",文件代码可依据组织的文件编码规则编制。

(2)目的和范围:介绍开发该管理作业文件的目的及其适用范围。

(3)职责:介绍归口部门及相关部门的职责。

(4)管理内容:依据5W1H的要求,规定由谁来做、何时做、何地做、做什么、怎样做、做到什么程度等内容。

(5)更改:指明文件更改的有关规定。

(6)相关文件、相关程序、相关记录:指出需要引用的文件、程序和管理过程涉及的记录。

(7)报告和记录格式:规定该管理过程产生的报告或记录表的格式。

(二)计划书和作业指导书

HSE作业计划书和HSE岗位作业指导书是HSE体系文件中数量最多的一类,是基层作业人员从事作业的指导性文件,一般由生产运行部门牵头负责,各基层单位依据国家法律法规、工业标准、操作规程以及生产过程存在的风险编写,同类作业可以合并编写。

计划书是针对一个作业(或工程)项目编写的,由于作业项目性质不同,作业环境不同,存在的风险也不同,因此应根据不同的项目编写相应的HSE计划书。从这个意义上来讲,HSE计划书内容变化较大。

作业指导书是指导员工岗位作业的文件,一般按照岗位、作业工种进行编写,由于岗位、工种作业内容变化不大,一个岗位或工种只需要编写一个作业指导书。从这个意义上来讲,作业指导书具有稳定性。

1. HSE作业计划书基本内容

HSE作业计划书的基本内容包括:

(1)项目概述;

(2)施工单位基本情况;

(3)HSE政策和目标;

(4)HSE管理组织及职责;

(5)风险识别与控制;

(7)HSE管理制度和文件控制;

(8)信息交流;

(9)监测与整改;

(10)审核;
(11)附件(包括附图、附表等)。

2.岗位作业指导书基本内容

岗位作业指导书的基本内容包括:
(1)岗位简述;
(2)岗位职责;
(3)岗位风险;
(4)岗位条件与岗位规定;
(5)相关记录;
(6)附件(包括岗位操作卡等)。

四、记录与检查表的编制

(一)HSE 记录

在管理过程或作业过程中,有关人员除了按照程序文件、管理作业文件、作业指导书、计划书完成相应的工作以外,按照 HSE 管理要求,还需填写规定的记录表。HSE 记录是实现体系精细管理和可追溯性的基础,也是证据。根据记录,可以了解到管理状况、生产运行状况及风险预防与控制情况。组织应根据实际情况,开发适合于组织 HSE 管理的记录表,并汇编成册。各岗位应按照要求填写相应记录表,并妥善保存。表3-2给出了××公司基础设施/设备维护保养记录。

表3-2 ××公司基础设施/设备维护保养记录

记录编号:Q/LY－HSEJL－028

设备名称		型号		生产厂家		存放工位		使用部门	
维修保养情况									
序号	维修/保养	维修/保养日期	维修/保养单位	维修/保养状况	维修/保养人	验收人		备注	

(二)现场检查表

现场检查表是指导作业人员进行日常检查的文件。应当针对每一岗位编制现场检查表,现场检查表应覆盖该岗位所有危险点源、所有设备检查部位和检查要求。表3-3给出了××××钻井队现场检查表(部分)。

表 3-3　××××钻井队现场检查表(部分)

岗位名称	序号	检查内容	时间	
			结果	签字
生产	1.1	钻井井场面积符合标准要求		
	1.2	天车垂线与井口中心前后偏差应小于 60mm,左右偏差应小于 20mm		
	1.3	井架基础坚固,大腿销子垫片和开口销应齐全完好		
	1.4	钻台底座基础应平整坚固		
	1.5	井架天车绷绳直径应不小于 16mm,二层台绷绳直径应不小于 12mm,负荷绷绳直径应不小于 16mm,钢丝绳无打结、断丝、锈蚀、夹偏等缺陷		
	1.6	绷绳受力应均匀,固定牢靠,绷绳用花篮螺栓或紧绳器调节松紧度		
	1.7	每道绷绳连接不少于 3 个绳卡,绳卡与钢丝绳应相应匹配,绳卡间距为 150~200mm,并卡牢固,绳卡方向统一。绳卡压板应在长绳侧		
	1.8	活动绷绳基墩重量不小于 7t		
	……			

五、HSE 管理体系文件的评审和颁布

(一)文件评审

文件评审是保证体系文件系统性、科学性、合理性的重要程序。HSE 体系文件编写完成后,由文件控制归口部门打印成册,下发各部门、单位,组织评审、会签,征求意见,对文件进行必要修改。

(二)文件发布

HSE 体系文件经最高管理者审阅通过后,即可召开体系文件发布会,以公司文件下发,应规定文件发布日期和实施日期,并保证文件受控标识、文件代码、修改码、发行版本等齐全。体系文件分为受控文件和非受控文件,受控文件应加盖受控文件印章,非受控文件加盖非受控文件印章。文件代码是按照组织的文件和资料编号规定编制的代码。修改码是文件修改的标识,未做修改时为 0,以后修改则修改码依次为 1、2、3、4、……发行版本是文件版本的标识代码,首版为 A,以后换版依次为 B、C、D、……

第五节　HSE 管理体系的实施和保持

健康、安全与环境管理体系文件发布后,即进入实施或试运行阶段。

一、HSE 管理体系的实施

为了保证 HSE 管理体系得到正确实施,组织应做好以下两方面的工作。

(一)能力保证

能力保证就是指体系对健康、安全与环境风险控制的保证能力。即组织应在实施、试运行阶段提高管理体系的保证能力,确保实现组织的目标。体系保证能力可以通过以下工作来提高。

1. 优化资源配置

资源是管理体系的基础,具体包括基础设施、人力资源、专项技能、技术资源、财力资源和信息资源。应按照国家有关法律法规、标准要求,优化资源配置,对不符合国家、行业要求的设施、设备应坚决淘汰,对于落后、陈旧的工艺技术要进行必要的改造或改进,若有条件应尽可能采取清洁生产工艺,以提高本质安全性。对于作业人员应进行培训,推行持证上岗制度。最终目的是使各个部门有能力、有资源履行职责。

2. 义务和职责

保证能力还体现在各级人员的能力上。应对组织的 HSE 体系文件进行宣贯和学习,使各级员工明白自己的职责和义务。这里的各级员工包括最高管理者、管理者代表、各职能部门、执行和验证人员、岗位员工。此处的培训应有针对性,重点在 HSE 理念与意识、程序文件、作业文件的学习。只有这样,才能使员工贯彻落实文件要求,使风险控制落到实处。

(二)支持措施

支持措施是对健康、安全与环境管理体系运行起支撑作用的活动或要素,应保证这些要素充分发挥功能。

1. 交流与沟通

交流与沟通是解决体系运行效率问题的手段。只有对信息迅速交流,做出反应,才能使各类不符合现象及时得以杜绝。若组织内纵向交流不充分,则体系是瘫痪的,横向的交流不充分,则体系是涣散的。组织与外界相关方交流不充分,轻则影响组织形象,重则造成损失。

2. 文件与资料控制

体系试运行阶段,会出现大量的文件,各基层单位也会相应制定一些规定和要求。运行中也会产生许多记录。各部门、基层单位应做好文件资料控制、记录管理工作,防止文件的误用、丢失等问题出现。

3. 风险管理

风险管理是 HSE 管理的核心,要求组织的各部门、单位应定期、系统地开展危害因素辨识、风险评价、风险控制等工作,制定并落实方案,预防事故的发生。

4. 运行控制

对于生产、活动过程,各部门、单位应严格按照作业文件实施控制,防止出现偏离方针、目标、指标的情况发生。

在体系试运行阶段,各部门、单位按照各自职责权限开展工作时,必然会出现一些新的情况和问题。健康、安全与环境主管部门应加强组织协调、监督检查和咨询指导工作,保证体系得以正确实施运行。

二、HSE 管理体系的保持

(一)HSE 管理体系的保持的含义

HSE 管理体系的保持的含义是体系有效运行并持续满足标准要求。体系有效运行是指体系各个要素都能够有效发挥其功能,能有效预防各类事故和提供支持。符合标准要求是指体系运行应符合 Q/SY 1002.1—2013 标准的要求。总之体系应具有较高的运行质量,发挥管理效能,能够有效预防事故。

(二)HSE 管理体系可能出现的问题

HSE 管理体系的保持是实施 HSE 管理的组织面对的普遍问题。组织的 HSE 管理体系经过试运行、认证审核后,随着时间的推移,可能出现一些偏离 HSE 管理标准的问题,这些问题主要表现为以下某些方面:

(1)组织的 HSE 管理体系不能保证 HSE 承诺、HSE 方针及目标指标的实现。
(2)HSE 资源配置水平低,不能满足事故预防的需要。
(3)人力资源管理不到位,组织结构、职责体系不科学,人员意识、能力、技能不能满足 HSE 要求,人员存在较多的不安全行为。
(4)HSE 设施、设备管理存在隐患。设备投入不足,设备设计、建造、采购、安装、操作、维护和检查等环节缺乏标准或存在偏离,导致隐患的存在。
(5)组织内部人员之间、部门之间、单位之间缺乏有效的沟通与协调,管理效率低下,难以应对突发事件。
(6)组织文件管理不合要求,文件体系庞杂、混乱,文件失控现象普遍,导致管理无规可循。
(7)记录管理混乱,不能满足精细管理和"可追溯"的要求。
(8)HSE 管理体系部分要素不能发挥功能,HSE 程序文件不能得到有效实施。
(9)作业过程和现场管理不到位,HSE 作业文件没有起到作用,生产组织混乱。

为了避免这些问题,使 HSE 管理体系得到较好的保持,组织必须对管理体系的运行进行"干预"。一般情况下,"干预"是通过"三级监督"机制加以实现的。应按照"绩效测量与监视"的要求,做好日常监督工作,发现问题及时整改,在条件成熟时,及时开展内部审核和管理评审工作,使管理体系得以持续改进。

(三)HSE 管理体系保持的有效做法

为了使 HSE 管理体系得到有效保持,建议组织做好以下几个方面工作。

1. 组织的最高管理者应发挥有感领导的作用,持续保持对 HSE 管理的高度重视

最高管理者为 HSE 管理提供着动力。只有最高管理者对 HSE 管理保持高度重视、关注,各级管理者才能自觉地完善、改进 HSE 管理。作为组织的领导,应按照"有感领导"的要求,注意关爱生命、关注安全,时时讲安全、事事抓安全,牢固树立"安全第一"的理念,把 HSE 管理作为改善健康、安全与环境绩效的重要手段,放在首要位置。在日常工作中,应积极落实"领导联系点制度",自觉开展"安全经验分享""行为安全观察与沟通""安全授课"等活动,带头执行 HSE 制度,向全体员工展示 HSE 管理的重要性和 HSE 制度的严肃性。最高管理者应不断改进组织的业绩考核体系,在业绩考核中充分考虑 HSE 管理的表现,并在职务晋升中予以体现。这样 HSE 管理的理念、制度就可能在基层扎根,HSE 管理体系就能发挥应有的功能。

2. 组织的管理层应不断完善 HSE 管理制度,做好 HSE 基础管理工作

HSE 管理体系要发挥管理效能,基础管理是关键。基础管理就是管理中的基础问题,如"组织结构与职责""资源管理""培训、意识和能力""沟通与协商""文件及其控制"等等。管理层应根据 HSE 管理体系运行情况,结合各自职能,不断健全 HSE 管理组织结构和职责体系,完善 HSE 程序文件和作业文件,不断优化资源配置,加强人力资源管理,各部门、层次之间加强沟通和协调,夯实基础,才能使 HSE 管理符合法律、法规要求,适应组织的实际。

3. 组织应做好管理过程与生产过程的控制,确保各个过程全面受控

HSE 管理体系的有效运行的一个表现是 HSE 各个管理环节和生产过程全面受控。对于管理环节,组织应积极对重要的要素进行梳理,检查程序文件、工作流程以及管理方法,使每一个管理过程能够有效控制。对于生产过程,应依据"HSE 作业计划书""HSE 岗位作业指导书""HSE 现场检查表"等文件积极做好人员培训与管理、设备与材料管理和生产现场管理,并加强作业过程检查,保证操作人员使用正确的工具,按照正确的程序完成规定的操作。对于危险作业,要严格执行作业许可制度,加强安全工作方案的制定、工作前安全分析、危险作业工作票审批、现场核查等关键环节的管理,消除现场"人的不安全行为"和"物的不安全状态",从而确保 HSE 目标的实现。

4. 组织应做好记录管理,确保 HSE 管理过程的可追溯性

HSE 管理的底线是满足"合规性"要求,即管理过程和结果应符合法律法规要求。合规性的另一要求就是可追溯。"可追溯"就是指在 HSE 管理过程中,管理人员、操作人员在完成相应的管理任务或生产任务的同时,必须按照法律、法规要求及组织 HSE 管理体系要求,留下"痕迹"或"证据",也就是要完成"记录",同时各单位要收集、管理好这些记录。通过这些记录,政府的安全生产、环境保护或职业卫生行政管理部门的监督管理人员或组织内部的管理人员可以追溯到管理或操作任务当时的情景,做出是否符合要求的判断。因此记录一方面是证据,另一方面是实现精细管理和可追溯的基础。HSE 管理体系要得到保持,建立一套完整的记录是非常必要的。因此组织应当本着简明、高效、实用的原则,不断完善 HSE 管理体系的记录表单,并要求全体员工认真填写各类记录表,将这些记录表妥善保管,为 HSE 管理提供支持。

5. 组织应发挥 HSE 管理体系审核和管理评审的作用,使体系得到不断改进

HSE 管理体系审核和管理评审是改进 HSE 管理的有效手段,也是组织对管理体系有效干预的重要手段。组织应处理好 HSE 管理体系审核、管理评审以及安全检查、隐患整改等活动之间的关系,做好 HSE 管理体系审核、管理评审、合规性评价、专项审核、安全检查以及隐患整改活动的策划、组织实施和对不符合项的整改工作,通过不符合项的纠正和预防,切实从体系上找出出现不符合项的原因,使不符合项关闭,使管理体系得到改进和保持。

习 题

1. 建立健康、安全与环境管理体系工作的主要任务有哪些?
2. 建立 HSE 管理体系的步骤有哪些?
3. 初始风险评价主要的任务有哪些?
4. HSE 管理体系手册包括哪些内容?
5. 程序文件的格式与内容有哪些?
6. 管理作业文件的格式与内容有哪些?
7. HSE 作业计划书的基本内容有哪些?
8. 岗位 HSE 作业指导书的基本内容有哪些?
9. HSE 管理体系保持的有效做法有哪些?

第四章　HSE 管理体系审核和管理评审

本章内容包括 HSE 管理体系审核和管理评审两大部分。这两部分都属于 HSE 管理体系"三级监督"的范畴,其目的是通过组织定期开展审核和管理评审活动,系统发现 HSE 管理体系中存在的问题(或不符合),通过纠正和预防这些问题(或不符合),实现 HSE 管理体系的改进。

本章要求学生具备处理 HSE 管理体系审核、评审实务的技能,初步具备驾驭审核活动的能力。因此审核实务是学生必须熟练掌握的。在审核实务中,"审核证据的收集""不符合项的形成""不符性质的判定""不符合报告的编写""审核报告的编写"则是本章内容的"灵魂",是关键内容和难点。

第一节　基本概念

一、有关审核的术语

(一)审核

1. 审核的定义

审核指为获得审核证据并对其进行客观的评价,以确定满足审核准则的程度所进行的系统的、独立的并形成文件的过程。

内部审核,有时称为第一方审核,用于内部目的,由组织自己或以组织的名义进行,可作为组织自我符合声明的基础。

第二方审核由组织的相关方(如顾客)或由其他人员以相关方的名义进行。

第三方审核由外部独立的组织进行。这类组织提供符合要求的认证或注册。

当不同的管理体系在一起审核时,这种情况称为"结合审核"。

当两个或两个以上审核组织合作,共同审核同一个受审核方时,这种情况称为"联合审核"。

2. 审核的特点

由审核的定义可以看出,审核是一个活动过程,该活动过程有以下特点。

1)目的性

审核就是对组织的 HSE 管理体系是否符合审核准则及管理体系运行的有效性及适宜性进行评价,评价的依据是把审核时获得的审核证据的评价结果与审核准则进行比较,从而得出结论;审核的基础工作就是获得审核证据,对证据进行评价,并将评价结果与审核准则比较,从而确定符合项和不符合项,最终形成文件——审核报告。

2)系统性

审核是系统、全面地对组织的 HSE 管理体系进行评价的过程,审核必须覆盖 HSE 管理体系的所有要素;审核活动有组织、有计划、有步骤、有方法、有可以遵循的程序。

3)客观性

客观性体现在审核员与受审核单位无利益关系,审核员要以客观的证据为基础,公正客观地评价审核对象,不能主观地给出结论;审核时搜集审核证据的方法及对审核证据评价的方法是客观的。审核的方法采用抽样的方法,根据审核员编制的审核检查表进行抽样检查,并不是非找到不符合不可。对审核证据的评价方法是把审核证据与审核准则进行比较获得结论,不能有主观臆断。

4)独立性

审核应由与受审核单位无利益关系的审核员进行。独立性保证了审核结果客观性。

另外,HSE 管理体系审核是一个文件化的过程,需要编写书面的审核计划、审核检查表来指导审核工作,最后还要编写不符合报告和审核报告。

(二)审核准则(依据)

审核准则是用于与审核证据进行比较的依据,为一组方针、程序或要求。

审核是对组织的 HSE 管理体系有效性、符合性、适宜性进行判定的过程,判定要有依据,就和量身高必须有尺子一样,审核准则就是衡量 HSE 管理体系的"尺子"。可以作为审核准则的有:

(1)国家法律、法规、标准;
(2)组织的 HSE 承诺、方针、合同规定,组织的 HSE 体系文件、企业标准;
(3)Q/SY 1002.1—2013;GB/T 24001—2016;GB/T 28001—2016,GB/T 19001—2016 等标准。

在审核之前,应对审核准则加以明确。

(三)审核证据

审核证据是指与审核准则有关的并且能够证实的记录、事实陈述或其他信息。

审核的主要任务是获得证据,并进行评价。审核证据有两类,一类是证明体系有效运行、符合审核准则的证据,另一类则是体系不符合审核准则的证据,称为不符合项或不符合。审核过程中应注意收集以上两个方面的证据,以便对管理体系的符合性、有效性、适宜性做出客观评价。

(四)审核发现

审核发现是指将收集到的审核证据对照审核准则进行评价的结果。审核发现能表明符合或不符合审核准则,或指出改进的机会。

审核组收到审核证据之后要对所有的审核证据进行评价,以确定受审核方的管理体系在哪些方面符合审核准则,哪些方面不符合审核准则,从而出具不符合报告。

(五)审核员

审核员是指有能力实施健康、安全与环境管理体系审核的人员。

审核员要取得审核员资格。对于外审员应经过 HSE 管理体系外审员培训取得外审员证书并注册,内审员应参加内审员培训取得内审员证书。

(六)审核组

审核组是指实施审核的一名或多名审核员,需要时,由技术专家提供支持。

审核中应指定审核组中的一名审核员为审核组长。审核组可包括实习审核员。

(七)技术专家

技术专家指向审核组提供特定知识或技术,而不以审核员身份参加审核组工作的人员。特定知识或技术是指与受审核的组织、过程或活动,或语言或文化有关的知识或技术。在审核组中,技术专家不作为审核员。

(八)审核方案

审核方案指针对特定时间段所策划,并具有特定目的的一组(一次或多次)审核。审核方案包括策划、组织和实施审核的所有必要的活动。

(九)审核计划

审核计划指对一次审核的活动和安排的描述。

(十)审核范围

审核范围指审核的内容和界限。审核范围通常包括对实际位置、组织单元、活动、过程以及所覆盖的时期的描述。

二、审核的类型与特点

按照审核组来源可将审核分为三类,即第一方审核、第二方审核、第三方审核。其中第一方审核也叫内审,第二、三方审核叫外审。审核的类型和特点见表 4-1。

表 4-1 审核的类型与特点

类型	内部审核	外部审核	
	第一方审核	第二方审核	第三方审核
方式	自己审核自己	由公司顾客或相关方来审核	由认证机构对组织审核
关注点	关注组织的 HSE 管理体系的符合性、有效性、适宜性	HSE 保证能力	关注组织的 HSE 管理体系的符合性、有效性、适宜性及 HSE 保证能力,确定是否认证
审核依据	体系文件、国家法律法规、标准、Q/SY 1002.1—2013	合同规定、Q/SY 1002.1—2013、国家法律法规、标准	体系文件、国家法律法规、标准、Q/SY 1002.1—2013
目的	1.评价自身体系是否符合标准要求;2.发现问题,自我改进、提高;3.为第二方、第三方审核准备,纠正不足;4.验证管理体系是否持续有效运行	1.顾客对供方的初步评价;2.验证供方管理体系是否满足规定要求并正在运行;3.明确供需双方对 HSE 的要求;4.促进供方改进管理体系,满足需方要求	1.确认管理体系要素是否符合标准要求;2.确定现行体系是否有效运行;3.确定可否认证或确认注册发证;4.减少第二方重复审核和开支;5.为受审核方提供改进管理体系的机会;6.提高企业信誉和市场竞争能力
审核重点	重在发现问题,进行纠正和预防以保持或改进管理体系	重在考察组织的 HSE 保证能力,确定是否合作	重在评定,以便决定是否给予认证

第二节　HSE 管理体系审核的策划与准备

HSE 管理体系的审核步骤一般包括审核策划、审核准备、实施审核、编制审核报告、跟踪与验证和审核汇总分析六个过程。审核工作能否顺利、有效地开展,取决于审核的策划与准备情况。要成功地开展审核工作,必须对审核活动进行详尽策划,并进行充分准备。

一、HSE 体系审核的策划

审核策划的目的是完成组织的审核方案,所要策划的内容有以下几个方面。

(一)确定审核目的

按照审核的性质可以把审核分为例行审核和追加审核。例行审核是按照年度审核计划进行的正常审核。追加审核是特殊情况下临时追加的审核,组织在发生如下情况时应进行追加审核:
(1)发生了严重的健康、安全与环境问题或相关方有严重的抱怨;
(2)组织的领导层、隶属关系、内部机构、承诺、方针、目标、重大危害与影响因素、生产工艺有较大的改变;
(3)即将进行第二方、第三方审核;

(4)获证后,证书到期又期望保持认证资格。

例行审核目的是发现 HSE 管理体系存在的缺陷和问题,提出改进意见,改进管理体系。而追加审核的目的就各不相同。应对每一次审核的目的进行策划,以使审核完成既定的目的。

(二)确定审核的方式

审核方式是指审核的实施方式,有集中式审核和滚动式审核两种。集中式审核是指一次审核覆盖组织全部部门和体系所有要素,而滚动式审核是指在一个审核周期内,按照审核计划对全部门、全要素滚动审核一遍。外部审核一般采用集中式,内审既可以采用集中式也可以采取滚动式审核。

应根据组织实际情况采取适当的审核方式,以提高审核的效果和效率。

(三)确定审核频次和时间

审核频次是指一年内审核的次数,一般一年 1~2 次,特殊情况下可追加一次审核。时间应选择在适当的时候,避免与组织业务、有关活动的冲突。

(四)确定审核范围

对外部审核而言,审核范围也就是认证范围。是根据组织的管理权限、活动领域、现场区域,由审核组与受审核单位进行协商,严格界定。内部审核的范围一般应覆盖组织的所有部门、下属单位,并覆盖 HSE 管理体系的所有要素。

(五)确定审核准则

审核准则一般是组织的 HSE 体系文件,Q/SY 1002.1—2013 标准,法律、法规及相关工业标准以及有关合同要求。

(六)确定审核主管部门、程序和职责

由于审核是程序化较强的活动,应当规定适当的部门牵头负责,并明确相关人员的职责。一般来讲,审核由管理者代表主持、安全环保主管部门牵头负责。应当对审核的程序进行规定和明确,这样才能确保审核的严肃性和客观性,确保其顺利进行。审核程序的内容一般包括目的、范围、执行者的职责及实施过程等。

(七)确定审核活动的资源需求

审核所需的资源有人力资源(如审核组)、财力资源、物力资源(如交通工具等)、办公场所等,应当做好计划和安排,特别是应当在组织内部建立一支内审员队伍。

审核策划一般在年初进行,以年度审核方案方式下达。审核计划就是以上几个方面的内

容的描述。

二、HSE体系审核的准备

组织应按照年度HSE管理体系审核方案(计划)开展体系审核工作。针对一次审核,应做好如下准备工作。

(一)组成审核组

审核组肩负着审核的任务,是审核活动的具体实施者,应根据组织的规模及活动、产品、服务的性质组建审核组。审核组的水平高低直接影响审核的结果。

1. 审核组长

组织应委派合适的人选担任审核组长,并责令审核组长组建审核组。
审核组长的职责包括:
(1)负责组建审核组;
(2)负责文件审核;
(3)合理分配审核员的工作任务;
(4)制定审核计划;
(5)指导编制审核检查表;
(6)及时与审核组织部门进行沟通;
(7)编制和提交审核报告;
(8)组织跟踪验证活动。

2. 审核组成员

审核组成员的人数取决于组织规模大小和审核时间的长短,参与文件审核的人员可适当少一些,现场审核的人数可以多一些。审核组至少应配备一名有相关专业能力的审核员,以确保审核组能正确地理解被审核体系的要求、组织的生产过程和危险点源;根据需要可以聘用技术专家,提供必要的技术支持,但技术专家不能参与体系审核;审核组成员应被受审核单位认可。

(二)编制审核工作文件

准备阶段应编制的审核工作文件主要有审核计划、审核检查表、首次会议议程等,这些文件是审核过程中的指导性文件。

1. 编制审核计划

审核计划是审核活动的指导性文件,也是对审核活动的具体安排,一般由审核组长编制或在其指导下编制。审核计划的内容包括:审核目的、审核范围、审核准则、审核组成员名单、现场审核的起止日期、详细的审核日程安排及分组审核的部门。

以下是一个审核计划实例。

2015年×××公司HSE管理体系第一次内部审核计划

目的 检查本公司HSE管理体系是否符合Q/SY 1002.1—2013标准,HSE体系是否有效地按计划运行。

性质 例行内部体系审核。

范围 HSE管理体系覆盖的所有部门和要素,重点是Q/SY 1002.1—2013标准各要素涉及的部门和单位。

审核依据 Q/SY 1002.1—2013标准《健康、安全与环境管理体系 第1部分:规范》、本公司HSE管理体系文件、石油天然气行业标准。

审核组 组长:张鑫　　　　　组员:王森,李森,赵焱

审核时间 2015年7月15日—17日。

日程安排 见附表。

附表　××公司审核日程安排

日期	时间	第一组:李森　王森	第二组:张鑫　赵焱
7月15日	8:00—8:30	首次会议	
	8:30—10:00	办公室	质量安全环保部
	10:00—12:00	生产运行部	
	14:00—15:40		人事劳资部
	16:00—17:30	市场开发部	物资采购部
	17:40—18:00	审核组内部会议,整理审核结果,与部门负责人交换意见	
7月16日	8:00—12:00	运输队	井下工艺研究所
	14:00—18:00	修井公司及有关下属单位	井下作业及有关下属单位
7月17日	8:00—17:00		
	17:00—17:40	末次会议	

编制:王森　　　　　　　　　　　　　　　　　　　　审核:张鑫

2.编制体系审核检查表

HSE管理体系审核是一个系统性很强的工作,应当覆盖体系所有要素和部门。对各个部门现场审核时,除重点审核该部门牵头负责的HSE要素外,还应当对相关要素进行审核。体系审核采用抽样的方法,要选择哪些样本,必须事先做好计划,以使样本具有代表性。还应当对文件和记录抽查,预先安排谈话主题、谈话人、现场观察项目,以便使审核工作能抓住重点,证据收集全面,对审核对象的HSE管理做出全面、客观的评价。目前普遍采用编制审核检查表的方法对审核具体工作进行安排。显然,现场审核检查表是指导审核员现场审核的文件,检查表水平的高低,将直接影响审核结果和工作效率。

审核检查表的编制有按照部门编制和按照体系要素编制两种。根据现场审核情况,建议采用前者,针对各个部门编制检查表。审核检查表由审核员编制,经审核组长审核同意才能执行。表4-2就是一个体系审核检查表的示例。

表4-2　×××公司 HSE 管理体系内部审核检查表

受审核单位：修井公司　　　　受审核部门：××××作业队　　　　审核时间：20××年×月××日

序号	审核依据 标准要素	审核依据 程序文件/作业指导书	检查事项与检查方式	客观证据	评价
1	5.1	×××××	1. 调阅该作业队项目 HSE 计划书或作业指导书2—3份，检查有无承诺内容		
2	5.2		2. 与1—2名员工面谈：是否了解公司的 HSE 承诺及作业队承担作业项目的承诺，是否了解公司的方针和目标		
3	5.3.1	×××××	1. 调阅该作业队一年内[HSE 危害因素辨识]记录，检查是否定期进行了危害因素辨识和风险评价工作，辨识是否全面、充分，是否对风险进行了分级；风险削减措施是否有效；是否为培训、资源、监视测量等提出了需求； 2. 调阅公司《××公司风险管理控制程序》文件，检查公司是否对危害因素辨识、风险评价的方法、频次进行了规定，作业队是否按照要求进行风险管理活动		
4	5.3.2	×××××	1. 调阅作业队[××作业队法律法规台账]，检查是否符合作业队实际并进行了更新； 2. 调阅该作业队有关文件和标准各2份，是否能得到这些文件或标准的最新版本		
5	5.3.3	×××××	1. 与受审核单位负责人谈话：了解本队的健康、安全与环境目标、指标		
6	5.3.4	×××××	1. 调阅该作业队项目 HSE 计划书或作业指导书2—3份，检查有无管理方案		
7			2. 现场观察：修井作业过程中健康安全与环境方案在作业现场的落实情况		
……					
22	5.5.7	×××××	1. 调阅文件《×××××修井队应急反应计划》，是否对潜在的事件或紧急情况进行了识别和确定； 2. 是否针对所识别的事件、紧急情况制定了应急计划，检查版本情况； 3. 调阅《应急计划演练记录》，是否对应急计划进行了传达、演练； 4. 现场观察：应急物资准备情况； 5. 调阅记录《应急总结报告》2～3份，检查是否对演练进行了总结和分析； 6. 调阅记录《检查评审记录表》，是否对应急计划进行了评审		
……					

(三)通知受审核单位

　　HSE 管理体系审核计划完成后，应报组织 HSE 管理体系审核主管部门（如安全环保部），以文件形式下发组织个部门、单位，准备实施审核。

(四)文件审核

外部审核一般分为两个阶段,即文件审核和现场审核。文件审核的目的主要是了解组织的 HSE 管理体系是否覆盖 HSE 管理体系标准所有要素,检查组织 HSE 管理体系文件是否完整,是否具备系统性、逻辑性和连贯性,现行文件是否有效,文件是否合理,符合法律法规、标准要求,为现场审核做准备。对于规模较小的组织,文件审核和现场审核可以一起进行。对于组织内部审核,由于审核组对组织的体系文件较为熟悉,可以不单独进行文件审核。但若组织的体系文件换版或变动较大,可以考虑专门开展文件审核。

当以上工作准备就绪,就可以按照审核计划开展现场审核工作了。

第三节　HSE 管理体系审核的实施

HSE 体系审核的实施过程包括首次会议、审核证据的收集、不符合的确定和不符合报告的编写、审核结果汇总分析、审核报告的编写、末次会议、纠正与预防措施的跟踪验证。下面分别予以介绍。

一、首次会议

首次会议是审核组与受审核单位的见面会,也是就审核事宜进行沟通的正式会议。首次会议由审核组长主持,审核组成员、受审核方管理者代表、各部门及单位负责人参加,与会人员应在首次会议签到表上签字,签到表是审核的正式记录文件。首次会议时间大约 30 分钟左右。首次会议的程序如下:

(1)审核组长宣布会议开始,并介绍审核组成员及其资质;

(2)受审核方管理者代表介绍参会的受审核方高中层管理人员;

(3)受审核方管理者代表致辞,代表受审核方表态并要求各部门积极配合审核组工作;

(4)审核组长宣布此次活动的审核范围、目的、准则和审核计划,并由双方确认;

(5)由审核组长介绍审核方法和程序,包括抽样的原则、交谈、查阅文件和记录、现场观察等,使受审核方对审核程序及过程有所了解;

(6)由受审核方介绍每个审核组的陪同人员,建立双方联系的渠道,并为审核组提供必要的资源,介绍现场安全要求和应急程序;

(7)由审核组长确定末次会议时间,并宣布会议结束。

二、审核证据的收集

审核证据的收集是现场审核最基础的工作,也是工作量最大的工作,是审核的关键。审核证据可以是文件或记录审阅结果或现场观察时发现的事实,也可以是对审核员提问的回答,也可以是现场存在的情况。

收集审核证据的方法一般有三种,即提问与交谈、查阅文件与记录、现场观察。

提问与交谈是现场审核应用最为普遍的方法。如与最高管理者、管理者代表交谈可以掌握他们对各自职责的了解程度，对管理体系实施情况的了解程度，了解其管理理念和对健康、安全与环境管理的重视程度；与各级管理者交谈可以获得有关各部门、单位落实 HSE 方针、目标和实施运行等方面的信息；与员工交谈可以判断他们对程序文件和作业文件中有关要求的了解程度和执行情况，从而可以判断体系是否有效运行。交谈中还可以获得其他有关信息和数据，以便在查阅文件与记录时进行核实。

查阅文件和记录是现场审核中必须采用的方法，也是获得客观证据的有效途径。要查阅的体系文件应当有针对性和侧重点。通过查阅程序文件可以了解组织在管理上的要求和程序，查阅作业文件可以了解对运行过程的控制要点；查阅各种记录可以获得程序文件、作业文件的运行情况。比如组织的"文件与资料控制程序"中要求颁布文件前应对文件进行评审，那么可以通过查阅文件评审记录加以证实；某作业指导书要求对某一设备定期进行保养，可以通过查阅设备运行记录和保养记录加以证实；员工培训计划的落实情况可以通过培训记录加以证实等等。

现场观察是用来确定组织在实际工作中是否遵守了程序文件、作业文件的要求，是否符合相关标准要求。可以观察作业现场安全标志，观察作业现场的各类预防控制措施，观察设备的安装、运行、维护保养情况、观察员工操作情况等等获得有关信息。

审核员在收集审核证据时，应灵活使用以上三种方法。在编制审核检查表时，应确定哪些证据可以通过交谈获得，哪些需要通过文件或记录抽查取得，哪些需要在现场观察取得。往往是为了证实一个事实，需要三种方法结合使用。因此审核员对审核证据的获得应该持慎重态度，应积极开展文件与记录调阅、面谈和现场观察活动，以获得充足的审核证据。

在审核中，应注意审核技巧，这在后面要专门介绍。

三、不符合的确定和不符合报告的编写

(一)不符合的类型

不符合就是未满足要求，是指任何与工作标准、惯例、程序、法规、管理体系绩效等的偏离，其结果能够直接或间接导致伤害或疾病、财产损失、工作环境破坏、有害的环境影响或这些情况的组合。不符合通常有以下几种类型。

(1)体系性不符合，即 HSE 体系文件没有完全达到健康、安全与环境管理体系标准或法律法规、工业标准的要求；

(2)实施性不符合，即 HSE 管理体系未按文件规定执行。

(3)效果性不符合，即体系运行结果未达到计划的目标、指标，即实施效果差。

(二)不符合的形成

不符合的形成是把审核证据与审核准则比较，经过评审得出的结论。形成不符合项时，应注意以下几点。

1. 要以客观事实为基础

这就是说收集到的审核证据是客观事实,审核员绝对不能把推理和假想作为证据。

2. 要以审核准则为依据

不符合的得出应该是把审核证据与审核准则进行比较,找出不符合审核准则的有关条款,决不能加入个人的观点或意见。如现场审核时,发现钻井队没有安装防喷器,则应找出有关钻井作业标准中关于要求安装防喷器的条款,或者找出井队 HSE 作业指导书中有关要求安装防喷器的条款。

3. 分析不符合的原因,找出体系上存在的问题

不符合是表面现象,应调阅现场有关记录,对不符合产生的原因进行追踪,这就能找出管理体系上存在的问题。

(1)形成不符合项前,审核组要充分讨论,统一意见。
(2)要与受审核方共同确认审核发现的问题。

在形成不符合项之前,审核组要与受审核方就有关事实予以确认,应听取受审核方对不符合项判定的意见。是否形成不符合项,最终要由审核组长决定。

(三)不符合性质的判定

按照审核证据与审核准则的偏离程度以及可能带来后果的严重程度,也即按照不符合的性质,可将不符合分为严重不符合和一般不符合。

1. 严重不符合

可能导致重大健康、安全与环境影响或后果,或体系运行严重失效等情况,可以判定为严重不符合。一般在出现下列情况时,可判定为严重不符合:

(1)体系系统性失效:同一要素出现多个一般不符合,使该要素或过程无法得到有效实施或控制,而又没有采取有效措施。如审核时同时发现公司办公室、质量安全环保部、生产技术部、作业队等单位都出现文件资料控制方面的不符合,则说明该公司 HSE 体系在文件资料控制方面出现系统性失效。

(2)体系区域性失效:如某一部门的有关要素全面失效。

(3)体系运行后造成了严重的健康、安全与环境危害:这说明体系未能对重要的健康、安全与环境危害因素未能进行有效的控制。

2. 一般不符合

一般不符合是指对满足健康、安全与环境要素或体系文件要求而言,是个别的、偶然的、孤立的、性质轻微的问题。

在 HSE 管理体系审核中,不符合性质的判定极为重要,因为这对审核结果影响很大,如果是认证审核,这将直接影响受审核单位能否取得认证。审核组在确定不符合性质时一定要

认真对待,反复核实,以免产生偏差。

(四)不符合报告的编写

不符合报告是审核中的重要文件,是对不符合项的完整记录。编写不符合报告也是审核员的基本技能。表 4-3 给出了不符合报告的格式,以供参考。

表 4-3 ××公司 HSE 管理体系内部审核不符合报告

编号:×××

受审核部门	修井公司	审核日期	2015 年 7 月 17 日
审核员	李淼　王森	陪同人员	吴磊
不符合事实描述:现场审核发现,修井公司×××队在××-××井修井作业时未安装防喷器,不符合该公司修井 HSE 计划书第 6.3.1 条"修井作业时,必须安装符合要求的防喷器,并确保防喷器运行正常"的规定。			
不符合的性质:严重不符合(　　)　　一般不符合(√)			
不符合的类型:体系性(　　);实施性(√);效果性(　　)			
审核员(签字)　　李淼　王森		受审核部门(签字)　　孙晶	
原因分析: 分析人(签字):李淼　2015 年 7 月 17 日　　确认人(签字):张鑫　2015 年 7 月 17 日 纠正和预防措施: 制定人(签字):　　　　年　月　日　　　　确认人(签字):　　　　年　月　日 纠正和预防措施的有效性验证: 　　　　　　　　验证人(签字):　　　年　月　日			

四、审核结果汇总分析

审核汇总分析是审核组对整个现场审核中获得的审核证据、审核发现、不符合项进行汇总分析,以便对组织的 HSE 管理体系及其实施情况予以客观评定,为编写审核报告做准备。分析时,一方面要确定组织的 HSE 管理体系运行取得的绩效,如组织的 HSE 管理体系能保证组织的承诺、方针、目标的实现,能有效对组织面临的健康、安全与环境风险进行控制等;同时也要根据不符合项来评定组织的 HSE 管理体系存在的问题和差距。汇总分析时,应当考虑以下几个方面的问题:

(1)汇总分析应以客观证据来证明体系的符合性、有效性和适宜性,不能单凭不符合项下结论。

(2)从发现的不符合项入手分析。分析不符合项中严重不符合项的比例,并分析不符合项在各部门、各要素的分布情况,填写不符合项分布表(具体格式见表 4-4),找出体系运行的薄弱环节。

表 4-4 ××公司内部审核不符合项分布表

部门要素序号	办公室	人事劳资部	财务部	生产运行部	市场开发部	……	质量安全环保部	修井公司	井下作业公司	合计
5.1										
5.2										
5.3.1										
5.3.2						……				
5.3.3										
5.3.4										
5.4.1										
5.4.2										
5.4.3										
……										
5.6										
5.7					……					
合计										

(3)从历史趋势分析。主要是看不符合项数量是减少了还是增加了,不符合性质是减轻了还是加强了。也可以以一些数据来分析,如排污总量与上一年度同期相比增加还是减少、排污指标值上升还是下降,各类事故是否减少等来分析判断。

通过以上三个方面分析,对组织的 HSE 体系就有了清楚的认识,对于组织的管理体系需要改进的方面也就清楚了。

五、审核报告的编写

审核报告是对一次审核进行完整报告的文件,一般由审核组长编写或在其指导下编写。报告中应对组织的 HSE 管理体系是否符合审核准则、体系文件是否有效实施、体系运行效果、组织的健康安全与环境风险是否得到有效控制、能否满足组织方针目标的实现等问题进行报告,评价通过体系的运行,组织内部是否形成了自我完善、自我约束的机制,相关方满意度是否上升等。审核报告的主要内容有:

(1)审核目的、范围。
(2)审核准则。
(3)审核组成员。
(4)审核时间。
(5)审核过程简介,包括遇到的问题。
(6)不符合项的分布。
(7)审核综述,如运行情况、对管理体系的建议等。
(8)审核结论,如 HSE 管理体系对审核准则的符合性、体系是否得到有效实施和保持、体系的适宜性。如果是外部审核,则应指出是否推荐认证。

六、末次会议

现场审核结束后,就要举行末次会议。末次会议的参加人员与首次会议人员相同,并由审核组长主持,其主要内容有:
(1)审核组长介绍审核的基本过程;
(2)审核组长重申审核目的范围;
(3)审核员宣读不符合项;
(4)审核组长对组织的 HSE 管理体系做总体评价,指出管理取得的成绩和存在的问题;
(5)审核组长说明抽样方法的局限性,使受审核单位对审核结果有正确认识;
(6)对纠正措施提出要求;
(7)管理者代表表态致辞。

七、纠正与预防措施的跟踪验证

审核的目的是发现管理体系存在的问题,并予以纠正。受审核单位必须对审核中发现的不符合项进行分析,制订纠正与预防措施,并实施纠正、预防措施,使不符合"关闭",审核组要对纠正、预防措施进行跟踪验证,确认不符合确已"关闭"。因此,跟踪与验证是确保体系改进的重要手段。

(一)纠正与预防措施的跟踪验证原则

(1)对于在审核中发现的不符合项,受审核单位必须制定切实可行的纠正、预防措施,由审核员跟踪验证。
(2)根据不符合项的性质,采取不同的跟踪验证方式,方式有:
①专门组织跟踪验证活动,检查纠正、预防措施的实施和效果,这种方式适合于严重不符合项和需要到现场才能确认的一般不符合项。
②审核员检查纠正、预防措施实施记录,确认纠正预防措施已经实施,这种方式适合于一般不符合项的跟踪验证。
③下次审核时复查,这种方式适合于已经制定了纠正预防措施而短时间内措施无法完成的一般不符合项的跟踪验证。

(二)纠正与预防措施的完成期限

(1)严重不符合项一般在 3 个月内完成,其中由相当数量同类性质的轻微不符合形成的严重不符合可以适当缩短。
(2)一般不符合在 1 个月内完成。
(3)立即整改完成。对于一些轻微的不符合项可以在现场审核期间完成并进行验证。验证后应在不符合报告中注明。

第四节 审核员

一、审核员应具备的个人素质

审核员是审核活动的实施者,ISO 19011 标准规定了审核员应当具备以下个人素质:
(1)有道德,即公正、可靠、忠诚、诚实和谨慎;
(2)思想开明,即愿意考虑不同意见或观点;
(3)善于交往,即灵活地与人交往;
(4)善于观察,即主动地认识周围环境和活动;
(5)有感知力,即能本能地了解和理解环境;
(6)适应力强,即容易适应不同情况;
(7)坚韧不拔,即对实现目的坚持不懈;
(8)明断,即根据逻辑推理和分析及时得出结论;
(9)自立,即在同其他人交往中能独立工作并发挥作用。

二、审核员应具备的知识

审核活动是一项综合活动,要求审核员具备以下方面的知识:
(1)具备相关的工程技术方面的知识和经验;
(2)具备 GB/T 18000、GB/T 24001、GB/T 19001、Q/SY 1002.1 等相关管理体系标准方面的知识,熟悉职业卫生、安全、环境保护等方面法律、法规、标准及事故预防和控制方面的知识。
(3)具备有关职业健康安全、环境保护、安全生产方面的知识和技能;
(4)具备 HSE 管理体系审核方面的知识和技能。

三、审核技巧

审核员要取得审核证据,得出审核发现,除具备以上知识、能力、个人素质以外,还需掌握必要的审核技巧。

(一)提问的技巧

谈话、提问时,切忌生硬、死板地提问,要做到自然、和谐。提出的问题有开放式和封闭式两种。开放式问题需要对方说明和解释才能回答的问题,封闭式问题只需对方简单的回答"是"或"否"即可。应尽可能采取开放式问题,由此可以获得更多的信息,但会花费较多的审核时间。

(二)要善于倾听

审核员在与受审核方人员谈话中一定要集中注意力,认真倾听,并做出必要的反应,表现出兴趣,这是谈话的基本礼貌,也能激发对方的交谈兴趣,取得必要的信息。同时要做好谈话记录。如果在听取对方回答之后,发现了需要追踪的线索,可以马上提出需要追踪的问题,获得进一步解释或说明。这往往能获得更重要的信息。

(三)要做好审核记录

不论任何时候,审核员都要养成记录的习惯,记录应尽可能准确、详细,这样可以获得客观证据,避免走弯路。不符合报告是正式的审核文件,记录更要规范、标准,不能有推测、假想的情况。

(四)要提高现场观察的水平

现场观察应清楚要观察什么。面对一套装置,工艺设备可能很复杂,精力应集中在证据的收集上。一般先整体后局部,先 HSE 关键设施后生产设施。比如,可先观察现场安全标志是否齐全,警戒区域的标志、监视测量装置、围栏、护栏等是否完好。设备应看设备外形有无缺陷、安全附件是否齐全、设备的铭牌和有关标志是否完好。也可以观察设备的运行和有关记录。这些都要求审核员必须熟悉现场工艺设备。

第五节 管理评审简介

一个组织的 HSE 管理体系运行一个阶段,组织的最高管理者必然会关心或提出如下问题:

(1)随着组织的外部环境如政策环境、市场环境的变化以及组织的业务范围的变化,组织的 HSE 管理体系是否适合组织的健康、安全与环境管理?

(2)组织的 HSE 管理体系是否能保证组织自觉遵守国家的法律、法规、工业标准?

(3)能否保证组织的承诺、方针、目标与指标的实现?

(4)组织的 HSE 管理体系文件是否在日常管理活动、生产过程中得到有效的贯彻、落实和实施?

(5)组织在职业卫生健康、安全及环境保护等方面是否取得明显效果?

(6)组织的 HSE 资源配置是否合理?

……

以上问题都是关于 HSE 管理中的重大问题或方向性、全局性的问题,只有最高管理者才有能力解决。作为 HSE 管理体系"三级监督"机制中的最高一级监督,管理评审是由组织的最高管理者主持,组织高层管理人员、部门及下属单位负责人员参加的、定期进行的一项活动,是对 HSE 管理体系进行的全面诊断。发现和解决以上问题,可不断改进组织的 HSE 管理的过程。管理评审一般一年开展一次,并放在年底进行。

一、管理评审的目的和意义

管理评审的目的是通过最高管理层对组织的 HSE 管理体系的持续适宜性、充分性、有效性进行全面审视,根据组织外部客观环境的变化情况,发现 HSE 管理体系存在的重大问题,并解决这些问题,从而改进组织的健康、安全与环境管理体系。管理评审的意义在于:

(1)评审 HSE 方针和目标的实现情况,确保组织持续不断地满足众多相关方的期望和要求;

(2)检查体系的薄弱环节,识别改进需求;

(3)评估 HSE 管理体系因外部条件、环境的变化而对改进的要求;

(4)在体系发生重大变更后,评价体系的有效性和适宜性。

二、管理评审的依据(评审输入)

要对管理体系进行全面评审,必须具备有关 HSE 管理体系的资料和信息,这些资料和信息就是评审依据或评审输入,具体包括以下内容:

(1)HSE 管理体系审核结果;

(2)法律、法规及其他要求的变化;

(3)相关方的要求;

(4)组织的生产经营状况;

(5)组织的承诺、方针等。

三、管理评审的过程

与审核相似,管理评审也要经过策划、准备、实施、发布评审报告、跟踪验证等阶段。这里主要介绍管理评审会议的程序。

(1)最高管理者宣布管理评审会议开始,并介绍评审程序和要求。

(2)管理者代表汇报一年来(或一个阶段)体系运行情况。

(3)各部门专题报告,主要包括:

①安全、环保部门发布《××××年度公司健康、安全与环境管理综合报告》;

②人力资源部发布《××××年度公司 HSE 人力资源开发与管理报告》;

③生产运行部发布《××××年度公司生产运行及设备管理报告》;

④市场开发部门发布《××××年度公司市场报告》;

⑤政策法规部门发布《××××年度国家法律、法规与标准综合研究报告》;

……

(4)高层管理层讨论评审。

(5)最高管理者总结发言,形成结论。

(6)发布评审报告。

四、评审报告(管理评审输出)

评审报告也叫评审输出,是对评审过程和结论的描述。主要内容有:
(1)评审时间、地点,主持人、参加人员;
(2)对每一评审专题的评审结论;
(3)对 HSE 管理体系有效性、适宜性给予总结;
(4)有关改进措施和实施验证安排。
评审报告经最高管理者批准发放,有关跟踪验证工作结束后,管理评审活动结束。

习 题

1. 简述审核的客观性是什么?
2. 可以作为审核准则的要求有哪些?
3. 组织在什么情况下应开展追加审核?
4. 请对审核的方式进行说明。
5. 审核组长有哪些职责?
6. 不符合类型有哪些?
7. 简述形成不符合项时应注意哪些问题?
8. 什么是严重不符合?哪些情况可以判定为严重不符合?
9. 审核报告的内容是什么?
10. 跟踪验证的方式有哪些?
11. HSE 审核员应具备哪些知识?
12. 简述提问的技巧。
13. 管理评审有哪些意义?
14. 管理评审报告有哪些内容?

第二篇　HSE 风险管理与应急管理

HSE 管理的最高目标是"无事故、无伤害、无污染"。为了实现该目标,管理体系标准以"预防为主、防治结合"为管理理念,以"风险管理""应急管理"为管理手段,显示了其科学性。

此处有两个截然相反的观点:

(1)事故的发生是必然的。按照因果理论,"事故是一系列互为因果关系的事件相继发生的结果",不管那类组织,由于其业务性质的原因,其内部必然存在着各种潜在事故及其危害因素,迟早会发生事故。这是必然的,"预防"只是降低其发生的可能性、推迟事故发生的时间。

(2)所有的事故是可以预防的,除了自然灾难和技术所限以外(约占总事故的 2%～4%)。任何一种事故,都有其原因,如果采取预防措施,杜绝原因,事故是可以预防的。这两个观点都是对的。

要做到事故预防,就要严格按照风险管理的方法,系统"识别"组织内潜在的"事故"及其"危害因素",并对事故的风险进行"评价",再按照法律法规和其他要求制定危害控制"目标和指标",制定和实施《方案》,那么事故就被牢牢地控制住了。"变更管理"则是风险管理的补充。

要做到防治结合,就要按照"应急管理"的要求,一旦控制失效,及时启动应急预案,将事故的损失降到最低。

因此,风险管理和应急管理是 HSE 管理体系关于事故预防与控制的重要管理手段,构成了 HSE 管理的核心,在 HSE 管理体系中的重要性是不言而喻的。本篇将系统介绍风险管理和应急管理的理论、方法与技术。

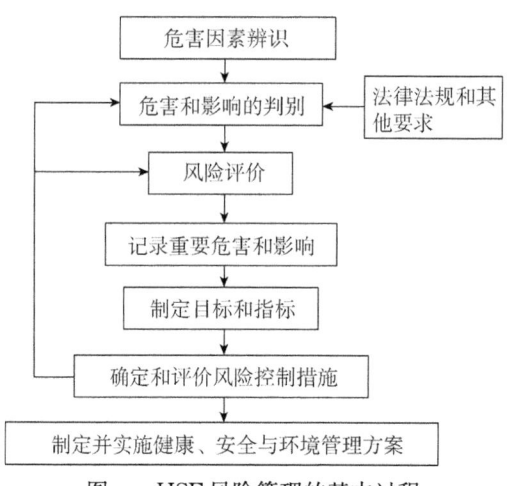

图一　HSE 风险管理的基本过程

标准SY/T 6276—2014（《石油天然气工业健康、安全与环境管理体系》）给出了HSE风险管理的基本过程，如图一所示。本篇将参考图一所示的过程，通过第五章至第七章介绍风险管理的重要环节，即危险因素辨识、风险评价、风险削减措施的制定和实施；第八章介绍应急管理。

第五章　危害因素辨识

本章是HSE管理的重点，也是难点。本章的知识点包括风险管理的产生与发展、HSE风险管理的基本概念、HSE风险管理说明、危害因素辨识的原则与方法、故障树分析法、事件树分析法、危害因素辨识示例。

学习本章的方法是：在了解风险管理发展历史的前提下，对风险管理有关基本概念一定要融会贯通，结合风险管理的说明中提出的风险管理主要环节、思想模式，加深对这些概念及其相互关系的理解，这是学习风险管理的基础。

危害因素辨识是风险管理的第一步。读者应在掌握危害因素辨识的原则与方法的基础上，熟悉并利用有关危害因素辨识的标准要求，采取经验法、故障树分析法（难点）、事件树分析法（难点）及其他方法，系统地识别潜在事故和危害因素，为下一步风险评价奠定基础。

第一节　风险管理的概念、策略和发展

在介绍危害因素辨识之前，有必要对风险管理的产生与发展历史进行简单的回顾。

一、风险管理的概念

风险管理是研究风险发生规律和风险控制技术的一门新兴管理科学，是在人类社会长期发展，抵御各种内、外部风险的过程中产生的。风险管理作为一门管理学科，具有管理学的计划、组织、协调、指挥、控制等职能，贯穿于组织管理的全过程，渗透在管理的各个方面。

风险，就是危险或危险性，是指人类在生产、生活中可能面对的危险。通常说，超速行驶风险高，其实是说超速行驶引发交通事故的危险性高。对于组织（企、事业单位、社会团体等）而言，风险就是指组织在生产经营活动中可能面对的危险，一个组织可能面对的风险种类很多，即所谓"广义"的风险，如信用风险、品牌风险、质量风险、金融风险、法规政策风险、市场风险、经营风险、健康、安全与环境（HSE）风险、网络信息风险、保密风险等。对于一个组织来说，以上风险属于组织的广义安全范畴，均对组织的平稳运行、可持续发展构成威胁。但不同的管理体系侧重于不同的、"狭义"的、具体的风险控制，如HSE管理体系关注健康、安全与环境（HSE）风险的控制；环境管理体系关注的是环境风险的控制；职业健康安全管理体系关注的是职业健康风险的控制；内控管理体系关注的是组织的财务风险的控制……目前国际上还出现了全面风险管理的思想，即通过有效的风险管理，控制组织面对的所有风险。

关于风险管理的定义,由于各国学者对风险管理的出发点、目的、手段和管理范围等关注重点不同,定义也不同。如有的学者认为,风险管理是指在降低风险的收益与成本之间进行权衡并决定采取何种措施的过程。也有人认为风险管理是指如何在一个肯定有风险的环境里把风险减至最低的管理过程。目前比较一致的观点,将风险管理定义为风险管理主体(个人、公司、事业单位、政府部门等)通过风险识别、风险衡量、风险评估和风险决策管理等方式,对风险实施有效控制和妥善处理损失的过程。

由此看来,风险管理首先是一个管理过程,其目标是降低某种潜在风险,减少各类损失;其次,风险管理过程一般包含风险识别、风险衡量(评估)、风险决策等重要环节;第三,风险决策就是风险管理的结果,即在现有的条件下,所采取的政治、经济、技术等手段,控制和削减风险。

本章介绍HSE风险管理技术中的重要环节之一——危害因素辨识。

二、风险管理的策略

由于风险可能威胁到企业的生存和发展,因此企业必须采取适当的风险管理策略进行风险管理。常见的风险管理的策略有以下五种。

(一)避免风险策略

任何组织对待风险的策略,首先考虑到的是避免风险。凡风险所造成的损失不能由该项目可能获得利润予以抵消时,避免风险是最可行的简单方法。例如不进行某项投资,就可以避免该项投资所带来的风险。但避免风险的方法具有很大的局限性,一是只有在风险可以避免的情况下,避免风险才有效果;二是有些风险无法避免;三是有些风险可能避免但成本过大;四是企业消极地避免风险,会使企业安于现状,不思进取。

(二)控制风险策略

组织在风险不能避免或在从事某项经济活动势必面临某些风险时,应该想到的是如何控制风险发生、减少风险发生,或如何减少风险发生后所造成的损失,即为控制风险。控制风险主要包括两个方面的意思:一是控制风险因素,减少风险事件的发生;二是控制风险发生的频率和降低风险损害程度(要控制风险发生的频率就要进行准确的预测,要降低风险损害程度就要采取经济、技术、管理等有效措施,设法降低风险事件带来的损失)。

(三)分散与中和风险策略

分散风险,主要指组织采取多角经营、多方投资、多方筹资、外汇资产多源化、吸引多方供应商、争取多方客户以分散风险的方式。中和风险,主要是指在外汇风险管理中所采用的决策,如采取减少外汇头寸、期货套期保值、远期外汇业务等措施以中和风险。

(四)承担风险策略

组织在既不能避免风险,又不能完全控制风险或分散、中和风险时,只能自己承担风险所造成的损失。组织承担风险的方式可以分为无计划的单纯自留或有计划的自己保险。无计划的单纯自留,主要是指对未预测到的风险所造成损失的承担方式;有计划的自己保险是指已预测到的风险所造成损失的承担方式,如提取坏账准备金等形式。

(五)转移风险策略

组织为了避免自己在承担风险后对其经济活动的危害和不利,可以对风险采用各种不同的转移方式,如进行保险或非保险形式转移。现代保险制度是转移风险的最理想方式,如单位进行财产、医疗等方面保险,把风险损失转移给保险公司。此外,单位还可以通过合同条款规定,把部分风险转移给对方。

风险管理产生于20世纪初的西方工业化国家。20世纪30年代以来,风险管理作为一门新兴的管理学科得到了长足的发展,受到世界各国政府、企业和学术界的高度重视,并逐步在企业和政府管理中得到广泛运用。

三、风险管理的发展

风险管理的思想可以追溯到远古时期,人类从那时起就开始就关注风险和风险管理问题。自古以来,面对自然灾害、疾病和外部侵扰,史前人类结为部落,互助互济,共同承担责任,并对各种风险提供保障的方式,渗透着最朴素的风险管理意识和简单的风险管理实践。与风险抗争的长期实践,使人们明白了"居安思危"、"防患于未然"的道理,由此产生了早期风险意识和风险管理行为的萌芽。例如,古代中国、巴比伦、埃及、希腊和罗马等文明古国,很早就有互助共济、损失分摊的风险处理方法,并逐渐演变成现代保险。人类长期的生产、生活实践,促进了风险管理思想的形成。

20世纪初至20世纪30年代,风险管理的思想理论开始萌芽。1906年,美国钢铁公司从多次事故教训中提出了"安全第一"的思想。1913年,芝加哥创立了全美工业安全协会(The National Council for Industrial Safety, NCIS),并于1914年改名为全美安全协会(The National Safety Council, NSC),研究制定了有关企业安全管理的法律文件。1916年,法国的管理科学大师亨利·法约尔(Henri Fayol)首次把风险管理的思想引入企业经营中,认为安全职能是企业经营六种职能(技术职能、营业职能、财务职能、安全职能、会计职能及管理职能)的基础和保证。1917年,英国伦敦成立了英国安全第一协会(The London "Safety First" Council)。1929年至1933年发生的全球经济危机,促使人们思考如何采取有效的风险处置措施,减少或消除危机可能给人们造成的灾难性后果。1931年,美国管理协会(American Management Association, AMA)发起的第一次关于保险问题的会议,明确了对企业风险进行管理的重要意义,并设立保险部门作为美国管理协会的独立机构,管理企业者此后开始被称为风险经理(risk manager)。1932年,企业风险经理共同组成了纽约投保人协会(Insurance Buyers of New York),后来逐渐发展为全美范围的风险研究所。该协会的成立标志着风险管理的逐步兴起,但此时风险管理主要还限于理论探讨,只有少数大企业试行。

20世纪50年代,风险管理开始在美国以学科的形式发展起来,产生了风险管理的基本构思,并逐步形成了独立的理论体系。1950年,美国学者格拉尔(Russell B. Gallagher)首次使用"风险管理"一词,风险管理的概念开始广为传播。在此期间,保险成为企业处理风险的主要方法。1955年,美国全国"保险购买者协会(NAIB)"更名为"美国保险管理协会",表明保险开始得到实业界的重视。20世纪60年代,众多学者开始系统研究风险管理的方法,寻求风险管理方法的多样化,并取得了丰硕的成果。1962年,美国管理协会出版了一本有关风险管理的专著《风险管理的兴起》(The Rising of Risk Management)。1963年和1964年,梅尔(Robert I. Mehr)和赫奇斯(Bob A. Hedges)、威廉姆斯(Williams C. Arthur Jr.)和赫汉斯(Richard M. Heins)分别出版了《企业风险管理》(Risk Management in the Business Enterprise)和《风险管理与保险》(Risk Management and Insurance)。这两本著作的出版引起了欧美各国的广泛重视,标志着风险管理研究系统化、科学化的开始,风险管理由此成为企业管理领域的一门独立学科。

在风险管理学科稳步发展的同时,有关风险管理的教育和培训也陆续展开。1960年,乌普萨拉(Uppsala)大学企业管理系率先开设"公司风险管理"课程。1966年,美国保险学会和美国保险管理学会开展了风险管理准会员的培训,培养合格的企业风险经理。20世纪70年代初期开始,保险经纪人主动开展风险管理服务,风险管理咨询公司开始出现,推动了风险管理的普及。同时,美国许多大学的工商管理学院和保险系都普遍讲授风险管理课程,将风险管理的教育和培训贯穿于经济管理课程中,许多大学将传统的保险系更名为风险管理与保险系。这些教育和培训,有力地促进了风险管理理论和技术在组织管理中的应用。

1970年以后,风险管理活动在全球范围蓬勃展开,众多的国家开始借鉴美国的风险管理成果,在本国开展风险管理研究,推广风险管理技术。美国、英国、法国、德国、日本等国家先后建立起全国性和地区性的风险管理协会。1983年在美国召开的风险和保险管理协会年会上,世界各国专家学者云集纽约,共同讨论并通过了"101条风险管理准则",它标志着风险管理已进入到新的发展阶段。准则共分12个部分,包括风险管理的一般准则、风险的识别与衡量、风险控制、风险财务管理、索赔管理、职工福利、退休年金、国际风险管理、行政事务处理、保险单条款安排技巧、交流、管理哲学等。"101条风险管理准则"的诞生,标志着风险管理达到了一个新的水平。

1986年,由欧洲11个国家共同成立的"欧洲风险研究会"将风险研究扩大到国际交流范围。1986年10月,风险管理国际学术讨论会在新加坡召开,风险管理已经由环大西洋地区向亚洲太平洋地区发展。

2002年7月,美国国会通过萨班斯法案(Sarbanes-Oxley),要求所有在美国上市的公司必须建立和完善内控体系。萨班斯法案被称为是美国自1934年以来最重要的公司法案,在其影响下,世界各国纷纷出台类似的方案,加强公司治理和内部控制规范,加大信息披露的要求,加强企业全面风险管理,这导致了内控体系的产生。

中国对于风险管理的研究开始于20世纪80年代。一些学者将风险管理和安全系统工程理论引入中国,在少数企业试用中取得了满意的成果。上世纪80年代至90年代,我国企业普遍缺乏对风险管理的认识,也没有建立专门的风险管理机构,风险管理处于起步阶段。2000年以后,风险管理理论与技术在中国企业管理中得到普遍应用,并取得了长足发展。

1997年,原中国石油天然气总公司借鉴国际石油行业HSE管理的经验和成果,出台了《石油天然气工业健康、安全与环境管理体系》(SY/T 6276—1997),要求其下属公司建立

HSE管理体系,实施HSE管理。该标准的核心内容就是HSE风险管理。

随着全面风险管理思想的出现,一些管理者也在进行着在一个管理体系中控制所有风险的理论研究和实践探索,如有些公司试图将HSE管理体系纳入公司内控体系,通过内控体系的运行,推进HSE管理。这些探索和实践无疑丰富和发展了风险管理。

综上所述,风险管理最初出现并应用在美国等西方发达国家的保险行业,旨在控制风险。随着风险管理学科的发展和成熟,作为一种理论和技术,广泛应用于各种管理领域,如安全领域、军事领域、经济领域中。HSE风险管理技术其实是风险管理的理论在健康、安全与环境管理领域中的应用。

作业企业员工,学习和应用HSE风险管理技术,具有重要的现实意义。可以帮助员工树立正确的安全观,学会识别事故及危害因素,分析事故发生的原因;学会风险评估和风险控制技术,最终达到预防事故、减少事故损失的目的。

第二节　HSE风险管理的基本概念

与HSE管理有关的标准有:《健康、安全与环境管理体系 第1部分:规范》(Q/SY 1002.1—2013)、《环境管理体系　要求及使用指南》(GB/T 24001—2016)、《职业健康安全管理体系 要求》(GB/T 28001—2011)等。在这些标准中,提出了一些与HSE风险管理有关的术语,结合安全管理的一些术语,构成了HSE风险管理的基本概念。学习和理解这些基本概念对于掌握HSE风险管理技术和方法十分重要。

一、HSE风险管理(HSE risk management)

HSE风险管理就是风险管理技术在HSE管理领域中的应用。是指在石油天然气勘探、开发施工作业的全过程中,对健康、安全和环境事故及其危害因素采取识别、评价、控制等措施,以保证作业健康、安全与环境管理达到最佳效果的一系列活动。

对于这一术语,应从以下几个方面理解。

(1)关于HSE风险管理这一术语,目前尚无统一规范的定义。以上"定义"只能是对HSE风险管理的说明。

(2)HSE风险管理只是风险管理的一个领域,其目的是控制组织的HSE风险。

(3)HSE风险管理的对象是石油天然气企业的所有"过程",这些过程既有管理过程,也有操作过程,因此进行HSE风险管理的前提是识别过程,进行过程管理。

(4)HSE风险管理有四个重要环节,即"识别—评价—控制—补救"。关于这四个过程,后面还要介绍。

(5)HSE风险管理最终要达到的"最佳效果"并不是绝对安全的状态,是安全与生产的平衡、经济与技术的平衡、投资与收益的平衡。

二、风险(risk)

风险是某一特定危害事件发生的可能性,与随之引发的人身伤害或健康损害、损坏或其他损失的严重性的组合(引自 Q/SY 1002.1—2013 中的 3.34)。

关于风险,应从以下几个方面来理解。

(1)这里的风险,是指危险性是指某一特定危害事件的"危险性"。在 HSE 管理中,危害事件一般指事故,如火灾爆炸事故、中毒窒息事故、机械伤害事故、物体打击事故、井喷事故等健康、安全与环境事故。

(2)风险是某一特定危害事件危险性的量度。风险值越高,危险性越高。

(3)绝对风险值的计算公式为

$$R = PS \tag{5-1}$$

式中　R——风险;

　　　P——特定危害事件发生的可能性;

　　　S——危害事件带来损失的严重性,如人员伤亡、财产损失、环境影响、信誉损失,可以折合为经济损失。

式(5-1)反映了风险与特定危害事件发生的可能性与后果的关系。可以看出,要计算风险值,必须知道特定危害事件发生的可能性与事件的后果。事件的后果可以用经济损失来估算,发生的可能性一般来自工业统计数据,而统计数据往往不全或不可靠,因此,在风险评价中,人们提出了不同的评价模型,以确定风险。

三、风险评价(risk assessment)

评估风险程度,考虑现有控制措施的充分性,以及确定风险是否为可接受风险的全过程(引自 Q/SY 1002.1—2013 中的 3.35)。

关于"风险评价"这一术语,应从以下几个方面理解。

(1)风险评价是风险管理的一个环节,是认识特定事故风险的过程;

(2)认识事故风险的高低,必须完成两个工作,一是计算出事故的风险值 R,但仅有风险值还不能判断事故风险的高低,必须与可接受风险 R_m 比较,若 $R>R_m$,则说明事故风险高于可容许风险,组织不能接受,必须采取风险削减措施,直至 $R \leqslant R_m$,这时风险才能被组织所接受,作业是安全的。由此可以看出,作业风险 R 不可能为零,即没有绝对的安全;对于一个特定事故的风险计算,至少要进行两次。

四、可接受风险(tolerable risk)

根据组织的法律义务和健康、安全与环境方针,已降至组织可容许程度的风险(引自 Q/SY 1002.1—2013 中的 3.37)。

1. 可接受风险 R_m 的含义

R_m 是组织设定的一个标准风险值,或临界风险值。低于该值,风险可接受,作业安全;高于该风险值,风险不可接受,需要采取风险削减将风险降低到可容许风险以下。可接受风险的本质就是在一个企业中从事生产活动可以冒的最大风险。

2. 影响可接受风险 R_m 的因素

R_m 是组织自己规定的,那么它受哪些因素影响呢? 有两方面的因素。一是组织的法律环境。作为公民、组织,受法律的保护,在享受公民、法人权利的同时,承担自觉遵守所在国家、地区法律、法规的义务。我国的法律、法规体系包括宪法、国家法律、行政法规、部门规章、地方性法规、工业标准、国际公约等。这些都是公民、各类组织应自觉遵守的,也是实施 HSE 管理必须承诺的。不同国家和地区的法律、法规要求不同,对健康、安全、环境管理的要求也不尽相同。要求高的国家,如西方国家,其 HSE 风险就低。因此一个国家或地区的法律、法规就规定了该国家或地区的 HSE 允许的最高风险。如果组织违背法律、法规要求,如"不建立安全生产责任制""不为从业人员提供必要的安全教育和培训""不为从业人员提供必要的劳动保护用品,并监督其使用"等等,则作业风险就会高于国家法律、法规的要求,会受到法律的制裁。如果遵守了国家或地区的法律、法规,则作业风险就达到了国家或地区的要求。二是组织的健康、安全与环境方针。国家的法律、法规是对全社会提出的要求,是最低要求或基本要求,仅仅达到满足国家的法律、法规是不够的,为了实现安全,组织可以根据需要制定组织自己的方针、标准,这些方针、标准将严于国家法律、法规的要求。因此组织通过制定和实施自己的 HSE 方针、政策、原则、标准,最终实现 HSE 管理的全面控制,从而把 HSE 风险降低到组织可接受的程度,这就是可接受风险。由此可以看出,可接受风险与一个组织的 HSE 方针、政策、原则、HSE 文化、HSE 管理状况密切相关。一些企业无视国家法律、法规,违法经营、忽视安全管理,其可接受风险将会很高,一些国家不允许的行为在这些企业司空见惯,其安全状况可想而知。

3. 一个小游戏——风险与可容许风险

风险与可容许风险,可通过下面的游戏说明。

在一个陶瓷罐内放置了 10000 粒大小相等颜色相同的糖丸,但其中一粒食后将导致"安乐死"。游戏有以下选择:

(1) 免费请大家任取一粒吃掉;
(2) 悬赏不同的赏格,请大家吃糖丸;
(3) 请大家依次吃糖丸。

分析一下该游戏中死亡概率的变化,发现:

(1) 免费请大家吃糖丸,结果是没有一个人冒着 1/10000 的死亡概率,去吃一粒糖丸,说明没有人愿意无谓的冒风险;

(2) 悬赏情况。当赏格较低时,没有人愿意吃,当赏格高到一定数值时,就开始有人吃。随着赏格不断提高,愿意吃的人越来越多。这说明同样是 1/10000 的死亡后果,当期望获得的收益高到一定数值时,人们还是愿意冒这个风险——虽然死亡风险都是 1/10000,但当可望得到的收益达到一定数值时,一个本来认为不安全的事情也就变"安全"了。

(3) 若依次吃下去,死亡概率分别是 1/10000,1/9999,1/9998,……1/2,1。若前面有人不幸吃到"安乐死"糖丸,后面吃糖丸的人死亡概率为零,则游戏也就结束。

五、危害（hazard）

危害是可能引起的损害，包括引起疾病和外伤，造成财产、工厂、产品或环境破坏，招致生产损失或增加负担（引自 SY/T 6276—2014 中的 3.11）。此处要注意的是：

(1) HSE 管理体系中的危害包括健康、安全与环境等方面。

(2) 危害是事故的后果。发生事故后，事故现场出现的人员伤亡、财产损失、环境破坏等，都是事故的后果，是危害。

(3) 对于有毒有害气体环境、噪声环境，当气体浓度低于安全临界浓度时或排放噪声低于国家标准时，尽管不是事故状态，但作业人员可能会出现一些轻微症状，但这个危害不属于法律意义上的危害。

六、事故（accident）

造成死亡、人身伤害、健康损害、损坏或其他损失的意外情况（引自 Q/SY 1002.1—2013 中的 3.1）。此处要注意的是：

(1) 事故必须有后果，这些后果就是"危害"。HSE 管理中的事故后果有死亡、疾病、伤害、污染、损坏或其他损失，即包含了健康、安全、环境等方面的后果。

(2) 事故是意外情况。所谓"意外"，就是指主观动机。如一个人站在操作台上作业，不慎坠落死亡，这是高空坠落事故。但若一个人站在操作台上，另一个人趁其不注意将其推下操作台而死亡，就不是事故，而是犯罪行为。

七、事件（incident）

事件指导致或可能导致事故的情况（引自 Q/SY 1002.1—2013 中的 3.21）。其结果未产生疾病、伤害、损坏或其他损失的事件叫"未遂事件"，在英文中还可称为"near‐miss"。英文中，术语"incident"包含"near‐miss"。

此处要注意的是：

(1) 事件包括事故事件和未遂事件两种，事故事件导致事故。

(2) 未遂事件没有导致事故的原因是在事故链中，另外的事件或危害因素没有发生或出现，当该事件或因素发生时，就会导致事故。

(3) 未遂事件反映了 HSE 管理上的缺陷，因此不能放过。

八、危害因素（hazard）

危害因素指可能导致人身伤害和（或）健康损害、财产损失、工作环境破坏、有害的环境影响的根源、状态或行为，或其组合。（引自 Q/SY 1002.1—2013 中的 3.15）。此处应注意以下几个方面。

(1) 在 HSE 风险管理中，危害因素是一个核心概念。风险管理中的"辨识"也指的是危害因素辨识。

(2)危害因素是引发事故的根源。危害是事故的后果,是人们必须避免的。事故由事件引发,而从根本上看,事件则由危害因素引发。因此要杜绝事故,就必须杜绝危害因素,因此预防措施也是针对危害因素设定的。

(3)危害因素可以用"名词＋动词""名词＋形容词"的格式描述,也可以用一段文字描述,如:

①有关人员的危害因素示例:作业人员未经培训;作业人员劳保不齐全、不整齐;作业人员注意力分散;作业人员工具使用不当;操作前作业人员没有进行设备检查、危险作业现场无安全监督;危险作业现场无监护人等等。

②有关设施、设备的危害因素示例:电动机漏电;管道强度不足;储油罐接地不良;储油罐呼吸阀堵塞;抽油机制动不良;皮带轮护罩缺失;泵房未设置烟雾报警器;柴油机机油泄漏等等。

③有关管理的危害因素示例:起吊作业现场未设置警戒线;作业现场无警示标志;监视测量器具未定期校验;未定期对设备接地电阻进行测量等等。

(4)在HSE管理中,危害因素还包括了环境管理体系中的"环境因素",也包括了国家安全生产管理中的"危险与有害因素"。环境因素是指一个组织的活动、产品和服务中能与环境发生相互作用的要素,如污水排放未达标、汽车尾气排放未达到规定要求、锅炉污水无组织排放、锅炉烟气排放指标超标、原油泄漏、钻井生活污水排放未采用防渗布、计量间地面未硬化处理等等。危险因素是指可能导致人员伤亡的因素,如维修设备时设备没有停止运行、设备漏电等;有害因素一般指可能导致人员慢性职业病、慢性中毒等因素,如粉尘作业场所通风不良、油气场所通风不良等等。

九、危险源(hazard)

危险源指可能导致人身伤害和(或)健康损坏的根源、状态或行为(或其组合)(引自GB/T 28001—2011中的3.6)。此处要注意的是:

(1)本术语来自职业健康安全管理体系,在HSE管理体系中没有该术语。从字面上看,职业健康安全管理体系中的危险源等同于HSE管理体系中的危害因素。但危险源范围较小,仅仅是职业健康的危险源。因此可以说危害因素包括了危险源。

(2)在安全管理中,为了便于危险源辨识,人们又把危险源划分为第一类危险源和第二类危险源。

(3)从以上术语可以发现,危害、危害因素、危险源的英文均为hazard,但含义不同,且来自不同标准。

十、危险化学品重大危险源(major hazard installations for dangerous chemicals)

《危险化学品重大危险源辨识》(GB 18218—2018)和《中华人民共和国安全生产法》对重大危险源做出了明确的规定。《危险化学品重大危险源辨识》中的定义是:长期地或临时地生产、加工、使用或储存危险化学品,且危险化学品的数量等于或者超过临界量的单元。

当单元中有多种危险化学品时,如果各类物质的量满足下式,就是重大危险源。

$$\sum_{i=1}^{N} \frac{q_i}{Q_i} \geqslant 1$$

式中　q_i——单元中物质i的实际存在量;

　　　Q_i——物质i的临界量;

　　　N——单元中物质的种类数。

如对于甲醇这个危险化学品,标准规定,临界量为500t,若储罐储存量超过500t,则视为重大危险源。对重大危险源管理落实登记申报、重点监控等制度。

十一、隐患(hidden danger)

隐患是指生产作业场所的设备、设施、生产工艺等方面存在的可能导致人员伤亡、设备损失的缺陷或问题。隐患按照可能引发的事故类别分为特大事故隐患、重大事故隐患、较大事故隐患和一般事故隐患四类。中国石油天然气集团公司对报告事故隐患的人员实行奖励制度,奖金分别为5000～10000元(重特大)、1000～5000元(较大)、100～1000元(一般)。此处应注意:

(1)隐患仅仅指由于设备、设施、生产工艺产生的隐患与问题,与人员无关,但隐患产生的原因可能与人员有关;

(2)隐患属于危害因素范畴,其实就是已经存在的危害因素。

(3)隐患查找属于危害因素辨识的范畴。

十二、危害因素辨识(health, safety and environment hazard identification)

危害因素辨识是指识别健康、安全与环境危害因素的存在并确定其特性的过程(引自Q/SY 1002.1—2013中的3.15)。此处应注意的是:

(1)危害因素辨识是风险管理的一项重要活动,也是风险管理的第一步。要预防事故,首先要识别生产活动中的潜在事故,识别这些潜在事故的危害因素。

(2)识别出危害因素的同时,还要确定危害因素的特性。危害因素的特性是指危害因素的产生与发展规律。比如超速驾驶是交通事故的危害因素,其规律性是超速可能发生于无限速标志的路段、30岁以下的驾驶员超速倾向高于30岁以上的驾驶员、酒后驾驶发生超速的情况比较多等等。又比如原油管道腐蚀穿孔的一个危害因素是管道内介质对管道内侧腐蚀,其特性是一定的介质情况下,其腐蚀速度基本不变,当介质中水分与酸性增加时,腐蚀速度加快;管道内涂层破坏时腐蚀速度快……等等,这些是人们预料危害因素导致事故概率的重要依据。

十三、不符合(non-conformance)

不符合即未满足要求(引自Q/SY 1002.1—2013中的3.26)。不符合可以是对下述要求的任何偏离:

——有关的工作标准、惯例、程序、法律法规要求等;

——健康、安全与环境管理体系要求。

不符合是通过审核、安全检查时发现的,是 HSE 审核或检查中的一个术语。确定不符合的过程需要寻找客观证据,并与标准、惯例、程序、法规等进行比较才能确定。绝大部分不符合可能就是危害因素。

十四、纠正措施(corrective action)

纠正措施是指为消除已发现的不符合或其他不期望情况的原因所采取的措施(引自 Q/SY 1002.1—2013 中的 3.7)。此处应注意:
(1)一个不符合可以有若干个原因。
(2)采取纠正措施是为了防止再发生,而采取预防措施是为了防止发生。
对于 HSE 管理体系审核或检查发现的不符合项,都必须进行分析、调查原因并采取整改措施,这个措施就是纠正措施,即使"不符合"变为"符合"。

十五、预防措施(preventive action)

预防措施是指为消除潜在不符合或其他不期望潜在情况的原因所采取的措施(引自 Q/SY 1002.1—2013 中的 3.31),是防止潜在的不符合转变为现实的不符合采取的措施。

十六、风险削减措施(risk reduction measures)

风险削减措施是指为降低事故风险而采取的措施。
要降低事故风险,有两类措施,一类是措施是降低事故发生的可能性,一般通过降低或杜绝危害因素的产生机会而实现,这类措施就是预防措施,它在事故发生前起作用。例如在油气作业现场设置"禁带火种"标志就是火灾事故的预防措施。另一措施通过降低事故后果严重性来实现,在 HSE 管理中称为补救措施,这类措施在事故发生后起作用。如在"油气作业现场设置灭火器",就是火灾事故的补救措施,一旦火灾发生,通过灭火器的初起扑救,减少火灾事故的后果。
以上十六个术语涵盖了 HSE 风险管理的基础知识,构成了其基本思路。作为风险管理人员,应理解这些术语的含义和相互关系。

第三节　HSE 风险管理说明

为了帮助读者深入理解 HSE 风险管理,本节将介绍 HSE 风险管理的工作的要求、HSE 风险管理的思想模式和 HSE 风险管理的主要工作环节。

一、中国石油天然气集团公司对 HSE 风险管理的要求

《中国石油天然气集团公司生产安全风险防控管理办法》(中油安[2014]445 号)提出了有

关生产安全风险防控工作的规定,各下属企业也制定了本企业生产安全风险防控要求。风险防控工作涵盖了 HSE 风险管理的全过程。现结合集团公司、下属企业关于风险防控(风险管理)的要求精神予以介绍。

(一)风险防控的含义

生产安全风险防控是指在危害因素辨识和风险评估的基础上,预先采取措施消除或者控制生产安全风险的过程。

(二)生产安全风险防控工作的原则

(1)分层管理、分级防控。将生产安全风险防控的责任划分到各个管理层级,每一层级对照专业领域、业务流程,评估并确定生产安全风险防控重点,落实防控责任。

(2)直线责任、属地管理。将生产安全风险防控的职责落实到规划计划、人事培训、生产组织、工艺技术、设备设施、安全环保、物资采购、工程建设等职能部门和属地管理岗位,实现管工作必须管风险。

(3)过程控制、逐级落实。从设计、施工、投产、运行等生产经营的全过程和各环节进行生产安全风险防控,逐级落实生产安全风险防控措施。

(三)生产安全风险防控工作的职责

(1)各层级(下属企业、二级单位、车间(队站))是生产安全风险防控的责任主体,主要负责人是生产安全风险防控工作第一责任人,全面负责本单位的生产安全风险防控工作。

(2)各企业、企业下属二级单位安全环保主管部门是生产安全风险防控工作的综合管理部门,主要负责本层级生产安全风险防控工作的制度完善、指导安排和监督考核工作。

(3)专业技术管理部门、设计单位、研究单位以及各单位工艺所、地质所应当积极开展生产安全风险防控相关的技术研究工作,为企业生产安全风险防控工作提供技术支撑。

(四)危害因素辨识的要求

1.危害因素辨识的范围

(1)危害因素辨识应当涵盖项目设计、施工作业、生产运行、检维修、废弃处置等全过程,包括作业人员与活动、设备设施、物料、工艺技术、作业环境等。

(2)涉及环境影响时,应当按照国家环境保护法律法规要求开展环境因素辨识和风险评估。

(3)当作业环境、作业内容、作业人员发生改变,或者工艺技术、设备设施等发生变更时,应当重新进行危害因素辨识。

(4)各单位在采用新技术、新工艺、新设备、新材料前,应当进行专项风险评估。

(5)各单位应当结合实际,组织重大危险源辨识和事故隐患排查。

(6)在生产作业开始前应当进行动态危害因素辨识。

2.危害因素辨识的频次

企业以及下属二级单位每年至少组织一次全面的辨识,作业区(大队级)单位每半年、班组每季度应至少组织一次全面辨识。

3.危害因素辨识的方法

各单位应当选用现场观察、作业条件危险分析(LEC)、工作前安全分析(JSA)、安全检查表(SCL)、危险与可操作性分析(HAZOP)、故障树分析(FTA)、事件树分析(ETA)等方法进行危害因素辨识,辨识结果应当形成危害因素辨识清单等记录。

4.基层单位危害因素辨识的要求

各单位应当组织生产、技术、设备、工程、物资采购等直接责任部门,按照职责分工开展危害因素辨识。

站(队)应当根据工作任务,对岗位设置、设备设施、工艺流程和工作区域等进行梳理,确定危害因素辨识基本单元。按照基本单元,运用适当方法开展危害因素辨识。

基层岗位应当根据作业活动细分操作步骤,针对操作行为和设备设施、作业环境等辨识危害因素。员工应当参与危害因素辨识活动。

各单位应当对辨识出的危害因素进行分类登记。危害因素分类执行国家、行业有关标准规范。

(五)风险评价(评估)的要求

1.风险分级

各下属企业、单位应当结合生产实际和作业条件,参照本办法附件所示风险等级划分方法,制定本单位风险等级划分标准,进行风险分级,明确本单位生产作业活动中可接受和不可接受的风险。

各单位应当依照国家和集团公司有关规定对重大危险源进行风险评估,并进行分级管理,报地方安监局备案。

2.风险评价的方法

各下属企业、单位应当结合实际,选用工作前安全分析(JSA)、危险与可操作性分析(HAZOP)等方法对辨识出的危害因素进行风险分析,选用作业条件危险分析(LEC)、风险评估矩阵(RAM)等方法进行风险评估。风险分析与评估结果应当形成记录或者报告。

3.确定重点防控风险

集团公司下属企业、二级单位、车间(站队)、基层岗位应对风险评估结果进行分析,确定本层级重点防控的生产安全风险。

(六)风险控制的要求

1.总要求

各下属企业、单位应当根据风险评估结果,针对不同级别的风险采取相应的防控措施。对于确定为重点防控的生产安全风险,应当明确风险防控责任,确定分层防控责任部门和负责人,制定和落实风险控制措施,并对风险实施有效的动态监控。

2.风险控制的主要方法

各下属企业、单位应当采取制度控制(完善规章制度、操作规程、应急处置程序)、人员培训、设备完整性管理、工艺与设备变更管理、作业许可、目视化管理、上锁挂签、隐患治理、安全警示标志、重大危险源监控、应急管理等方法对风险实施控制。

《中国石油天然气集团公司生产安全风险防控管理办法》没有规定风险管理的记录表格式。目前,基层单位普遍采用的风险管理记录表的格式如表5-1所示,可参照使用。

表5-1 HSE风险管理记录表

系统/单元/岗位/过程:　　　　　　　　　　　　　　　　　　　　　年　月　日

作业过程/设备/岗位	事故	风险	后果	危害因素	预防措施	补救措施
输油泵房……	事故1					
	事故2					
	……	……	……	……	……	……
	……	……	……	……	……	……

评价人员:　　　　　　审核人员:　　　　　　　　　　年　月　日

二、HSE风险管理的思想模式

所谓HSE风险管理的思想模式,其实就是指HSE风险管理的思路轮廓,如图5-1所示。下面对HSE风险管理思想模式的含义予以说明。

图5-1中主轴(横轴)反映了由危害因素到危害的链条关系:危害由事故产生,事故由事件产生,事件、未遂事件由危害因素产生,危害因素源于人员、管理和物的因素,物的因素源于材料与物料、机械与设施、作业环境等,人员由于其能力与意识、操作程序与方法等会带来危害因素。危害、事故、事件、未遂事件、危害因素等颜色由深到浅,反映了人们目前对这些术语的关注程度由高到低。

图5-1中用虚线表示的两个支流程反映了HSE风险管理中的两个认识过程:即危害因素的辨识和风险评价。危害因素辨识是识别危害因素和认识危害因素特性的过程;风险评价是认识事故的过程,是通过风险值和与可接受风险比较来获得认识的。

图5-1中短竖线和短横线(相当于屏障)反映了事故风险削减措施(预防措施和补救措

施)。一般预防措施在事故发生前起作用,补救措施在事故发生后起作用。

图 5-1 中圆圈部分反映了危害因素的基本来源。

HSE 风险管理的核心是"预防危害因素的产生",消除了危害因素也就杜绝了事故。因此"危害因素"是 HSE 风险管理的核心术语,HSE 风险管理的主要工作是围绕危害因素开展的,如"危害因素辨识"辨识的是"危害因素",而不是"风险源",也不是"危险源"。"风险源"是一个通俗称法,含义不明确;HSE 管理体系标准中无"危险源"这一术语,这一术语来自职业健康安全管理体系(GB/T 28001—2011),含义与危害因素几乎相同。"预防措施"也是针对危害因素而制定的,处在事故链条的源头上,这体现了 HSE 管理中"源头治理"的思想。

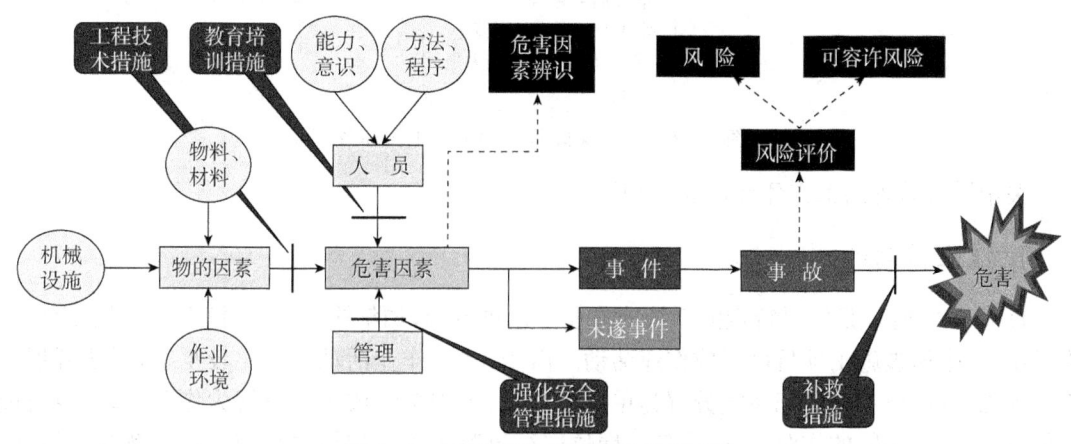

图 5-1 HSE 风险管理的思想模式图

HSE 风险管理思想模式揭示了 HSE 风险管理这样的思路:既然事故由事件引发,事件由危害因素引发,那么就应当系统辨识事故、事件以及由于管理缺陷、人员、物的因素产生的危害因素,并采取预防措施防止其发生,这样就预防了事故。

图 5-1 中主轴上的概念有"一一对应"的逻辑关系。如特定的危害是由特定的事故引起的,如高空坠落事故导致的危害是人员伤亡,火灾事故导致的危害是"人员伤亡、财产损失、环境污染等";特定的事故是由特定的事件引起的,如火灾事故是由"可燃流体泄漏或可燃物管理不当"和"现场存在着火源"这两个事件共同作用引发的,"起重伤害事故"中的"物体打击"是由"人员进入起重作业危险区域"和"吊物坠落或脱落"这两个事件引发的;特定的"事件"是由一些特定的"危害因素"引起的,如引起"人员进入起重作业危险区域"这个事件的危害因素有"现场未设置警戒线""作业现场未设置警示标志""人员忽视安全标志""人员安全意识不足""作业人员违章"等因素导致;特定的危害因素需要特定的风险削减措施(预防措施),如"现场未设置警戒线"的预防措施之一是"起吊作业前现场检查和确认"……认识这种一一对应的逻辑关系对 HSE 风险管理是极其重要的。

风险评价是对特定事故的风险进行的评价,如人员在油罐上量油作业,潜在的事故有"中毒窒息""火灾爆炸""高空坠落""物体打击""触电""其他伤害(如滚落)"等,所有这些事故的风险必须分别评价,并与可容许风险比较,再采取必要的行动。

三、HSE 风险管理的主要工作环节

HSE 风险管理的主要工作环节如图 5-2 所示。

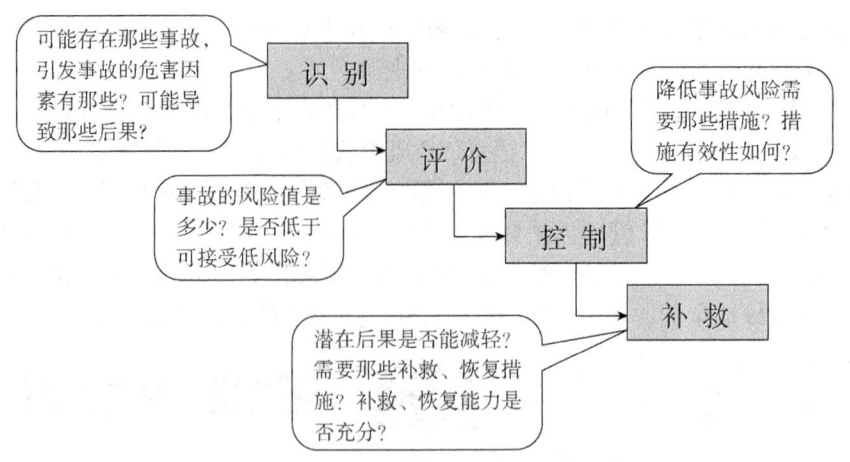

图 5-2 HSE 风险管理的主要工作环节

关于风险管理的工作环节,说明如下。

1. 作业活动的划分要求

HSE 风险管理是针对特定的系统或作业活动进行的,如集输站、钻井机组、压裂机组可称为系统,一个压裂施工项目可看成作业活动。由于系统、作业活动一般比较复杂,无法开展风险管理工作,所以首先应把系统分解为单元或工段,再把单元或工段分解为作业活动、设备或岗位,然后针对不同的作业活动、设备或岗位进行风险管理。如钻井系统可以分解为生活区、生产区两大单元。生产区又可分解为钻台、发电、钻井液、柴油机、钻井泵、场地等不同的岗位。钻台设备众多,并进行不同的作业过程,如一次开钻、下表层套管、固井、安装防喷器、二次开钻、起钻、下钻、接单根、测井等过程。另外还有钻井队拆卸、安装、搬家等其他过程。风险管理就是从这些具体过程、设备、岗位开始的。

对系统、单元、作业活动的准确划分有利于风险管理效率的提高,有利于风险管理结果的科学、可靠。行业标准中对作业活动的划分要求是:所划分出的每种作业活动既不能太复杂,如包含多达几十个作业步骤或作业内容;也不能太简单,如仅由 1~2 个作业步骤或作业内容构成。作业活动可按照以下方面进行划分:

(1)按生产流程;
(2)按地理区域;
(3)按设备、设施或装置;
(4)按作业任务;
(5)按生产阶段;
(6)按岗位或部门;
(7)上述方法的结合。

2. 识别

识别也就是危害因素辨识。本环节应针对不同的过程、设备、岗位,首先识别所有潜在事故及其可能后果,然后分别识别引发事故的危害因素,并确定危害因素在事故发生过程中的重要程度。

3. 评价

评价就是风险评价,也叫风险评估。本环节的主要任务就是分别计算所有潜在事故的风险值,包括原始风险值和采取风险削减措施后的风险值,并与可接受风险比较,决定是否还需要其他风险削减措施。

4. 控制

控制就是事故预防。本环节主要任务是针对不同的危害因素,依据现有经济、技术条件,采取经济、可靠、有效的风险削减措施,杜绝危害因素的发生和发展,减少事故发生概率。

5. 补救

补救就是对事故后果的减轻。一旦控制失效,事故发生,需要知道和执行哪些补救措施、恢复措施才能把事故后果降到最低,从而降低事故风险,减少事故危害,是非常有必要的。

以上四个环节,构成了 HSE 风险管理的工作流程。对于一个作业过程,针对所有潜在事故采取了所有预防措施、补救措施后,再评价风险,若风险值低于可接受风险,则该作业过程风险管理结束。对整个系统、单元的所有过程、岗位、设备都进行了风险管理,则整个系统、单元的风险管理结束。

第四节　危害因素辨识的范围、原则和方法

危害因素辨识是 HSE 风险管理最重要的工作,也是最基础的工作。只有全面系统地识别了事故及危害因素,后面的评价、控制、补救才能有针对性,风险管理才能取得成效。

一、危害因素辨识的范围

危害因素辨识的范围也就是风险管理的范围。HSE 管理体系要求,风险管理应覆盖组织的所有产品、活动和任务,也就是组织业务覆盖的所有范围。否则将会导致 HSE 管理的盲区。总体上讲,危害因素辨识的范围包括:

(1)所有的工作场所:包括生活与行政区域、辅助生产区域、生产区域、移动工作区域和临时工作场所。

(2)组织运行的各种活动:如生产活动、营销与宣传活动、会议与集会等。

(3)组织所有的项目:如新、改、扩建项目,检修与维修项目,科技研发与推广项目等。

(4)组织内运行的所有过程:如所有的管理过程、作业过程等等。

(5)组织内现有的设施、设备、材料:如基础设施、在用设备、停用设备、报废设备、HSE 设施与设备。

(6)所有的人员:包括组织的内部员工、临时承包商员工、长期承包商员工、临时访问人员。

(7)所有的工作状态:如正常状态、异常状态、事故状态、危机状态等。

二、危害因素辨识的原则

根据 HSE 管理体系标准及国家关于职业卫生、安全、环境管理的有关要求,危害因素辨识应遵守如下原则。

(一)合法性原则

在危害因素辨识时,应注意落实国家法律、法规、有关标准,符合和达到法律、法规和标准要求。同时也要把国家法律、法规、标准作为危害因素辨识的重要依据。任何对法律、法规、标准、组织方针的违背行为都是有害的。合法性原则也体现在危害因素辨识活动是一个强制性活动,必须按照规定的要求和程序严格进行。

(二)系统性原则

系统性是指危害因素辨识是一个系统的、全面的工作。从空间上来讲,应对组织内所有的活动、产品、服务过程进行危害辨识,应覆盖组织的所有部门、岗位和作业场所,包括所有过程;从时间上讲,危害因素辨识是持续进行的过程,应定期开展,并对过去、现在和将来可能具有的危害因素进行辨识;对业务领域来讲,既有服务领域,也有生产运行领域,还有新、改、扩建等工程施工项目;对产品来讲,要包括产品的生产、运输、储存、销售、使用、废弃和处置等全过程,即产品由"摇篮"到"坟墓"的整个过程;从事故发生的原因来讲,应包括人、机、物、法、管等各个方面。决不能轻易说某一个部门或区域是安全的,没有危害因素。对危害因素的疏漏将失去对事故源头治理的机会,可能会造成恶果。

(三)全员参与的原则

全员参与是 HSE 管理的一个基本思想,也是员工的一项职责,更是员工"知情权"的落实。各级管理人员和基层操作员工,具有现场作业的知识和经验,他们的积极参与,能使"系统性"得到保证。

(四)科学性原则

科学性指危害因素辨识时要注意运用事故理论、安全工程理论、系统论、人—机工程学等科学原理进行指导,保证危害因素不被疏漏,提高工作效率。

三、危害因素辨识的方法

(一)经验与判断

该方法是指危害因素的辨识可以来自有经验人员的判断,各级有经验的人员都可以参与进行。一般危害因素辨识都在基层单位进行,各岗位识别本岗位的危害因素。岗位员工依据自己的工作经验、专业知识、操作程序、典型事故案例可以对各自岗位中所有设备、操作过程中潜在的事故及其危害因素做出识别和判断。本方法使用简单,容易掌握。缺点是系统性差,容易产生疏漏。可以通过安全管理人员、技术人员的指导和相关岗位人员的参与加以弥补。

(二)依据危害检查清单自查

危害检查清单类似于安全检查表,该表是依据有关法规标准、规程,通过对系统剖析、查找各层次的不安全因素,然后确定检查项目,以提问的方式把检查项目按系统的组成顺序编制成表,以便进行检查或评审,这种表称为做危害检查清单。对照危害检查清单可以识别系统的危害因素。另外由于危害因素辨识是定期进行的,对于一个组织而言,以前辨识的结果可以对下一次辨识起到指导作用,随着辨识的持续进行,危害检查清单也就产生了。在使用时一定要考虑组织各方面特别是工艺、设备、材料、生产方式的变化。

危害检查清单有下列优点:
(1)能够事先编制,故有充分的时间组织有经验的人员来编写,做到系统化、完整化,不至于漏掉能导致危险的关键因素。
(2)可以根据规定的标准、规范和法规,检查遵守的情况,提出准确的评价。
(3)表格采取有问有答,给人的印象深刻,能起到安全教育的作用。表内还可注明改进措施的要求,隔一段时间后重新检查改进情况。
(4)简明易懂,容易掌握。

为了使提出的问题有所依据,可能在有关条款后面注明有关标准、规范或法规的名称和所在章节。

(三)利用法律、法规和标准识别危害因素

法律法规和标准是政府、行业制定的规范性文件,是准许从事生产经营或其他活动的基本要求,是集体的智慧和经验的结晶。组织一方面通过落实法律、法规和标准,达到政府或行业要求,实现依法经营和管理;另一方面法律、法规和标准又是行为准则和危害因素辨识的依据。可以说,法律、法规、工业标准、安全标准、环境标准条款都是用鲜血、生命、损失写成的。组织通过对照法律、法规特别是各种标准条款,识别作业中的危害因素并予以控制,可以达到 HSE 管理的目的。比如危害检查清单、安全检查表都是依据法律、法规、标准编制的,可以用来进行危害因素辨识。因此作为 HSE 管理人员,必须熟悉国家法律、法规和标准。

(四)系统的评判技术

对于一些高风险作业或工艺复杂的作业,有时需要借助专业技术或方法来识别危害因素。如关联图分析法、危害与可操作性研究(HAZOP)、事件树(ETA)和故障树(FTA)分析法、安全检查表(SCL)、环境影响评价等等,这些方法有各自的特点和适用要求,能够系统识别危害因素,有些方法还可以同时进行风险评价。后文要介绍事件树和故障树分析法、关联图分析法。

第五节　危害因素辨识的有关标准

本节将介绍有关 HSE 风险管理、危害因素辨识有关标准,这些标准是从事风险管理工作的人员的基础知识。

一、《企业职工伤亡事故分类》(GB 6441—86)

(一)标准简介

我国在 1986 年颁布了标准《企业职工伤亡事故分类》(GB/T 6441—1986),该标准包括名词与术语、事故类别、伤害分析、伤害程度分类、事故严重度分类、伤亡事故计算办法和附录七部分内容。标准把伤亡事故划分为二十类,将人的不安全行为分为十三大类,将物的不安全状态分为四大类。标准的附录 A 包括受伤部位、受伤性质、起因物、加害物、伤害方式、不安全状态、不安全行为等七方面内容。该标准是我国关于企业职工伤亡事故统计、调查处理的一个基础标准,系统的对事故、危险源、危害因素进行了归类,是进行危害因素辨识、事故统计、事故调查处理的重要依据。

(二)工伤事故分类

标准《企业职工伤亡事故分类》(GB/T 6441—1986),综合考虑起因物、引起事故的诱导性原因、致害物、伤害方式等,将工伤事故分为 20 类(表 5-2)。此种分类方法所列的危险、有害因素与企业职工伤亡事故处理(调查、分析、统计)和职工安全教育的口径基本一致,为安全生产监督管理部门、行业主管部门、职业安全卫生管理人员和企业广大职工所熟悉,易于接受和理解,便于实际应用。

表 5-2　企业职工伤亡事故分类

序号	事故类别名称	说明
1	物体打击	指物体在重力或其他力作用下,打击人体造成伤亡,不包括机械设备、车辆、起重机械、坍塌等引起的打击
2	车辆伤害	指机动车辆在行驶中引起的人体坠落和物体倒塌、下落、挤压而造成的伤亡事故,不包括起重设备提升、牵引车辆和车辆停驶时发生的事故
3	机械伤害	指机械设备运动(静止)部件、工具、加工件直接与人体接触引起的夹击、碰撞、剪切、卷入、绞、碾、割、刺等伤害,不包括车辆、起重机械引起的机械伤害
4	起重伤害	各种起重作业(包括起重机安装、检修、试验)中发生的挤压、坠落(吊具、吊重)、物体打击和触电
5	触电	指电流流经人体,造成生理伤害的事故。包括雷击伤亡事故
6	淹溺	包括从高处坠落淹溺,不包括矿山、井下透水淹溺

续表

序号	事故类别名称	说明
7	灼烫	指火焰烧伤、高温物体烫伤、化学灼伤(酸、碱、盐、有机物引起的体内外灼伤)、物理灼伤(光、放射性物质引起的体内外灼伤),不包括电灼伤和火灾引起的烧伤
8	火灾	造成人身伤亡的火灾事故。不包括非企业原因造成的火灾事故
9	高处坠落	指高处作业发生坠落造成的伤亡,不包括触电坠落事故
10	坍塌	指物体在外力或重力作用下,超过自身的强度极限或因结构稳定性破坏而造成的事故,如挖沟时的土石塌方、脚手架坍塌、堆置物倒塌等,不适用于矿山冒顶、片帮和车辆、起重机械、爆破引起的坍塌
11	冒顶、片帮	指矿井、隧道、涵洞开挖等过程中因开挖或支护不当,顶部或侧壁坍塌造成伤害的事故。矿井作业面、巷道侧壁在矿山压力作用下变形,破坏而脱落的现象称为片帮,顶部垮落称为冒顶,二者常同时发生
12	透水	采掘工作面与矿山地表水或地下水沟通时突出发生大量涌水,淹没井巷造成的伤亡事故
13	爆破伤害	指爆破作业中发生的伤亡事故
14	火药爆炸	指火药、炸药及制品在生产、加工、运输、储存中发生的爆炸事故
15	瓦斯爆炸	指可燃气体瓦斯、煤尘与空气混合形成爆炸性混合物,接触火源时引起的化学爆炸事故
16	锅炉爆炸	指锅炉发生的物理性爆炸事故。不适用于铁路机车、船舶上的锅炉、船舶电站的锅炉
17	容器爆炸	指压力容器的爆炸
18	其他爆炸	不属于上述爆炸的爆炸事故
19	中毒和窒息	中毒是指人接触有毒物质引起的人体急性中毒事故;窒息是因为氧气缺乏引起的伤亡事故
20	其他伤害	不属于上述伤害事故的事故均为其他伤害

应用本标准时,一方面要注意结合行业的事故分类,吸收有关行业的事故。这是因为该标准适用于所有工、矿、商、贸企业,不可能面面俱到。况且本标准中的事故仅限于涉及人身伤亡的事故,而 HSE 管理中的事故有职业健康安全事故、生产事故、环境事故等。如石油行业的井喷事故,不好对应这20类事故中,但"井喷事故"已被行业、社会所接受。另一方面,对于20类事故中的"其他伤害",是指不属于前面19类事故的其他事故。如跌倒、绊倒、操作台梯子上滚落等。

二、《生产过程危险与有害因素分类与代码》(GB/T 13861—2009)

(一)有关术语

本标准采用以下六个术语。

(1)生产过程:劳动者在生产领域从事生产活动的全过程。

(2)危险和有害因素:可对人造成伤亡、影响人的身体健康甚至导致疾病的因素(本标准中的危险、有害因素与 HSE 管理中的危害因素是近义词,但不包含可能造成环境危害和影响的环境因素)。

(3)人的因素:在生产过程来自人员自身或人为性质的危险、有害因素。

(4)物的因素:机械、设备、设施、材料等方面存在的危险、有害因素。

(5)环境因素:生产作业环境中的危险、有害因素。

(6)管理因素:管理或管理责任缺失导致的危险、有害因素。

(二)危险、有害因素分类与代码

GB/T 13861—2009 标准将生产过程中的危险有害因素分为四大类,分别是"人的因素""物的因素""环境因素""管理因素"。危险、有害因素代码用 6 位数字表示,共分四层,第一、二层分别用一位数字表示大类、中类;第三、四层分别用 2 位数字表示小类、细类。代码结构见图 5-3。

标准 GB/T 13861—2009 给出的四大类危险、有害因素及其代码,其分类科学、描述准确,是识别危险、有害因素的重要依据。限于篇幅,此处不予列出。读者可通过参照该标准学习和掌握。

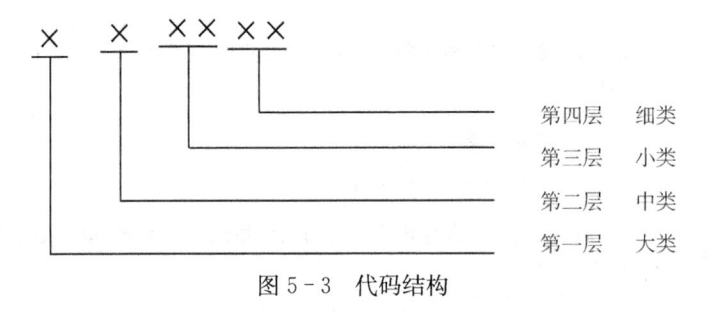

图 5-3 代码结构

三、《危险化学品重大危险源辨识》(GB 18218—2009)

(一)范围

本标准规定了辨识危险化学品重大危险源的依据和方法。适用于危险化学品的生产、使用、储存和经营等各企业或组织。不适用于:

(1)核设施和加工放射性物质的工厂,但这些设施和工厂中处理非放射性物质的部门除外;

(2)军事设施;

(3)采矿业,但涉及危险化学品的加工工艺及储存活动除外;

(4)危险化学品的运输;

(5)海上石油天然气开采活动。

(二)规范性引用文件

《危险货物品名表》(GB 12268—2012)。
《化学品分类和标签规范 第18部分:急性毒性》(GB 30000.18—2013)。

(三)术语和定义

(1)危险化学品:具有易燃、易爆、有毒、有害等特性,会对人员、设施、环境造成伤害或损害的化学品。

(2)单元:一个(套)生产装置、设施或场所,或同属一个生产经营单位的且边缘距离小于500m的几个(套)生产装置、设施或场所。

(3)临界量:对于某种或某类危险化学品规定的数量,若单元中的危险化学品数量等于或超过该数量,则该单元定为重大危险源。

(4)危险化学品重大危险源:长期地或临时地生产、加工、使用或储存危险化学品,且危险化学品的数量等于或超过临界量的单元。

(四)危险化学品重大危险源辨识的依据和指标

1.辨识依据

(1)危险化学品重大危险源的辨识依据是危险化学品的危险特性及其数量,具体见表5-3和表5-4。

(2)危险化学品临界量的确定方法如下:

①在表5-3范围内的危险化学品,其临界量按表5-3确定;

②未在表5-3范围内的危险化学品,依据其危险性,按表5-4确定临界量;若一种危险化学品具有多种危险性,按其中最低的临界量确定。

2.重大危险源的辨识指标

单元内存在危险化学品的数量等于或超过表5-3、表5-4规定的临界量,即被定为重大危险源。单元内存在的危险化学品的数量根据处理危险化学品种类的多少区分为以下两种情况:

(1)单元内存在的危险化学品为单一品种,则该危险化学品的数量即为单元内危险化学品的总量,若等于或超过相应的临界量,则定为重大危险源。

(2)单元内存在的危险化学品为多品种时,则按式(5-2)计算,若满足式(5-2),则定为重大危险源:

$$q_1/Q_1 + q_2/Q_2 + \cdots + q_n/Q_n \geqslant 1 \tag{5-2}$$

式中 $q_1, q_2, \cdots, q_n$——每种危险化学品实际存在量,t;

$Q_1, Q_2, \cdots, Q_n$——与各危险化学品相对应的临界量,t。

表5-3 危险化学品名称及其临界量

序号	类别	危险化学品名称和说明	临界量,t
1	爆炸品	叠氮化钡	0.5
2		叠氮化铅	0.5
3		雷酸汞	0.5
4		三硝基苯甲醚	5
5		三硝基甲苯	5
6		硝化甘油	1
7		硝化纤维素	10
8		硝酸铵(含可燃物>0.2%)	5
9	易燃气体	丁二烯	5
10		二甲醚	50
11		甲烷,天然气	50
12		氯乙烯	50
13		氢	5
14		液化石油气(含丙烷、丁烷及其混合物)	50
15		一甲胺	5
16		乙炔	1
17		乙烯	50
18	毒性气体	氨	10
19		二氟化氧	1
20		二氧化氮	1
21		二氧化硫	20
22		氟	1
23		光气	0.3
24		环氧乙烷	10
25		甲醛(含量>90%)	5
26		磷化氢	1
27		硫化氢	5
28		氯化氢	20
29		氯	5
30		煤气(CO,CO和H_2、CH_4的混合物等)	20
31		砷化三氢	12
32		锑化氢	1
33		硒化氢	1
34		溴甲烷	10

续表

序号	类别	危险化学品名称和说明	临界量,t
35	易燃液体	苯	50
36		苯乙烯	500
37		丙酮	500
38		丙烯腈	50
39		二硫化碳	50
40		环己烷	500
41		环氧丙烷	10
42		甲苯	500
43		甲醇	500
44		汽油	200
45		乙醇	500
46		乙醚	10
47		乙酸乙酯	500
48		正己烷	500
49	易于自燃的物质	黄磷	50
50		烷基铝	1
51		戊硼烷	1
52	遇水放出易燃气体的物质	电石	100
53		钾	1
54		钠	10
55	氧化性物质	发烟硫酸	100
56		过氧化钾	20
57		过氧化钠	20
58		氯酸钾	100
59		氯酸钠	100
60		硝酸(发红烟的)	20
61		硝酸(发红烟的除外,含硝酸≥70%)	100
62		硝酸铵(含可燃物≤0.2%)	300
63		硝酸铵基化肥	1000
64	有机过氧化物	过氧乙酸(含量≥60%)	10
65		过氧化甲乙酮(含量≥60%)	10

续表

序号	类别	危险化学品名称和说明	临界量,t
66	毒性物质	丙酮合氰化氢	20
67		丙烯醛	20
68		氟化氢	1
69		环氧氯丙烷	20
70		环氧溴丙烷	20
71		甲苯二异氰酸酯	100
72		氯化硫	1
73		氰化氢	1
74		三氧化硫	75
75		烯丙胺	20
76		溴	20
77		乙撑亚胺	20
78		异氰酸甲酯	0.75

表 5-4 未在表 5-3 中列举的危险化学品类别及其临界量

类别	危险性分类及说明	临界量,t
爆炸品	1.1A 项爆炸品	1
	除 1.1A 项外的其他 1.1 项爆炸品	10
	除 1.1 项外的其他爆炸品	50
气体	易燃气体:危险性属于 2.1 项的气体	10
	氧化性气体:危险性属于 2.2 项非易燃无毒气体且次要危险性为 5 类的气体	200
	剧毒气体:危险性属于 2.3 项且急性毒性为类别 1 的毒性气体	5
	有毒气体:危险性属于 2.3 项的其他毒性气体	50
易燃液体	极易燃液体:沸点≤35℃且闪点<0℃的液体;或保存温度一直在其沸点以上的易燃液体	10
	高度易燃液体:闪点<23℃的液体(不包括极易燃液体);液态退敏爆炸品	1000
	易燃液体:23℃≤闪点<61℃的液体	5000
易燃固体	危险性属于 4.1 项且包装为 I 类的物质	200
易于自燃的物质	危险性属于 4.2 项且包装为 I 或 II 类的物质	200
遇水放出易燃气体的物质	危险性属于 4.3 项且包装为 I 或 II 类的物质	200
氧化性物质	危险性属于 5.1 项且包装为 I 类的物质	50
	危险性属于 5.2 项且包装为 II 或 III 类的物质	200
有机过氧化物	危险性属于 5.2 项的物质	50
毒性物质	危险性属于 6.1 项且急性毒性为类别 1 的物质	50
	危险性属于 6.1 项且急性毒性为类别 2 的物质	500

注:以上危险化学品危险性类别及包装类别依据 GB 12268—2012 确定,急性毒性类别依据 GB 30000.18—2013 确定。

第六节 故障树分析法

本节介绍危害因素辨识的逻辑分析法——故障树分析法。

一、故障树分析法(FTA)概述

故障树是用来分析某种顶级事件(事故)发生原因的一种逻辑分析法,通过故障树图(FTD)直观反映引发顶级事件发生的所有因素、事件、路径和逻辑关系,如果有各种事件的出现概率,则还可以计算出顶级事件出现的概率。这一方法是进行危害因素辨识的有效方法。

(一)故障树分析目的

通过故障树分析,可达到以下目的:
(1)识别导致事故的基本事件(基本的设备故障)与人为失误的组合,可为人们提供避免或减少导致事故基本原因的线索,从而降低事故发生的可能性;
(2)对导致灾害事故的各种因素及逻辑关系能做出全面、简洁和形象的描述;
(3)便于查明系统内固有的或潜在的各种危险因素,为设计、施工和管理提供科学依据;
(4)使有关人员、作业人员全面了解和掌握各项防灾要点;
(5)便于进行逻辑运算,进行定性、定量分析和系统评价。

(二)故障树分析的基本程序

(1)熟悉系统:要详细了解系统状态及各种参数,绘出工艺流程图或布置图。
(2)调查事故:收集事故案例,进行事故统计,设想系统可能发生的事故。
(3)确定顶级事件:要分析的对象(事故)即为顶级事件。对所调查的系统进行全面分析,识别出潜在事故,并分别作为顶级事件进行分析。
(4)确定目标值:根据经验教训和事故案例,经统计分析后,求解事故发生的概率(频率),以此作为要控制的事故目标值。
(5)调查原因事件:调查与事故有关的所有原因事件和各种因素。
(6)画出故障树:从顶级事件起,逐级找出直接原因的事件,直至所要分析的深度,按其逻辑关系,画出故障树。
(7)分析:对故障树结构进行简化,确定各基本事件的重要度。
(8)计算事故发生的概率:确定所有事件发生概率,标在故障树上,并进而求出顶级事件(事故)的发生概率。
(9)再分析:对故障树的含义进行分析,找出引发事故的主要事件、危害因素,并确认事故发生的机理或途径;通过事故发生的概率确认事故风险的高低。

(三)FTA 的符号及其运算

1.故障树符号的意义和概率基本运算

1)事件符号

▭ 顶级事件、中间事件符号,需要进一步往下分析的事件。

○ 基本事件符号,不能再往下分析的事件。

◇ 正常事件符号,正常情况下存在的事件。

⬠ 省略事件,不能或不需要向下分析的事件。

2)逻辑门符号

常见的逻辑门符号如表 5-5 所示。

2.事件概率计算

事件概率计算方法见表 5-5。

表 5-5 常见的逻辑门符号及概率运算

逻辑门名称	逻辑门符号	含义	概率运算公式
或门		表示 B_1 或 B_2 任一事件单独发生(输入)时,A 事件都可以发生(输出)	$A=B_1+B_2$
与门		表示 B_1、B_2 两事件同时发生(输入)时,A 事件才发生(输出)	$A=B_1 \cdot B_2$
条件或门		表示 B_1 或 B_2 任一事件单独发生(输入)时,还必须满足 a 条件,事件 A 才发生(输出)	$A=(B_1+B_2) \cdot a$
条件与门		表示 B_1、B_2 两事件同时发生(输入)时,还必须满足 a 条件,事件才发生(输出)	$A=(B_1+B_2) \cdot a$
限制门		表示 B 事件发生(输入)且满足条件 a 时,事件才发生(输出)	$A=B \cdot a$
转入符号		表示在别处的部分树,由该处转入(在三角形内标出从何处转入)	
转出符号		表示这部分树由该处转移至其他处(在三角形内标出向何处转移)	

注:A、B_1、B_2、a 分别表示 A、B_1、B_2 事件及条件 a 发生的概率。

二、分析示例

(一) 供水管道无水故障树

供水管道流程如图5-4所示,试分析顶级事件"T无水流出"的原因。

分析:根据流程图可以看出,要使顶级事件T发生,可能的事件包括D上游管道无水、A泵故障、B阀门B失效、C阀门C失效、E管路不通、F管道堵塞等(表5-6)。

对于流程1,其故障树如图5-5所示(某种事件发生的概率标在其符号上方)。

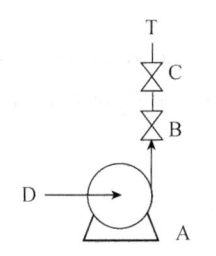

(a) 流程1(出口阀门串联)　　　(b) 流程2(出口阀门并联)

图5-4　某供水管路流程图

图5-5　流程1故障树　　　　　图5-6　流程2故障树

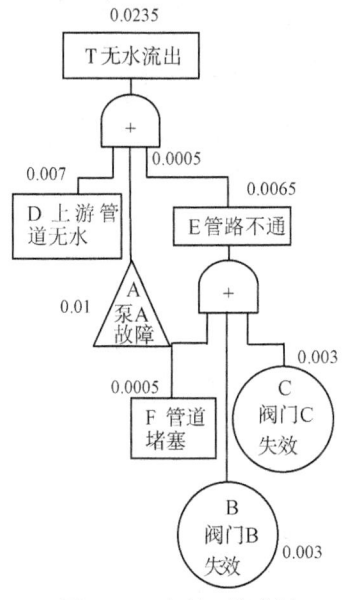

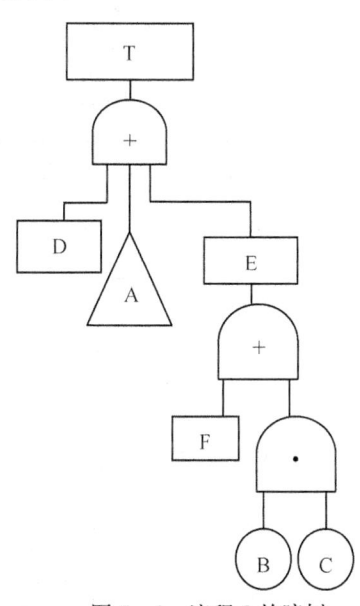

表5-6　图5-5、图5-6中事件、因素对照表

序号	1	2	3	4	5	6	7
代号	T	A	B	C	D	E	F
事件或因素	顶级事件:无水流出	泵A故障	阀门B失效	阀门C失效	管道上游无水	管路不通	管路堵塞

—165—

对于流程 1,发生顶级事件 T 的概率为:

$T=D+A+E=D+A+(F+B+C)=0.007+0.01+0.0005+0.003+0.003=0.0235$

对于流程 2,其故障树如图 5-6 所示,事件符号含义同上,T 事件发生的概率为:

$T=D+A+E=D+A+(F+B \cdot C)=0.007+0.01+(0.0005+0.003 \cdot 0.003)=0.0175$

由分析结果可以看出,阀门由串联改为并联后,发生 T 事件的概率由 0.0235 降低为 0.0175。

以上故障图中,事件 A 为离心泵故障。由于该事件的引发原因比较复杂,应进行系统分析,故用三角形符号转入另一故障树。D 事件、E 事件也是中间事件,也必须进行专门分析。原则是所有的事件都要分析到基本事件。

(二)油罐静电火灾爆炸事故故障树

在油田生产中,储油罐是一个常见设备,一般由罐体、基础、斜梯、液位计、接地设施、避雷针、呼吸阀、量油孔、防护栏杆、进出管道等构成。储油罐的一个典型事故就是静电火灾爆炸,图 5-7 就是用故障树分析法得出的结果。

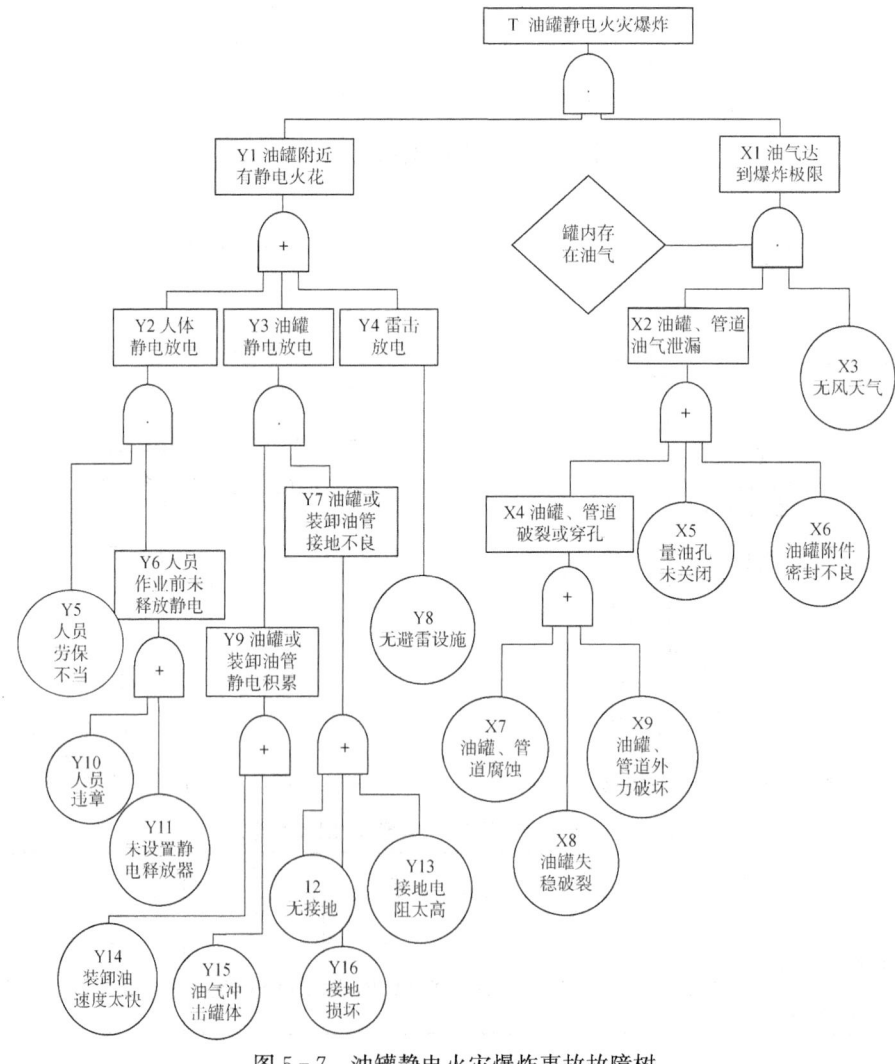

图 5-7 油罐静电火灾爆炸事故故障树

(三)起重作业典型事故——起重伤害之物体打击事故分析

起重作业是油田生产中的常见作业,其潜在典型事故是起重伤害,指各种起重作业(包括起重机安装、检修、试验)中发生的挤压、坠落(吊具、吊重)、物体打击和触电。下面主要分析起重伤害中的"物体打击"事故。

起重作业涉及吊索、吊具准备、起重机检查、吊物捆扎、起重机操作、起重指挥、起重作业现场管理、辅助作业人员操作等方面安全问题,分析时应予以考虑。分析结果如图 5-8 所示,表 5-7 为图 5-8 中的事件危害因素对照表。

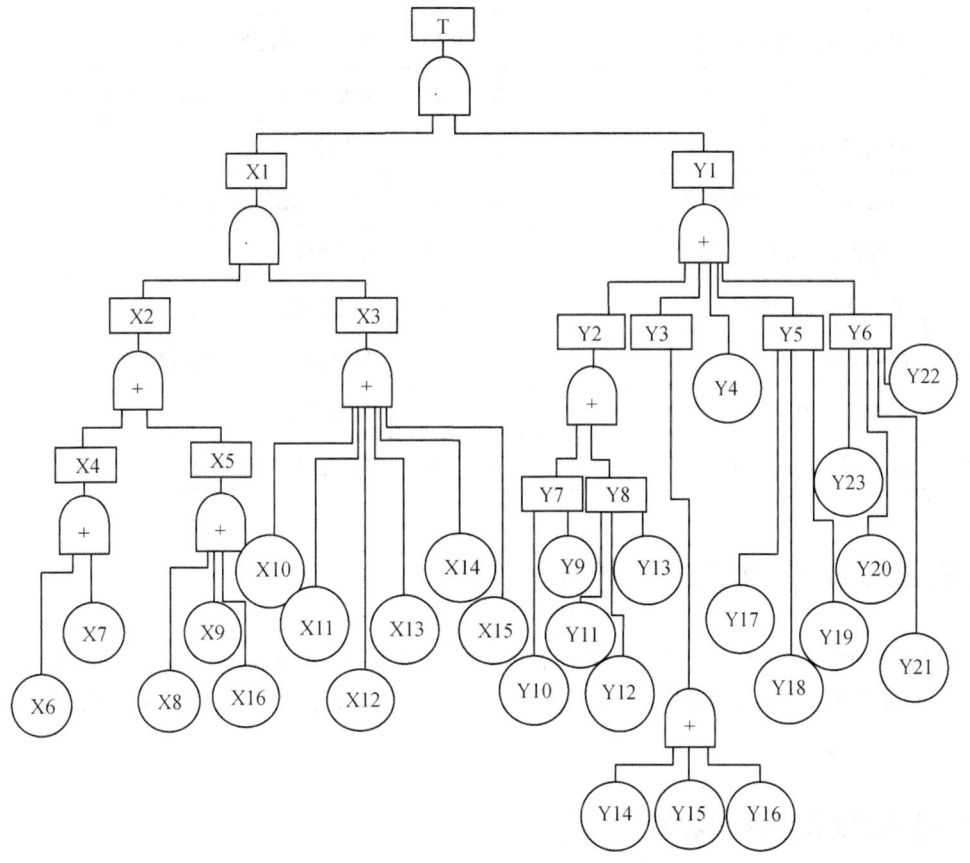

图 5-8 起重伤害(物体打击)故障树

表 5-7 图 5-8 中的事件、危害因素对照表

代号	事件或因素	代号	事件或因素
T	起重伤害之物体打击	X5	现场作业人员违章
X1	人员处于起重作业危险范围内	X6	参观人员无陪同
X2	现场作业或其他人员进入现场	X7	其他无关人员围观
X3	现场管理失效	X8	作业时作业人员未退到危险范围之外
X4	非作业人员非法进入	X9	作业人员用手推拉吊物

续表

代号	事件或因素	代号	事件或因素
X10	现场未设警戒线、警示标志	Y9	起重工未持证上岗或让其他人操作
X11	现场无监督或监督错误	Y10	起重工安全意识淡薄
X12	现场无指挥或指挥错误	Y11	起重不明重量物体或超载起重
X13	无作业计划或作业计划不合要求	Y12	斜拉歪吊、野蛮作业
X14	作业前未进行安全交底	Y13	强令冒险起吊（大风、雨雪天气等）
X15	作业人员无证作业	Y14	索、吊扣、钢丝绳强度不足
X16	作业人员不听从指挥讯号	Y15	吊索、吊扣、钢丝绳老化
Y1	吊物坠落、脱落或摆动	Y16	起重前未检查吊索、吊扣、钢丝绳
Y2	起重机超载	Y17	吊钩强度不足
Y3	吊索、吊扣、钢丝绳断裂	Y18	吊钩有缺陷（变形、裂纹等）
Y4	吊物捆扎不合规范	Y19	吊钩保险销失效
Y5	吊钩断裂或吊物脱钩	Y20	起重机老化或报废
Y6	吊车制动失灵	Y21	起重机未按期进行保养
Y7	起重工能力不足	Y22	起重机控制失效
Y8	起重工违章或失误	Y23	起重前未检查起重机

三、故障树分析法注意事项

由以上示例可以看出，故障树作为危害因素辨识的方法，能够系统识别引发某种特定事故的事件、危害因素，并能清晰的展示这些事件、危害因素引发事故的逻辑关系。使用故障树方法时，一定要注意以下情况。

（一）准确划定分析范围

不同的分析范围，决定了分析对象所涉及的设施、设备和具体作业环境，分析结果会有所不同。实际分析时，分析范围要尽可能合理，这样才能体现危害因素辨识的针对性。

（二）事件（危害因素）独立而不遗漏

在分析时，识别出的事件、危害因素一方面要互相独立，不能重复，另一方面不能遗漏，这样方能做出科学、系统的分析。另外，分析的切入点十分重要。

(三)故障树分析法的符号和逻辑关系

应注意识别的是中间事件还是危害因素。中间事件是还可以继续分析原因的,当对中间事件不断分析,直至无法或没有必要再分析时,这时得出的就是基本事件,也就是危害因素。分析时,应注意事件、危害因素之间的逻辑关系,并正确使用规定符号。

(四)计算顶级事件发生的概率

如果有充分的统计数据,就必须计算出顶级事件发生的概率。一般情况下,这些统计数据可能不足,就不需要进行定量计算了。

第七节　事件树分析法

一、事件树概述

(一)事件树简介

事件树分析(event tree analysis,ETA)是安全系统工程中的重要分析方法,也是一种逻辑分析方法。与故障树不同的是,该方法是从原因分析可能出现的结果。事件树分析法是针对某一系统进行的,该系统有各种设备或元件,这些设备或元件在应用时均存在"成功"或"失败"两种可能。当给系统输入一个初始事件(原因)时,按时间采用追踪方法,分析系统中这些设备或元件"成功"或"失败"情况下可能导致的其他事件序列结果,形成一个树状结构图,称为"事件树"。事件树不仅可以由原因分析结果,也可以分析某种事件的原因,在危害因素辨识中有广泛的应用。

(二)事件树分析步骤

确定分析系统,分析时一定要明确所分析的系统及系统中与初始事件有关的设备或元件。

确定初始事件,对特定系统而言,初始事件一般是最可能导致严重事件或后果的事件,这样分析的结果才有指导作用。

按照时间顺序,根据不同设施功能,确定它们"成功"或"失败"后可能引发的事件,按照设备逐次分析,得出事件树。若系统中有 N 种设备,那么初始事件可能引发 2^N 个事件(后果)。

将所有这些事件分析,比对,找出最期望的事件和不期望的事件,分别计算这些事件出现的概率。

简化事件树,归纳整理,得出结论。

二、事件树分析示例

(一)无水事件树

前面我们用故障树方法分析了图5-4两个流程的无水事故的原因和概率。下面用事件树来分析。现给定的初始事件时按下泵A启动按钮,将会有什么结果。现将问题简化,假定泵上游有水,则流程1的事件树如图5-9所示。由该事件树可以看出:

(1)对于流程1,当按下离心泵启动按钮,然后依次打开管路出口阀B、C,则会出现16个不同结果,即引发A-P 16个事件,各种事件情况不同。比如事件D的现场状态是:泵在正常运转、水充满了阀B上游的管道,由于阀B、C打开失败,故阀B下游管道无水,管口无水喷出。其他事件状态可以由事件树分析出来。

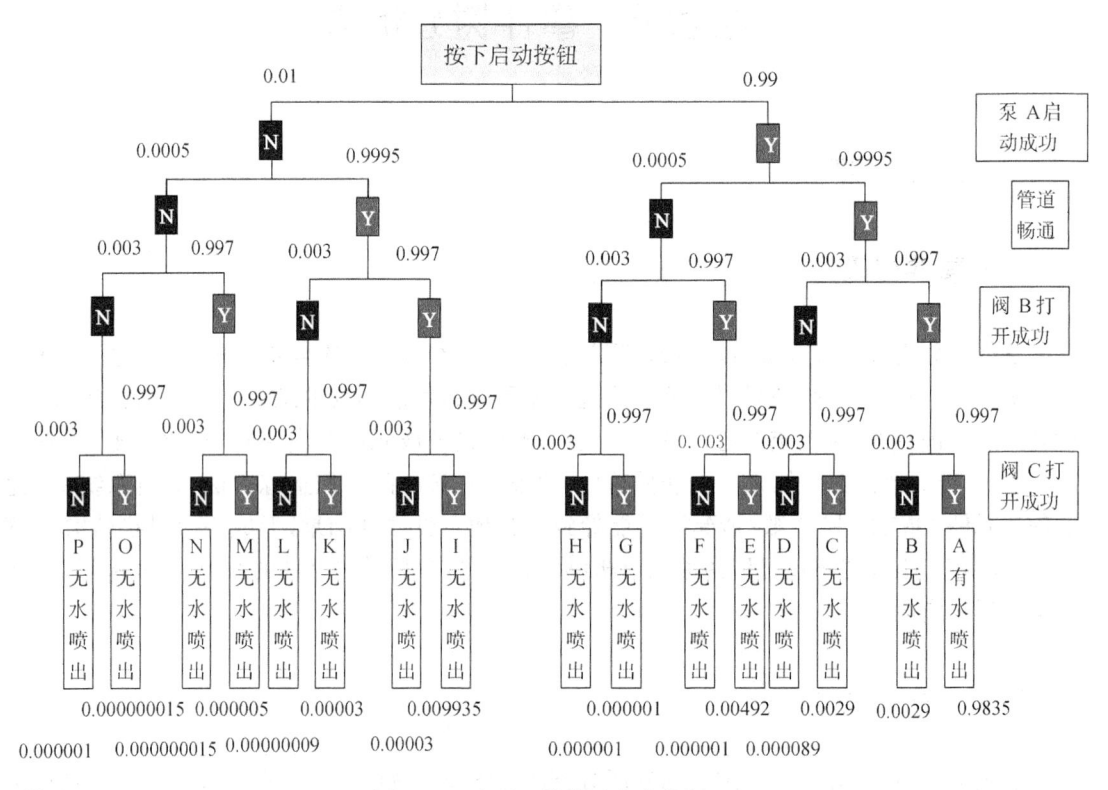

图5-9 流程1管道无水事件树

(2)在16个事件中,只有事件A是期望的结果,即管口有水喷出,成功概率为0.9835。其他事件都是不期望的事件,它们出现的概率均可由发生该事件的路径上各个概率数值乘积求出。

如对事件A,路径为Y—Y—Y—Y,有A=0.99×0.9995×0.997×0.997=0.9835

对事件J,路径为N—Y—Y—N,有J=0.01×0.9995×0.997×0.003=0.00003

图中最下面的数据就是所有事件出现的概率,可用上述的方法算出。这些事件的概率总合等于1。

(3) 导致供水系统出现这些事件的原因是由于管路中的设备和管件均存在"成功"和"失败"两种不同状态,这些不同状态的排列组合形成不同的路径,不同的路径产生不同结果。

(4) 图5-9中成功事件概率=0.9835,失败事件总概率为所有失败事件概率之和,即

管道无水喷出概率 = 0.0029 + 0.0029 + 0.000089 + 0.00492 + 0.000001 + 0.000001 + 0.000001 + 0.009935 + 0.00003 + 0.00003 + 0.000005 + 0.00000009 + 0.000000015 + 0.000000015 + 0 = 0.0208

在故障树分析中,流程A出现管道无水的概率为0.0235,为什么比事件树分析结果高呢?原因是故障树分析时,考虑了上游无水这一事件(其概率为0.007)。如果我们在事件树分析中也考虑这一因素,则结果是一样的。

(5) 对事件树简化。由于图5-9作半边泵启动失败,后续导致的都是"无水喷出",因此,就不需要向下分析,可以将图5-9简化为图5-10。

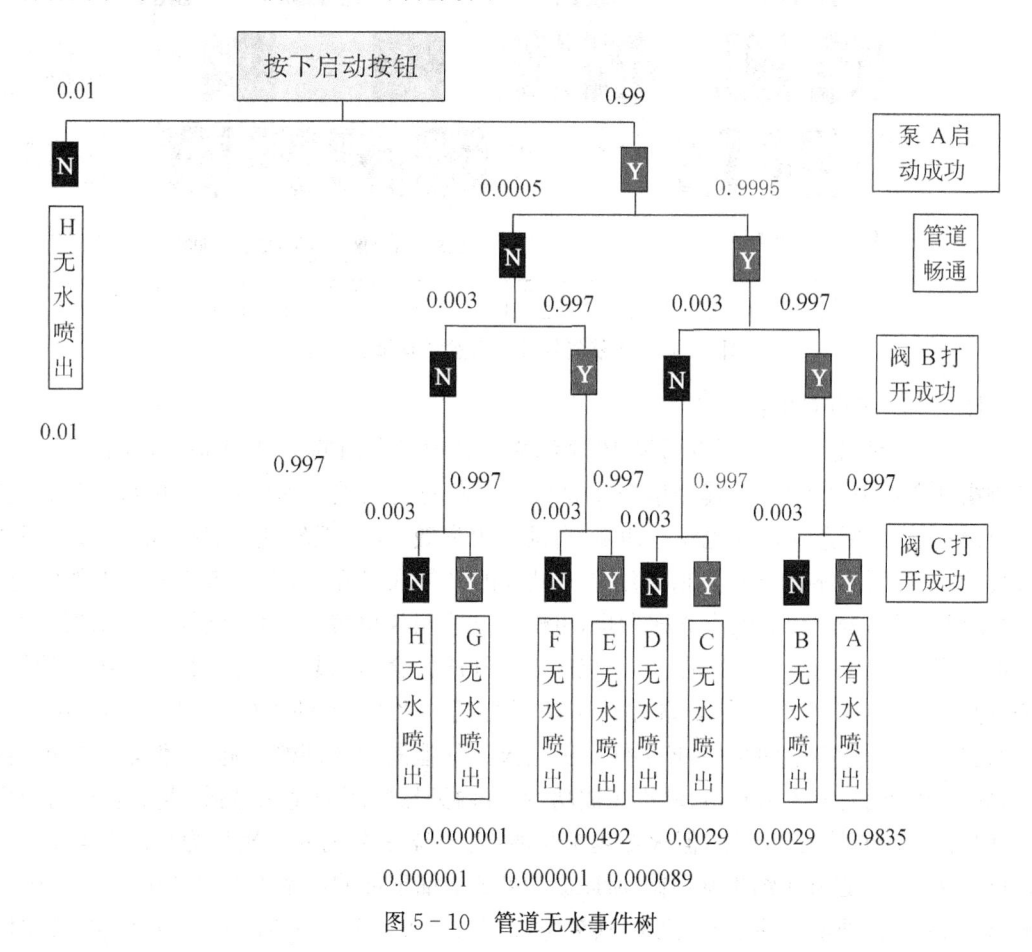

图5-10 管道无水事件树

对于流程2,读者可以自己分析。应当补充说明的是,在以上故障树、事件树分析中,各种事件的概率数值是作者假定的,目的是为了说明计算方法。

(二)天然气处理厂"天然气泄漏事件"后果分析

某天然气集气站工艺设备。为了防止天然气泄漏引发火灾爆炸事故,集气站有如下安全

措施:站内禁止明火;天然气进站区、出站区设有紧急切断阀,一旦泄漏则自动切断上、下游天然气;站内安装有可燃气体监测仪、烟雾监测仪、自动泡沫灭火装置。一旦天然气泄漏,紧急切断阀自动关闭、可燃气体监测仪报警,若燃烧则烟雾探测仪报警、自动泡沫灭火器灭火。

下面用事件树分析法分析"天然气泄漏"事件发生后可能引发的后果,分析结果见图5-11。

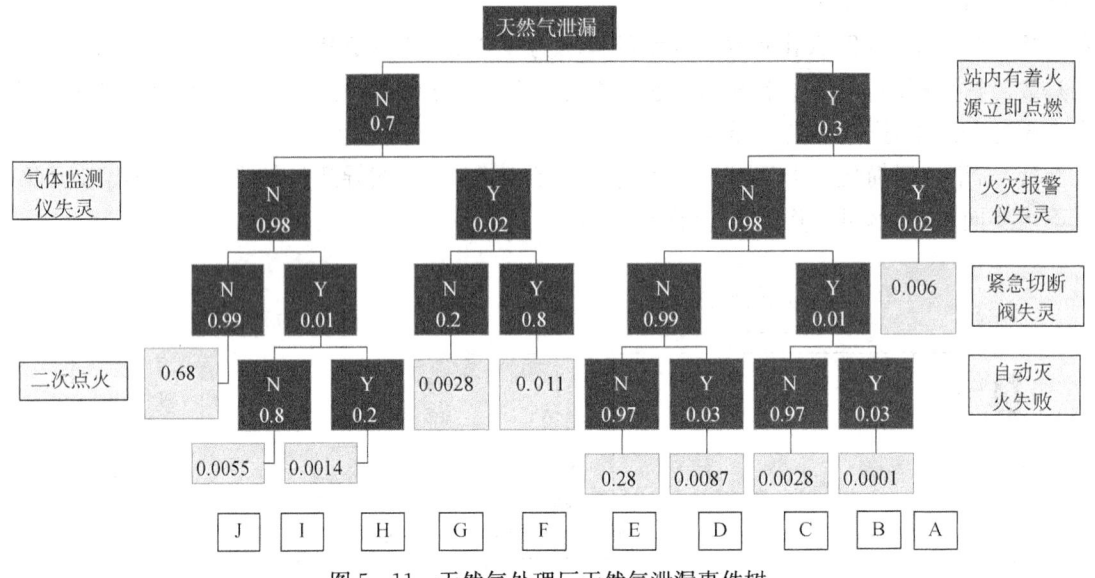

图5-11 天然气处理厂天然气泄漏事件树

由图5-11可以看出:

(1)天然气泄漏后,大致可以引发10个结果。其中最右面的A事件是最坏的结果,即所有控制措施全部失灵的结果,其概率为0.006,事件状态是天然气泄漏后立即燃烧起来,火灾监测仪没有报警,紧急切断阀也没有切断,自动灭火失败,高压天然气熊熊燃烧。这是一种完全失控的状态,可能还会引发更糟的结果。最好的结果在最左面,即J事件——天然气泄漏后,由于现场没有着火源而没有立即燃烧,可燃气体监测仪报警,紧急切断阀立即切断了站内上下游的来气,也没有发生二次点火,系统内天然气压力会越来越低,直至把系统内天然气泄漏完为止,其概率为0.68。其余事件介于两者之间。比如,事件E(概率为0.28)和D(0.0087)也是成功处置事故的结果,E事件情况是天然气泄漏后立即燃烧起来,但烟雾探测器报了警,紧急切断阀完成了切断,自动灭火成功,系统内天然气压力越来越低,直至泄漏完为止。D事件与其不同的是灭火失败,但火苗越来越弱,直至烧完系统内天然气为止。左面G事件结果也是这样的。这几个结果都不错,所以成功处置泄漏事件的概率为0.68+0.28+0.0087+0.0028=0.9715。泄漏事件处置失败的概率为0.0055+0.0014+0.011+0.0028+0.00001+0.006=0.0267。

(2)由上述讨论可以发现,凡是紧急切断阀没有失效的事件都是成功的事件。所以紧急切断阀是天然气泄漏处置措施中最关键的一个。只有紧急切断阀完成了切断,事故就算被"控制了",不会扩大或蔓延。否则还必须在更上游和更下游进行切断。

(3)在天然气泄漏事件处置中,燃烧和不燃烧情况大不相同。大部分人认为,灭火成功是好事,其实不然,只要上下游气源没有被切断,灭火成功会更危险,因为大量高压天然气到处蔓延,随时有可能燃烧爆炸、导致救援人员中毒窒息,会给救援带来更多困难。与此相反,如果高压天然气燃烧起来,没有被扑灭,火焰可能喷射几十米,但不会存在天然气蔓延,处置也相对简单,只要对火焰方向的设备喷水降温就能避免次生灾害,直至完成切断。

总之,事件树作为一种逻辑分析法,既可以分析一个初始事件可能带来的各种结果,也可以分析事故的原因,既可以定性分析,也可以定量评价,是一个有效的风险评价方法。特别在事故应急救援、应急预案编写时,可以找出各种可能的结果,指导应急救援工作。

三、关联图

有了故障树、事件树分析法,就可以将它们绘制成关联图对事故做全面分析。如前所述,故障树主要用来分析事故(事件)发生的原因,事件树用来分析事故(事件)可能导致的后果。如果把某一事故作为顶极事件,将其放在中间,左面绘制其故障树,在右面绘制事件树,并在事故发展的路径上和后果演变的路径上分别设置上预防措施和补救措施,那么就构成了关联图,由于其形状与领结相似,也称为领结图,如图 5-12 所示。

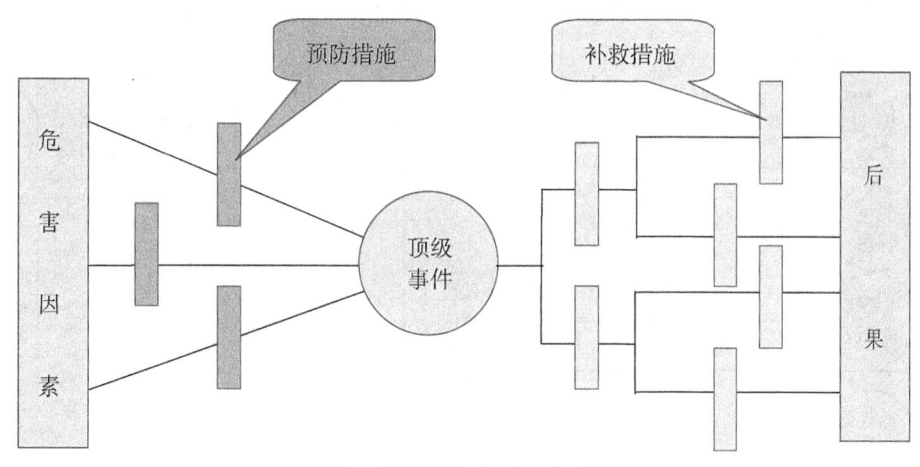

图 5-12 关联图模型

关联图有如下作用:

(1)从左边的故障树可以找出事故是沿怎样的路径发生的,涉及的事件、危害因素有哪些,为事故预防提供依据。

(2)从右边的事件树可以找出事故可能引发的各种后果、路径以及最严重后果可能出现的机会,为应急救援提供依据。

(3)可以明确表示事故预防预防措施和补救措施。预防措施设置在危害因素引发事件或事故的路径上,补救措施设置在事故可能引发的后果的路径上。预防措施、补救措施的数量与危害因素、后果的性质和重要程度有关。

如果基层单位能针对不同岗位、作业过程进行系统分析,绘制出岗位或作业过程的所有事故的关联图,并贯彻落实,那么对基层 HSE 管理将会有很大的提升,这需要各单位各级 HSE 管理人员、属地负责人不断努力。

图 5-13 给出了钻井队营地火灾事故的关联图。

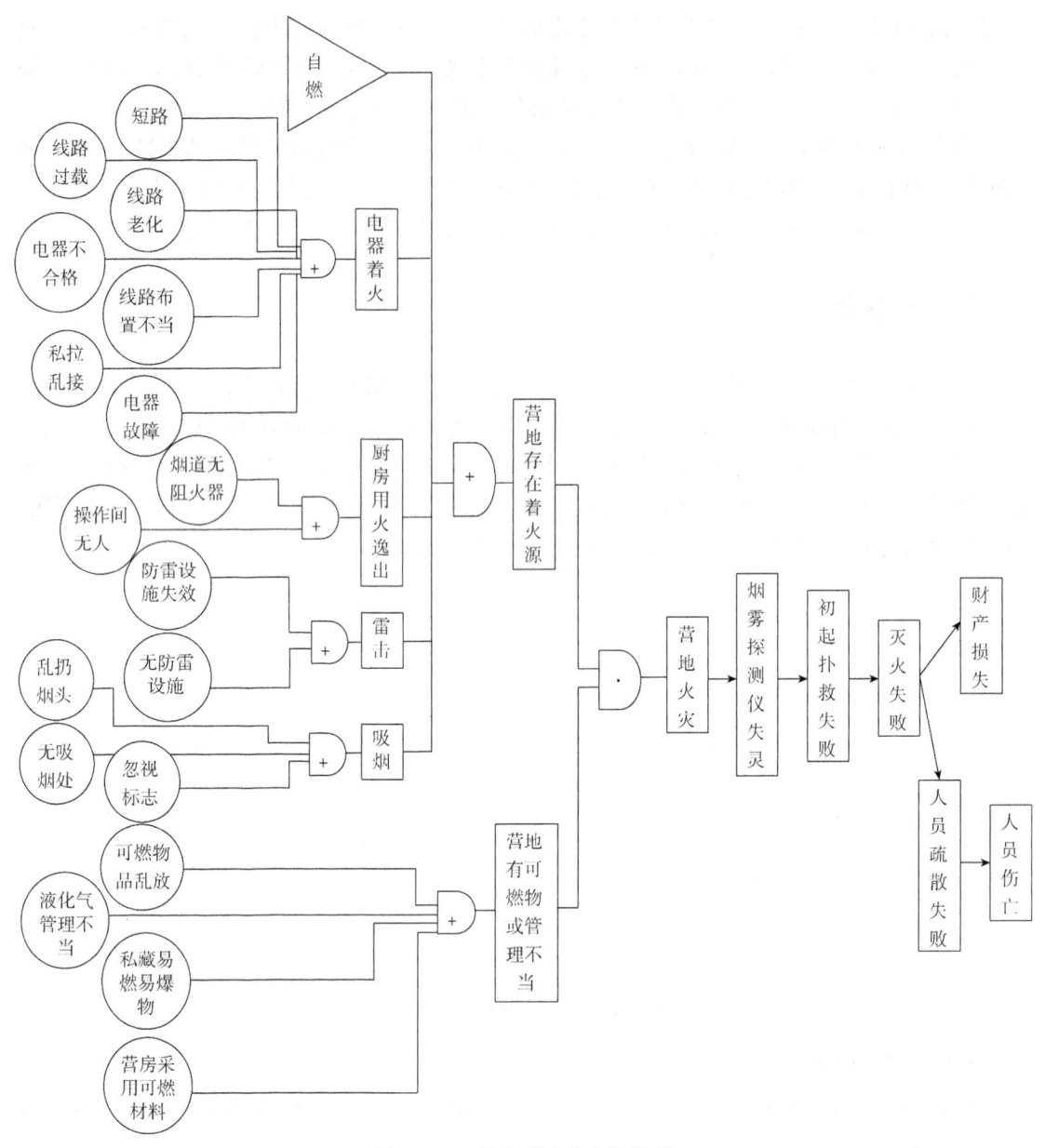

图 5-13　钻井营地火灾关联图

第八节　危害因素辨识示例

作为危害因素辨识方法的应用,下面将分析常见事故的危害因素。以下分析的是一般情况,没有针对具体的作业现场,这一点应予以注意。另外表中的风险值也是初步估算的,实际作业时应具体评估;表中还给出了预防措施和补救措施,作为后续课程的参考。采用的方法涵盖了危害因素辨识的所有方法,但以故障树分析法为主。

一、高空坠落事故危害因素辨识

由于高空坠落事故涉及的生产场所各不相同,可采取经验法进行危害因素辨识,辨识结果见表 5-8。

表 5-8　高空坠落危害因素辨识和风险控制、削减措施

作业过程	事故	后果	风险	序号	事件	危害因素	预防措施	补救措施
石油化工、石油钻井、井下作业、采油采气、集输等搬迁、生产、检修过程的高空作业	高空坠落	人员伤亡、停产	中等或高	1	作业人员不宜从事高空作业	1.1 作业人员未经培训	1.1 对作业人员进行培训	1. 现场配置急救药箱、担架等急救用品;2. 对人员进行急救培训;3. 发生事故后断电、停机;4. 第一时间汇报并开展急救;5. 送医院观察治疗;6. 恢复生产
						1.2 身体不适:人员患有高血压、心脏病、贫血病、癫痫病、严重关节炎、手脚残废以及其他禁忌高处作业的疾病或疲劳作业	1.2 定期对作业人员体检;1.3 体检不合格的禁止高空作业;1.4 杜绝疲劳作业	
						1.3 心理不适:有不安全心理、注意力不集中、情绪波动等情况	1.5 营造良好团队氛围,消除不安全心理;1.6 作业中喊话、提醒	
				2	监护、监督人员错误	2.1 无监护(督)人员或监护(督)人员能力不足	2.1 对员工进行监护知识技能培训;2.2 选择适当的监护(督)人;2.3 作业前充分交底	
						2.2 监护人员注意力分散、监护方法错误、监护不当等		
				3	作业时无防护或防护不当	3.1 未使用安全带、安全帽防护防用品	3.1 作业前检查安全带、脚手架、梯子、移动工作台等设施;3.2 遵守作业计划书,使用必要的安全设施;3.3 高空作业专项培训	
						3.2 安全带使用不当;如悬挂在有尖锐棱角处、"低挂高用"等		
						3.3 未使用必要的脚手架、梯子、移动工作台等设施		
				4	安全设施缺陷	4.1 有关设备制动、控制失灵、设备意外运转	4.1 作业前对有关设备控制系统、制动进行检查;4.2 "上锁挂签";4.3 停机、断电后作业;4.4 检查安全带、操作台、梯子、脚手架以及登高设施完好性	
						4.2 安全带缺陷,操作台护栏缺陷,梯子、脚手架以及登高设施缺陷等		
				5	违章	5.1 恶劣天气(雨、雪、雷电天气、五级以上大风天气)作业	5.1 恶劣天气停止作业;5.2 作业人员调整,杜绝酒后作业、疲劳作业;5.3 加强安全检查,纠正作业中的不安全行为;5.4 拒绝违章指挥和冒险作业	
						5.2 酒后作业、疲劳作业、野蛮作业等		
						5.3 违章指挥、强令冒险		

二、机械伤害事故危害因素辨识

发生机械伤害事故的两个初始事件是:人员身体或肢体进入运转部位、设备运转或意外启动,只有这两个事件同时存在,事故才能发生,然后对这两个事件逻辑分析即可。可采取故障树法进行辨识(辨识结果见表5-9)。

三、硫化氢中毒事故危害因素辨识

硫化氢中毒事故是石油、石油化工企业的常见事故,存在于钻井、试油、修井、压裂、采油、采气、油气集输、油田污水处理、下水道作业等场合。不管发生在那种场合,其初始事件是相似的,即硫化氢泄漏聚集、人员无防护(或防护不当)暴露于硫化氢环境。下面以钻井作业为例进行分析,分析结果见表5-10。

表5-9 机械伤害事故危害因素辨识和风险削减措施

作业过程	事故后果	风险	序号	事件	二级事件	危害因素	预防措施	补救措施
石油、石油化工等行业机械设备操作或检修、维护	机械伤害	人员伤亡、停产、设备损坏	中等或高	1	人员身体、肢体进入机械运动部位	人员能力不足、误操作或违章	1.1 人员不具备作业资质 1.2 人员安全意识、经验不足 1.3 人员操作技能低或误操作 1.4 人员劳保不当:带手套作业、工服肥大、未扣纽扣、未带工帽 1.5 人员违章:未停机进行维护操作、酒后作业、跨越工艺设备等	1.1 作业前检查、核对作业人员资质; 1.2 日常组织员工培训和安全教育; 1.3 作业前检查劳保、工具; 1.4 加强安全检查,杜绝违章行为	1. 现场配置急救药箱、担架等急救用品; 2. 对人员进行急救培训; 3. 发生事故后断电、停机;
				2		作业环境不良	2.1 照度不足或太高 2.2 作业空间狭小 2.3 地面湿滑或存在障碍 2.4 作业现场安全警示标志缺失	2.1 作业现场设置规范的警示标志; 2.2 作业前检查作业现场的照明、场地等情况,并清理障碍、积油积水; 2.3 安全喊话,提醒作业人员注意障碍	
				3		安全装置缺陷	运动部位无护罩或护罩损坏	作业前检查护罩,确保其完好	

续表

作业过程	事故后果	风险	序号	事件	二级事件	危害因素	预防措施	补救措施
石油、石油化工等行业机械设备操作或检修、维护	机械伤害	人员伤亡、停产、设备损坏	中等或高	4	设备运转或意外启动	设备缺陷	机械设备制动器、控制器失灵导致设备意外运转	作业前检查设备控制器、制动器,确认灵活、有效	4.第一时间汇报并开展急救; 5.送医院观察治疗; 6.恢复生产
				5		违章	5.1 其他人员随意启动设备;5.2 设备运转时进行维护保养;5.3 启动前不检查设备附近的人员。	5.1 加强操作规程教育;5.2 监督或安全员检查;5.3 做好启动前检查;5.4 落实上锁挂签制度	
				6		管理缺陷	6.1 无监护人或监护不当 6.2 未落实"上锁挂签"要求 6.3 检修、维修作业前未对作业任务、安全要求进行交底	6.1 提供有能力的监护人; 6.2 加强危险作业有关制度培训。 6.3 作业前交底; 6.4 危险作业时,监督员旁站监督	

表 5-10 硫化氢中毒事故危害因素辨识和风险削减措施

作业过程	事故后果	风险	序号	事件	二级事件	危害因素	预防措施	补救措施
钻井作业	硫化氢中毒	人员伤亡、停产	中等或高	1	硫化氢泄漏、聚集	钻进至硫化氢地层	1.1 地质资料不准确,导致未预料到的硫化氢地层 1.2 钻井设计不适当,未考虑潜在的硫化氢地层 1.3 钻遇浅气层	1.1 日常加强对地质师进行培训; 1.2 日常加强对钻井设计人员进行培训; 1.3 规范地质设计、钻井设计编制、审核等工作流程; 1.4 钻井设计对硫化氢泄漏、井喷提出特殊要求	1.现场配置急救药箱、担架等急救用品; 2.对人员进行急救培训; 3.发生硫化氢中毒事故立即疏散无关人员;
				2		硫化氢泄漏	2.1 钻井液设计不合理或未采用设计配方的钻井液 2.2 钻井液循环量不足 2.3 钻台、方井、振动筛等泄漏 2.4 井喷	2.1 加强钻井设计、钻井液技术人员培训。 2.2 井队技术人员严格执行钻井设计; 2.3 落实防井喷各项措施; 2.4 尽量减少钻井液泄露	

— 177 —

续表

作业过程	事故	后果	风险	序号	事件	二级事件	危害因素	预防措施	补救措施
钻井作业	硫化氢中毒	人员伤亡、停产	中等或高	3	人员暴露于硫化氢环境	硫化氢聚集	3.1 无风天气,硫化氢聚集 3.2 未按照规定在钻台、方井、振动筛等处安装通风机 3.3 井场周围低洼处聚集	3.1 按照规定安装通风机,并确保正常; 3.2 在钻遇硫化氢地层前,拆除钻台上的遮挡,开启通风机; 3.3 低洼处设置警示标志	4. 第一时间汇报并开展急救; 5. 送医院观察治疗; 6. 恢复生产
				4		无监控设施或失效	4.1 未按规定设置硫化氢监测报警仪;4.2 硫化氢监测仪失效;4.3 硫化氢监测仪参数设置错误;4.4 硫化氢监测仪未校准	4.1 按规定设置硫化氢监测报警仪;4.2 日常对硫化氢报警仪进行维护、保养、校准;4.3 立即更换有故障检测报警仪;4.4 对人员进行检测报警仪操作培训	
				5		人员无防护进入现场	5.1 人员作业 5.2 外来人员参观 5.3 人员没有听见报警信号 5.4 现场未提供足够的呼吸器 5.5 人员不会使用呼吸器 5.6 呼吸器不能正常工作	5.1 井场设置警戒线,禁止外来人员进入;5.2 对参观人员进行入场教育,并有人陪同进场;5.3 采取合理的报警方式,确保井场所有人员能接到报警信号;5.4 现场按照规定配置正压式呼吸器,并做好日常维护保养工作;5.5 呼吸器使用培训;5.6 对人员进行疏散	

四、钻井起钻作业事故识别

前已述及,在危害因素辨识之前,首先要识别岗位或作业过程的事故,然后采用上述方法,才能识别出事故危害因素。下面对钻井起钻作业过程的潜在事故进行识别。

起钻作业涉及井场司钻、内钳工、外钳工、井架工、场地工、钻井液工等人员,涉及起升系统、循环系统、动力系统、旋转系统、气动小绞车、液气大钳、吊环、吊卡、钻井泵、柴油机等设备及工具的使用。作业过程存在的典型事故如图 5-14、图 5-15、图 5-16 所示。

如果对所有三类事故分别进行危害因素辨识,就可以找出起钻作业所有事故的危害因素。

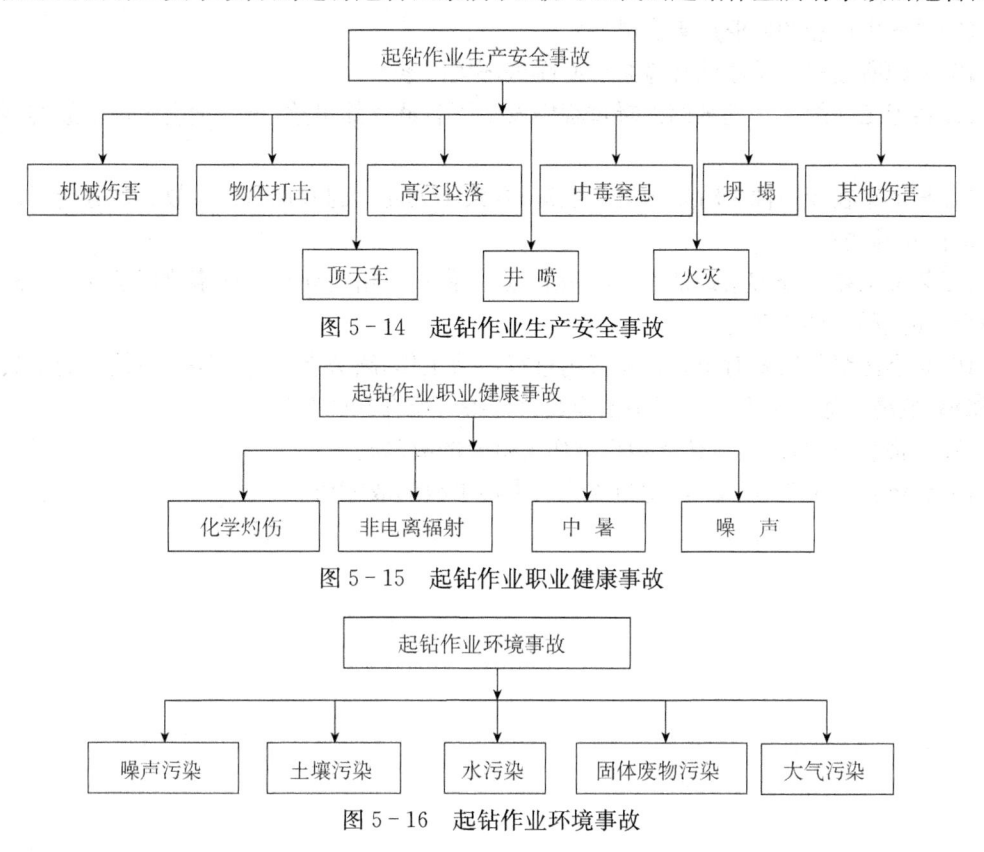

图 5-14 起钻作业生产安全事故

图 5-15 起钻作业职业健康事故

图 5-16 起钻作业环境事故

习 题

1. 风险管理有哪五种策略?
2. 什么是危险化学品重大危险源?
3. 什么是事故隐患?事故隐患分为几类?
4. 标准《危害辨识、风险评价、风险控制推荐做法》中规定的 HSE 风险管理的基本步骤有哪些?
5. HSE 风险管理分为哪四个环节?
6. 危害因素辨识的范围包括哪七个方面?
7. 危害因素辨识的原则有哪些?
8. 《企业职工伤亡事故分类》标准将人员伤亡事故分为哪些类型?
9. 《生产过程危险和有害因素分类与代码》(GB/T 13861—2009)标准将生产过程中的危险、有害因素分为哪些类型?
10. 某化工厂原料罐区分别储存了丙酮 200t、甲醇 200t、环己烷 300t,试问该罐区是否是危险化学品重大危险源?
11. 某联合站原油外输泵房有原油输送管路、多级离心式输油泵 2 台、电动机 2 台,管路上有泵入口阀、出口阀、旁通阀、过滤器、真空压力表、压力表、流量计等管件与仪表,管路中输送

净化原油(含水率≤0.5%),试问:

(1)该泵房在生产中可能的事故有哪些?

(2)泵房中可能的职业危害有哪些?

12.上题所述联合站原油外输泵房有哪些环境因素?

13.某焊工在焊接修理某储油罐过程中发生了容器爆炸事故,试识别引发该事故的事件有哪些?

14.某吊车在起吊油管时发生油管散落,导致1人死亡的起重伤害事故。试分析引发该事故的事件有哪些?

15.某员工在检查游梁式抽油机时被曲柄、平衡块打击而死亡。该事故属于什么事故?引发该事故的事件可能有哪些?

16.某小区绿化组要对小区内路旁树进行修剪工作,路旁有输电线路。所使用的工具有手锯、靠梯(最高可达6m)等。试识别该作业过程中可能存在的事故。

17.试将教材中表5-9转化为机械伤害事故的故障树。

18.试将教材中表5-10转化为硫化氢中毒事故的故障树。

第六章 风险评价

本章介绍了风险评价和安全评价含义和任务,并对二者的区别与联系进行了比较。本章系统介绍了风险评价的方法,如风险矩阵法、作业条件危险性评价法和其他评价方法。学习重点在于"风险矩阵"和"作业条件危险性评价法"。学习时应结合生产实例具体分析来进行理解。

第一节 风险评价与安全评价

按照 HSE 风险管理的工作环节,本章介绍风险评价技术。风险评价是风险管理中的一个重要环节。要学习风险评价方法,首先需要掌握风险评价的含义和任务。

一、风险评价

(一)风险评价的含义

1. 风险评价的定义

风险评价是指评估风险程度,考虑现有控制措施的充分性,以及确定风险是否为可接受风险的全过程(引自 Q/SY 1002.1—2013 中的 3.35),有

$$R = P \cdot S \tag{6-1}$$

式中 P——事故发生的可能性,也可以称为发生频率,是一个概率数值,$P \leqslant 1$,无单位;

S——事故造成后果的严重性,如果把事故后果按照经济损失来计算,其单位为货币单位;

R——事故风险值,其单位为货币单位。

2. 对风险评价含义的理解

风险评价的含义,可以从以下几个方面来理解。

(1)风险评价的对象。风险评价隶属于风险管理技术,是风险管理的一个管理过程,其管理对象是事故,通过风险评价过程,可以达到了解事故风险即危险性的目的。

(2)风险评价的目的。风险评价的目的有三个:一是计算出事故的风险值 R。二是确定事故风险是否为可接受风险。方法是将计算出的风险值 R 与可接受风险 R_m 比较,若 $R > R_m$,则事故风险值较高,风险削减措施效果不充分,需要采取其他更加有效的风险削减措施,以降低事故风险值,使得 $R \leqslant R_m$,此时事故风险值小于等于可接受风险,作业是安全的。三是判断风险削减措施的充分性。判断依据是将事故风险与可接受风险相比较,若事故风险值小于等于可接受风险,则可以判定措施是充分的。

(3)风险评价的作用。如上所述,风险评价过程和风险削减措施的确定是密不可分的。风险评价的作用就是通过不断计算出的风险值,判定风险削减措施是否满足事故控制的要求。

(4)影响风险的因素。

由图6-1可以看出,风险与事故发生的可能性成正比,与事故后果的严重性成正比。同时也可以看到,风险有这样的规律:即高频率的事件一般危害轻,风险低;而后果十分严重的事件,其发生频率则比较低,风险也很低;风险高的往往是那些中等频率、中等后果的事件,如图中风险曲线上的最高点。这一点应当引起风险管理人员的注意。

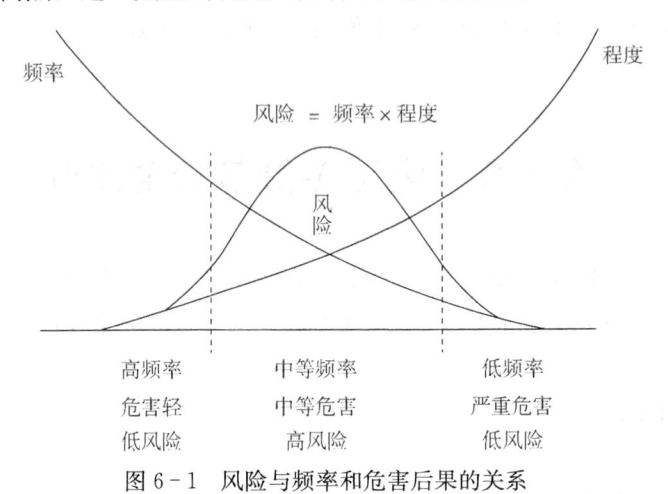

图6-1 风险与频率和危害后果的关系

(二)风险评价的方法

按照风险计算公式式(6-1),如果能够知道事故发生的可能性和事故后果的严重性,那么就很容易按照公式计算出事故风险值。一般将按照式(6-1)计算出的风险值称为绝对风险值。

然而十分遗憾的是,风险评价是在事故发生前进行的,由于事故偶然性原则,无法准确预知事故后果的严重性,也由于缺乏必要的工业数据无法确定事故发生的可能性(尽管有些评价方法能够确定事故发生的可能性,但不准确),因此还无法按照式(6-1)计算事故的绝对风险值。为了解决这一问题,人们提出了众多的计算模型或方法,在不同的模型下确定 P 和 S 的数值,从而确定风险值。应当指出,不同的模型下计算的相对风险值一般不具有可比性。

所谓风险评价方法,就是指不同的计算模型或方法,可将它们分为两类,即定性风险评价法和定量风险评价法。定性风险评价法模型简单易行,但由于计算数据来自人为定性分析,因此结果受人为影响大。但由于其简单,使用比较普遍。定量风险评价法计算模型复杂,涉及理论问题多,常用于重要目标、事故的风险评价。以下列出了目前常用的风险评价方法。

定性评价方法:

(1)安全检查表(SCL);

(2)危险性预分析法(PHA);

(3)故障树分析(FTA);

(4)事件树分析(ETA);

(5)故障类型及影响分析法(FMEA);

(6)危险与可操作性研究(HAZOP);

(7)矩阵法。

定量评价方法：

(1)美国道化学公司(DOW)法，即"火灾、爆炸指数法"；
(2)帝国化学公司(ICI)蒙德法，即"火灾、爆炸、毒性指数法"；
(3)日本劳动省危险度评价法；
(4)单元危险性快速排序法；
(5)火灾、爆炸数学模型计算；
(6)作业条件危险性评价法(LEC法)。

本章将介绍矩阵法、作业条件危险性评价法(LEC法)等。

风险评价和安全评价机构进行的的安全评价是不同的。下面简单介绍安全评价有关基础知识。

二、安全评价

安全评价活动起始于安全管理的需要。自第二次工业革命以来，人类生产活动规模越来越大，生产装置的生产能力越来越大，生产技术越来越高，生产条件越来越苛刻，逐渐出现了高危行业。高危行业通常指生产危险性系数较高、容易对人身造成伤害、对生产造成危害的行业。高危行业企业就是指参与高危行业运营的企业或组织，比如煤矿、非煤矿山、建筑施工行业、危险化学品行业、烟花爆竹行业、民用爆破行业等行业企业。由于生产作业的特殊性，容易对参与生产过程的个体造成伤害。这就需要企业有足够的安全保障来维护职工人身安全，促进生产安全。为了对这些高危行业企业加强管理，国内外普遍实施了安全生产许可证制度。我国《安全生产许可证条例》规定，国家对矿山企业、建筑施工企业和危险化学品、烟花爆竹、民用爆炸物品生产企业实行安全生产许可制度。企业未取得安全生产许可证的，不得从事生产活动。企业要取得安全生产许可证，除了具备安全生产有关条件以外，还应依法进行安全评价。《安全生产法》第二十九条规定，矿山、金属冶炼建设项目和用于生产、储存、装卸危险物品的建设项目，应当按照国家有关规定进行安全评价，安全评价一般由安全评价机构进行。这是安全评价制度产生的一个原因。另外，一些企业出于加强安全管理的需要，常常会向专业安全机构进行咨询，要求对本企业安全管理状况进行评价、诊断，以期改进安全管理。这是安全评价产生的另一原因。由此可以看出安全评价的本质。

(一)安全评价的定义

安全评价是以实现安全为目的，应用安全系统工程原理和方法，辨识与分析工程、系统、生产经营活动中的危险、有害因素，预测发生事故造成职业危害的可能性及其严重程度，提出科学、合理、可行的安全对策措施建议，做出评价结论的活动。

(二)安全评价的内容

安全评价是一个运用安全系统工程原理和方法识别和评价系统、工程存在的风险的过程。这一过程包括危险、有害因素识别及危险和危害程度评价两部分。危险、有害因素识别的目的在于识别危险来源;危险和危害程度评价的目的在于确定和衡量来自危险源的危险性、危险程度及应采取的控制措施,以及采取控制措施后仍然存在的危险性是否可以被接受。在实际的安全评价过程中,这两个方面是不能截然分开、孤立进行的,而是相互交叉、相互重叠于整个评价工作中。

(三)安全评价的分类

安全评价按照实施阶段的不同分为三类,即安全预评价、安全验收评价、安全现状评价。

1. 安全预评价

安全预评价以拟建建设项目作为研究对象,根据建设项目可行性研究报告提供的生产工艺过程、使用和产出的物质、主要设备和操作条件等,研究系统固有的危险及有害因素,应用系统安全工程的方法,对系统的危险性和危害性进行定性、定量分析,确定系统的危险、有害因素及其危险、危害程度;针对主要危险、有害因素及其可能产生的危险、危害后果提出消除、预防和降低的对策措施;评价采取措施后的系统是否能满足规定的安全要求,从而得出建设项目应如何设计、管理才能达到安全指标要求的结论。

2. 安全验收评价

安全验收评价是在建设项目竣工后正式生产运行前或工业园区建设完成后,通过检查建设项目安全设施与主体工程同时设计、同时施工、同时投入生产和使用的情况或工业园区内的安全设施、设备、装置投入生产和使用的情况,检查安全生产管理措施到位情况,检查安全生产规章制度健全情况,检查事故应急建立情况,审查确定建设项目、工业园区建设满足安全生产法律、法规、规章、标准、规范要求的情况。从整体上确定建设项目、工业园区的运行状况和安全管理情况,做出安全验收评价结论的活动。

3. 安全现状评价

安全现状评价是针对生产经营活动中、工业园区内的事故风险、安全管理等情况,辨识与分析其存在的危险、有害因素,审查确定其与安全生产法律、法规、规章、标准、规范要求的符合性,预测发生事故或造成职业危害的可能性及其严重程度,提出科学、合理、可行的安全对策措施建议,做出安全现状评价结论的活动,是在系统生命周期内的生产运行期进行的评价活动。

(四)安全评价的作用

安全评价对于生产经营单位的作用表现在以下几个方面。

1. 全过程和全方位风险控制

安全评价可以帮助企业对生产过程从计划、设计、制造、运行和维修等全过程系统地进行风险控制。

安全预评价是在初步设计之前,根据建设项目可行性研究报告对建设项目进行评价。通过风险预评价可以避免选用不安全的工艺流程和危险的原材料以及不合适的设备、设施,当必须采用时,可以提出降低或消除危险的有效方法。

安全验收评价是在建设项目竣工、试生产运行正常后进行评价,其所需的技术文件是详细设计文件和现场情况。通过风险验收评价可以查出设计、安装中的缺陷和不足,及早采取预防和改进措施提高生产项目的安全水平。

安全现状综合评价和专项安全评价所处阶段一般是现有生产系统或建成装置的正式运行阶段。安全现状综合评价所需要的技术文件是详细设计、修改设计和现场情况,专项安全评价所需的技术文件是详细设计和专项资料。它们的目的是了解系统的现实危险性,为进一步采取措施降低危险性提供依据。

在这些评价的过程中,评价范围不仅仅包括主要生产装置,还包括所有受正常生产活动影响或影响正常生产活动的系统,如辅助生产系统、管理系统等。

因此,通过安全评价可以找出生产过程中潜在的危险、有害因素,特别是可以查找出未曾预料到的被忽视的危险因素和职业危害,识别系统中存在的薄弱环节和可能导致事故和职业危害的发生的条件,针对这些环节和条件提出相应的对策措施,预防、控制事故和职业危害的发生,尽可能做到即使发生误操作或设备故障,系统存在的危险因素也不会导致事故和职业危害的发生,实现生产过程的本质安全化。对于无法完全消除危险的情况,在安全评价中还可以进一步对一些后果比较严重的主要危险因素和职业危害采用定量分析方法,预测事故和职业危害发生的可能性、后果的严重性,并制定减少和控制事故后果蔓延的对策措施,从而最终全过程、全方位地对生产经营进行风险控制。

2. 提高生产经营单位的 HSE 管理水平

首先,通过安全评价,可以辨识系统的危险性,分析企业的 HSE 管理状况,全面地评价系统及各部分的危险程度和 HSE 管理状况,促使企业达到规定的要求。

其次,现代工业的特点是规模大、连续化和自动化,其生产过程日趋复杂,各个环节和工序间相互联系、相互作用、相互制约。安全评价不是孤立地、就事论事地去解决生产系统中的安全问题,而是通过系统的分析、评价,全面地、系统地、有机地、预防性地处理生产系统中的 HSE 管理,将 HSE 管理融入到企业各个部门、各个环节,使企业的 HSE 管理实现全员、全方位、全过程、系统化管理。

最后,安全评价可以使企业 HSE 管理变经验管理为目标管理。安全评价可以使各个部门、全体职工明确各自的 HSE 管理指标要求,在明确的目标下统一步调,分头进行,使 HSE 管理工作做到科学化、统一化。

3. 合理控制安全成本

保障安全生产需要一定的资金投入,安全费用是生产成本的一部分。虽然从原则上讲,当安全投入与经济效益发生矛盾时应优先考虑安全投入,然而考虑到企业自身的经济、技术水平,按照过高的安全指标提出安全投资将使企业的生产成本大大增加,甚至陷入困境。因此,安全投入应是经济、技术、安全的合理统一,而要实现这个目标则要依靠安全评价。安全评价不仅能确定系统的危险性,还能考虑危险性发展为事故的可能性及事故造成的损失严重程度,进而计算出风险的大小,以此说明系统可能出现负效益的大小,然后以安全法规、标准和指标为依据,结合企业的经挤、技术状况选择出适合企业安全投资的最佳方案,合理地选择控制、消除事故的措施,使安全投资和可能出现的负效益达到合理的平衡,从而实现用最少投资得到最佳的安全效果,大幅度地减少人员伤亡和设备损坏事故。

(五)安全评价的步骤

我国的风险评价工作起源于20世纪80年代,至今已使用到石油、化工、冶金、地质、机电、航空、煤炭、保险等行业中,除了对现有的危险源定期评价外,新建工程项目更是要经过安全评价,以考察是否对环境、居民造成危险与不利影响之后才准施工。

安全评价的程序以及各步骤的主要内容如下:

1. 准备阶段

确定被评价对象和范围,进行现场调查和收集国内外相关法律、法规、技术标准及建设项目资料。

2. 资料收集

明确被评价的对象和范围、国内外的相关法律和标准,了解同类设备或工艺的生产和事故状况等。

3. 危险、有害因素辨识与分析

根据建设项目周边环境、生产工艺流程或场所的特点识别和分析其潜在的危险、有害因素。确定安全评价单元是在危险、有害因素识别和分析的基础上根据评价的需要将项目分成若干个评价单元。划分评价单元的一般性原则是按生产工艺功能、生产设施设备相对空间位置、危险有害因素类别及事故范围划分评价单元,使评价单元相对独立,具有明显的特征界限。

4. 确定评价方法

根据被评价对象的特点选择科学、合理、适用的定性、定量评价方法。

5. 定性、定量评价

根据选择的评价方法对危险、有害因素导致事故发生的可能性和严重程度进行定性、定量评价,以确定事故可能发生的部位、频次、严重程度的等级及相关结果,为制定安全对策措施提供科学依据。

6. 安全对策措施及建议

根据定性、定量评价结果提出消除或削减风险、危害因素的技术和管理的措施及建议。

(六)风险评价与安全评价的比较

由上述介绍可以看出,本章介绍的风险评价和安全评价既不同又有联系。表6-1对风险评价和安全评价进行了对比。

表 6-1 风险评价和安全评价的比较

	比较项目	风险评价	安全评价
不同点	评价实施者,不同	组织内部人员,也可以是专业机构人员	安全评价机构
	评价对象,不同	某一特定事故	某一装置、系统或一个单位
	评价目的,不同	控制事故	给出评价结论和建议
	评价内容,不同	确定某一特定事故的风险值及风险是否可接受,并确定风险削减措施是否充分	识别某一装置、系统的危害因素、评价装置的安全性,提出措施和建议,给出评价结论
	评价过程,不同	仅对某一事故进行分析	从岗位、车间、单元、装置逐渐进行,同时考虑"人、机、料、法、环"等方面的情况
	评价结果,不同	某事故的风险值	某装置或系统的安全性结论及建议等
相似点	评价方法,相似	定性、定量评价方法	定性、定量评价方法
	相互联系	风险评价是安全评价的一个"细胞"	安全评价结论建立在众多风险评价基础之上

第二节 风险矩阵法

一、风险矩阵

(一)模型

风险矩阵属于风险定性分析方法,是在风险分析的初级阶段以及对某些难以量化的风险事件进行分析时所采用的方法。它是人们依靠经验对风险事件的发生概率(主观概率)及可能带来的损失做出主观估计,然后综合这两方面的结果来决定如何评价风险。评价风险大小(R)通常使用的是主观概率值(P)和后果严重程度(S)的乘积:$R=P \times S$。在定性分析前,为了使人们的主观评价结果能够相互比较,并且进行统计分析,从而使结果趋向一致,首先需要建立"主观概率量表"和"后果严重程度量表";其次让有关专家和拥有丰富经验的管理人员对已识别出的风险事件在量表范围内做出选择;最后进行统计计算以评价风险的大小。

中国石油天然气集团公司企业标准《工作前安全分析管理规范》(Q/SY 1238—2009)也将本方法作为评价方法。该方法的模型是将事故后果严重性由左向右增高的顺序分别赋予1,2,3,4,5五个等级数值,排成横行,将事故发生的可能性由上到下升高的顺序也分别赋予1,2,3,4,5五个等级数值,排成纵行,这样就构成了一个矩阵,矩阵中每一交叉点位置的数值等于横坐标与纵坐标数值的乘积,代表了事故风险。

评价时,只要估算出事故后果等级数值和事故发生可能性的数值,就可以从交叉点找出事故风险值。如某事故发生可能性为2,危害严重性为3,则风险值为6,落在了绿色区域,作业是安全的。

由图6-2可以看出,图中左上方的区域为绿色圆圈区域,属可接受风险区域,作业安全;右下方为红色正方形区域,属于高风险区域,作业很危险。介于两者之间的区域,即黄色六边形区域,为中等风险区域,作业比较危险。

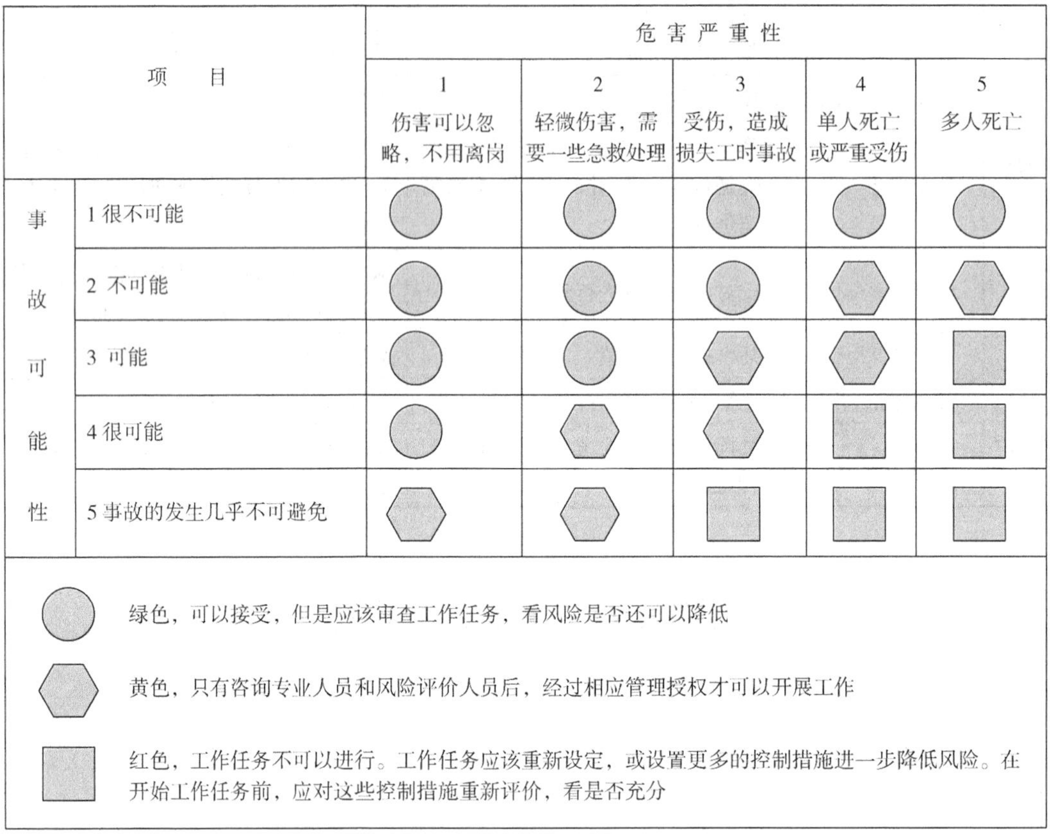

项 目		危害严重性				
		1 伤害可以忽略,不用离岗	2 轻微伤害,需要一些急救处理	3 受伤,造成损失工时事故	4 单人死亡或严重受伤	5 多人死亡
事故可能性	1 很不可能	○	○	○	○	○
	2 不可能	○	○	○	⬡	⬡
	3 可能	○	○	⬡	⬡	■
	4 很可能	○	⬡	⬡	■	■
	5 事故的发生几乎不可避免	⬡	⬡	■	■	■

○ 绿色,可以接受,但是应该审查工作任务,看风险是否还可以降低

⬡ 黄色,只有咨询专业人员和风险评价人员后,经过相应管理授权才可以开展工作

■ 红色,工作任务不可以进行。工作任务应该重新设定,或设置更多的控制措施进一步降低风险。在开始工作任务前,应对这些控制措施重新评价,看是否充分

图6-2 风险矩阵

(二)风险矩阵的应用实例

下边评价钻井井喷事故为例,评价其风险。

1.原始风险值

原始风险值,即不采取任何措施的风险值。钻井液按设计的钻井液循环。在长庆油田,井喷事故发生的可能性为"可能",数值为3。井喷事故可能导致多人死亡,危害严重性等级为"多人死亡",数值为5,风险值为15,落在红色区域,为高风险,必须立即停止作业,采取措施后,将风险值降低到可接受风险区域,方可作业。

2.采取措施后风险值

若采取如下风险削减措施:(1)设计并使用适当的钻井液;(2)设计并使用适当的钻具组合;(3)人员经过井控培训持证上岗;(4)现场配置合格的防喷器,并能正常运行;(5)录井人员落实坐岗制度,密切观察钻井液液位和油气浸情况;(6)遵守钻井操作规程。此时井喷失控可

能性为"不可能",数值为2,危害严重性不变,仍然为5,则风险值为10,落在可中等风险区域,作业较危险。

3. 措施后风险值

在上述风险削减措施基础上,再增加:(1)压井系统有效可用、压井材料准备充分;(2)作业人员定期开展井喷事故应急演练;(3)钻井现场杜绝明火。此时井喷失控可能性数值为1(很不可能),危害严重性情况是在钻井液油气浸、溢流情况发生时,撤离无关人员,其他处置人员在失控时则会顺利逃生,则危害严重性为3(受伤,造成损失工时事故),风险值为3,作业安全。

二、美国军用风险矩阵法

美国军用标准(MIL-STD-882)中提供了风险矩阵定性评价及分级方法。该分级分别规定了危险严重性等级以及危险概率的定性等级,通过不同的等级组合进行风险水平分级。危险严重等级和危险概率等级分析分别如表6-2和表6-3所示。

危险严重等级和危险概率等级的组合,用半定量打分法的思想构成风险评价指数矩阵,见表6-4,根据表6-4的数值即可进行风险定性分级。这种方法称作风险评价指数矩阵法,是一种评价风险水平和确定风险的简单方法。

表6-2 危险严重等级(MIL-STD-882)

分类等级	危险性	破坏	伤害
一	灾难性的	系统报废	死亡
二	危险性的	主要系统损坏	严重伤害、严重职业病
三	临界的	次要系统损坏	轻伤害、无职业病
四	安全的	系统无损坏	无伤害、无职业病

表6-3 危险概率等级分析(MIL-STD-882)

分类等级	特征	项目说明	发生情况
一	频繁	几乎经常出现	连续发生
二	容易	在一个项目使用寿命期中将出现若干次	经常发生
三	偶然	在一个项目使用寿命期中可能出现	有时发生
四	很少	不能认为有可能发生	可能发生
五	不易	出现的概率接近于零	可以假设不发生
六	不能	不可能出现	不可能发生

表6-4 风险定性分级

可能性	灾难的	严重的	轻度的	轻微的
频繁	1	2	7	13
很可能	2	5	9	16
有时	3	6	11	18
极少	4	10	14	19
几乎不可能	5	15	17	20

用矩阵中指数的大小作为风险分级准则。即指数为 1～5 的为一级风险,是不可能接受的风险;6～9 的为二级风险;是不希望有的风险;10～17 的是三级风险,是有条件接受的风险;18～20 的是四级风险,是完全可以接受的风险。

第三节　作业条件危险性评价法

一、模型

作业条件危险性评价法是一种评价在具有潜在危险性环境中作业时的风险定量评价方法。该法采用与风险有关的三个因素指标值之积来评价系统内人员伤亡的风险大小。这三个因素包括:L 为发生事故的可能性大小;E 为人员暴露在这种危险环境中的频繁程度;C 为一旦发生事故会造成的损失后果。但是,要取得这种三个因素的准确数据却是相当烦琐的。为了简化评价过程,采取半定量计值法,给三个因素的不同等级分别确定不同的分值,再以三个分值的乘积 D 来评价危险性的大小。即 $D=LEC$。

D 值大,说明该系统危险性大,需要增加安全措施,或改变发生事故的可能性,或减少人员暴露于危险环境中的频繁程度,或减轻事故损失,直至调整到允许范围。

(一) 事故发生的可能性大小(L)

事故或危险事件发生的可能性大小,当用概率来表示时,绝对不可能的事件发生的概率为 0,必然发生的事件的概率为 1。然而,在做系统安全考虑时,绝不发生事故是不可能的,所以人为地将"发生事故可能性极小"的分数定为 0.1,而必然要发生的事件的分数定为 10,介于这两种情况之间的情况指定了若干个中间值,如表 6-5 所示。

表 6-5　L、E、C 的取值

发生危险的可能性(L)	分值	暴露于危险环境的频繁程度(E)	分值	事故造成的后果(C)	分值
完全被预料到	10	连续暴露	10	十人以上死亡	100
极有可能	6	每天工作时间暴露	6	数人死亡	40
可能,但不经常	3	每周一次偶然暴露	3	一人死亡	15
完全意外,很少可能	1	每月暴露一次	2	严重伤残	7
可以设想,很不可能	0.5	每年几次暴露	1	有伤残	3
极不可能	0.2	非常罕见暴露	0.5	轻伤,需救护	1
实际上不可能	0.1				

(二)暴露于危险环境的频繁程度(E)

人员出现在危险环境中的频率越高,则危险性越大。规定连续暴露在危险环境的情况定为 10,而非常罕见地出现在危险环境中定为 0.5。同样,将介于两者之间的各种情况规定若干个中间值,如表 6-5 所示。

(三)事故造成的后果(C)

事故造成的人身伤害变化范围很大,对伤亡事故来说,可从轻伤直到多人死亡的严重结果。由于范围广阔,所以规定分数值为 1~100,把需要救护的轻微伤害规定分数为 1,把造成多人死亡的后果分数规定为 100,其他情况的数值均在 1 与 100 之间,如表 6-5 所示。

(四)危险性分值(D)

根据公式就可以计算作业的危险程度,但关键是如何对总分进行评价。如表 6-6 所示,根据经验,总分在 20 以下被认为是低危险的,这样的危险比日常生活中骑自行车去上班还要安全些;如果危险分值到达 70~159 之间,那就有显著的危险性,需要及时整改;如果危险分值在 160~320 之间,那么这是一种必须立即采取措施进行整改的高度危险环境;分值在 320 以上的高分值表示环境非常危险,应立即停止生产,直到环境得到改善为止。危险等级的划分是凭经验判断,难免带有局限性,不能认为是普遍适用的,应用时需要根据实际情况予以修正。

表 6-6 危险分数分级表

危险分数	危险程度	说明
>320	极度危险	需要立即停产
160~320	高度危险	需要立即整改
70~159	很危险	需要及时整改
20~69	可能危险	需要进一步分析
0~19	危险性不大	不需要进一步分析

二、应用实例

某企业在生产过程中有一道组件清洗工序,使用的清洗液为三甘醇,具有火灾爆炸的潜在危险。为了评价这一操作条件的危险度,确定每种因素的分数值如下:

事故发生的可能性(L):组件清洗所使用的三甘醇,属四级可燃液体,如加热至沸点时,其蒸气爆炸极限范围为0.9%～9.2%,属一级可燃蒸气。而组件清洗时需将三甘醇加热后使用,致使三甘醇蒸气容易扩散到空间,如室内通风设备不良,具有一定的潜在危险,属"可能,但不经常",其分数值$L=3$。

暴露于危险环境的频繁程度(E):清洗人员每天在此环境中工作,取$L=6$。

发生事故产生的后果(C):如要发生燃烧爆炸事故,后果将是非常严重的,可能造成人员的死亡,取$C=15$,则有

$$D=LEC=3\times 6\times 15=270$$

评价结论:270分处于160～320之间,危险等级属"高度危险,需要立即整改"的范畴。

第四节 其他风险评价方法简介

一、安全检查表

(一)安全检查表的作用

安全检查表法是在对潜在事故、危害进行充分分析的基础上,分成若干个单元或层次,列出所有的危险因素,确定检查项目,然后编制成表,按此表进行检查,检查表中的回答一般都是"是/否"。这种方法的突出优点是简单明了,现场操作人员和管理人员都易于理解与使用。编制检查表检查项目主要是根据有关标准、规范以及法律条款确定,控制措施主要根据专家的经验。另外,该表在使用过程中若发现有遗漏之处,也可容易地加进去,易于抓住危险源安全的主要因素。

安全检查表法是针对已知的危险类型、设计缺陷以及与工艺设备、操作、管理有关的潜在危险性和有害性,依据有关的标准、规范等进行判别检查、分析,指导现场安全检查的表格,还可以通过量化给出定量数值,以评定系统安全状况。安全检查表适用于各种系统、工程的各个阶段,可以评价物质、设备、工艺、管理等。可以用于进行安全现状评价、专项评价和验收评价等。安全检查表的编制过程如图6-3所示。

(二)安全检查表法的分类

根据应用目的和应用范围可以对安全检查表法进行分类。

(1)综合安全检查表:供全厂进行安全检查使用,检查单位制度执行情况、要害部位、主要安全装置、危险品的储存与使用、消防通道与设施的完好情况、操作管理及遵章守纪情况等。

(2)车间安全检查表:主要集中检查工艺安全、设备布置、安全通道、在制品、物件存放、通风照明、噪声振动、安全标志、人机工程、尘毒及有害气体、消防设施、安全装备及操作管理等,一般一周检查一次,也叫周检表。

(3)岗位安全检查表:用于日常检查,也称日检表。主要检查岗位的主体设备、工艺过程、危险部位、防灾控制点等,可以用于定期安全巡检、日常检查。

(4)专业性安全检查表:用于专业性定期检查(电气设备、压力容器、防火防爆等),按照专业技术要求编制。

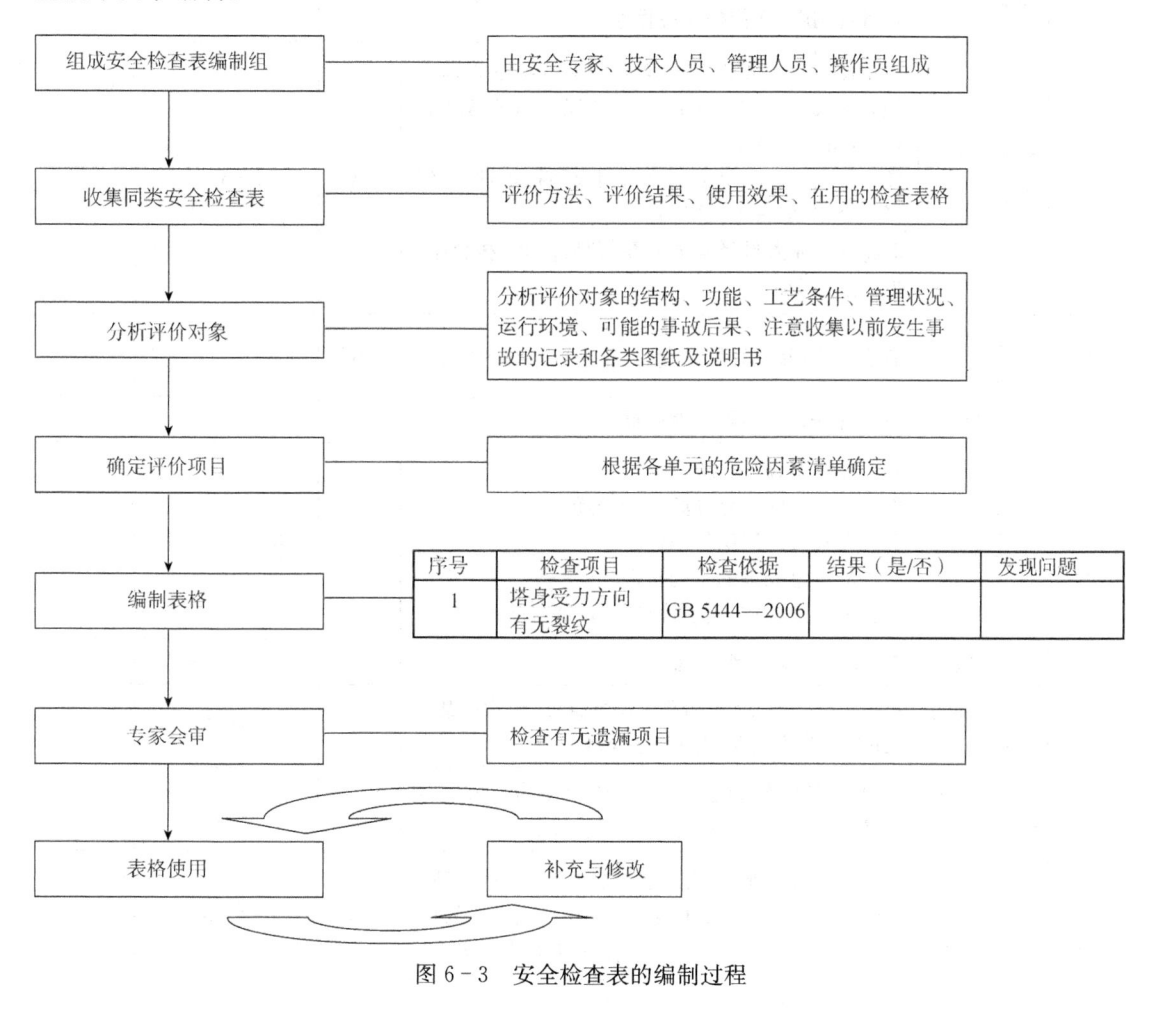

```
组成安全检查表编制组 ── 由安全专家、技术人员、管理人员、操作员组成
         ↓
收集同类安全检查表 ── 评价方法、评价结果、使用效果、在用的检查表格
         ↓
分析评价对象 ── 分析评价对象的结构、功能、工艺条件、管理状况、运行环境、可能的事故后果、注意收集以前发生事故的记录和各类图纸及说明书
         ↓
确定评价项目 ── 根据各单元的危险因素清单确定
         ↓
编制表格 ── | 序号 | 检查项目 | 检查依据 | 结果(是/否) | 发现问题 |
           | 1 | 塔身受力方向有无裂纹 | GB 5444—2006 | | |
         ↓
专家会审 ── 检查有无遗漏项目
         ↓
表格使用 ⇄ 补充与修改
```

图 6-3 安全检查表的编制过程

(三)安全检查表的编制依据

安全检查表应该由专业人员编制,主要依据有:相关规程、规范、规定、标准、手册等;同行业国内外事故相关信息;安全评价、分析结果;本单位经验教训。

(四)安全检查表法的应用

安全检查表法简单易行,便捷实用,因而在不同的行业领域得到了广泛的应用。作为应用实例,表 6-7 给出了加油站的安全检查表。

表 6-7 加油站安全检查表(部分)

项目		检查内容	类别	事实记录	结论
1.安全管理	1.加油站管理制度	有健全的安全管理制度,包括各类人员的安全责任制,教育培训,防火、动火、检修、检查、设备安全管理制度、岗位操作规程等	A	0—1—3—5—7	
	2.从业人员资格	1.单位主要负责人和安全管理人员经县级以上地方人民政府安全生产监督管理部门的考核合格,取得上岗资格。 2.其他人员经本单位专业培训或委托培训,并经考核合格,取得上岗资格; 3.特殊作业人员经有关监督管理部门考核合格,取得上岗资格	A	0—1—3—5—7	
	3.安全管理组织	有安全管理组织,配备专职(兼职)安全管理人员	A	0—1—3—5—7	
	4.基础资料	有设计、施工、验收文件资料	B	0—1—3—5	
	5.事故应急救援预案	1.事故类型、原因、防范措施 2.可能事故的危险、危害程度的预测; 3.应急救援的组织与职责 4.事故应急处理的原则与程度; 5.报警与报告;6.现场抢险;7.培训与演练	B	0—1—3—5	
2.经营与储存场所		2.1 在城市建成区内不应建一级加油站	A	0—1—5—7	
		2.2 加油站内的站房、加油机和其他附属建筑物的耐火等级不应低于二级,建筑物经公安消防部门验收合格	A	0—1—5—7	
		2.3 加油站内的油罐、加油机和通气管口与站外建筑物的防火距离不应小于 GB 50156—2012 中表 4.0.4 的要求	B	0—1—5—7	
		2.4 加油站的工艺设施与站外建(构)筑物之间的距离小于等于 25m 及小于等于 GB 50156—2012 中表 4.0.4 中防火距离的 1.5 倍时,相邻一侧应设置高度不低于 2.2m 的非燃烧实体围墙	B	0—1—3—5	
		2.5 GB 50156—2012 中表 4.0.4 中防火距离的 1.5 倍且大于 25m 时,相邻一侧应设置隔离墙,隔离墙可为非实体围墙	B	0—1—3—5	
		2.6 加油站内设施之间的防火距离不应小于 GB 50156—2012 中表 5.0.13 的要求	B	0—1—3—5	
		2.7 车辆入口与出口应分开设置	B	0—1—3—5	
		2.8 站内单车道宽度不应小于 3.5m,双车道宽度不小于 6m	B	0—1—3—5	
		2.9 站内停车场和道路路面不应采用沥青路面	B	0—1—3—5	
		2.10 站内不得种植油性植物	B	0—1—3—5	
		2.11 加油场地及加油岛设置的罩棚,有效高度不小于 4.5m,应采用非燃烧体建造	B	0—1—3—5	
		2.12 加油站内的采暖通风设施应符合 GB 50156—2002 中 12.1 的要求	B	0—1—3—5	

续表

项目		检查内容	类别	事实记录	结论
3. 经营储存条件	3.1 储油罐	3.1.1 加油站的汽油罐和柴油罐严禁设在室内或地下室内	A	0—1—3—5—7	
		3.1.2 油罐的各结合管应设在油罐的顶部	B	0—1—3—5—7	
		3.1.3 汽油罐与柴油罐的通气管应分开设置,管口应高出地面4m及以上;建筑物的墙(柱)向上敷设的通气管口应高出建筑物顶1.5m及以上,其与门窗距离不应小于4m,通气管公称直径不应小于50mm,并安装阻火器。通气管管口距离围墙不应小于4m(采用油气回收系统时不小于2m)	B	0—1—3—5—7	
		3.1.4 油罐的量油孔应设带锁的量油帽及铜或铝等有色金属制作的尺槽	B	0—1—3—5	
		3.1.5 油罐的人孔应设操作井	B	0—1—3—5	
		3.1.6 操作孔上口边缘要高出周围地面20cm,盖板及翻起盖的螺杆轴要选用不产生火花的材料,或选取其他防止产生火花的措施	B	0—1—3—5	
		3.1.7 顶部覆土厚度应不小于0.5m,周围加填沙子或细土厚度应不少于0.5m	B	0—1—3—5	
		3.1.8 进油管应向下伸至罐内距罐低0.2m处	B	0—1—3—5	
		3.1.9 卸油必须采用密闭卸油方式	A	0—1—3—5—7	
	3.2 管线	3.2.1 油管线应埋地敷设,并不应穿过站房等建(构)筑物;穿过车道时,应加套管,两端应密封,与管沟、电缆沟、排水沟交叉时应采取防渗漏措施	A	0—1—3—5	
		3.2.2 设计压力不小于0.6MPa	B	0—1—3—5	
		3.2.3 卸油软管、油气回收软管采用导电耐油软管,公称直径不小于50mm	B	0—1—3—5	
		3.2.4 采用油气回收系统时,应满足 GB 50156—2002 中6.3.6 的要求	B	0—1—3—5	
	3.3 加油机	3.3.1 不得设在室内	A	0—1—3—5	
		3.3.2 自吸式加油机应按油品单独设置进油管	B	0—1—3—5	
		3.3.3 加油机与储油罐及管线之间应用导线连接起来并接地	B	0—1—3—5	
		3.3.4 流速应不大于60L/min,加油枪软管应加螺旋形金属丝做静电接地	B	0—1—3—5	

续表

项目		检查内容	类别	事实记录	结论
3.经营储存条件	3.4 电气装置	3.4.1 一、二级加油站消防泵房、营业室、罩棚应设事故照明	B	0—1—5—7	
		3.4.2 站内设置的小型发电机组,其内燃机的排烟管口应安装阻火器,排烟管口至各爆炸危险区域边界的水平距离应符合: 1)排烟管口高出地面不超过 4.5m 时,应大于 3m; 2)排烟管口高出地面 4.5m 及以上时,应大于 5m	B	0—1—3—5	
		3.4.3 电气线路宜采用电缆直埋敷设,采用电缆沟敷设电缆时,电缆沟内必须充砂填实。电缆不得与油品、热力管道敷设在同一管沟内	B	0—1—3—5	
		3.4.4 埋地油罐与露出地面的工艺管道相互做电气连接并接地	B	0—1—3—5	
		3.4.5 爆炸危险区域内的电气设备选型、安装、电力线路敷设等应符合 GB 50058—2014 规定	A	0—1—5—7	
		3.4.6 危险区域以外的站房、罩棚等建筑物的照明灯具可选用非防爆型,但罩棚下的灯具应选用防护等级不低于 IP44 级的节能型照明灯具	B	0—1—3—5	
		3.4.7 独立的加油站或附近无高大建构筑物的加油站应设可靠的防雷设施,并符合 GB 50156—2002 中 11.2 要求,有资质部门出具的检测报告	B	0—1—3—5	
4.消防设施		4.1 固定式消防喷淋冷却水的喷头出口处给水压力不小于 0.2MPa,移动式消防水枪出口处给水压力应不小于 0.25MPa,并应采用多功能水枪	B	0—1—3—5	
		4.2 每两台加油机应设置不小于一只 4kg 手提式干粉灭火器和一只 6L 的泡沫灭火器,加油机不足两台按两台计算			
		4.3 地面储罐应设 35kg 推车式干粉灭火器 2 台,当两种介质储罐之间的距离超过 15m 时应分别设置	B	0—1—3—5	
		4.4 地下储罐应设 35kg 推车式干粉灭火器 1 台,当两种介质储罐之间的距离超过 15m 时应分别设置	B	0—1—3—5	
		4.5 一/二级加油站应配置灭火毯 5 块、沙子 2m³;三级加油站应配置灭火毯 2 块、沙子 2m³	B	0—1—3—5	

注:A 为否决项,B 为非否决项;根据现场实际确定的检查项目全部合格的,为符合安全要求;A 项有一项不合格,视为不符合安全要求;B 项中有 5 项以上不合格的视为不符合安全要求,少于 5 项为基本符合安全要求;对 A、B 不合格项均应整改,达到要求也视为合格。

二、预先危险分析

预先危险分析方法是一项实现系统安全危害分析的初步或初始工作,在设计、施工和生产前,首先对系统中存在的危险性类别、出现条件、导致事故的后果进行分析,目的是识别系统中的潜在危险,确定危险等级,防止危险发展成事故。其评价过程如图 6-4 所示。

预先危险分析方法的突出优点有:

(1)由于系统开发时就做危险性分析,从而使得关键和薄弱环节得到加强,使得设计更加合理,系统更加可靠;

(2)在产品加工时采取更加有针对性的控制措施,使得危险部位的质量得到有效控制,最大限度地降低因产品质量造成危险的可能性和严重度;

(3)通过预先危险分析,对于实际不能完全控制的风险还可以提出消除危险或将其减少到可接受水平的安全措施或替代方案。

预先危险分析是一种应用范围较广的定性评价方法。它需要由具有丰富知识和实践经验的工程技术人员、操作人员和安全管理人员经过分析、讨论实施。

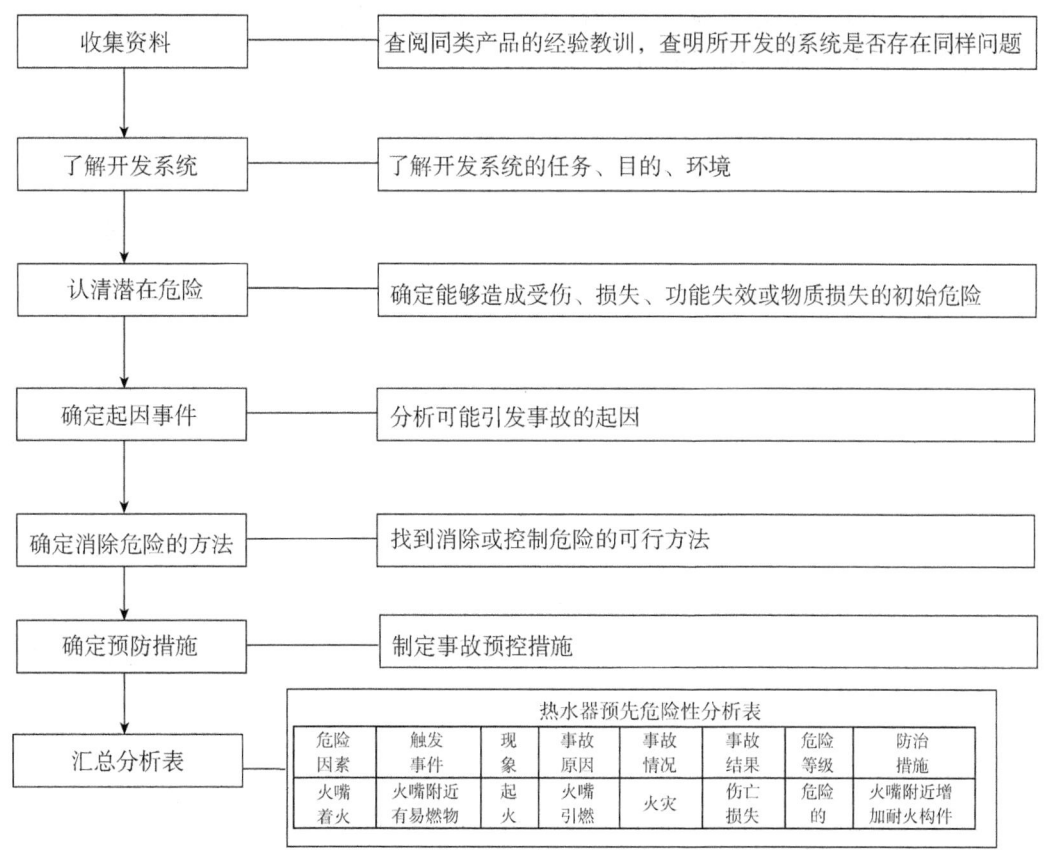

```
收集资料 ── 查阅同类产品的经验教训,查明所开发的系统是否存在同样问题
    ↓
了解开发系统 ── 了解开发系统的任务、目的、环境
    ↓
认清潜在危险 ── 确定能够造成受伤、损失、功能失效或物质损失的初始危险
    ↓
确定起因事件 ── 分析可能引发事故的起因
    ↓
确定消除危险的方法 ── 找到消除或控制危险的可行方法
    ↓
确定预防措施 ── 制定事故预控措施
    ↓
汇总分析表
```

热水器预先危险性分析表

危险因素	触发事件	现象	事故原因	事故情况	事故结果	危险等级	防治措施
火嘴着火	火嘴附近有易燃物	起火	火嘴引燃	火灾	伤亡损失	危险的	火嘴附近增加耐火构件

图 6-4 预先危险分析法

习 题

1. 风险评价的目的是什么?
2. 有哪些定性风险评价方法?
3. 什么是安全评价?
4. 安全评价有哪些类型?
5. 什么是安全现状评价?
6. 钻井队的井架工在钻机正常钻进过程中,每天都要到井架二层台完成相应工作(如起、下钻作业等),其作业过程中面对的潜在事故有高空坠落事故。二层台有防护栏。试用 LEC 法分别评价井架工未使用安全带和使用安全带时高空坠落事故的风险。
7. 某原油转油站有 1000m³ 原油储罐一具,储存含水原油。假定站内平均每天有 5 人上班,站内没有禁止烟火的规定、油罐没有安装避雷装置、油罐未接地、油罐量油孔常开、油罐未设置静电释放器、员工工服没有统一要求,而且员工每个班次都要上罐量油。试分别用风险矩阵法和 LEC 法评价油罐爆炸事故的风险。
8. 根据应用目的和应用范围,安全检查表可分为哪些类型?
9. 安全检查表法有哪些编制依据?

第七章　风险削减措施的制订与实施

　　本章介绍了风险削减措施的含义与分类、风险管理的验收标准、风险控制的"3E对策"、工程技术措施选择的原则,详细介绍了风险削减措施制订的方法和实例,对风险削减措施的评价、实施、评审进行了探讨。本章内容有较强的实用性,与生产技术、工艺和设备联系紧密。读者在学习中,最好结合生产装置实地参观、理解各类措施在生产中的应用。

　　截至目前,读者已经具备了危害因素辨识、风险评价的知识和技能,能够系统地辨识生产活动中潜在的事故和引发事故的各种危害因素,能够科学地评价事故的风险值,并确定事故的风险是否是可接受的。下一步,按照风险管理的管理环节,就要确定风险削减措施,以便预防事故、控制事故、将事故的风险降低在可接受风险以内。本章就介绍风险削减措施的制订和实施。

第一节　风险削减措施的特点与分类

一、风险削减措施的特点

　　所谓风险削减措施,也被称为风险控制与削减措施,或风险控制措施,就是指可以控制某种事故发生、降低事故风险的措施。通过风险削减措施,可以将某一事故的风险值由比较高的水平降到可接受的水平,从而达到确保生产安全的目的。由此可见,风险削减措施有如下特点。

(一)目的性(有效性)

　　目的性是由风险削减措施的本质决定的。风险削减措施就是要降低事故风险,要有效果。一般通过两种途径实现:一是降低事故以及引发事故的危害因素产生的可能性、破坏事故形成条件,这类措施一般称为预防措施,预防措施一般在事故发生前起作用;二是降低事故后果的严重性,这类措施一般称为补救措施,补救措施一般在事故发生后起作用。有些场合,预防措施和补救措施不好区分,也许有些措施既具有预防功能,又具有补救功能。风险削减措施的目的性也决定了风险评价应当进行多次,至少也需要评价两次。

(二)针对性

　　很显然,风险削减措施的具有明显的针对性。所谓针对性,是指某一项风险削减措施只针对某一特定事故。如"高空作业人员使用安全带"这一措施针对的是高空坠落事故,"作业现场设置可燃气体监测仪"这一措施针对的是火灾爆炸事故,"作业人员佩带呼吸防护用品"针对的是中毒窒息事故……等等。准确地说,风险削减措施针对某一事故的某一危害因素或某一后果。因此在考虑风险削减措施时一定要注意其针对性。

(三)实用性

一个好的风险削减措施,不仅有明显的降低事故风险的作用,而且针对性强,同时还应具备一定的实用性,即措施简便、经济实用、容易实施,相反一些投入高、实施难度大、技术要求高的措施实用性就低。因此制定风险削减措施时一定要考虑以上三个特点。

二、风险削减措施的分类

(一)按照措施控制效果分类

如上所述,按照风险削减措施的控制效果,可以分为两类,即预防措施和补救措施。当然一些措施既具有预防功能,又具有补救功能。例如"作业现场设置禁止吸烟标志"就是火灾事故的预防措施;"作业人员佩戴安全帽"就是物体打击、高空坠落和其他伤害事故的补救措施;"作业现场配置一定数量的灭火器"也是火灾事故的补救措施;"为游梁式抽油机安装围栏"是机械伤害、物体打击和其他伤害事故的预防措施。判断一个措施是预防措施还是补救措施的最好方法,就是看这个措施是在事故发生前起作用,还是在事故发生后起作用,在事故发生前起作用的一般是预防措施,反之是补救措施。

判断风险削减措施是预防措施还是补救措施,不仅是对措施认识的需要,也是确保风险削减措施达到规定标准的需要。表7-1给出了Shell(壳牌)公司的风险管理验收标准,以供国内企业借鉴。

表7-1 Shell(壳牌)公司的风险管理验收标准

措施类别	不可承受的风险*	中等风险**	低风险***
预防(控制)措施	对每一个识别出的原因,至少有3个独立有效的预防措施到位	对每一个识别出的原因,至少有2个独立有效的预防措施到位	由于风险处于可接受风险以下,不需要措施
补救措施	对于每一个识别出来的后果,至少有3个独立有效的补救措施(其中一个自动监测顶级事件的发生,另一个自动防止事态进一步升级)	对于每一个识别出来的后果,至少有2个独立有效的补救措施(其中一个自动监测顶级事件的发生,另一个防止事态进一步升级)	由于风险处于可接受风险以下,不需要措施
升级因素的控制措施	对每一个识别出来的升级因素,至少有1个独立有效的补救措施	对每一个识别出来的升级因素,至少有1个独立有效的补救措施	由于风险处于可接受风险以下,不需要措施

注:*指风险矩阵法中处于高风险区域的风险;**指风险矩阵法中处于中等风险区域的风险;***指风险矩阵法中处于低风险区域的风险。其他评价方法可以参照使用。

(二)按照措施控制对象分类

风险削减措施按照其控制对象可以分为三类,即强化安全管理措施(对策)、工程技术措施(对策)和教育培训措施(对策),由于其英文第一个字母都由 E 开头,故称为"3E 对策"。教育培训措施针对的是人员,工程技术措施主要针对的是工艺、设备,强化安全管理措施主要针对的是组织的安全管理体系。如图 7-1 所示。

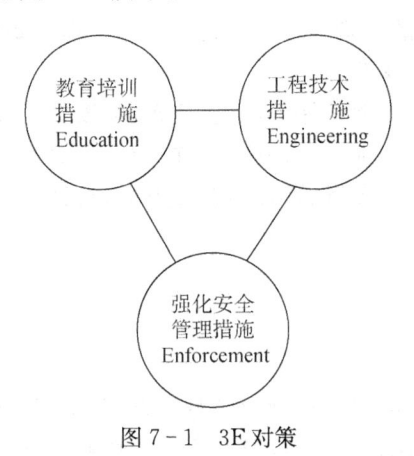

图 7-1 3E 对策

因此,在考虑风险削减措施时应从人员、管理和设备三个方面控制考虑。在安全管理系统中,人员是最活跃的因素,人员的行为是安全管理、风险控制的重点,目前已经形成了独立的学科——行为安全。人的行为是由人的心理支配的,而心理是由人的先天遗传、社会环境、性格特点、教育和学习以及培训情况决定的,教育、学习的目的是培养态度、意识、形成知识和技能,而培训则是为了解决人们在从事职业活动中存在的各种各样的问题。因此教育培训措施是解决人们的态度、意识、知识、技能、性格缺陷、工作方式方法等方面问题的重要手段。而安全管理或 HSE 管理则是通过职责、权限、规范、制度等强制手段规范人们行为的手段。安全管理是一个强制的过程,这个过程需要强化,不断向人员传递压力,强制人员遵守安全制度、规范,确保人员按照规定的程序、要求、标准、方式、方法完成工作,从而确保安全。强化安全管理,可以使人们自觉遵守规范和制度,并逐步将这些规范制度内化于内心,形成习惯,最终形成安全或 HSE 文化而确保安全。

在安全或 HSE 管理系统中,工艺、设备(设施)构成了安全的基础,被称为工艺安全。工艺路线的选择、设备的选型则决定了整套生产装置的本质安全性。从工程技术角度采取措施,能够极大地降低事故风险,提高系统的可靠性、稳定性和工作效率。因此,工程技术措施是最基本的措施,它能够解决教育培训措施、强化安全管理措施无法解决的根本问题。如增加设备壁厚可以增加设备强度,从而提高其耐压等级,控制生产过程参数可以使生产过程平稳安全地进行,这些不可能通过人员培训、安全制度来解决。工程技术措施种类很多,自动控制技术在安全领域应用最为广泛。

下面对育培训措施(对策)、工程技术措施(对策)和强化安全管理措施(对策)进行介绍。

三、"3E 对策"

(一)强化安全管理措施

安全管理措施是工业生产过程中实现职业健康与安全的基本的、重要的措施。与其他措施相比,安全管理措施是无形的控制与削减风险的方法,指的是用标准化、制度化、规范化的方式从事活动,以避免可能引发的风险或不必要的损失。这里主要要体现强化安全管理,通过强化手段,使安全制度、规范得到落实。

强化安全管理措施主要是一些强制的制度、规范,如安全例会制度、安全检查制度、安全生产责任制度、班前班后会制度、作业许可制度、工作票(许可证)制度、上锁挂签制度、安全监护制度、旁站监督制度、作业前检查制度、作业后检查制度、持证上岗制度、巡回检查制度等,以及一些具体的考核、奖惩制度等。

(二)工程技术措施

工程技术措施是一种有形的风险控制与削减的方法,指的是以工程技术为手段,消除物质性风险的威胁。例如,施工单位在安全管理中,在高空作业下方设置安全网;在楼梯口、预留洞口、坑井口等设置围栏、盖板或架网等均是十分典型的工程法预防风险的措施。每一种工程技术措施总是与具体的工程设施相联系的,因此采用该方法控制与削减风险的成本较高,在风险措施决策时应充分考虑这一点。

此外,工程技术措施通过工程项目和技术措施实现生产的本质安全化,或改善劳动条件提高生产的安全性。如对于火灾的防范,可以采用防火工程,消防技术等技术对策;对于尘毒危害,可以采用通风工程、防毒技术、个体防护等技术对策;对于电气事故,可以采取能量限制、绝缘、释放等技术方法;对于爆破伤害事故,可以采取改良爆炸器材、改进炸药等技术对策等。在具体的工程技术措施中,可采用以下技术原则。

(1)消除潜在危险原则:从本质上消除事故隐患,是理想、积极、进步的事故预防措施。其基本的作法是以新的系统、新的技术和工艺代替旧的不安全系统和工艺,从根本上消除发生事故的基础。例如,用不可燃材料代替可燃材料;以导爆管技术代替导火索起爆方法;改进机器设备,消除作业环境的危险因素,降低噪声、尘毒对人体的影响等,从本质上实现 HSE 管理体系的要求。

(2)降低能量的原则:在系统危险不能根除的情况下,尽量降低系统的危险程度,使系统一旦发生事故,所造成的后果严重程度最小,如手电钻工具采用双层绝缘措施;利用变压器降低回路电压;在高压容器中安装安全阀、泄压阀等都属于降低能量的措施。

(3)冗余性原则:通过多重保险、后援系统等措施,提高系统的安全系数,增加安全余量,如在工业生产中降低额定功率;增加钢丝绳强度;飞机系统装备双引擎;系统中增加备用装置或设备等措施。

(4)闭锁原则:在系统中通过电气联锁或电气互锁作为保证安全的条件。如冲压机械的安全互锁器、金属剪切机室安装出入门互锁装置、电路中的自动保安器等。

(5)能量屏障原则:在人、物与危险目标之间设置屏障,防止意外能量作用到人体和物体上,以保证人和设备的安全,如建筑高空作业的安全网、核反应堆的安全壳等,都起到了屏障作用。

(6)距离防护原则:当危险和有害因素的伤害作用随距离的增加而减弱时,应尽量使人与危险源距离远一些。噪声源、辐射源等危险因素可采用这一原则减小其危害。化工厂建在远离居民区、爆破作业时的危险距离控制均是这方面的例子。

(7)时间防护原则:使人员暴露于危险场所的时间缩短到安全程度之内,如控制开采放射性矿物或进行放射性物质作业的工作时间;减少作业人员在粉尘、毒气、噪声环境的暴露时间等。

(8)薄弱环节原则:在系统中设置薄弱环节,以最小的、局部的损失换取系统的总体安全。电路中的保险丝、锅炉的熔栓、煤气发生炉的防爆膜、压力容器的泄压阀等,它们在危险情况出现之前就发生破坏,从而释放或阻断能量,以保证整个系统的安全性。

(9)坚固性原则:这是与薄弱环节原则相反的一种对策,即通过增加系统强度来保证其安全性,如加大安全系数、提高结构强度等措施。

(10)个体防护原则:根据不同作业性质和条件配备相应的保护用品及用具。采取被动的措施,以减轻事故和灾害造成的伤害或损失。

(11)代替作业人员原则:在不可能消除和控制危险、危害因素的条件下,以机器、机械手、自动控制器或机器人代替人或人体的某些操作,避免危险和有害因素对人体的伤害。

(12)警告和禁止信息原则:采用光、声、色或安全标志等传递组织的技术信息,以保证安全。如报警装置、安全标志、板报警告等。

(三)教育培训措施

教育培训的目的是提高员工安全意识,使其掌握必要的安全知识、提高安全技能,认识到个人的任何疏漏或不当的行为均会带来很大的损失,并使员工认识或了解工作中面临的风险,了解和掌握处置风险的方法或技术。

1.三级安全教育

三级安全教育是我国特有的行之有效的教育培训方式,一般在新员工入职前进行。教育培训对象为所有新员工(包括学徒工、外单位调入员工、合同工、代培人员、高职高专院校毕业生、劳务派遣工等),上岗前应接受三级安全教育,教育时间不少于72学时,经考试合格后方可上岗。

1)一级(厂级)安全教育

这一部分安全教育由公司人事部门会同安全监督管理部门组织实施,时间不少于24学时,安全教育的主要内容包括:

(1)国家有关安全生产的方针、政策、法律、法规;

(2)通用安全技术、职业卫生、安全生产基本知识,包括企业安全文化、机械安全知识、电气安全知识、消防知识和气体防护常识等。

(3)本单位安全生产的一般状况、性质、特点和特殊危险部位的介绍。

(4)集团公司、油田公司、厂(处)单位安全生产规章制度,企业五项纪律(劳动、操作、工艺、施工和工作纪律)。

(5)典型事故案例及其教训,预防事故的基本知识。

2)二级(车间级)安全教育

这一部分安全教育的培训时间不少于32学时,安全教育的主要内容包括:

(1)工作环境及危险有害因素。

(2)所从事工种可能遭受的职业危害和伤亡事故。

(3)所从事工种的安全职责、操作技能及强制性标准。

(4)自救互救、急救方法、疏散和现场紧急情况的处理。

(5)安全设施、个人防护用品的使用和维护。

(4)本车间安全状况及相关的规章制度。

(5)预防事故和职业危害的措施及应注意的事项。

(6)有关事故案例。

(7)其他需要培训的内容。

3)三级(班组级)安全教育

这一部分安全教育的培训时间不少于16学时,安全教育的主要内容包括:

(1)本班组、岗位的安全生产概况,本岗位的生产流程及工作特点和注意事项;

(2)本岗位的职责范围,应知、应会内容;

(3)本岗位安全操作规程,岗位间衔接配合的安全卫生事项;

(4)本岗位预防事故及灾害的措施。

员工在公司内调动工作后应重新进行入厂三级安全教育。单位内工作调动、转岗、下岗再就业、干部顶岗以及脱离岗位12个月以上者,应进行二、三级安全教育,经考试合格后,方可从事新岗位工作。

2. 特种作业人员培训

凡从事特殊工种作业的人员,应按照国家有关要求进行专业性安全技术培训,经考试合格,取得特种作业操作证,方可上岗工作,并定期参加复审,成绩记入个人安全教育卡片。

3. "五新"教育

在采用新工艺、新技术、新装置、新材料或新产品投产前,主管部门应组织编制新的安全操作规程,并进行专门培训。有关人员经考试合格后,方可上岗操作。

4. 事故后教育

发生事故或未遂事故时,按照事故处理"四不放过"的要求,对事故责任者和相关员工进行安全教育,使其吸取教训,防止发生类似事故。

第二节 风险削减措施的制订

一、风险削减措施制订要求

在 HSE 管理体系标准 Q/SY 1002.1—2013 中，要素 5.3.4"方案"对风险削减措施的要求是：

(1)组织应针对特定的活动、产品或服务，制定实现目标指标的(健康、安全与环境管理)"方案"。也就是说，为了实现 HSE 目标、指标，组织是通过"方案"对特定任务中的事故进行控制的，这个方案就是风险削减措施"方案"。

(2)方案是在危害因素辨识、风险评价、风险控制基础上，结合法律法规和其他要求制定的，是风险管理的输出。

(3)方案必须明确规定实现目标指标的有关职能和层次的职责、权限和时间表，即方案由哪个部门制订、由哪些部门参与评审、由哪个部门实施完成、由哪个部门检查确认。

(4)定期评审方案的有效性，并进行改进。

因此，对于特定的活动、任务或服务，可能存在一系列管理、操作活动，存在若干种潜在事故或危害，应分别对这些潜在的事故、危害制定风险削减措施，所有这些风险削减措施的组合以及实现这些措施的职责、权限、时限要求就是方案。

二、风险削减措施的优先顺序

风险控制与削减措施可以从七个方面考虑，它们分别是消除、替代、降低、隔离、程序、减少员工接触时间、个人防护装备。

"消除"——指从根本上消除危险，如取消工作任务，取消有关危险作业。在生产中常见的情况如取消不必要的动火，淘汰危险落后的设备、工艺等。

"替代"——如果不能从根本上消除危险，则应考虑替代。即用安全、环保的材料、设备替代危险的材料、设备。如采用可降解的钻井液代替普通钻井液；冰箱生产中用无氟或低氟的制冷剂代替氟利昂类制冷剂以减轻环境危害；用无铅汽油代替有铅汽油；用可降解的塑料代替不可降解的塑料；用不燃材料代替可燃材料等。

"降低"——在不能替代的情况下，考虑采取措施降低危险。如通过车间通风降低有毒有害气体浓度；在操作台或梯子设置护栏防止坠落；降低用电电压等级、降低噪声强度等。

"隔离"——在时间或空间上使人员与危险物质、场所隔离，如设置警戒线防止人员进入、抽油机周围设置围栏、设备之间保持适当的安全距离、危险设备周围设置栅栏等。

"程序"——指制定工作程序、操作规程或工作方法，使工作按照规定要求、步骤完成。

"减少员工接触时间"——指减少员工接触噪声、有毒有害物质、放射性物质、粉尘环境、高温环境的时间，常用轮换作业、减少接触时间等方法降低危害。

"个人防护装备"——这是人员防护的最后一道屏障，如采用工服、安全帽、手套、护目镜、护耳器、各种工鞋、防毒(尘)面具、口罩等劳动保护装备将人保护起来，减轻危害。

以上七种方法,按照"消除""替代""降低""隔离""程序""减少员工接触时间""个人防护装备"的顺序,风险削减效果降低。"消除"风险削减效果最好,"个人防护装备"效果最差。应尽量优先选择风险削减效果好的"消除""替代""降低"等措施。

三、制订风险削减措施的思路

制订风险削减措施,可以按照以下思路进行。

首先,完善本单位标准化建设工作,实现管理标准化、作业场所标准化、操作标准化,完善各类管理制度,形成安全管理的大环境。实践证明,通过标准化建设工作和管理制度建设,可以使基层单位形成有序的生产运行环境,从而保证管理有规矩、操作有程序、场地有标准的局面,可以消除大量的危害因素。反之,如果一个单位基础管理存在漏洞,那将会产生系统性问题,留下一系列危害因素。虽然基础管理不属于风险削减措施的范畴,但对安全管理影响极为深远,应及时检查和纠正本单位在安全基础管理中的漏洞。

其次,积极采取工程技术措施,确保生产装置安全、可靠。在确定风险削减措施时,应优先考虑工程技术措施。工程技术措施与生产设备、装置构成了生产系统,具有其他措施无法替代的作用。如预防触电事故的接地装置、绝缘技术、屏护装置、漏电保护等技术的使用,可以有效降低触电事故风险;有毒有害场所安装强制通风装置、有毒有害气体监测报警仪,设置警示标志、风向标等手段可以有效降低人员中毒窒息风险;油罐上安装呼吸阀可以有效防止因为油罐大呼吸、小呼吸而导致油罐失稳事故。另外自动化控制技术又是工程技术措施的重要手段,如生产装置的流量控制、液位控制、温度控制、压力控制等都是安全生产的基础。

第三,对于作业人员,积极采取教育培训措施,推行持证上岗制度,预防因人员意识、能力不足带来的不安全行为。

最后,积极推行和落实安全管理制度,完善安全管理体系。

例1.某转油站原油外输泵房主要设备为两台多级离心泵,并有其他管件、阀门、仪表、管道等设施。请识别原油外输泵房启动离心泵操作可能有哪些事故?针对这些事故,泵房应提供哪些工程技术措施?

按照危害因素辨识有关方法,可以识别出启动离心泵操作潜在事故有:机械伤害、中毒窒息、火灾爆炸、触电、物体打击、其他伤害(滑倒)等事故。针对这些事故,泵房应提供的工程技术措施见表7-2。

表7-2 某原油外输泵房常见事故及工程技术措施

事故名称	工程技术措施
机械伤害	电动机风扇处设置护罩;泵轴联轴器上设置护罩
中毒窒息	泵房中安装有毒有害气体(硫化氢)监测报警仪;泵房中安装通风机
火灾爆炸	泵房中安装可燃气体监测报警仪;泵房中安装通风机;泵房中安装烟雾探测仪;泵房中所有电气设备采用防爆电气设备
触电	泵房电动机及有关电气设备按规定外壳接地
物体打击	无
其他伤害(滑倒)	泵房地面采用防滑材料

四、风险削减措施制订应注意的问题

在制订风险削减措施时,应注意以下问题。

制订风险削减措施的最终目的是控制事故,降低风险,确保 HSE 目标指标的实现。实施风险削减措施是要进行投资的,通过投入一定的资金,进行设备改造、硬件投入、人员培训、强化管理,使某种事故风险降低到可容许风险以下。因此把风险值降低到可接受风险以下是最终目标。决不能为了节省投入而降低对事故控制的标准。

一定要确保风险削减措施的针对性。应针对每一个危害因素确定风险削减措施,注意风险削减措施和危害因素的对应关系,否则就是盲目的。

应注意风险削减措施与方案的关系。风险削减措施是针对某一事故的某一个危害因素而言的,而方案是为了降低某一事故风险而采取的一系列风险削减措施的组合。也就是说,一个方案,就是一系列措施。为了实现把风险降低到可接受风险以下的目的,可以有不同的方案,即措施组合。在这种情况下,应在满足风险控制目标、指标的前提下,选择控制效果好、投入低的方案。

在三类风险削减措施中,工程技术措施投入最高,但控制效果最好,同时有时也有标准要求,因此应以工程技术措施为基础,以其他措施为补充。

制订方案时应反复进行风险评价。

五、风险削减措施示例

(一)建筑施工现场常用安全管理措施

1. 预防触电事故的措施

(1)加强劳动保护用品的使用管理和用电知识的宣传教育。
(2)建筑物或脚手架与户外高压线距离太近的,应按规范增设保护网。
(3)在潮湿、粉尘或有爆炸危险气体的施工现场要分别使用密闭式和防爆型电气设备。
(4)经常开展电气安全检查工作,对电线老化或绝缘性能降低的机电设备进行更换和维修。
(5)电箱门要装锁,保持内部线路整齐,按规定配置保险丝,严格"一机一箱一闸一漏"配置。
(6)根据不同的施工环境正确选择和使用安全电压。
(7)电动机械设备按规定接地接零。
(8)手持电动工具应增设漏电保护装置。
(9)施工现场应按规范要求高度搭建机械设备,并安装相应的防雷装置。

2. 预防物体打击的措施

(1)拆除工程应有施工方案,并按要求搭设防护隔离棚和护栏,设置警示标志和搭设围网。
(2)安全防护用品要保证质量,及时调换、更新。

(3)经常检查地锚埋设的牢固程度和揽风绳的使用情况。
(4)严格按照吊装技术操作规程作业。
(5)改正不良作业习惯,严禁往下或向上抛掷建筑材料、杂物、垃圾和工具。
(6)清理脚手架上堆放的材料,做到不超重、不超高、不乱堆乱放。

3.预防机械伤害事故的措施

(1)机械设备要安装固定牢靠。
(2)增设机械安全防护装置和断电保护装置。
(3)对机械设备要定期保养、维修,保持良好运行状态。
(4)经常进行安全检查和调试,消除机械设备的不安全因素。
(5)操作人员要按规定操作,严禁违章作业。

4.预防高处坠落事故的措施

(1)对高处作业的人员上岗前必须进行体检,并定期检查。
(2)遇有六级以上强风、浓雾以及恶劣天气时,不得进行高处作业;
(3)有可靠的防滑、防寒和防冻措施。凡水、冰、霜、雪应及时清除。
(4)对施工人员进行自我保护教育,自觉遵守施工规范。
(5)危险地段或坑井边、陡坎处增设警示、警灯、防护栏杆,夜间增加施工照明亮度。
(6)使用符合规范的"三宝"以及围护杆、栅栏、架杆、扣件、梯子等,并按规定安装和使用。
(7)洞口作业、临边作业、交叉作业、攀登作业及悬空作业,必须按规范使用安全帽、安全网、安全带,并严格加强防护措施。
(8)提升机具要经常维修保养、检查,禁止超载和违章作业。

(二)焊接作业风险削减措施示例

某焊接作业风险削减措施如表7-3所示。

表7-3 某焊接作业风险削减措施

序号	危害或事故	主要后果	现有安全控制措施	风险削减措施
1	触电	人员伤亡、财产损失、设备损坏	施工用电管理规定,培训、取证	(1)电焊机应使用合格的漏电保护器,并做好接地保护; (2)电焊把线、二次线不得有裸露现象,电焊把钳应绝缘良好; (3)电气设备相连接的保护零线应采用截面不得小于2.5mm²的绝缘多股铜线,保护零线采用统一标志的黄/绿双色线; (4)在使用焊接设备前,应仔细检查设备运转是否正常; (5)搬运过程中统一口号,轻拿轻放,接线时注意铜线刺伤手指; (6)作业人员劳保齐全
2	其他伤害(碰伤等)	人员身体、肢体伤害		(1)在组对过程中施工人员要协调一致; (2)组对时两个工件要固定牢靠; (3)全程组对过程必须佩戴手套防止划伤

续表

序号	危害或事故	主要后果	现有安全控制措施	风险削减措施
3	尘肺	烟尘对肺部、眼睛、耳功能的伤害	劳动保护用品发放标准及管理办法	(1)按照规定正确佩戴劳保用品,并会正确使用; (2)打磨时戴好护目镜、耳塞; (3)球罐内部焊接应采取排烟、排尘措施,高处作业应正确佩戴安全带,做到高挂低用; (4)球罐内、船舱内焊接应设置专人监护; (5)必要时轮换作业
4	火灾、爆炸	人员伤亡、财产损失	施工现场动火规定	(1)焊工必须持证上岗,无证者不得动火; (2)需办理动火证的焊接作业,未办理完动火审批手续前不得动火; (3)焊工不了解焊接周围环境的安全状态时,不得动火; (4)未确认焊件内部已无可燃、易爆物前,不得动火; (5)焊接部位附近有可燃易爆物品,未清理或采取有效的安全措施前,不得动火; (6)与外部相连的管道与设备,在未查清有关险情或明知存在危险而未采取有效措施之前,不得动火; (7)储存过可燃物料和有毒物质的容器,未经彻底清洗和排除危险之前,不得动火; (8)焊接现场必须与可燃物之间保持足够距离; (9)临时施工区,每100m² 配备两个10L干粉灭火器。大型临时设施面积超过1200 m²时,应备有供消防用的太平桶等器材设施,并不得任意挪动; (10)机房(棚)、仓库处配备消防灭火器,施工人员必须经过灭火器的使用方法的培训; (11)根据现场施工情况必要时每个动火点配置灭火器; (12)作业后检查。施工完毕,仔细检查施工区域、清理边角余料,打扫施工区域,熄灭火种,切断电源后方可离开
5	灼烫	人员受伤		(1)作业人员劳保齐全,持证上岗; (2)作业中,应集中注意力,避免误操作接触高温工件; (3)严格遵守操作规程

第三节 风险削减措施的评价、实施和评审

一、风险削减措施的评价

进入到风险削减措施评价、实施、评审阶段,风险管理工作即将结束。但最后的阶段却是

最关键的阶段。设想一下,前面进行了危害因素辨识、风险评价、风险削减措施确定,而最后措施却没有采纳和实施,那结果就是前功尽弃。由此可见风险削减措施的评价、实施、评审何其重要。

(一)风险削减措施评价的含义

风险削减措施的评价就是对方案的评价。前面已经交代了风险削减措施和方案的关系。对于生产中的某一种潜在事故,人们可以针对某一种危害因素制订若干个风险削减措施,所有危害因素对应的风险削减措施的组合就构成了方案。因此,为了控制某一种事故,可以形成多种方案,这些方案的投资费用、风险控制效果各不相同,那么该选择哪一种方案呢?这就是方案的选择问题,简称为风险削减措施的评价。其本质是方案的评价。

(二)风险削减措施评价的方法

评价的原则很简单,在满足风险控制目标的前提下,选择投资费用低、技术难度低、控制效果可靠的方案。评价方法采取经济风险分析法或参考 Shell 公司的风险管理验收标准(表 7-1)。这里介绍前者。

在任何情况下,都应考虑将风险降低到"合理实际并尽可能低"的水平。"合理实际并尽可能低"是指风险削减程度与风险削减过程的时间、难度和代价之间所达到的平衡,即在采取降低风险的措施时应考虑当地的环境和条件、投资和收益的平衡及当前的科学技术水平等。当有多种措施可用时,可通过经济风险分析确定采用哪一种。图 7-2 给出了风险削减措施评价的方法。

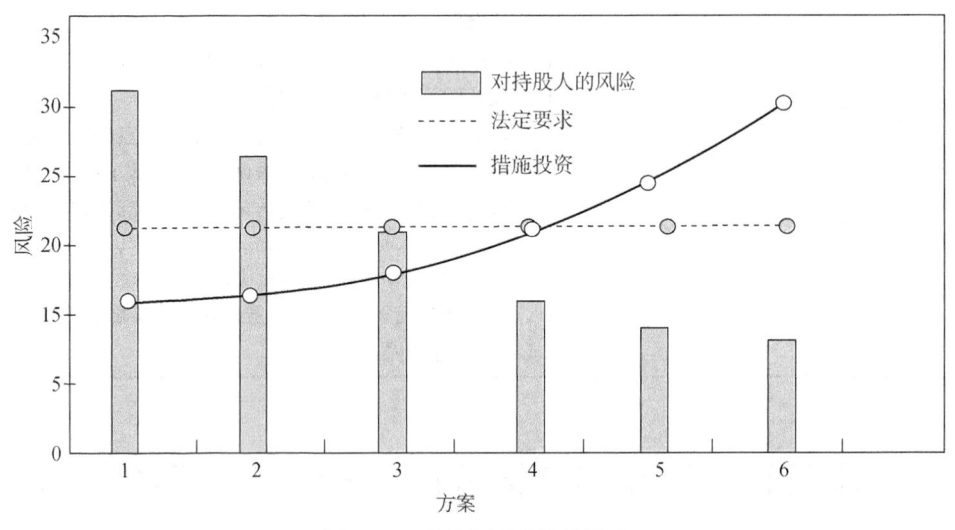

图 7-2 风险削减措施的评价

由图可以看出,方案 1 和 2 的投资较低,但达不到规定要求(可接受风险);方案 5 和 6 风险大大低于规定要求,但投资太高;方案 3 和 4 既满足了规定要求,投资又适中,应在首选方案之列。

二、风险削减措施的实施

方案确定后,下一步工作就是方案的落实,即风险削减措施的实施,这个工作也称为关键任务的落实。措施落实有三层含义,一是按照规定内容实施了风险削减措施,二是在规定的时间完成了,三是被有关人员验证了。风险削减措施的实施一般由属地单位负责完成,然后由相关职能部门检查、验证。

三、风险削减措施的评审

同样,风险削减措施的评审也是对方案的评审。对于一个岗位、一个操作过程或一台设备,随着时间的推移,各种条件不断变化,危害因素也不断地变化,应坚持动态风险管理的思想,定期对措施方案的有效性进行评审。评审的方法仍然可以采取风险评价的方法,检查能否达到风险控制效果。目前尚无关于方案评审的时限规定,组织可以结合各自实际和风险管理的频次进行规定。

第四节　风险管理实训

到目前为止,读者已经掌握了 HSE 风险管理各个环节的理论知识和相关技能。在这种情况下,适时开展 HSE 风险管理实训是非常必要的。

实施健康、安全与环境管理体系的根本目的是最大限度地降低事故风险,防止人员伤害、财产损失及环境破坏,以满足员工、相关方、顾客的期望以及法规要求。风险的正确评价和有效管理是达到此目的的关键所在。在实施 HSE 管理过程中,必须做好危害因素辨识、风险评价,制定具体管理目标、指标和措施,才能防止事故的发生。因此风险管理在 HSE 管理体系中具有非常重要的意义。

风险管理实训是对 HSE 风险管理课程教学内容的补充和巩固,是培养高素质技能型人才的重要手段,也是教学过程中不可或缺的环节。理论结合实际,可以培养综合运用理论知识和基本技能的能力,培养独立分析和解决问题的能力。风险管理实训的主要内容是针对具体工作岗位或单元,了解 HSE 管理体系所要求的风险管理全过程的相关信息,结合理论知识,进行分析研究以及模拟评价,深化对风险管理的认识,掌握风险管理的基本方法与基本技能,积累实践经验。

下面列出以石油天然气行业为背景的七个实训课题,读者可根据个人工作岗位选做。

(1)石油、天然气勘探作业 HSE 风险管理;

(2)石油钻井作业 HSE 风险管理;

(3)石油测井作业 HSE 风险管理;

(4)压裂作业 HSE 风险管理;

(5)采油联合站 HSE 风险管理;

(6)天然气集气站 HSE 风险管理;
(7)油气长输管道 HSE 风险管理。

习 题

1. 风险削减措施有哪些特点?
2. 什么是"3E 对策"?
3. 消除潜在危险的原则是什么?
4. 什么是冗余性原则?
5. 什么是薄弱环节原则?
6. 风险削减措施的优先顺序是什么?
7. 确定风险削减措施时应注意哪些问题?
8. 风险削减措施评价的含义是什么?

第八章　应急管理

本章系统介绍了应急管理的产生与发展、应急管理的概念、应急管理的理念与原则、应急管理体系、应急预案的编制与演练、应急预案的评审与备案。作为 HSE 管理体系中的重要管理过程,应急管理主要解决如何高效快速地应对和处置突发事件,从而达到降低突发事件损失的目的。本章的重点是应急体系建设、应急预案的编制与演练、应急预案的评审备案等各环节的管理。学习本章内容,一方面要学习应急管理的理念、理论,还要学习应急管理的实务,最终达到具备处理应急管理事务的能力。

第五章和第六章系统介绍了 HSE 风险管理技术。HSE 风险管理是关于事故预防的管理过程,包括危害因素辨识、风险评价、风险控制与削减措施的制订、实施。可以说,通过风险管理就完成了事故预防工作,事故被牢牢地控制住了。

然而由于种种原因,比如风险管理工作不扎实、危害因素辨识不全面、风险控制措施针对性和有效性差,或随着时间的推移,没有持续进行风险管理工作,原来的生产情况、作业条件发生变化,所制定的风险控制与削减措施可能会失效,事故就会发生。另外,在组织的活动、产品、服务过程中,可能还会出现一些灾害事件,如山洪暴发、地震、地质灾害、恐怖袭击、疾病蔓延、旱涝灾害、踩踏、环境污染等,人们通常把事故和以上灾害事件统称为突发事件。一旦发生突发事件,就必须迅速启动应急预案,抢险救援、控制险情,并使现场尽快恢复到正常状态,把突发事件造成的损失如人员伤亡、财产损失、环境影响、社会影响降到最低程度,这些管理过程就属于应急管理的范畴。因此,应急管理是关于突发事件的管理过程,包括突发事件的识别、预防、评估、抢险救援等。本章将系统地介绍应急管理的管理理论和管理实务。

第一节　应急管理的产生与发展

一、古代、近代应急管理

人类社会发展的历史,其实质是人类认识自然、利用自然、适应自然的过程,也是人类抵御各种自然风险和社会风险,实现人类的生存和繁衍的过程。这些风险包括自然的(如火山、地震、地质灾害、地陷、洪水、暴风雨、暴风雪、飓风、饥馑、蝗灾、干旱、雪崩、海啸、森林或草原火灾、动物袭击)和社会的(如战争、经济危机、恐怖袭击、盗窃、殴斗、疾病蔓延、各类生产事故等)。在生产力水平十分低下的古代,人类对于突发事件,大多只有被动承受。直到风险管理产生以后,人类才具有了主动地、系统地预防各类风险事件的理论和实践活动。但应急管理的思想和实践活动,则远远早于风险管理。因为人类的本能决定了人们最初更倾向于医治各类灾害的创伤,而不是主动预防。在很早以前,古代中国就有了应急管理的活动。《礼记·中庸》就有"凡事预则立,不预则废。言前定则不跲,事前定则不困,行前定则不疚,道前定则不穷。"

的思想,意思是做任何事之前都要做好策划和准备工作,否则就会导致失败。在古代中国,西周时期就有了储备粮制度。《礼记》有载:"国无九年之蓄,曰不足;无六年之蓄,曰急;无三年之蓄,曰国非其国也。"这些都是应急思想的表现。

中国古代就有了完整的救灾制度,主要应对旱灾、洪涝灾害、地震灾害、瘟疫和其他自然灾害。救灾职责主要由政府承担,救灾行动主要是灾后赈济,大致可分为朝赈和官赈两类:朝赈由中央朝廷主持,通常会对灾害地区拨发粮款、赈粜,灾后则采取免除、缓征租赋等措施来恢复民生;而官赈是由地方官主持,在地区性自然灾害发生之后,动用地方库藏钱粮赈济救灾的活动,使灾害的损失降到最低点。从救灾过程来看,古代救灾可分为灾前预防、灾中救助和灾后救济三个阶段,政府通过创立各种制度和采取各种措施,以完善救灾机制。灾前预防措施主要是建立粮食仓储制度,政府兴修水利,加强气象监测等;灾中救助指在灾害发生的过程中,官方所采取的一系列应急救助措施,例如建立严格的报灾制度等;而灾后救济则是古代救灾机制的核心部分,主要有灾蠲、减征和缓征赋税等措施,基本上是对灾年发生时灾民的赋税义务进行减免。

火灾也是古代面临的重要危害事件,特别是皇宫火灾危害更是引起了历代统治者的重视,故宫内现存的水缸就是消防的见证;候风地动仪就是古代地震监测技术的见证。从传说的大禹治水和战国时期的都江堰工程至后来的漕运工程等都是应急准备的表现。

古希腊、古罗马等都有小规模救灾活动。不过由于这些地区人口较少、人口分散,救灾大多限于民间,影响较小。

由以上可以看出,古代的应急其实就是灾害管理的前身或应急管理的萌芽,主要特点是:管理对象限于饥馑、洪涝灾害、地震、蝗灾、瘟疫等少数灾害事件,应急行动主要是救灾,预防能力较弱,应急救援技术、应急管理理论则尚未形成;虽有系统的救灾制度,但管理受当时社会制度限制,应急能力较差,往往损失惨重。

到了近代,尽管人类经历了第一次工业革命,于19世纪下半叶进入电气时代,但由于大多数国家仍然处于落后的封建制度社会,少数西方国家进入资本主义社会,但由于人口数量较少,战争频繁,人类活动规模仍然有限,应急管理仍然停留在经验和萌芽阶段。

二、现代应急管理

20世纪以来,特别是第二次世界大战以后,由于人类在原子能、电子计算机、微电子技术、航天技术、分子生物学和遗传工程等领域取得的重大突破,人类进入了科技时代。从能源角度看,人类由煤炭时代进入了石油时代。人类的生产能力急剧提升,煤炭企业、钢铁企业、电力企业、机械制造企业、石油化工企业等加工制造业规模急剧增大,引起了许多安全和环境问题,应急管理的对象也由原来的灾害事件变为各类生产安全事故、灾害事件、环境事件、公共卫生事件以及社会安全事件,应急管理进入一个新的时代。人们公认现代应急管理的产生标志是美国联邦紧急事务管理局的产生。

(一)美国的应急管理

美国建国于1776年7月,在其240多年的发展历史中,历经了1861年到1865年的南北战争、第一次世界大战、第二次世界大战。战后,冷战时期出现了各种各样的灾害事件,对美国社会造成重要影响,也对美国应急管理的形成发展产生了深远的影响,其应急管理历史具有代表性。

1. 美国应急管理发展的脉络

从1803年新罕布什尔大火灾开始,到20世纪40年代,在美国境内发生了100多起重大灾害,为了应对这些灾害,议会制定了专项法律,为州政府和地方政府的恢复重建工作提供支援。但是直到20世纪30年代,联邦政府才开始建立一些委员会、部门和局,以更加系统化的方式应对人为或自然灾害。在这些部门中,一些用以处理二战中和战后的国内民防问题,而其他一些则用以解决灾害救助问题。从此时开始,美国应急管理体系的建设经历了五个重大的调整与发展阶段,见表8-1。

表8-1 美国应急管理体系历史演变沿革

年代	应急管理理念	应急管理特点	成立相关部门/颁发文件
1803年至20世纪初	专项管理	专案处理	专项法律
20世纪30年代至40年代	系统化管理	民防与应急管理并存,建立综合性管理部门	国家应急管理委员会应急管理办公室
20世纪50年代至60年代(冷战期间)	全面管理	返回以民防为主,强调准备体系的平战结合	《1950年民防法》
20世纪70年代至80年代	综合应急管理模式	提出综合应急管理范式(准备、应对、恢复和减灾)	国防民事整备署 联邦紧急事务管理局(FEMA) 《减灾法案》 《斯塔福德减灾和紧急援助法》
20世纪90年代	可持续性发展模式	引入适应性团队、脆弱性等概念,扩展应急管理内涵	FEMA重组与重新定位(减灾司) 联邦响应计划(FRP)
21世纪初至现在	强调国土安全	联邦及地方政府应急能力与资源重新配置,形成涵盖各类突发事件的应急管理体系,并配以综合性国家事故响应计划	国土安全部 《国家事故管理系统》(NIMS) 《国家响应计划》(NRP) 《国家应对框架》(NRF)

1) 20世纪70年代以前:"一事一议"的救灾阶段

简而言之,美国在20世纪70年代以前,应急管理主要处于"一事一议"的状态,管理机构的职能一直在"民防功能"和"救灾功能"之间游移变化。1933年成立了"国家应急管理委员会"(National Emergency Council),其主要职责是处理经济危机带来的后果,并救助自然灾害中的灾民。1939年"国家应急管理委员会"更名为"应急管理办公室"(Office of Emergency Management),与新成立的"民防办公室"(Office of Civil Defense)联合办公。从1950年到1972年,国防部负责所有民防项目,加强了对战争特别是核战争的关注,多个应急管理部门被卷入民防事务,应急管理职能减弱。

2) 20世纪70年代至80年代:FEMA成立,综合应急管理模式产生

20世纪70年代至80年代,随着古巴导弹危机的解决,核战争的威胁逐渐消退。民防问题

逐渐被灾害问题所取代。为了加强政府的救灾职能,1972年成立了"国防民事整备署"(Defense Civil Preparedness Agency),同时,1974年议会通过了《减灾法案》(Disaster Relief Act)。

1979年联邦紧急事务管理局(Federal Emergency Management Agency,FEMA)的成立,对分散的应急管理部门和项目进行重组。同期,美国国家州长协会还推出综合应急管理(Comprehensive Emergency Management)模式。综合应急管理模式自此产生,指出应急管理包括四个主要方面,即准备(preparation)、应对(response)、恢复(recovery)和减灾(mitigation)。FEMA采用了这些概念,并将整合式应急管理系统(Integrated Emergency Management System)作为达到综合应急管理目标的战略。

FEMA的成立,标志着美国应急管理体系开始走上更加主动、系统化的轨道。也是国际应急管理的一个里程碑事件,也是现代应急管理产生的标志。FEMA专门负责应急管理工作,其职责包括:通过预防、应急准备、应急响应和灾后恢复重建等手段,保护公共设施,减少人员伤亡和财产损失。FEMA是一个在应急管理过程中协调全国跨部门、跨地域统一行动的主管部门。随后在1988年,国会通过了《斯塔福德减灾和紧急援助法》,规定了紧急事态的宣布程序,明确了公共部门救助责任,强调了减灾和准备职责的重要性,明确了各级政府间的救援程序。但FEMA也有一定的局限性:其一,FEMA需要向20个不同的议会委员会进行汇报,面临多头管理的问题。其二,里根总统上台后,FEMA更加倾向于民防或国防事务。

3) 20世纪90年代:引入多元参与的可持续性发展理念

1992年,美国对FEMA进行了重组,目的是将FEMA改造成一个高效和快速反应的灾害应对部门。通过重组,成立了减灾司(Mitigation Directorate),将FEMA的工作重点朝减灾方向转移。以往妨碍FEMA应对灾害的不利因素(譬如多头管理)被消除;1997年实施《冲击性项目》(Project Impact),将注意力转移到"抗灾社区"(Disaster Resistant Communities)这一新概念上,注重公众参与与动员,并推广关于持续性发展的(sustainability)新理念。这些措施的效果非常显著,在后来的灾害应对中发挥了巨大作用。同期,美国出台了《联邦响应计划》(Federal Response Plan,FRP),是联邦政府最早出台的应对灾害的操作性文件,主要阐述了应急管理中联邦层级的政府及其部门应发挥的作用及相应的责任。《联邦响应计划》旨在协助州与地方政府应对超出其能力范围的重大灾难与突发事件,实现有效地拯救生命,保护公众健康、安全与财产,并重建社区。为了达到这一目标,《联邦响应计划》基于属地管理的原则,对联邦政府应该如何实施《斯塔福德减灾和紧急援助法》进行了规定,这包括对27个联邦部门与机构(包括美国红十字会)的政策、计划、运行、响应及重建、责任等内容进行界定,从而指导这些部门、机构的应急管理工作。

4) 21世纪初至今:从联邦到地方全覆盖式国土安全管理模式

2000年,布什当选为总统,受"9·11"事件的强烈冲击,完善应急管理与响应原则并开发国家响应计划成为紧急工作。2002年11月25日,布什签署成立国土安全部(Department of Homeland Security,DHS)的法案,启动了美国50年来最大规模的政府改组计划,在FEMA的基础上成了国土安全部,形成涵盖各类突发事件的应急管理体系。

国土安全部是美国政府统一领导应急治理工作的核心部门,它由联邦紧急事务管理局、海岸警卫队、移民与规划局、海关总署等22个联邦政府机构合并而成。国土安全部在全美设有10个地区代表处,主要负责与地方应急机构的联络;在紧急状态下,负责评估突发事件造成的损失;制定救援计划,协同地方组织实施应急救助。

国土安全部于2004年1月发布了《国家事故管理系统》(National Incident Management System,NIMS),同年12月发布了《国家响应计划》(National Response Plan,NRP),以促进联邦、州、地方和各级政府全面提升应对各种威胁和挑战的能力。前者规定了美国各级政府对事故应急的统一标准和规范,其目的是为联邦、州、地方和各级政府提供一套全国统一的方法,使各级政府都能协调一致和快速高效地对各类事故进行预防、准备、应急和恢复;后者则是根据前者提供的框架,为应对国家级重大事故提供一套完整的国家应急行动计划,以期能在重大事故的事前、事发、事中和事后,全方位调集和整合联邦政府资源、知识和能力,并实现各级政府力量的整合和行动的协调统一。

现在的美国已形成了以国土安全部为中心,下分联邦、州、县、市、社区五个层次的应急和响应机构,通过实行统一管理,属地为主,分级响应,标准运行的机制,有效地应对各类突发的灾害事件。

作为联邦制国家,美国各州政府具有独立的立法权与相应的行政权,一般都设有专门机构负责本州应急管理事务,具体做法不尽相同。以加利福尼亚州为例,通过实施标准应急管理系统,在全州构建出5个级别的应急组织层次,分别为州、地区、县、地方和现场。其中,州一级负责应急管理事务的机构为州应急服务办公室,主任及副主任由州长任命。州应急服务办公室又将全州58个县划分为3个行政地区。同时,为了通过互助系统共享资源,又将全州划分出6个互助区,将员工分派到不同行政区办公,以便协调全州6个互助区的应急管理工作。县一级机构主要是作为该县所有地方政府应急信息的节点单位和互助提供单位;地方一级主要是指由市政府负责管理和协调该辖区内的所有应急响应和灾后恢复活动;现场一级主要是由一些应急响应组织对本辖区事发现场应急资源和响应活动的指挥控制。事实上,该州地区一级的应急仍然是由州政府机构来负责,而县一级的应急需要依托该辖区内实力较强的地方政府,如旧金山县依托于旧金山市,洛杉矶县依托于洛杉矶市。

当突发事件发生时,应急行动的指挥权属于当地政府,仅在地方政府提出援助请求时,上级政府才调用相应资源予以增援,并不接替当地政府对这些资源的处置和指挥权限。但是,上一级政府有权在灾后对应急物资与资金使用情况进行审计。

美国应急救援队伍的中坚力量是消防、警察和医疗部门。在联邦应急反应体系中,参与救援的部门除联邦应急管理局外,主要包括交通、通讯、技术工程、森林、卫生、环境、农业、国防等部门。

(二)日本的防灾减灾机制

日本地处欧亚板块、菲律宾板块、太平洋板块交接处,处于太平洋环火山带,台风、地震、海啸、暴雨等各种灾害极为常见,是世界易遭自然灾害破坏的国家之一。在长期与灾难的对抗中,日本形成了一套较为完善的综合性防灾减灾应对机制。

1.完善的应急管理法律体系

作为全球较早制定灾害管理基本法的国家,日本的防灾减灾法律体系相当庞大。《灾害对策基本法》中明确规定了国家、中央政府、社会团体、全体公民等不同群体的防灾责任,除了这一基本法之外,还有各类防灾减灾法50多部,建立了围绕灾害周期而设置的法律体系,即基本法、灾害预防和防灾规划相关法、灾害应急法、灾后重建与恢复法、灾害管理组织法五个部分,使日本在应对自然灾害类突发事件时有法可依。

2. 良好的应急教育和防灾演练

日本政府和国民极为重视应急教育工作。其教育从中小学教育抓起，培养公民的防灾意识；将每年的9月1日定为"灾害管理日"，每年8月30日至9月5日定为"灾害管理周"，通过各种方式进行防灾宣传活动；政府和相关灾害管理组织机构协同进行全国范围内的大规模灾害演练，检验决策人员和组织的应急能力，使公众有能力应对各类突发事件。

3. 政府主导的巨灾风险管理体系

日本经济发达，频发的地震又极易造成大规模经济损失。为了有效地应对灾害，转移风险，日本建立了由政府主导和财政支持的巨灾风险管理体系。政府为地震保险提供后备金和政府再保险。巨灾保险制度在应急管理中起到了重要作用，为灾民正常的生产生活和灾后恢复重建提供了保障。

4. 严密的灾害救援体系

日本已建成了由消防、警察、自卫队和医疗机构组成的较为完善的灾害救援体系。消防机构是灾害救援的主要机构，同时负责收集、整理、发布灾害信息；警察的应对体制由情报应对体系和灾区现场活动两部分组成，主要包括灾区情报收集、传递、各种救灾抢险、灾区治安维持等；日本的自卫队属于国家行政机关，根据《灾害对策基本法》和《自卫队法》的规定，灾害发生时，自卫队长官可以根据实际情况向灾区派遣灾害救援部队，参与抗险救灾。

近年来，日本其他类型的人为事故灾害也在不断增加。例如，东京地铁沙林毒气事件就造成了10人死亡，75人重伤，4700人受到不同程度的影响。如何完善应急管理机制，提高应急管理能力，迎接新形势下的新的危机和挑战，也成为日本未来应急管理工作的新任务。

(三)澳大利亚的应急管理

澳大利亚位于南半球的大洋洲，地广人稀，人口主要集中在悉尼这样的中心城市和沿海地区。在过去的几十年里，由于周围都是无边无际的大海，澳大利亚在战略上一直是一个处于低威胁的国家，其突发事件主要是自然灾害，如洪水、暴雨、热带风暴、森林火灾等，相应的应急管理也带有自身的鲜明特色。

1. 层次分明的应急管理体系

澳大利亚设立了一套三个层面、承担不同职责的政府应急管理体系。在联邦政府层面，隶属于澳大利亚国防部的应急管理局(EMA)，是联邦政府主要的应急管理部门，负责管理和协调全国性的紧急事件管理；在州和地区政府层面，已经有六个州和两个地区通过立法，建立了委员会机构以及提升警务、消防、救护、应急服务、健康福利机构等各方面的能力来保护生命、财产和环境安全；在社区层面，澳大利亚全国范围内约有700多个社区，在灾难预防、缓解以及为救灾、协调等方面承担责任。

2.森林火灾防治

澳大利亚地处热带和亚热带地区,在干旱季节,气温高、湿度小、风大,其森林植被以桉树为主,桉树含油脂多,特别易燃。一旦发生火灾,极易形成大火,并产生飞火,很难扑救,森林损失十分严重。针对这些情况,澳大利亚经多年试验研制出了以火灭火的办法,采取计划火烧措施防治森林火灾,并采用气象遥感、图像信息传输和计算机处理等技术,实现了实时、快速、准确地预测预报森林火灾。此外,社会民众还成立了森林防火站、"火灾管理委员会(AFAC)"等民间组织来应对火灾。

3.志愿者为特色的广泛社会参与

在澳大利亚,应急响应志愿者是抗灾的生力军。他们来自于社区,服务于社区,积极参与社区的减灾和备灾活动。州应急服务中心是志愿者抗灾组织中比较普遍的一种形式,帮助社区处理洪水和暴雨等灾害。志愿者并不是业余的,他们都参加培训且达到职业标准,并能熟练操作各种复杂的救灾设备。

(四)加拿大的应急管理

加拿大大部分地区属于寒带,冬季时间长,40%的陆地为冰封冻土地区,蒙特利尔冬季的温度可低至-30℃,主要的自然灾害是冬季的暴风雪。所以,加拿大的应急管理的特色是"以雪为令"。

1.重视地方部门作用的应急管理体系

加拿大自1948年成立联邦民防组织,到1966年,其工作范围已延伸到平时的应急救灾。1988年,加拿大成立应急准备局,使之成为一个独立的公共服务部门,执行和实施应急管理法。加拿大的应急管理体制分为联邦、省和市镇三级,实行分级管理。政府要求,任何紧急事件首先应由当地官方进行处置,如果需要协助,可再向省或地区紧急事件管理组织请求,如果事件不断升级以致超出了省或地区的资源能力,可再向加拿大政府寻求帮助。

2.应对雪灾的全国协作机制

加拿大各级政府形成了一套针对雪灾的应急系统。清雪部门是常设机构,及时清理积雪,保障道路畅通,责任主要在各省市政府。其中,省政府负责辖区内高速路,市政府负责市内道路。据统计,加拿大全国每年清雪费用高达10亿加元,各级政府也都有专门的年度清雪预算。加拿大清雪基本是机械化,每个城市都配有系统的清雪设备。为将暴风雪的影响降到最低,加拿大各省市特别注重调动全社会的配合和参与。加拿大环境部网站不仅每天分时段公布各地市详细的天气预报,还提供未来一周的每日天气预报,并及时发布暴风雪等极端天气警报;各省市设有免费的实时路况信息热线;电台和电视台一般是每隔半小时播报一次当地天气和路况情况;各省市也都把清雪的预算、作业程序和标准以及投诉电话等公布在其官方网站上,供公众监督。加拿大各省市还常常通过多种方式向公众介绍防范冰雪天气的知识和技巧,提高公众应对暴风雪的能力。

三、中国应急管理的发展与现状

(一)发展过程

1. 第一阶段:应急管理研究的萌芽时期

在2003年以前,关于应急管理的研究主要集中在灾害管理研究方面。自上世纪70年代中后期以来,随着地震、水旱灾害的加剧,我国学术界在单项灾害、区域综合灾害以及灾害理论、减灾对策、灾害保险等方面都取得了一系列重要成果。而对应急管理一般规律的综合性研究成果寥寥无几。对中国期刊网社会科学文献总库中关于应急管理的研究文章进行检索,多数是以专项部门应对为主的灾害管理为研究对象的成果。目前可以检索到的最早研究应急管理的学术文章是魏加宁发表于《管理世界》1994年第6期的《危机与危机管理》,该文较为系统地阐述了现代危机管理的核心内容。此外,中国行政管理学会课题组《我国转型期群体突发性事件主要特点、原因及政府对策研究》、薛澜《应尽快建立现代危机管理体系》,也是早期较有影响力的文章。许文惠、张成福等主编《危机状态下的政府管理》,胡宁生主编《中国形象战略》是较早涉及突发公共事件应急管理的力作。一些学者将应急管理的发展追溯到了建国初期甚至中国古代。

应当说明的是,中国石油天然气集团公司是最早实施应急管理的企业。1997年,中国石油天然气集团公司发布了标准《石油天然气工业健康、安全与环境管理体系标准》,(SY/T 6276—1997),从那时起,中国石油天然气集团公司就要求其下属企业按照该标准要求实施HSE管理。该标准"5.5.5应急反应计划"中就对应急管理提出了明确要求。

2. 第二阶段:应急管理研究的快速发展时期

2003年抗击"非典"的过程中暴露了我国政府管理存在的诸多弊病,特别是应急管理工作中的薄弱环节。众所周知,2003年"非典"事件推动了应急管理理论与实践的发展,结合事前准备不充分,信息渠道不畅通,应急管理体制、机制、法制不健全这一系列问题促使新一届政府下定决心全面加强和推进应急管理工作。2003年7月,胡锦涛同志在全国防治"非典"工作会议上明确指出了我国应急管理中存在的问题,并强调大力增强应对风险和突发事件的能力。与此同时,温家宝同志提出"争取用3年左右的时间,建立健全突发公共卫生事件应急机制","提高公共卫生事件应急能力"。同年10月,党的十六届三中全会通过的《中共中央关于完善社会主义市场经济体制若干问题的决定》强调:要建立健全各种预警和应急机制,提高政府应对突发事件和风险的能力。理论和实践的需要,使得2003年成为中国全面加强应急管理研究的起步之年。因此,这一时期的研究主要受"非典"事件的影响,既有针对该事件本身的研究成果,如彭宗超、钟开斌的《非典危机中的民众脆弱性分析》、房宁的《突发事件中的公共管理——"非典"之后的反思》等;同时也有从整体的角度对政府的应急管理进行反思和总结,如马建珍的《浅析政府危机管理》等。这一时期我国应急管理的研究和实践处于快速发展和繁荣时期。

3. 第三阶段:应急管理研究质量提升时期

2008年对中国应急管理来说是一个特殊的年份。年初,南方雪灾、拉萨3·14事件和汶川特大地震,为应急管理研究提出了严峻的命题。党和政府以及学术界从不同角度深入总结我国应急管理的成就和经验,查找存在问题。胡锦涛同志2008年10月8日在党中央、国务院召开的全国抗震救灾总结表彰大会上指出,"要进一步加强应急管理能力建设"。我国应急管理体系建设再一次站到了历史的新起点上。

(二)应急管理现状

1.我国政府应急体系建设已取得的成就

1)国家应急管理体系已经形成

在国家统一领导下,坚持综合协调、分类管理、分级负责、属地管理为主的原则来应对突发公共事件。在应急体系中,国务院是最高行政领导机构,领导全国应急管理工作。国务院设立应急管理办公室(国务院总值班室),承担国务院应急管理的日常工作和国务院总值班工作,发挥运转枢纽作用,地方各级人民政府负责各自行政区域的应急管理工作。应急管理的理念与原则、法规与制度、管理体制与机制、应急物资及应急救援队伍等已经形成。

2)应急预案逐步完善

2001年,我国进入综合性应急预案的编写使用阶段。2004年,国务院办公厅发布《国务院有关部门和单位制定和修订突发公共事件应急预案框架指南》,使重大事故应急预案的编写有章可循。到目前为止,我国已编制国家专项应急预案21部,国务院部门应急预案57部,全国各级应急预案130多万件,基本上涵盖了各类常见突发事件。

3)应急管理法律体系基本建立

我国已经制定了突发性公共事件应对法以及相关法律、法规60多部。基本建立了以宪法为依据、以突发事件应对法为核心、以相关法律法规为配套的应急管理法律体系,使应急工作可以做到有章可循、有法可依。

4)应急保障能力得到了加强

近几年中央财政累计投入数百亿资金,重点进行了应急物资储备和应急队伍装备的建设。对各类突发性公共事件的监测和预警能力不断提高,灾后恢复重建的能力明显提高。

2.我国政府应急体系存在的问题

1)预防意识薄弱

从我国近年自然灾害危机管理的实践来看,预防工作还显得非常薄弱。从汶川地震就可以看出政府和公众危机防范意识不强的问题,使很多灾民丧失了生命救援的最佳时间。

2)预警和监控系统不完善

我国的灾害预警和监控系统还不够完善,在很多方面存在缺陷,比如危机潜伏期的科学预测和判断、危机发生的概率以及发生后可能产生的负面影响等等。例如2010年,舟曲县发生特大泥石流灾害,舟曲县本来就是自然灾害易发多发区,但是测雨雷达等灾害监测设施不够完善。

3)应急协同联动机制不健全

公共危机的应对需要来自多个部门和机构的配合与协调。我国应急管理部门的垂直应急管理体系较为完备,但各部门横向职责分工并不十分明确,在响应期的突出问题表现为应急协同动机制不健全。

4)社会参与机制不健全

从实践上看,目前我国对全社会防范风险、应急处理的教育工作还很不够。广大居民普遍表现为社会危机意识薄弱,自救知识和能力欠缺,主动参与程度不高。比如汶川地震中,一些非政府组织虽然参与了救援工作,但几乎都是自发行动,没充分发挥非政府组织的力量;对大量参与救援和灾后重建的志愿者也存在着管理混乱、缺乏后勤保障等问题。

第二节 应急管理基础知识

要做好应急管理,必须了解有关应急管理的基础知识。本节将介绍有关应急管理的基本概念、管理理念和原则。本节介绍的概念来自《中华人民共和国突发事件应对法》、《生产经营单位生产安全事故应急预案编制导则》(AQ/T 9002—2006)。

一、有关应急管理的基本概念

(一)应急管理

应急管理是指政府及其他公共机构在突发事件的事前预防、事发应对、事中处置和善后恢复过程中,通过建立必要的应对机制,采取一系列必要措施,应用科学、技术、规划与管理等手段,保障公众生命、健康和财产安全,促进社会和谐健康发展的有关活动。

关于应急管理,可以从以下几方面来理解。

1.应急管理的对象、目的和主要过程

由应急管理的概念可知,应急管理的研究对象(客体)是突发事件,是关于突发事件"事前预防、事发应对、事中处置和善后恢复"的管理科学,也就是说,突发事件的管理由以上几个过程构成。

应急管理的目的是保障公众生命、健康和财产安全,促进社会和谐健康发展。应当说明的是,保护人民群众生命和健康,减轻突发事件对社会公众、财产、环境的影响是应急管理的宗旨,是"以人为本"理念的体现。只有做到人民生命财产不受损害,才能促进社会和谐健康发展。《中华人民共和国突发事件应对法》第一条明确规定了立法的目的是"为了预防和减少突发事件的发生,控制、减轻和消除突发事件引起的严重社会危害,规范突发事件应对活动,保护人民生命财产安全,维护国家安全、公共安全、环境安全和社会秩序"。这也给出了应急管理的目的。

在应急管理中,为了保证对突发事件快速、有效的应对,必须建立必要的体制、机制,采取一定的科学、技术和管理手段。在发生突发事件时,只有预先建立必要的应急法律制度,建立科学的应急管理体制和运行机制,充分动员社会各界的资源和力量,才能保障应急救援快速高

效的运行。这就是所谓的"一案三制"中"三制"的由来。一案是指应急预案。

2. 应急管理的主体

应急管理的主体是政府及其他公共机构。由后续内容可知，突发事件来自生产安全事故、自然灾害事件、公共卫生事件、社会安全事件等，这些事件是一般的自然人是无法应对的。因此突发事件的管理主体只能是政府及其他公共机构。政府机构如国务院以及省（直辖市）、市、县等地方各级人民政府以及国务院各部委、各级人民政府有关部门如公安、安全生产监督管理部门、卫生行政部门、环境保护部门、质检部门、消防、铁路、民航、邮政、交通以及部队、民兵组织等；其他公共机构如企业单位、事业单位、医院、保险、急救站、学校、慈善机构等。这些政府机构和其他公共机构在应急管理中承担的职责在《安全生产法》《突发事件应对法》中有规定。

（二）突发事件

《中华人民共和国突发事件应对法》所称的突发事件，是指突然发生，造成或者可能造成严重社会危害，需要采取应急处置措施予以应对的自然灾害、事故灾难、公共卫生事件和社会安全事件。

自然灾害：主要包括水旱灾害、气象灾害、地震灾害、地质灾害、海洋灾害、生物灾害和森林草原火灾等。

事故灾难：主要包括工矿商贸等企业的各类安全事故、交通运输事故、公共设施和设备事故、环境污染和生态破坏事件等。

公共卫生事件：主要包括传染病疫情、群体性不明原因疾病、食品安全和职业危害、动物疫情以及其他严重影响公众健康和生命安全的事件。

社会安全事件：主要包括恐怖袭击事件、经济安全事件和涉外突发事件等。

按照社会危害程度、影响范围等因素，自然灾害、事故灾难、公共卫生事件分为特别重大、重大、较大和一般四级，分别用Ⅰ、Ⅱ、Ⅲ、Ⅳ表示。一般情况下，Ⅳ级事件由县级人民政府应对，Ⅲ级事件由市级人民政府应对，Ⅱ级突发事件由省级人民政府应对，Ⅰ级突发事件由国务院应对。突发事件的分级标准由国务院或者国务院确定的部门制定。在应急预案中，一般会对事件分级进行说明。

（三）应急预案

应急预案是针对可能发生的事故，为迅速、有序地开展应急行动而预先制定的行动方案。
应急预案具有以下基本功能：

（1）指定组织和个人的有关责任，在紧急情况下超越了某个机构的能力或常规职责时，在预定的时间和地点采取特定的行动。

（2）说明各自权限以及机构之间的关系，如何协调所有的行动。

（3）描述紧急情况和灾难发生时如何保护生命、财产安全和环境。

（4）明确辖区内（单位内）在应急响应和恢复行动中可以利用的人员、设备、设施、物资和其他资源。

（5）明确应急响应和恢复行动过程中实施减灾的步骤。

(四)应急准备

应急准备是针对可能发生的事故,为迅速、有序地开展应急行动而预先进行的组织准备和应急保障。

(五)应急响应

应急响应是事故发生后,有关组织或人员采取的应急行动。

(六)应急救援

应急救援是在应急响应过程中,为消除、减少事故危害,防止事故扩大或恶化,最大限度地降低事故造成的损失或危害而采取的救援措施或行动。

(七)恢复

恢复是事故的影响得到初步控制后,为使生产、工作、生活和生态环境尽快恢复到正常状态而采取的措施或行动。

二、应急管理的原则

应急管理是关于突发事件的管理,关乎人民生命财产安全。在应急准备、抢险救援等过程中,人们将面对各种各样的选择,应急管理的原则给出了选择和权衡的依据。那么在应急管理中应坚持哪些原则呢?

《中华人民共和国突发事件应对法》第五条规定了突发事件应对工作实行"预防为主、预防与应急相结合"的原则。国家建立重大突发事件风险评估体系,对可能发生的突发事件进行综合性评估,减少重大突发事件的发生,最大限度地减轻重大突发事件的影响。

由于突发事件具有突然发生的特点,而且具有严重的社会危害性,因此,必须立足预防。国务院以及地方各级人民政府、企事业单位应当履行有关法律法规赋予的职责和义务,积极采取措施,预防各类突发事件的发生,这才是根本。但百密难免一疏,一旦突发事件发生,必须在平时做好应急准备的前提下,积极采取应急救援行动,把突发事件的损失降到最低,这就是预防与应急相结合。这和 HSE 管理体系"预防为主、防治结合"的原则是相符的。

中华人民共和国《国家突发公共事件总体应急预案》明确提出了应急救援的工作原则。

(一)以人为本,减少危害

应切实履行政府的社会管理和公共服务职能,把保障公众健康和生命财产安全作为首要任务,最大程度地减少突发事件造成的人员伤亡和危害。

以人为本,就是要在应急管理的全过程中,将抢救人民生命放在首位。比如在应急准备时,应当准备好人员救护的物资器材,如担架、药品、食品、生活必需品等,在生产装置、工作场所应考虑人员逃生通道或装置、设置避难场所、紧急集合点、急救站;在编制应急预案时,应当考虑采取哪些措施如何保护人、救护人;在发生突发事件时,首先应当集合现场有关人员,清点人数;在恢复阶段,应当采取政府救助、心理疏导措施,使人们恢复信心。这些都是以人为本的体现,也是近年来我国应急管理的最佳实践。在减轻人员损失的前提下,还应当采取措施,减轻财产损失、环境影响和其他社会影响,将危害损失降到最低。

(二)居安思危,预防为主

应高度重视公共安全工作,常抓不懈,防患未然。增强忧患意识,坚持预防与应急相结合,常态与非常态相结合,做好应对突发公共事件的各项准备工作。

居安思危,预防为主,就是要求政府机构,工、矿、商贸企业以及其他公共机构应当在突发事件未发生之前(常态),识别本单位可能存在的突发事件,并对其风险进行评估,采取措施预防突发事件的发生,制定好应急预案。因此,预防是应急管理的根本,应当立足于预防。一旦突发事件发生(非常态),能够迅速启动应急预案,开展抢险救援行动,把损失降到最低。

(三)统一领导,分级负责

在党中央、国务院的统一领导下,建立健全分类管理、分级负责,条块结合、属地管理为主的应急管理体制,在各级党委领导下,实行行政领导责任制,充分发挥专业应急指挥机构的作用。

这是应急管理的管理体制。应急管理是政府的职责,只有政府才能动员全社会的资源,有效应对各类突发事件。因此政府在应急管理中起着领导的作用。全国应急工作应当在党中央、国务院的统一领导下,实行地方政府的首长负责制,实行分类管理、分级负责、条块结合、属地为主的管理体制,做好应急管理工作。这里的分级负责包括各级人民政府的分级负责、中央企业和其他机构的分级负责。各级人民政府安全生产监督管理部门、负有安全生产相关职责的部门以及负有应急管理职责的部门要遵守条块结合的原则,做好应急管理工作。属地单位(事发单位)应当坚持"属地为主"的原则,发挥本单位的主观能动性。"属地为主"的含义主要体现在,一般的生产安全事故或突发事件常常发生在工、矿、商、贸企业或其他单位,这些属地单位清楚本单位生产工艺流程和设备操作调节,清楚本单位危险点、源,在应急管理中能够抓住要害,起到关键作用。只有政府,企、事业单位和社会其他公共机构、公众在突发事件应对中互相协作,才能做到快速高效、从容应对、降低损失。

(四)依法规范,加强管理

依据有关法律和行政法规,加强应急管理,维护公众的合法权益,使应对突发公共事件的工作规范化、制度化、法制化。

这是应急管理的法规、制度建设。应急管理涉及国家和地方一方安宁,不容忽视。因此国家应通过立法的形式确立应急管理的地位和制度。我国已经形成了以宪法、安全生产法、环境保护法、职业病防治法、突发事件应对法、生产安全事故应急预案管理办法、特种设备监察条例等法律等法规构成的应急管理的法律、法规体系,是应急管理的法律基础。企、事业单位或其他公共机构应当根据这些法律法规以及上级部门的应急管理要求、应急预案体系,制定本企业的标准、规范和制度,使应急管理法制化、制度化。

(五)快速反应,协同应对

应加强以属地管理为主的应急处置队伍建设,建立联动协调制度,充分动员和发挥乡镇、社区、企事业单位、社会团体和志愿者队伍的作用,依靠公众力量,形成统一指挥、反应灵敏、功能齐全、协调有序、运转高效的应急管理机制。

这是应急运行机制的问题。应急管理不光是事发单位的事,涉及方方面面。例如在突发事件应对、处置过程中,涉及监测与预警、报警与接警、信息报送与发布、治安与警戒、人员的疏散与安置、搜救与抢救、通讯与联络、公众与媒体的应对、抢险与恢复等,这些活动必须快速、高效完成。因此在平时应当建立好应急运行机制,建立好应急组织,规定应急组织的职责与权限,确保在应急救援过程中能够快速处理好上述工作。平时应建设好应急救援队伍、志愿者队伍和专家库,与周边各兄弟单位、社会团体签订互助协议,和社区、社区医院、消防队、急救站等单位保持有效沟通,储存应急物资和通讯保障器材,编制好应急预案,并定期进行演练。只有平时准备充分,应急时才能形成统一指挥、反应迅速、协调高效的运行机制,才能实现应急管理的目标。

(六)依靠科技,提高素质

加强公共安全科学研究和技术开发,采用先进的监测、预测、预警、预防和应急处置技术及设施,充分发挥专家队伍和专业人员的作用,提高应对突发公共事件的科技水平和指挥能力,避免发生次生、衍生事件;加强宣传和培训教育工作,提高公众自救、互救和应对各类突发公共事件的综合素质。

任何一种突发事件都有其规律性,只有掌握了其规律性,才能事半功倍,高效应对。汶川地震以来,我国发生了多起地震,在地震灾害应对中积累了丰富的经验。例如在地震初期,应注意灾区道路的疏通与引导、余震及次生灾害的预防。第一天至第七天是人员搜救的黄金时间段,应急的重点应放在受伤人员搜救、现场急救、转院治疗、死亡人员的善后、家属的安慰等工作上。随着时间的推移,第七天以后,应急重点则是灾区的清洗、消毒,受害者遗体的安葬、畜禽尸体掩埋、防止疫情、受灾人员心理抚慰等工作上,同时适时启动灾后恢复、重建、灾区人员安置等工作,次生灾害预防等工作上。

在应急救援中,科技手段的应用可以大大提高救援效率。如生命探测仪的使用,各种灾害事件如飓风、地震、地质灾害、气象的监测技术的应用可以提前发挥预警作用,降低突发事件带来的损失。因此应急管理应当坚持"依靠科技、提高素质"的原则。

三、应急管理的理念

应急管理的工作原则规定了人们在应对突发事件时的价值取向,是人们应对突发事件中决策的依据,由此决定了应急管理的核心理念。

(一)"以人为本"的理念

以人为本的理念就是任何时候都应把人的生命和健康放在首位。这是应急管理的核心，也是建设和谐社会的必然。在应急准备、编制应急预案、抢险救援中，一定要注意抢救人、保护人的生命和健康。

(二)"依法管理"的理念

应急管理必须坚持依法管理。突发事件的识别与预防、应急预案的编制、演练、评审与备案、应急组织的建立、职责权限的规定，都必须建立在法规、制度的基础上。一定要按照法律法规、制度要求，扎实做好应急管理的各个环节的工作，否则将被追究责任。

(三)"预防为主"的理念

预防为主的理念来源于事故管理，也来源于应急工作的本质。应对突发事件，最好的做法就是不要让其发生，因为一旦发生，后果是难以挽回的。因此，平时识别好各自单位的潜在的突发事件，做好预防工作是必要的。

(四)"防治结合"的理念

所谓防治结合，就是要把预防和抢险救援结合起来，一方面要做好应急准备和事前预防，另一方面一旦预防失效，突发事件发生，能够从容应对，有备无患。单纯依靠其一是错误的。

(五)"快速高效"的理念

这是应急管理的本质决定的。应急管理中的抢险救援阶段其实就是与死神赛跑，在突发事件发生初期，是抢救生命的黄金时间，此时任何犹豫、彷徨、狐疑、推诿都是不负责任。因此应坚持"分类管理、分级负责"的应急管理体制，建立高效的应急响应机制，果断决策，及时应对。快速高效是应急管理的命脉。

(六)"依靠科技"的理念

应该充分重视科学技术在应急管理中的作用。在应急管理中，在满足法律法规要求的前提下，积极投入资金，改善应急科技水平，是提高应急效率的重要途径。

在以上原则理念中，可以明显地看出应急管理的基本内容就是"一案三制"。"一案"就是应急预案，就是要做好应急预案管理，"三制"就是应急法规制度建设、管理体制建设、运行机制的建设。其中"一案"是核心，"三制"是基础和保障。

四、应急管理的主要任务

由以上法律法规要求,特别是 HSE 管理体系标准对应急管理的要求可知,应急管理的主要任务有:

(1)制订符合法律法规的、适合组织情况的"应急管理控制程序",作为组织应急管理的基本制度,规范应急管理各个过程的职责、权限和具体要求。

(2)准确识别组织内潜在的突发事件或事故,对这些突发事件进行风险评估、制订并落实预防措施,预防这些突发事件或事故的发生(这些工作一部分已经在风险管理中完成)。

(3)针对以上突发事件或事故编制应急预案,形成本单位的应急预案体系,并完成应急预案的评审、备案与发布工作,应急预案的传达、演练、修订工作。

(4)做好应急准备工作。

①依据应急救援预案组建应急组织、专兼职应急救援队伍和志愿者队伍,对应急救援组织、队伍进行培训和演练。

②签订互助协议,借助社会力量为应急救援提供支持。与周边企、事业单位签订应急救援互助协议;与社区、医院、急救站协商好应急救援期间人员疏散安置、住院、急救事宜,并收集联系电话号码。

③做好应急救援物资、器材、通信设施的准备工作。按照应急预案要求,储备足够的应急物资、器材、通信设施,平时做好检查、维护、保养工作,保证物资种类齐全、数量足够、性能可靠。

(5)做好突发事件的应对和处置工作。

第三节　法律、法规对应急管理的要求

前已述及,应急管理必须依法管理。本节将介绍有关应急管理的法律、法规的要求。这里主要介绍法律、法规关于应急管理都有哪些规定,哪些场合或情况要编制应急预案。由于法律、法规条例众多,不可能一一介绍。此处仅介绍一些重要的法律、法规的要求。

一、《中华人民共和国安全生产法》对应急管理的要求

安全生产法是我国安全生产的基本法,对应急管理有许多要求,其中第五章"生产安全事故的应急救援与调查处理"专门对抢险救援提出了要求。安全生产法关于应急管理的重要要求如下。

[第十六条]国家对在改善安全生产条件、防止生产安全事故、参加抢险救护等方面取得显著成绩的单位和个人,给予奖励。

[第十八条第6款]生产经营单位的主要负责人职责之一是:组织制定并实施本单位的生产安全事故应急救援预案。

[第二十二条第1、第3、第4款]生产经营单位的安全生产管理机构以及安全生产管理人员履行下列职责:组织或者参与拟订本单位安全生产规章制度、操作规程和生产安全事故应急

救援预案;督促落实本单位重大危险源的安全管理措施;组织或者参与本单位应急救援演练。

[第三十七条]生产经营单位对重大危险源应当登记建档,进行定期检测、评估、监控,并制定应急预案,告知从业人员和相关人员在紧急情况下应当采取的应急措施。生产经营单位应当按照国家有关规定将本单位重大危险源及有关安全措施、应急措施报有关地方人民政府安全生产监督管理部门和有关部门备案。

[第四十一条]生产经营单位应当教育和督促从业人员严格执行本单位的安全生产规章制度和安全操作规程;并向从业人员如实告知作业场所和工作岗位存在的危险因素、防范措施以及事故应急措施。

[第五十五条]从业人员应当接受安全生产教育和培训,掌握本职工作所需的安全生产知识,提高安全生产技能,增强事故预防和应急处理能力。

[第七十六条]国家加强生产安全事故应急能力建设,在重点行业、领域建立应急救援基地和应急救援队伍,鼓励生产经营单位和其他社会力量建立应急救援队伍,配备相应的应急救援装备和物资,提高应急救援的专业化水平。国务院安全生产监督管理部门建立全国统一的生产安全事故应急救援信息系统,国务院有关部门建立健全相关行业、领域的生产安全事故应急救援信息系统。

[第七十七条]县级以上地方各级人民政府应当组织有关部门制定本行政区域内生产安全事故应急救援预案,建立应急救援体系。

[第七十八条]生产经营单位应当制定本单位生产安全事故应急救援预案,与所在地县级以上地方人民政府组织制定的生产安全事故应急救援预案相衔接,并定期组织演练。

[第七十九条]危险物品的生产、经营、储存单位以及矿山、金属冶炼、城市轨道交通运营、建筑施工单位应当建立应急救援组织;生产经营规模较小的,可以不建立应急救援组织,但应当指定兼职的应急救援人员。上述单位应当配备必要的应急救援器材、设备和物资,并进行经常性维护、保养,保证正常运转。

[第八十条]生产经营单位发生生产安全事故后,事故现场有关人员应当立即报告本单位负责人。单位负责人接到事故报告后,应当迅速采取有效措施,组织抢救,防止事故扩大,减少人员伤亡和财产损失,并按照国家有关规定立即如实报告当地负有安全生产监督管理职责的部门,不得隐瞒不报、谎报或者迟报,不得故意破坏事故现场、毁灭有关证据。

[第八十二条]有关地方人民政府和负有安全生产监督管理职责的部门的负责人接到生产安全事故报告后,应当按照生产安全事故应急救援预案的要求立即赶到事故现场,组织事故抢救。参与事故抢救的部门和单位应当服从统一指挥,加强协同联动,采取有效的应急救援措施,并根据事故救援的需要采取警戒、疏散等措施,防止事故扩大和次生灾害的发生,减少人员伤亡和财产损失。事故抢救过程中应当采取必要措施,避免或者减少对环境造成的危害。任何单位和个人都应当支持、配合事故抢救,并提供一切便利条件。

二、《中华人民共和国突发事件应对法》对应急管理的要求

突发事件应对法是关于突发事件管理、应对的基本法,也是专项法,所有关于突发事件应急管理的活动,都应当依据本法。突发事件应对法全文都是关于应急管理和突发事件应对的,应该认真学习、贯彻(本章内容编写的依据之一就是该法)。

三、《中华人民共和国环境保护法》对应急管理的要求

[第四十七条]各级人民政府及其有关部门和企业事业单位,应当依照《中华人民共和国突发事件应对法》的规定,做好突发环境事件的风险控制、应急准备、应急处置和事后恢复等工作。

县级以上人民政府应当建立环境污染公共监测预警机制,组织制定预警方案;环境受到污染,可能影响公众健康和环境安全时,依法及时公布预警信息,启动应急措施。

企业事业单位应当按照国家有关规定制定突发环境事件应急预案,报环境保护主管部门和有关部门备案。在发生或者可能发生突发环境事件时,企业事业单位应当立即采取措施处理,及时通报可能受到危害的单位和居民,并向环境保护主管部门和有关部门报告。

突发环境事件应急处置工作结束后,有关人民政府应当立即组织评估事件造成的环境影响和损失,并及时将评估结果向社会公布。

四、《中华人民共和国职业病防治法》对应急管理的要求

[第二十条第6款]用人单位应当采取下列职业病防治管理措施:建立、健全职业病危害事故应急救援预案。

[第二十五条]对可能发生急性职业损伤的有毒、有害工作场所,用人单位应当设置报警装置,配置现场急救用品、冲洗设备、应急撤离通道和必要的泄险区。

对放射工作场所和放射性同位素的运输、贮存,用人单位必须配置防护设备和报警装置,保证接触放射线的工作人员佩戴个人剂量计。

对职业病防护设备、应急救援设施和个人使用的职业病防护用品,用人单位应当进行经常性的维护、检修,定期检测其性能和效果,确保其处于正常状态,不得擅自拆除或者停止使用。

[第三十七条]发生或者可能发生急性职业病危害事故时,用人单位应当立即采取应急救援和控制措施,并及时报告所在地安全生产监督管理部门和有关部门。安全生产监督管理部门接到报告后,应当及时会同有关部门组织调查处理;必要时,可以采取临时控制措施。卫生行政部门应当组织做好医疗救治工作。

对遭受或者可能遭受急性职业病危害的劳动者,用人单位应当及时组织救治、进行健康检查和医学观察,所需费用由用人单位承担。

五、《中华人民共和国消防法》对应急管理的要求

[第十六条第1、6款]机关、团体、企业、事业等单位应当履行下列消防安全职责,如落实消防安全责任制,制定本单位的消防安全制度、消防安全操作规程,制定灭火和应急疏散预案;组织进行有针对性的消防演练。

[第二十条]举办大型群众性活动,承办人应当依法向公安机关申请安全许可,制定灭火和应急疏散预案并组织演练,明确消防安全责任分工,确定消防安全管理人员,保持消防设施和消防器材配置齐全、完好有效,保证疏散通道、安全出口、疏散指示标志、应急照明和消防车通道符合消防技术标准和管理规定。

［第二十八条］任何单位、个人不得损坏、挪用或者擅自拆除、停用消防设施、器材,不得埋压、圈占、遮挡消火栓或者占用防火间距,不得占用、堵塞、封闭疏散通道、安全出口、消防车通道。人员密集场所的门窗不得设置影响逃生和灭火救援的障碍物。

［第三十九条］下列单位应当建立单位专职消防队,承担本单位的火灾扑救工作,如大型核设施单位、大型发电厂、民用机场、主要港口;生产、储存易燃易爆危险品的大型企业;储备可燃的重要物资的大型仓库、基地;第一项、第二项、第三项规定以外的火灾危险性较大、距离公安消防队较远的其他大型企业;距离公安消防队较远、被列为全国重点文物保护单位的古建筑群的管理单位。

［第四十三条］县级以上地方人民政府应当组织有关部门针对本行政区域内的火灾特点制定应急预案,建立应急反应和处置机制,为火灾扑救和应急救援工作提供人员、装备等保障。

［第四十四条］任何人发现火灾都应当立即报警。任何单位、个人都应当无偿为报警提供便利,不得阻拦报警。严禁谎报火警。人员密集场所发生火灾,该场所的现场工作人员应当立即组织、引导在场人员疏散。任何单位发生火灾,必须立即组织力量扑救。邻近单位应当给予支援。消防队接到火警,必须立即赶赴火灾现场,救助遇险人员,排除险情,扑灭火灾。

［第四十五条］公安机关消防机构统一组织和指挥火灾现场扑救,应当优先保障遇险人员的生命安全(部分摘录,非完整条款)。

［第四十六条］公安消防队、专职消防队参加火灾以外的其他重大灾害事故的应急救援工作,由县级以上人民政府统一领导。

［第四十七条］消防车、消防艇前往执行火灾扑救或者应急救援任务,在确保安全的前提下,不受行驶速度、行驶路线、行驶方向和指挥信号的限制,其他车辆、船舶以及行人应当让行,不得穿插超越;收费公路、桥梁免收车辆通行费。交通管理指挥人员应当保证消防车、消防艇迅速通行。赶赴火灾现场或者应急救援现场的消防人员和调集的消防装备、物资,需要铁路、水路或者航空运输的,有关单位应当优先运输。

六、《危险化学品安全管理条例》对应急管理的要求

［第六条第4、第6款］对危险化学品的生产、储存、使用、经营、运输实施安全监督管理的有关部门,依照下列规定履行职责:(1)环保部门负责废弃危险化学品处置的监督管理,组织危险化学品的环境危害性鉴定和环境风险程度评估,确定实施重点环境管理的危险化学品,负责危险化学品环境管理登记和新化学物质环境管理登记;依照职责分工调查相关危险化学品环境污染事故和生态破坏事件,负责危险化学品事故现场的应急环境监测。(2)卫生部门负责危险化学品毒性鉴定的管理,负责组织、协调危险化学品事故受伤人员的医疗卫生救援工作。

［第三十条第3款］申请危险化学品安全使用许可证的化工企业,除应当符合本条例第二十八条的规定外,还应当具备下列条件:有符合国家规定的危险化学品事故应急预案和必要的应急救援器材、设备。

［第三十四条第5款］从事危险化学品经营的企业应当具备下列条件:有符合国家规定的危险化学品事故应急预案和必要的应急救援器材、设备。

［第四十五条］运输危险化学品,应当根据危险化学品的危险特性采取相应的安全防护措施,并配备必要的防护用品和应急救援器材。

用于运输危险化学品的槽罐及其他容器应当封口严密,能够防止危险化学品在运输过程中因温度或压力的变化发生渗漏、洒漏;槽罐以及其他容器的溢流和泄压装置应当设置准确、起闭灵活。

运输危险化学品的驾驶人员、船员、装卸管理人员、押运人员、申报人员、集装箱装箱现场检查员,应当了解所运输的危险化学品的危险特性及其包装物、容器的使用要求和出现危险情况时的应急处置方法。

[第五十一条]剧毒化学品、易制爆危险化学品在道路运输途中丢失、被盗、被抢或者出现流散、泄漏等情况的,驾驶人员、押运人员应当立即采取相应的警示措施和安全措施,并向当地公安机关报告。公安机关接到报告后,应当根据实际情况立即向安全生产监督管理部门、环境保护主管部门、卫生主管部门通报。有关部门应当采取必要的应急处置措施。

[第五十九条]用于危险化学品运输作业的内河码头、泊位应当符合国家有关安全规范,与饮用水取水口保持国家规定的距离。有关管理单位应当制定码头、泊位危险化学品事故应急预案,并为码头、泊位配备充足、有效的应急救援器材和设备。

[第六十六条]国家实行危险化学品登记制度,为危险化学品安全管理以及危险化学品事故预防和应急救援提供技术、信息支持。

[第六十九条]县级以上地方人民政府安全生产监督管理部门应当会同工业和信息化、环境保护、公安、卫生、交通运输、铁路、质量监督检验检疫等部门,根据本地区实际情况,制定危险化学品事故应急预案,报本级人民政府批准。

[第七十条]危险化学品单位应当制定本单位危险化学品事故应急预案,配备应急救援人员和必要的应急救援器材、设备,并定期组织应急救援演练。危险化学品单位应当将其危险化学品事故应急预案报所在地设区的市级人民政府安全生产监督管理部门备案。

[第七十一条]发生危险化学品事故,事故单位主要负责人应当立即按照本单位危险化学品应急预案组织救援,并向当地安全生产监督管理部门和环境保护、公安、卫生主管部门报告;道路运输、水路运输过程中发生危险化学品事故的,驾驶人员、船员或者押运人员还应当向事故发生地交通运输主管部门报告。

[第七十二条]发生危险化学品事故,有关地方人民政府应当立即组织安全生产监督管理、环境保护、公安、卫生、交通运输等有关部门,按照本地区危险化学品事故应急预案组织实施救援,不得拖延、推诿。有关地方人民政府及其有关部门应当按照下列规定,采取必要的应急处置措施,减少事故损失,防止事故蔓延、扩大:

(1)立即组织营救和救治受害人员,疏散、撤离或者采取其他措施保护危害区域内的其他人员;

(2)迅速控制危害源,测定危险化学品的性质、事故的危害区域及危害程度;

(3)针对事故对人体、动植物、土壤、水源、大气造成的现实危害和可能产生的危害,迅速采取封闭、隔离、洗消等措施;

(4)对危险化学品事故造成的环境污染和生态破坏状况进行监测、评估,并采取相应的环境污染治理和生态修复措施。

[第七十三条]有关危险化学品单位应当为危险化学品事故应急救援提供技术指导和必要的协助。

[第七十四条]危险化学品事故造成环境污染的,由设区的市级以上人民政府环境保护主管部门统一发布有关信息。

七、《特种设备安全监察条例》对应急管理的要求

[第六十五条]特种设备安全监督管理部门应当制定特种设备应急预案。特种设备使用单位应当制定事故应急专项预案,并定期进行事故应急演练。压力容器、压力管道发生爆炸或者泄漏,在抢险救援时应当区分介质特性,严格按照相关预案规定程序处理,防止二次爆炸。

[第六十六条]特种设备事故发生后,事故发生单位应当立即启动事故应急预案,组织抢救,防止事故扩大,减少人员伤亡和财产损失,并及时向事故发生地县以上特种设备安全监督管理部门和有关部门报告。县以上特种设备安全监督管理部门接到事故报告,应当尽快核实有关情况,立即向所在地人民政府报告,并逐级上报事故情况。必要时,特种设备安全监督管理部门可以越级上报事故情况。对特别重大事故、重大事故,国务院特种设备安全监督管理部门应当立即报告国务院并通报国务院安全生产监督管理部门等有关部门。

……

总之,国家众多的法律法规对应急管理都有明确的要求,这里只能给出与HSE管理有关的法律法规要求。读者应根据本单位情况,识别出符合本单位的法律法规要求。

由以上要求可以看出,需要编制应急预案的情况有:

(1)对于突发事件所规定的四类事件,即自然灾害、事故灾难、公共卫生事件和社会安全事件。对这些事件应准确识别,并编制应急预案。
(2)组织应针对各类生产安全事故、道路交通事故编制应急预案;
(3)组织应针对潜在的环境污染、生态破坏事故编写应急预案;
(4)组织应针对潜在的职业病危害事件编制应急预案;
(5)危险化学品的生产、储存、经营、使用、运输单位应针对危险化学品事故编制应急预案。
(6)特种设备使用单位应针对潜在的特种设备事故编制应急预案。
(7)组织应针对重大危险源编制重大危险源事故应急预案。

企、事业单位应编制各自的应急预案并在上级单位以及县级人民政府备案,县级以及县级以上各级人民政府应当针对以上情况编制政府预案。

当然,以上只是部分法律、法规的要求。可以想象,烟花爆竹单位、民爆物品相关单位、放射性同位素使用单位、易制毒物品相关单位等都应当依法编写相关的应急预案。

八、HSE管理体系标准对应急管理的要求

中国石油天然气集团公司标准 Q/SY 1002.1—2013 "5.5.10 应急准备和响应"对应急管理的要求如下。

组织应建立、实施和保持程序,用于:
(1)系统地识别潜在的紧急情况或事故;
(2)应急准备;
(3)对紧急情况或事故做出响应。

组织应建立针对潜在紧急情况或事故的应急预案,规定响应紧急情况或事故的程序。组织在策划应急响应时,应考虑有关相关方的需求,如应急服务机构、相邻组织和社区或居民。

组织应建立与其需求相适应的专兼职应急救援队伍,储备应急物资,配备应急设施、装备,

并进行检查、维护、保养,确保其完好、可靠。

组织应对实际发生的紧急情况或事故做出响应,以便预防和减少可能随之引发的人身伤害、健康损害、财产损失和环境影响。

可行时,组织也应定期通过演练方式测试应急预案及其响应紧急情况或事故的程序,可行时,使有关相关方适当参与其中。

组织应定期评审应急预案及其响应紧急情况或事故的程序,必要时对其修订,特别是在定期测试以及事故或紧急情况发生后。

第四节　应急管理体系

自 2003 年应对"非典"事件,实施应急管理以来,我国加强应急管理,在应急理论研究和应急实践方面取得了长足的发展,形成了系统的应急救援体系。为使读者能够系统了解我国应急救援体系,本节在前面内容的基础上,再对应急管理体系进行深入探讨。

一、中华人民共和国应急管理体系

如前所述,我国的应急管理体系包括应急管理法制、应急管理体制、应急运行机制、应急预案体系、应急物资、应急救援队伍,其本质是应急管理系统中的硬件和软件的统称。如图 8-1 所示。应急管理的"一案三制"是具有中国特色的应急管理体系。"一案"为国家突发公共事件应急预案体系,"三制"为应急管理体制、运行机制和法制。应急管理体制主要指建立健全集中统一、坚强有力、政令畅通的指挥机构;运行机制主要指建立健全监测预警机制、应急信息报告机制、应急决策和协调机制等;而法制建设方面,主要通过完善应急法律、法规和制度,努力使突发事件的应急处置逐步走上规范化、制度化和法制化轨道。

"一案"与"三制"是一个有机结合的整体,如果把应急管理的"一案三制"体系比喻为一架直升机,那么,"一案"可视为直升机的机体,"三制"则视为直升机的前、后机翼和螺旋桨,即体制是直升机的前机翼(起平稳飞行作用),机制是直升机的后机翼(起平衡、协调作用),法制是直升机的螺旋桨发动机(飞行的动力)。"一案"与"三制"相互依存,共同发展,确保起到应急救援的作用。

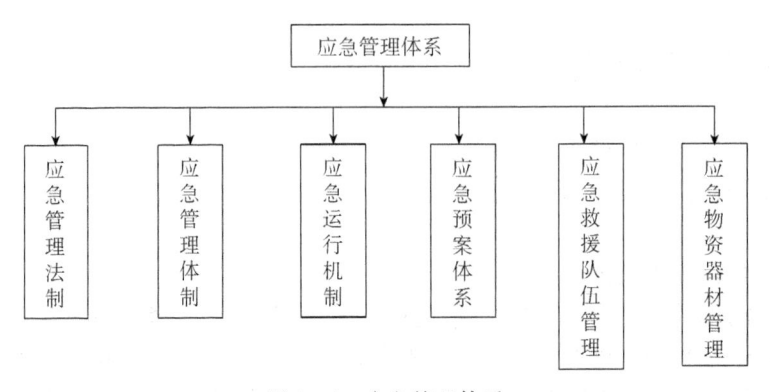

图 8-1　应急管理体系

二、应急管理法制

2003年11月,清华大学公共管理学院和上海市法制办分别接受国务院法制办委托,着手起草《紧急状态法》立法草案。2004年3月,十届全国人大二次会议通过宪法修正案,将现行宪法中规定的"戒严"修改为"进入紧急状态",确立了我国的紧急状态制度,为《紧急状态法》立法提供了宪法依据。2007年8月30日,十届全国人大常委会第二十九次会议审议通过《突发事件应对法》,这是新中国第一部应对各类突发事件的综合性法律。它的施行标志着我国规范应对各类突发事件的基本法律制度也已确立,为有效实施应急管理提供了法律依据和法制保障。据统计,党的十六大以来,国务院制定了《突发公共卫生事件应急条例》《重大动物疫情应急条例》等应对突发事件的单行法律和行政法规60多部,全国人大常委会分别组织修订了《传染病防治法》《动物防疫法》等法律。我国目前已基本建立了以宪法为基础、以《突发事件应对法》为核心、以相关单项法律法规为配套的应急管理法律体系,应急管理工作也进入了制度化、规范化、法制化的轨道。

具体来说,我国的应急法规制度体系由以下的法律、法规、规章、标准构成。

(1)宪法:是制定《紧急状态法》《突发事件应对法》的依据。

(2)法律:全国人大及其常委会制定,以主席令颁布,称为法律,如《中华人民共和国劳动法》《中华人民共和国安全法》《中华人民共和国安全生产法》《中华人民共和国环境保护法》《中华人民共和国职业病防治法》《中华人民共和国矿山安全法》《中华人民共和国道路交通安全法》《突发事件应对法》等。

(3)行政法规:由国务院根据宪法和法律制定的,通过国务院令颁布的称为法规,如《危险化学品管理条例》《女职工保护规定》等。

(4)部门规章:由国务院各有关部委、署和具有管理职能的专属机构根据法律、法规、决定、命令在本部门权限范围内制定的专项规章,如《安全评价通则》《建设项目(工程)劳动安全卫生监察规定》《建设项目(工程)职业卫生安全设施和技术措施验收办法》等。

(5)地方性法规和规章:由省(自治区)、直辖市、计划单列市、县级以上人大常委会制定的规范性文件或专项文件。

(6)标准:由国家、行业主管部门制订的规范性文件。

(7)国际法律文件:主要指我国政府加入的国际劳工公约。

另外,企业制定的有关应急管理的标准、制度也作为应急制度体系的组成部分,规范和指导企业各自的应急管理行为。

三、应急管理体制

我国目前的应急管理体制是全国应急工作在党中央、国务院的统一领导下,实行地方政府的首长负责制,实行综合协调、分类管理、分级负责、条块结合、属地为主的管理体制。各级人民政府安全生产监督管理部门和负有安全生产相关职责的部门以及应急管理职责的部门要遵守条块结合的原则,做好应急管理工作。属地单位(事发单位)应当坚持"属地为主"的原则,发挥本单位的主观能动性。

2003年以来，在充分利用现有政府行政管理机构资源的情况下，一个依托于政府办公厅（室）的应急办发挥枢纽作用，协调若干个议事协调机构和联席会议制度的综合协调型应急管理新体制初步确立。《中华人民共和国突发事件应对法》明确规定，"国家建立统一领导、综合协调、分类管理、分级负责、属地管理为主的应急管理体制"。2006年4月，设置国务院应急管理办公室（国务院总值班室），承担国务院应急管理的日常工作和国务院总值班工作，履行值守应急、信息汇总和综合协调职能，发挥运转枢纽作用，这就是"统一领导、综合协调"。根据规定，我国将突发事件主要分为四大类，并规定了相应的牵头部门：自然灾害主要由民政部、水利部、地震局等牵头管理；事故灾难由国家安全监管总局等牵头管理；突发公共卫生事件由国家卫生计生委牵头管理；社会安全事件由公安部牵头负责。这就是"分类管理"。最后，由国务院办公厅总协调。各部门、各地方也设立专门的应急管理机构，完善应急管理体制，这就是"分级负责"。例如，国家防汛抗旱、抗震减灾、森林防火、灾害救助、安全生产、公共卫生、通信、公安、反恐怖、反劫机等专业机构的专业应急指挥与协调机构也进一步完善，军队系统应急管理的组织体系也得到了加强。

具体在应急管理过程中，属地单位如某企事业单位发生突发事件或事故，由该单位启动本单位相关应急预案，由本单位应急指挥人员指挥现场抢险救援工作，同时根据险情向上级单位和县级人民政府报告。如果县级人民政府启动了应急预案，此时应急指挥权就移交到县级人民政府指挥人员，如果险情超过县级人民政府处置范围，则由县级人民政府应急办公室向市级人民政府报告，如此依次启动市级、省级、国家级应急预案，同时应急指挥权不断交接。

四、应急运行机制

（一）我国的应急运行机制及其含义

应急管理体制解决了应急管理的组织架构和职责分配，而应急管理机制或运行机制则要解决的是这些组织结构在应急活动中如何运转、协调的问题。应急运行机制是指突发事件全过程中各种制度化、程序化的应急管理方法与措施。《国务院关于全面加强应急管理工作的意见》指出，要构建"统一指挥、反应灵敏、协调有序、运转高效的应急管理机制"。这里的运行机制主要包括六个方面。

（1）突发事件监测与预警机制：主要解决"谁来监测、谁来发布预警信息"的问题，包括各类突发事件分别由哪个部门进行监测，预警信息发布程序，预警信号规定等问题；

（2）突发事件的报警、接警机制：主要解决出现突发事件时险情如何上报的问题，主要包括各类突发事件报警、接警单位及电话，报警程序、报警内容、报警时限等规定。

（3）突发事件的信息报送机制：主要规范突发事件日常管理中的信息如何向上级单位、地方政府报送的问题，主要包括日常应急管理中有关突发事件管理的信息报送程序，包括归口部门、报送信息类型、报送内容、报送时间等要求。

（4）突发事件信息发布机制：主要规范应急救援过程中的信息如何向社会公众发布的问题，包括信息发布的归口部门、信息发布程序、信息发布时机、信息发布方式等规定。

（5）突发事件的应急决策机制：主要规范在处置突发事件时如何快速、科学决策的问题。主要包括决策机构、决策原则、决策流程、指令传达、信息反馈、应急小组之间的沟通交流等机制。

(6)应给预案的管理机制:主要解决应急预案如何编制、如何评审、演练要求、备案要求、如何发布等问题,保证应急预案的针对性、科学性、适用性、可得性。

应急运行机制还应当包括应急救援中事故现场的警戒与保卫、交通疏导、公众动员、居民的疏散、环境监测等机制,这里就不一一赘述了。

(二)有关应急运行机制的法规、制度

应急管理机制涵盖突发事件事前、事发、事中和事后全过程,主要包括预防准备、监测预警、信息报告、决策指挥、公共沟通、社会动员、恢复重建、调查评估、应急保障等内容。2003年以来,党中央、国务院和中央军委发布了很多有关具体应急管理机制建设的文件,涉及监测预警、信息报告、决策指挥、信息发布、恢复重建等多个方面。例如,在监测与预警方面,国家加强了气象、地震、水文、海洋、地质灾害、森林火灾、农林病虫害、煤矿瓦斯等灾害预测预警系统的建设。2007年12月30日国务院办公厅印发了《关于突发公共事件信息报告情况通报办法(试行)的通知》;2004年2月11日国务院原则通过了《关于改进和加强国内突发事件新闻发布工作的实施意见》以及后来发布的《军队参加抢险救灾条例》《关于加强自然灾害信息军地共享机制建设的通知》《国家突发事件预警信息发布系统运行管理办法》《突发事件应急预案管理办法》《突发环境事件应急管理办法》等文件、规章制度,这些文件、规章制度在应急管理机制建设中发挥了促进作用。

五、应急预案体系

全国突发公共事件应急预案体系包括:
(1)国家突发公共事件总体应急预案,总体应急预案是全国应急预案体系的总纲,是国务院应对特别重大突发公共事件的规范性文件。
(2)国家突发公共事件专项应急预案,专项应急预案主要是国务院及其有关部门为应对某一类型或某几种类型突发公共事件而制定的应急预案。
(3)突发公共事件部门应急预案,部门应急预案是国务院有关部门根据总体应急预案、专项应急预案和部门职责为应对突发公共事件制定的预案。
(4)突发公共事件地方应急预案,具体包括省级人民政府的突发公共事件总体应急预案、专项应急预案和部门应急预案,各市(地)、县(市)人民政府及其基层政权组织的突发公共事件应急预案。上述预案在省级人民政府的领导下,按照分类管理、分级负责的原则,由地方人民政府及其有关部门分别制定。
(5)企事业单位根据有关法律法规制定的应急预案。
(6)举办大型会展和文化体育等重大活动,主办单位应当制定应急预案。

国家应急预案体系如图8-2所示,地方各级政府应急预案隶属于国家预案之下,企事业单位预案隶属于地方人民政府预案之下,他们之间的关系不是并列关系而是一级从属一级的关系。

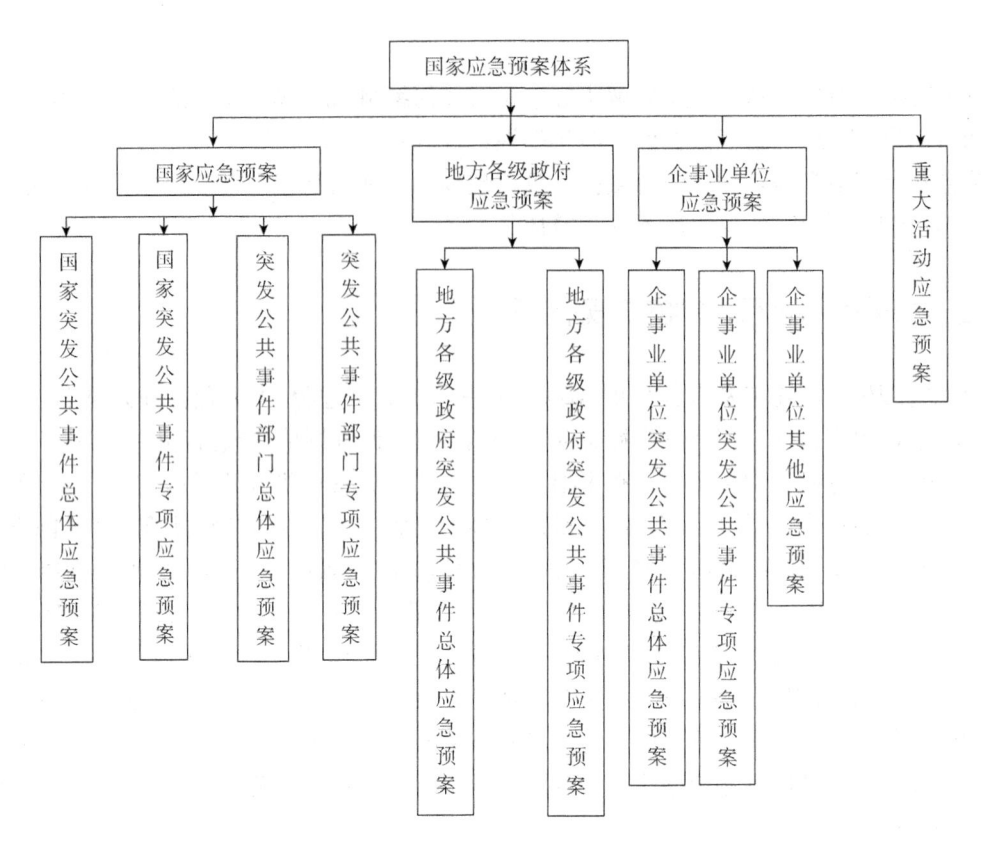

图 8-2 国家应急预案体系

六、应急救援队伍与应急物资管理

在应急管理体系中,除了"一案三制"的核心内容外,应当将应急救援队伍管理和应急物资管理纳入应急管理体系中统一要求、集中管理,而不是在各类应急预案的层面中管理。应急救援队伍和应急物资器材是形成应急能力、影响应急成败与效率的重要因素,平时加强应急队伍建设,储备符合要求的应急物资,是决胜应急管理的关键。应充分利用应急能力评估等手段发现和纠正应急队伍和应急物资器材存在的短板和问题,以提高应急能力。

(一)应急救援队伍

1. 企业应急救援队伍

对于企事业单位,应急救援队伍分为专业(职)应急队伍、兼职应急队伍、应急志愿者队伍。比如一些油田设置"维修抢险大队",平时负责设备维修和抢险训练,战时负责抢险,就是专职应急队伍。兼职应急队伍就是在应急预案中规定承担应急职责的人员,这些人员平时承担生产运行、设备管理、工艺技术等工作,战时开展设备的操作调节、工艺流程的切换、气体的检测、人员的搜救等关键工作。应急志愿者是自愿参加应急志愿者组织,在自身条件允许的情况下,在不谋求物质、金钱以及相关利益回报的前提下,自愿奉献个人的有关资源,开展切合实际、力所能及的具有一定专业性、技能性和长期性应急活动的人员。我国有些地区已经形成应急志愿者组织,并在应急救援中发挥了作用。不论是政府、企事业单位,都应该建立起以专业应急救援队伍为主导、兼职应急队伍为补充、应急志愿者队伍为辅助的应急救援队伍。

除此之外,还应建设好"应急专家库",为应急工作提供专业支持,这是应急队伍专业化、技能化的要求。应急专家是熟悉和掌握特殊知识技术、技能,为抢险救援提供参谋和特殊技术、技能的人员。应急专家参与抢险方案的制订、抢险过程的决策、关键抢险技术的提供、特殊技能的应用,对应急救援的作用不可限量。

2. 国家应急救援组织与队伍

从国家层面看,基于当代中国应急管理的基本经验,我国已形成了具有自己特色的应急管理运行模式,这种模式可以概括为政府主导下的"多力量整合模式",也可以形象地称为"拳头模式"。

从模式的力量格局来看,"拳头模式"是一种"政府主导下的整合多种力量合力应对的应急管理运行模式",体现了在重大自然灾害面前,必须有强有力的政府领导、指挥与组织协调,综合调动各种社会力量,快速有效地参与应对。从模式动态运行的角度来看,中国的"拳头模式"表现出应急管理决策迅速、出手快、出拳重、措施准、工作实、应对有力的鲜明特色。可以说,"拳头模式"集中反映了中国应急管理体制的本质特点,是中国应急管理体系建设成就的综合体现。

中国应对突发事件主要依靠五种基本力量,这五种基本力量分别是党政组织、人民军队、专业技术应急队伍、社会与人民群众、国际救援组织。在应对突发事件的过程中,以党政组织为领导核心,以人民军队为主干力量,以专业技术应急队伍为专业依托,以社会与人民群众为坚实基础,以国际救援组织为有益补充,相互协调配合,充分发挥五种基本力量各自的优势,共同构成应对突发事件的强大合力,如表8-2所示。

表8-2　五种力量在应急处置中的优势组合图

力量	党政组织	人民军队	专业技术应急队伍	社会与人民群众	国际救援组织
应急处置中的优势	1. 坚强的政治领导 2. 有效的行政领导 3. 强大的号召能力 4. 巨大的动员能力	1. 高度的组织能力 2. 快速机动能力 3. 迅速反应能力	1. 专业处置技巧 2. 专业技术人员 3. 专业设备	1. 社会性的应急资源 2. 应急处置的参与主体	1. 国际应急处置经验与技巧 2. 应急资金、物资的支援

由表8-2可见,上述五种力量在应急处置中具有各自的优势。这五种力量的优势并不是随意组合在一起,而是以党政组织的优势为核心,以不同的体制、机制和方式,将其他四种力量的优势整合到应急处置中,从而实现突发事件应对力量的最大化。也就是说,在党政组织的坚强领导下,中国应急处置中的五种力量形成了 $1+1+1+1+1>5$ 的力量放大效应。

(二)应急物资管理

对于应急物资的管理,应注意以下问题。

(1)应急物资种类、数量应当符合应急实际要求。应急物资清单是应急预案的一个重要文件,应急物资就是依据该清单采购、储存和管理的。这就要求应急预案构想的突发事件场景一定要切合实际,这样应急方案、应急程序、救援活动、恢复活动就切合实际,应急物资清单就符合实际需求。

(2)应做好应急物资的日常检查、维护工作,保证其性能可靠、灵活好用。应急物资很少使用,也许几年、十几年甚至更长时间都不会使用,因此其日常维护、检查非常重要。

(3)应急物资应利于清点、发放。一方面,应急物资库最好建在危险目标附近或方便领取的位置;另一方面,在方便日常检查、维护前提下,尽量采取同类物资打包存放,这样方便领取,节约救援时间。

第五节 应急管理各阶段工作任务

国家《突发事件应对法》将应急管理划分为预防与应急准备、监测与预警、应急处置与救援、事后恢复与重建四个阶段。正确理解这一阶段划分,并明确各阶段主要任务十分重要。突发事件发生之前,应急管理工作的重点是突发事件的预防和应急准备,突发事件发生之后应急管理工作的重点是抢险救援和恢复重建。尽管在实际工作中,这些阶段可能存在重叠现象,但是每一个阶段都有具体的目标和任务,如图8-3所示。

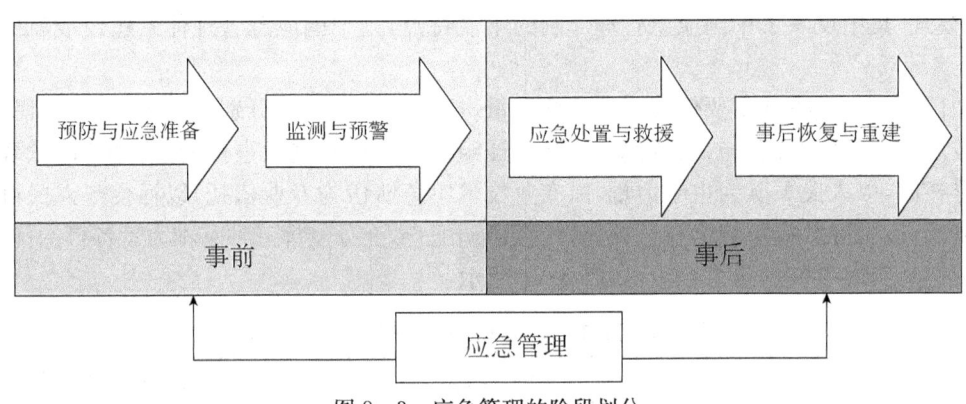

图 8-3 应急管理的阶段划分

一、预防与应急准备阶段

本阶段是应急管理的"平时"阶段,即未发生突发事件。其主要任务有两个,即预防和准备。主要目的是预防突发事件的发生,并做好应急准备工作,具体任务有:

(一)针对组织内潜在的突发事件,做好预防工作

识别本组织内潜在的突发事件和事故,评估其风险,采取措施防止突发事件的发生。可以按照自然灾害类、事故灾难类、公共卫生事件、社会安全类对突发事件进行系统识别。对于事故灾难类突发事件,可以通过隐患排查、重大危险源辨识、重要危险目标排查、典型事故识别等方法识别,确保本组织内所有活动场所、危险目标、活动过程中所有的事故的得到系统识别。应注意在识别突发事件时应考虑国家法律法规的要求,并考虑职业健康、环境事故、重大危险源、特种设备有关事故。在此基础上,排查引发突发事件的危害因素,评估风险,采取预防措施,预防突发事件的发生。

(二)针对组织内潜在的突发事件,做好应急准备工作

这一部分的具体工作任务包括:

1. 建立应急管理制度

依据国家法律法规要求和上级应急管理要求,制定本单位《应急管理程序》,规定应急管理的归口管理部门、相关部门的职责权限、应急管理流程和管理要求,作为本单位应急管理的基本制度和依据。

2. 编制应急救援预案

针对识别的所有突发事件和事故,编制应急救援总预案,并分别编制应急救援专项预案,并按照规定评审、备案、发布。

3. 成立应急救援组织

根据应急救援需要,确定应急救援总指挥、应急救援领导小组、应急救援办公室以及其他应急小组、专兼职应急救援队伍,并规定其职责。必要时,还应聘请有关专家提供技术支持。

4. 准备应急救援物资

按照应急救援专项预案中对应急救援物资器材的要求,采购应急救援物资器材并妥善存放,保证其种类齐全、数量够用、性能可靠。

5. 签订有关互助协议

根据本单位应急能力情况,需要依托其他社会力量或毗邻单位协助的,可签订互助协议,确保一旦发生突发事件,可以得到支持协助。

6. 其他准备

这一部分的主要工作有搜集汇总所有应急组织机构、医院、急救站、互助单位、相关方的通讯联络方式和电话号码,开展应急培训、应急演练和应急预案评审,参加社会保险等。

二、监测与预警阶段

突发事件的监测与预警机制,是指应急管理主体根据有关突发事件过去和现在的数据、情报和资料,运用逻辑推理和科学预测的方法技术,对某些突发事件出现的约束条件、未来发展趋势和演变规律等做出科学的估计与推断,对突发事件发生的可能性及其危害程度进行估量和信息发布,随时提醒公众做好准备,改进工作,规避危险,减少损失。本阶段的主要目的是对突发事件和危险目标的关键特性(如有关参数)进行监测,并依据监测数据对突发事件发生的可能性发出预警信号,主要任务有:

(一)建立监测与预警网络体系

对于生产单位,可以依托国家监测预警网络体系和重大危险源管理网络,建立本单位突发事件和危险目标的监测和预警网络。确定本单位危险目标的监测参数、监测方法和预警信号的发布方式。国家监测包括气象监测、地震监测、洪涝监测、水文监测、地质灾害监测、森林火灾监测等。生产现场的监测包括可燃气体浓度监测、车间有毒有害气体浓度监测、储罐液位监测、设备温度压力监测等等。

(二)对突发事件发生的可能性及后果进行预警

对于可以预警的突发事件,如恶劣天气(台风、暴风雨、暴雪、沙尘暴、干旱等)、洪水灾害、地震、地质灾害(泥石流、滑坡等)、疫情蔓延、社会安全事件等,可以依托国家相关机构发出的预警信号进行预警。一些突发事件和事故无法预警的,可以根据本单位管理经验,进行必要的提示。如一些与季节有关的事故可以进行提示,引起人们的注意。

(三)适时发出预警信号

对如何发布突发事件预警,可以从以下几个方面理解:
(1)发布预警的主体。突发事件预警级别发布的主体毫无疑问是政府或由政府授权的职能部门。影响超过本行政区域范围内的,应当由上级政府或者政府授权的部门发布预警警报。
(2)发布预警的渠道。政府及其应急管理机构根据突发事件管理权限、危害性和紧急程度,及时向社会发布事件预警信息,发布可能受到突发事件危害的警告或者劝告,宣传应急知识和防止、减轻危害的常识。
(3)预警发布后的行动。发布突发事件预警以后,宣布进入低级别预警期,事发地政府应当根据即将发生的突发事件的特点和可能造成的危害,采取一系列措施。这些措施总体上旨在强化日常工作,做好预防、应急准备工作和其他有关的基础工作,是一些强化、预防和警示性的措施。当进入高级别预警期后,事发地政府采取措施就更加有力,更具有约束力。采取法律、法规、规章规定的必要的防范性、保护性措施,更有利于突发事件的应急救援与处置工作的开展。
(4)企事业单位根据政府发布的预警警报,由应急办公室或其他授权的单位传达政府预警警报。

(四)对预警信号予以规定

我国突发事件预警信号总体上分为四级,按照灾害的严重性和紧急程度,颜色依次为蓝色(Ⅳ级)、黄色(Ⅲ级)、橙色(Ⅱ级)和红色(Ⅰ级),同时以中英文标识分别代表一般、较重、严重和特别严重,红色为最高最严重级别。根据不同的灾种特征、预警能力等,确定不同灾种的预警分级及标准。当同时出现或预报可能出现多种气象灾害时,可按照相对应的标准同时发布多种预警信号。下面以台风预警信号和暴雨预警信号为例进行说明。

我国台风预警信号根据逼近时间和强度可分为四级,分别以蓝色、黄色、橙色和红色表示。

蓝色:表示24小时内可能受热带低压影响,平均风力可达6级以上,或阵风7级以上;或者已经受热带低压影响,平均风力为6~7级,或阵风7~8级并可能持续。

黄色:表示24小时内可能受热带风暴影响,平均风力可达8级以上,或阵风9级以上;或者已经受热带风暴影响,平均风力为8~9级,或阵风9~10级并可能持续。

橙色:表示12小时内可能受强热带风暴影响,平均风力可达10级以上,或阵风11级以上;或者已经受强热带风暴影响,平均风力为10~11级,或阵风11~12级并可能持续。

红色:表示6小时内可能或者已经受台风影响,平均风力可达12级以上,或者已达12级以上并可能持续。

我国暴雨预警信号分三级,分别以黄色、橙色、红色表示。

黄色:表示6h降雨量将达50mm以上,或者已达50mm以上且降雨可能持续。

橙色:表示3h降雨量将达50mm以上,或者已达50mm以上且降雨可能持续。

红色:表示3h降雨量将达100mm以上,或者已达100mm以上且降雨可能持续。

其他突发事件预警信号标准可参考国家有关规定。

三、应急处置与救援阶段

本阶段属于应急管理的"战时",主要目的是处置突发事件,进行抢险救援,使突发事件得到妥善处置,是应急管理的关键阶段,其主要任务是:

(一)报警与接警

一旦发生突发事件,事发单位一定要按照预案规定在第一时间向上级单位或地方人民政府报告,报告的内容有:事件发生的时间、地点,人员与财产损失,事件的类型和事态的发展情况,已经采取的措施、天气情况以及是否需要上级单位救援等。报警同时,事发单位应同时启动相应的应急救援预案,发布应急预案启动令。接警人员应立即向应急救援办公室或领导小组报告,以决定是否启动上级应急救援预案和提供支持。

(二)应急响应

应急办公室或调度室值班电话接到报警电话或信息,一定要向应急领导小组报告。应急领导小组应当根据险情级别做出响应。如果突发事件险情级别达不到启动预案的情况,则由下级政府(或基层单位)处置,本级政府(或单位)应严密监控事态发展,并提供必要的支持;如果险情级别达到本层级组织应对的级别,则本级政府(或单位)要立即启动相关应急预案,并向上一级政府(或组织)报告突发事件险情,上一级政府预案处于预警状态,这就是分级响应。一旦启动应急救援预案,应急救援人员接受应急指挥安排赶赴事发地点,开展抢险救援,现场人员在紧急集合点集合、清点人数,接受上级应急组织领导开展救援。

(三)应急处置救援

应急指挥根据事态情况,结合应急预案,确定处置救援方案并指挥各应急小组进行处置。

主要任务有:
(1)警戒与疏散。突发事件发生后,应考虑事态是否会扩大,是否会影响到周边居民。应根据需要积极采取设置警戒线、疏散人员等措施,防止伤亡扩大。
(2)搜救失踪和受伤人员。应时刻把人员安全放在首位。如清点人数发现人员死亡、失踪或受伤,应根据事态安排人员进行搜救,对伤员进行现场急救并送医院救治。
(3)处置事故或突发事件。按照预案中的应急处置程序(如果有)处置突发事件。处置时,一定要认真分析,确定处置的战略战术,如采取停车、切断闸门、倒换流程、放空、转移危险物品、抢救物资、堵漏、围堵、隔离等措施,根除突发事件或事故发生的原因,控制住事态。在抢险救援阶段还应同时启动事故调查处理工作。
(4)消除次生灾害。事故被控制以后,还应对事故现场进行必要的处置,如进行防疫、洗消、污染物监测等,防止疾病蔓延或环境污染等次生灾害。这些工作完成后,达到应急结束条件时,宣布应急结束,签发应急状态终止令。

四、事后恢复与重建阶段

这一阶段的主要任务是灾后重建,以恢复生产及生活秩序,具体任务包括:
(1)受灾居民安置:突发事件应急结束后,进入恢复重建阶段,疏散的居民应回迁。首先应考虑提供居民暂住点,为受灾居民提供生活必须条件。
(2)生产恢复:涉及生产装置的突发事件,如果生产装置遭受破坏,还必须组织生产单位人员进行恢复自救,对生产装置进行清理、维修,直至恢复生产。
(3)保险理赔和救灾资金申请:为了保证灾后重建工作顺利进行,救灾资金落实是必要的。救灾资金一方面来自政府拨款和自筹资金,另一方面来自保险理赔。因此必须调查事故损失,向政府提出救灾资金申请,向保险公司申请理赔。
(4)预案评审与修订:应急结束后,应根据应急救援过程中的经验教训,及时组织相关人员对应急救援预案进行评审和修订。

第六节 应急预案的编制与演练

一、应急预案的编制

本节将以《生产经营单位安全生产事故应急预案编制导则》(AQ/T 9002—2006)为依据,介绍应急预案的编写。

(一)编制准备

编制应急预案应做好以下准备工作:
(1)全面分析本单位危险因素、可能发生的事故类型及事故的危害程度;
(2)排查事故隐患的种类、数量和分布情况,并在隐患治理的基础上预测可能发生的事故类型及事故的危害程度；

(3)确定事故危险源,进行风险评估；

(4)针对事故危险源和存在的问题,确定相应的防范措施；

(5)客观评价本单位应急能力；

(6)充分借鉴国内外同行业事故教训及应急工作经验。

(二)编制程序

1. 组建应急预案编制工作组

结合本单位部门职能分工,成立以单位主要负责人为领导的应急预案编制工作组,明确编制任务、职责分工,制定工作计划。

2. 资料收集

收集应急预案编制所需的各种资料(包括相关法律、法规、应急预案、技术标准、国内外同行业事故案例分析、本单位技术资料等)。

3. 危险源与风险分析

在危险因素分析及事故隐患排查、治理的基础上,确定本单位可能发生事故的危险源、事故的类型和后果,进行事故风险分析,并指出事故可能产生的次生、衍生事故,形成分析报告,分析结果作为应急预案的编制依据。

4. 应急能力评估

对本单位应急装备、应急队伍等应急能力进行评估,并结合本单位实际,加强应急能力建设。

5. 应急预案编制

针对可能发生的事故,按照有关规定和要求编制应急预案。应急预案编制过程中,应注重全体人员的参与和培训,使所有与事故有关人员均掌握危险源的危险性、应急处置方案和技能。应急预案应充分利用社会应急资源,与地方政府预案、上级主管单位以及相关部门的预案相衔接。

6. 应急预案评审与发布

应急预案编制完成后,应进行评审。内部评审由本单位主要负责人组织有关部门和人员进行。外部评审由上级主管部门或地方政府负责安全管理的部门组织审查。评审后,按规定报有关部门备案,并经生产经营单位主要负责人签署发布。

(三)应急预案体系的构成

应急预案应形成体系,针对各级各类可能发生的事故和所有危险源制订综合应急预案、专项应急预案和现场应急处置方案,并明确事前、事发、事中、事后的各个过程中相关部门和有关人员的职责。生产规模小、危险因素少的生产经营单位,综合应急预案和专项应急预案可以合并编写。应急预案应介绍本单位应急预案体系的构成,即本级预案的总体预案和专项预案的名称、所有下级预案的层次和构成,以便预案使用人员熟悉和了解。

1. 综合应急预案

综合应急预案也可以称为总体应急预案。是从总体上阐述事故的应急方针、政策,应急组织结构及相关应急职责,应急行动、措施和保障等基本要求和程序,是应对各类事故的综合性文件。

2. 专项应急预案

专项应急预案是针对具体的事故类别(如火灾爆炸、危险化学品泄漏等事故)、危险源和应急保障而制定的计划或方案,是综合应急预案的组成部分,应按照综合应急预案的程序和要求组织制定,并作为综合应急预案的附件。专项应急预案应制定明确的救援程序和具体的应急救援措施。

3. 现场处置方案

现场处置方案是针对具体的装置、场所或设施、岗位所制定的应急处置措施。现场处置方案应具体、简单、针对性强。现场处置方案应根据风险评估及危险性控制措施逐一编制,做到事故相关人员应知应会,熟练掌握,并通过应急演练,做到迅速反应、正确处置。

(四)综合应急预案的内容

1. 总则

1)编制目的

编制目的的内容是应急预案编制的目的、作用等。

2)编制依据

编制依据的内容是应急预案编制所依据的法律法规、规章,并简述有关行业管理规定、技术规范和标准等。

应当指出的是,上级单位应急预案也是重要的编制依据。为了和上级预案衔接,此处必须指出依据的上级预案的名称。

3)适用范围

适用范围应说明应急预案适用的区域范围,以及事故的类型、级别。

4)应急预案体系

应急预案体系应说明本单位应急预案体系的构成情况。

5）应急工作原则

应急工作原则应说明本单位应急工作的原则，内容应简明扼要、明确具体。

2.生产经营单位的危险性分析

1）生产经营单位概况

这一部分的内容主要包括单位地址、从业人数、隶属关系、主要产品、产量等内容，并包括周边重大危险源、重要设施、目标、场所和周边布局情况。必要时，可附平面图进行说明。

2）危险源与风险分析

这一部分的内容主要阐述本单位存在的危险源及风险分析结果。

3.组织机构及职责

1）应急组织体系

应急组织体系应明确应急组织形式，构成单位或人员，并尽可能以结构图的形式表示出来。

2）指挥机构及职责

指挥机构及职责应明确应急救援指挥机构总指挥、副总指挥、各成员单位及其相应职责。应急救援指挥机构应根据事故类型和应急工作需要，设置相应的应急救援工作小组，并明确各小组的工作任务及职责。

4.预防与预警

1）危险源监控

此处应明确本单位对危险源监测监控的方式、方法，以及采取的预防措施。

2）预警行动

此处应明确事故预警的条件、方式、方法和信息的发布程序。

3）信息报告与处置

按照有关规定，此处应明确事故及未遂伤亡事故信息报告与处置办法。

信息报告与通知：明确24小时应急值守电话、事故信息接收和通报程序。

信息上报：明确事故发生后向上级主管部门和地方人民政府报告事故信息的流程、内容和时限。

信息传递：明确事故发生后向有关部门或单位通报事故信息的方法和程序。

5.应急响应

1）响应分级

针对事故危害程度、影响范围和单位控制事态的能力，应将事故分为不同的等级。按照分级负责的原则，明确应急响应级别。

2)响应程序

根据事故的大小和发展态势,明确应急指挥、应急行动、资源调配、应急避险、扩大应急等响应程序。

3)应急结束

这一部分要明确应急终止的条件。事故现场得以控制,环境符合有关标准,导致次生、衍生事故的隐患消除后,经事故现场应急指挥机构批准后,现场应急结束。应急结束后,应明确事故情况上报事项、需向事故调查处理小组移交的相关事项、事故应急救援工作总结报告。

6. 信息发布

这一部分要明确事故信息发布的部门,发布原则。事故信息应由事故现场指挥部及时、准确地向新闻媒体通报事故信息。

7. 后期处置

后期处置主要包括污染物处理、事故后果影响消除、生产秩序恢复、善后赔偿、抢险、应急救援能力评估及应急预案的修订等内容。

8. 保障措施

(1)通信与信息保障:明确与应急工作相关联的单位或人员的通信联系方式和方法,并提供备用方案。建立信息通信系统及维护方案,确保应急期间信息通畅。

(2)应急队伍保障:明确各类应急响应的人力资源,包括专业应急队伍、兼职应急队伍的组织与保障方案。

(3)应急物资装备保障:明确应急救援需要使用的应急物资和装备的类型、数量、性能、存放位置、管理责任人及其联系方式等内容。

(4)经费保障:明确应急专项经费来源、使用范围、数量和监督管理措施,保障应急状态时生产经营单位应急经费的及时到位。

(5)其他保障:根据本单位应急工作需求而确定的其他相关保障措施(如交通运输保障、治安保障、技术保障、医疗保障、后勤保障等)。

9. 培训与演练

1)培训

明确对本单位人员开展的应急培训计划、方式和要求。如果预案涉及社区和居民,要做好宣传教育和告知等工作。

2)演练

明确应急演练的规模、方式、频次、范围、内容、组织、评估、总结等内容。

10. 奖惩

明确事故应急救援工作中奖励和处罚的条件和内容。

11.附则

(1)术语和定义:对应急预案涉及的一些术语进行定义。
(2)应急预案备案:明确本应急预案的报备部门。
(3)维护和更新:明确应急预案维护和更新的基本要求,定期进行评审,实现可持续改进。
(4)制定与解释:明确应急预案负责制定与解释的部门。
(5)应急预案实施:明确应急预案实施的方式和时间。

(五)专项应急预案的内容

1.事故类型和危害程度分析

在危险源评估的基础上,对其可能发生的事故类型、可能发生的季节及事故严重程度进行确定。

2.应急处置基本原则

明确处置安全生产事故应当遵循的基本原则。

3.组织机构及职责

(1)应急组织体系。
(2)指挥机构及职责:根据事故类型,明确应急救援指挥机构总指挥、副总指挥以及各成员单位或人员的具体职责。应急救援指挥机构可以设置相应的应急救援工作小组,明确各小组的工作任务及主要负责人职责。

4.预防与预警

1)危险源监控

明确本单位对危险源监测监控的方式、方法以及采取的预防措施。

2)预警行动

明确具体事故预警的条件、方式、方法和信息的发布程序。

5.信息报告程序

信息报告程序主要包括:确定报警系统及程序;确定现场报警方式,如电话、警报器等;确定24小时与相关部门的通讯、联络方式;明确相互认可的通告、报警形式和内容;明确应急反应人员向外求援的方式。

6.应急处置

(1)响应分级:规定事故应急响应分级标准。
(2)响应程序:明确事故应急响应程序。
(3)处置措施:针对本单位事故类别和可能发生的事故特点、危险性,制定的应急处置措施

(如井喷、火灾、原油泄漏、爆炸、中毒等事故的应急处置措施)。

7.应急物资与装备保障

明确应急处置所需的物质与装备数量、管理和维护、正确使用方式等。

(六)现场处置方案

1.事故特征

事故特征主要包括：
(1)危险性分析,可能发生的事故类型;
(2)事故发生的区域、地点或装置的名称;
(3)事故可能发生的季节和造成的危害程度;
(4)事故前可能出现的征兆。

2.应急组织与职责

应急组织与职责主要包括：
(1)基层单位应急自救组织形式及人员构成情况;
(2)应急自救组织机构、人员的具体职责,应同单位或车间、班组人员工作职责紧密结合,明确相关岗位和人员的应急工作职责。

3.应急处置

应急处置主要包括以下内容：

1)事故应急处置程序

根据可能发生的事故类别及现场情况,明确事故报警、各项应急措施启动、应急救护人员的引导、事故扩大及同企业应急预案的衔接的程序。

2)现场应急处置措施

针对可能发生的火灾、爆炸、危险化学品泄漏、坍塌、水患、机动车辆伤害等,从操作措施、工艺流程、现场处置、事故控制,人员救护、消防、现场恢复等方面制定明确的应急处置措施。

3)联络和报告

此处要厘清报警电话及上级管理部门、相关应急救援单位联络方式和联系人员的情况,明确事故报告基本要求和内容。

4.注意事项

注意事项主要包括：
(1)佩戴个人防护器具方面的注意事项;
(2)使用抢险救援器材方面的注意事项;
(3)采取救援对策或措施方面的注意事项;

(4)现场自救和互救注意事项；
(5)现场应急处置能力确认和人员安全防护等事项；
(6)应急救援结束后的注意事项；
(7)其他需要特别警示的事项。

(七)附件

应急预案应包含如下附件。

1.有关应急部门、机构或人员的联系方式

应列出应急工作中需要联系的部门、机构或人员的多种联系方式,并不断进行更新。

2.重要物资装备的名录或清单

应列出应急预案涉及的重要物资和装备名称、型号、存放地点和联系电话等。

3. 规范化格式文本

应急预案应包括信息接报、处理、上报等规范化格式文本。

4.关键的路线、标识和图纸

这部分内容主要包括：
(1)警报系统分布及覆盖范围；
(2)重要防护目标一览表、分布图；
(3)应急救援指挥位置及救援队伍行动路线；
(4)疏散路线、重要地点等的标识；
(5)相关平面布置图纸、救援力量的分布图纸等。

5.相关应急预案名录

应急预案应列出与本应急预案相关的或相衔接的应急预案名称。

6.有关协议或备忘录

应急预案应包括与相关应急救援部门签订的应急支援协议或备忘录。

(八)应急预案的编制格式和要求

1.封面

应急预案封面主要包括应急预案编号、应急预案版本号、生产经营单位名称、应急预案名称、编制单位名称、颁布日期等内容。

2.批准页

应急预案必须经发布单位主要负责人批准方可发布。

3. 目次

应急预案应设置目次,目次中所列的内容及次序如下:
(1)批准页;
(2)章的编号、标题;
(3)带有标题的条的编号、标题(需要时列出);
(4)附件,用序号表明其顺序。

4. 印刷与装订

应急预案采用 A4 版面印刷,活页装订。

二、中国石油天然气集团公司应急预案编制内容

中国石油天然气集团公司标准《突发事件应急预案编制指南》(Q/SY 1517—2012)依据国家安监局标准《生产经营单位安全生产事故应急预案编制导则》(AQ/T 9002—2006),结合中国石油天然气集团公司实际,规定了中国石油天然气集团公司及其下属单位应急预案编制的格式和内容。

(一)总体应急预案编制内容

1. 总则

(1)编制目的:明确预案编制的目的、要达到的目标和作用等。
(2)编制依据:明确预案编制所依据的法律法规、规章制度和规范标准,上级组织关于应急工作的有关制度和管理办法,并包括本组织自身的有关规定等。
(3)适用范围:规定预案适用的对象、范围以及突发事件类型、级别等。
(4)工作原则:明确应急工作应遵循的主要原则,内容应简明扼要,满足预防与应急准备、监测与预警、应急处置与救援、事后恢复与重建等要求。
(5)预案体系:明确组织各类应急预案体系的构成,并表述预案之间的横向关联及上下衔接关系,必要时绘制应急预案体系构成图。

2. 组织机构及职责

1)应急组织机构

总体应急预案应明确应急组织机构的构成,包括常设机构和临时机构。应急组织机构一般可包括:
(1)应急工作领导机构;
(2)应急救援指挥机构;
(3)日常应急工作机构;
(4)应急工作支持机构(如负责人事、计划、财务等职能的部门);
(5)突发事件现场应急指挥部;

(6)根据实际设立的其他机构或组织。

2)机构职责

总体应急预案应规定各应急组织机构的应急工作职责,包括协调管理范畴、负责解决的主要问题和具体操作步骤等。应急组织机构的职责应得到沟通和确认,并由最高管理者批准。

3. 风险分析与事件分类分级

1)组织概况

根据组织生产经营的实际和主要风险,简述组织的基本情况,一般可包括如下内容:
(1)地理位置、生产性质、从业人数、隶属关系;
(2)主要原材料、产品及产量、生产装置、工艺流程、生产设施等内容;
(3)有毒有害、易燃易爆危险品,放射源,废水、废气、废渣排放及分布情况;
(4)生产作业现场、公众聚集场所及其他存在重大危险源的场所、设施、建(构)筑物布局等情况;
(5)周边区域的公众、社区、重大危险源、重要设施、环境(气候、河流、地质)以及医疗、消防等。

2)风险分析

按照突发事件类别,对组织存在的风险进行分析,记录风险分析的结果,并根据应急能力评估的结果,确定作为组织应急对象的突发事件。

注:对于应急能力评估中发现的问题和不足,应在应急保障中有针对性地采取措施,并予以实施。

3)突发事件分类与分级

可按照自然灾害、事故灾难、公共卫生、社会安全划分突发事件,其中以事故灾难类突发事件为主。

对可能引发事故灾难类突发事件的危险目标,应分析其关键装置、要害部位以及安全环保重大危险源等突发事件的类型及风险程度,作为事件分级的主要依据。

可参照本组织风险分析结果,依据事件可能的后果和影响范围对突发事件进行分级。突发事件分级应与本组织所能承受的风险及应急能力相适应,并在突发事件的应急响应上与上一级组织的应急响应相对应。

4. 预防与预警

1)预防与应急准备

针对确定的突发事件,分别描述组织已采取的措施及相关要求,一般可包括以下方面:
(1)完善预案体系,健全应急工作制度;
(2)开展宣传教育,提高员工及救援队伍的应急能力;
(3)加强应急救援设施设备及应急物资的储配;
(4)应急处置新技术新方法的开发与应用等。

2)监测与预警

明确组织对各类突发事件的监测监控方式、方法,获取突发事件预报信息的主要途径,并对突发事件信息的识别、收集、分析、传递的出规定。一般地,当下一级组织启动应急预案时,上一级组织应启动预警,达到响应级别时启动应急预案。

3)信息报告与处置

组织应明确应急值守、信息报告的形式和要求,包括事故信息上报的机构、方式、内容和时限等内容;同时,明确事故发生后向可能遭受事故影响的单位以及向请求援助的单位发出有关信息的方式、方法。

5.应急响应

(1)响应流程:根据突发事件的特点和组织应急工作的实际,明确应急响应的流程和步骤,并以流程图表示。

(2)应急响应分级:根据事故紧急和危害程度,对应急响应进行分级,明确事故状态下的决策方法、应急行动程序和保障措施。应急响应分级要清晰,一般以Ⅰ级为最高响应级别。

(3)应急响应启动:明确组织应急响应启动的条件和启动方式。

(4)应急响应程序:按照突发事件发展态势和过程顺序,结合事件特点,根据需要明确接警报告和记录、应急机构启动、资源调配、媒体沟通和信息告知、后勤保障、应急状态解除和现场恢复等应急响应程序。

(5)应急联动:应明确应急联动程序,启动多方参与的公共应急响应协议。

(6)恢复与重建:明确组织开展应急恢复和重建工作的内容、程序和要求,包括对突发事件发生及影响的现场、使用的应急物资装备等进行恢复的要求,并提出对应急响应过程、应急预案的取得作用和效果、存在的主要问题等进行总结的要求。

6.应急保障

(1)应急保障计划:组织应编制应急资源建设及储配计划,落实责任主体,明确应急专项经费来源,确定外部依托机构。应针对应急能力评估中以及应急响应中发现的问题和不足制定应急保障计划。

(2)应急资源保障:应急保障责任主体依据既有应急保障计划,落实应急专家、应急队伍、应急资金、应急物资、装备、设施的配备及调用标准。必要时,组织应与外部组织或相关方签订形成文件的协议,以确定可为组织利用或为组织服务的资源,作为组织应急资源的组成部分。

(3)应急通讯保障:明确与应急工作相关的单位和人员联系方式及方法,并提供备用方案。建立健全应急通信系统与配套设施,确保应急状态下信息通畅。

(4)应急技术保障:阐述突发事件应急响应与救援的综合性技术、方法或手段的获取和应用要求,并确定相关技术机构对应急技术的研究开发等内容。

(5)其他保障:根据应急工作需求,确定其他相关保障措施,一般包括交通运输、治安、医疗、后勤、体制机制、对外信息发布保障等。

7.应急预案管理

(1)预案培训:说明对本单位人员开展的应急培训计划、方式和要求。如果预案涉及相关方,应明确宣传、告知等工作。
(2)预案演练:说明应急演练的方式、频次等内容。
(3)预案备案:说明预案备案的方式、审核要求、报备部门等内容。

8. 附则

(1)名词与定义:对应急预案涉及的一些专有名词、术语进行定义。
(2)预案的签署和解释:明确预案签署人,预案解释部门。
(3)预案的实施:明确预案的实施时间。

9. 附件

明确总体应急预案的支持性附件,可根据实际需要选择,一般包括但不限于下述附件:
(1)应急组织机构、职责分配及工作流程图;
(2)应急联络及通讯方式(办公电话、传真、手机、应急通信方式等);
(3)风险分析及应急能力评估报告;
(4)主要应急救援队伍现状及联系方式。

(二)专项预案主要内容

1. 风险分析与事件分级

(1)突发事件及危害分析:明确本专项预案针对的主要危险源、风险所引发的突发事件,分析突发事件影响范围及危害后果,必要时提出相应的预防措施并落实。
(2)适用范围与事件分级:规定本专项应急预案适用的对象、范围,明确突发事件类型和分级标准等。特定突发事件的分级标准应适应总体预案对事件的统一分级标准。

2. 组织机构及职责

明确突发事件应急响应的每个环节中负责应急指挥、处置、提供主要支持的机构、部门或人员,并确定其职责,清晰界定职责界面。

3. 响应流程

1)预警

明确信息报告和接警、预警条件、预警程序、预警职责、预警解除条件。
预警条件以突发事件发展趋势的预警信息为依据,把预警工作向前延伸,逐级提前预警,提高预警时效。

2)信息报告

明确突发事件发生时的报警程序,包括报告对象、时限、内容和方式等;确定24小时应急通讯联络方式;落实内外部信息报送以及获取外部支援的方式等。

3)应急响应

明确应急响应条件、程序、职责及响应解除条件等内容。

根据应急响应的程序和环节,明确现场工作组的派驻方式、人员组成和主要职责,应急专家的选派方式,应急救援队伍的协调和调度方式,并明确与外部专家和救援队伍的联络与协调等。

结合突发事件的应急响应机构、管理层、部门及岗位,明确突发事件应急响应工作流程,绘制流程图,编制应急职能分解表。

4. 应急保障

1)通信与信息

明确与突发事件应急工作相关的单位和人员的联系方式,并提供备用方案。建立健全应急通信系统与配套设施,确保应急状态下信息通畅。

2)物资与装备

明确满足突发事件应急响应要求的应急物资、装备的储配情况,包括种类、规格、功能、数量、存放地点、责任人,必要时包含其生产、供应和储备单位基本情况。注意,物资与装备应包括与外部单位签订协议的可利用或为组织代储的应急物资与装备。

3)应急队伍

确定对突发事件实施应急救援的可利用或依托的主要应急队伍情况,包括专业、规模、能力、分布、联系方式等,并确定满足突发事件应急救援要求的有关措施。

4)应急资金

明确满足突发事件应急救援及相关要求的应急资金设立依据、额度标准和计划、审批等内容。

5)应急技术

阐述突发事件应急救援与处置的新型技术、方法或手段的获取和应用要求。

5. 附则

主要阐述名词与定义、预案的签署和解释、预案的实施等内容。

6. 附件

专项应急预案的附件应针对特定的突发事件特征,并满足应急响应和救援工作所需要的信息要求而确定,一般可包括如下信息:
(1)应急组织机构及应急响应工作流程图(含响应程序和应急职能分解表);
(2)应急值班联系人及通信方式;
(3)应急救援队伍、专家及相关人员应急通信方式;
(4)政府有关部门、上级组织、外部救援单位相关部门应急联系电话;
(5)水、电、气等供应单位的联系方式;
(6)医疗机构分布及联系电话;
(7)重要的消防、环保设施的配置图;
(8)重要的应急物资、装置及设施配置详情;

(9)现场平面布置图、疏散路线和紧急集合点;
(10)生产工艺流程图;
(11)周边环境情况,包括单位、社区、水源、环境敏感区、危险源等的分布图,相关单位及人员的联系方式以及主要道路、疏散路线、紧急避难场所位置分布图。

(三)现场处置预案主要内容

1. 事故特征

1)危险性分析

针对具体的生产场所及区域的性质,对作业现场进行风险识别。重点分析关键装置、关键岗位、要害部位、重大危险源、现场环境等发生突发事件的可能性及严重程度,对作业现场及可依托的应急资源的救援处置能力进行分析和评估。

2)事件及事态描述

根据危险性分析和对现场处置能力评估的结果,描述现场可能发生的突发事件特征。必要时组织现场有关人员和专家对事态可能的趋势、后果及潜在危害等进行描述。

2. 工作机构及职责

参照专项应急预案中组织机构职责及要求,明确作业现场应急领导小组及具体的人员组成,按照现场应急工作进行分工。

根据突发事件的发生、发展趋势预测和应急处置需求,现场作业人员可组成不同的工作小组,分工负责。一般可包括综合、抢险、通信、专家、善后、后勤、信息报送及对外信息发布等若干工作小组,并确定各工作小组及人员的现场应急职责。

3. 应急处置

1)应急处置流程图

明确突发事件的现场应急处置工作流程,按处置程序和步骤绘制流程图,并在各处置步骤中列出相关机构、工作小组和(或)岗位的主要工作任务。必要时列出各项工作负责人的紧急联系方式。

2)应急处置程序

根据突发事件发生和发展的特征分析,确定突发事件报警、应急信息报送、应急措施启动、救援人员引导、人员疏散与救护、工程抢险、应急资源调配、污染源控制、扩大应急等应急处置程序或措施,明确各程序实施步骤和方法。

3)应急处置要点

针对特定的突发事件现场人员救护、工程抢险、污染源控制等典型应急程序或步骤,从技术交底、工艺流程、操作方法、现场监测监控等方面制定需严格遵循的应急处置要点。

4. 注意事项

根据突发事件发生和发展的特征分析,对应急处置过程救援人员需要特别警示的注意事项进行说明,一般包括安全警戒措施、个体防护及防护器具穿戴、抢险救援器材使用方法、现场自救和互救要点、紧急避险及逃生措施、紧急通信方式、污染控制,以及相关备用方案的选择等。

三、应急预案的演练

应急预案是在突发事件未发生之前编制的,突发事件的规模、发生、发展、演变过程等是在现有资料及经验的前提下预先设定出来的,很难保证与突发事件真实场景相符。因此应急预案编制完成后,应按规定对应急预案进行演练。

(一)应急演练的目的

应急演练是检验、评价和保持应急能力的一个重要手段,其主要的目的是使应急救援机构及人员熟悉所编预案和发现预案存在的缺陷:
(1)可在事故真正发生前暴露预案和程序的缺陷;
(2)发现应急资源的不足(包括人力和设备等);
(3)提高应急人员的熟练程度和技术水平;
(4)进一步明确各自的岗位与职责;
(5)改善各应急部门、机构、人员之间的协调;提高整体应急反应能力;
(6)增强应对突发重大事故救援的信心和提高社会应急意识。

(二)应急演练的类型

按照应急演练的内容、规模和方式可以将应急演练分为以下三种类型。

1. 桌面演练

桌面演练也可以称为桌面推演,是应急演练常用的方式。经常用在应急演练和预案评审过程中。一般是通过角色扮演完成。演练人员可以按照职责分别扮演应急总指挥、应急办公室、事发单位、抢险组、后勤保障组、治安保卫组、医疗救护组、相关方等,或按照预案的组织结构分组,依据应急预案进行演练。通常由总指挥进行指挥,其他小组提出救援过程中各种可能发生的问题供总指挥决策,检查预案功能是否齐全,处置措施是否有效,应急总指挥指挥是否及时、正确,各小组是否熟悉事件特征和处置程序等。演练结束后应进行讨论。

1)目的
(1)在没有时间压力情况下明确相互协作和职责划分问题,锻炼演习人员解决问题的能力;
(2)发现和解决预案和程序中的问题,取得一些有建设性的讨论结果;
(3)是功能性演习和全面演习的基础。

2）形式

(1)通常在会议室或应急演练室进行；
(2)由应急组织的代表或关键岗位人员参加；
(3)按照应急预案和标准行动程序,讨论所应急采取的应急行动；
(4)讨论问题不受时间限制；
(5)采取口头评论形式,并形成书面总结和改进建议。

3）主要特点

桌面演练是头脑和口头上"过一遍,走一遍"应急响应的场景,成本低。

2. 功能演练

功能演习是指针对某项应急响应功能或其中某些应急响应行动开展的演练活动,可分为单项演练和组合演练。一般都需要调用有限的资源开展现场演练,并形成书面报告。目的是为了熟练和检验某些基本操作或完成某些特定任务所需的技术和实战能力。

单项演习：如通讯联络、通知、报告程序；资源调配、人员、装备及物资器材（装车）到位；化学监测与侦察；现场警戒；人群疏散；医疗救护；洗消去污；消防行动；公共信息发布等。

组合演习：可将具有较紧密联系的多个应急功能或任务组合在一起进行演习,以加强各应急救援组织之间的配合和协调性。如：化学监测、侦察与消毒去污之间的配合；警报、紧急公告、公众疏散与医疗、药品发放之间的配合；扑灭火灾、堵漏、工艺处理的相互配合等。

3. 全面演练

全面演练,也称为实际操作演练。针对应急预案中全部或大部分应急响应功能开展演练。

全面演练一般要求持续几个小时,采取交互式方式进行,演练过程要求尽量真实,调用更多的应急人员和资源来开展实战性演习,以检验相互协调的总体反应和应急能力。

为防止应急演练不到位或片面,三种应急演练方法应在实际工作中可交叉进行。

(三)全面应急演练简介

1. 人员构成

1）参演人员

参演人员是指在应急组织中承担具体任务,并在演练过程中尽可能对演练情景或模拟事件作出真实情景下可能采取响应行动的人员。

演习人员的任务：
(1)根据模拟场景和紧急情况做出反应；
(2)执行具体应急任务：如抢救伤员或被困人员、保护财产或公众健康、获取或管理资源、与其他应急人员共同控制事态；
(3)尽可能按真实事件一样决策或响应；
(4)应熟悉应急响应体系和所承担的任务及行动程序。

2)控制人员

控制人员是指根据演练情景,控制演练时间进度的人员。根据演练方案及演练计划的要求,引导参演人员按响应程序行动,并不断给出情况或消息,供参演的指挥人员进行判断,提出对策。其主要任务有:

(1)确保规定的演练项目得到充分的演练,以利于评价工作的开展。
(2)确保演习活动既具有一定的工作量,又富有一定的挑战性;
(3)控制演习的进度;
(4)解答演习人员的疑问,解决演习过程中出现的问题;
(5)保障演习过程的安全。

3)模拟人员

模拟人员指演练过程中扮演、代替某些应急组织或人员,或模拟紧急事件、事态发展的人员。其任务是扮演伤员、模拟事故的发生过程,如释放烟雾、模拟气象条件、模拟泄漏等。

4)评价人员

评价人员指负责观察演练进展情况并予以记录、评价的人员。其任务是:

(1)观察重点演习要素并收集资料;
(2)记录事件、时间、地点详细演习经过;
(3)观察行动人员的表现并记录;
(4)在不干扰参演人员工作的情况下,协助控制人员确保演练按计划进行;
(5)总结演习结果并出具演练报告。

5)观摩人员

观摩人员指来自有关部门、外部机构以及旁观演练过程的观众。对于特邀人员,其任务是观摩和指导。

2. 编制演练计划

演练计划是指导现场演练的文件,内容包括演练目的、形式、演练时间、地点、和内容描述;参与演练的部门、组织和人员;演练的公开程度与报道;演练保障措施;演练准备日程安排。演练前演练计划由应急演练组织人员编制,并下发到所有参演单位。

3. 编写演练方案

全面演练是一个复杂的过程,为了控制演练进程,确保演练顺利进行,实现检验预案的目的,必须编写演练方案。演练方案是指导演练实施的详细工作文件,一般应当对演练目标、演练情景、演练步骤、评估标准与方法、后勤保障、安全事项进行详细安排说明。

演练过程其实是由一个个情景构成的,这些情景是按照预案预先设计好的,并设置有众多问题,供应急指挥人员和应急小组判断实施。通过这些场景的推进,突破设置的各种问题,从而达到演练目的。演练方案就是这些演练场景按照时间顺序设计的活动方案,可以编写成表格方式。

4.演练评价

演练评价人员负责对演练过程、结果进行评价。评价方法是按照评价标准打分进行评价,同时指出不足项、整改项、改进项,为修订预案提供依据。

5.预案修订

根据演练评价结果,由有关人员对预案中存在不足项、整改项、改进项进行整改,修订预案,达到提高应急能力的目的。至此,应急演练才算结束。

第七节　应急预案的评审与备案

一、应急预案的评审

(一)应急预案评审的目的和任务

应急预案编写完成后,或者每隔一定的时间,必须对应急预案进行评审。评审的目的是通过评审,发现预案存在的缺陷,提高应急预案的科学性、针对性和实效性。其具体任务是检查:
(1)应急体系是否完整;
(2)应急预案内容是否符合要求;
(3)应急机构是否全面,职责是否清楚;
(4)报警、接警程序是否简洁快速;
(5)各种应急处置程序是否科学、实用;
(6)人员能力是否充分,应急管理部门是否定期依照应急预案组织演练;
(7)应急物资是否充分;
(8)通信联络是否可靠、有效。
评审结束后,应对应急预案进行修订,然后发布。

(二)评审时机

1.定期评审和修订

应每年对预案进行例行评审,以保证适时可行。

2.不定期评审和修订

出现以下问题,可以进行临时评审修订:
(1)培训和演练中发现了问题;
(2)需要汲取重大事故灾害的应急经验与教训;
(3)国家或地方有关应急法规发生变化;
(4)本地区(单位)或周边危险源及环境的变化。

(三)评审要点

应急预案评审应坚持实事求是的工作原则,结合生产经营单位工作实际,从以下七个方面进行评审。

(1)合法性:符合有关法律、法规、规章和标准,以及有关部门和上级单位规范性文件要求。

(2)完整性:具备《生产经营单位安全生产事故应急预案编制导则》(GB/T 29639—2013)所规定的各项要素。

(3)针对性:紧密结合本单位危险源辨识与风险分析。

(4)实用性:切合本单位工作实际,与生产安全事故应急处置能力相适应。

(5)科学性:组织体系、信息报送和处置方案等内容科学合理。

(6)操作性:应急响应程序和保障措施等内容切实可行。

(7)衔接性:综合、专项应急预案和现场处置方案形成体系,并与相关部门或单位应急预案相互衔接。

(四)评审方法

应急预案评审采取形式评审和要素评审两种方法。形式评审主要用于应急预案备案时的评审,要素评审用于生产经营单位、组织的应急预案评审工作。应急预案评审采用符合、基本符合、不符合三种意见进行判定。对于基本符合和不符合的项目,应给出具体修改意见或建议。

1. 形式评审

依据《生产经营单位安全生产事故应急预案编制导则》和有关行业规范,对应急预案的层次结构、内容格式、语言文字、附件项目以及编制程序等内容进行审查,重点审查应急预案的规范性和编制程序。应急预案形式评审的具体内容及要求,见表8-3。

表8-3 应急预案形式评审表

评审项目	评审内容及要求	评审意见
封面	应急预案版本号、应急预案名称、生产经营单位名称、发布日期等内容	
批准页	(1)对应急预案实施提出具体要求; (2)发布单位主要负责人签字或单位盖章	
目次	(1)页码标注准确(预案简单时目录可省略); (2)层次清晰,编号和标题编排合理	
正文	(1)文字通顺、语言精练、通俗易懂; (2)结构层次清晰,内容格式规范; (3)图表、文字清楚,编排合理(名称、顺序、大小等); (4)无错别字,同类文字的字体、字号统一	
附件	(1)附件项目齐全,编排有序合理; (2)多个附件应标明附件的对应序号; (3)需要时,附件可以独立装订	

续表

评审项目	评审内容及要求	评审意见
编制过程	(1)成立应急预案编制工作组; (2)全面分析本单位危险因素,确定可能发生的事故类型及危害程度; (3)针对危险源和事故危害程度,制定相应的防范措施; (4)客观评价本单位应急能力,掌握可利用的社会应急资源情况; (5)制定相关专项预案和现场处置方案,建立应急预案体系; (6)充分征求相关部门和单位意见,并对意见及采纳情况进行记录; (7)必要时与相关专业应急救援单位签订应急救援协议; (8)应急预案经过评审或论证; (9)重新修订后评审的,一并注明	

2. 要素评审

依据国家有关法律、法规、《生产经营单位安全生产事故应急预案编制导则》和有关行业规范,从合法性、完整性、针对性、实用性、科学性、操作性和衔接性等方面对应急预案进行评审。为细化评审,采用列表方式分别对应急预案的要素进行评审。评审时,将应急预案的要素内容与评审表中所列要素的内容进行对照,判断是否符合有关要求,指出存在问题及不足。应急预案要素分为关键要素和一般要素。应急预案要素评审的具体内容及要求见表8-4、表8-5、表8-6和表8-7。

评审表中的关键要素是指应急预案构成要素中必须规范的内容。这些要素涉及生产经营单位日常应急管理及应急救援的关键环节,具体包括危险源辨识与风险分析、组织机构及职责、信息报告与处置和应急响应程序与处置技术等要素。关键要素必须符合生产经营单位实际和有关规定要求。

一般要素是指应急预案构成要素中可简写或省略的内容。这些要素不涉及生产经营单位日常应急管理及应急救援的关键环节,具体包括应急预案中的编制目的、编制依据、适用范围、工作原则、单位概况等要素。

表8-4 综合应急预案要素评审表

评审项目		评审内容及要求	评审意见
总则	编制目的	目的明确,简明扼要	
	编制依据	(1)引用的法规标准合法有效; (2)明确相衔接的上级预案,不得越级引用应急预案	
	应急预案体系*	(1)能够清晰表述本单位及所属单位应急预案组成和衔接关系(推荐使用图表); (2)能够覆盖本单位及所属单位可能发生的事故类型	
	应急工作原则	(1)符合国家有关规定和要求; (2)结合本单位应急工作实际	
适用范围*		范围明确,适用的事故类型和响应级别合理	
危险性分析	生产经营单位概况	(1)明确有关设施、装置、设备以及重要目标场所的布局等情况; (2)需要各方应急力量(包括外部应急力量)事先熟悉的有关基本情况和内容	
	危险源辨识与风险分析*	(1)能够客观分析本单位存在的危险源及危险程度; (2)能够客观分析可能引发事故的诱因、影响范围及后果	

续表

评审项目		评审内容及要求	评审意见
组织机构及职责*	应急组织体系	(1)能够清晰描述本单位的应急组织体系(推荐使用图表); (2)明确应急组织成员日常及应急状态下的工作职责	
	指挥机构及职责	(1)清晰表述本单位应急指挥体系; (2)应急指挥部门职责明确; (3)各应急救援小组设置合理,应急工作明确	
预防与预警	危险源管理	(1)明确技术性预防和管理措施; (2)明确相应的应急处置措施	
	预警行动	(1)明确预警信息发布的方式、内容和流程; (2)预警级别与采取的预警措施科学合理	
	信息报告与处置*	(1)明确本单位24小时应急值守电话; (2)明确本单位内部信息报告的方式、要求与处置流程; (3)明确事故信息上报的部门、通信方式和内容时限; (4)明确向事故相关单位通告、报警的方式和内容; (5)明确向有关单位发出请求支援的方式和内容; (6)明确与外界新闻舆论信息沟通的责任人以及具体方式	
应急响应	响应分级*	(1)分级清晰,且与上级应急预案响应分级衔接; (2)能够体现事故紧急和危害程度; (3)明确紧急情况下应急响应决策的原则	
	响应程序*	(1)立足于控制事态发展,减少事故损失; (2)明确救援过程中各专项应急功能的实施程序; (3)明确扩大应急的基本条件及原则; (4)能够辅以图表直观表述应急响应程序	
	应急结束	(1)明确应急救援行动结束的条件和相关后续事宜; (2)明确发布应急终止命令的组织机构和程序; (3)明确事故应急救援结束后负责工作总结部门	
后期处置		(1)明确事故发生后,污染物处理、生产恢复、善后赔偿等内容; (2)明确应急处置能力评估及应急预案的修订等要求	
保障措施*		(1)明确相关单位或人员的通信方式,确保应急期间信息通畅; (2)明确应急装备、设施和器材及其存放位置清单,以及保证其有效性的措施; (3)明确各类应急资源,并明确专业应急救援队伍、兼职应急队伍的组织机构以及相关联系方式; (4)明确应急工作经费保障方案	
培训与演练*		(1)明确本单位开展应急管理培训的计划和方式方法; (2)如果应急预案涉及周边社区和居民,应明确相应的应急宣传教育工作; (3)明确应急演练的方式、频次、范围、内容、组织、评估、总结等内容	
附则	应急预案备案	(1)明确本预案应报备的有关部门(上级主管部门及地方政府有关部门)和有关抄送单位; (2)符合国家关于预案备案的相关要求	
	制定与修订	(1)明确负责制定与解释应急预案的部门; (2)明确应急预案修订的具体条件和时限	

注:"*"代表应急预案的关键要素。

表 8-5 专项应急预案要素评审表

评审项目		评审内容及要求	评审意见
事故类型和危险程度分析*		(1)能够客观分析本单位存在的危险源及危险程度; (2)能够客观分析可能引发事故的诱因、影响范围及后果; (3)能够提出相应的事故预防和应急措施	
组织机构及职责*	应急组织体系	(1)能够清晰描述本单位的应急组织体系(推荐使用图表); (2)明确应急组织成员日常及应急状态下的工作职责	
	指挥机构及职责	(1)清晰表述本单位应急指挥体系; (2)应急指挥部门职责明确; (3)各应急救援小组设置合理,应急工作明确	
预防与预警	危险源监控	(1)明确危险源的监测监控方式、方法; (2)明确技术性预防和管理措施; (3)明确采取的应急处置措施	
	预警行动	(1)明确预警信息发布的方式及流程; (2)预警级别与采取的预警措施科学合理	
信息报告程序*		(1)明确 24 小时应急值守电话; (2)明确本单位内部信息报告的方式、要求与处置流程; (3)明确事故信息上报的部门、通信方式和内容时限; (4)明确向事故相关单位通告、报警的方式和内容; (5)明确向有关单位发出请求支援的方式和内容	
应急响应*	响应分级	(1)分级清晰合理,且与上级应急预案响应分级衔接; (2)能够体现事故紧急和危害程度; (3)明确紧急情况下应急响应决策的原则	
	响应程序	(1)明确具体的应急响应程序和保障措施; (2)明确救援过程中各专项应急功能的实施程序; (3)明确扩大应急的基本条件及原则; (4)能够辅以图表直观表述应急响应程序	
	处置措施	(1)针对事故种类制定相应的应急处置措施; (2)符合实际,科学合理; (3)程序清晰,简单易行	
应急物资与装备保障*		(1)明确对应急救援所需的物资和装备的要求; (2)应急物资与装备保障符合单位实际,满足应急要求	

注:"*"代表应急预案的关键要素。如果专项应急预案作为综合应急预案的附件,综合应急预案已经明确的要素,专项应急预案可省略。

表 8-6 现场处置方案要素评审表

评审项目	评审内容及要求	评审意见
事故特征*	(1)明确潜在事故的类型和危险程度,清晰描述作业现场风险; (2)明确事故判断的基本征兆及条件	
应急组织及职责*	(1)明确现场应急组织形式及人员; (2)应急职责与工作职责紧密结合	

续表

评审项目	评审内容及要求	评审意见
应急处置*	(1)明确第一发现者对事故初步判定的要点及报警时的必要信息； (2)明确报警、应急措施启动、应急救护人员引导、扩大应急等程序； (3)针对操作程序、工艺流程、现场处置、事故控制和人员救护等方面制定应急处置措施； (4)明确报警方式、报告单位、基本内容和有关要求	
注意事项	(1)佩戴个人防护器具方面的注意事项； (2)使用抢险救援器材方面的注意事项； (3)有关救援措施实施方面的注意事项； (4)现场自救与互救方面的注意事项； (5)现场应急处置能力确认方面的注意事项； (6)应急救援结束后续处置方面的注意事项； (7)其他需要特别警示方面的注意事项	

注："*"代表应急预案的关键要素。现场处置方案落实到岗位每个人,可以只保留应急处置。

表8-7 应急预案附件要素评审表

评审项目	评审内容及要求	评审意见
有关部门、机构或人员的联系方式	(1)列出应急工作需要联系的部门、机构或人员的至少两种以上联系方式,并保证准确有效； (2)列出所有参与应急指挥、协调人员姓名、所在部门、职务和联系电话,并保证准确有效	
重要物资装备名录或清单	(1)以表格形式列出应急装备、设施和器材清单,清单应当包括种类、名称、数量以及存放位置、规格、性能、用途和用法等信息； (2)定期检查和维护应急装备,保证准确有效	
规范化格式文本	给出信息接报、处理、上报等规范化格式文本,要求规范、清晰、简洁	
关键的路线、标识和图纸	(1)警报系统分布及覆盖范围； (2)重要防护目标一览表、分布图； (3)应急救援指挥位置及救援队伍行动路线； (4)疏散路线、重要地点等标识； (5)相关平面布置图纸、救援力量分布图等	
相关应急预案名录、协议或备忘录	列出与本应急预案相关的或相衔接的应急预案名称、以及与相关应急救援部门签订的应急支援协议或备忘录	

注:附件根据应急工作需要而设置,部分项目可省略。

二、应急预案的备案

应急预案的备案,应按照《生产安全事故应急预案管理办法》的规定进行。各级政府和企业对突发事件应急预案都要做好备案工作。

地方各级安全生产监督管理部门的应急预案,应当报同级人民政府和上一级安全生产监督管理部门备案。

其他负有安全生产监督管理职责的部门的应急预案,应当抄送同级安全生产监督管理部门。

中央管理的总公司(总厂、集团公司、上市公司)的综合应急预案和专项应急预案,报国务院国有资产监督管理部门、国务院安全生产监督管理部门和国务院有关主管部门备案;其所属单位的应急预案分别抄送所在地的省、自治区、直辖市或者设区的市人民政府安全生产监督管理部门和有关主管部门备案。

中央管理的总公司(总厂、集团公司、上市公司)以外的其他生产经营单位中涉及实行安全生产许可的,其综合应急预案和专项应急预案,按照隶属关系报所在地县级以上地方人民政府安全生产监督管理部门和有关主管部门备案;未实行安全生产许可的,其综合应急预案和专项应急预案的备案,由省、自治区、直辖市人民政府安全生产监督管理部门确定。

三、应急救援的重要环节

前文已经详细介绍了应急管理各方面的知识,也为了帮助应急救援人员在应急救援过程中时刻保持清醒的头脑,笔者总结了应急救援的八个环节。

(一)做好报警、接警工作

紧急情况出现后,最初报警极为重要,否则会延误时机,引起事故扩大。报警人员应准确汇报突发事件发生的时间、地点、性质、事故状态、气象(风向)及人员伤亡情况,以便接警人员准确记录和掌握现场情况,做出正确响应。

(二)现场警戒和安全

在处置突发事件时,一定要把人员安全放在首要位置,注意确保作业人员、应急人员、相关方人员以及社区群众的安全。要沉着应对,避免混乱。加强危险现场警戒,要将无关人员快速疏散至指定安全地点,并防止外来人员进入而造成不必要的伤亡。

(三)应急监测与疏散

应做好事故现场有毒有害、易燃易爆危险物质的监测工作,以保证人员的安全疏散和应急人员的安全进入。

由于石油、石油化工事故往往涉及有毒有害、易燃易爆危险物质,应急人员贸然进入危险区将会导致严重后果。现场环境监测是抢险方案制定的依据,也是人员疏散、回迁的依据。应在规定的半径范围内对空气、水、土壤进行持续检测。

(四)迅速判断险情、控制险情

危险物质泄漏、火灾爆炸、洪水灾害、疫情蔓延、食物中毒以及其他工业事故的发生和发展都有其固有规律,迅速判明情况、找出根源是控制事故的根本。如处置集气站泄漏事故关键是切断电源、火源,判断泄漏位置和切断上下游闸门,打开放空,通知关井。这些措施实施后,泄漏很快就得到控制。

(五)现场恢复

险情得到控制后,根据情况及时实施恢复措施。如进行设备、管道更换维修、污染区域洗消,可使现场尽快恢复到正常状态。

(六)及时做好事故调查处理工作

应急的同时,有关部门应配合事故调查人员做好现场调查取证工作,防止因事故应急使证据破坏。同时要做好善后工作,确保稳定。

(七)做好信息发布工作

应急指挥部应及时发布相关信息,保证安全和稳定。

(八)总结评比

应急结束,应做好总结工作,对有功人员进行表彰,并及时对应急预案进行评审、修订。

习 题

1. 什么是应急管理？应急管理的主体与客体是什么？
2. 什么是突发事件？各类突发事件分别包括哪些具体灾害或事件？
3. 突发事件分级应对的规定是什么？
4. 什么是应急预案？它有哪些功能？
5. 中华人民共和国《国家突发公共事件总体应急预案》明确提出了应急救援有哪些工作原则？
6. 安全生产法对于生产经营单位应急救援队伍建立的要求是什么？
7. 组织(企、事业单位)有哪些需要编制应急预案的情况？
8. 应急管理的五项主要任务是什么？
9. "一案三制"的含义是什么？
10. 简述我国的应急管理体制。
11. 什么是应急运行机制？
12. 什么是"拳头模式"？
13. 应急管理分为哪四个阶段？
14. 预防与准备阶段有哪些主要任务？
15. 监测与预警阶段有哪些主要任务？
16. 应急处置与救援阶段有哪些主要任务？
17. 事后恢复与重建阶段有哪些主要任务？
18. 应急预案编制有哪些准备工作？
19. 应急预案的编制程序是什么？
20. 什么是专项应急预案？
21. 应急演练有哪些类型？
22. 应急预案评审的任务是什么？

第三篇　石油工业 HSE 管理技术

　　HSE 管理的对象是各类组织的健康、安全与环境管理,组织的类型有政府机关、企事业单位、社会团体等等,而健康、安全与环境问题与组织的类别、业务性质、运行方式和生产技术密切相关。作为 HSE 管理工作者,不仅要熟悉 HSE 管理知识和实务,处理好管理问题,还必须通晓 HSE 管理中涉及的安全技术。本篇将介绍有关 HSE 管理的专业安全问题,即 HSE 管理技术,如职业卫生与劳动保护、环境管理、防火防爆技术、危险化学品管理、电气安全技术、有毒有害气体防护技术、作业许可、现场急救技术。本篇的内容特点是具有一定的专业性,应结合各个行(专)业的有关法规、标准要求,结合专业技术、生产工艺与设备,来理解掌握相关内容。条件允许时,可安排必要的现场实习。

第九章　职业卫生与劳动保护

　　本章在系统介绍职业病、职业病分类以及职业危害因素的基础上,对石油、石化行业职业危害的防治、劳动保护、劳动保护用品分类、管理与使用、职业健康管理等方面进行了详细的介绍。其中第二节、第三节为本章重点。读者在学习时,应注意沿着"职业病及职业危害因素的识别—职业病以及职业危害的预防—劳动保护"这一主线来思考职业病、职业危害防控这一主题。

第一节　职业病及职业危害因素

一、职业病及其分类

(一)职业病的定义

　　从广义上讲,职业病是指职业性危害因素所引起的特定疾病;从狭义上讲,职业病是指国家颁布的具有立法意义的职业病。例如含苯油漆生产或油漆工人可能因长期接触苯而发生苯中毒,生产性噪声可能导致噪声性耳聋等都属于职业病。

　　《中华人民共和国职业病防治法》明确指出:职业病是指企业、事业单位和个体经济组织(以下统称用人单位)的劳动者在职业活动中,因接触粉尘、放射性物质和其他有毒、有害物质等因素而引起的疾病。它包含以下含义:患病者是劳动者;在明确的用人单位中从事职业活动；必须接触粉尘、放射性物质和其他有毒有害物质等职业病危害因素。

在生产劳动中，接触生产中使用或产生的有毒化学物质、粉尘气雾、异常的气象条件、高低气压以及噪声、振动、微波、X射线、γ射线、细菌、霉菌、长期强迫体位操作、局部组织器官持续受压等，均可引起职业病，一般将这类职业病称为广义的职业病。其中某些危害性较大，诊断标准明确、结合国情由政府有关部门审定公布的职业病，称为狭义的职业病，或称法定（规定）职业病。

(二)职业病的分类及其目录

职业病的分类和目录由国务院卫生行政部门会同国务院劳动保障行政部门规定、调整并公布。根据国家卫生计生委、人力资源和社会保障部于2013年12月23日颁布的《职业病分类和目录》的规定，我国法定的职业病现有十大类，132种。这十大类包括：职业性尘肺病及其他呼吸系统疾病（职业性尘肺病13种，其他呼吸系统疾病6种）、职业性皮肤病（9种）、职业性眼病（3种）、职业性耳鼻喉口腔疾病（4种）、职业性化学中毒（60种）、物理因素所致职业病（7种）、职业性放射性疾病（11种）、职业性传染病（5种）、职业性肿瘤（10种）和其他职业病（3种）。

1. 职业性尘肺病及其他呼吸系统疾病

1）尘肺

尘肺是指在生产活动中长期大量吸入较高浓度的某些粉尘，导致肺组织纤维化的疾病。尘肺在我国是危害最大的职业病之一。患者早期的症状不明显，随着病变的发展，症状逐渐明显，有咳嗽、胸闷、胸痛和气短等现象。严重时，患者两肺可能出现进行性、弥漫性纤维组织增生。

《职业病分类和目录》中列示了13种尘肺病例，具体包括矽肺、煤工尘肺、石墨尘肺、碳黑尘肺、石棉肺、滑石尘肺、水泥尘肺、云母尘肺、陶工尘肺、铝尘肺、电焊工尘肺、铸工尘肺以及根据《职业性尘肺病的病理诊断》(GB Z 25—2014)和《职业性尘肺病的诊断》(GBZ 70—2015)可以诊断的其他尘肺。

2）其他呼吸系统疾病

其他呼吸系统疾病主要包括过敏性肺炎、棉尘病、哮喘、金属及其化合物粉尘肺沉着病（锡、铁、锑、钡及其化合物等）、刺激性化学物所致慢性阻塞性肺疾病、硬金属肺病等。

2. 职业性皮肤病

职业性皮肤病是由于职业性因素引起的皮肤及皮肤附属的汗腺、皮脂腺疾病，如职业性皮炎、光敏性皮炎、黑变病、痤疮、溃疡、化学性皮肤灼伤等。

(1)接触性皮炎是指在劳动或作业环境中直接或间接接触具有刺激和(或)致敏作用的物质引起的急、慢性皮肤炎症性改变。

(2)光接触性皮炎是指在劳动中，接触光敏物质（如煤焦沥青、氯丙嗪及其中间体等），并受到日光照射而引起的皮肤炎症性反应。

(3)电光性皮炎是指在劳动中接触人工紫外线光源，如电焊器、碳精灯、水银石英灯等引起的皮肤急性炎症。

(4)黑变病是指劳动或作业环境中存在的职业性有害因素(主要是煤油、石油及其分馏产品、橡胶添加剂、某些颜料、染料及其中间体等)引起的慢性皮肤色素沉着性疾病。

(5)痤疮是由煤焦油、氯化物等引起的痤疮样皮损。

(6)溃疡是指铬、铍、砷等化合物引起的鸟眼型溃疡。

(7)化学性皮肤灼伤是指常温或高温的化学物直接刺激皮肤,对皮肤发生腐蚀作用及化学反应热引起的急性皮肤损害,可伴有眼灼伤和呼吸道损伤。

此外,还新增了白斑、根据《职业性皮肤病的诊断总则》可以诊断的其他职业性皮肤病。

3. 职业性眼病

职业性眼病是劳动者在职业活动中,因接触化学物质或辐射线引起的眼病。

(1)化学性眼部灼伤是指工作中眼部直接接触碱性、酸性或其化学物的气体、液体或固体所致眼组织的腐蚀破坏性损害。

(2)电光性眼炎是指眼部受紫外线照射所致的急性角膜结膜炎,常发生于电焊、气焊、氧焰切割、电弧炼钢以及使用弧光、水银灯、紫外灯的作业,其中又以电焊工最为常见。

(3)职业性白内障是指由职业性化学、物理等有害因素引起的以眼状体混浊为主的疾病,可以造成接触者不同程度的视力障碍。常见的临床类型有中毒性白内障、非电离辐射性白内障、电离辐射性白内障(含放射性白内障、电击性白内障),目前最常见的为三硝基甲苯中毒性白内障。

4. 职业性耳鼻喉口腔疾病

职业性耳鼻喉口腔疾病主要有噪声聋、铬鼻病、牙酸蚀病三种。

(1)噪声聋是指长时间在强烈的噪声环境下工作,听神经细胞在噪声的刺激下,发生病理性损害及退行性变,使暂时性听力下降变为永久性听力下降。

(2)铬鼻病是指在职业活动中因接触铬酐、铬酸、铬酸盐及重铬酸盐等六价铬化合物引起的鼻部损害称为铬鼻病。重者会发生鼻中隔糜烂、溃疡甚至穿孔。

(3)牙酸蚀病是指较长期接触氟化氢、硫酸酸雾、硝酸酸雾、盐酸酸雾等各种酸雾或酸酐所引起的牙齿硬组织脱矿缺损。

此外,2013年在职业性耳鼻喉口腔疾病中新增了爆震聋。

5. 职业性化学中毒

职业性化学中毒是劳动者在职业活动中因接触毒物而发生的中毒。在生产过程中,如缺乏防护措施,各种有毒物质有可能通过人体呼吸道、皮肤或消化道进入人体内,使人体的某一组织发生病变,从而造成职业性化学中毒。

职业性化学中毒可分为金属与类金属职业中毒、刺激性与窒息性气体职业中毒、有机溶剂职业中毒、苯的氨基及硝基化合物职业中毒、氰及腈类化合物职业中毒、农药职业中毒这六大类中毒。

《职业病分类和目录》将这六大类职业中毒又细分为60种职业中毒病例,即:铅及其化合物中毒(不包括四乙基铅);汞及其化合物中毒;锰及其化合物中毒;镉及其化合物中毒;铍病;铊及其化合物中毒;钡及其化合物中毒;钒及其化合物中毒;磷及其化合物中毒;砷及其化合物中毒;铀及其化合物中毒;砷化氢中毒;氯气中毒;二氧化硫中毒;光气中毒;氨中毒;偏二甲基肼中毒;氮氧化合物中毒;一氧化碳中毒;二硫化碳中毒;硫化氢中毒;磷化氢、磷化锌、磷化铝中毒;氟及其无机化合物中毒;氰及腈类化合物中毒;四乙基铅中毒;有机锡中毒;羰基镍中毒;

苯中毒；甲苯中毒；二甲苯中毒；正己烷中毒；汽油中毒；一甲胺中毒；有机氟聚合物单体及其热裂解物中毒；二氯乙烷中毒；四氯化碳中毒；氯乙烯中毒；三氯乙烯中毒；氯丙烯中毒；氯丁二烯中毒；苯的氨基及硝基化合物（不包括三硝基甲苯）中毒；三硝基甲苯中毒；甲醇中毒；酚中毒；五氯酚（钠）中毒；甲醛中毒；硫酸二甲酯中毒；丙烯酰胺中毒；二甲基甲酰胺中毒；有机磷中毒；氨基甲酸酯类中毒；杀虫脒中毒；溴甲烷中毒；拟除虫菊酯类中毒；铟及其化合物中毒；溴丙烷中毒；碘甲烷中毒；氯乙酸中毒；环氧乙烷中毒；上述条目未提及的与职业有害因素接触之间存在直接因果联系的其他化学中毒。

6. 物理因素所致职业病

物理因素所致职业病是指劳动者在职业活动中，由物理因素危害导致的职业病，主要有以下七种。

(1) 中暑是指劳动者在高温作业环境中长时间工作时，由于热平衡或水盐代谢紊乱而引起的一种以中枢神经系统或心血管系统障碍为主要表现的急性疾病。如头晕、胸闷、心悸、皮肤灼热等现象，都属中暑。有中暑职业病危害的行业有石油天然气开采业、冶炼业、建筑业等。

(2) 减压病是指在高气压下工作一定时间后，在转向正常气压时，因减压过速所致的职业病。主要表现为人体组织和血液中产生气泡，导致血液循环障碍和组织损伤。电力、蒸汽、热水生产、打捞及海底作业易出现此类职业病。

(3) 高原病是指人在高原低气压环境对缺氧不能适应所发生的特发性疾病。其症状多因缺氧而表现为神经机能受损伤。

(4) 航空病是指人在航空低气压环境对缺氧不能适应所发生的特发性疾病。其症状多因缺氧而表现为神经机能受损伤。

(5) 手臂振动病是指由于长期使用振动工具而引起的以末梢循环障碍为主的全身性疾病。

(6) 激光所致眼（角膜、晶状体、视网膜）损伤是指因激光照射眼睛造成的损伤。

(7) 冻伤是指由于人长时间在户外作业，由寒冷所致的末梢部局限性炎症性皮肤病，是一种冬季常见病，以暴露部位出现充血性水肿红斑，遇温高时皮肤瘙痒为特征，严重者可能会出现患处皮肤糜烂、溃疡等现象。

7. 职业性放射性疾病

放射线又称为电离辐射，是指作用于物体能使物质的原子产生电离的辐射线。职业性放射性疾病是指劳动者在职业活动中，因长期接触放射性物质而引起的疾病。根据《职业病分类和目录》的规定，职业性放射性疾病共有11种。

(1) 外照射急性放射病是指一次或短时间大剂量照射引起的全身性疾病，依病情分为造骨髓型、肠型、脑型三种。

(2) 外照射亚急性放射病是指人体在较长时间（数周至数月）内受连续或间断较大剂量外照射引起的全身性疾病。

(3) 外照射慢性放射病是指人体在较长时间内受到超剂量外照射引起的以造血系统损伤为主的全身性疾病。

(4) 内照射放射病是指大量放射性核素进入人体，对机体照射而引起的全身性疾病。

另外的一些放射性疾病有放射性皮肤疾病、放射性肿瘤、放射性骨损伤、放射性甲状腺疾病、放射性性腺疾病、放射复合伤以及根据《职业性放射性疾病诊断标准（总则）》可以诊断的其他放射性损伤。

有放射性职业病危害的行业和部门有：石油和天然气开采业、有色金属矿采选业、造纸及纸制品业、射线探伤业、辐照加工业、核工业、放射性核素及其制剂的生产加工和使用业、射线发生器的生产使用部门等。

8. 职业性传染病

职业性传染病是指劳动者在职业活动中，由于生物因素而导致的职业病，如炭疽病、森林脑炎、布鲁氏菌病、艾滋病（限于医疗卫生人员及人民警察）、莱姆病。

炭疽是一种由炭疽杆菌引起的急性传染病，牛、羊、骆驼、骡等食草动物是其主要传染源。人感染炭疽，主要是由于职业的关系与病畜或染菌的产品接触所造成的。

森林脑炎是作业人员进入森林作业被带有病毒的蜱叮咬后引起的感染，属急性中枢神经系统传染病。该病有明显的脑膜刺激症状，可导致意识障碍、上肢瘫痪等。

布鲁氏菌病是由布氏杆菌引起的人畜共患传染病。该病多因人直接接触受染动物的分泌物和排泄物，饮用未经消毒的牛奶、羊奶或食入含有活的布氏杆菌的奶制品（如黄油和奶酪）而引起。布鲁氏菌可通过作业人员的伤口、黏膜及消化道、呼吸道侵入人体，使作业人员出现关节痛、神经痛、睾丸痛等典型症状。

9. 职业性肿瘤

职业性肿瘤是指在工作环境中，长期接触致癌因素，经过较长的潜伏期而患某种特定肿瘤的一类职业性疾病。我国规定的职业性肿瘤有：

(1)石棉所致肺癌、间皮瘤。石棉是一种天然纤维状矿物，广泛应用于机械、石油等工业部门，吸入石棉纤维不仅导致肺部纤维化，而且能诱发支气管肺癌，还可引发间皮瘤。

(2)联苯胺所致膀胱癌，属染化工业中的常见职业病。接触联苯胺15～20年，有可能会导致膀胱癌。

(3)苯所致白血病是慢性苯中毒引起的以造血系统损害为主要表现的全身性疾病。

(4)氯甲醚、双氯甲醚所致肺癌。工业产品若杂有双氯甲醚，通过呼吸道进入人体，除其对上呼吸道、眼、皮肤黏膜的刺激作用外，长期接触可诱发肺癌。

(5)砷及其化合物所致肺癌、皮肤癌。

(6)氯乙烯所致肝血管肉瘤，是劳动者在职业活动中较长时期接触氯乙烯气体引起的以肝脾损害为主要表现，以肝血管肉瘤等为特点的全身性疾病。

(7)焦炉逸散物所致肺癌，由于吸入含致癌物质多芳烃的焦炉逸散物而引起。

(8)六价铬化合物所致肺癌。

(9)毛沸石所致肺癌、胸膜间皮瘤。

(10)煤焦油、煤焦油沥青、石油沥青所致皮肤癌。

(11)β-萘胺所致膀胱癌。

10. 其他职业病

我国法定职业病目录中还规定了不便分类的其他职业病，包括以下几种。

(1)金属烟热（是指因吸入新生成的金属氧化物烟所引起的典型性骤起体温升高和血液白细胞数增多等为主要表现的全身性疾病）。

(2)滑囊炎(限于井下工人,是人体摩擦力或压力较大的地方存在的滑囊的病变)。
(3)股静脉血栓综合征、股动脉闭塞症或淋巴管闭塞征(限于刮研作业人员)。

这 10 类 129 种职业病中,最常见的职业病是尘肺和职业中毒。尘肺的发病率很高,是我国最常见、危害最严重的职业病。职业中毒除了偶发的急性中毒事故具有极大的危害外,大量的非急性的职业中毒的后果也十分严重。因许多化学品和物理因素可导致肿瘤的发生,而肿瘤不管是职业的还是非职业的,都是人类健康的一大杀手,发病后死亡率极高。

除了放射性危害因素外,多数物理性职业危害因素的危害程度较低,但是其特点是多发、危害范围更为广泛。

二、职业危害因素

职业危害因素指在生产环境和劳动过程中存在的可能危害劳动者健康和劳动能力的各种因素。职业危害因素包括:职业活动中存在的各种有害的化学、物理、生物因素以及在作业过程中产生的其他职业有害因素。按不同来源可分为生产工艺中的有害因素、劳动过程中的有害因素、生产环境中的有害因素三类,下面将分别介绍。

(一)生产工艺中的有害因素

1. 化学因素

(1)有毒物质:如氯乙烯生产过程中,有氯、氯化氢、乙烯、二氯乙烷、氯乙烯等毒物;苯乙烯生产过程中,有苯、甲苯、乙基苯、苯乙烯等毒物;丙烯腈生产过程中有丙烯、氨、丙烯腈、乙腈、氰化氢等毒物。

(2)生产性粉尘:如炼油生产过程中,有石油焦粉尘,使用催化剂硅酸铝粉(粉尘状)等;催化剂生产过程中,有金属粉尘、水泥粉尘等;其他粉尘,如聚氯乙烯粉尘、苯酐粉尘、石棉尘、滑石粉、碳酸钠等。

2. 物理因素

(1)异常气象条件:如高温、高湿、低温等。
(2)异常气压:如高气压、低气压等。
(3)噪声:来自机器自身的撞击、转动、摩擦,如压缩机、锅炉、鼓风机、球磨机、泵等;来自流体在管线、容器内的流动和撞击、压力突变产生的噪声,如高压蒸汽的放空等;来自电机而产生电磁噪声,如发电机、变压器等。
(4)振动:如压缩机转动时引起包括厂房在内的振动;钻井、采油、井下作业等石油开采作业都有振动产生;其他振动,如使用风动工具(风锤、风钻)、电动工具(电锯、电钻)、运输工具的振动等。
(5)非电离辐射:如可见光、红外线、紫外线、微波、激光、射频等。
(6)电离辐射:如工业探伤的 X 射线、放射性同位素仪表产生的 γ 射线等。

3. 生物因素

(1)微生物,如布鲁氏菌、炭疽杆菌、森林脑炎病毒等;

(2)昆虫和尾蚴;
(3)水生动物体液;
(4)各种生物(或生物的蛋白质)、鸭毛绒、棉尘、谷尘等。

(二)劳动过程中的有害因素

劳动过程中的有害因素是指生产过程的劳动组织、操作体位和方式、体力和脑力劳动的比例等。在此过程中产生的有害因素包括:

(1)劳动组织和劳动作息安排上的不合理:大检修或抢修期间,易发生劳动组织和制度的不合理,致使劳动者易于出现心理和劳动习惯的不适应。

(2)职业心理紧张:自动化程度高,仪表控制代替了笨重的体力劳动和手工操作,也带来了精神紧张的问题。

(3)生产定额不当、劳动强度过大,与劳动者生理状况不相适应:如检修期间工业探伤的工作量特大,有时一天需拍片数十张,加之个人防护易被忽视,接受 X 射线剂量往往超过规定。

(4)过度疲劳:个别器官或系统的过度疲劳,长期处于某种不良体位或使用不合理的工具等。

(三)生产环境中的有害因素

生产环境可以是大自然的环境,也可以是按生产过程的需要而建立起来的人工环境。生产环境中的职业危害因素包括:

(1)自然环境中的有害因素,如炎热季节中的强阳光辐射(室外露天作业)、油田企业夏季野外作业。

(2)厂房建筑或布置不合理,如有毒工段和无毒工段安排在同一个工作间内等。

(3)由不合理的生产过程所致环境污染,如氯气回收、精制、液化等岗位产生的氯气泄漏,有时造成周围环境的污染。

在实际生产中,职业危害因素常不是单一存在的,多种职业危害因素的同时存在,常可加重对职工健康的影响。

第二节 石油、石化行业常见职业病及防治

石油、石化行业包括地质、钻井、采油、井下作业、集输、炼制、化工及附属(辅助)部门等。石油和石化生产中所用的原料、单体、溶剂、添加剂、助剂和石油热裂解产物多数对人体有不同程度的毒副作用。

石油、石化生产基本在高温高压下进行,有许多加热炉、换热设备等热源,使用了大量产生噪声和振动的设备,如加热炉、鼓风机、压缩机、泵和火炬等。生产过程中的高温、振动和噪声是普遍存在的职业危害因素。

在生产活动中,还可能存在劳动组织、作息安排、不良工作体位、自然环境、厂房建筑等方面的影响,可能会对员工健康造成损害。

一、石油、石化行业生产中的职业危害因素

1. 钻井生产

(1)生产性毒物:有原油和油田气的烃类化合物、硫化氢、硫醇、二氧化碳等物质,辅助作业时的有机溶剂、油田助剂等。

(2)生产性粉尘:如钻井液配制用的黏土、固井用的水泥、喷砂作业用的矽尘等。

(3)噪声、振动:如柴油机、电动机、机泵、钻盘、风动工具等。

(4)放射性物质:γ射线、中子源等。

(5)其他:钻井多为野外作业,受环境条件(包括不良气象条件)影响大。个别作业(如起、下钻时)有强制体位和个别器官、组织紧张,易发生外伤。

2. 采油生产

(1)生产性毒物:有石油、油田气、硫化氢、氨、防腐剂、有机溶剂等,压裂、酸化时接触的盐酸、硝酸、氢氟酸等。

(2)噪声、振动:泵、压缩机等设备可带来振动和噪声危害。

(3)其他:修井为野外作业,易受不良气象条件影响。

3. 炼油生产

(1)生产性毒物:不同生产工艺稍有差别,主要有油品(溶剂油、石脑油、汽油、煤油、柴油等)、气态烃、液态烃、丙烷、丙烯、丁烷、丁烯、芳烃等成品、半成品,催化剂及添加剂(如氧化铝、铂、镍、钴、钼等金属及其化合物、MTBE、MMT)、硫化氢、硫醇、硫醚、一氧化碳、氮氧化物等中间产物或排放物。其他如甲醇、甲醛、氨、有机溶剂、酸、碱等物质。

(2)噪声:泵、压缩机、火炬、蒸汽放空等流体动力噪声及电磁交变噪声等。

(3)高温、热辐射:来自加热炉、反应器、换热器、焚烧炉、锅炉、蒸汽管线等。

(4)粉尘:一些催化剂在使用前后有粉尘产生。

(5)放射性:如放射性料位计、液位计的应用等。

4. 石油化工

生产性毒物,来自石油及天然气经炼制、裂解、有机合成等生产过程中生产出乙烯、丙烯、丁烯、苯、甲苯、二甲苯、乙炔、萘等基本原料,再合成醇、醛、酮、酸、酯、腈等单体,经聚合或缩聚,加工生产成塑料、合成纤维、合成橡胶及氮肥、洗涤剂、燃料、黏合剂、溶剂、助剂等产品。多数石化产品本身无毒或低毒,但基本原料、单体、溶剂、某些添加剂(助剂)、催化剂或副产品、中间产物有不同程度的毒性。一些单体、基本原料、助剂、催化剂还有强烈刺激性,可引起灼伤等损伤,如氢氟酸(烷基苯生产)、三氯化钛及烷基铝(聚丙烯、聚苯乙烯生产等)等。

噪声、振动、高温、粉尘、放射性物质等也是石化生产中重要的职业病危害因素,发生源与炼油生产相似。

5.测井作业

与职业性疾病有关的电离辐射主要有五种类型,即 X 射线、γ 射线、α 粒子、β 粒子和中子。其中以 X 射线和 γ 射线为主。

6.管道焊接

管道焊接中产生的职业危害因素包括电焊尘、锰尘、臭氧、氮氧化合物、一氧化碳、紫外线、噪声、乙炔、射频辐射等。

二、石油、石化行业常见职业病的防治

(一)职业性中毒预防

1.组织管理措施

加强对毒物管理的组织领导工作,制定防毒工作规划,有计划地改善劳动条件,将防毒工作纳入企业管理的议事日程。

2.防毒技术措施

改革生产工艺及生产设备,采用先进的工艺设备,如采取密闭化、管道化、机械化生产工艺,使用先进的现代控制系统,防止毒物的产生,使人与毒源相隔离。

采用无毒或低毒的生产原料、辅料,以代替有毒的物料;采用通风换气的办法,以降低作业环境中的毒物浓度。

3.个体防护措施

劳动者通过穿戴防护服、手套、口罩、面罩、头盔等防护用品,达到呼吸道防护和皮肤防护的目的。

4.卫生保健措施

定期对接触毒物作业的职工进行健康检查,将有中毒症状的劳动者及时调离工作岗位,使其脱离与毒物的接触,并及时予以治疗。如患有中枢神经系统疾病、明显的神经官能症、植物神经系统疾病、内分泌疾病、呼吸系统疾病及眼结膜、眼角膜疾,不宜从事接触硫化氢的作业。

此外,还要定期对作业环境中有毒物质的浓度进行测定,以评价作业环境的卫生状况,根据测定情况制定出有效措施。

(二)生产性粉尘危害预防

生产性粉尘对人体健康的危害是完全可以预防的。我国政府对防尘工作尤为重视,出台了一系列法规和办法,防尘工作取得了很大成绩,并总结出"革、水、密、风、护、管、教、查"八字综合防尘经验,具体指:

(1)革:技术革新、工程防护;
(2)水:对作业场所进行湿法作业;
(3)密:采取密闭的生产工艺;
(4)风:通风除尘;
(5)护:个体防护,佩戴符合卫生要求的防尘口罩、面罩等;
(6)管:建立各种规章制度,加强管理;
(7)教:对员工进行宣传、培训、教育;
(8)查:定期进行检查评比,包括粉尘的检测、员工的健康体检等。

活动性肺结核、慢性呼吸系统疾病等明显影响肺功能的疾病患者,不宜从事接触粉尘的作业。已确诊的尘肺患者应及早调离粉尘作业岗位,并进行必要的治疗。平时可服用排毒洗肺的中药防治,清除肺部污物,控制和减少尘肺的发病率。

(三)振动的预防

1. 振动对人体的危害

振动是物体在外力作用下以中心位置为基准,呈往返运动的现象。

(1)局部振动引起机体的病损主要表现为:局部振动病,以末梢血管痉挛为主的一系列症状,或称雷诺式综合征。

(2)全身振动是由振动源(车辆、船舶、重型振动机械)通过身体的支持部分(下肢、腰臀部)将振动传布全身引起振动反应的振动,多为低频率、大振幅的振动,长时间接触可引起周围神经和血管功能的改变,表现为腿脚痛、下肢疲劳及感觉异常。有时,由于内脏受振动刺激后的反射作用,可出现脸色苍白、冷汗、恶心、头晕、呼吸浅表和血压降低等现象。

2. 振动的预防措施

(1)振动作业应严格执行国家有关卫生标准,不断改进工艺过程,尽量减少手及身体直接接触振动体,防止手部受冷风侵袭而因寒冷对振动的联合作用。还要加强设备和工具的维护保养,确保其处于完好的工作状态,减少振动。

(2)对产生振动的设备要建立防振基础,基础应与其他建筑基础隔离开。对振源要安装减振阻尼器,以减弱振动的传递。

(3)合理安排职工的劳动和休息。根据振动的强度和频率大小,制定工间休息及定期轮换工作制度,冬季户外作业地点设置取暖休息室,根据保健水平和要求限制接触振动总时间。

(4)对接触振动工人配发防振保暖手套、防寒服装,加强上岗前及工作后的定期检查,妥善安排有职业禁忌症者,早期发现有振动损伤的作业人员,采取适当的预防措施,及时治疗振动病患者。

(四)电离辐射的预防

1. 电离辐射对人体的危害

(1)急性辐射伤害:短时间内接受大剂量的电离辐射可造成急性辐射伤害。其临床主要表现为乏力、呕吐、淋巴细胞和中性粒细胞减少、周身不适等症状,严重时可导致死亡。患过一次急性辐射后,可能导致寿命缩短、遗传变异和肿瘤出现率高等后果。

(2)慢性辐射伤害:长时间反复接受超容许剂量的射线或中子的体外照射,可造成慢性辐射伤害。临床主要表现为头痛、软弱无力、记忆力减退、失眠、食欲降低、脱发、贫血和白内障等症状。

2. 电离辐射的预防措施

(1)广泛采用防辐射材料作屏蔽,尽量使人与辐射环境隔离,增大作业人员与辐射源之间的距离。一般认为距离增加一倍,受辐射量减少为原来的四分之一。

(2)加强对作业人员的管理和监督。尽量减少在辐射场所逗留的时间,准备充分,操作迅速、熟练;也可采用轮流、替换制,减少每个人的暴露时间。

(3)对作业人员培训,严格执行操作规程,正确使用个人防护用品。

(4)定期参加职业体检,有血液系统疾病,晶体浑浊,肝肾疾病,内分泌疾病,皮肤疾病,严重的呼吸、消化、泌尿、免疫系统疾病,神经精神异常者,不能从事放射作业。

(五)高温的预防措施

1. 高温作业的危害

1)引起机体生理功能的改变

高温可引起能量代谢、水盐代谢、神经内分泌、呼吸、心血管、消化、泌尿等系统以及视觉器官生化、免疫机能及生理功能的改变。

2)急性热致病

急性热致病就是通常所说的中暑,它又分为三种类型。

热痉挛:主要表现为明显的肌痉挛,伴有收缩痛。患者神志清醒,体温多正常。

热衰竭:主要表现为头痛、头昏、心悸、多汗、恶心、呕吐、皮肤湿冷、血压短暂下降,继而昏厥,体温不高或稍高。

热射病:其特点是在高温环境中突然发病,体温升高可达 40℃以上,可伴意识障碍、嗜睡等中枢神经系统症状。

3)慢性热致病

可致头痛、胃痛、心动过速、眩晕、恶心等不适。高温作业几年后可致高血压、性欲减退、心肌损害等。

4)中毒

有的高温作业还可引发中毒,如刷洗储油罐,罐内温度高达 50℃以上,油气浓度高,急、慢性中毒时有发生。

2. 高温作业的防护措施

1)技术措施

(1)合理设计工艺流程。

通过改进生产设备和操作方法是改善高温作业劳动条件的根本措施。热源的布置应符合下列要求：

①尽量布置在车间外面；
②采用热压为主的自然通风时，热源尽量布置在天窗下面；
③采用穿堂风为主的自然通风时，尽量布置在夏季主导风向的下风侧；
④对热源采取隔热措施；
⑤使工作地点易于采用降温措施，热源之间可设置隔墙（板），使热空气沿隔墙上升，经过天窗排出，以免扩散到整个车间；
⑥热成品和半成品应及时运出车间或堆放在下风侧。

(2)隔热。

隔热是防止热辐射的重要措施，尤其以水的隔热效果最好，水的比热容大，能最大限度地吸收辐射热。

(3)通风降温。

①自然通风，通过门窗和缝隙进行自然通风换气，但对于高温车间仅靠这种方式是远远不够的。
②机械通风，采用局部或全面机械通风或强制送入冷风来降低作业环境温度；在高温作业厂房，修建隔离操作室，向室内送冷风或安装空调。

2）保健（护）措施

(1)给饮料和补充营养：高温作业工人应该补充与出汗量相等的水分和盐分，饮料的含盐量以 0.15%～0.2%为宜，饮水方式以少量多次为宜；适当增加高热量饮食和蛋白质、维生素和钙等。

(2)个人防护：高温作业工人的工作服，应以耐热、导热系数小而透气性能好的织物制成。按照不同工种需要，还应当配发工作帽、防护眼镜、面罩、手套、护腿等个人防护用品。

(3)加强医疗预防工作：对高温作业工人应该进行就业前和入暑前体格检查。凡有心血管系统器质性疾病、血管舒缩调节机能不全、持久性高血压、溃疡病、活动性肺结核、肺气肿、肝病、肾病、明显内分泌疾病（如甲状腺功能亢进）、中枢神经系统器质性疾病者，过敏性皮肤疤痕患者，重病后恢复期及体弱者，均不宜从事高温作业。

3）管理措施

这一部分的管理措施主要包括宣传防暑降温的知识、合理安排工作时间、避开最高气温、设立休息室、保证高温作业工人有充分的睡眠和休息、轮换作业、缩短作业时间等。

(六)焊接作业的职业危害与预防措施

1.焊接作业的职业危害

(1)焊工尘肺及肺功能的损伤：电弧焊接时，焊条中的焊芯、药皮和金属母材在电弧高温下熔化、蒸发、氧化、聚集，产生大量金属氧化物及其他物质的烟尘，长期吸入可引起焊工尘肺。焊工尘肺一般发生在密闭、通风不良的作业条件下，发病工龄平均为18年左右。肺通气功能测定表明接触电焊烟尘可引起电焊工一定程度的肺通气功能损伤。电焊工的肺通气功能损伤有随接尘工龄的延长而加重的趋势。

(2)锰中毒：各种焊件和焊条中均含有数量不等的锰，一般焊芯中的含锰量很低，只有

0.3%～0.6%左右。为了提高机械强度、耐磨、抗腐蚀等性能,使用含锰焊条时,含锰量可高达23%。在通风不良场所如船舱、锅炉或密闭容器内施焊,长期吸入含锰的烟尘可发生锰中毒,可检出血锰、尿锰升高,神经行为功能改变等。

(3)电焊烟热:电焊烟热也称为焊工热,是金属烟热的一种,为由吸入金属氧化物所致的以骤起体温升高和血白细胞计数增多为主要表现的全身性疾病。该病常在接触金属氧化物烟后6～12小时起发病,表现为患者头晕、乏力、胸闷、气急、肌肉关节酸痛,以后发热,白细胞增多,重者有畏寒、寒颤等症状。

(4)对神经系统的影响:大量研究表明,电焊作业存在与职业接触有关的神经系统损害,主要涉及记忆、分析、定位等信息加工处理的功能,表现为神经生理、神经心理、神经行为异常,与电焊烟尘中的锰、铝、铅等有密不可分的联系。

(5)对眼及皮肤的影响:紫外线和红外线对眼及皮肤的损伤是电焊作业职业损害的一个重要方面,表现为电光性眼炎、慢性睑缘炎、结膜炎、晶体混浊等。过量紫外线暴露的主要损害为光敏性角膜炎。电焊工白内障与接触红外线有关。国外最近的研究表明,工人接触过量紫外线会有发生非黑色素细胞皮肤癌和其他诸如眼恶性黑色素瘤等慢性疾病的危险。

2.焊接作业的防护措施

1)提高焊接技术,改进焊接工艺和材料

通过提高焊接机械化、自动化程度,使人与作业环境隔离,从根本上消除电焊作业对人体的危害;通过改进焊接工艺,减少封闭结构施工,对容器类设备采用单面焊,改善坡口设计等,以改善焊工的作业条件,减少电焊烟尘污染;改进焊条材料,选择无毒或低毒的焊条,也是降低焊接危害的有效措施。

2)改善作业场所的通风状况

通风方式分为自然通风和机械通风,其中机械通风的除尘效果较好。因而在自然通风较差的场所、封闭或半封闭结构内焊接时,必须有机械通风措施。值得注意的是,许多手工电弧焊场所,特别在夏天使用风扇直接吹散烟尘通风,这会造成烟尘弥漫整个车间,危害更大。

3)加强个人防护

加强个人防护,可以有效防止焊接时产生的有毒气体和粉尘的危害。焊接作业人员必须使用相应的防护眼镜、面罩、口罩、手套、防护服、绝缘鞋等,若在封闭或半封闭设备内工作时,还需佩戴使用送风面罩。

4)强化职业卫生宣传教育及现场跟踪监测工作

对电焊作业人员应进行必要的职业安全卫生知识教育,提高其职业卫生意识,降低职业病发病率。同时,还应对焊接作业场所的尘毒危害进行定期监测,对作业人员定期进行体检,以便及时发现问题,预防和控制职业病。

(七)职业心理紧张的预防

1.职业心理紧张的危害

职业是人们维持生计、承担社会分工角色、发挥个性才能的一种社会活动。随着社会竞争的加剧,人们的工作节奏不断加快,不良作业环境与劳动过程也可能存在精神方面的不良因素,一种新的职业疾病正在越来越强烈地影响着人们的身心健康,这就是职业心理疾病,如职业慢性疲劳症、上班恐惧症、假期综合征、职业厌倦症、职业网络综合征及因单调作业产生的心理障碍等。

职业压力在个体身上造成的后果,具体可以体现在生理和心理两方面。职业压力引起的生理反应有:心血管疾病、胃肠失调、呼吸系统问题、关节炎、神经性头痛、神经性皮炎、脱发、糖尿病、哮喘、身体损伤、皮肤机能失调、过度疲劳、癌症以及死亡。职业压力引起的心理反应有:焦虑、沮丧、不满、厌倦、心理疲惫、不良情感、机能不全、自控程度低、自我疏忽、精神疾病、愤懑、压抑以及注意力无法集中等。

2.职业心理紧张的预防

(1)作为企业的管理者,首先要采用先进的管理模式,合理地组织劳动和生产,正确处理与职工的关系。其次要对职工进行心理卫生健康教育,和谐地处理人际关系,使之感到劳动和工作是人生的需求。对于精神和心理有异常者,要尽快给予心理咨询、诊断和治疗。

(2)职工个体还可以采用以下几种方法,缓解压力,保持心理健康。

①回避和远离压力来源。这需要根据个人的情况而定,没有对每一个人都适应的模式。

②恰当合理地使用心理防御机制,即对压力给以合理的解释。比如被领导批评以后,能想到关键是自己没有做好工作,领导应该批评,对其他人也是如此,是合理的。这样自己便能心平气和了。

③重新评价事件或者情境。问题也许没有你想得那么严重,换一个角度考虑问题可能会豁然开朗。即使是失误或错误,也还有补偿的机会。

④寻求支持。当心理压力过大时,可以适当地向亲戚、朋友、心理医生倾诉和求助,不要硬撑。其实承认自己的软弱,然后通过外部有益的支持降低紧张、减弱不良的情绪是明智之举。

⑤适当的运动和培养多种兴趣爱好。培养自己的兴趣爱好,可以建立两方面的疏通渠道:情感疏通渠道和体力疏通渠道。充分挖掘自己在音乐、阅读、运动等方面的潜力,建立适合自己的娱乐方式和运动方式,减轻疲劳,舒缓压力。

⑥建立自己的社会支持系统。人们应该抽取时间经常与家人一起进行分担家务,交流沟通,尽享家庭之乐,放松心理压力。在职业场所中,学会客观地认识和评估自己与他人,培养人际交往技巧和技能,构建良好、和谐的人际环境。

第三节 劳动保护

一、劳动保护的含义

(一)劳动保护的概念

劳动保护,即保护劳动者在劳动过程中的生命安全和身体健康,就是要通过采取各种措施,改善劳动卫生条件,有效保障劳动者生命安全和身体健康。

(二)劳动保护的措施

劳动保护措施可分为两大类,即组织措施和技术措施。

组织措施是指通过加强劳动保护立法,建立劳动保护组织机构,开展劳动保护教育培训,实行劳动保护监察等措施,保护劳动者生命安全和身体健康。例如,国家颁布劳动法、职业病防治法等法律、法规,设立职业卫生监督管理部门、职业病防治院等劳动保护组织;企业设立安全生产办公室,配备专门的安全管理人员,对新入厂的人员进行安全培训、三级安全教育等,这些措施都属于劳动保护组织措施。

技术措施是指通过采用机械化、自动化、电气化和密闭化等先进生产工艺,通过采取劳动安全技术和卫生技术,消除生产劳动过程中的各种安全隐患和职业危害;通过供给劳动者劳动保护用品和保健食品,提高其预防能力,补偿特殊损害,以减轻危害程度。这些通过采取各种技术、工艺和方法来保护劳动者的措施,统归为技术措施。例如,给传动带加上防护罩,以防止操作人员被卷入带中;向有粉尘的空气中定期喷洒清水,以降低粉尘浓度;要求在建筑工地作业的人员戴上安全帽,以防落物伤及头部。

(三)劳动保护工作的任务

劳动保护工作的任务,就是要采取积极有效的组织措施和技术措施,保护劳动者在生产过程中的安全与健康。具体包括以下几个方面的任务。

(1)采取安全技术:即采取各种保证安全生产的技术措施,控制和消除生产过程中容易造成劳动者伤害的各种不安全因素,减少和杜绝伤亡事故,保障劳动者安全地从事生产劳动。

(2)改善劳动卫生环境:即采取各种保证劳动卫生的技术措施,改善作业环境,防止和消灭职业病及职业危害,保障劳动者的身体健康。

(3)改善劳动条件:减轻劳动强度,为劳动者创造舒适、良好的作业环境。

(4)实行劳逸结合:严格控制加班加点,保证劳动者有合理的休息时间,使劳动者能经常保持健康的体魄、饱满的热情和充沛的精力,保证安全生产,提高劳动效率。

二、劳动保护用品

劳动保护用品一般是指作业者在生产过程中为免遭或减轻事故伤害和职业危害,个人随身穿(佩)戴的用品,是保护劳动者在劳动过程中的安全与健康的一种防御性装备,也称个人劳动防护用品。

个人防护用品在预防职业性有害因素的综合措施中,属于三级预防中的二级预防。当职业性有害因素不能采取有效的技术措施控制和改善时,使用个人防护用品是保障健康的主要手段。从某种意义上讲,劳动保护用品是劳动者防止职业伤害和劳动伤害的最后一项有效保护措施。尤其在劳动条件差、危害程度高或集体防护措施起不到防护作用的情况下(如抢修或检修设备、野外露天作业、处理事故或隐患等情况),劳动保护用品往往会成为劳动保护的主要措施。个人防护用品包括防护帽、防护服、防护眼镜和面罩、呼吸防护器、防噪声用具以及皮肤防护用品等。选择个人防护用品应注意其防护性能和效果,在使用时还应加强训练、管理和维护,才能保证防护效果。

(一)头部防护用品

头部防护用品是为防御头部不受外来物体打击和其他因素危害而配备的个人防护装备。在生产过程中,可能发生物件、建筑材料坠落或抛出,被飞落物击中头部,会造成严重伤害。另外,如旋转的机床、喷漆作业以及水泥、化肥等行业,需要保护头部毛发不被机器绞伤造成伤害及避免粉尘、油脂类液体弄污毛发和皮肤,应戴工作帽和头罩。防护头盔多用合成树脂,如改性聚乙烯、聚苯乙烯树脂、聚碳酸酯、玻璃纤维增强树脂、橡胶等制成,国家标准GB 2811—2007对其形式、颜色、耐冲击、耐燃烧、耐低温、绝缘性能等有专门规定。根据防护功能要求,其种类主要包括普通工作帽、防尘帽、防水帽、防寒帽、安全帽、防静电帽、防高温帽、防电磁辐射帽、防昆虫帽等。

(二)呼吸器官防护用品

呼吸器官防护用品是为防御有害气体、蒸气、粉尘、烟、雾经呼吸道吸入,或直接向佩带者供氧或清净空气,保证尘、毒污染或缺氧环境中作业人员正常呼吸的防护用具。

呼吸器官防护用品可按防护功能主要分为防尘口罩和防毒口罩(面具),按结构和作用又可分为过滤式和隔离式两类。

1.过滤式呼吸防护器

过滤式呼吸防护器是以佩戴者自身呼吸为动力,将空气中有害物质予以过滤净化,适用于空气中有害物质浓度不很高,且空气中含氧量不低于18%的场所,分为机械过滤式和化学过滤式。

(1)机械过滤式:主要为防御各种粉尘和烟雾等质点较大的固体有害物质的防尘口罩。其过滤净化全靠多孔性滤料的机械式阻挡作用,又可分为简式和复式两种。简式直接将滤料做成口鼻罩,结构简单,但效果较差,如一般纱布口罩。复式将吸气与呼气分为两个通路,分别由两个阀门控制。

(2)化学过滤式:简单的化学过滤式有以浸入药剂的纱布为滤垫的简易防毒口罩,还有一般所说的防毒面具。后者由薄橡皮制的面罩、短皮管、药罐三部分组成,或在面罩上直接连接一个或两个药盒。如果某些有害物质并不刺激皮肤或黏膜,就不用面罩,只用一个连接储药盒的口罩(也称半面罩)。无论面罩还是口罩,其吸入和呼出通路是分开的。面罩或口罩与面部之间的空隙不应该太大,以免其中二氧化碳太多,影响吸气成分。要求防毒面罩(口罩)滤毒性能好、面罩和呼气阀的气密性好、呼吸阻力小、不妨碍视野、重量轻。

2.隔离(供气)式呼吸防护器

隔离式呼吸防护器按其供气方式又可分为自带式与外界输入式两类。

1)自带式

这类呼吸防护器由面罩、短导气管、供气调节阀和供气罐组成。供气罐应耐压,固定于工人背部或前胸,其呼吸通路与外界隔绝。

这类呼吸防护器有两种供气形式:

(1)罐内盛压缩氧气(空气)供吸入,呼出的二氧化碳由呼吸通路中的滤料除去,再循环吸入,例如常用的氧气呼吸器。

(2)罐中盛过氧化物(如过氧化钠、过氧化钾)及少量铜盐作触媒,借呼出的水蒸气及二氧化碳发生化学反应,产生氧气供吸入。此类防护器可维持30min到2h,主要用于意外事故时有害物质浓度极高而又缺氧的工作环境。但使用过氧化物作为供气源时,要注意防止其供气罐损露而引起事故。现国产的氧供气呼吸防护器装有应急补给装置,当发现氧供应量不足时,用手指猛按应急装置按钮,可放出氧气供2~3min内应急使用,便于佩带者立即脱离现场。

2)外界输入式

常用的输入式呼吸防护器有两种:

(1)蛇管面具:由面罩和与面罩相接的长蛇管组成,蛇管固置于皮腰带上的供气调节阀上。在蛇管末端接一个油水尘屑分离器,其后再接输气的压缩空气机或鼓风机,冬季还需在分离器前加空气预热器。用鼓风机时蛇管长度不宜超过50m,用压缩空气时蛇管可长达100~200m。还有一种将蛇管末端置于空气清洁处,靠使用者自身吸气时输入空气,长度不宜超过8m。

(2)送气口罩和头盔:送气口罩为一吸入与呼出通道分开的口罩,连一段短蛇管,管尾接于皮带上的供气阀。送气头盔为能罩住头部并延伸至肩部的特殊头盔,以小橡皮管一端伸入盔内供气,另一端也固定于皮腰带上的供气阀,送气口罩和头盔所需供呼吸的空气,可经由安装在附近墙上的空气管路,通过小橡皮管输入。

(三)眼面部防护用品

眼面部防护用品是用来预防烟雾、尘粒、金属火花和飞屑、热、电磁辐射、激光、化学飞溅等伤害眼睛或面部的个人防护用品。根据防护功能,大致可分为防尘、防水、防冲击、防高温、防电磁辐射、防射线、防化学飞溅、防风沙、防强光9类。按结构分为以下两个类型。

1.防护眼镜

防护眼镜一般用于各种焊接、切割、炉前工、微波、激光工作人员防止有害辐射线的危害。可根据作用原理将防护镜片分为以下三类。

(1)反射性防护镜片:根据反射的方式,还可分为干涉型和衍射型。在玻璃镜片上涂布光亮的金属薄膜,如铬、镍、银等,在一般情况下,可反射的辐射线范围较宽(包括红外线、紫外线、微波等),反射率达95%,适用于多种非电离辐射作业。另外还有一种涂布二氧化锡薄膜的防微波镜片,反射微波效果良好。

(2)吸收性防护镜片:根据选择吸收光线的原理,用带有色泽的玻璃制成。例如接触红外辐射应佩戴绿色镜片,接触紫外辐射佩戴深绿色镜片,还有一种加入氧化亚铁的镜片能较全面地吸收辐射线。此外,防激光镜片有其特殊性,多用高分子合成材料制成,针对不同波长的激光,采用不同的镜片,镜片具有不同的颜色,并注明所防激光的光密度值和波长,不得错用。使用一定时间后,须交有关检测机构校验,不能长期一直戴用。

(3)复合性防护镜片:将一种或多种材料加到基体中,再在其上蒸镀多层介质反射膜层。

由于这种防护镜将吸收性防护镜和反射性防护镜的优点结合在一起,在一定程度上改善了防护效果。

2.防护面罩

(1)防固体屑末和化学溶液面罩:用轻质透明塑料或聚碳酸酯塑料制作,面罩两侧和下端分别向两耳和下颌下端及颈部延伸,使面罩能全面地覆盖面部,增强防护效果。

(2)防热面罩:除与铝箔防热服相配套的铝箔面罩外,还有用镀铬或镍的双层金属网制成的面罩,反射热和隔热作用良好,并能防微波辐射。

(3)电焊工用面罩:用制作电焊工防护眼镜的深绿色玻璃,周边配以厚硬纸纤维制成的面罩,防热效果较好,并具有一定电绝缘性。

(四)听觉器官防护用品

此类防护用品用来防止过量的声能侵入外耳道,使人耳避免噪声的过度刺激,减少听力损失,预防由噪声引起对人体的不良影响的个体防护用品。听觉器官防护用品主要有耳塞、耳罩和防噪声头盔三大类。

(1)耳塞是一种结构简单、体积小、重量轻、易插入外耳道的听力保护器。只要正确佩戴,耳塞可以提供较高的声衰减,一般可衰减15~25dB。耳塞常用材料为塑料和橡胶,按结构和外形可分为圆锥形、蘑菇形、伞形、提篮形、圆柱形、可塑型、硅胶成型耳塞、超细纤维玻璃棉及棉纱耳塞等。耳塞应有不同规格,适合于个人外耳道的构型、隔声性能好、舒适、易佩戴和取出、不宜滑脱、易清洗消毒、不变形等。

(2)耳罩常以塑料制成呈矩形杯碗状,内具泡沫或海绵垫层,覆盖于双耳,两杯碗间连以富有弹性的头带(弓架),使紧夹于头部。耳罩能罩住部分乳突骨和一部分颅骨,有助于减低一小部分能经骨传导到达内耳的噪声。

(3)防噪声头盔能覆盖大部分头骨,以防止强烈噪声经空气和骨传导至内耳,帽盔两侧耳部常垫衬防声材料,以加强防护效果。

(五)手部防护用品

具有保护手和手臂的功能,供作业者劳动时戴用的手套称为手部防护用品(劳动保护手套)。按照防护功能将手部防护用品分为12类,即普通防护手套、防水手套、防寒手套、防毒手套、防静电手套、防高温手套、防X射线手套、防酸碱手套、防油手套、防振手套、防切割手套、绝缘手套。劳动防护手套种类很多,要使防护手套真正起到保护作用,应根据不同的工作场所和性质,正确选用劳动防护手套。

(1)带电作业用绝缘手套:是一种在进行带电作业时使人免受触电伤害的个人防护用品。

(2)焊工手套:焊工由于受到电弧产生的强烈紫外线及强烈的辐射热的影响,而且手容易受到焊接火花及飞溅的熔融金属的烫伤,出汗时有触电的危险,因此,手套须用鞣制牛皮或猪皮来制造,而且对于手套皮革的机械性能、化学性能、体积电阻要求较高。

(3)耐酸(碱)手套:主要用于作业人员在接触酸、碱时防止酸、碱的直接侵害,适用于化工、印染、电镀、热处理等企业或场所的作业人员在接触酸、碱时戴用。

(4)防 X 射线手套:我国主要有橡胶制、乳胶制及非铅金属复合材料制防 X 射线手套,其中橡胶制手套用得最多。

(六)足部防护用品

足部防护用品是防止生产过程中有害物质和能量损伤作业者足部的护具,是个人防护用品中必不可少的部分,称为劳动防护鞋。按照防护功能分为防尘鞋、防水鞋、防寒鞋、防足趾鞋、防静电鞋、防高温鞋、防酸碱鞋、防油鞋、防烫脚鞋、防滑鞋、防刺穿鞋、电绝缘鞋、防振鞋等 13 类。

(七)躯干防护用品

躯干防护用品即通常讲的防护服,根据防护功能可分为普通防护服、防水服、防寒服、防晒背心、防毒服、阻燃防护服、防静电工作服、防高温服、防电磁辐射服、防化学污染服、防油服、水上救生衣、防昆虫服、防风沙服等 14 类产品。下面介绍几种常用的防护服。

1. 阻燃防护服

阻燃防护服是指在直接接受火焰及灼热物件后,能减缓火焰蔓延使衣服炭化形成隔离层,以保护人体的安全与健康所使用的防护服。主要用于金属热加工、焊接等从事明火或散发火花或在熔融金属附近作业的场所。

2. 防化学污染服

防化学污染服一般有两类:一类用于由对所防化学物不渗透或渗透率较小的聚合物化纤或天然织物做成,并经某种助剂浸轧或防水涂层处理,提高抗透能力;另一类是防酸工作服,是指从事酸作业人员穿用的具有防酸性能的防护服,主要用于化工厂、电镀厂、蓄电池厂、化工产品运输和销售部门、实验室等酸污染场所。防酸工作服分透气型和不透气型两类。透气型防酸工作服用于中、轻度酸污染场所,有分身式和大褂式两种。不透气型防酸工作服用于严重污染场所,主要有连体式、分身式、防酸围裙、套袖、帽等,用丙纶、涤纶或氯纶等制作。

3. 防静电工作服

为了防止衣服的静电积累,用防静电织物面料缝制的工作服称为防静电工作服。

(八)护肤用品

护肤用品用于防止皮肤免受化学、物理等因素的危害。如各类溶剂、漆类、酸碱溶液、紫外线、微生物等的刺激作用。护肤用品一般在整个劳动过程中使用,上岗时涂抹,下班后清洗,可起一定隔离作用,使皮肤得到保护。

(九)复合防护用品

对于有些全身都暴露于有害因素的场所,尤其是接触放射性物质的职业,例如介入手术医生,应佩戴能防护全身的由铅胶板制作的防护用品。这种防护用品由防护帽、防护颈套、防护眼镜、全身整体防护服或分体防护服组成,对于眼晶体、甲状腺、女性乳腺、性腺等敏感部位,铅胶板厚度应加大。

(十)防护用品的管理及使用注意事项

(1)建立规章制度,强制性地使用防护用品,列入劳动合同内容。建立专门的管理小组或管理人员,正确选择符合要求的用品,专人负责收发、清洁、维护保养、更换等工作。

(2)使用防护用品的人员事先应进行训练,以便正确使用。防护用具如呼吸防护器、防噪声用具等,必须在整个接触时间内认真佩戴。对于结构和使用方法较为复杂的用品,如呼吸防护器,宜反复进行训练,使能迅速正确地戴上、卸下和使用,并逐渐习惯于呼吸防护器的阻力。用于紧急救灾时的呼吸防护器,要定期严格检查,并妥善地存放在可能发生事故的邻近地点,便于及时取用。

(3)对每个化学净化供氧(空气)呼吸防护器,均应准备一个记录卡,记明药罐(盒)或供气瓶的最后检查和更换日期,以及已用过的次数等。药罐不用时,应将通路封塞,以防失效。滤料按时更换。

(4)以压缩空气作为供气源时,应注意压缩空气机是否过热,以免产生一氧化碳。

(5)定期检查面具、蛇管和支撑附件等是否泄漏或损坏,以便及时更换、防止失效。

(6)耳塞、面具和口罩应定期清洗消毒,特别是公用的,每次使用后必须及时清洗消毒、晾干。呼吸防护器应放置在阴凉干燥处。由于皮肤污染的工作服,用后应集中处理洗涤。

(7)保障个人卫生设施。为保持良好的个人卫生状况,减少毒物作用机会,应设置盥洗设备、淋浴室及存衣室,配备个人专用更衣箱。车间要根据情况设置洗消皮肤和冲洗眼的设施。

第四节 职业健康管理

1950年,国际联合劳工组织职业健康委员会将职业健康定义为:各行业的工人在身体上的、精神上的和社会福利上的良好状态。职业健康目标的定义为:保持和改善劳动者身体上、精神上以及社会福利上的良好状态;防止职业病和因工受伤;使工作地点和工作环境满足工人的需求;工作重点放在预防而非治疗。

职业健康安全管理体系规定,职业健康安全是影响工作场所内员工、临时工作人员、合同方人员、访问者和其他人员健康和安全的条件和因素。

通过对生产过程中职业健康危害因素进行识别,了解危害因素产生的强度及对员工可能造成危害程度,并对这些危险因素加以医学干预,从而实现保护员工健康的目的。

一、职业健康设施

职业健康设施是减少职业危害的一项重要措施,包括以改善劳动条件、防止职业危害和职业病发生为目的的一切措施。企业应遵循"三同时"原则,根据各自的生产特点,采取各种办法,完善职业健康设施,保障劳动者的健康。

（1）职业健康方面的设施：包括为保持空气清洁或使温度符合职业健康要求而安装的通风换气装置、采光照明设施；为消除粉尘和毒物危害而设置的除尘、防毒设施；防辐射、防暑、保温设施；对原材料、加工材料消毒的设施以及减轻、消除噪声、振动的设施等。

（2）生产性辅助设施：包括饮水设施；为从事高温作业或接触粉尘、毒物作业人员设置的沐浴、盥洗设施；更衣室；工作服洗涤、干燥消毒设施；女职工的卫生室、洗涤设备；休息室等。

二、工时休假制度

（一）工作时间与工作日

工作时间是劳动者在企业、事业单位和个体经济组织中必须用来完成其所担负的工作任务的时间，即国家法律规定劳动者在一定的时间（工作日、工作周）内应该劳动的小时数。国家通过立法确定工作时间，保障劳动者更好地完成工作任务和生产定额，保证劳动者身体健康。劳动者要有效利用工作时间，不断提高生产效率。

工作时间既包括劳动者在法定时间内实际工作的时间，也包括劳动者在生产或工作前后从事必要的准备和整理的时间、连续性有害健康的工作的间歇时间、孕妇的工间休息时间、哺乳女工哺乳时间以及根据行政命令从事其他工作的时间，如出差或外出开会等也属实际工作时间。

工作日是指在一昼夜内职工进行工作的时间长度（小时数），可分为定时工作日、不定时工作日和综合计算工时工作制。

（二）休息时间与休假制度

休息时间是指企业、事业、机关、团体等单位的劳动者，按国家法律规定免于从事生产和工作，而由其自行支配的时间。休假制度是为保障劳动者休息权而实行的带薪放假休息制度。休息时间与休假制度均由国家以劳动法或劳动法规确定，既要保障劳动者的身体健康，实行劳逸结合，保证劳动者睡眠和其他休息时间，又要保证劳动者有时间参与文娱活动、文化教育等各种社会活动和料理家务。

（三）严格限制加班加点

职工在法定节日或公休日从事生产或工作的称为加班；在正常工作时间以外又延长时间进行生产或工作的称为加点。

国家规定的工作时间，用人单位和国家机关的职工都必须严格遵守，充分利用生产和工作时间进行积极的、创造性的劳动。但是，应严格限制加班加点。因为加班加点可造成职工过度疲劳，有损职工的身体健康，甚至还会造成事故的发生。连续加班往往非但达不到增加产量的目的，反而会造成效率低、成本高、质量差的后果。因此，为了保护职工的身体健康，保障职工的休息权利，促使企业有计划地进行生产，一般不允许加班加点，企业的生产任务应在正常的工作时间内完成。只有遇到特殊情况时，为了确保国家任务、社会安全、居民供应和生产的正常进行，才可以加班加点。

三、女职工和未成年工的劳动保护

(一)女职工劳动保护

女职工劳动保护是劳动保护工作的重要组成部分。女职工劳动保护的特定含义是:针对女职工在经期、孕期、产期、哺乳期("四期")等的生理特点,在工作任务分配和工作时间等方面所进行的特殊保护,其目的不仅是保护女工身心健康和持久的劳动积极性,同时也考虑到女职工在社会生活中还承担养育下一代的责任,因此,对女工实行特殊的劳动保护也是为了保护社会下一代的健康成长。

1. 女性生理机能的特殊性

从医学角度讲,女性身体结构和生理机能与男性相比存在较大差异,有其特殊性。

(1)身体结构:男性身体粗壮、肩宽臀窄、骨盆壁厚而深、上下肢长、平均身高高于女性,因而工作半径较大,适于承重,为工作提供了方便。女性骨盆宽而浅、下肢较男性短,跳跃、疾走、踏蹴等动作不如男性灵便。女性骨盆底构造较男性薄弱,故支持力不如男性,容易受腹压影响。

(2)肌肉脂肪发育:人的肌力大小与人体肌肉数量有关。女性与男性相比,肌肉占身体重量比低于男性,而脂肪高于男性。因此女性肌力平均水平低于同龄男性,且随年龄的增长其肌力下降较男性快。女性脂肪多沉积于腰及下肢,身体重心低于男性,使运动灵活性受到限制。

(3)生理机能:男、女性在血液、循环和呼吸系统的机能上也存在着明显的性别差异,如血液量,男性每公斤体重约为83.1mL,女性则为67.2mL;红细胞数,男性约400万~500万/mm^3,女性则为350万~450万/mm^3;血红蛋白、心脏每博输出血量、肺活量,女性也比男性小。

(4)女性特殊生理机能:女性具有经期、孕期、生产期、哺乳期等特殊生理时期,使女性机体在作业能力上发生一定的改变,构成了劳动时的特殊卫生要求。

女性生理机能的特殊性决定了女工对体力劳动的适应能力不如男工,这一特点决定了必须切实搞好女工的特殊保护工作。

2. 职业有害因素对女职工的特殊影响

1)对生理特点的影响

由于解剖生理的特点,女性在体力负荷能力及作业适应性方面有别于男性。女性的造血系统及肝脏对毒物较为敏感;此外,女性皮肤柔嫩,易遭受脂溶性或刺激性物质侵害。

2)对生殖功能的影响

生产性或特殊环境中的有害物质对女性的生殖功能如月经、妊娠、哺乳等均有不良影响,不仅对女性自身有害,而且可能影响下一代的健康。重体力劳动易造成女性月经失调、子宫下垂,对孕妇有发生流产、早产的危险;大剂量放射性照射可引起生殖器官不可恢复的损伤,导致不孕、死胎、畸胎等等。

3.女职工劳动保护的基本内容

(1)开展职业因素对女性生理机能影响的科学研究。
(2)根据女工生理特点安排女工从事无害健康的工作。
(3)女性生理机能变化过程中的保护(女性生理机能变化过程指经期、孕期、产期和哺乳期,简称"四期")。
(4)建立女职工辅助、托幼设施。
(5)宣传普及女职工劳动健康知识。

4.关于女职工劳动保护的规定

根据女性的生理特点,国家对女工劳动保护作了一系列特殊规定,包括女工特殊保护的规定和女职工禁忌劳动范围的规定两个部分。

《中华人民共和国劳动法》和国务院颁布的《女职工劳动保护规定》中对女职工特殊保护做了具体规定;1990年劳动部颁发了《女职工禁忌劳动范围的规定》。

(二)未成年工劳动保护

未成年工是指年满16周岁、未满18周岁的劳动者。这部分人理应还在文化和技能的养成期,还不适合参加正式的劳动。

未成年工劳动保护是针对未成年工处于生长发育期的特点,以及接受义务教育的需要而采取的特殊劳动保护。

为保护未成年工的身心健康,国家多次颁布法律、法规,禁止企业任意录用未成年工,并对未成年工不允许从事的劳动范围及劳动休息时间做了规定。为贯彻执行这几条规定,劳动部于1994年颁布了《未成年工特殊保护规定》。该规定对未成年工不允许从事的劳动范围、患有某种疾病的未成年工不得从事的劳动范围、用人单位对未成年工进行定期体检、未成年工的使用和特殊保护实行登记制度等做了详细的规定。

四、劳动防护用品

劳动防护用品是为使劳动者在生产过程中免遭或减轻事故伤害和职业危害而提供的防御性装备,对减少职业危害起着相当重要的作用。

劳动防护用品包括个人防护用品和公共防护用品,有头部防护用品、呼吸防护用品、眼面防护用品、防护手套、防护鞋、防护服、防坠护品、劳动保健饮料和劳动护肤品九大类。除个人随身穿用的防护用品外,还有少数公共防护用品,如安全网、护罩、警告信号等。

为了保护劳动者的安全健康,首先要积极改善劳动条件,创造符合卫生标准和安全健康要求的作业环境。但由于经济和技术水平的限制,在不能达到本质安全的条件下,使用劳动防护用品就成为保障劳动者安全健康的有效措施。即使在生产技术高度发展、机械设备高度完善的条件下,劳动防护用品也是预防性的必备物品。

五、特殊作业环境的职业健康

特殊作业环境是指对工人身体健康危害严重的作业环境。加强对特殊作业环境下的劳动保护管理工作是保护工人身体健康、减少职业病发生的重要方面。

特殊作业环境的职业健康管理工作,可归纳为如下几点:

(1)领导要提高对防护工作重要性的认识,将其纳入日常工作计划,建立健全对有害作业环境的管理和监测机构,制定防护管理制度和工作计划。

(2)通过宣传,提高职工对防护工作重要性、必要性和紧迫性的认识,增强职工自我防护意识。

(3)坚持"三同时",并防止新的有害因素的产生。

(4)防护设备应有专人管理,建立规章制度,定期维护保养,最大限度发挥其防护作用,防止重治轻管。

(5)各级工会组织负责组织职工对本单位职业病法治工作进行监督,教育职工遵章守纪。定期对作业场所进行监测分级和评价,及时了解作业场所环境状况,以便有针对性地进行有害因素的治理。

习 题

1. 什么叫职业病?
2. 2013年12月23日最新颁布的《职业病分类和目录》的规定,我国法定的职业病现有多少大类,多少种?
3. 劳动过程中有哪些有害因素?
4. 生产环境中有哪些有害因素?
5. 有哪些由物理因素危害而导致的职业病?
6. 钻井生产中有哪些职业危害因素?
7. 炼油生产中有哪些职业危害因素?
8. 劳动保护的含义是什么?
9. 劳动保护的工作任务有哪些?
10. 管理及使用防护用品有什么注意事项?
11. 职业健康管理的定义是什么?
12. 工作时间与工作日有什么区别?
13. 女职工劳动保护的特定含义是什么?

第十章　环境管理

本章介绍了有关环境管理的基础知识,如环境、环境问题、环境污染、环境保护、可持续发展、大气圈、水圈、生物圈以及典型的环境污染事件,介绍了重要的环境管理法律、法规、标准和制度,还介绍了环境污染防治技术。本章的重点是掌握环境管理基础知识和环境问题,掌握环境管理的法律、法规、标准和制度,初步掌握污染防治技术。

第一节　环境管理基础知识

一、环境与环境保护

(一)环境的概念

环境是人类生产和生活活动的场所,是人类生存和发展的物质基础。环境的含义总是相对于某项中心事物而言的,它因中心事物的不同而不同,随中心事物的变化而变化。

对于环境科学来说,中心事物是人,环境主要是指人类的生存环境。它的涵义可以概括为:"作用在人这一中心客体上的、一切外界事物和力量的总和"。这句话既包括了自然因素,也包括了社会和经济因素。

由法律明确规定的环境只是自然因素的总体。在《中华人民共和国环境保护法》中明确指出:"本法所称环境,是指影响人类生存和发展的各种天然的和经过人工改造的自然因素的总体,包括大气、水、海洋、土地、矿藏、森林、草原、野生生物、自然遗迹、人文遗迹、自然保护区、风景名胜区、城市和乡村等"。这一定义显然也是以人为中心事物的。

环境保护法所指的"自然因素的总体"有两个约束条件:一是包括了各种天然的和经过人工改造的;二是并不泛指人类周围的所有自然因素,而是指对人类的生存和发展有明显影响的自然因素的总体。

在环境管理体系或 HSE 管理体系中,环境是指组织运行活动的外部存在,包括空气、水、土地、自然资源、植物、动物、人以及这些事物之间的相互关系。该定义摒弃了以往环境定义中把人作为"中心事物"的观点,而把人也作为环境的要素之一。这就肯定了人是环境的一部分,环境不是人类的环境,而是整个生命世界共同拥有的环境,体现了人类与其他自然要素如空气、水、土地、自然资源、植物、动物和谐共存的关系,体现了"可持续发展"的理念。人类不能以地球主宰的角色毫无节制地向自然界索取资源,并无情地把各类污染物向自然界排放。

关于环境的定义有三点必须清楚:其一,环境是组织运行活动的外部存在,而不是内部存在。组织的活动区域以内的问题属于职业卫生问题,不属环境问题。其二,构成环境的要素有七个,即空气、水、土地、自然资源、植物、动物、人,对这七个要素以及它们之间关系产生的影响就叫环境影响;第三,地球上的环境只有一个,没有组织与国界之分。

(二)环境问题

概括地讲,环境问题是指全球或区域环境中出现的地球生态系统破坏或恶化的各种问题。环境问题是多方面的,但大致可分为两类:原生环境问题和次生环境问题。由自然力引起的为原生环境问题,也称为第一环境问题,如火山喷发、地震、洪涝、干旱、滑坡等引起的环境问题;由人类的生产和生活活动引起的生态系统破坏和环境污染,为次生环境问题,也叫第二环境问题。次生环境问题包括生态破坏、环境污染和资源浪费等方面。生态破坏是指人类活动作用于自然生态系统,造成生态系统的生产能力显著减少和结构显著改变,从而引起的环境问题,如过度放牧引起草原退化,滥采滥捕使物种灭绝和生态系统的生产能力下降等等。

(三)环境污染

环境污染是指人类活动产生的污染物或污染因素,超过了环境容量或环境的自净能力,导致环境质量的恶化或破坏的现象。环境污染不仅包括物质造成的直接污染,如"三废"排放,也包括由物质的物理性质和运动性质引起的污染,如热污染、噪声污染、电磁污染和放射性污染。目前,全球面临的重大环境问题有温室效应、臭氧层破坏、森林锐减、水资源危机和海洋污染、酸雨、物种灭绝和生物多样化消失、土地退化和荒漠化、城市环境问题等,这些问题严重影响地球生命的生存。环境容量是指在人类生存和自然环境不致受害的前提下,环境可能容纳污染物质的最大负荷量。

人类生产生活活动中常见的环境污染主要有:
(1)工业废水和生活污水的排放;
(2)废气的排放;
(3)固体废弃物的排放;
(4)噪声的排放;
(5)放射性废物的排放等。

(四)环境保护

环境保护是指人类为解决现实的或潜在的环境问题,协调人类与环境的关系,保障经济社会的持续发展而采取的各种行动的总称。其方法有工程技术的方法、行政管理的方法,也有法律、经济、宣传教育等方法。其内容主要有:

(1)防治由生产和生活活动引起的环境污染,如防治工业生产排放的"三废"(废水、废气、废渣)、粉尘、放射性物质、噪声、振动、恶臭、汽车排放的尾气、船舶排出的污染物、泄漏的危险化学品、城镇生活排放的烟尘、污水和垃圾等造成的污染。

(2)防治由建设和开发活动引起的环境破坏,如由大型水利工程、铁路、公路干线、港口码头、机场和大型工业项目等对环境造成的污染和破坏,农垦和围湖造田活动、海上油田、海岸带和沼泽地的开发,森林和矿产资源的开发对环境的破坏和影响,新工业区、新城镇的建设等对环境的破坏、污染和影响。

(3)保护有特殊价值的自然环境,包括对珍稀物种及其栖息环境、特殊的自然发展史遗迹、地质现象、地貌景观。

另外,控制水土流失和沙漠化、植树造林、控制人口的增长和分布、合理配置生产力等,也都属于环境保护的内容。环境保护已成为世界各国政府和人民的共同行动和主要任务之一。我国则把环境保护列为我国的一项基本国策,并制定和颁布了一系列环境保护的法律、法规,以保证这一基本国策的落实。

二、可持续发展

可持续发展是 20 世纪 80 年代提出的一个新概念。1987 年,世界环境与发展委员会在《我们共同的未来》报告中第一次阐述了可持续发展的概念,得到了国际社会的广泛认同。可持续发展是指既满足现代人的需求又不损害后代人满足需求的权力。换句话说,就是指经济、社会、资源和环境保护协调发展,这是一个密不可分的系统,既要达到发展经济的目的,又要保护好人类赖以生存的大气、淡水、海洋、土地和森林等自然资源和环境,使子孙后代能够永续发展和安居乐业。可持续发展与环境保护既有联系,又不等同。环境保护是可持续发展的重要方面,可持续发展的核心是发展,但要求在严格控制人口、提高人口素质和保护环境、资源永续利用的前提下进行经济和社会的发展。

三、典型环境污染事件简介

1972 年至 1992 年的 20 年间,世界范围内的重大污染事件屡屡发生,其中最著名的有十起,称为"十大污染事件"。

(一)北美死湖事件

美国东北部和加拿大东南部是西半球工业最发达的地区,每年向大气中排放二氧化硫 2500 多万吨,20 世纪 70 年代开始,这些地区出现了大面积的酸雨区。美国 23 个州的 17059 个湖泊,有 9400 个酸化变质。最强的酸雨降在弗吉尼亚州,pH 值为 1.4。在纽约州阿迪龙达克山区,1930 年时只有 4% 的湖无鱼,1975 年,近 50% 的湖泊无鱼,其中 200 个是死湖。加拿大受酸雨影响的水域达 $52 \times 10^4 km^2$,5000 多个湖泊明显酸化。多伦多 1979 年降水平均 pH 值为 3.5,安大略省萨德伯里周围 1500 多个湖泊池塘漂浮死鱼,湖滨树木枯萎。另外,北欧地区酸雨危害也十分严重,众多的湖泊成为死湖。

(二)卡迪兹号油轮事件

1978 年 3 月 16 日,美国 $22 \times 10^4 t$ 的超级油轮"亚莫克·卡迪兹号"满载伊朗原油向荷兰鹿特丹驶去,航行至法国布列塔尼海岸触礁沉没,漏出原油 $22.4 \times 10^4 t$,污染了 350km 长的海岸带。仅牡蛎就死掉 9000 多吨,海鸟死亡 2 万多吨。事件本身损失 1 亿多美元,污染的损失及治理费用却达 5 亿多美元,而给被污染区域的海洋生态环境造成的损失更是难以估量。

(三)墨西哥湾井喷事件

1979年6月3日,墨西哥石油公司在墨西哥湾南坎佩切湾尤卡坦半岛附近海域的伊斯托克1号平台钻机钻入水下3625m深的油层时,突然发生严重井喷,平台陷入熊熊火海之中,原油以每天4080t的流量向海面喷射,直到1980年3月24日井喷才完全停止,历296d,流失原油45.36×10^4t,以世界海上最大井喷事故载入史册。这次井喷造成10mm厚的原油层顺潮北流,涌向墨西哥和美国海岸。黑油带长480km,宽40km,覆盖$1.9 \times 10^4 km^2$的海面,使这一带的海洋环境受到严重污染。

(四)库巴唐"死亡谷"事件

巴西圣保罗以南60km的库巴唐市,20世纪80年代以"死亡谷"知名于世。该市位于山谷之中,60年代引进炼油、石化、炼铁等外资企业300多家,人口剧增至15万,成为圣保罗的工业卫星城。企业主只顾赚钱,随意排放废气、废水,谷地浓烟弥漫、污水横流,有20%的人患呼吸道过敏症,2万多居民严重受害。

(五)联邦德国森林枯死病事件

联邦德国共有森林740×10^4ha,到1983年为止有34%染上枯死病,先后有80多万公顷森林被毁,这种枯死病来自酸雨之害。在巴伐利亚国家公园,由于酸雨的影响,几乎每棵树都得了病,景色全非。巴登—符腾堡州的"黑森林",因枞、松绿得发黑而得名,是欧洲著名的度假胜地,也有一半树染上枯死病,树叶黄褐脱落,其中46万亩完全死亡。汉堡也有3/4的树木面临死亡。

(六)印度博帕尔公害事件

1984年12月3日凌晨,震惊世界的印度博帕尔公害事件发生。午夜,坐落在博帕尔市郊的"联合碳化杀虫剂厂"一座存储45t异氰酸甲酯储槽的保安阀出现毒气泄漏事故。1小时后有毒烟雾袭向这个城市,形成了一个方圆25平方英里的毒雾笼罩区。首先是近邻的两个小镇上,有数百人在睡梦中死亡。随后,火车站里的一些乞丐死亡。一周后,2500人死于这场污染事故。在这一污染事故中,有15万人因受污染危害而进入医院就诊,事故发生4天后,受害的病人还以每分钟一人的速度增加。这次事故还使5万多人双目失明。博帕尔的这次公害事件是有史以来最严重的因事故性污染而造成的惨案。

(七)切尔诺贝利核泄漏事件

1986年4月27日早晨,苏联切尔诺贝利核电站一组反应堆突然发生核泄漏事故,引起一系列严重后果。带有放射性物质的云团随风飘到丹麦、挪威、瑞典和芬兰等国,瑞典东部沿海地区的辐射剂量超过正常情况的100倍。核事故使当地10%的小麦受到影响。此外,由于水源污染,苏联和欧洲国家的畜牧业大受其害。当时预测,这场核灾难,还可能导致日后十年中,10万居民因患肺癌和骨癌而死亡。

(八)莱茵河污染事件

1986年11月1日深夜,瑞士巴富尔市桑多斯化学公司仓库起火,装有1250t剧毒农药的钢罐爆炸,硫、磷、汞等毒物随着百余吨灭火剂进入下水道,排入莱茵河,警报传向下游瑞士、德国、法国、荷兰四国835km沿岸城市。剧毒物质构成70km长的微红色飘带,以每小时4km的速度向下游流去,流经地区鱼类死亡,沿河自来水厂全部关闭,改用汽车向居民送水。接近入海口的荷兰,全国与莱茵河相通的河闸全部关闭。翌日,化工厂有毒物质继续流入莱茵河,后来用塑料塞堵下水道,8天后,堵塞物在水的压力下脱落,几十吨含有汞的物质流入莱茵河,造成又一次污染。

(九)雅典"紧急状态"事件

1989年11月2日上午9时,希腊首都雅典市中心大气质量监测站显示,空气中二氧化碳浓度318mg/m^3,超过国家标准(200mg/m^3)59%,发出了红色危险讯号。11时浓度升至604mg/m^3,超过500mg/m^{3}紧急危险线。希腊政府当即宣布雅典进入"紧急状态",禁止所有私人汽车在市中心行驶,限制出租汽车和摩托车行驶,并令熄灭所有燃料锅炉,主要工厂削减燃料消耗量50%,学校一律停课。中午,二氧化碳浓度增至631mg/m^3,超过历史最高纪录。一氧化碳浓度也突破危险线。许多市民出现头疼、乏力、呕吐、呼吸困难等中毒症状。

(十)海湾战争石油污染事件

据估计,1990年8月2日至1991年2月28日海湾战争期间,先后泄入海湾的石油达150×10^{4}t。1991年多国部队对伊拉克空袭后,科威特油田到处起火。1月22日科威特南部的瓦夫腊油田被炸,浓烟蔽日,原油顺海岸流入波斯湾。随后,伊拉克占领的科威特米纳艾哈麦迪开闸放油入海。科威特南部的输油管也到处破裂,原油滔滔入海。1月25日,科威特接近沙特阿拉伯的海面上形成长16km、宽3km的油带,每天以24km的速度向南扩展,部分油膜起火燃烧黑烟遮没阳光,伊朗南部降了"黏糊糊的黑雨"。至2月2日,油膜展宽16km,长90km,逼近巴林,危及沙特阿拉伯。迫使两国架设浮拦,保护海水淡化厂水源。这次海湾战争酿成的石油污染事件,在短时间内就使数万只海鸟丧命,并毁灭了波斯湾大部分海洋生物。

四、污染的危害

环境污染既破坏生态环境又危害人类自身。污染通过空气、水、土壤、食物等进入人体,会直接或间接影响人的健康。

环境污染对人体的影响可分为急性中毒和死亡、慢性危害和远期危害。根据污染区域的环境条件、生活习惯以及污染源的种类、数量、浓度、持续时间等条件的不同,会产生不同程度的危害。

1. 急性中毒和死亡

当某种(或几种)高浓度污染物在短时间内进入人体后就可能出现急性中毒和死亡。如伦敦的烟雾事件中,由于二氧化硫和烟尘的大量排放且高浓度的二氧化硫和烟尘粒子在协同作用下生成硫酸雾,导致5天内4000人死亡的惨剧。

2. 慢性危害

慢性危害是指人在低浓度污染环境中长期生活,逐渐引起中毒症状。慢性危害可使人抵抗疾病的能力下降,改变人体生理功能,使污染地区发病率和死亡率逐步增加。如日本的"水俣事件"使2万余人深受其害,虽然污染源已切断多年,但新的水俣病患者仍在不断出现;又如,一些工业城市内的呼吸道疾病的发病率明显高于乡村和环境清洁的城市,这就是污染造成的典型的慢性危害。

3. 远期危害

远期危害是指环境污染的后果在短期内表现不出来,要延期到后代甚至几代人后才能表现出来。远期危害一般指致癌、致畸形、致突变的"三致"危害,如铬、砷、有机磷农药、多环芳香烃等物质的致癌、致畸形、致突变危害。

五、地球环境的圈层结构

(一)地球圈层

地球圈层分为地球外圈和地球内圈两大部分。地球外圈可进一步划分为四个基本圈层,即大气圈、水圈、生物圈和岩石圈;地球内圈可进一步划分为三个基本圈层,即地幔圈、外核液体圈和固体内核圈。此外在地球外圈和地球内圈之间还存在一个软流圈,它是地球外圈与地球内圈之间的一个过渡圈层,位于地面以下平均深度约150km处。这样,整个地球总共包括八个圈层,其中岩石圈、软流圈和地球内圈(地幔圈、外核液体圈和固体内核圈)一起构成了所谓的固体地球。

对于地球外圈中的大气圈、水圈和生物圈,以及岩石圈的表面,一般用直接观测和测量的方法进行研究。而地球内圈,目前主要用地球物理的方法进行研究。地球各圈层在分布上有一个显著的特点,即固体地球内部与表面之上的高空基本上是上下平行分布的,而在地球表面附近,各圈层则是相互渗透甚至相互重叠的,其中生物圈表现最为显著,其次是水圈。

(二)各圈层的特点

1. 大气圈

大气层又叫大气圈,地球被这一层很厚的大气层包围着。大气层的成分主要有氮气、氧气、氩气,还有少量的二氧化碳、水蒸气和其他稀有气体。大气层的空气密度随高度而减小,越高空气越稀薄。大气层的厚度大约在1000km以上,但没有明显的界限。整个大气层可分为对流层、平流层、中间层、暖层和散逸层,再上面就是星际空间了。对流层、平流层与地球生态系统关系密切。

对流层在大气层的最低层,紧靠地球表面,其厚度大约为10~20km。对流层的大气受地球影响较大,云、雾、雨等现象都发生在这一层内,水蒸气也几乎都在这一层内存在。这一层的气温随高度的增加而降低,大约每升高1000m,温度下降5~6℃。动植物的生存、人类的绝大部分活动也在这一层内。因为这一层的空气对流很明显,故称对流层。对流层以上是平流层,大约距地球表面20~50km。平流层的空气比较稳定,大气是平稳流动的,故称为平流层。在平流层内水蒸气和尘埃很少,并且在30km以下是同温层,其温度在-55℃左右。平流层以上是中间层,大约距地球表面50~85km,这里的空气已经很稀薄,突出的特征是气温随高度增加而迅速降低,空气的垂直对流强烈。臭氧主要分布在距地表10~50km之间,尤其集中在距地表20~30km的范围内。大气中的臭氧总量很少,但它能大量吸收太阳紫外辐射,使地面生物免受过量紫外辐射的伤害。

2. 水圈

地球上约有3/4的面积被水覆盖着,因此,地球有"水的行星"之称。水有气态、液态和固态三种形式,构成了地球表面的水圈。生命的一切活动都离不开水,可以想象,水对地球上生物的重要性。

据粗略计算,地球上水的总储量大约为$13.86 \times 10^8 km^3$,其中海洋水占了96.5%,而与人类生活密切相关的淡水,总储量约为$0.35 \times 10^8 km^3$,占地球总水量的2.52%。但是,这些淡水又有许多集中在终年积雪的高山和南北极,基本上未动用过。人类可利用的江河、湖泊和浅层地下水,合起来只不过大约$0.1065 \times 10^8 km^3$,只占地球总水量的0.77%。地球虽被称作"水的行星",真正可以供人类利用的水却并不多,因此,谁也没有理由污染、浪费宝贵的水资源。

水圈里的水并不是各据一方、固定不变的。海洋水、陆地水、地下水和大气水之间,无时不在进行着水循环。地球表面的水分在太阳辐射的作用下,受热蒸发进入大气,在一定条件下凝结,并以降水的形式落回地面,形成地表径流,或渗入地下形成地下径流,最终这些水又流入海洋或内陆湖泊,开始新一轮的循环。

水分循环还不止关系到全球水的平衡。在水分循环中,海洋不仅向大气输送了水蒸气,也输送了热能。海洋水面蒸发消耗的热能占海洋吸收热能的50%,而水汽凝结释放的热能又是大气热能的主要来源。就这样,水分循环也实现了全球热量的平衡。

由此可见,地球上的水圈并不是一个孤立的部分,它每时每刻都在和地球的其他部分进行着物质和能量的交换。实际上,用更开阔的眼光来看,地球就是一个由许多系统相互作用、相互影响形成的整体。水圈、大气圈、岩石—土壤圈、生物圈,它们息息相关、共同作用,才形成了今天物种繁多、环境宜人的地球。

3. 生物圈

由于存在地球大气圈、地球水圈和地表的矿物,在地球上这个合适的温度条件下,形成了适合于生物生存的自然环境。据佔计,现在地球上生存的植物约有40万种,动物约有110多万种,微生物至少有10多万种。在地质历史上曾生存过的生物约有5亿~10亿种之多,然而,在地球漫长的演化过程中,绝大部分生物都已经灭绝了。现存的生物生活在岩石圈的上层部分、大气圈的下层部分和水圈的全部,构成了地球上一个独特的圈层,称为生物圈。生物圈是太阳系所有行星中仅在地球上存在的一个独特圈层。

4. 岩石圈

除表面形态外,地球岩石圈是无法直接观测到的。岩石圈主要由地球的地壳和地幔圈中上地幔的顶部组成,岩石圈厚度不均一,平均厚度约为100km。岩石圈及其表面形态与现代地球物理学、地球动力学有着密切的关系,因此,岩石圈是现代地球科学中研究得最多、最详细、最彻底的固体地球部分。海洋底占据了地球表面总面积的2/3之多,而大洋盆地约占海底总面积的45%,其平均水深为4000~5000m,大量发育的海底火山就分布在大洋盆地中,其周围延伸着广阔的海底丘陵。

5. 软流圈

在距地球表面以下约100km的上地幔中,有一个明显的地震波的低速层,这是由古登堡在1926年最早提出的,称为软流圈,它位于上地幔的上部。在洋底下面,它位于约60km深度以下;在大陆地区,它位于约120km深度以下,平均深度约位于60~250km处。现代观测和研究已经肯定了这个软流圈层的存在。也正是由于软流圈的存在,地球外圈与地球内圈区别开来了。

6. 地幔圈

在软流圈之下,直至地球内部约2900km深度的界面处,属于地幔圈。整个地幔圈由上地幔、下地幔组成。

7. 外核液体圈

地幔圈之下就是所谓的外核液体圈,它位于地面以下约2900km至5120km深处。整个外核液体圈基本上是由动力学黏度很小的液体构成的,其中2900km至4980km深处完全由液体构成。4980km至5120km深度处是外核液体圈与固体内核圈之间一个很薄的过渡层。

8. 固体内核圈

地球八个圈层中最靠近地心的就是所谓的固体内核圈了,它位于地表以下5120~6371km的近地心处。对地震波速的探测与研究证明它为固体结构。

地球内层不是均质的,地球平均密度比地球岩石圈的密度大,随深度的增加,密度也出现明显增大。地球内部的温度随深度而上升。根据最近的估计,在100km深处温度为1300℃,300km深处为2000℃,在地幔圈与外核液态圈边界处,约为4000℃,地心处温度为5500~6000℃。

六、生物多样性

生物多样性是生命存在的物质基础,是大自然留给人类最宝贵的财富,也是国际社会普遍关注的问题。保守估计,地球上的物种为1000万种。但随着自然界的演变,据科学家估测,目前,已有52%的海洋类物种、78%的两栖和81%的爬行类物种消失了。特别是自工业革命以来,人为造成生物物种灭绝的速度大大超过了以前任何一个时期。

造成物种灭绝速度加快的原因是人类活动引起的生态环境恶化、生物栖息环境破坏,如海洋环境污染、水污染、土壤污染、森林资源破坏、湿地减少等。其中,农药的使用是造成昆虫死亡的重要原因,过度猎杀是造成高等动物灭绝的重要原因。据估计,目前地球上物种的灭绝速率是有人类活动之前的100~1000倍。按照中等范围的全球气候变暖情形,到2050年,占地球陆地表面积20%的区域中15%~37%的物种将注定消亡。由于物种之间存在复杂的相互作用,一个物种的消失可能会危及其他物种的生存,造成对生物多样性的连锁效应,最终导致物种的灭绝和生物多样性的丧失。

中国是世界上少数几个生物多样性特别丰富的国家之一,在全球生物多样性保护中具有特殊的地位。我国有高等植物30000余种(其中50%为中国特有种)、脊椎动物6347种,分别占世界总种数的10%和14%。然而,中国是世界上人口最多的国家,人均资源占有量低,而且70%左右的人口在农村。由于巨大的人口压力、高速的经济发展对资源需求的日益增加和全球变化等因素的影响,中国的生物多样性也受到了严重的威胁。中国有15%~20%的物种受到严重威胁,遗传多样性大量丧失。中国作为世界三大栽培植物起源中心之一,有相当数量的、携带宝贵种质资源的野生近缘种分布,其生存环境受到严重破坏,形势十分严峻。

第二节 有关环境管理的法律、法规、标准和制度简介

为了加强环境管理,控制环境污染和生态破坏的加剧,我国相继制定颁布了一系列有关环境保护的法律、法规、标准和制度,形成了我国环境保护的法律体系。本节对一些主要的环境法律、法规、标准、制度做简要介绍。

一、环境法律、法规简介

(一)《中华人民共和国环境保护法》

1979年,我国正式颁布了《中华人民共和国环境保护法(试行)》,1989年进行了修订,并于1989年12月颁布。该法共分6章47条,是我国环境保护的基本法。

改革开放以来,中国经济快速发展,创造了举世瞩目的成就。但伴随着工业化、城市化和农业现代化进程中一些地方的粗放式发展,大气、水、土壤等主要环境要素污染加重,环境形势日趋严峻。环境问题已经影响到经济社会的可持续发展和人民群众的身体健康。从立法角度解决"心肺之患"已成为当务之急和社会共识。

新修订的《中华人民共和国环境保护法》(以下简称新法)已于2014年4月24日经十二届全国人大常委会第八次会议审议通过,于2015年1月1日起施行。新法进一步明确了政府对环境保护的监督管理职责,完善了生态保护红线等环境保护基本制度,强化了企业污染防治责任,加大了对环境违法行为的法律制裁,法律条文也从原来的47条增加到70条,增强了法律的可执行性和可操作性,被称为"史上最严"的环境保护法。其主要思想内容如下。

1. 引入了生态文明建设和可持续发展的理念

新法明确要推进生态文明建设,促进经济社会可持续发展,要使经济社会发展与环境保护相协调,充分体现了环境保护的新理念。

2. 明确了保护环境的基本国策和基本原则

新法进一步强化环境保护的战略地位,明确"保护环境是国家的基本国策",并明确"环境保护坚持保护优先、预防为主、综合治理、公众参与、污染者担责的原则"。

3. 完善了环境管理基本制度

一是完善了环境监测制度。新法在第十七条规定:建立监测数据共享机制,要求有关行业、专业等各类环境质量监测站(点)的设置应当符合法律法规的规定和监测范围;明确了监测机构应当使用符合国家标准的监测设备,遵守监测规范;监测机构及其负责人对监测数据的真实性和准确性负责。

二是完善了环境影响评价制度,加大了未批先建的违法责任。没有进行环评的项目不得开工。新法在第十九条增加规定"未依法进行环境影响评价的建设项目,不得开工建设"。第六十一条规定相应的法律责任:"建设单位未依法提交建设项目环境影响评价文件或者环境影响评价文件未经批准,擅自开工建设的,由负责审批建设项目环境影响评价文件的部门责令停止建设,处以罚款,并可以责令恢复原状。"

三是完善了跨行政区污染防治制度。新法第二十条规定:"国家建立跨行政区域的重点区域、流域环境污染和生态破坏联合防治协调机制",强化了联合防治机制,实行统一规划、统一标准、统一监测、统一防治的措施。

四是完善了防治污染设施"三同时"制度和重点污染物排放总量控制制度和区域限批制度,补充了总量控制制度。

五是明确排污许可管理制度。新法第六十三条规定,企业、事业单位和其他生产经营者,违反法律规定,未取得排污许可证排放污染物,被责任令停止排污,拒不执行且不构成犯罪的,除依照有关法律法规规定予以处罚外,对直接负责的主管人员和其他直接责任人员给予行政拘留。

六是增加生态保护红线规定。新法第二十九条规定,国家在重点生态功能区、生态环境敏感区和脆弱区等区域划定生态保护红线,实行严格保护,明确了生态保护红线的范围。

4. 突出强调政府监督管理责任

新法调整篇章结构,突出强调政府责任、监督和法律责任。

新法在上级政府机关对下级政府机关的监督方面,加强了地方政府对环境质量的责任;同时,增加了环境保护目标责任制和考核评价制度,并规定了上级政府及主管部门对下级部门或工作人员工作监督的责任;规定了地方各级人民政府应当对本行政区域的环境质量负责,促使地方政府平衡经济发展和环境保护的关系,要求县级以上人民政府应当将环境保护目标完成情况纳入对本级人民政府环境保护具有监管职责的部门及其负责人和下级人民政府及其负责人的考核内容,作为对其考核评价的重要依据,将环境保护目标作为政绩考核的重要指标,加大其在考核指标体系中的权重。

5. 设信息公开和公众参与专章

新法第五章标题为"信息公开和公众参与",规定了环境信息公开和公众参与,加强公众对政府和排污单位的监督等一系列要求。

6. 规定了公民的环境权利和环保义务

新法规定公民应当遵守环境保护法律法规,配合实施环境保护措施,按照规定对生活废弃物进行分类放置,减少日常生活对环境造成的损害。规定每年6月5日为环境日。

7. 强化了主管部门和相关部门的责任

这一部分包括编制本行政区域环保规划、制定环境质量和污染物排放标准、现场检查、查封、扣押等。

8. 强化了企事业单位和其他生产经营者的环保责任

这一部分包括实施清洁生产、减少环境污染和危害、按照排污标准和总量排放、安装使用监测设备、建立环境保护制度、缴纳排污费以及制定环境事件应急预案等。

9. 完善了环境经济政策

2014年4月24审议通过的《中华人民共和国环境保护法》提出了新的环境经济政策。如第二十一条规定,国家采取财政、税收、价格、政府采购等方面的政策和措施,鼓励和支持环境保护技术装备、资源综合利用和环境服务等环境保护产业的发展。第二十二条提出,企业事业单位和其他生产经营者,在污染物排放符合法定要求的基础上,进一步减少污染物排放的,人民政府应当依法采取财政、税收、价格、政府采购等方面的政策和措施予以鼓励和支持。第二十三条提出,企业事业单位和其他生产经营者,为改善环境,依照有关规定转产、搬迁、关闭的,人民政府应当予以支持。采取以上经济政策,有利于提高企事业单位环境保护意识,积极采取环境保护技术和措施,自觉降低环境影响和进行污染预防。第五十二条提出,国家应鼓励投保环境污染责任保险。

10. 加强农村环境保护

新法第三十三条规定,各级人民政府应当"促进农业环境保护新技术的使用,加强对农业污染源的监测预警,统筹有关部门采取措施",保护农村环境;规定"县级、乡级人民政府应当提高农村环境保护公共服务水平,推动农村环境综合整治"。第四十九条规定"施用农药、化肥等农业投入品及进行灌溉,应当采取措施,防止重金属及其他有毒有害物质污染环境","县级人民政府负责组织农村生活废弃物的处置工作"。

11. 加大了违法排污的处罚

新法解决了违法成本低的问题,加大了处罚力度。

一是规定了按日计罚制度。"按日计罚",就是按照违法的天数计算罚款,不再是一次性罚金,同时罚款总额上不封顶,且建立"黑名单"制度,将环境违法信息记入社会诚信档案并向社会公布,提高了企业的违法成本。

二是责令停业、关闭。第六十条规定,企业、事业单位和其他生产经营者超过污染物排放标准或者超过重点污染物排放总量控制指标的,县级以上人民政府环境保护行政主管部门可以责令其采取限制生产、停产整治等措施;情节严重的,报经有批准权的人民政府批准,责令停业、关闭。

三是规定了行政拘留。新法第六十三条规定,违反法律规定,建设项目未依法进行环评,被责令停止建设,拒不执行的;未取得排污许可证排放污染物,被责令停止排污,拒不执行的;通过偷排或者篡改、伪造监测数据,或者不正常运行防治污染设施等逃避监管的方式排放污染物的;生产、使用国家明令禁止生产、使用的农药,被责令改正,拒不改正的。有以上行为之一尚不构成犯罪的,由县级以上人民政府环境保护主管部门或者其他有关部门将案件移送公安机关,对其直接负责的主管人员和其他直接责任人员,处十日以上十五日以下拘留;情节较轻的,处五日以上十日以下拘留。

(二)《中华人民共和国大气污染防治法》

现行的《中华人民共和国大气污染防治法》于2018年修订通过并颁布。该法共八章129条,对大气污染防治的监督管理,防治燃煤产生的大气污染,防治机动车船排放污染,防治废气、尘和恶臭污染以及法律责任等几方面做出了全面的规定,是我国大气污染防治的专项法律,具体内容归纳如下。

1. 关于排污单位的责任和公民的权利义务的规定

向大气排放污染物的单位,必须遵守国家有关规定并采取防治污染的措施;任何单位和个人都有保护大气环境的义务并有权对污染大气环境的单位和个人进行检举和控告。

2. 关于大气污染防治的监督管理制度

该法规定了新建、改建项目环境影响评价制度和"三同时制度",排污申报制度,征收排污费制度,限期整改制度,限期淘汰污染大气环境的落后工艺、设备制度,大气污染事故的处理和紧急应急制度,环境监测制度。

3. 关于防止燃煤污染措施的规定

我国的大气污染主要是煤烟型污染。该法对防止燃煤产生的大气污染做了规定:达不到规定标准的锅炉不得制造、销售或者出口;新建造的工业炉窑、新安装的锅炉,烟尘的排放不得超过规定的标准;发展城市集中供热和改进城市燃料结构;采取脱硫措施和防止酸雨的规定,推行煤炭洗选加工,限制高硫分、高灰分煤的开采,发电厂和其他大中型企业不能用低硫煤的,必须建设脱硫、除尘设施或其他控制措施。

4. 关于防止废气、粉尘和恶臭污染的规定

严格限制向大气排放有毒的废气、粉尘,确需排放需净化处理达标排放;工业中产生的可燃气体应回收利用,不能回收的应进行防污处理;向大气排放含放射性物质的气体和气溶胶,不得超过规定的标准;向大气排放恶臭气体必须采取防治措施,禁止在人口集中区焚烧沥青等产生有害粉尘和恶臭气体的物质;机动车船向大气排放污染物不得超标,超标的应采取治理措施。

(三)《中华人民共和国水污染防治法》

《中华人民共和国水污染防治法》最初于1984年11月1日起实施,2007年对其进行了最新修订。该法共有八章103条,分别对水污染防治法的目的、适用范围、基本原则、监督管理体制、管理制度和措施、防止地表水污染、防止地下水污染和法律责任做出了比较全面的规定。它是我国水污染防治方面的专项法律。

1. 关于水污染防治监督管理的规定

国务院有关部门和地方各级人民政府,必须将水环境保护工作纳入计划,采取防治水污染的对策和措施;各级人民政府的环境保护部门是对水污染防治实施统一监督管理的机关;各级交通部门的航政机关是对船舶污染实施监督管理的机关;各级人民政府的水利管理部门、卫生行政部门、地质矿产部门、市政管理部门、重要江河的水源保护机构,结合各自的职责,协同环境保护部门对水污染防治实施监督管理。

国家通过合理规划工业布局,采取综合防治措施,提高水的重复利用,减少废水和污染物的排放;城市污水应当进行集中处理与重复利用;省级以上人民政府可以法规确定生活饮用水源的保护区;生活饮用水源遭受严重污染,环保部门可采取强制性紧急措施,责令禁排污染物;国家禁止新建无水污染防治措施严重污染水环境的企业。

2. 关于防止地表水污染的规定

在重要用水保护区内,"不得新建排污口,若新建排污口,必须保证保护区水体不受污染";禁止向水体排放油类、酸液、碱液或者剧毒液体;禁止将含有汞、镉、砷、铬、铅、氰化物、黄磷等的可溶性剧毒液体向水体排放、倾倒或直接排入地下;禁止向水体倾倒工业废渣、城市垃圾和其他废弃物;禁止向水体排放、倾倒放射性废物或含有放射性物质的废水;对含热废水、含病原体污水处理达标后才可排放;从事海洋航运的船舶进入内河和港口,应当遵守内河船舶的排放标准;采取应急措施处理突发事件。

3. 关于防止地下水污染的规定

禁止利用渗坑、渗井、裂隙和溶洞倾倒含有有毒物质的废水、含病原体的污水和其他废弃物;在无良好隔渗地层,禁止使用无防渗措施的沟渠、坑塘等输送或储存含有有毒物质的废水、含病原体的污水和其他废弃物;地下水开采时不得混合开采已受污染的潜水和承压水;地下工程应采取保护措施,防止地下水污染;人工回灌补给地下水,不得恶化地下水水质。

(四)《中华人民共和国固体废物污染环境防治法》

《中华人民共和国固体废物污染环境防治法》由中华人民共和国第十届全国人民代表大会常务委员会第十三次会议于2004年12月29日修订通过,2005年4月1日起施行。该法于2016年第四次修订,有6章91条,其主要内容包括固体废物污染环境防治的监督管理、固体废物污染环境防治的一般规定、工业固体废物污染环境的防治、生活垃圾污染环境的防治、危险废物污染环境防治的特别规定。

1. 固体废弃物污染环境防治监督管理

规定了我国环境保护部、地方各级人民政府各有关部门的职责和权利;确定了固体废弃物污染环境的监测制度、建设项目的环境影响评价制度、"三同时制度"、现场检查制度等。

2. 固体废弃物污染环境的防治

(1)固体废弃物污染环境的一般规定:产生排放固体废弃物的单位和个人,应当采取措施防止或减少对环境的污染;收集、贮存、运输、利用、处置的单位和个人,要采取措施防止扬散、渗漏、流失和丢弃;产品应采用易回收、降解的包装物,有关部门应加强对包装物的回收利用工作;禁止境外废物倾倒、堆放、处置;禁止进口不能做原料的固体废物等。

(2)工业固体废物污染环境的防治:推广防止固体废物污染的先进工艺设备,淘汰落后的工艺设备;企业单位合理选择利用原材料、能源,采用先进的工艺设备减少固体废物的产生量;露天堆放的工业废渣,应设置专用的场所并须符合环保标准。

(3)生活垃圾污染环境的防治:生活垃圾收集、贮存、运输应符合环境保护和环境卫生规定。

3. 危险废弃物污染防治

危险废弃物的包装物、处置场所必须设有识别标志;产生危险废弃物的单位,必须按照国家规定处置;处置危险废物不符合国家规定,应缴纳排污费,用于危险废物污染防治;从事收集、贮存、运输危险废物经营活动的单位必须申请领取经营许可证;收集、贮存危险废物必须分类进行;从事危险废物经营活动的人员经培训考试合格才能上岗;禁止经中华人民共和国国境转移危险废物。

二、有关环境保护制度

环境保护制度在我国的环境监督管理中发挥着重要的作用。我国目前的环境管理制度主要有:环境影响评价制度、"三同时制度"、征收排污费制度、限期治理制度、排污申报登记制度、环境许可证制度。

(一)环境影响评价制度

1. 概念

对可能影响环境的工程建设、开发活动和各种规划,预先进行调查、预测和评价,提出环境影响及防治方案的报告,经主管部门批准才能进行建设,这就是环境影响评价制度。

2. 适用范围

环境影响评价适用在我国领域和我国管辖的其他海域内建设对环境有影响的项目。另外,流域的开发、开发区的建设、城市新区建设和旧区改建等区域性开发,编制建设规划时,应当进行环境评价。

3. 建设项目的环境保护实行分类管理

建设项目对环境可能造成重大影响的应当编制环境影响报告书；建设项目对环境可能造成轻度影响的应当编制环境影响报告表；建设项目对环境影响很小，不需要进行环境影响评价，应当填写环境影响登记表。

4. 环境影响报告书的内容

环境影响报告书的内容应包括：建设项目概况；建设项目周围环境状况；建设项目对环境可能造成的影响的预测和分析；环境保护措施及其经济、技术论证；环境影响经济损益分析；对建设项目实施环境监测的建议；环境影响评价结论。

5. 环境影响评价的报批和分级审批

应在项目可行性研究阶段报批环境影响报告书、环境影响报告表或环境影响调查表；有行业主管部门的先报行业主管部门预审后，再报有审批权的环保行政主管部门批准。

(二)"三同时制度"

1. 概念

"三同时制度"是指建设项目中的环境保护设施必须与主体工程同时设计、同时施工、同时投产使用的制度。它是我国环境管理制度之一，是控制新污染源的产生、实现预防为主的重要途径。

2. 适用范围

"三同时制度"适用于：新建、扩建、改建项目；技术改造项目；一切可能对环境造成污染和破坏的工程建设项目；确有经济效益的综合利用项目。

3. "三同时制度"在不同建设阶段的要求

在建设项目正式施工前，建设单位必须向环境保护行政主管部门提交初步设计中有关环境保护的篇章，经审查批准后，才能纳入建设计划，并投入施工。

在建设项目正式投产和使用前，建设单位必须向负责审批的环境保护行政主管部门提交环境保护设施"验收申请报告"，说明环境保护设施运行情况、治理效果、达到的标准。经环境保护行政主管部门验收合格后，才能投入生产和使用。

环境保护行政主管部门自接受环境保护设施"验收申请报告"之日起，要在一个月内组织审查验收，并在"验收申请报告"上签署意见。

(三)征收排污费制度

1. 概念

征收排污费制度，又叫排污收费制度，是指国家环境管理机关依照法律规定对排污征收一定费用的一套管理措施。它既是环境管理中的一种经济手段,又是"污染者负担原则"的具体方式之一。其目的是促进排污者加强环境管理,节约和综合利用资源,治理污染,改善环境,并为保护环境和补偿污染损害筹集资金。

2. 征收排污费的对象

征收排污费的对象是超过国家或地方污染物排放标准排放污染物的企业、事业单位,对其他单位只征收采暖锅炉烟尘排污费。

3. 征收排污费的范围

征收排污费的污染物包括污水、废气、固体废物、噪声、放射性污染物等五大类。

4. 征收排污费的标准

排污费应按国家统一收费标准征收。但对个别工业密集、污染特别严重的大、中城市,经国务院环境保护行政主管单位批准,收费可做适当调整。

5. 征收排污费的程序

第一步,确定污染物的排放数量;第二步,环境保护行政主管部门按月或季度向排污单位发出交费通知单,排污单位应在接到通知单20天内向指定银行缴付,逾期不交,每天增加滞纳金1‰。

6. 排污费的管理和使用

征收的排污费应当纳入预算,作为环境保护补助资金,由环境保护行政主管部门会同财政部门统筹安排使用。具体适用于补助重点污染单位治理污染源;环境污染的综合治理;补助环境保护行政主管部门检测仪器设备的购置。

7. 缴纳排污费与承担其他法律责任的关系

排污单位缴纳排污费后,并不免除交费者应承担的治理污染、赔偿损失的责任和法律规定的其他责任。

(四)限期治理制度

(1)概念:限期治理制度是指对现已存在的危害环境的污染源,由法定机关做出决定,令其在一定期限内治理并达到规定要求的一套措施。它是减轻或消除现有的污染源的污染、改善环境质量状况的一项环境法律制度,也是我国环境管理中所普遍采用的一项制度。

(2)限期治理的对象:位于特别保护区域内的超标排污的污染源;造成严重污染的污染源。

(3)限期治理的决定权:限期治理的决定权在人民政府。市、县或者市、县以下人民政府管辖的企业、事业单位的限期治理,由市、县人民政府决定;中央或者省、自治区、直辖市人民政府直接管辖的企事业单位的限期治理,由省、自治区、直辖市人民政府决定。

(4)限期治理目标和期限:限期治理的目标一般情况下是浓度目标,即通过限期治理使污染源排放的污染物达到一定的排放标准。限期治理的期限由决定限期治理的机关根据污染源的具体情况、治理的难度、治理的能力等因素来合理确定,其最长期限不得超过3年。

(5)违反限期治理制度的法律后果:对经限期治理逾期未完成治理任务的,除依照国家规定加收超标排污费外,还可以根据所造成的危害后果处以罚款,或责令停业、关闭。

(五)排污申报登记制度

(1)概念:排污申报登记制度是指由排污者向环境保护行政主管部门申报其污染物的排放和防治情况,并接受监督管理的一系列法律规范构成的规则系统。它是排污申报登记的法制化。实行这一制度,有利于环境保护行政主管部门及时、准确地掌握有关污染物排放和污染防治情况的准确信息,为进行其他方面的环境管理提供依据。

(2)申报登记的适用对象:适用于在中华人民共和国领域内及中华人民共和国管辖的其他海域内直接或间接地向环境排放的废水、废气和其他有害环境的物质,工业和建筑施工噪声,产生工业固体废物的单位。

(3)申报登记的内容:排污单位的基本情况,使用的主要原料,排放污染物的种类、数量、浓度、排放地点、去向、方式,噪声源的种类、数量和噪声强度,污染防治的设施。

(4)申报登记程序和手续:现有排污单位必须按所在地环境保护行政主管部门指定的时间填写《排污申报登记表》,并提供必要资料;新建、改建、扩建项目,应当在项目的污染防治设施竣工并经验收合格后一个月内办理。《排污申报登记表》填写后,有行业主管部门的,先送行业主管部门审核,然后向所在地环境保护行政主管部门登记注册,领取《排污申报登记注册证》。申报登记后,排放的污染物情况有变化,应在变更前15天,填写《排污变更申报登记表》。

(5)违反排污申报登记制度的法律后果:排污单位谎报或拒报排污申报登记事项的,环境保护行政主管部门可给予300元以上3000元以下罚款,并限期补办排污申报登记手续。

(六)环境保护许可证制度

1.概念

环境保护许可证制度是指从事有害或可能有害环境的活动之前,必须向有关管理机关提出申请,经审查批准,发给许可证后,方可进行该活动的一套管理措施。它是环境行政许可的法制化,是环境管理机关进行环境保护监督管理的重要手段。

2.环境保护许可证的分类

环境保护许可证按其作用可分为三类:一是防止环境污染许可证,如排污许可证,危险废物的收集、贮存、处置许可证,放射性同位素与射线装置的生产、使用、销售许可证,废物进口许可证等;二是防止环境破坏许可证,如林木采伐许可证,渔业捕捞许可证,野生动物特许捕猎证、狩猎证、驯养繁殖许可证等;三是整体环境保护许可证,如建设规划许可证等。

3.环境保护许可证的内容

(1)排污申报登记:排污单位在指定的时间内向当地环境保护行政主管部门办理申报登记手续,并提供防治水污染方面的相关资料。

(2)分配排污量:各地区按本地环境容量确定污染物控制指标,或者以该地区某一年污染物排放总量为基础确定污染物排放削减总量,然后经过技术、经济可行性分析和优化计算方案比较,确定各排污单位的污染物允许的排放量。

(3)发放许可证:对不超过排污总量控制指标和限制条件的排污单位,颁发《排放许可证》;对超出排放总量控制的排污单位,颁发《临时排放许可证》,并限期削减排放量。

(4)发证后的监督管理:许可证发放后,发证单位必须对持证单位进行严格的监督,使持证单位按许可证的要求排放污染物。对违反许可证排污的单位,要依法处罚,直至吊销许可证。

三、重要的环境标准简介

国家为了保护人群健康和维持生态平衡,根据国家的环境政策和有关法令,在综合分析自然环境特性、控制环境污染的技术水平、经济条件和社会要求的基础上,规定环境中污染物的容许含量和污染源排放污染物的数量和浓度等的技术规范,称为环境标准。随着环境科学的发展,环境标准的种类越来越多。我国根据环境标准的适用范围、性质、内容和作用,实行三级五类标准体系。三级是国标准、地方标准和行业标准。五类是环境质量标准、污染物排放标准、方法标准、样品标准、基础标准。目前,环境标准的影响范围已覆盖水、空气、土壤、声与振动、固体废物与化学品、生态、核与电磁辐射等环境保护领域。截至"十一五"末期,我国累计发布环境保护标准941项,有力地支持了环境管理各项工作。

下面简单介绍《环境空气质量标准》和《地表水环境质量标准》这两个标准。

(一)《环境空气质量标准》(GB 3095—2012)

《环境空气质量标准》(GB 3095—2012)自2016年1月1日起在全国实施,并于2018年9月实施了其第1号修改单。本标准规定了环境空气质量功能区划分、标准分级、污染物项目、平均时间及浓度的限值、监测方法、数据统计的有效性规定及实施与监督等内容。

1. 环境空气质量功能区的分类和标准分级

环境空气质量功能区分两类。一类区为自然保护区,风景名胜区和其他需要特殊保护的区域;二类区为居住区、商业交通居民混合区、文化区、工业区和农村地区。

标准分二级:一类区执行一级标准;二类区执行二级标准。

2. 污染物的项目

标准中规定了10项污染物,分别是二氧化硫、总悬浮颗粒、颗粒物(10 μm)、颗粒物(2.5 μm)、氮氧化物、二氧化氮、一氧化碳、臭氧、铅、苯并芘。

(二)《地表水环境质量标准》

《地表水环境质量标准》(GB 3838—2002)于2002年6月1日开始实施。标准规定了水域功能和标准分类、水质标准值、水质评价、水质监测、标准的实施与监督等方面的要求,适用于中华人民共和国领域内江、河、湖泊、运河、渠道、水库等具有适用功能的地面水域。

1.水域功能分类

本标准依据地表水水域环境功能和保护目标,将水域按功能分为五类。
Ⅰ类:主要适用于源头水、国家自然保护区;
Ⅱ类:主要适用于集中式生活饮用水源地一级保护区、珍贵鱼类保护区、鱼虾产卵场等;
Ⅲ类:主要适用于集中式生活饮用水源地二级保护区、一般鱼类保护区及游泳区;
Ⅳ类:主要适用于一般工业用水区及人体非直接接触的娱乐区用水;
Ⅴ类:主要适用于农业用水区及一般景观要求的水域。

不同功能类别分别执行相应类别的标准值。同一水域兼有多类使用功能的,执行最高功能类别对应的标准值。有季节性功能的,可分季划分类别。

2.水质要求

本标准给出了地表水环境质量标准基本项目标准限值、集中式生活饮用水地表水源地补充项目标准限值、集中式生活饮用水地表水源地特定项目标准限值。

第三节　环境污染防治技术简介

环境污染按照污染物的形态可以分为废气污染、废水污染、固体废物污染、噪声污染、辐射污染等。下面简要介绍这几种污染及其防治。

一、大气污染及其防治

人类生产和生活活动产生的大气污染物,是产生大气污染的主要原因,主要来自燃料燃烧和工业生产过程的排放。

(一)大气污染物及其危害

大气污染物在大气中存在的主要的物理状态有两种:气态形式和颗粒物形式。

1.气态污染物及其危害

气态污染物主要有硫化物、氮氧化物、碳氧化物、碳氢化合物等。

硫化物存在形式为二氧化硫和硫化氢。二氧化硫是一种中等强度刺激性气体,浓度较高时,对有呼吸系统疾病和心脏病的患者,将导致病情加重,甚至有生命危险;在一定条件下,二氧化硫可形成酸雨。硫化氢是一种有臭鸡蛋气味的剧毒气体,对人体的呼吸系统、心血管系统有影响,高浓度可使人中毒死亡。

氮氧化物主要有一氧化氮和二氧化氮两种。一氧化氮破坏血液的输氧功能;二氧化氮具有腐蚀性和生理刺激作用,也是形成光化学烟雾和酸雨的主要因素。

碳氧化物主要包括一氧化碳和二氧化碳。一氧化碳可降低动物血液的输氧功能而引起其窒息;二氧化碳能加剧温室效应。

碳氢化合物一般无毒或低毒,但它们可能促进光化学烟雾的生成。有些复杂的碳氢化合物,如苯并(a)芘,是强致癌物质。

2. 颗粒物污染物及其危害

颗粒物污染物是指空气中分散的液态或固态污染物,其直径在 0.002 μm 和 500 μm 之间,具体包括气溶胶、烟、尘、雾和炭灰等,可分为降尘和飘尘。

颗粒物污染物能引起尘肺病,对眼、皮肤有刺激作用,引起炎症、中毒;颗粒物污染物中的爆炸性粉尘可引起爆炸;引起机电设备磨损;降低能见度。

(二)大气污染的治理技术

1. 颗粒污染物的防治技术

(1)使用除尘器。从废气中将颗粒物分离出来并加以捕集、回收的过程称为除尘。使用除尘器可以除尘。

(2)改革工艺,采用新技术。

(3)湿式作业,如水力抑尘。

(4)密闭尘源,使生产过程管道化、机械化、自动化。

(5)通风除尘,对作业场所强制通风,降低含尘量。

(6)个体防护,如佩戴防尘口罩。

2. 气态污染物的治理技术

气态污染物的治理主要有七种技术。

(1)吸收法是利用气体混合物中不同组分在吸收剂中溶解度的不同,或者与吸收剂发生选择性化学反应,从而将有害组分从气流中分离出来。例如,二氧化硫、硫化氢等各种气态污染物都可以选择适宜的吸附剂和设备进行处理,并回收有用产品。

(2)吸附法是使气体混合物与适当的多孔固体接触,利用固体表面存在的未平衡的分子引力或化学键的力,把混合物中某一组分吸留在固体表面上的方法。例如,用吸附剂回收或净化废气中的有机污染物。

(3)催化法是利用催化剂的催化作用,将废物中的有害物质转变为无害物质或易于除去的物质的方法。

(4)燃烧法是通过热氧化的作用将废气中可燃的有害成分转化为无害物质。例如,含烃类物质的燃烧生成无毒的二氧化碳和水。

(5)冷凝法是利用物质在不同温度下有不同的饱和蒸气压这一性质,采用降低系统温度或提高系统压力,使处于蒸气状态的污染物冷凝而从废气中分离出来的过程。例如,处理高浓度的有机废气。

(6)生物法是利用微生物的生命活动过程把废气中有害的污染物转化成少害或无害物的方法。例如,用生物法处理肉类加工厂的臭气。

(7)膜分离法是利用混合气体在压力梯度的作用下,透过特定薄膜时,不同气体具有不同的透过速度这一特性,使气体混合物中的不同组分达到分离的方法。

二、水污染及其防治

水污染,是指排入水体的污染物质超过了水体的自净能力,使水的组成及其性质发生变化,从而使动物、植物生长条件恶化,鱼类生长受到损害,人类生活和健康受到不良影响,水环境的生态平衡遭到破坏的过程。

(一)水体污染物及其危害

造成水体的水质、生物、底质质量恶化的各种物质称为水体污染物。根据污染物的物理、化学、生物学性质及其污染特性,可将水体污染物分为四大类,即无机无毒物、无机有毒物、有机无毒物和有机有毒物。

1. 无机无毒物

无机无毒物主要指排入水体的酸、碱及无机盐类和氮、磷等植物营养物质,主要来自于工业废水、农田施肥、农业废弃物、城市生活污水。

酸性、碱性废水的污染,破坏了水体的自然缓冲作用,抑制了细菌及微生物的生长,妨碍了水体的自净,腐蚀管道、水工建筑物和船舶。氮、磷污染物将导致水体富营养化,在江河湖泊出现水花(又叫水华),在海洋中出现赤潮现象。

2. 无机有毒物

无机有毒物质主要是指工业废水中所携带的重金属、氰化物和氟化物。重金属主要来自采矿和冶炼;氰化物主要来自电镀废水以及煤气洗涤水、合成氨、冶炼和制药等工业废水;氟化物主要来自电镀加工含氟废水和含氟废气的洗涤水。

无机有毒物具有强烈的生物毒性,它们排入天然水体会影响水中生物,并可以通过食物链进入人体而危害人体健康。重金属在水体环境中不易消失,具有明显的积累性,不同的重金属会对人体造成不同的伤害。氰化物的危害主要表现在破坏人和动物的血液系统,影响运送氧的机能而致死亡。氟化物浓度过高会使人骨骼变形,引起氟骨症并损害肾脏。

3. 有机无毒物

有机无毒物主要指需氧有机物。人类排放的生活污水和大部分工业废水中都含有大量有机物,其中主要是需氧有机物。需氧有机物进入水体后在微生物的作用下,最终分解为简单的无机物质,并在生物氧化分解过程中消耗水中的溶解氧。因此,这些物质过多地进入水体,会造成水体溶解氧严重不足甚至耗尽,从而恶化水质,并对水中生物的生存产生影响和危害。

4. 有机有毒物

有机有毒物多数是人工合成的有机物,主要来自有机农药、煤气、焦化、石化、制药、油漆、塑料、树脂、橡胶等工业排放的废水。如酚类化合物毒性大,可引起头晕、贫血及各种神经系统症状。有机氯农药易在动物体内累积,对动物和人造成危害。多氯联苯化学性质极为稳定,在人体内脂肪组织和器官中蓄积,影响人的皮肤、神经、肝脏,破坏钙的代谢,导致骨骼、牙齿损害甚至致癌。

(二)水污染防治

污水处理的目的就是利用某种方法将污水所含有的污染物分离出来,或者将其分解转化为无害稳定物质,从而使污水得到净化。根据作用原理的不同,一般水污染物处理技术可分为物理方法、化学方法、物理化学法、生物处理法。

1. 污水处理的物理方法

污水处理的物理方法是通过物理作用,分离回收污水中的不溶解的悬浮态污染物。常用的技术有:
(1)沉淀法(如使用沉沙池、沉淀池、隔油池等);
(2)过滤法(如使用格栅、栅网、砂滤机、真空过滤机、压滤机等);
(3)气浮(浮选)法;
(4)离心分离法。

2. 污水处理的化学方法

污水处理的化学方法是通过化学反应来分离、回收污水中的某些污染物,或使其转化为无害物质。常用的方法有:
(1)化学沉淀法,如处理重金属和氰化物。
(2)混凝法,用于处理固体颗粒、乳状油及胶体物质。
(3)中和法,用于处理酸碱废水。
(4)氧化还原法,如空气氧化法处理含硫废水。
(5)电解法,主要用于含铬及含氰废水处理。

3. 污水处理的物理化学方法

污水处理的物理化学方法,是通过物理和化学的综合作用使废水得到净化。常用的方法有:
(1)萃取法,如采用醋酸丁酯、苯作为萃取剂处理含酚废水。
(2)吸附法,是对污水的深度处理,如除色、脱臭。
(3)离子交换法,主要处理污水中的杂质,如铜、镍、铬。
(4)电渗析法,用于酸性废水回收、含氰废水的处理等。

4. 污水处理的生物处理法

污水的生物处理法就是利用微生物新陈代谢功能,使污水中呈溶解和胶体状态的有机物被降解并转化为无害的物质,使污水得到净化。该方法可分为好氧生物处理法和厌氧生物处理法。
(1)好氧生物处理法,是在有氧的情况下,借助好氧微生物的作用来进行,又可分为活性污泥法和生物膜法两大类。
(2)厌氧生物处理法,是在无氧或缺氧的条件下,利用厌氧生物的新陈代谢功能净化水并可产生沼气的处理方法。

三、固体废物污染及其防治

固体废物是指人类在生产建设、日常生活和其他活动中产生的污染环境的固体、半固态废弃物质。为了便于管理,我国将液态废物和置于容器中的气态废物也纳入固体废物污染防治范畴。

(一)固体废物来源及其对环境的危害

固体废物来源广泛、种类繁多、组分复杂,按来源可分为矿业废物、工业固体废物、城市生活固体废物、农业固体废物、放射性固体废物。

固体废物对环境的危害主要体现在以下四个方面:
(1)侵占土地,破坏地貌和植被,导致垃圾围城。
(2)污染土壤和地下水。
(3)污染水体,妨碍水生生物的生存和水资源的利用。
(4)污染大气,如矿山煤矸石的自燃,排放大量二氧化硫、氨气、二氧化碳等气体污染物。

(二)固体废物的处理

固体废物的处理是指通过各种物理、化学、生物的方法将固体废物转变为适于运输、利用、贮存或最终处置的形态的过程,其方法有如下几种。

(1)物理处理:是通过采用各种方法来改变固体废物的结构,使其转变为便于运输、贮存、利用或处置的形态。物理处理包括压实、破碎、分选、脱水干燥等。

(2)化学处理:是利用化学反应使固体废物中有害成分受到破坏,使其转化为无害或低毒物质,或适于进一步处理、处置的形态的方法。化学处理只适合预处理成分单一或只含几种化学特性相近组分的固体废物。化学处理方法有氧化还原、中和、化学浸出等。

(3)生物处理:是利用微生物来分解固体废物中的有机物,使之达到无害或可以被综合利用的方法。生物处理包括好氧处理、厌氧处理和兼性厌氧处理。

(4)热处理:是通过高温改变固体废物的化学、物理、生物特性或组分的处理方法。采用热处理的方法可以达到减容、消毒、减轻污染、回收能量和有用化学物质的目的。常用的热处理方法有焚烧、热解和烧结等。

(5)固化处理:是采用固化基材料(如水泥、沥青、石膏等)将废物封闭在固化体中或包覆起来,不使有害物质浸出的一种方法。该法主要用于有毒废物和放射性废物的处理。

(三)固体废物的处置

固体废物在经过各种方法处理及综合利用后,总还会有部分残渣存在,必须对其进行最后处置,使其最大限度地与生物圈隔离,以防止造成危害。处置方法有两种:一种是陆地处置,包括土地填埋、焚烧、贮留池贮存和深井灌注;一种是海洋处置,包括海洋倾倒和海洋焚烧。

四、噪声污染及其防治

噪声是指不需要的声音,是由振动引起的。噪声可以分为机械噪声(如交通噪声、机械运转的噪声)、电磁噪声(如电动机噪声)、流体力学噪声(如气体从管道泄漏噪声)等。

噪声的强弱用声压级大小表示。在声音产生与传播过程中,空气压强相对于大气压强的变化,称为声压,其单位为帕(Pa)。一般以声压对数值的倒数作为声音强弱的单位,即用声压级来表达声音的强弱,声压级的单位为分贝(dB)。我们日常生活中所听到的声音,其声压级在 0~140dB 左右,正常人的听觉所能感到的最小声级为 1dB。轻声耳语约为 30dB,相距 1m 左右的会话约为 60dB,公共汽车中约为 80dB,重型载重车、织布车间、地铁内噪声约为 100dB,大炮轰鸣、喷气机起飞约为 130~150dB。

(一)噪声的危害

(1)引起听力损失与噪声性耳聋:长期暴露在强噪声环境,轻则出现听力损失,重则出现噪声性耳聋。强噪声可以引起耳部的不适,如耳鸣、耳痛、听力损伤。据测定,超过 115dB 的噪声还会造成耳聋。据临床医学统计,若在 80dB 以上噪声环境中生活,造成耳聋者可达 50%。

(2)使工作效率降低:研究发现,噪声超过 85dB,会使人感到心烦意乱,注意力不集中,容易疲劳,导致工作效率降低,增加工伤事故。

(3)损害心血管:噪声是心血管疾病的危险因子,噪声会加速心脏衰老,增加心肌梗死发病率。医学专家经人体和动物实验证明,长期接触噪声可使体内肾上腺分泌增加,从而使血压上升。在平均 70dB 的噪声中长期生活的人,其心肌梗死发病率增加 30% 左右,夜间噪声会使发病率更高。调查 1101 名纺织女工,高血压发病率为 7.2%,其中接触强度达 100dB 噪声者,高血压发病率达 15.2%。

(4)引起神经系统功能紊乱、精神障碍、内分泌紊乱:高噪声的环境,可使人出现头晕、头痛、失眠、多梦、全身乏力、记忆力减退以及恐惧、易怒、自卑甚至精神错乱。

(5)损害女性生理机能:女性受噪声的威胁,可能出现月经不调、流产及早产等。

(二)噪声的防治措施

1. 控制或消除噪声源

采用低噪声生产设备和工具是控制噪声的根本途径。如采用低噪声设备、减少振动、安装消声器、及时检修机械,防止部件松动引起的噪声等。

2. 噪声传播途径控制

控制噪声的传播途径,如设置隔声间,把人与设备隔开;实行距离防护,距离越远,噪声越弱;在车间采用吸声材料降低混响声;做好厂区绿化工作,减弱噪声。

3. 控制噪声的接收

长时间接触噪声的人员应佩戴耳塞、耳罩等,注意防护,保护听觉器官。

4.定期健康检查

对从事噪声作业的人员进行健康检查,包括上岗前体检和定期体检。上岗前体检是为了获得听力的基础资料,对患有听觉器官、心血管及神经系统器质性疾病者,禁止其参加接触噪声的工作。从事噪声作业半年内进行听力检查,发现有明显听力下降者及早调离噪声作业岗位,以后应坚持每年定期体检,以便早期发现听力损伤,及时采取有效的防护措施。

习　题

1. 什么是环境?
2. 什么是环境污染?环境污染有哪些危害?
3. 什么是环境保护,环境保护的方法有哪些?
4. 2015年1月1日起施行的《中华人民共和国环境保护法》为什么被称为"史上最严"的环境保护法?
5. 《中华人民共和国环境保护法》规定的公民的环境权利和环保义务是什么?
6. 《中华人民共和国环境保护法》如何强化企事业单位和其他生产经营者的环保责任?
7. 《中华人民共和国环境保护法》如何加大了违法排污的责任?
8. 环境影响评价制度的适用范围是什么?
9. 危险废弃物污染防治要求包括哪些条目?
10. 什么是"三同时制度"?它的适用范围是什么?
11. 征收排污费的对象有哪些?
12. 限期治理制度的含义是什么?
13. 排污申报登记制度的含义是什么?
14. 环境保护许可证分为哪些类型?
15. 环境标准的三级五类标准体系指的是什么?
16. 地表水按照环境保护功能和保护目标把水域功能划分为哪五类?
17. 什么是水体污染物?它的危害是什么?
18. 无机无毒物是指哪些物质?对水体有哪些污染作用?
19. 无机有毒物只要指哪些物质?有哪些危害?
20. 污水处理的物理方法有哪些?
21. 污水处理的化学方法有哪些?
22. 大气中包括哪十项污染物?
23. 大气中的颗粒物污染物及其危害是什么?
24. 有哪些控制或消除噪声源噪声的防治措施?

第十一章　防火与防爆技术

本章从燃烧与爆炸的基础知识切入,介绍了有关燃烧与爆炸的知识和理论,包括燃烧的条件、燃烧的类型以及闪点、爆炸极限等重要概念,介绍了火灾与爆炸危险环境的划分与防火防爆要求。以上是本章核心内容,掌握了这些知识,很容易理解防火防爆技术和灭火技术。电器火灾是火灾的一个特殊领域,在石油行业具有较高的危害性,也在本章介绍。作为重要的事故预防手段,安全色、安全标志在安全管理中具有重要的作用,也应熟练掌握和运用。学习本章内容,应结合生产现场防火防爆技术的应用,加深对知识的理解。

第一节　燃烧与爆炸的基础知识

燃烧是可燃物与氧化剂作用发生的放热反应,通常伴有火焰、发光和(或)发烟现象。在时间或空间上失去控制的燃烧所造成的灾害叫火灾。

一、燃烧的条件

任何物质发生燃烧,都有一个由未燃物状态转向燃烧状态的过程。燃烧过程的发生和发展,必须具备以下三个必要条件,即可燃物、氧化剂(助燃物)和着火源。人们总是用"燃烧三角形"来表示燃烧的三个必要条件。只有在上述三个条件同时具备的情况下可燃物质才能发生燃烧,三个条件无论缺少哪一个,燃烧都不能发生。

进一步研究表明,用"燃烧三角形"来表示无焰燃烧的基本条件是非常确切的。而对有焰燃烧,因过程存在未受抑制的游离基(自由基)作中间体,因而燃烧三角形需增加一个坐标,形成燃烧四面体。自由基是一种高活性的化学基团,能与其他的自由基和分子起反应,从而使燃烧按链式反应的形式扩展。因此,有焰燃烧的发生需要四个必要条件,即:可燃物、氧化剂、着火源和未受抑制的链式反应。

(一)可燃物

凡是在空气中(或与其他氧化剂发生化学反应)能够燃烧的物质称为可燃物,如木材、氢气、汽油、煤炭、纸张、硫等等。可燃物按其化学组成可分为无机可燃物和有机可燃物两大类。从数量上讲,绝大部分可燃物为有机物,少部分可燃物为无机物。按所处的状态,又可分为可燃固体、可燃液体和可燃气体三大类。对于这三种状态的可燃物来说,其燃烧难易程度是不同的,一般是气体比较容易燃烧,其次是液体,最后是固体。

有些物质在通常情况下不燃烧,但在特定条件下也能燃烧。例如,铁和铜在通常条件下谁也不会认为它们能燃烧,但事实上赤热的铁在纯氧中能发生剧烈的燃烧,赤热的铜能在纯氯中发生剧烈燃烧。铝本身不燃烧,把铝碎成粉末,不但会燃烧,甚至飞扬在空气中时遇火还能发生爆炸。在这种条件下,完全可以说铁、铜和铝也是可燃物。不过,人们一般还是把铁、铜和铝作为不燃物对待,因为在通常情况下它们并不发生燃烧。又如像聚氯乙烯、酚醛塑料等高分子聚合物,在强烈火焰作用下也能燃烧,但离开火焰后则不能燃烧,将这类物质就称为难燃物。

可燃物是燃烧不可缺少的一个首要条件,是燃烧的内因,没有可燃物,燃烧根本不能发生。

(二)助燃物

能帮助和支持可燃物燃烧的物质,即能与可燃物发生氧化反应的物质称为助燃物,也称为氧化剂。通常所讲的氧化剂(助燃物)是指广泛存在于空气中的氧气。此外,还有能够提供氧气的含氧化合物、氯气等。

(三)着火源

着火源是指供给可燃物与助燃物反应的能量来源,一般分直接火源和间接火源两大类。了解火源的种类和形式,对于有效预防火灾事故的发生具有十分重要的意义。

直接火源主要有:

(1)明火,指生产、生活中的炉火、灯(烛)火、焊接火、吸烟火、撞击打火、摩擦打火、机动车辆排气筒火星、飞火等。

(2)电弧、电火花,指电气设备、电气线路、电器开关及漏电打火;电话、手机、BP机等通信工具火花;静电火花(物体静电放电、人体衣物静电打火、人体集聚静电对物体放电打火)等。

(3)瞬间高压放电的雷击,该火源能引燃任何可燃物。

间接火源主要有:

(1)高温:指高温加热、烘烤、积热不散、机械设备故障发热、摩擦发热等。

(2)自燃起火:指在既无明火、又无外来热源的情况下,物质本身自行发热、燃烧起火,如黄磷、烷基铝在空气中会自行起火;钾、钠等金属遇水着火;易燃可燃物质与氧化剂、过氧化物接触起火等。

(四)链式反应

大多数的有焰燃烧都存在着链式反应。当某种可燃物受热时,它不仅会汽化,而且该可燃物的分子会发生热裂解作用,即它们在燃烧前会裂解成为更简单的分子。这些分子中的一些原子间的共价键常常会发生断裂,从而生成自由基。由于它处于高度活泼的化学状态,能与其他的自由基和分子反应,而使燃烧持续下去,这就是燃烧的链式反应。未受抑制的链式反应分链引发、链传递、链终止三个阶段,它是维持有焰燃烧的必要条件之一。

二、燃烧的类型

燃烧有许多种类型,主要是闪燃、着火、自燃和爆炸等。掌握这些燃烧类型的基本概念和有关常识,对于了解物质的火灾危险性和预防、扑救火灾是十分必要的。

(一)闪燃

在一定温度下,易燃或可燃液体(包括能蒸发的固体,如石蜡、樟脑、萘等)产生的蒸气与空气混合后,达到一定浓度时遇火源发生一闪即灭的现象,这种燃烧现象称为闪燃。液体发生闪燃的最低温度称为闪点。达到闪点时,生成的蒸气仅能维持一刹那的燃烧,还未来得及供应新的蒸气继续燃烧下去,所以闪燃一下就灭了,但闪燃往往是火警的先兆。液体的闪点越低,火险越大,它是评定液体火灾危险性的主要依据。根据液体的闪点,可将可燃液体火灾危险性分为三类。

甲类:是指闪点在 28℃以下的液体,如汽油、苯、乙醇(即酒精)等;
乙类:是指闪点在 28~60℃之间的液体,如煤油、松节油等;
丙类:指闪点在 60℃以上的液体,如柴油、桐油、润滑油等。
闪点低于或等于 45℃的液体称为易燃液体。闪点大于 45℃的液体称为可燃液体。
表 11-1 给出了常见液体的闪点。

表 11-1　几种常见液体的闪点

液体名称	闪点,℃	液体名称	闪点,℃
乙醚	-45	煤油	28~45
汽油	-58~10	柴油	50~90
丙酮	-17~78	棉籽油	233~240
苯	-15	桐油	239
甲苯	6~30		

在实际工作中,要根据不同液体的闪点,采取相应的防火安全措施,并根据液体闪点选用灭火剂和确定泡沫供给强度等。

(二)着火

可燃物在空气中受着火源的作用而发生持续燃烧的现象称为着火。物质着火,需要一定的温度。可燃物开始持续燃烧所需要的最低温度称为燃点(又称着火点)。

可燃物没有达到燃点时,是不会着火的。可燃物的燃点越低,越容易起火,根据可燃物的燃点高低,可以鉴别其火灾危险程度。例如,对火场上燃点低的物质,应首先进行冷却或疏散,以防止火灾扩大蔓延。表 11-2 给出了常见可燃物的燃点。

表 11-2　一些可燃物的燃点

物质名称	燃点,℃	物质名称	燃点,℃
黄磷	34~60	布匹	200
松节油	53	麦草	200
樟脑	70	硫	207

续表

物质名称	燃点,℃	物质名称	燃点,℃
灯油	86	豆油	220
赛璐珞	100	烟叶	228
橡胶	120	松木	250
纸张	130	胶布	325
漆布	165	洗涤纤维	390
蜡烛	190	棉花	210

(三)自燃

可燃物在空气中无外来着火源的作用,靠自热或外热而发生的燃烧现象称为自燃。根据热的来源不同,物质的自燃可分为两种,一是本身自燃,二是受热自燃。本身自燃,就是由于物质内部自行发热而发生的燃烧现象。受热自燃就是物质被加热到一定温度时发生的燃烧现象。

1. 植物的自燃

有些植物性物质,如稻草、麦秸、麦芽、锯木屑、甘蔗渣、玉米芯和籽棉等,都可能发生自燃。这种自燃是由生物、物理及化学的作用引起的。在开始阶段,由于植物含有一定水分,内部的微生物在一定温度下呼吸繁殖时会产生热量。如果散热不好温度逐渐上升,升温至70℃左右时,微生物死亡,生物作用终止。这时植物中不稳定的化合物开始分解,生成黄色多孔炭,它能吸附蒸汽和气体,同时析出热量,使温度继续升高,并促进植物成分不断分解炭化。在温度升至150~200℃时,植物中的纤维素开始分解,进入氧化过程,温度继续升高,反应速度加快。当聚热达到一定程度时,这种物质就会自行着火,可见植物发生自燃要有一定的条件。

2. 油脂的自燃

油类分为动物油、植物油和矿物油三种。其中植物油具有自燃能力,动物油处于液态才有自燃能力,而纯矿物油是不会自燃的。在植物油中,桐油、亚麻仁油和葵花油等比较容易自燃。油脂只要浸渍在一些多孔物质中,蓄热条件好,氧化面积大,才能发生自燃。例如,油棉纱、油布及浸渍的锯末和铁屑等都能发生自燃。如果将这些物品散开存放,尽量扩大其散热面积,并有良好的通风,就可以防止自燃发生。

3. 煤堆的自燃

除无烟煤外,烟煤、褐煤和泥煤都有自燃能力。这主要是由于煤含有某些挥发物、不饱和化合物和硫化铁等物质。煤在低温时,氧化速度不快,但由于它能吸附蒸汽和气体,并使其在煤的表面浓缩而变成液体,放出热量,可以使温度迅速升高到60℃。这时,氧化加速,温度继续升高,直到发生自燃。为了防止煤堆自燃,可以将煤堆压实,以减少煤堆内部的孔隙和存有的空气。也可采用通风的方法,将煤堆内部产生的热量散发出去。还应经常测定煤堆的温度,当超过60℃时,要将发热的煤挖出,撒开冷却,然后填进新煤。如煤堆发生小面积燃烧,一般不要用水浇,因为煤堆受湿后会增强燃烧能力。可以将着火的煤挖出后,用水将它浇灭。煤堆燃烧面积如果很大,则可用水扑救。还有一些物质也能发生自燃,如硫化铁、黄磷、赛璐珞等。

使可燃物发生自燃的最低温度称为自燃点。物质的自燃点越低,发生火灾的危险性越大。但是,物质的自燃点不是固定不变的,而是随着压力、浓度、散热条件等因素的变化而有所不同。如果压力增高,则自燃点降低。表11-3给出了一些可燃物的自燃点。

表11-3　一些可燃物的自燃点

物质名称	自燃点,℃	物质名称	自燃点,℃
黄磷	34～35	木材	200～300
松油	240	稻草	330
汽油	255～530	褐煤	250～450
煤油	240～290	烟煤	400～500
柴油	350～380	锦纶纤维(尼龙)	442
桐油	410	涤纶纤维(的确良)	440
籽棉	407	腈纶纤维	435

(四)爆炸

常见的爆炸有两种:一是物理性爆炸,二是化学性爆炸。

物理性爆炸主要是由于气体或蒸气迅速膨胀,压力急剧增加,并大大超过容器所能承受的极限压力,而造成容器爆裂。例如气体钢瓶、液化气钢瓶和锅炉等爆炸就是物理性爆炸。

化学性爆炸就是爆炸本身发生了化学变化,产生出大量的气体和很高的温度而形成爆炸。

可燃气体、蒸气或粉尘必须与空气混合后,成为具有一定浓度的爆炸性混合物,并遇到火源,才能发生爆炸。这种能够发生爆炸的浓度范围称为爆炸极限。可燃气体、蒸气的爆炸极限通常用可燃气体、蒸气与空气的体积百分比来表示。可燃粉尘是用 g/m^3 为单位来表示其爆炸极限的。可燃气体、蒸气的爆炸极限分为上限和下限。可燃气体、蒸气与空气组成的混合物遇火源即能爆炸的最高浓度称为爆炸上限,能发生爆炸的最低浓度称为爆炸下限。当这种爆炸性混合物的浓度低于爆炸下限时,既不爆炸,也不燃烧。各种可燃气体、蒸气和粉尘的爆炸浓度不一样,有的爆炸浓度范围大,有的爆炸浓度范围小。表11-4给出了常见物质的爆炸极限。例如,乙炔的爆炸浓度范围是2.5%～82%,甲烷是5.3%～14%。可燃蒸气的爆炸极限与液体所处环境的温度有关系。因为液体的蒸发量随着温度发生变化。可燃液体在一定的温度下由于蒸发而达到爆炸极限,这时的温度称为爆炸温度极限。液体的爆炸温度下限也就是液体的闪点。

可燃气体的爆炸极限,与空气中的含氧量有关系。含氧量高,爆炸浓度范围扩大;含氧量少,爆炸浓度范围缩小。如果掺入惰性气体,发生爆炸的危险就会减少,甚至不发生爆炸。

表 11-4　常见可燃气体、蒸气在空气中的爆炸浓度极限

物质名称	爆炸下限,%	爆炸上限,%	物质名称	爆炸下限,%	爆炸上限,%
松节油	0.8	62	丙酮	2.55	12.8
二甲苯	1.1	7	丙醇	2.1	13.5
甲苯	1.27	7	乙烯	2.7	36
汽油	1.3	6	乙烷	3.0	16
二硫化碳	1.3	50	乙醇	3.3	19
灯用煤油	1.4	7.5	甲醛	3.97	57
丁烯	1.6	10	氯乙烷	4.0	14.18
乙醚	1.85	36.5	氢	4.1	74.2
正丁烷	1.9	8.5	硫化氢	4.0	44
丙烯	2	11.1	天然气	5.0	16
醋酸乙酯	2.2	11	甲烷	5.3	14
丙烷	2.37	9.5	甲醇	6.7	36
乙炔	2.5	82	氯甲烷	8.25	18.7
苯	1.3	7.1	氨	15.7	27.4

许多可燃固体在粉碎、研磨、过筛等过程中产生颗粒度很小的粉尘,例如面粉、煤粉、糖粉和镁、铝等金属粉末。这些可燃粉尘都能与空气混合形成爆炸混合物,达到爆炸极限时,遇火源即可发生爆炸。表 11-5 给出了常见可燃粉尘的爆炸极限。在发生第一次爆炸后,可能引起连续性爆炸。可燃粉尘悬浮在空气中的叫作悬浮粉尘(或浮游粉尘),从空气中沉降下来或堆积在物体、设备上的叫作沉积粉尘(或堆积粉尘)。沉积粉尘受到冲击波的作用可以变成悬浮粉尘,当浓度达到爆炸极限时遇到火源即会爆炸。如果可燃粉尘中水分或灰分增多,可以降低其爆炸危险性。在火场上,要及时用喷雾水流润湿和驱散悬浮粉尘。

表 11-5　常见可燃粉尘的爆炸极限

粉尘名称	爆炸下限,g/m³	粉尘名称	爆炸下限,g/m³
镁粉	20	锌粉	420
铝粉	25	硫粉	12.9
铝镁合金粉	50	煤粉	30
木粉	12.6	玉米粉	22.7
糖粉	8.9	黄豆粉	35
奶粉	7.6	土豆粉	40.3
面粉	9.7		

三、石油及石油产品的火灾危险性

石油又称原油,一般为深褐色的液体,是烃的混合物。其主要成分为:碳 83%~87%;氢

11%~14%；氮、硫、氧1%~3%；还有微量的磷、钒、钾、镍、硅、钙、铁、镁等元素。我国原油相对密度大多在0.86~0.91之间，其蒸气的密度为空气的2.5~3倍。石油的闪点视产地而异，例如大庆原油的闪点为28℃，大港原油的闪点为23.5℃，任丘原油的闪点为37℃，盘锦原油的闪点为10℃，胜利原油的闪点为45℃。石油受热能自燃，自燃点一般在380~530℃之间。石油蒸气与空气混合，遇火能爆炸，爆炸极限为1.1%~6.4%。石油的热值较大，一般为29300~41860kJ/kg，燃烧时火焰温度可达1100℃。石油电阻大，为不良导体，在管道、设备、容器中流动、搅拌时能产生静电，当静电压超过300V时会放电，其放电火花会导致石油气与空气混合物的燃烧或爆炸。石油开采过程中还有伴生气，其主要成分为：甲烷77%~93%；乙烷3%~9%；丙烷2%~5%；还有少量的氮、氢和二氧化碳。石油气是一种易燃、易爆的气体，其爆炸极限为1.9%~11%。石油钻探、采油、运输和储存过程中，有大量的设备、机械和建筑物、构筑物，火灾危险性各不相同，根据油田生产的火灾危险程度，将油田生产的火灾危险分为五类，如表11-6所示。

油田内有大量易燃、可燃的原油和石油气，在开采过程中应采取相应的防火措施。

表11-6 油田生产火灾危险性分类

类别	特征	举例
甲	使用或产生： (1)闪点<28℃的原油、液化石油气、轻质油； (2)爆炸下限<10%的可燃气体	采油井口装置、计量站、转油站、接转站、联合站、集中处理站、首站、油库、集油集气、输油输气、油气分离、原油初加工、油气储存及其油气加热设备、火车及汽车装卸原油设施
乙	使用或产生： 28℃≤闪点<60℃的易燃、可燃液体	采油井口装置、计量站、转油站、接转站、联合站、集中处理站、首站、油库等站、库的集油集气、输油输气、油气分离、原油初加工、油气储存、含油污水处理及其油气加热设备、火车及汽车装卸原油设施
丙	使用或产生： 闪点≥60℃的可燃液体和可燃固体	柴油、润滑油、渣油泵房和储罐，沥青、石蜡、焦炭、煤等库房和堆场，柴油发电房，木材加工车间，货栈和混合仓库，沥青加工车间，变电所，配电室（每台装油量>60kg的设备）
丁	(1)对非燃烧物质进行加工，并在高热或熔化状态下经常产生辐射热、火花或火焰的生产； (2)利用气体、液体、固体作为燃料或将气体、液体进行燃烧作其他用的各种生产； (3)常温下使用或加工难燃烧物质的生产	内燃机水泵房、管子站、锅炉房、维修间、汽车库、电修间、金属加工车间、热处理间、锻工间、铸工间、电镀间、配酸站、配电室（每台装油量<60kg的设备）
戊	常温下使用或加工非燃烧物质生产	水源井、水泵房、配水间、注水井、净化水处理站、凉水塔、空气和其他不燃气体的压缩机车间、金属冷轧、冷加工车间

第二节 火灾与爆炸危险环境的分类与设备选型

一、火灾与爆炸危险环境的分类

火灾与爆炸危险环境可分为爆炸性气体环境、爆炸性粉尘环境、火灾危险环境。

(一)爆炸性气体环境

根据爆炸性气体混合物出现的频繁程度和持续时间,按下列规定进行分区。
(1)0区:连续出现或长期出现爆炸性气体混合物的环境。
(2)1区:在正常运行时可能出现爆炸性气体混合物的环境。
(3)2区:在正常运行时不可能出现爆炸性气体混合物的环境,或即使出现也仅是短时存在的爆炸性气体混合物的环境。

(二)爆炸性粉尘环境

根据爆炸性粉尘混合物出现的频繁程度和持续时间,按下列规定进行分区。
(1)10区:连续出现或长期出现爆炸性粉尘环境。
(2)11区:有时会将积留下的粉尘扬起而偶然出现爆炸性粉尘混合物的环境。
爆炸危险区域的划分应按爆炸性粉尘的量、爆炸极限和通风条件确定。符合下列条件之一时,可划为非爆炸危险区域:
(1)装有良好除尘效果的除尘装置,当该除尘装置停车时,工艺机组能联锁停车;
(2)设有为爆炸性粉尘环境服务,并用墙隔绝的送风机室,其通向爆炸性粉尘环境的风道设有能防止爆炸性粉尘混合物侵入的安全装置,如单向流通风道及能阻火的安全装置;
(3)区域内使用爆炸性粉尘的量不大,且在排风柜内或风罩下进行操作。

(三)火灾危险环境

根据火灾事故发生的可能性和后果,以及危险程度及物质状态的不同,按下列规定进行分区。
(1)21区:具有闪点高于环境温度的可燃液体,在数量和配置上能引起火灾危险的环境。
(2)22区:具有悬浮状、堆积状的可燃粉尘或可燃纤维,虽不可能形成爆炸混合物,但在数量和配置上能引起火灾危险的环境。
(3)23区:具有固体状可燃物质,在数量和配置上能引起火灾危险的环境。

二、爆炸性气体混合物分级分组

爆炸性气体混合物,应按其最大试验安全间隙(MESG)或最小点燃电流(MIC)分级,并应符合表 11-7 的规定。

爆炸性气体混合物应按引燃温度分组,并应符合表 11-8 的规定。

表 11-7　爆炸性气体混合物分级

级别	最大试验安全间隙(MESG),mm	最小点燃电流比(MICR)
ⅡA	≥0.9	>0.8
ⅡB	0.5<MESG<0.9	0.45≤MICR≤0.8
ⅡC	≤0.5	<0.45

表 11-8　爆炸性气体混合物分组

组别	引燃温度 t,℃	组别	引燃温度 t,℃
T1	450<t	T4	135<t≤200
T2	300<t≤450	T5	100<t≤135
T3	200<t≤300	T6	85<t≤100

三、爆炸和火灾危险场所的电气设备的选型

表 11-9 给出了防爆电气设备的类型。

表 11-9　防爆电气设备类型与含义

名称	代号	含义
隔爆型	d	具有承受内部爆炸性混合物爆炸压力的能力、阻止内部爆炸向外壳周围传播的能力
增安型	e	正常运行情况下不会产生电弧、火花或可能点燃爆炸性混合物的高温,采取措施提高安全程度,以免在正常或认可的过载情况下出现危险的电器设备
本安型	i	在正常运行或故障情况下,产生的火花或热效应不能点燃规定的爆炸性混合物的电器(能量低),可细分为 ia 级与 ib 级
正压型	p	向外壳充入惰性气体,或通往洁净空气,以阻止爆炸性混合物进入外壳内部的电器设备
充油型	o	将可能产生火花、电弧的零件或危险高温的带电零件浸在油中,使之不能点燃油面的爆炸性混合物
充砂型	q	将细粒状砂料填入外壳,壳内出现电弧、火焰或壳壁与颗粒表面的温度均不能点燃外壳的爆炸性混合物
浇封型	m	将可能产生火花、电弧或能量密封起来的设备
无火花型	n	正常运行条件下,不会点燃周围爆炸混合物,且一般不会发生有点燃作用的故障
特殊型	s	指结构上不属于上述任何一类而采取其他特殊防爆措施的电气设备,如填充石砂型的设备即属此类

(一)爆炸性气体环境电气设备的选择

(1)根据爆炸危险区域的分区、电气设备的种类和防爆结构的要求,应选择相应的电气设备。

(2)选用的防爆电气设备的级别和组别,不应低于该爆炸性气体环境内爆炸性气体混合物的级别和组别。当存在有两种以上易燃性物质形成的爆炸性气体混合物时,应按危险程度较高的级别和组别选用防爆电气设备。

(3)爆炸危险区域内的电气设备,应符合周围环境内化学的、机械的、热的、霉菌以及风沙等不同环境条件对电气设备的要求。电气设备结构应满足电气设备在规定的运行条件下不降低防爆性能的要求。

(二)火灾危险环境电气设备的选择

(1)火灾危险环境的电气设备和线路,应符合周围环境内化学的、机械的、热的、霉菌及风沙等环境条件对电气设备的要求。

(2)在火灾危险环境内,正常运行时有火花的和外壳表面温度较高的电气设备,应远离可燃物质。

(3)在火灾危险环境内,不宜使用电热器。当生产要求必须使用电热器时,应将其安装在不燃材料的底板上。

(4)在火灾危险环境内,应根据区域等级和使用条件,按表11-10选择相应类型的电气设备。有关电气设备防护结构及代号的有关知识,可参考有关标准。

电气设备的设计、选型应参照中华人民共和国国家标准《爆炸危险环境电力装置设计规范》(GB 50058—2014)、《石油天然气工程设计防火规范》(GB 50183—2015)、《石油化工企业设计防火规范》(GB 50160—2008)等标准。

表 11-10　电气设备防护结构的选型

电气设备	防护结构	火灾危险区域 21区	22区	23区
电机	固定安装	IPA4	IP54	IP21
	移动式、便携式	IPA5		IP54
电器和仪表	固定安装	充油型、IP54、IP44	IP54	IP44
	移动式、便携式	IP54		IP44
照明设备	固定安装	IP2X	IP5X	IP2X
	移动式、便携式	IP5X		
配电装置				
接线盒				

第三节　电气设备防火知识

电气设备火灾多数是电气线路引起的,主要是由短路、线路过载和接触电阻过大,产生电弧、电火花或导线过热引起的。

一、短路及其预防

电气线路的导线由于各种原因造成相线与相线、相线与零线(地线)的相接或相碰,在回路中引起电流的瞬间骤然增大的现象称为短路。

(一)电气线路发生短路的主要原因

(1)使用绝缘电线、电缆时,没有按具体环境选用,使其受高温、潮湿或腐蚀等作用失去了绝缘能力。
(2)线路年久失修,绝缘层陈旧老化或受损,使线芯裸露。
(3)电源过压,使电线绝缘被击穿。
(4)安装修理人员接错线路或带电作业时造成人为碰线短路。
(5)裸电线安装太低,金属物不慎碰到电线上;线路上有金属物或小动物落到电线上,使电线间跨接短路。
(6)架空线路电线松弛,有可能发生两线相碰;架空电线与建筑物、树木距离太近,使电线与建筑物或树木接触。
(7)电线机械强度不够,导致电线断落接触大地,或断落在另一根电线上。
(8)不按规程要求私拉乱接、管理不善、维护不当造成的短路。
(9)高压架空线路的支持绝缘子耐压程度过低引起对地短路。

(二)防止短路的措施

(1)按照环境特点安装导线,应考虑潮湿、化学腐蚀、高温场所和额定电压的要求。
(2)导线与导线、墙壁、顶棚、金属构件之间,与固定导线的绝缘子、瓷瓶之间应保持一定的距离。
(3)距地面 2m 以及穿过楼板和墙壁的导体,均应有保护绝缘的措施,以防损伤。
(4)绝缘线切忌用铁丝捆扎和铁钉搭挂。
(5)定期对绝缘电阻进行测定。
(6)安装电路应由持证电工安装。
(7)安装相应的保险器或自动开关。

二、线路过载及预防

电气线路中允许连续通过而不致使电线过热的电流量,称为安全载流或安全电流。如果电流超安全电流值,就叫线路过载。在不考虑电压降的情况下,导线的最高允许工作温度一般为 65℃。当过载时,导线的温度超过这个温度值,会加速绝缘老化甚至损坏,引起短路火灾事故。

(一)发生过载的原因

(1)导线截面积选择不当,实际负载超过了导线的安全载流量。

(2)线路中接入过多或功率过大的电气设备,超过了配电线路的负载能力。

(二)防止过载的措施

(1)合理选用导线截面。
(2)切忌私拉电线和过多地接入负载。
(3)定期检查线路负载与设备增减情况。
(4)安装相应的熔断器或自动开关。

三、接触电阻过大

导体连接时,在接触面上形成的电阻称为接触电阻。接头处理良好,则接触电阻小;因连接不牢或其他原因使接头接触不良,则会导致局部接触电阻过大,发生过热,使绝缘老化甚至导线熔化,引起火灾。

(一)发生接触电阻过大的原因

(1)安装质量差,造成导线与导线、导线与电气设备衔接处连接不牢。
(2)导线的连接处沾有杂质,如氧化层、泥土、油污等。
(3)连接点由于长期震动或冷热变化,使接头松动。
(4)铜铝混接时,由于接头处理不当,在电腐蚀作用下,接触电阻会很快增大。

(二)接触电阻过高的预防措施

(1)导线与导线、导线与电气设备的连接必须牢固可靠。
(2)经常对运行的线路进行巡视检查,发现接头松动或发热现象及时处理。
(3)对大截面积的导线之间的连接应焊接或压接。
(4)铜、铝导线相接时,要采用铜铝过渡接头。为了检查接触头温升情况,也可采用在接触电阻大的部位涂变色漆或者蜡,监视接触点的发热情况。
(5)定期进行电气安全检测,若发现问题,及时维修、更换。

第四节 灭火知识

一、火灾的分类

根据我国现行标准规定,将火灾分为 A、B、C、D 四类。
A 类火灾:指固体火灾,相关物质往往具有有机物性质,一般在燃烧时能产生灼热的余烬,如木材、棉、毛、麻、纸张的火灾等。
B 类火灾:指液体火灾和可熔化的固体物质火灾,如汽油、煤油、原油、甲醇、乙醇、沥青、石蜡的火灾等。

C类火灾:指气体火灾,如煤气、天然气、甲烷、乙烷、丙烷、氢气的火灾等。

D类火灾:指金属火灾,如钾、钠、镁、钛、锆、锂、铝镁合金的火灾等。

另外,电气设备火灾可以看作E类火灾。

二、灭火的基本方法

根据物质燃烧原理,灭火的基本方法就是破坏燃烧必须具备的基本条件和燃烧的反应过程所采取的一些措施。具体说来有以下几种。

(一)冷却灭火法

冷却灭火法,是根据可燃物发生燃烧时必须达到一定的温度这个条件,将灭火剂直接喷洒在燃烧着的物体上,使可燃物的温度降到燃点以下,从而使燃烧停止。用水进行冷却灭火,这是扑救火灾的常用方法。二氧化碳的冷却灭火效果很好,二氧化碳灭火器喷出－78℃的雪花状固体二氧化碳,在迅速气化时吸取大量的热,从而降低燃烧区的温度,使燃烧停止。

在火场上,除用冷却法直接扑灭火灾外,还经常使用水冷却尚未燃烧的可燃物质,防止其达到燃点而着火,也可用水冷却建筑构件、生产装置或容器等,以防止它们受热后变形或爆炸。

(二)隔离灭火法

隔离灭火法,是根据发生燃烧必须具备可燃物质这个条件,将燃烧物体与附近的可燃物隔离或疏散开,使燃烧停止,适用于扑救各种固体、液体和气体的火灾。采用隔离灭火法的具体措施很多,例如:将火源附近的可燃、易燃、易爆物质从燃烧区转移到安全地点,可以实现隔离;关闭阀门阻止可燃气体、液体流入燃烧区;用水流封闭的方法,扑救油(气)井井喷火灾等。

(三)窒息灭火法

窒息灭火法,是根据可燃物质燃烧需要足够的空气(氧)这个条件,采取适当措施来阻止空气流入燃烧区,或用惰性气体稀释空气,使燃烧物质缺乏或断绝氧气而熄灭,适用于扑救封闭的房间和生产设备装置内的火灾。

在火场上运用窒息灭火法扑救火灾时,可以采用石棉布、湿棉被、湿帆布等不燃或难燃材料覆盖燃烧物或封闭孔阀,用水蒸气、惰性气体(如二氧化碳、氮气等)充入燃烧区内,利用建筑物上原有的门、窗以及生产储运设备上的部件封闭燃烧区,阻止新鲜空气流入。此外,在无法采取其他扑救方法而条件又允许的情况下,可采用水淹没的方法进行扑救。

(四)抑制灭火法

抑制灭火法,就是使灭火剂参与燃烧的链锁的反应,使燃烧过程中产生的游离基消灭,形成稳定分子或低活性的游离基,从而使燃烧反应停止。这种方法常使用1211灭火剂。灭火时,一定要将足够数量的灭火剂准确地喷射在燃烧区内,使灭火剂参与和中断燃烧反应,同时要采取必要的冷却降温措施,以防止复燃。

在火场上,采用哪种灭火方法,应根据燃烧物质的性质、燃烧特点和火场的情况、消防技术装备的性能进行选择。有些火场,往往要同时使用几种灭火方法,这就要注意掌握进攻时机,积极配合,充分发挥各种灭火剂的效能,才能迅速有效地扑灭火灾。

三、灭火材料

(一)水

水既可扑救一般建筑和可燃物火灾,也可用于冷却降温,防止火势蔓延。但它不适宜扑救易燃液体火灾和未切断电源的电气设备火灾。

(二)消防沙

灭火用沙子,一般采用细河沙,放置于油品作业场所适当的地点,配备必要的铁锹、铁锨、斧头、水桶等消防工具。发生火灾时用铁锹或水桶将沙子散开,覆盖火焰,使其熄灭。消防沙适用于扑灭漏洒在地面的油品着火,也可用于扑灭地面管线的初期小火灾。

(三)石棉被

石棉是不燃物,将石棉被覆盖在着火物上,火焰会因窒息而熄灭。石棉被适用于扑灭各种储油容器的罐口、桶口、油罐车口、管线裂缝的火焰以及地面小面积的初期火焰。

(四)泡沫

泡沫灭火机的灭火液由硫酸铝、碳酸氢钠和甘草精组成。灭火时,将泡沫灭火机机身倒置,泡沫即可喷出,覆盖着火物而达到灭火目的。泡沫适用于扑灭桶装油品、管线、地面的火灾,不宜用于电气设备和精密金属制品的火灾。

(五)二氧化碳

二氧化碳是一种不导电的气体,密度较空气大,在钢瓶内的高压下为液态。灭火时只需扳动开关,二氧化碳即以气流状态喷射到着火物上,隔绝空气,使火焰熄灭。二氧化碳适用于精密仪器、电气设备以及油品化验室等场所的小面积火灾。二氧化碳由液态变为气态时,大量吸热,温度极低(可达到$-80℃$),因此,在使用时要避免冻伤。

(六)干粉

干粉主要是由碳酸氢钠、滑石粉、云母粉和硬脂酸组成,钢瓶内装有干粉并充有二氧化碳。

使用时将灭火机的提环提起,干粉剂在二氧化碳气体作用下喷出粉雾,覆盖在着火物上,使火焰熄灭。干粉适用于扑灭油罐区、库房、油泵房、发油间等场所的火灾,不宜用于精密电气设备的火灾。

(七)1211

1211即二氟一氯一溴甲烷,它可以阻断游离基反应而灭火。它是在氮气压力下以液态灌装在钢瓶里,使用时拔掉安全销,用力紧握压把启开阀门,1211即可喷出,射向火焰,使火焰熄灭。该物质广泛用于扑救各种场合下的油品、有机溶剂、可燃气体、电气设备、精密仪器等火灾。鉴于1211等游离基抑制剂会破坏臭氧层,目前逐渐被淘汰。

四、灭火器

我国通常都是以灭火器充装的灭火剂来划分灭火器的种类,一般可分为五类,即干粉灭火器、二氧化碳灭火器、卤代烷灭火器、清水灭火器和泡沫灭火器。此处重点介绍干粉灭火器、泡沫灭火器和二氧化碳灭火器。

(一)干粉灭火器

干粉灭火器是以高压二氧化碳作为动力喷射固体干粉的新型灭火器材。按移动的方式分为手提式、推车式和背负式,按二氧化碳安装的位置可分为外装式和内装式(二氧化碳钢瓶装在干粉筒身内称为内装式,装在筒身外称为外装式)。干粉筒是用优质钢板制成的,耐压强度高,内装固体碳酸氢钠等钠盐或钾盐,还有适量的润滑剂和防潮剂。二氧化碳钢瓶内装的二氧化碳压缩气体作为喷射干粉的动力。

使用时,可将干粉灭火器用手提或肩扛到火场,上下颠倒几次,在距离火场3~4m处,撕去灭火器上的封记,拔出保险销,一手握紧喷嘴,对准火源,另一手的大拇指将压把按下,干粉即可喷出,并要迅速摇摆喷嘴,使粉雾横扫整个火区,由近而远向前推移,很快将火扑灭。

干粉灭火器无毒、无腐蚀作用,适用于扑灭油类、可燃气体、有机溶剂、电气设备等火灾,尤其适用于电气设备和遇水燃烧物质的着火。

(二)泡沫灭火器

泡沫灭火器的结构:用薄钢板卷焊成的圆筒(桶内壁镀锡并涂有防锈漆),筒中央吊挂着盛有硫酸铝溶液的聚乙烯塑料瓶,瓶胆口用瓶盖封闭,瓶胆与筒壁之间充装着加有少量发泡剂和泡沫稳定剂的碳酸氢钠饱和溶液。筒盖是用塑料或钢板压制成的,内装滤网、垫圈、喷嘴,筒盖与筒身之间有密封垫圈,筒盖借助垫圈和螺母紧固在筒身上。

移动泡沫灭火器时,不能肩扛或倾斜,以防止两种溶液混合。使用时,左手握住提环,右手抓住筒体底边,喷嘴对准火源,迅速将灭火器颠倒过来,轻轻抖动几下,筒内两种溶液互相混合,发生化学反应,反应生成的二氧化碳气体一方面在发泡剂的作用下形成以二氧化碳为核心、外包氢氧化铝的化学泡沫,另一方面使灭火筒内压强迅速增大,将大量的二氧化碳泡沫喷出。这种化学泡沫具有黏性,能附着在燃烧物的表面,将燃烧物覆盖,使之与空气隔绝,熄灭火焰。

泡沫灭火器能扑灭多种液体和固体物质所发生的火灾,特别是对于不溶于水的易燃液体(如汽油、煤油、香蕉水、松香水等)着火的扑灭更为有效,但不能扑救醇、酮、醚、酯等物质的火灾和电气设备的火灾。

(三)二氧化碳灭火器

二氧化碳灭火器按开关方式的不同分为可手提式、鸭嘴式两种,都是由钢瓶、启闭阀、喷筒、虹吸管和手柄等组成。

使用时,一手握着喇叭筒的把手将其对准火源,另一手打开开关,即可喷出二氧化碳。如果是手轮开关,向左旋转即可喷出二氧化碳。开始喷出的二氧化碳是雪花状的干冰,因吸收燃烧区空气中的热量很快成为气体二氧化碳,这样使燃烧区的温度大幅度降低,起到了冷却作用。同时大量的二氧化碳气体笼罩着燃烧物,使之与空气隔绝,当燃烧区空气中二氧化碳的浓度达到 36%～38%时,火焰很快熄灭。

二氧化碳灭火器灭火后不留任何痕迹,不损坏被救物品,不导电、不腐蚀,尤其适用于扑灭电气设备、精密仪器、电子设备、图书馆、档案馆等处发生的火灾,忌用于某些金属如钠、钾、铝、镁等引起的火灾。

第五节　安全色与安全标志

一、安全色

安全色包括四种颜色,即红色、黄色、蓝色、绿色。

(一)安全色的含义及用途

红色表示禁止、停止的意思。禁止、停止和有危险的器件设备或环境涂以红色的标记。如停止按钮、消防设备等。
黄色表示注意、警告的意思。需警告人们注意的器件、设备或环境涂以黄色的标记。
蓝色表示指令、必须遵守的意思。例如,指令标志中必须佩戴个人防护用具等使用蓝色。
绿色表示通行、安全和提供信息的意思。例如,表示通行、机器启动按钮、安全信号旗等使用绿色。

(二)安全色的对比色

安全色的对比色包括黑、白两种颜色,黄色安全色的对比色为黑色。红、蓝、绿的对比色均为白色。黑、白两色亦互为对比色。使用对比色可以使图案更加醒目。

黑色用于安全标志的文字、图形符号、警告标志的集合图形和公共信息。

白色则作为安全标志中红、蓝、绿色安全色的背景色,红色与白色相间的条纹比单独使用红色更加醒目,表示禁止通行、禁止跨越等,用于公路交通等方面的防护栏及隔离墩。

黄色与黑色相间的条纹比单独使用黄色更为醒目,表示要特别注意,用于起重吊钩、剪板机压紧装置,冲床滑块等。

蓝色与白色相间的条纹比单独使用蓝色醒目,用于指示方向,多为交通指导性导向标。

二、安全标志

安全标志是由安全色、几何图形和图形符号构成,用以表达特定的安全信息。使用安全标志的目的是提醒人们注意不安全的因素,遵守安全要求,防止事故的发生。

(一)安全标志类型

安全标志分为禁止标志、警告标志、指令标志和提示标志四大类型。

(二)安全标志的含义

禁止标志的含义是禁止人们不安全行为的图形标志。其形状为圆形,形式为带斜杠的圆形圈。圆圈和斜杠为红色,图形符号为黑色,衬底为白色。

警告标志的含义是提醒人们对注意周围环境,以避免可能发生危险的图形标志。其形状为正三角形。三角形边框及图形为黑色,衬底为黄色。

指令标志的含义是强制人们必须采取某种行为的图形标志。其形状为圆形,图形符号为蓝色,衬底为白色。

提示标志的含义是向人们提供某种信息的图形标志。其形状为正方形。图形符号为白色,衬底为绿色。

(三)使用安全标志的相关规定

安全标志在安全管理中的作用非常重要。作业场所或者有关设备、设施存在较多的危险因素,员工可能不清楚,或者常常忽视,如果不采取一定的措施加以提醒,可能造成严重的后果。因此,在有较大的危险因素的生产经营场所或者有关设施、设备上,设置明显的安全警示标志,以提醒、警告员工,使他们能时刻清醒认识所处环境的危险,提高注意力,加强自身安全保护,对于避免事故发生将起到积极的作用。

在设置安全标志方面,相关法律法规已有诸多规定。如《中华人民共和国安全生产法》第二十八条规定,生产经营单位应当在有较大危险因素的生产经营场所和有关设施、设备上,设置明显的安全警示标志。《建设工程安全生产管理条例》第二十八条规定,施工单位应当在施工现场入口处、施工起重机械、临时用电设施、脚手架、出入通道口、楼梯口、电梯井口、孔洞口、桥梁口、隧道口、基坑边沿、爆破物及有害危险气体和液体存放处等危险部位,设置明显的安全警示标志。安全警示标志必须符合国家标准。设置的安全标志,未经有关领导批准,不准移动和拆除。

习 题

1. 燃烧的条件有哪些?
2. 直接火源有哪些?
3. 燃烧的类型有哪些?
4. 什么是闪点?
5. 什么是燃点?
6. 什么是爆炸极限,爆炸极限的单位是什么?
7. 各类防爆电气设备的代号是什么?
8. 什么是短路？什么是线路过载?
9. 灭火的基本方法有哪些?
10. 按照可燃物类型可将火灾分为哪些类型?
11. 安全色的含义是什么?
12. 指令标志的含义是什么？其形状与图案有什么特点?

第十二章　危险化学品的安全管理

本章参照《危险化学品安全管理条例》《化学品分类和危险性公示通则》(GB 13690—2009)《化学品分类和危险性象形图标识　通则》(GB/T 24774—2009)《化学品安全技术说明书内容和项目顺序》(GB 16483—2008)等标准,介绍了化学品的分类、危险性象形图以及危险化学品安全管理制度。系统介绍了危险化学品安全技术说明书、安全标签以及使用要求。为了预防危险化学品事故,介绍了危险化学的事故预防措施。学习本章时,应以危险化学品基础知识与管理制度为基础,掌握危险化学品安全技术说明书、安全标签的编写与使用,掌握危险化学品的事故预防技术。

第一节　危险化学品基础知识

一、化学品的分类标准简介

化学品中具有易燃、易爆、有毒、腐蚀性等特性,对人(包括生物)、设备、环境能造成伤害和侵害的物质叫危险化学品。为了规范危险化学品的管理,加强对危险化学品的控制,预防各类事故的发生,国家质量技术监督局于 2009 年 6 月发布了《化学品分类和危险性公示　通则》(GB 13690—2009)。该标准将化学品分为三大类,第一类理化危险分为 16 类;第二类健康危险分为 10 类;第三类环境危险分为 7 类。

(一)理化危险

1. 爆炸物

爆炸物质(或混合物)是这样一种固态或液态物质(或物质的混合物),本身能够通过化学反应产生气体,而产生气体的温度、压力和速度能对周围环境造成破坏。其中也包括发火物质,即便它们不放出气体。

2. 易燃气体

易燃气体是在 20℃和 101.3kPa 标准压力下,与空气有易燃范围的气体。

3. 易燃气溶胶

气溶胶是指气溶胶喷雾罐,是任何不可重新灌装的容器,该容器由金属、玻璃或塑料制成,内装强制压缩、液化或溶解的气体,包含或不包含液体、膏剂或粉末,配有释放装置,可使所装物质喷射出来,形成在气体中悬浮的固态/液态微粒,或形成泡沫、膏剂或粉末,或使所装物质处于液态或气态。

4. 氧化性气体

氧化性气体是指一般通过提供氧气，比空气更能导致或促使其他物质燃烧的任何气体。

5. 压力下气体

压力下气体是指高压气体在压力等于或大于 200kPa（表压）下装入存储器的气体，或是液化气体或冷冻液化气体，包括压缩气体、液化气体、溶解液体、冷冻液化气体。

6. 易燃液体

易燃液体是指闪点不高于 93℃的液体。

7. 易燃固体

易燃固体是容易燃烧或通过摩擦可能引燃或助燃的固体。

8. 自反应物质或混合物

自反应物质或混合物，是即便没有氧（空气）也容易发生激烈放热分解的热不稳定液态或固态物质或者混合物。本定义不包括根据统一分类制度分类为爆炸物、有机过氧化物或氧化物质的物质和混合物。

自反应物质或混合物，如果在实验室试验中其组分容易起爆、迅速爆燃或在封闭条件下加热时显示剧烈效应，应视为具有爆炸性质。

9. 自燃液体

自燃液体是指即使数量小也能在与空气接触后 5min 之内引燃的液体。

10. 自燃固体

自燃固体是指即使数量小也能在与空气接触后 5min 之内引燃的固体。

11. 自热物质和混合物

自热物质是自燃液体或自燃固体以外，与空气反应不需要能源供应就能够自己发热的固体或液体物质或混合物；这类物质或混合物与自燃液体或自燃固体不同，因为这类物质只有数量很大（公斤级）并经过长时间（几小时或几天）后才会燃烧。需要注意的是，物质或混合物的自热导致自发燃烧是由于物质或混合物与氧气（空气中的氧气）发生反应并且所产生的热没有足够迅速地传导到外界而引起的。当热产生的速度超过热损耗的速度而达到自燃温度时，自燃便会发生。

12. 遇水放出易燃气体的物质或混合物

遇水放出易燃气体的物质或混合物是指通过与水作用，容易具有自燃性或放出危险数量的易燃气体的固态（或液态）物质或混合物。

13. 氧化性液体

氧化性液体是指本身未必燃烧，但通常因放出氧气可能引起或促使其他物质燃烧的液体。

14. 氧化性固体

氧化性固体是指本身未必燃烧，但通常因放出氧气可能引起或促使其他物质燃烧的固体。

15. 有机过氧化物

有机过氧化物是指含有二价—O—O—结构的液态或固态有机物质，可以看作是一个或两个氢原子被有机基替代的过氧化氢衍生物。该术语也包括有机过氧化物配方（混合物）。

16. 金属腐蚀剂

腐蚀金属的物质或混合物是通过化学作用显著损坏或毁坏金属的物质或混合物，称为金属腐蚀剂。

（二）健康危险

1. 急性毒性

急性毒性是指在单剂量或在24h内多剂量口服或皮肤接触一种物质，或吸入接触4h之后出现的有害效应。

2. 皮肤腐蚀/刺激

皮肤腐蚀是对皮肤造成不可逆损伤；即施用试验物质达到4h后，可观察到表皮和真皮坏死。

腐蚀反应的特征是溃疡、出血、有血的结痂，而且在观察期14d结束时，皮肤、完全脱发区域和结痂处由于漂白而褪色。应考虑通过组织病理学来评估可疑的病变。

皮肤刺激是施用试验物质达到4h后对皮肤造成可逆损伤。

3. 严重眼损伤/眼刺激

严重眼损伤是在眼前部表面施加试验物质之后，对眼部造成在施用21d内并不完全可逆的组织损伤，或严重的视觉物理衰退。

眼刺激是在眼前部表面施加试验物质之后，在眼部产生在施用21d内完全可逆的变化。

4. 呼吸或皮肤过敏

呼吸过敏物是吸入后会导致气管超过敏反应的物质。皮肤过敏物是皮肤接触后会导致过敏反应的物质。

5. 生殖细胞致突变性

本危险类别涉及的主要是可能导致人类生殖细胞发生可传播给后代的突变的化学品。但是，在本危险类别内对物质和混合物进行分类时，也要考虑活体外致突变性/生殖毒性试验和哺乳动物活体内体细胞中的致突变性/生殖毒性试验。

6. 致癌性

致癌物是指可导致癌症或增加癌症发生率的化学物质或化学物质混合物。在实施良好的动物实验性研究中诱发良性和恶性肿瘤的物质也被认为是假定的或可疑的人类致癌物,除非有确凿证据显示该肿瘤形成机制与人类无关。

7. 生殖毒性

生殖毒性包括对成年雄性和雌性性功能和生育能力的有害影响,以及在后代中的发育毒性。

8. 特异性靶器官系统毒性——一次接触

本条款的目的是提供一种方法,用以划分由于单次接触而产生特异性、非致命性靶器官/毒性的物质。所有可能损害机能的,可逆和不可逆的,即时的和/或延迟的并且在上述7条中未具体论述的显著健康影响都包括在内。

9. 特异性靶器官系统毒性——反复接触

本条款的目的是对由于反复接触而产生特定靶器官/毒性的物质进行分类。所有可能损害机能的,可逆和不可逆的,即时和/或延迟的显著健康影响都包括在内。

10. 吸入危险

本条款的目的是对可能对人类造成吸入毒性危险的物质或混合物进行分类。吸入毒性包括化学性肺炎、不同程度的肺损伤或吸入后死亡等严重急性效应。吸入危险在我国还未转化成为国家标准。

(三)环境危险

此处环境危险主要指对水生环境的危害,有以下两种情况。
(1)急性水生毒性,是指物质对短期接触它的生物体造成伤害的固有性质。
(2)慢性水生毒性,是指物质在与生物体生命周期相关的接触期间对水生生物产生有害影响的潜在性质或实际性质。

二、危险货物危险性象形图

《全球化学品统一分类和标签制度》(Globally Harmonized System of Classification and Labelling of Chemicals),简称GHS,GHS设定危险货物危险性象形图主要要表述爆炸、燃烧、加强燃烧、加压气体、腐蚀危险、毒性危险、健康危险、危害水环境、警告等9种象形图。危险性象形图的形状为菱形,一般最小尺寸为100mm×100mm,应使用黑色符号加白色背景,菱形红框要足够宽,以便醒目,详见表12-1。

表 12-1 危险货物危险性象形图

象形图	▨	▨	▨
危险特性	爆炸	燃烧	氧化
象形图	▨	▨	▨
危险特性	高压气体	腐蚀	有毒
象形图	▨	▨	▨
危险特性	有害	健康危害	环境危害

《化学品分类和标签规范》(GB 30000 系列)以此象形图为基础,依据GHS化学品分类,制定与之相对应的28类(自标准系列第二部分到第二十九部分)危险货物的危险象形图表示方式。表12-2、表12-3分别给出了爆炸品类化学品分类和危险性象形图、有机过氧化类化学品分类和危险性象形图(其他按相应标准确定)。

表 12-2 爆炸品类化学品分类和危险性象形图标识

不稳定爆炸物	1.1项	1.2项	1.3项	1.4项	1.5项	1.6项
▨	▨	▨	▨	▨	无象形图	无象形图
危险	危险	危险	危险	危险	警告	无信号词
不稳定爆炸物	爆炸物:整体爆炸危险	爆炸物:严重迸射危险	爆炸物:起火、爆炸或迸射危险	起火或迸射危险	起火或迸射危险	无危险说明

表 12-3 有机过氧化类化学品分类和危险性象形图标识

A 型	B 型	C 型和 D 型	E 型和 F 型	G 型
(爆炸图示)	(爆炸图示)(火焰图示)	(火焰图示)	(火焰图示)	此危险等级无标签元素
危险	危险	危险	警告	
加热会导致爆炸	加热会导致着火或爆炸	加热会导致着火	加热会导致着火	

三、常用危险化学品的警示词

对于危险化学品,应将化学危险品的危险象形图、信号词和危险说明一起印制在标签上,其中化学品分类和标记的标签信号词为"危险"和"警告","危险"用于较为严重的危险类别,"警告"用于较轻的类别。

以上内容参照 GB 13690—2009《化学品分类和危险性公示 通则》、《危险化学品目录(2015版)》、《危险化学品目录(2015 版)实施指南》、GB30000 系列标准(起至标准为 GB 30000.2—2013《化学品分类和标签规范 第二部分 爆炸物》至 GB 30000.29—2013《化学品分类和标签规范 第 29 部分:对臭氧层的危害》)等标准,读者可以参照学习。

第二节 危险化学品安全管理制度

凡生产、储存、使用、经营、运输化学危险品的企业,必须严格执行《危险化学品安全管理条例》及其实施细则等法规、制度和标准,并建立化学危险物品管理制度。

一、危险化学品的综合管理

安全生产监督管理部门负责危险化学品安全监督管理综合工作,组织确定、公布、调整危险化学品目录,对新建、改建、扩建生产、储存危险化学品(包括使用长输管道输送危险化学品,下同)的建设项目进行安全条件审查,核发危险化学品安全生产许可证、危险化学品安全使用许可证和危险化学品经营许可证,并负责危险化学品登记工作。

公安机关负责危险化学品的公共安全管理,核发剧毒化学品购买许可证、剧毒化学品道路运输通行证,并负责危险化学品运输车辆的道路交通安全管理。

质量监督检验检疫部门负责核发危险化学品及其包装物、容器(不包括储存危险化学品的固定式大型储罐,下同)生产企业的工业产品生产许可证,并依法对其产品质量实施监督,负责对进出口危险化学品及其包装实施检验。

环境保护主管部门负责废弃危险化学品处置的监督管理,组织危险化学品的环境危害性鉴定和环境风险程度评估,确定实施重点环境管理的危险化学品,负责危险化学品环境管理登记和新化学物质环境管理登记;依照职责分工调查相关危险化学品环境污染事故和生态破坏事件,负责危险化学品事故现场的应急环境监测。

交通运输主管部门负责危险化学品道路运输、水路运输的许可以及运输工具的安全管理,对危险化学品水路运输安全实施监督,负责危险化学品道路运输企业、水路运输企业驾驶人员、船员、装卸管理人员、押运人员、申报人员、集装箱装箱现场检查员的资格认定。铁路主管部门负责危险化学品铁路运输的安全管理,负责危险化学品铁路运输承运人、托运人的资质审批及其运输工具的安全管理。民用航空主管部门负责危险化学品航空运输、航空运输企业及其运输工具的安全管理。

卫生主管部门负责危险化学品毒性鉴定的管理,负责组织、协调危险化学品事故受伤人员的医疗卫生救援工作。

工商行政管理部门依据有关部门的许可证件,核发危险化学品生产、储存、经营、运输企业的营业执照,查处危险化学品经营企业违法采购危险化学品的行为。

邮政管理部门负责依法查处寄递危险化学品的行为。

负有危险化学品安全监督管理职责的部门依法进行监督检查,可以采取下列措施:

(1)进入危险化学品作业场所实施现场检查,向有关单位和人员了解情况,查阅、复制有关文件、资料;

(2)发现危险化学品事故隐患,责令立即消除或者限期消除;

(3)对不符合法律、行政法规、规章规定或者国家标准、行业标准要求的设施、设备、装置、器材、运输工具,责令立即停止使用;

(4)经本部门主要负责人批准,查封违法生产、储存、使用、经营危险化学品的场所,扣押违法生产、储存、使用、经营、运输的危险化学品以及用于违法生产、使用、运输危险化学品的原材料、设备、运输工具;

(5)发现影响危险化学品安全的违法行为,当场予以纠正或者责令限期改正。

负有危险化学品安全监督管理职责的部门依法进行监督检查,监督检查人员不得少于2人,并应当出示执法证件;有关单位和个人对依法进行的监督检查应当予以配合,不得拒绝、阻碍。

二、危险化学品的生产与储存

(一)危险化学品的生产、储存管理

1.危险化学品的生产、储存行业的规划与布局

国家对危险化学品的生产、储存实行统筹规划、合理布局。

国务院工业和信息化主管部门以及国务院其他有关部门依各自职责,负责危险化学品生产、储存的行业规划和布局。

地方人民政府组织编制城乡规划,应当根据本地区的实际情况,按照确保安全的原则,规

划适当区域专门用于危险化学品的生产、储存。

2.危险化学品建设项目的安全条件审查

新建、改建、扩建生产、储存危险化学品的建设项目(以下简称建设项目),应当由安全生产监督管理部门进行安全条件审查。

建设单位应当对建设项目进行安全条件论证,委托具备国家规定的资质条件的机构对建设项目进行安全评价,并将安全条件论证和安全评价的情况报告报建设项目所在地设区的市级以上人民政府安全生产监督管理部门;安全生产监督管理部门应当自收到报告之日起45日内作出审查决定,并书面通知建设单位。具体办法由国务院安全生产监督管理部门制定。

新建、改建、扩建储存、装卸危险化学品的港口建设项目,由港口行政管理部门按照国务院交通运输主管部门的规定进行安全条件审查。

3.危险化学品企业的安全生产许可证

危险化学品生产企业进行生产前,应当依照《安全生产许可证条例》的规定,取得危险化学品安全生产许可证。

生产列入国家实行生产许可证制度的工业产品目录的危险化学品的企业,应当依照《中华人民共和国工业产品生产许可证管理条例》的规定,取得工业产品生产许可证。

负责颁发危险化学品安全生产许可证、工业产品生产许可证的部门,应当将其颁发许可证的情况及时向同级工业和信息化主管部门、环境保护主管部门和公安机关通报。

4.安全技术说明书与安全标签

危险化学品生产企业应当提供与其生产的危险化学品相符的化学品安全技术说明书,并在危险化学品包装(包括外包装件)上粘贴或者拴挂与包装内危险化学品相符的化学品安全标签。化学品安全技术说明书和化学品安全标签所载明的内容应当符合国家标准的要求。

危险化学品生产企业发现其生产的危险化学品有新的危险特性的,应当立即公告,并及时修订其化学品安全技术说明书和化学品安全标签。

(二)危险化学品生产、储存企业必须具备的条件

(1)有符合国家标准的生产工艺、设备或者储存方式、设施;
(2)工厂、仓库的周边防护距离符合国家标准或者国家有关规定;
(3)有符合生产或者储存需要的管理人员和技术人员;
(4)有健全的安全管理制度;
(5)符合法律、法规规定和国家标准要求的其他条件。

(三)危险化学品生产、储存企业的安全评价

生产、储存危险化学品的企业,应当委托具备国家规定的资质条件的机构,对本企业的安全生产条件每3年进行一次安全评价,提出安全评价报告。安全评价报告的内容应当包括对安全生产条件存在的问题进行整改的方案。

生产、储存危险化学品的企业,应当将安全评价报告以及整改方案的落实情况报所在地县级人民政府安全生产监督管理部门备案。在港区内储存危险化学品的企业,应当将安全评价报告以及整改方案的落实情况报港口行政管理部门备案。

(四)危险化学品生产、储存场所要求

生产、储存、使用危险化学品的,应当根据其生产、储存的危险化学品的种类、特性,在车间、库房等作业场所设置相应的监测、通风、防晒、调温、防火、灭火、防爆、泄压、防毒、消毒、中和、防潮、防雷、防静电、防腐、防渗漏或者隔离操作等安全设施、设备,并按照国家标准和国家有关规定进行维护、保养,保证安全设施、设备的正常使用。

安全储存是危险化学品流通过程中一个非常重要的环节。储存不好,就会造成重大事故。电石着火和聚氯乙烯闪爆事故,就是因为储存不好而造成的,教训十分深刻。

(1)储存危险化学品的场所必须是经公安消防部门审查批准设置的专门危险化学品库房,数量必须符合国家有关法规的规定;露天堆放的必须符合防火防爆要求;爆炸物品、遇湿燃烧物品、剧毒物品和一级易燃物品不能露天堆放。

(2)储存危险化学品仓库的管理人员,必须经过专业知识培训,熟悉储存物品的特性、事故处理办法和防护知识,持证上岗,同时必须配备有关的个人防护用品。

(3)储存的危险化学品必须设有明显的标志,并按国家规定标准控制不同单位面积的最大储存限量和垛距。

(4)储存危险化学品的库房、场所的消防设施、用电设施、防雷防静电设施等必须符合国家规定的安全要求。

(5)危险化学品出入库必须检查验收登记,储存期间定期养护,控制好储存场所的温度和湿度;装卸、搬运时应轻装轻卸,注意自我防护。

(五)危险化学品的处置

生产、储存危险化学品的单位转产、停产、停业或者解散的,应当采取有效措施,及时、妥善处置其危险化学品生产装置、储存设施以及库存的危险化学品,不得丢弃危险化学品;处置方案应当报所在地县级人民政府安全生产监督管理部门、工业和信息化主管部门、环境保护主管部门和公安机关备案。安全生产监督管理部门应当会同环境保护主管部门和公安机关对处置情况进行监督检查,发现未依照规定处置的,应当责令其立即处置。

三、危险化学品的经营

(一)危险化学品的经营许可

国家对危险化学品经营(包括仓储经营,下同)实行许可制度。未经许可,任何单位和个人不得经营危险化学品。

依法设立的危险化学品生产企业在其厂区范围内销售本企业生产的危险化学品,不需要取得危险化学品经营许可。

依照《中华人民共和国港口法》的规定取得港口经营许可证的港口经营人,在港区内从事危险化学品仓储经营,不需要取得危险化学品经营许可。

从事剧毒化学品、易制爆危险化学品经营的企业,应当向所在地设区的市级人民政府安全生产监督管理部门提出申请,从事其他危险化学品经营的企业,应当向所在地县级人民政府安全生产监督管理部门提出申请(有储存设施的,应当向所在地设区的市级人民政府安全生产监督管理部门提出申请)。设区的市级人民政府安全生产监督管理部门或者县级人民政府安全生产监督管理部门应当依法进行审查,并对申请人的经营场所、储存设施进行现场核查,自收到证明材料之日起30日内做出批准或者不予批准的决定。予以批准的,颁发危险化学品经营许可证;不予批准的,书面通知申请人并说明理由。

设区的市级人民政府安全生产监督管理部门和县级人民政府安全生产监督管理部门应当将其颁发危险化学品经营许可证的情况及时向同级环境保护主管部门和公安机关通报。

申请人持危险化学品经营许可证向工商行政管理部门办理登记手续后,方可从事危险化学品经营活动。法律、行政法规或者国务院规定经营危险化学品还需要经其他有关部门许可的,申请人向工商行政管理部门办理登记手续时还应当持相应的许可证件。

(二)危险化学品经营企业应当具备的条件

(1)有符合国家标准、行业标准的经营场所,储存危险化学品的,还应当有符合国家标准、行业标准的储存设施;
(2)从业人员经过专业技术培训并经考核合格;
(3)有健全的安全管理规章制度;
(4)有专职安全管理人员;
(5)有符合国家规定的危险化学品事故应急预案和必要的应急救援器材、设备;
(6)法律、法规规定的其他条件。

(三)危险化学品经营企业的禁止行为

(1)从未取得危险化学品生产许可证或者危险化学品经营许可证的企业采购危险化学品;
(2)经营国家明令禁止的危险化学品、用剧毒化学品生产的灭鼠药以及其他可能进入人民日常生活的化学产品和日用化学品;
(3)销售没有化学品安全技术说明书和化学品安全标签的危险化学品。
(4)向不具有相关许可证件或者证明文件的单位销售剧毒化学品、易制爆危险化学品。对持剧毒化学品购买许可证购买剧毒化学品的,不按照许可证载明的品种、数量销售。
(5)向个人销售剧毒化学品(属于剧毒化学品的农药除外)和易制爆危险化学品。

(四)剧毒化学品、易制爆危险化学品的销售

危险化学品生产企业、经营企业销售剧毒化学品、易制爆危险化学品,应当如实记录购买单位的名称、地址,经办人的姓名、身份证号码以及所购买的剧毒化学品、易制爆危险化学品的品种、数量、用途。销售记录以及经办人的身份证明复印件、相关许可证件复印件或者证明文

件的保存期限不得少于1年。

剧毒化学品、易制爆危险化学品的销售企业、购买单位应当在销售、购买后5日内,将所销售、购买的剧毒化学品、易制爆危险化学品的品种、数量以及流向信息报所在地县级人民政府公安机关备案,并输入计算机系统。

(五)剧毒化学品的购买许可证

申请取得剧毒化学品购买许可证,申请人应当向所在地县级人民政府公安机关提交下列材料:
(1)营业执照或者法人证书(登记证书)的复印件。
(2)拟购买的剧毒化学品品种、数量的说明。
(3)购买剧毒化学品用途的说明。
(4)经办人的身份证明。
(5)县级人民政府公安机关应当自收到前款规定的材料之日起3日内,做出批准或者不予批准的决定。予以批准的,颁发剧毒化学品购买许可证;不予批准的,书面通知申请人并说明理由。

剧毒化学品购买许可证管理办法由国务院公安部门制定。

四、危险化学品的使用

(一)一般要求

使用危险化学品的单位,其使用条件(包括工艺)应当符合法律、行政法规的规定和国家标准、行业标准的要求,并根据所使用的危险化学品的种类、危险特性以及使用量和使用方式,建立、健全使用危险化学品的安全管理规章制度和安全操作规程,保证危险化学品的安全使用。

(二)危险化学品安全使用许可证

使用危险化学品从事生产并且使用量达到规定数量的化工企业(属于危险化学品生产企业的除外),应当取得危险化学品安全使用许可证。

危险化学品使用量的规定数量标准,由国务院安全生产监督管理部门会同国务院公安部门、农业主管部门确定并公布。

1. 申请危险化学品安全使用许可证的化工企业条件

(1)有与所使用的危险化学品相适应的专业技术人员;
(2)有安全管理机构和专职安全管理人员;
(3)有符合国家规定的危险化学品事故应急预案和必要的应急救援器材、设备;
(4)依法进行了安全评价。

2.申请危险化学品安全使用许可证的程序

申请危险化学品安全使用许可证的化工企业,应当向所在地设区的市级人民政府安全生产监督管理部门提出申请,并提交规定条件的证明材料。设区的市级人民政府安全生产监督管理部门应当依法进行审查,自收到证明材料之日起 45 日内做出批准或者不予批准的决定。予以批准的,颁发危险化学品安全使用许可证;不予批准的,书面通知申请人并说明理由。

安全生产监督管理部门应当将其颁发危险化学品安全使用许可证的情况及时向同级环境保护主管部门和公安机关通报。

五、危险化学品的运输

(一)危险化学品的运输许可

从事危险化学品道路运输、水路运输的,应当分别依照有关道路运输、水路运输的法律、行政法规的规定,取得危险货物道路运输许可、危险货物水路运输许可,并向工商行政管理部门办理登记手续。

危险化学品道路运输企业、水路运输企业应当配备专职安全管理人员。

(二)人员培训和资质

危险化学品道路运输企业、水路运输企业的驾驶人员、船员、装卸管理人员、押运人员、申报人员、集装箱装箱现场检查员应当经交通运输主管部门考核合格,取得从业资格。具体办法由国务院交通运输主管部门制定。

危险化学品的装卸作业应当遵守安全作业标准、规程和制度,并在装卸管理人员的现场指挥或者监控下进行。水路运输危险化学品的集装箱装箱作业应当在集装箱装箱现场检查员的指挥或者监控下进行,并符合积载、隔离的规范和要求;装箱作业完毕后,集装箱装箱现场检查员应当签署装箱证明书。

(三)危险化学品运输的基本要求

运输危险化学品,应当根据危险化学品的危险特性采取相应的安全防护措施,并配备必要的防护用品和应急救援器材。

用于运输危险化学品的槽罐以及其他容器应当封口严密,能够防止危险化学品在运输过程中因温度、湿度或者压力的变化发生渗漏、洒漏;槽罐以及其他容器的溢流和泄压装置应当设置准确、起闭灵活。

运输危险化学品的驾驶人员、船员、装卸管理人员、押运人员、申报人员、集装箱装箱现场检查员,应当了解所运输的危险化学品的危险特性及其包装物、容器的使用要求和出现危险情况时的应急处置方法。

(四)危险化学品运输车辆

通过道路运输危险化学品,应当按照运输车辆的核定载质量装载危险化学品,不得超载。

危险化学品运输车辆应当符合国家标准要求的安全技术条件,并按照国家有关规定定期进行安全技术检验。

危险化学品运输车辆应当悬挂或者喷涂符合国家标准要求的警示标志。

(五)运输危险化学品的通行限制

未经公安机关批准,运输危险化学品的车辆不得进入危险化学品运输车辆限制通行的区域。危险化学品运输车辆限制通行的区域由县级人民政府公安机关划定,并设置明显的标志。

(六)剧毒化学品的运输要求

通过道路运输剧毒化学品,托运人应当向运输始发地或者目的地县级人民政府公安机关申请剧毒化学品道路运输通行证。

申请剧毒化学品道路运输通行证,托运人应当向县级人民政府公安机关提交下列材料:

(1)拟运输的剧毒化学品品种、数量的说明;

(2)始发地、目的地、运输时间和运输路线的说明;

(3)承运人取得危险货物道路运输许可、运输车辆取得营运证以及驾驶人员、押运人员取得上岗资格的证明文件;

(4)购买剧毒化学品的相关许可证件,或者海关出具的进出口证明文件。

县级人民政府公安机关应当自收到上述材料之日起7日内,做出批准或者不予批准的决定。予以批准的,颁发剧毒化学品道路运输通行证;不予批准的,书面通知申请人并说明理由。

(七)通过内河运输危险化学品的要求

通过内河运输危险化学品,应当由依法取得危险货物水路运输许可的水路运输企业承运,其他单位和个人不得承运。托运人应当委托依法取得危险货物水路运输许可的水路运输企业承运,不得委托其他单位和个人承运。

1.船舶要求

通过内河运输危险化学品,应当使用依法取得危险货物适装证书的运输船舶。水路运输企业应当针对所运输的危险化学品的危险特性,制定运输船舶危险化学品事故应急救援预案,并为运输船舶配备充足、有效的应急救援器材和设备。

通过内河运输危险化学品的船舶,其所有人或者经营人应当取得船舶污染损害责任保险证书或者财务担保证明。船舶污染损害责任保险证书或者财务担保证明的副本应当随船携带。

2.进出港口以及装卸要求

船舶载运危险化学品进出内河港口,应当将危险化学品的名称、危险特性、包装以及进出港时间等事项,事先报告海事管理机构。海事管理机构接到报告后,应当在国务院交通运输主管部门规定的时间内做出是否同意的决定,通知报告人,同时通报港口行政管理部门。定船舶、定航线、定货种的船舶可以定期报告。

在内河港口内进行危险化学品的装卸、过驳作业,应当将危险化学品的名称、危险特性、包装和作业的时间、地点等事项报告港口行政管理部门。港口行政管理部门接到报告后,应当在国务院交通运输主管部门规定的时间内做出是否同意的决定,通知报告人,同时通报海事管理机构。

3.警示标志与引航要求

载运危险化学品的船舶在内河航行、装卸或者停泊,应当悬挂专用的警示标志,按照规定显示专用信号。

载运危险化学品的船舶在内河航行,按照国务院交通运输主管部门的规定需要引航的,应当申请引航。

六、危险化学品事故的应急救援

(一)危险化学品登记制度

国家实行危险化学品登记制度,为危险化学品安全管理以及危险化学品事故预防和应急救援提供技术、信息支持。

危险化学品生产企业、进口企业,应当向国务院安全生产监督管理部门负责危险化学品登记的机构(简称危险化学品登记机构)办理危险化学品登记。

危险化学品登记包括下列内容:
(1)分类和标签信息;
(2)物理、化学性质;
(3)主要用途;
(4)危险特性;
(5)储存、使用、运输的安全要求;
(6)出现危险情况的应急处置措施。

对同一企业生产、进口的同一品种的危险化学品,不进行重复登记。危险化学品生产企业、进口企业发现其生产、进口的危险化学品有新的危险特性的,应当及时向危险化学品登记机构办理登记内容变更手续。

危险化学品登记机构应当定期向工业和信息化、环境保护、公安、卫生、交通运输、铁路、质量监督检验检疫等部门提供危险化学品登记的有关信息和资料。

(二)危险化学品事故应急救援要求

1.制定危险化学品事故应急预案

1)地方各级人民政府应急预案

县级以上地方人民政府安全生产监督管理部门应当会同工业和信息化、环境保护、公安、卫生、交通运输、铁路、质量监督检验检疫等部门,根据本地区实际情况,制定危险化学品事故应急预案,报本级人民政府批准。

2)企业应急预案的制定、演练、备案

危险化学品单位应当制定本单位危险化学品事故应急预案,配备应急救援人员和必要的应急救援器材、设备,并定期组织应急救援演练。

危险化学品单位应当将其危险化学品事故应急预案报所在地设区的市级人民政府安全生产监督管理部门备案。

2.报警要求

发生危险化学品事故,事故单位主要负责人应当立即按照本单位危险化学品应急预案组织救援,并向当地安全生产监督管理部门和环境保护、公安、卫生主管部门报告;道路运输、水路运输过程中发生危险化学品事故的,驾驶人员、船员或者押运人员还应当向事故发生地交通运输主管部门报告。

3.应急救援要求

发生危险化学品事故,有关地方人民政府应当立即组织安全生产监督管理、环境保护、公安、卫生、交通运输等有关部门,按照本地区危险化学品事故应急预案组织实施救援,不得拖延、推诿。

有关地方人民政府及其有关部门应当按照下列规定,采取必要的应急处置措施,减少事故损失,防止事故蔓延、扩大:

(1)立即组织营救和救治受害人员,疏散、撤离或者采取其他措施保护危害区域内的其他人员;

(2)迅速控制危害源,测定危险化学品的性质、事故的危害区域及危害程度;

(3)针对事故对人体、动植物、土壤、水源、大气造成的现实危害和可能产生的危害,迅速采取封闭、隔离、洗消等措施;

(4)对危险化学品事故造成的环境污染和生态破坏状况进行监测、评估,并采取相应的环境污染治理和生态修复措施。

第三节 危险化学品安全技术说明书

危险化学品安全技术说明书是化学品生产或销售企业按法律要求向客户提供的有关化学品特征的一份综合性法律文件。它是向客户系统介绍危险化学品物理化学性质、毒理学性质及其他危害,指导危险化学品客户正确运输、储存、使用、废弃、处置危险化学品以及危险化学品事故现场应急救援要求的综合性文件。本节将介绍危险化学品安全技术说明书的内容。

一、安全技术说明书介绍

(一)定义与作用

化学品安全技术说明书(safety data sheet for chemical products,SDS),国际上称为化学品安全信息卡,简称 CSDS(Chemical Safety Data Sheet)或 MSDS(Material Safety Data Sheet),是化学品生产商和经销商按法律要求必须提供的化学品理化特性(如 pH 值、闪点、易燃度、反应活性等)、毒性、环境危害以及对使用者健康可能产生危害(如致癌、致畸等)的一份综合性文件。

化学品安全技术说明书作为最基础的技术文件,作用体现在:化学品的供应商向下游用户传递化学品基本危害信息(包括运输、操作处置、储存和应急行动信息)。同时化学品安全技术说明书还可以向公共机构、服务机构和其他涉及该化学品的相关方传递化学品的基本危害信息。

(二)化学品安全技术说明书内容

根据国家标准《化学品安全技术说明书 内容和项目顺序》(GB/T 16483—2008),化学品安全技术说明书包括十六大项近七十个小项的安全信息内容,具体内容如下。

(1)化学品及企业标识:主要标明化学品名称,生产企业名称、地址、邮编、电话、应急电话、传真和电子邮件地址等信息。

(2)危险性概述:简要概述该化学品最重要的物理和化学危险性信息、对人体健康和环境影响的信息,主要包括危险类别、侵入途径、健康危害、环境危害、燃爆危险等信息。

(3)成分/组成信息:标明该化学品是纯化学品还是混合物。对纯化学品,应给出其化学品名称、通用名和商品名、分子式、相对分子质量、浓度或浓度范围及化学文摘社登记号码(CAS号)。对混合物,应给出每种组分及其比例,尤其要给出危害性组分的浓度或浓度范围。

(4)急救措施:主要指现场作业人员受到意外伤害时,所需采取的自救或互救的简要处理方法,包括眼睛接触、皮肤接触、吸入、食入的急救措施。

(5)消防措施:说明合适的灭火剂及灭火方法、因安全原因禁止使用的灭火剂以及消防员的特殊防护用品,并提供有关火灾时化学品的性能、燃烧分解产物以及应采取的预防措施等资料。

(6)泄漏应急处理:指化学品泄漏后现场可采用的简单有效的应急措施、注意事项和消除方法,包括应急行动、应急人员防护、环保措施、消除方法等内容。

(7)操作处置与储存:主要指化学品操作处理和安全储存方面的信息资料,包括操作处置作业中的安全注意事项、安全储存条件和注意事项。

(8)接触控制和个体防护:主要指为保护作业人员免受化学品危害而采用的防护方法和手段,包括最高容许浓度控制、工程控制、呼吸系统防护、眼睛防护、身体防护、手防护、其他防护要求。

(9)理化特性：主要描述化学品的外观及理化性质等方面的信息。

(10)稳定性和反应活性：主要叙述化学品的稳定性和反应活性方面的信息。

(11)毒理学资料：主要提供化学品的毒性、刺激性、致癌性等信息。

(12)生态学信息：主要叙述化学品的环境生态效应和行为，包括迁移性、降解性、生物累积性和生态毒性等。

(13)废弃处置：提供化学品和可能装有有害化学品残余的污染包装的安全处置方法及要求。

(14)运输信息：主要是指国内、国际化学品包装与运输的要求及运输规定的分类和编号，包括危险货物编号、包装类别、包装标志、包装方法、UN编号及运输注意事项等。

(15)法规信息：主要是化学品管理方面的法律条款和标准。

(16)其他信息：主要提供其他对安全有重要意义的信息，包括参考文献、填表时间、填表部门、填表人、数据审核单位等。

以上是化学品安全技术说明书的内容。在使用化学安全技术说明书时，应注意：

(1)应向化学品供应商索取其供应的化学品的安全技术说明书，而不能使用网上下载的说明书。

(2)化学品安全技术说明书应当发放到有关化学品运输、经营、储存、使用的人员手中，并进行培训，帮助相关人员掌握。

二、危险化学品安全标签

安全标签用文字、图形符号和编码的组合形式表示化学品所具有的危险性和安全注意事项。危险化学品安全标签是针对危险化学品而设计、用于提示接触危险化学品的人员的一种标识。它用简单、明了、易于理解的文字、图形符号和编码的组合形式表示该危险化学品所具有的危险性、安全使用的注意事项和防护的基本要求。危险化学品安全标签应包括化学品标识(名称、分子式、编号)、象形图、信号词、危险性说明、防范说明(预防措施、事故响应、安全储存、废弃处置)、供应商标识(生产厂家地址、电话)、应急咨询电话、参阅资料提示等八项内容。安全标签由生产商或供应商在货物出厂前粘贴、挂拴、喷印在包装或容器的明显位置；若改换包装，则由改换单位重新粘贴、挂拴、喷印。生产商或供应商必须向用户提供危险化学品安全标签。以下为汽油安全标签样例。

汽油

危　险

极易燃液体和蒸气，吞咽有害，对水生生物有害。

【预防措施】

远离热源、火花、明火、热表面。使用不产生火花的工具作业。

使容器保持密闭。

采取防止静电措施，容器与接收设备接地、连接。

续
汽油

使用防爆电器、通风、照明及其他设备。
使用适当通风除去蒸气。
防止一切接触。保持良好的卫生习惯。
穿戴适当的个人防护用品,避免直接接触。
作业场所不得进食、饮水或吸烟。
防止释放在周围环境中。
【事故响应】
皮肤接触:脱去已污染的衣服。用肥皂和淡水冲洗身体受污染部位。如果刺激发展和持续,应立即进行医治。
眼睛接触:眼皮张开用大量水冲洗眼睛至少15min。应立即进行医治。
吸入:立即抬至新鲜空气处。应立即进行医治。如呼吸困难时,供给氧气。如呼吸停止,使用人工呼吸。
摄入:如摄入应立即得到医治。引吐,可用植物油灌肠和洗胃。
泄漏:万一泄漏,撤离危险区。用吸收剂覆盖或装进容器收集和处置。避免流入排水沟和下水道。处理易燃泄漏物时使用不产生火花的器具,移走所有火源。确保适当通风,以去除蒸气。消防员应穿戴完整的防护服,包括自持式呼吸装置。
火灾时,使用干粉、泡沫、二氧化碳灭火。
【安全储存】
使容器保持密闭,储存于阴凉、通风良好之处,远离热源和火源。
禁止与氧化剂、卤素等一起储存和运输。
【废弃处置】
该物质及其容器必须作为危险废物处置。
禁止使之进入任何地面排水沟或进入任何水体。

请参阅化学品安全技术说明书

供应商:×××××　　电话:×××××

地　址:×××××　　邮编:×××××

化学事故应急咨询电话:×××××

第四节　危险化学品事故与预防

  危险化学品具有有毒、有害、易燃、易爆、腐蚀等特点,在生产、储存、运输和使用过程中因意外或人为破坏等原因发生泄漏、火灾爆炸,极易造成人员伤害和环境污染的事故。了解事故预防的措施,对防止事故的发生有着极其重要的意义。

一、危险化学品中毒、污染事故的预防控制措施

  工程技术是控制化学品危害最直接、最有效的方法,其目的是通过采取相应的措施消除工作场所中化学品的危害或尽可能降低其危害程度,以免危害工人,污染环境。

1. 替代

选用无毒或低毒的化学品代替有毒有害化学品,选用可燃或不燃的化学品代替易燃化学品。我国也投入大量人力和物力,研制使用水基涂料或水基黏合剂替代有机溶剂基的涂料或黏合剂;使用水基洗涤剂替代溶剂基洗涤剂;使用三氯甲烷作脱脂剂而取代三氯乙烯;用毒性小于苯的甲苯代替喷漆和除漆用的苯;用锌氧化物或钛氧化物替代制油漆的颜料铅氧化物;用高闪点化学品取代低闪点化学品等。

2. 变更工艺

采用新技术、改变原料配方,消除或降低化学品危害。

虽然替代作为操作控制的首选方案很有效,但是目前可供选择的替代品往往是很有限的,特别是因技术和经济方的原因,不可避免地要生产、使用危险化学品,这时可考虑变更工艺,如改喷涂为电涂或浸涂;改人工装料为机械自动装料;改干法粉碎为湿法粉碎等。

3. 隔离

将生产设备封闭起来,或设置屏障,避免作业人员直接暴露于有害环境中,是控制化学品危害的有效措施。如隔离整个机器,封闭加工过程中的扬尘点,都可以有效地限制污染物扩散到作业环境中去。

4. 通风

借助于有效的通风,可使作业场所空气中有害气体、蒸气或粉尘的浓度降低。通风分局部排风和全面通风两种。局部排风适用于点式扩散源,将污染源置于通风罩控制范围内;全面通风适用于面式扩散源,通过提供新鲜空气,将污染物分散稀释。

5. 个体防护

个体防护是一道阻止有害物质进入人体的屏障。在无法将作业场所中有害化学品的浓度降低到最高容许浓度以下时,工人就必须使用合适的个体防护用品。个体防护用品既不能降低工作场所中有害化学品的浓度,也不能消除工作场所的有害化学品。防护用品本身的失效就意味着保护屏障的消失,因此个体防护不能被视为控制危害的主要手段,而只能作为一种辅助性措施。防护用品主要有呼吸防护器具、头部防护器具、眼防护器具、身体防护器具、手足防护用品等。

6. 卫生

卫生包括保持作业场所清洁和作业人员个人卫生两个方面。作业人员养成良好的卫生习惯也是消除和降低化学品危害的一种有效方法。保持好个人卫生,就可以防止有害物附着在皮肤上,防止有害物通过皮肤渗入体内。

二、危险化学品火灾爆炸事故的预防控制措施

(1)防止可燃可爆混合物的形成:监控、防止可燃物质外溢泄漏;采取惰性气体保护;加强

通风置换。

(2)控制工艺参数：将温度、压力、流量、物料配比等工艺参数严格控制在安全限度范围内，防止超压、超温、物质泄漏。

(3)消除点火源：远离明火、高温表面、化学反应热、电气设备，避免撞击摩擦、静电火花、光线照射，防止自燃发热。

(4)限制火灾爆炸蔓延扩散：采用阻火装置、阻火设施、防爆泄压装置及隔离措施。

三、危险化学品的运输安全

(1)托运危险物品必须出示有关证明，到指定的铁路、交通、航运等部门办理手续。托运物品必须与托运单上所列的物品相符。

(2)危险物品的装卸和运输人员，应按装运危险品的性质，佩带相应的防护用品，装卸时必须轻装轻卸，严禁摔拖、重压和摩擦，不得损毁包装容器，并注意标识，稳妥堆放。

(3)危险物品装卸前，应对车(船)搬运工具进行必要的通风和清扫，不得留有残渣，对装有剧毒物品的车(船)，卸车后必须洗刷干净。

(4)装运爆炸、剧毒、放射性物品和易燃液体、可燃气体等物品，必须使用符合安全要求的运输工具。禁止用电瓶车、翻斗车、铲车、自行车等运输爆炸物品。运输强氧化剂、爆炸物品时，不宜用铁底板车及汽车挂车；禁止用叉车、铲车、翻斗车搬运易燃、易爆液化气体等危险物品；温度较高地区装运液化气体和易燃液体等危险物品，要有防晒设施；遇水燃烧物品及有毒物品，禁止用小型机帆船、小木船和水泥船承运。

(5)运输爆炸、剧毒和放射性物品，应指派专人押运，押运人员不得少于2人。

(6)运输危险物品的车辆，必须保持安全车速，保持车距，严禁超车、超速和强行会车。按公安交通管理部门指定的路线和时间运输，不可在繁华街道行使和停留。

(7)运输易燃、易爆物品的机动车，其排气管应装阻火器，并悬挂"危险品"标志。

(8)蒸汽机车在调车作业中，对装载易燃、易爆物品的车辆，必须挂不少于2节的隔离车，并严禁溜放。

(9)运输散装固体危险物品，应根据性质采取防火、防爆、防水、防粉尘飞扬和遮阳等措施。

四、危险化学品的储存安全

(1)危险化学品应当储存在专门地点，不得与其他物资混合储存。

(2)危险化学品应该分类、分堆储存，堆垛不得过高、过密，堆垛之间以及堆垛与墙壁之间，应该留出一定间距、通道及通风口。

(3)互相接触容易引起燃烧、爆炸的物品及灭火方法不同的物品，应该隔离储存。

(4)遇水容易发生燃烧、爆炸的危险化学品，不得存放在潮湿或容易积水的地点。受阳光照射容易发生燃烧、爆炸的危险化学品，不得存放在露天或者高温的地方，必要时还应该采取降温和隔热措施。

(5)容器、包装要完整无损，如发现破损、渗漏必须立即进行安全处理。

(6)性质不稳定、容易分解和变质的危险化学品，混有杂质而容易引起燃烧、爆炸危险的危险化学品，应该进行检查、测温、化验，防止自燃、爆炸。

(7)不准在储存危险化学品的库房内或露天堆垛附近进行实验、分装、打包、焊接和其他可能引起火灾的操作的作业。

(8)库房内不得住人,工作结束时,应进行防火检查,切断电源。

习　题

1. 什么是危险化学品?危险化学品有哪些分类?
2. 危险性象形图分为哪几类?标签信号词有哪些?
3. 危险化学品生产、储存企业必须具备什么条件?
4. 什么是危险化学品安全技术说明书?
5. 化学品安全技术说明书有什么作用?
6. 什么是危险化学品安全标签?
7. 危险化学品安全标签的主要内容是什么?
8. 有哪些危险化学品中毒、污染事故的预防控制措施?
9. 有哪些危险化学品火灾爆炸事故的预防措施?

第十三章　电气安全技术

本章系统介绍了电气事故的分类,触电事故、雷击事故和静电事故的预防技术。电气安全在石油天然气行业具有重要的位置。学习本章内容,应从电流对人体的危害来理解触电事故,从雷电的产生与雷电的破坏作用来理解雷击事故,从静电的产生与静电放电来理解静电事故,并掌握各类电气事故的预防技术。本章内容既具有较强的理论性,也有较强的实践性,读者应通过问题讨论分析电气事故成因,提出针对性措施,最终解决实际生产过程中的电气安全问题。

电气设备是工业生产中使用最为广泛的一类设备。如果电气设备安装不恰当、使用不合理、维修不及时,尤其是如果操作人员缺乏必要的电气安全知识,不仅会造成电能浪费,更重要的是会发生电气事故。因此,电气安全已日益得到人们的关注和重视。

电气安全主要包括人身安全与设备安全两个方面。人身安全是指在从事电气设备操作使用过程中人员的安全;设备安全是指电气设备及有关其他设备、建筑物的安全。

电气安全技术是以安全为目标,研究各种电气事故的机理、原因、构成、规律、特点和防治措施的应用科学。本章主要讨论触电事故、雷击事故、静电事故。

第一节　电气事故简介

一、电气事故的定义与分类

电气事故是电能作用于人体或电能失去控制所造成的意外事件,即与电能直接关联的意外灾害。电气事故将使人们的正常活动中断,可能造成人身伤亡和设备、设施的毁坏,并有可能引发爆炸、火灾等二次事故。

电气事故可以按照不同的方式分类。按照灾害形式可以分为人身事故、设备事故、火灾、爆炸等;按照电路状况,可以分为短路事故、断路事故、漏电事故等。考虑到事故是由局外能量作用于人体或系统内能量传递发生故障造成的,能量是造成事故的基本因素,可以采取按能量形式和来源进行分类的方法。这样,电气事故可分为触电事故、雷击事故、静电事故、射频危害、电气设备故障等五类。

(一)触电事故

触电事故是由电流的能量造成的,是一种电流对人体的伤害。电流对人体的伤害可以分为电击和电伤。电流直接流过人体将造成电击;电流转化为其他形式的能量作用于人体将造成电弧烧伤等电伤。绝大部分触电伤亡事故都含有电击的成分。触电事故往往发生得很突然,而且在极短的时间内造成极为严重的后果。

(二)雷击事故

雷击事故是自然界中相对静止的正、负电荷形式的能量造成的事故。雷电放电具有电流大、电压高等特点,其能量释放出来可能产生极大的破坏力。雷击可能引起火灾和爆炸,可能使人遭到严重电击,可能毁坏设备和设施。

(三)静电事故

静电是指生产过程中,由于某些材料的相对运动、接触与分离等原因而积累起来的相对静止的正、负电荷。这些电荷周围电场中储存的能量不大,不会直接使人致命。但是,静电电压可能高达数万乃至数十万伏,可能在现场发生放电,产生静电火花。在火灾和爆炸危险区域,静电火花是一个十分危险的因素。

(四)射频危害

射频危害即电磁辐射事故。电磁辐射事故是电磁波形式的能量造成的事故。电磁辐射可能危害人的健康、干扰无线电装置,还有引燃、引爆的危险。人体在高频电磁场作用下吸收辐射能量,会使人的中枢神经系统、心血管系统等受到不同程度的伤害。射频辐射危害还表现为感应放电,在易燃易爆场所,感应放电可能会造成火灾和爆炸事故。

(五)电气设备故障

电气设备故障是电能在传递、分配、转换过程中失去控制造成的。包括异常停电、异常带电、设备损坏、短路、断线、误合闸、误掉闸、电气设备或电气元件损坏、电气火花等都属于电气设备故障。电气设备故障可能发展为事故,并影响到人身安全,也可能造成火灾和爆炸。

二、电流对人体的危害

电流对人体的危害可以分为两种类型,即电伤和电击。电伤是指由于电流的热效应、光效应、化学效应和机械效应引起人体外表的局部伤害,如电灼伤、电烙印、电光眼、皮肤金属化等。电伤在不是很严重的情况下,一般无生命危险。电击是指电流流过人体内部造成人体内部器官的伤害,绝大部分触电死亡事故都由电击造成。

(一)作用机理

电流通过人体时破坏人体内细胞的正常工作,主要表现为生物学效应。电流作用人体还包含有热效应、化学效应和机械效应。

(1)电流的生物学效应主要表现为使人体产生刺激和兴奋行为,使人体活的组织发生变异,从一种状态变为另外一种状态。电流通过肌肉组织,引起肌肉收缩。由于电流引起神经细胞激动,产生脉冲形式的神经兴奋波,当这兴奋波迅速地传到中枢神经系统后,后者即发出不同的指令,使人体各部分作相应的反应。因此,当人体触及带电体时,一些没有电流通过的部位也可能受到刺激,发生强烈的反应,重要器官可能受到破坏。在活的机体上,特别是肌肉和神经系统,有微弱的生物电存在。如果引入局外电流,生物电的正常规律将受到破坏,人体也将受到不同程度的伤害。

(2)电流通过人体,还会导致热效应。电流所经过的血管、神经、心脏、大脑等器官将因为热量增加而导致功能障碍。

(3)电流通过人体,还会引起机体内液体物质发生离解、分解而导致破坏。

(4)电流通过人体,还会使机体各种组织产生蒸汽,乃至发生剥离、断裂等严重破坏。

(二)作用征象

小电流通过人体,会引起麻感、针刺感、压迫感、打击感、痉挛、疼痛、呼吸困难、血压异常、昏迷、心律不齐、窒息、心室颤动等症状。数安以上的电流通过人体,还可能导致严重的烧伤。

小电流电击使人致命的最危险、最主要的原因是引起心室颤动。麻痹和中止呼吸、电休克虽然也可能导致死亡,但其危险性比引起心室颤动要小得多。发生心室颤动时,心脏每分钟颤动1000次以上,但幅值很小,而且没有规则,血液实际上中止循环。心室颤动能够持续的时间是不会太长的。在心室颤动状态下,如不及时抢救,心脏很快将停止跳动,并导致生物性死亡。当人体遭受电击时,如果有电流通过心脏,可能直接作用于心肌,引起心室颤动;如果没有电流通过心脏,也可能经中枢神经系统反射作用于心肌,引起心室颤动。

由于电流的瞬时作用而发生心室颤动时,呼吸可能持续 2~3min。在其丧失知觉之前,有时还能叫喊几声,有的还能走几步。但是,由于其心脏已进入心室颤动状态,血液已中止循环,大脑和全身迅速缺氧,病情将急剧恶化,如不及时抢救,很快将导致生物性死亡。

(三)作用因素

不同的人在不同的时间、不同的地点与同一根导线接触,后果将是不同的。这是因为电流对人体的作用受一些因素的影响。

1. 电流大小的影响

通过人体的电流越大,人的生理反应和病理反应越明显,引起心室颤动所用的时间越短,致命的危险性越大。按照人体呈现的状态,可将预期通过人体的电流分为三个级别。

1)感知电流

通过人体引起人有任何感觉的最小电流(对于交流电为有效值,下同)称为感知电流。工频交流电的平均感知电流,成年男性约为 1.1mA,成年女性约为 0.7mA;直流电平均感知电流为 5mA。

感知电流一般不会对人体构成伤害,但当电流增大时,感觉增强,反应加剧,可能导致坠落等二次事故。

2)摆脱电流

当通过人体的电流超过感知电流时,肌肉收缩增加,刺痛感觉增强,感觉部位扩展。当电流增大到一定程度时,由于中枢神经反射和肌肉收缩、痉挛,触电人将不能自行摆脱带电体。人触电后能自行摆脱带电体的最大电流称为摆脱电流。工频交流电的平均摆脱电流,成年男性约为16mA以下,成年女性约为10mA以下;直流电平均摆脱电流约为50mA以下。

摆脱电流是人体可以忍受且一般尚不致造成严重后果的电流。超过摆脱电流以后,会感到异常痛苦、恐慌和难以忍受;如时间过长,则可能导致昏迷、窒息,甚至死亡。因此,可以认为摆脱电流是有较大危险的界限。

3)室颤电流

通过人体引起心室发生纤维性颤动的最小电流称为室颤电流。在高压触电事故中,可能因为强电弧或很大的电流导致的烧伤致人死亡;低压触电事故中,正如前面说过的,可能因为心室颤动,也可能因为窒息时间过长致人死亡。一旦发生心室颤动,数分钟内即可导致死亡。因此,在小电流(不超过数百毫安)的作用下,电击致死的主要原因,是电流引起心室颤动。因此,可以认为室颤电流是短时间作用的最小致命电流。工频交流电的平均室颤电流约为50mA。

2. 电流持续时间的影响

电击持续时间越长,则电击危险性越大。其原因有以下四个方面。

(1)电流持续时间越长,则体内积累局外电能越多,伤害越严重,表现为室颤电流减小。

(2)心电图上心脏收缩与舒张之间约0.2s的T波(特别是T波的前半部),是对电流最为敏感的心脏易损期(易激期)。电击持续时间延长,必然重合心脏易损期,电击危险性增大。

(3)随着电击持续时间的延长,人体电阻由于出汗、击穿、电解而下降,如接触电压不变,流经人体的电流必然增加,电击危险性随之增大。

(4)电击持续时间越长,中枢神经反射越强烈,电击危险性越大。

3. 电流途径的影响

人体在电流的作用下,没有绝对安全的途径。电流通过心脏会引起心室颤动及心脏停止跳动而导致死亡;电流通过中枢神经及有关部位,会引起中枢神经强烈失调而导致死亡;电流通过头部,严重损伤大脑,也可能使人昏迷不醒而死亡;电流通过脊髓会使人瘫痪,电流通过人的局部肢体亦可能引起中枢神经强烈反射而导致严重后果。

流过心脏的电流越多、电流路线越短的途径是电击危险性越大的途径。可用心脏电流因数粗略衡量不同电流途径的危险程度。心脏电流因数是表明电流途径影响的无量纲系数。如通过人体左手至脚途径的电流I_0与通过人体某一途径的电流I引起心室颤动的危险性相同,则该电流途径的心脏电流因数为1.0,具体电流途径与对应心脏电流因数见表13-1。

表 13-1　电流途径与心脏电流因数

心脏电流因数	1.0	1.0	0.8	0.4	0.7	0.3	1.5	1.3	0.7
电流途径	左手—左脚、右脚或双脚	双手—双脚	右手—左脚、右脚或双脚	左手—右手	背—左手	背—右手	胸—左手	胸—右手	臀部—左手、右手或双手

4. 电流种类的影响

1）直流电流的作用

在接通和断开瞬间，直流平均感知电流约为 2mA。300mA 以下的直流电流没有确定的摆脱电流值；300mA 以上的直流电流将导致不能摆脱或数秒至数分钟以后才能摆脱带电体。电流持续时间超过心脏搏动周期时，直流室颤电流为交流的数倍；电流持续时间 200ms 以下时，直流室颤电流与交流室颤电流大致相同。

2）交流电的作用

工频电流的感知电流和摆脱电流最小，因此危险性最大。频率超过 500Hz 后，随交流电的频率增加，感知电流和摆脱电流增加，危险性降低。

5. 个体特征的影响

身体健康、肌肉发达者的摆脱电流较大；室颤电流约与心脏质量成正比。患有心脏病、中枢神经系统疾病、肺病的人电击后的危险性较大。精神状态和心理因素对电击后果也有影响。女性的感知电流和摆脱电流约为男性的 2/3。儿童遭受电击后的危险性较大。

6. 人体电阻的影响

人体触电时，流过人体的电流（当接触电压一定时）由人体的电阻值决定，人体电阻越小，流过人体的电流越大，也就越危险。

一般人体的电阻分为皮肤的电阻和内部组织的电阻两部分。人体内部组织的电阻不稳定，不同的人内部组织的电阻也不同，但有一个共同的特点，就是人体内部组织的电阻与外加的电压大小和外部条件基本没有关系，一般约为 500Ω 左右。由于人体皮肤的角质外层具有一定的绝缘性能，人的外表面角质外层的厚薄不同，电阻值也不相同；人体出汗、身体有损伤、环境潮湿、接触带有能导电的化学物质、精神状态不良等情况都会使皮肤的电阻值显著下降，因此，决定人体电阻的主要是皮肤的角质外层。据测量和估计，一般情况下人体电阻值在 2kΩ～20MΩ 范围内。不同条件下的人体电阻是不同的，见表 13-2。

表 13-2　不同条件下的人体电阻

接触电压 V	人体电阻，Ω			
	皮肤干燥	皮肤潮湿	皮肤湿润	皮肤浸入水中
10	7000	3500	1200	600
25	5000	2500	1000	500

续表

接触电压 V	人体电阻,Ω			
	皮肤干燥	皮肤潮湿	皮肤湿润	皮肤浸入水中
50	4000	2000	875	440
100	3000	1500	770	375
250	1500	1000	650	325

第二节 触电事故预防技术

一、直接接触触电事故的预防

直接接触触电是指人体触及正常运行的设备和线路的带电体造成的触电。触电事故的形式有单相触电、两相触电和跨步电压触电三种,以单相触电最为常见。在中性点接地的电网中,人体若触及电网某一相的带电体,便发生单相触电事故;人体同时触及电网不同的两相带电导体便形成两相触电;雷击或输电线路发生断线故障后导线接地短路,使接地点周围的地面形成电位分布不均的强电场,人在该区域移动时,会产生跨步电压触电,如图 13-1 所示。

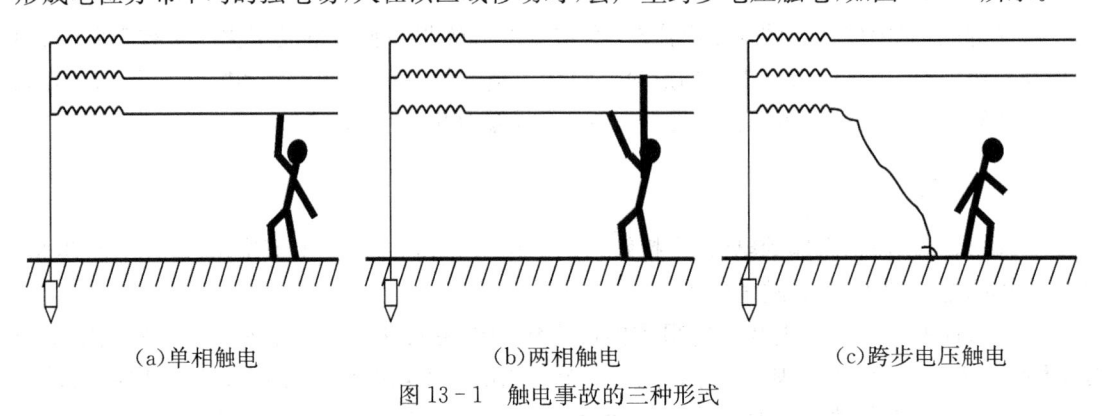

(a)单相触电　　　　　(b)两相触电　　　　　(c)跨步电压触电

图 13-1 触电事故的三种形式

预防直接接触触电事故的技术主要有绝缘、屏护和间距三类。

(一)绝缘

绝缘是用绝缘物把带电体封闭起来。电气设备的绝缘应符合其相应的电压等级、环境条件和使用条件。电气设备的绝缘不得受潮,表面不得有粉尘、纤维或其他污物,不得有裂纹或放电痕迹,表面光泽不得减退,不得有脆裂、破损,弹性不得消失,运行时不得有异味。

绝缘的电气指标主要是绝缘电阻。绝缘电阻用兆欧表测量。任何情况下绝缘电阻不得低于每伏工作电压 1000Ω,并应符合专业标准的规定。

（二）屏护

屏护是采用遮栏、护罩、护盖、箱闸等将带电体同外界隔绝开来。屏护装置应有足够的尺寸，应与带电体保证足够的安全距离；遮栏与低压裸导体的距离不应小于0.8m；网眼遮栏与裸导体之间的距离，低压设备不宜小于0.15m，10kV设备不宜小于0.35m。屏护装置应安装牢固。金属材料制成的屏护装置应可靠接地（或接零）。遮栏、栅栏应根据需要挂标示牌。遮栏出入口的门上应根据需要安装信号装置和连锁装置。

（三）间距

间距是将可能触及的带电体置于可能触及的范围之外。其安全作用与屏护的安全作用基本相同。对安全间距的基本要求是，带电体与地面之间、带电体与树木之间、带电体与其他设施和设备之间、带电体与带电体之间均应保持一定的安全距离，安全距离的大小决定于电压高低、设备类型、环境条件和安装方式等因素。架空线路的间距须考虑气温、风力、覆冰和环境条件的影响。

低压操作中人及工具与带电体的距离不小于0.1m。高压操作安全距离见表13-3。

起重机具与架空线路之间的最小距离见表13-4。

表13-3 高压操作安全距离

类别	电压等级/KV	
	10kV	35kV
无遮栏作业，人体及工具与带电体之间的最小距离	0.7m	1m
无遮栏作业，人体及工具与带电体之间的最小距离（用绝缘杆作业）	0.4m	0.6m
线路作业，人体及工具与带电体之间的最小距离	1m	2.5m
带电水冲洗，小型喷嘴与带电体之间距离	0.4m	0.6m
喷灯或气焊火焰与带电体之间距离	1.5m	3m

注：距离不足时，应安装临时遮栏；距离不足时，临近线路应停电。

表13-4 起重机具与架空线路最小距离

线路电压,kV	≤1	10	35
最小距离,m	1.5	2	4

二、间接接触触电事故的预防

间接接触触电是指设备或线路发生故障时，人体触及正常情况下不带电而故障时意外带电的带电体而造成的触电。预防间接接触触电主要有保护接地与保护接零技术，包括IT系统、TT系统和TN系统。如果设备采用保护接地与保护接零预防技术，将会使风险大幅度降低。下面以不接地系统（图13-2）故障为例分析。

如图13-2示，若交流电线路对地电阻无穷大，但对地有一定的电容，如果设备漏电，则其对地具有一定的电压。假设相电压$U=230V$，频率$f=50Hz$，人体电阻$R_p=2000\Omega$。如果设备漏电,设其对地电压为$U_d=133.4$V,则流过人体的电流$I_d=66.7$mA,远远超过人的心室颤动电流,足以致命。

因此,用电设备必须采用保护接地与保护接零预防技术。

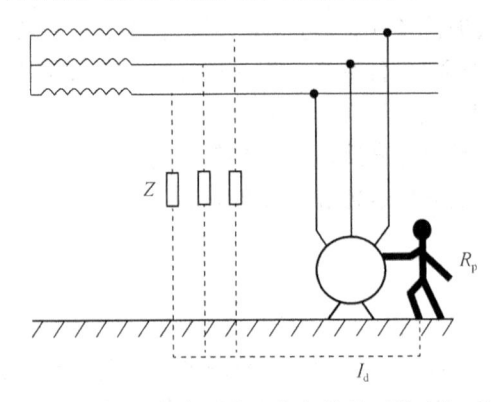

图 13-2 不采用保护接地与保护接零的电气系统
Z—电网对地阻抗;R_p—人体电阻;I_d—流过人体电流

(一)IT 系统

IT 系统是指保护接地系统。所谓接地,就是将设备的某一部位经接地装置与大地紧密连接起来,如图 13-3 所示。IT 系统的字母 I 表示配电网不接地或经高阻抗接地,字母 T 表示电气设备外壳接地。保护接地的做法是将电气设备在故障情况下可能呈现危险电压的金属部位经接地线、接地体同大地紧密地连接起来;其安全原理是把故障电压限制在安全范围以内。

保护接地系统适用于各种不接地配电网。在这类配电网中,凡由于绝缘损坏或其他原因而可能呈现危险电压的金属部分,除另有规定外,均应接地。

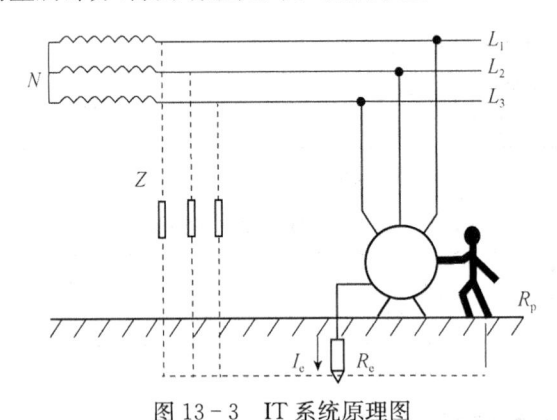

图 13-3 IT 系统原理图
N—中性点;Z—电网对地阻抗;I_e—接地电流;R_e—接地电阻;R_p—人体电阻

(二)TT 系统

TT 系统是指我国绝大部分企业低压配电网所采用的星形接法中性点直接接地的三相四线配电网,如图 13-4 所示。这种配电网能提供一组线电压和一组相电压。TT 系统的第一个字母 T 表示配电网中性点直接接地,第二个字母 T 表示电气设备外壳接地。

TT 系统主要用于低压用户,即用于未装备配电变压器,从外面引进低压电源的小型用户。TT系统能大幅度降低漏电设备上的故障电压,但一般不能降低到安全范围以内。因此,采用TT系统必须装设漏电保护装置或过电流保护装置。

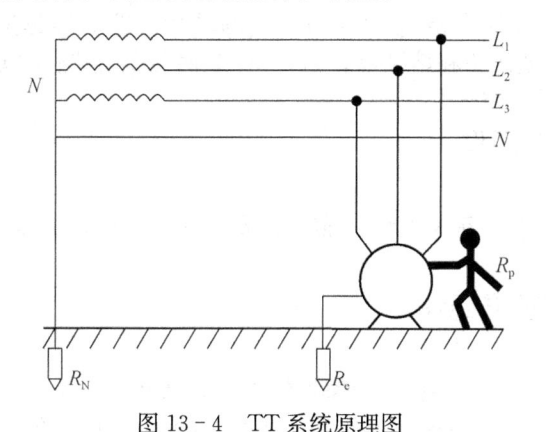

图 13-4 TT 系统原理图

N—中性点;R_N—电网中性点对地电阻;R_e—接地电阻;R_p—人体电阻

(三)TN 系统

TN系统相当于传统的保护接零系统。TN系统中的字母N表示电气设备在正常情况下不带电的金属部分与配电网中性点之间,亦即与保护零线之间紧密连接。TN系统分为TN—S、TN—C、TN—C—S三种类型。TN—S系统是把工作零线N和专用保护线P_E严格分开的供电系统,如图13-5所示。TN—S系统的安全性能最好,在爆炸危险环境、火灾危险环境及其他安全要求高的场所应采用TN—S系统;TN—C系统是用工作零线兼作接零保护线的供电系统;TN—C—S系统是前部分采用TN—C方式供电,后部分现场总配电箱分出P_E线的供电系统,厂内低压配电的场所及民用楼房常采用TN—C—S系统。例如单相电气设备(家用电器、小型手用电气工具)推荐采用的三脚插头和三眼插座,是TN—C—S系统中的用电设备。

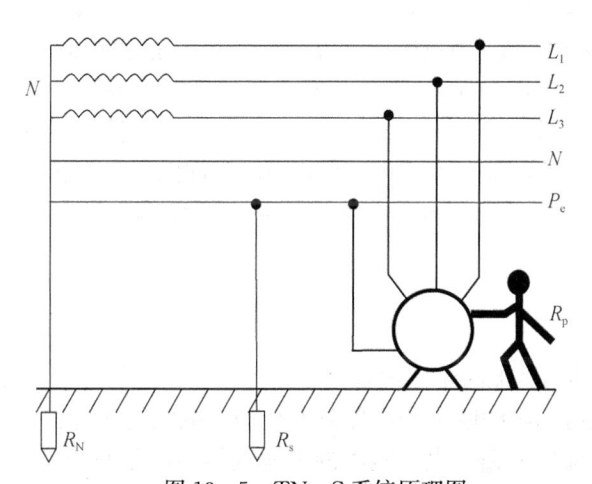

图 13-5 TN—S 系统原理图

N—中性点;P_E—保护零线;R_N—电网中性点对地电阻;R_s—重复接地电阻;R_p—人体电阻

保护接零的安全原理是当某相带电部分碰连设备外壳时,形成该相对零线的单相短路;短路电流促使线路上的短路保护元件迅速动作,从而把故障设备电源断开,消除电击危险。虽然保护接零也能降低漏电设备上的故障电压,但一般不能降低到安全范围以内。其第一位的安全作用是迅速切断电源。

应用保护接零应注意的安全要求为：在同一接零系统中，一般不允许部分或个别设备只接地、不接零的做法；重复接地合格；发生对 P_E 线的单相短路时能迅速切断电源；工作接地合格；P_E 线上不得安装单极开关和熔断器；保护导体截面面积合格；等电位联结。

三、其他电击的预防

其他电击预防技术包括双重绝缘和加强绝缘、安全电压、电气隔离、漏电保护(剩余电流保护)。

(一)双重绝缘和加强绝缘

双重绝缘指工作绝缘(基本绝缘)和保护绝缘(附加绝缘)。工作绝缘是带电体与不可触及的导体之间的绝缘，是保证设备正常工作和防止电击的基本绝缘；保护绝缘是不可触及的导体与可触及的导体之间的绝缘，是当工作绝缘损坏后用于防止电击的绝缘。加强绝缘是具有与上述双重绝缘相同水平的单一绝缘。

(二)安全电压

安全电压是指不带任何防护设备的情况下，人体接触到的对人体各部分组织(如皮肤、心脏、神经等)没有任何损坏的电压。通常很难确定一个对人体完全适合的最高安全电压。

依照《特低电压(ELV)限值 GB/T 3805—2008》规定，干燥条件、正确状态下，特低电压限值为交流 33V 或为无波纹直流 70V。

IEC 标准规定，在通常状况下，接触电压上限值为交流 50V 或为无波纹直流 120V。在特殊状况下，接触电压上限值为交流 25V 或为无波纹直流 50V。

我国规定交流电安全电压额定值的等级为 42V、36V、24V、12V、6V。当电气设备采用的电压超过安全电压时，必须按规定采取防止直接接触带电体的保护措施。

在不同的工作环境和工作条件下，采用的安全电压额定值不同。凡危险环境使用的携带式电动工具应采用 42V 安全电压；凡有电击危险环境使用的手持照明灯和局部照明灯应采用 36V 或 24V 安全电压；金属容器内、隧道内、水井内以及周围有大面积接地导体等工作地点狭窄，行动不便的环境应采用 12V 安全电压；水上作业等特殊场所应采用 6V 安全电压。

(三)电气隔离

电气隔离指工作回路与其他回路实现电气上的隔离。电气隔离是通过采用电压比为 1∶1 的，即一次边、二次边电压相等的隔离变压器来实现的。电气隔离的安全实质是阻断二次边工作的人员单相触电时电流的通路。电气隔离的电源变压器必须是隔离变压器，二次边必须保持独立，应保证电源电压 $U \leqslant 500V$、线路长度 $L \leqslant 200m$。

(四)漏电保护

漏电保护是利用漏电时线路上的电压或电流异常，自动切断故障部分电源的保护措施，主要用于防止间接接触触电和直接接触触电。常用于有金属外壳的移动式电气设备和手持式电动工具、安装在潮湿或强腐蚀等恶劣场所的电气设备、建筑施工工地的施工电气设备、临时性电气设备以及宾馆客房内的插座、触电危险性较大的民用建筑物内的插座、游泳池或浴池类的水中照明设备。

漏电保护装置分为电压型、电流型(零序电流型、泄漏电流型)和中性点型三类。电压型适用于接地或不接地系统设备的漏电保护,可单独使用,也可与保护接地、保护接零同时使用。零序电流型适用于接地或不接地系统设备或线路漏电保护。泄漏电流型和中性点型只能用于不接地系统。

漏电保护装置也用于防止漏电火灾和监测一相接地故障。电流型漏电保护装置以漏电电流或触电电流为动作信号。动作信号经处理后带动执行元件动作,促使线路迅速分断。漏电保护装置的动作时间指动作时最大分断时间。

第三节 雷击事故预防技术

一、雷电的产生与类型

雷电是发生在积雨云中的电学现象,是带电积雨云与地面间或带电积雨云间的空气被击穿放电而形成。在大多数情况下,产生雷电的同时,还伴随着打雷、闪电和降雨。雷电的能量是巨大的,在人类活动中,任何单一电站的功率不可能达到一次雷电释放能量的功率,那么这样大的能量积聚是怎样形成的呢?

自然界物质的运动会产生大量的自由电荷,这些自由电荷是产生雷电的根源。由电学可知,要形成一个强大的电场,必须在一定区域内有大量同性质电荷的积累。但是天空中的空气是绝缘的,同性质的电荷又相斥,它们不可能积聚在一起,不可能形成电量的集中。天空中的物质受气流的摩擦、宇宙射线的影响而产生的自由电荷,在大气层的挤压下不断向太空高层运动,从而在大气层外围形成一个电离层,这个电离层是含单性电荷的电子层,其电场的强度是非常巨大的。

当大气层中出现潮湿的空气,在上升阶段又遇冷空气后将结成水状云块,气象学中称其为积雨云。积雨云可看成是一个整体的导体,在电离层电场力的作用下,因静电感应,云块向地的一端出现负电荷,上端出现正电荷。在晴天,云块远距地面而且云块与大地间的潮湿空气较稀薄,它们之间介质绝缘程度较高,不易发生空气的击穿放电现象。但是在雨天,特别是热雨季节,由于云层下降、空气潮湿,带电积雨云的电场易击穿空气向大地放电而形成雷电。

带电云块在空间的位置较高时,当地面的潮湿空气急速上升过程中,与带电积雨云间产生放电现象,形成高空雷电。带电积雨云向地放电以后使其本身电离产生的正负电量的绝对值不相等,这些带电积雨云随着气流运动,与另一积雨云逐渐接近时产生放电现象,形成空中雷电。

通常雷击有四种类型,直击雷、感应雷、球形雷和雷电波侵入。直击雷是带电的云层与大地上某一点之间发生迅猛的放电现象。当带电积雨云接近地面,与地面凸出物之间的电场强度达到空气的击穿强度(约为 2500~3000kV/m)时,空气被击穿发生激烈的放电现象,称为直击雷。其每一放电过程都包含先导放电、主放电、余光三个阶段。感应雷是当直击雷发生以后,云层带电迅速消失,地面某些范围由于散流电阻大,出现局部高电位,或在直击雷放电过程中,强大的脉冲电流使周围的导线或金属物由于电磁感应而产生高电压,从而发生闪击现象形成二次雷击。球形雷是雷电放电时产生的球状发光带电体,又称为球状闪电。雷电波侵入是指雷击在架空线路、金属管道上产生的冲击电压波沿线路和管道侵入建筑物内的现象。

二、雷电的破坏作用

雷电放电具有电流大、电压高的特点。其能量释放出来可能形成极大的破坏力,可引起火灾和爆炸、造成人员的伤亡、毁坏设施设备和网络系统、导致大规模停电等。其破坏作用主要有以下几个方面:

(一)电效应

在雷电放电时,能产生高达数万伏甚至数十万伏的冲击电压,它可能毁坏发电机、电力变压器等电气设备的绝缘,烧断电线和劈裂电杆,造成大规模停电。它引起的绝缘损坏还可能引起短路,导致可燃物、易燃物着火和爆炸等。

(二)热效应

当几十至上千安的强大雷电流通过导体时,在极短的时间内将转换成大量的热能,雷击点的发热量约为500~1000J,这一能量可熔化50~200mm^3的钢棒,如果雷击在易燃物上更容易引起火灾和爆炸。由于雷电的热效应,还将使雷电通道中木材纤维缝隙和其他结构中间的缝隙里的空气剧烈膨胀,同时使水分及其他物质分解为气体,在被雷击物体内部出现强大的机械压力,使被击物遭受严重破坏或造成爆炸。

(三)静电感应

当金属物处于雷云和大地电场中时,金属物上会感生出大量的电荷,雷云放电后,云与大地间的电场虽消失,但金属上感应积聚的电荷却来不及立即逸散,因而,产生高达几万伏的对地电压,称为静电感应电压,可以击穿数十厘米的空气间隙,发生火花放电。

(四)电磁感应

雷电具有很高的电压和很大的电流,同时又是在极短的时间发生的,因此在它周围的空间里将产生强大的交变电磁场,使电磁场中的导体感应出较大的电动势,并且在构成闭合回路的金属物也会产生感应电流,这时如回路上有的地方接触电阻过大,就会局部发热或发生火花放电。

(五)雷电波侵入

雷击在架空线路、金属管道上会产生冲击电压,使雷电波沿线路和管道迅速传播,若侵入建筑物内可造成配电装置和电气线路绝缘层击穿而产生短路或使建筑物内的可燃物品燃烧或爆炸,侵入室内电气设备和网络设备,使设备或元器件损坏,传输及存储的信号、数据受到干扰或丢失,甚至使电子设备产生误动作或暂时瘫痪,造成系统停顿、数据传输中断、局域网乃至广域网遭到破坏,其危害巨大,间接损失一般远远大于直接经济损失。

(六)防雷装置上的高电压对建筑物的反击作用

当防雷装置接受雷击时,在接闪器和引下线接地体上都具有很高的电压,如果防雷装置与建筑物内外的电气设备、电气线路或其他金属管道的相隔距离很近,它们之间就会产生放电,可能引起电气设备绝缘破坏、金属管道烧穿。这种现象称为反击。

三、常用的防雷技术

雷电能量释放出来可表现出极大的破坏力。雷击除可能毁坏设施和设备外,还可能伤及人、畜,引起火灾和爆炸,造成大规模停电等。因此,电力设施、建筑物,特别是有火灾和爆炸危险的建筑物或场所,均需考虑防雷措施。

防雷技术可分为防直击雷电、防感应雷电和综合性防雷电。防直击雷电的避雷装置一般由三部分组成,即接闪器、引下线和接地体。其中,接闪器又分为避雷针、避雷线、避雷带、避雷网。防感应雷电的避雷装置主要是避雷器。对同一保护对象同时采用多种避雷装置,称为综合性防雷电。避雷装置要定期进行检测,防止因导线的导电性差或接地不良起不到保护作用。

(一)避雷针防雷电

以避雷针作为接闪器的防雷电装置。避雷针通过导线接入地下,与地面形成等电位差,利用自身的高度,使电场强度增加到极限值的雷电云电场发生畸变,开始电离并下行先导放电。避雷针在强电场作用下产生尖端放电,形成向上先导放电,两者汇合形成雷电通路,随之泻入大地,达到避雷效果。

实际上,避雷装置是引雷针,可将周围的雷电引来并提前放电,将雷电电流通过自身的接地导体传向地面,避免保护对象直接遭雷击。

安装的避雷针和导线通体要有良好的导电性,接地网一定要保证尽量小的阻抗值。

(二)避雷线防雷电

避雷线防雷电是通过防护对象的制高点向另外制高点或地面接引金属线的防雷电。避雷线可根据防护对象的不同而分为单根避雷线、双根避雷线或多根避雷线。可根据防护对象的形状和体积具体确定采用不同截面积的避雷线。避雷线一般采用截面积不小于 $35mm^2$ 的镀锌钢绞线。它的防护作用等同于在弧垂线上每一点都是一根等高的避雷针。

(三)避雷带防雷电

避雷带防雷电是指在屋顶四周的女儿墙或屋脊、屋檐上安装金属带做接闪器的防雷电装置。避雷带的防护原理与避雷线一样,由于它的接闪面积大,接闪设备附近空间电场强度相对比较强,更容易吸引雷电先导,使附近的尤其是比它低的物体受雷击的概率大大减少。避雷带的材料一般选用直径不小于8mm的圆钢,或截面积不小于48mm^2、厚度不少于4mm的扁钢。

(四)避雷网防雷电

避雷网分为明网和暗网。明网防雷电是将金属线制成的网架在建(构)筑物顶部空间,用截面积足够大的金属物与大地连接的防雷电。暗网是利用建(构)筑物钢筋混凝土结构中的钢筋网进行雷电防护。只要每层楼的楼板内的钢筋与梁、柱、墙内的钢筋有可靠的电气连接,并与层台和地桩有良好的电气连接,形成可靠的暗网,便要比其他防护设施更为有效。无论是明网还是暗网,网格越密,防雷的可靠性越好。

(五)避雷器防雷电

避雷器,又称为电涌保护器。避雷器防雷电是将因雷电感应而窜入电力线、信号传输线的高电压限制在一定范围内,保证用电设备不被击穿。常用的避雷器种类繁多,可分为三大类,有放电间歇型、阀型和传输线分流型。

设备遭雷击受损通常有四种情况,一是直接遭受雷击而损坏;二是雷电脉冲沿着与设备相连的信号线、电源线或其他金属管线侵入使设备受损;三是设备接地体在雷击时产生瞬间高电位形成的电位"反击"而损坏;四是设备安装的方法或安装位置不当,受雷电在空间分布的电场、磁场影响而损坏。加装避雷器可将电气设备两端实际承受的电压限制在安全电压内,起到保护设备的作用。

(六)综合性防雷电

综合性防雷电是相对于局部防雷电和单一措施防雷电的一种综合性防雷电技术。设计时除针对被保护对象的具体情况外,还要了解其周围的天气环境条件和防护区域的雷电活动规律,确定直击雷和感应雷的防护等级和主要技术参数,采取综合性防雷电措施,可以取得较好的防雷效果。

第四节 静电事故预防技术

一、静电的产生

静电是物体表面过剩或不足的静止电荷,它是正、负电荷在局部范围内失去平衡的结果。静电现象是静电产生和消失过程中产生的电现象的总称。静电是一种电能,留存在物体表面,具有高电位、低电量、小电流和作用时间短的特点。

(一)产生静电的几种形式

产生静电的形式很多,常见的有接触起电、破断起电、感应起电、电荷迁移等等。

1. 接触起电

接触起电包括摩擦起电、对流起电，可发生在固体—固体、液体—液体或固体—液体的分界面上。气体不能由这种方式带电，但如果气体中悬浮有固体颗粒或液滴，则固体颗粒或液滴均可以由接触方式带电，以致这种气体能够携带静电电荷。

2. 破断起电

不论材料破断前其内部电荷分布是否均匀，破断后均可能在宏观范围内导致正负电荷分离，产生静电，这种起电称为破断起电。固体粉碎、液体分裂过程的起电都属于破断起电。

3. 感应起电

任何带电体周围都有电场，电场中的导体能改变周围电场的分布，同时在电场作用下，导体上将分离出极性相反的两种电荷，称为感应起电。如果该导体与周围绝缘则将具有电位。

4. 电荷迁移

当一个带电体与一个非带电体相接触时，电荷将按各自导电率所允许的程度在它们之间分配，这就是电荷迁移。当带电雾滴或粉尘撞击在固体上(如静电除尘)时，会产生的电荷迁移。当气体离子流射在初始不带电的物体上时，也会出现类似的电荷迁移。

(二)影响静电产生的因素

静电产生受物质种类、杂质、表面状态、接触特征、分离速度、带电历程等因素的影响。

1. 物质种类

相互接触的两种物体材质不同时，界面双电层和接触电位差也不同，起电强弱也不同。在静电序列中相隔较远的两种物体相接触产生的接触电位差较大。

常见物质的静电序列：
(1)玻璃→头发→尼龙→羊毛→人造纤维→绸→醋酸人造丝→奥纶→纸→黑橡胶→维尼纶→沙纶→聚酯纤维→电石→聚乙烯→赛璐珞→玻璃纸→聚氯乙烯→聚四氟乙烯；
(2)石棉→玻璃→云母→羊毛→毛皮→铅→镉→锌→铝→铁→铜→镍→银→金→铂。

2. 杂质

一般情况下，混入杂质有增加静电的趋向。但当杂质的加入降低了原有材料的电阻率时，则有利于静电的泄漏。由于静电产生多表现为界面现象，所以，当固体材料表面被水及其污物污染时会增强静电。

3. 表面状态

表面变粗糙，静电增加；表面受氧化，也使静电增加。

4. 接触特征

接触面积增大、接触压力增大、相对运动速度增大都可使静电增加。

5.分离速度

分离速度越高,所产生的静电越强,所产生的静电大致与分离速度的二次方成正比。

6.带电历程

带电历程会改变物体表面特性,从而改变带电特征。一般情况下,初次或初期带电较强,重复性或持续性带电较弱。

(三)静电的聚集与泄漏

绝缘体带电后由于材料本身的高电阻而使电荷保持在绝缘体上;被绝缘的导体也使电荷保持在导体上,二者均称为静电的聚集。通常情况下,纯净的气体是绝缘体,因此悬浮状态的颗粒云、液滴云或雾都能将它们的电荷保持很长时间而与其自身的电导率无关。在所有情况下,电荷以一定速率泄漏,泄漏速率由系统内绝缘体的电阻率或电导率决定。因此,孤立系统上的电位是电荷的聚集速率与泄漏速率平衡的结果。

二、静电放电的方式

设备或人体上的静电电位最高可达数万伏——至数十万伏,在正常操作条件下也常达数百至数千伏。人体由于自身的动作及与其他物体的接触—分离、摩擦或感应等因素,可以带上几千伏甚至上万伏的静电,因此,会击穿空气对其他物体或接地导体放电。常见的静电放电形式有以下几种。

(一)火花放电

火花放电是发生在液态或固态导体之间的放电。其特征是有明亮的放电通道,通道内有很高的电流,整个通道内的气体完全电离。放电很快且有很响的爆裂声。

两导体之间的电场强度超过击穿强度时就会发生火花放电。对于平行板或曲率半径很大的面,如果间隙为10mm或10mm以上,击穿强度约为$3\times10^3\,\text{kV/m}$;如果间隙减少,击穿强度随之略增大。因为发生放电的是导体,所以所有电荷几乎全部进入火花,即几乎火花消耗掉所有静电能量。如果导体和大地之间的放电通路上有电阻,火花能量将小于该值,但火花持续时间较长。

(二)电晕放电

当导体上有曲率半径很小的尖端存在时,则发生电晕放电。电晕放电可能指向其他物体也可能不指向某一特定方向。电晕放电时,尖端附近的场强很强,尖端附近气体被电离,电荷可以离开导体;而远离尖端处场强急剧减弱,电离不完全,因而只能建立起微小的电流。电晕放电的特征是伴有"嘶嘶"的响声,有时有微弱的辉光。

电晕放电可以是连续放电,也可以是不连续的脉冲放电。电晕放电的能量密度远小于火花放电的能量密度。在某些情况下,如果升高尖端导体的电位,电晕会发展成为通向另一物体的火花。

(三)刷形放电

刷形放电发生在导体与非导体之间,是自非导体上许多点发出短小火花的放电,其放电总体经常有刷子似的形状。如果导体很尖,导体处的放电将具有电晕放电那样向前扩展的特征。

(四)场致发射放电

场致发射放电是从物体表面发射出电子的放电。其能量很小,因此只有在涉及敏感度很高的易燃易爆物品时才需要重视。

(五)雷形放电

当悬浮在空气中的带电粒子形成大范围、高电荷密度的空间电荷云时,可发生闪雷状的所谓雷形放电。受压液体、液化气高速喷出时可能发生雷形放电,雷形放电能量很大,引燃危险也很大。

三、静电危害与预防技术

静电电压可能高达数万乃至数十万伏,可能在生产现场发生放电,产生静电火花,导致火灾、爆炸。静电场可以导致电击、损坏电子设备、影响产品质量。

(一)防止静电危害的基本措施

防止静电首先要设法不使静电产生;对已产生的静电,应尽量限制,使其达不到危险的程度。其次使产生的电荷尽快泄漏或中和,从而消除电荷的大量积聚。

1.减少摩擦起电

根据影响静电产生的因素分析,可以从降低接触压力、减小相对运动速度、合理选择相互接触的两种物体材质三个方面减少摩擦起电。

对于流动的可燃液体,限制其流速可以大大减少静电的产生和积聚。在确定流速时,不但要考虑管道的内径,而且要注意流体的性质、所含杂质的成分和数量、管道的材质等各种因素的影响。在管道中流动的可燃液体,即使有较高的平均电荷密度,但往往由于管道内有较大电容,并不显示出有较高的电压,且在管道中又因为没有空气,所以不会发生燃烧和爆炸。在这种情况下,虽然静电在管道内部并不构成危险,但其严重的危害却主要是在管道的出口处,这是必须引起重视的。

在传动装置中,应减少皮带与其他传动件上的打滑现象。如皮带要松紧适当,保持一定的拉力,并避免过载运行等。选用的皮带应尽可能采用导电胶带或传动效率较高的导电的三角胶带。在输送可燃气体、易燃液体和易燃易爆物体的设备上，应采用直接轴（或联轴节）传动，一般不宜采用皮带传动，如需要皮带传动，则必须采取有效的防静电措施。

2. 静电接地

静电接地的作用是泄放导体上可能集聚的电荷，使导体与大地等电位，使导体间的电位差为零。静电接地就是用接地的办法提供一条静电荷泄漏的通道。

静电接地的应用范围是有条件的，并不是一切物体带电都可以借助于接地的办法来解决。一般说来，可能引起火灾、爆炸场所的金属导体、设备，属于静电导体的非金属材料、人体都必须进行静电接地。同时还需考虑全系统接地的问题，否则接地反而会造成静电放电现象。例如，当处于绝缘状态的带电人体与接地体接近或接触时，可能会产生放电火花。相反，接地的人体接近带电的孤立导体时，同样可能会产生火花放电。

静电接地方式有直接接地和间接接地两种。

直接接地：直接接地就是电气接地，即用金属导线把带电体直接和接地干线连接起来。

间接接地：间接接地就是通过具有一定电阻值的静电导体将带电体和接地体连接起来的一种接地方式。

3. 降低电阻率

当物质的电阻率小于 $10^6 \Omega \cdot cm$ 时，就能防止静电荷的积聚。因此，可以采用添加导电填料和使用防静电剂降低物质的电阻率。

如在橡胶的炼制过程中，掺入一定的石墨粉，使之成为导电橡胶；在塑料生产中，掺进少量的金属粉末和石墨粉使之成为低电阻性塑料；在工业用油中，掺以少量的酒精或微量的醋酸，均能降低其电阻率。

在物质正表面涂抹防静电剂或可燃液体中加入防静电添加剂，都能使表面电阻率或体积电阻率大大降低而减少静电的积聚。

4. 增加空气湿度

当空气的相对湿度在 65%～70%以上时，物体表面往往会形成一层极微薄的水膜。水膜能溶解空气中的 CO_2，使表面电阻率大大降低，静电荷就不易积聚。如果周围空气的相对湿度降至 40%～50%时，静电不易逸散，就有可能形成高电位。

（二）常见静电危险性的控制与消除

1. 固体带电

固体绝缘材料正越来越多地用于石油化工生产设备和构件中。由于固体绝缘物没有自由电子，其表面常常因有杂质吸附、氧化，形成了具有电子转移能力的薄层，因此在摩擦、滚压、挤压、剥离等情况下能产生静电。固体静电可以通过降低电阻率的方法消除或减少因静电的积聚而产生的放电火花。

(1)橡胶制品在生产的压延工序中，胶料在压延机滚筒下，由于压力较高、受压面积较大、电荷转移较快，产生的静电电压可高达数百 kV。一般采用局部增湿，使相对湿度在 75%以上,以减少静电。

(2)运输传送设备也极易产生静电。如橡胶平皮带、塑料带、合成纤维带、牛(猪)皮带的高速传动和输送等设备上都常有静电产生。在有易燃易爆气体或粉尘的场合,传送带的传动轴、辊均不得采用电阻率较高的绝缘材料,以免静电放电引起燃烧、爆炸。

(3)不同的材料相互摩擦时产生的静电压也各不相同。如果工作人员穿着不当,也易因摩擦而产生静电。所以,在易燃易爆场合,不应穿合成纤维织物的衣服,必须穿防静电工作服,以免发生危险。

(4)化纤织物、塑料等作为抹布擦拭时,会产生静电。所以在易燃易爆危险场所应严禁使用这些物品。

2. 液体静电

液体在流动、搅拌、喷射、灌注、飞溅、冲刷、过滤、喷雾、剧烈晃动等过程中由于摩擦将引起静电现象。在一定范围内,液体静电随着电阻率的增加而增加,超过某一范围,随着电阻率的增加,液体静电反而下降。实验证明,电阻率为 $10^{10}\Omega \cdot m$ 左右的液体最容易产生静电;电阻率为 $10^8\Omega \cdot m$ 以下的液体,由于泄漏较强而不易积聚静电;电阻率在 $10^{13}\Omega \cdot m$ 以上的液体,由于分子极性很弱而不易产生静电。石油、重油的电阻率在 $10^8\Omega \cdot m$ 以下,静电危险性很小;石油制品、苯和其他一些溶剂电阻率多在 $10^{10} \sim 10^{12}\Omega \cdot m$ 之间,静电火花放电的危险性较大。下面列举几种情况加以说明。

(1)低电导率液体自由喷入油罐,引起液体表面上飞溅和撞击是静电带电的重要原因。在油罐内应避免顶部喷溅进油,应采取底部注入或将输油管伸到底部注油的办法。如果从油罐上方装油,为了减小冲击,应沿罐壁注油;为了减小喷溅,应采用斜管口和人字管口注油。

(2)搅拌易燃液体时容易产生静电,所以要选择产生静电最小的导电材料制造搅拌器,并要接地。搅拌时,应缓慢而全面地搅拌,不应高速局部搅拌。

(3)静电荷的产生随液体流动的速率增加而增加,而且,高速流动会冲击第二相物质(如水)而增加静电。为此,注油口应位于油罐底部。在向罐内装入低电导率流体时,如管道内有第二相物质,则流速不应大于 1m/s。在没有第二相物质存在时,流动速率上限不应超过 7m/s,但有时限制在 2m/s 范围内。低电导率液体中出现第二相液体时,会大大增加静电产生。应尽量消除第二相液体,如尽量减少罐内和管道内的水。

(4)当向易燃液体储罐或储槽送料、采样、测量时,也都有可能产生静电火花。因此,上述工作应在灌装后静止一段时间再进行,并不使用金属取样器或金属标尺。在实际工作中要根据液体的电阻率和储存容器的容积大小考虑相应的静止时间。

(5)加入抗静电剂,可以将液体电导率提高,从而将泄漏时间常数降低到完全可以消除静电灾害的程度。

(6)灌装、输送易燃液体时,静电就容易积聚,因此应使设备及管道良好接地。运输易燃液体时,由于中途颠簸,会使槽车或油船内液体摇荡激溅,产生静电危险。因此,槽车内应设置隔仓板;罐装量在 85% 以上较为适宜。此外,还应采用铁链接地,并保持中速行驶。

(7)高压水流在冲击对地绝缘的固体时,细微的水滴和固体也均会带电。如周围有易燃易爆气体时,也会因静电放电而造成爆炸危险。

(8)用汽油擦洗地板也会引起静电火灾爆炸事故。因在擦洗时使用的汽油,经陆续挥发后,形成大量的爆炸性混合物,而当用拖把擦地面或人体走动时与汽油摩擦,都可能产生静电火花放电,即能引起燃烧或爆炸。故应严禁使用汽油等易燃液体擦洗地面。

3. 粉尘带电

粉体物料是指细小颗粒组成的粉末状物料。在工业生产加工过程中,物料颗粒之间或物料与器壁之间免不了互相碰撞摩擦,进行反复的接触和分离,这样,它们之间就会产生电子转子转移现象,使粉体及器壁分别带上不同极性的静电。一般说来,高绝缘物料易起电,器壁或管壁越粗糙,粉尘带电越多,粉体颗粒越小,其表面积越大,所带电荷就越多。粉尘被输送、搅拌、混合时间越长,发生摩擦和碰撞的次数越多,粉体带电越多。但颗粒在碰撞的同时,也发生着中和电荷的过程,因而经过一定时间后,静电的产生和消失接近平衡,带电状态趋于饱和。此外,粉尘带电还与管道和器壁的结构有关。弯曲的管道比平直的管道容易产生静电,管道收缩部分比均匀部分容易产生静电;管道或料槽安装的角度对静电也有一定的影响。通常,可以采用以下方法控制粉尘静电。

(1)限制粉尘在管道中的输送速度。粉尘越细、摩擦碰撞的机会越多,且越容易产生静电。所以,粉尘越细,速度应越慢。具体的速度应根据粉尘种类、空气相对湿度、环境温度、器壁粗糙度等影响而有所不同,应通过电压测定来控制。

(2)管道内壁应尽量光滑,以减少静电聚集。管道弯头的曲率半径要大,不宜急转弯,以减少摩擦阻力。

(3)粉尘捕集器的布袋,应用棉布或导电织品制作,因合成纤维织物易产生静电,不宜采用。

(4)在允许增加湿度的条件下,可将空气相对湿度增加到65%以上,以减少静电。

4. 气体带电

纯净的气体即使流动也不会产生静电。但几乎所有的气体都含有固态或液态杂质。如管道中的铁锈,空气中的水分、尘埃等。这些含有微量杂质的气体在压缩、排放、喷射或固态气化时,在阀门、喷嘴,放气管或缝隙等处极易产生静电。甚至在气流冲过接地的金属网时,由于增加了气体与网的摩擦机会,反而会使静电上升。常见的气体带电情况如下:

(1)高压蒸汽冲洗油舱或储槽时,蒸汽与空气中的油雾高速冲击摩擦,使油粒产生大量的负电荷,与接地体之间发生火花放电,造成油气爆炸。国外曾有3艘油轮在一个月内相继沉没的事件,其原因就是在喷射高压蒸汽冲洗油舱时发生爆炸。

(2)易燃易爆气体、水蒸气及其他气体,如果输送管道破裂,发生泄漏而高压喷出时,由于速度极快,均可产生高压静电,发生火花放电而引起燃烧爆炸。曾发生过压力为2.1~2.2MPa的氢气因管道破裂而高速喷出引起的重大爆炸事故。

(3)气体放空时高速喷出,也能产生静电。如液化天然气瓶放空时,液化天然气大量聚集在瓶颈部位,当气流冲出过程中可产生静电的积聚,并发生火花放电,从而引起燃烧爆炸。

(4)气体冲入易产生静电的液体时,在气泡与液面上会产生双电层,其中某种电荷虽随气泡上升而被带走,但却使下部的绝缘液体仍带有一定的静电。

(5)防止气体产生静电的主要措施是控制喷气压力。实践证明,以1.5MPa以下的蒸汽喷射时,就不易发生静电危险。一切高压气体的容器、管道均不得泄漏,喷气管口还应接地。

5. 人体带电

人体的体电阻率很低,可视为导体。当人体穿着绝缘鞋或站在绝缘地板上时,则人体能够通过接触、感应、摩擦等方式而带电。最为常见的是由于穿着的衣物带电。常见人体带电的过程有以下几类:人从椅子上站起来或擦拭墙壁等过程;人在高电阻率材料制成的地毯、绝缘地板上走动;脱下外衣的过程;液体或粉体从人拿着的容器内倒出;与带电材料接触的过程;人处在电磁场中。控制人体带电的主要措施有以下几类。

(1) 在有防爆要求的工作场所,不得使用塑料、橡胶等绝缘地面,并尽可能保持湿润。操作人员应穿防静电鞋,以减少人体带电。如铺有地毯应夹织金属丝,并良好接地。

(2) 在易燃易爆场所,工作人员不能穿合成纤维织物的衣服,应穿防静电工作服。

(3) 易燃易爆场所的坐椅不宜采用人造革之类的高电阻材料制造。

(4) 对高压带电体应加屏蔽,人体应避免与高速喷射的气体接近,以防静电感应。

习 题

1. 电气安全主要包括哪两个方面?
2. 电气事故可分为哪几类?
3. 电流对人体的伤害可以分为哪两种类型?
4. 电流对人体的作用受哪些因素的影响?
5. 简述直接接触触电事故的预防技术。
6. 间接接触触电预防技术主要有哪两种?
7. 什么是安全电压?
8. 雷电的破坏作用有哪几种?易燃易爆场所如何防雷电?
9. 防止静电危害的基本措施有哪些?
10. 控制人体带静电的主要措施有以哪几类?

第十四章 有毒有害气体防护技术

本章系统介绍了石油、石化行业常见的有毒有害气体(如硫化氢、二氧化硫、一氧化碳、天然气等)的防护技术。重点介绍了硫化氢气体的来源、危害及防护技术,简述了其他有毒有害气体的危害及防护。读者学习时可根据不同专业、不同岗位对内容进行筛选,对可能接触到的有毒有害气体重点掌握。

第一节 概述

一、有毒有害气体简介

所谓有毒或有害气体,指的是进入人体后能使人体正常的生理功能出现紊乱,即中毒现象的气体。常见有毒有害气体按其毒害性质和程度的不同,可分为两大类:

(一)刺激性气体

刺激性气体是指对眼和呼吸道黏膜有刺激作用的气体,它是工业上常遇到的有毒气体。刺激性气体的种类很多,最常见的有氯、氨、氮氧化物、光气、氟化氢、二氧化硫、三氧化硫和硫酸二甲酯等。此类气体的典型特点是有强烈的刺激性,长时间接触能够导致死亡(如光气、氯气等)。

(二)窒息性气体

窒息性气体是指能造成机体缺氧的有毒气体,可分为单纯窒息性气体、血液窒息性气体和细胞窒息性气体,如氮气、甲烷、乙烷、乙烯、一氧化碳、硝基苯的蒸气、氰化氢、硫化氢等。此类气体对人体的危害较大,能在短时间内使人缺氧窒息甚至死亡,危害较大。

另外,在生产或生活中,人们常常接触到挥发性有机物(常用 VOC 表示),世界卫生组织对挥发性有机物的定义是熔点低于室温而沸点在 50℃~260℃ 的挥发性有机物的总称,在常温下以蒸气形式挥发于空气中。挥发性有机物对人类与环境有较大的危害,当居室或工作环境中 VOC 浓度超过一定浓度时,在短时间内人会感到头痛、恶心、呕吐、四肢乏力,严重时会抽搐、昏迷、记忆力减退。VOC 伤害人的肝脏、肾脏、大脑和神经系统。VOC 的种类、成分复杂,大体可分为八类:烷烃类、芳烃类、烯类、卤烃类、酯类、醛类、酮类和其他。室外的 VOC 主要来源于工业排放的废气、汽车尾气、光化学污染等,在室内则主要来自燃煤和天然气等燃烧产物、吸烟、采暖和烹调等的烟雾,建筑和装饰材料、家具、家用电器、清洁剂和人体本身的排放等。

随着石油、石油化学工业的发展,有毒有害气体伴随在我们生活和工作之中。硫化氢是许多工业生产过程中的副产物,多种职业有机会接触硫化氢,如采矿、石油开采提炼、皮革鞣制、橡胶合成、煤气生产、制造纤维、造纸、染料制造、制糖、食品加工以及清理垃圾、阴沟、粪池、菜窖、鱼舱等作业;一氧化碳在冶金工业的炼焦、炼钢、炼铁、矿山放炮,化学工业的合成氨、合成甲醇,碳素厂石墨电极制造,汽车尾气、煤气发生炉的不完全燃烧中均可产生;二氧化硫是钢铁行业、石油加工业、化学工业、医药行业和食品饮料制造业等行业的从业人员容易接触的气体;氨气是冷冻机制造、石油开采和炼制、化学工业、食品制造业、纺织业、化肥农药制造业、涂料印染等行业从业人员容易接触的气体;氯气主要来源于化工、轻工、有色金属冶炼的氯化焙烧或氯化挥发等过程。本章将重点介绍有毒有害气体防护技术。对于挥发性有机物,由于种类繁多,在此不进行讨论。

二、基本概念

本章采用下列术语和定义。

(一)阈限值(threshold limit value, TLV)

几乎所有工作人员长期暴露都不会产生不利影响的某种有毒物质在空气中的最大浓度,即阈限值。我国规定:硫化氢的阈值为 $15mg/m^3$,二氧化硫的阈限值为 $5.4mg/m^3$。

(二)安全临界浓度(safety critical concentration)

工作人员在露天安全工作 8h 可接受的某种有毒物质在空气中的最高浓度,即安全临界浓度。硫化氢的安全临界浓度为 $30mg/m^3$。二氧化硫的安全临界浓度为 $13.5mg/m^3$。

(三)危险临界浓度(dangerous threshold limit value)

某种有毒物质在空气中达到此浓度时,对生命和健康会产生不可逆转的或延迟性的影响,即危险临界浓度。硫化氢的危险临界浓度为 $150mg/m^3$。

(四)允许暴露极限(premissible exposure limit, PEL)

相关国家标准中规定的吸入暴露极限,即允许暴露极限。这些极限可以以 8h 时间加权平均数(TWA)、最高限制或 15min 短期暴露极限(STEL)表示。PEL 可以变化,用时宜查阅相关国家标准的最新版本作为使用依据。

美国政府工业卫生专家联合会(ACGIH)规定:硫化氢 8h 加权平均浓度(TWA)为 $15mg/m^3$,15min 内平均的短期暴露值(STEL)为 $22.5mg/m^3$,二氧化硫 8h 加权平均浓度(TWA)为 $5.4mg/m^3$,15min 短期暴露极限(STEL)为 $13.5mg/m^3$。

(五)可接受的上限浓度(acceptable ceiling concentration, ACC)

在每班 8h 工作的任意时间内,人员可以处于空气污染物低于可接受的上限浓度的工作环境。但是,当高于以 8h 为基准的可接受的上限浓度时,规定了一个可以接受的最高峰值浓度和相应的时间周期。

美国职业安全与健康局(OSHA)规定:硫化氢可接受的上限浓度(ACC)为 30mg/m³。ACC 以上的 8h 最大峰值为 75mg/m³。

(六)启动立即行动计划(通知相关方)

硫化氢启动立即行动计划(通知相关方)浓度为 75mg/m³。
二氧化硫启动立即行动计划(通知相关方)浓度为 27mg/m³。

(七)对生命或健康有即时危险的浓度(immediately dangerous to life and health,IDLH)

任何有毒、腐蚀性或窒息性气体在大气中的浓度,达到此浓度会立刻对生命造成威胁,或对健康造成不可逆转的或滞后的不良影响,或将影响人员撤离危险环境的能力。硫化氢对生命或健康有即时危险的浓度(IDLH)为 450mg/m³,二氧化硫对生命或健康有即时危险的浓度(IDLH)为 270mg/m³。氧气含量低于 19.5% 为缺氧,氧气含量低于 16% 为对生命或健康有即时危险的浓度。

(八)氢脆(hydrogen embrittlement)

化学腐蚀产生的氢原子,进入金属的晶格内,造成晶格的外扭,产生很大的内应力,使金属的韧性下降,金属材料就变脆了,这就是"氢脆"。同时往往还有起泡等现象。

(九)硫化物应力腐蚀开裂(sulfide stress corrosion cracking,SSCC)

该开裂为钢材在足够大的外加拉力或残余张力下,与氢脆裂纹同时作用发生的破裂。

三、典型有毒有害气体事故案例

(一)"12·23"特大天然气井喷事故

1. 事故情况

2003 年 12 月 23 日 21 时 55 分,中国石油天然气集团公司四川石油管理局川东钻探公司承钻的西南油气田分公司川东北气矿罗家 16H 井发生天然气井喷事故,携带高浓度硫化氢喷出,造成井场周围居民和井队职工 243 人中毒死亡、2142 人住院治疗、9 万余人被紧急疏散,直接经济损失达 6432.31 万元。这起事故造成的巨大伤亡,在国内乃至世界气井井喷史上也是罕见的。经过国务院事故调查组调查,认定这次事故是一起责任事故。

2. 事故原因

(1)有关人员对罗家 16H 井的特高出气量估计不足;

(2)高含硫高产天然气水平井的钻井工艺不成熟;
(3)在起钻前,钻井液循环时间严重不够;
(4)在起钻过程中,违章操作,钻井液灌注不符合规定。
(5)未能及时发现溢流征兆,导致井喷。
(6)有关人员违章卸掉钻柱上的回压阀,是导致井喷失控的直接原因。
(7)没有及时采取放喷管线点火措施,大量含有高浓度硫化氢的天然气喷出扩散,应急预案欠完善,安全防护设施不足,周围群众疏散不及时,是导致事故伤亡损失扩大、大量人员中毒伤亡的原因。

3. 事故教训

(1)油气田钻井作业时,特别是钻遇油气层时,一定要严格遵守钻井作业操作规程和井控管理规定,杜绝违反规章制度、操作规程的行为。
(2)在处置井喷险情过程中,一定要严格执行应急预案,果断点火,防止有毒有害气体造成更大人员伤亡和环境污染。
(3)油气田作业队伍的井喷事故应急预案一定要向相关方传达,发生井喷事故时必须采取措施及时疏散相关方人员,以免造成更大伤亡。

(二)某石化总厂硫化氢中毒事故

1. 事故经过

2004年11月29日凌晨,某石化安装维修公司仪表工王某某和当班操作班长一起,处理加氢汽提塔塔顶回流罐浮筒液位计,在打开液位计底部排凝阀时,含有硫化氢的介质从排凝阀排出,王某某当即中毒晕倒,抢救无效于次日死亡。

2. 事故原因

经调查,该石化总厂制定了硫化氢安全防护管理规定和防硫化氢泄漏的应急措施,装备了防护用具和便携式硫化氢监测仪,现场有警示牌和固定式硫化氢监测仪。
(1)死亡直接原因是硫化氢中毒。事后分析,王某某在高浓度硫化氢的现场昏迷大约5min才被救出。
(2)事故发生的主要原因是作业者违章作业,安全意识差,对硫化氢的危害认识不足,未按规定佩带隔离式呼吸防护用具。
(3)当班操作班长在硫化氢泄漏应急措施不到位的情况下,违章指挥作业,乃至发现王某某中毒后不能及时抢救。
(4)未按规定办理作业票,没有明确监护人,未按集团公司《硫化氢防护安全管理规定》的有关条款要求,落实安全措施,是造成事故的重要原因。
(5)浮筒正压和副压引压阀没有关严,仍有内漏,是造成硫化氢泄漏的又一重要原因。王某某误认为正压和副压引压阀关闭。

3. 事故教训

(1)要将HSE管理体系的建立和实际实施相结合,确保制定的制度得到严格执行。在进行危险作业时,不仅要按规定开作业票,更重要的是要进行危险识别和风险评价,落实安全防护措施,确保作业安全进行。

(2)加强作业人员的安全培训,提高其安全意识,深入了解硫化氢等危险化学品的危险特性,掌握硫化氢中毒的预防和急救措施。

(3)加强设备维护与管理,确保设备、管道、仪表、阀门等处于完好状态,充分认识阀门内漏的危害。

(三)"10·12"硫化氢中毒事故

1. 事故概况

2005年10月12日19时50分,某油田井下作业公司修井分公司306队在某油田小6-3井进行除垢作业前的配液过程中,发生硫化氢中毒事故,造成3人死亡、1人受伤。

2. 事故原因

(1)配液原料除垢剂中含有的主要成分氨基磺酸与配液罐内残泥中的硫化亚铁发生化学反应而生成硫化氢气体,是事故的直接原因。

(2)配液罐底未清理干净,是事故的间接原因。配液前,尽管现场人员将罐内的残液放尽,并用铁锹对罐底的淤泥进行清理,但由于没有明确规定谁负责清理、按什么程序清理、清理到什么程度,致使罐底的淤泥没有被彻底清理干净,仍残留含有硫化亚铁的黑色泥状物。

(3)对出现的异常情况没有采取防范措施。在配液过程中,现场作业人员对异常气味没有分析判断其来源及是否有害,没有停止作业,也没有采取任何防范措施。

(4)现场环境不利于有毒气体扩散。当日天气无风、空气潮湿,硫化氢气体不易扩散,导致浓度急剧增高,人员在短时间内中毒晕倒。

(5)管理方面,风险识别不全面;规章制度不落实;设备管理存在漏洞;基层干部带头违章;培训教育不到位。

3. 事故教训

(1)必须要深入了解和掌握现用工艺、技术以及油田化学助剂的有关化学反应机理,了解反应后产物的物理化学性质,有针对性地采取防范措施。

(2)必须要进一步修订和完善各种工艺、作业的操作规程,确保制度健全、责任明确。

(3)必须要加强基层的管理,让压力逐级传递,消除"隔热层"和"肠梗阻"现象,消除"低、老、坏"作风。

(4)必须要下大力气改造落后的生产工艺和设施,合理改进配液罐,提高本质安全性能。

(四)"7·27"硫化氢中毒事故

1. 事故概况

2006年7月27日19时30分,某采油厂白于山作业区XP18井区在对101配水间(管辖包括于35-24井、于37-26井在内的9口注水井)至于35-24井、于37-26井污水管线进行解堵作业过程中,发生硫化氢气体中毒,造成3人死亡、4人轻度中毒的伤亡事故。

2.事故原因

(1)导致此起事故的直接原因是:酸性清洗剂与污水管线结垢产物中的硫化亚铁发生化学反应,产生大量硫化氢气体,导致人员中毒。

(2)间接原因是:未按解堵规程要求在方案编制前对垢样及清洗剂进行取样分析化验,未识别出该项作业的硫化氢气体中毒风险;解堵方案编制过于简单、不具体,方案审批把关不严;现场施工组织和应急处置未严格按照方案执行;现场人员自我安全防护意识不强;于35-24井注水井房固有的有限空间为硫化氢气体集聚提供了客观条件。

(3)其他原因是:事故现场距离最近的医院55km,崎岖的山路延误了最佳的抢救时机,是导致事故后果扩大化的客观原因之一;对污水注水管线结垢成因前期研究分析不够,管壁腐蚀结垢形成含有硫化亚铁的垢层,是酸洗形成硫化氢气体的主要原因;化学清洗剂使用管理不够规范。

3.事故教训

(1)"抓思想、抓基层、抓基础"的安全工作原则还没有得到很好贯彻。
(2)规章制度、操作规程的执行存在严不起来、执行不下去的问题。
(3)关键岗位员工技术素质与快速上产的工作需求不相适应。
(4)员工的安全意识培养还没有形成"要我安全"向"我要安全""我会安全"的转变。员工"不伤害自己,不伤害他人,不被他人伤害"的"三不伤害"意识还未完全树立。
(5)基层日常维护性作业仍然存在管理漏洞。

(五)"1·4"重大煤气泄漏事故

1.事故经过

2010年1月4日11时45分,河北普阳钢铁公司因江苏省南京三叶公用安装公司承建的煤气管道工程发生煤气泄漏事故,造成21人死亡,9人受伤。

2.事故原因

(1)由于施工人员在完成焊接1号转炉与2号转炉煤气连接管道工程后,未采取可靠的煤气切断措施,使1号转炉煤气泄漏到2号转炉系统中,造成正在2号转炉进行砌炉作业工作人员中毒。

(2)发生煤气泄漏事故的厂区安装有先进的煤气检测报警系统,但是正是由于这个系统的先进反而造成了一场"狼来了"式的悲剧。煤气报警系统特别灵敏,只要有一点煤气泄漏,它就会报警,厂里的操作工人都习以为常了,只要一报警就让上游管煤气阀门的关一下,时间一长就没有那种警惕性了,事故发生时报警系统同样报警,但是没有引起在场人们的重视,以致酿成惨剧。

第二节　硫化氢防护技术

一、地层中的硫化氢

(一)天然气藏的分类

根据天然气中硫化氢含量可将天然气藏划分为五类,见表14-1。

表14-1　天然气藏的分类

序号	类别	硫化氢含量
1	无硫气藏	<0.0014%
2	低含硫气藏	0.0014%~0.3%
3	含硫气藏	0.3%~1%
4	中含硫气藏	1%~5%
5	高含硫气藏	35%

(二)地层中硫化氢的来源

油气田地层中的硫化氢主要来源于以下三个方面。
(1)硫化物分解:石油中硫醇、硫醚受热分解,油层越深,温度越高,硫化氢含量越高。
(2)硫酸盐的还原:石油中烃类或有机质还原储层中的硫酸盐,产生硫化氢。储集层水中的微生物硫酸盐还原菌,还原硫酸盐而产生硫化氢。硫酸盐热化学还原是生成高含硫化氢天然气和硫化氢型天然气的主要形式,它发生的温度一般大于150℃。硫酸盐岩发生热化学还原作用,生成硫化氢气体。如硫酸盐岩含量很低,所形成的硫化氢含量一般不会超过2%。若硫酸盐岩含量较高时,可产生较多硫化氢气体。
(3)硫化氢上窜:通过裂缝等通道,下部地层中硫酸盐层的硫化氢上窜而来。
另外,腐败厌氧环境会产生硫化氢,如石油天然气加工厂、造纸厂、实验室等下水道、沼气池等。

(三)钻井、修井、采油、炼油等作业中硫化氢的存在

1. 钻井作业

钻井作业中可能聚集硫化氢的区域有:钻井液出口;防喷器口;井架底座;振动筛;除气器;节流管汇或钻井液循环管汇系统;生活区;发电机、配电房抽风口处。

2. 修井作业

(1)修井时循环罐和油罐中的硫化氢(主要来源):循环罐、油罐和储浆罐内部或周围可能

存在硫化氢气体,这是由于修井时循环、自喷或抽汲井内液体进入罐中造成的。

(2)修井作业中硫化氢的存在:井内液体中的硫化氢可以由于液体的循环、自喷、抽汲或清洗油罐释放出来;打开油罐的顶盖、计量孔盖和密闭油罐的通风管,都有可能有硫化氢向外释放;在井口、压井液、放喷管、循环泵、管线中也可能有硫化氢气体。

3. 采油作业

在采油作业中,可能存在硫化氢气体的场所有:
(1)水、油的储罐;
(2)用来分离油和水、乳化剂和水的分离器;
(3)输送装置,油罐及其管道系统;
(4)用来燃烧酸性气体的放空池和放空管汇;
(5)提高石油回收率也可能会产生硫化氢;
(6)装载场所,如油罐车一连数小时的装、卸油,装卸时管理不严,司机没有经过专门培训,可能引起硫化氢气体泄漏;
(7)计量站调整或维修仪表。

4. 炼油作业

石油炼制过程温度较高,可以产生硫化氢。产生的硫化氢可能通过炼厂工艺设备或管道、管件、仪表泄漏出来。炼厂里释放硫化氢的途径归为七种:密封件、连接件、法兰、处理装置(包括冷凝装置)、排泄系统、取样阀以及其他泄漏部位。

5. 酸洗或检维修过程

用酸清洗含有 FeS 的容器,发生反应生成硫化氢。将酸排入含硫废液中,发生化学反应生成硫化氢。如:酸洗一个高 100ft 直径 6ft 的容器时,1lb 硫化铁可使容器内硫化氢气体浓度达到 $1500mL/m^3$。

6. 注水过程

水池管道中长期注入含氧水(如含盐水、地下水),在注入过程中由于硫酸盐还原菌的作用,带来对地层的污染,能使地层中产生硫化氢气体并在整个生产过程中增加硫化氢的含量。

二、硫化氢的物理化学性质

(一)物理性质

(1)颜色与气味:硫化氢是无色、剧毒(毒性为一氧化碳的 5~6 倍,几乎与氰化氢同样剧毒)的酸性气体。具有臭鸡蛋味,即使是低浓度的硫化氢,也会损伤人的嗅觉,浓度高时反而没有气味(因为高浓度的硫化氢可以麻痹嗅觉神经)。用气味作为检测这种气体的手段是危险的。

(2)相对密度:为 1.189(15℃,101.33kPa)。相对分子质量为 34.08,密度比空气大,是空气的 1.19 倍。在通风条件差的环境,它极易聚集在低洼处。如果发现处在被告知有硫化氢存在的地方,只要有可能,都要在上风向、地势较高的地方工作。

(3)沸点:-60.2℃。

(4)熔点:-82.9℃。

(5)溶解性:溶于水(溶解比例1:2.6)、乙醇、二硫化碳、甘油、汽油、煤油、原油中,溶解性随液体温度升高而下降。

(二)化学性质

1. 可燃性

硫化氢的自燃温度为260℃,爆炸极限为4.3%～46%,与氧化剂反应很剧烈,易起火或爆炸。其稳定燃烧时火焰呈蓝色,生成有毒的二氧化硫。

$$2H_2S+3O_2 \xrightarrow{\text{燃烧充分}} 2SO_2\uparrow+2H_2O$$

$$2H_2S+O_2 \xrightarrow{\text{燃烧不充分}} 2S\downarrow+2H_2O$$

2. 与活泼金属反应

硫化氢及其水溶液,与活泼金属都可发生腐蚀反应。

在水中表现为酸性　　$H_2S \rightleftharpoons H^+ + HS^-$　　　　$HS^- \rightleftharpoons H^+ + S^{2-}$

例如　　　　　　　　　　$Fe + H_2S \rightleftharpoons FeS + H_2\uparrow$

这是导致金属化学腐蚀的原因。

三、硫化氢的危害

硫化氢的阈限值为$10mL/m^3$($15mg/m^3$),其安全临界浓度为$20mL/m^3$($30mg/m^3$)。不同浓度的硫化氢对人员的影响见表14-2。

表14-2　不同浓度的硫化氢对人员的影响

序号	H_2S的浓度,mL/m^3	危害程度
1	0.13～4.6	可以嗅到,一般无危害
2	4.6～10	刚接触有刺热感,但迅速消失
3	10～20	为安全临界浓度
4	50	允许接触10min
5	100	刺激咽喉,引起咳嗽,3～10min会损伤嗅觉神经和眼睛,有轻微头痛、恶心、脉搏加快症状,接触4h以上可能导致死亡
6	200	立即破坏嗅觉系统,眼睛、咽喉有灼烧感,时间稍长眼睛、喉烧伤,甚至死亡
7	500	失去理智和平衡知觉,呼吸困难,2～15min内呼吸停止,抢救不及时导致死亡
8	700	很快失去知觉,呼吸停止,抢救不及时将死亡
9	1000	立即失去知觉,造成死亡或永久性脑损伤或智力损残
10	2000	吸上一口,将立即死亡,难以抢救

(一)硫化氢对人的危害

硫化氢是一种剧毒、窒息性气体,是强烈的神经毒物,硫化氢对人体的危害有麻痹神经和腐蚀黏膜作用。硫化氢职业危害程度级别为高度危害(Ⅱ级)。

一个人对硫化氢的敏感性随其与硫化氢接触次数的增加而减弱。硫化氢被吸入人体,首先刺激呼吸道,其次刺激神经系统,导致头晕、丧失平衡、呼吸困难、心跳加速,严重时,心脏缺氧而死亡。

1. 毒理学简介

硫化氢是一种神经毒剂,也是窒息性和刺激性气体。它主要作用于中枢神经系统和呼吸系统,亦可造成心脏等多个器官损害,对其作用最敏感的部位是脑和黏膜。

硫化氢在体内大部分经氧化代谢形成硫代硫酸盐和硫酸盐,少部分经甲基化代谢而形成毒性较低的甲硫醇和甲硫醚,这些代谢产物可在 24 小时内随尿排出,部分随粪排出;极少部分硫化氢经肺呼出,在体内无蓄积。

硫化氢的急性毒性作用器官和中毒机制,随接触浓度和接触时间变化而不同。浓度越高则对中枢神经抑制作用越明显,浓度较低时对黏膜刺激作用明显。

2. 中毒症状

轻度中毒:有畏光流泪、眼刺痛、流涕、鼻及咽喉灼热感,数小时或数天后自愈。

中度中毒:出现头痛、头晕、乏力、呕吐、运动失调等中枢神经系统症状,同时有喉痒、咳嗽、视觉模糊、角膜水肿等刺激症状,经治疗可很快痊愈。

重度中毒:表现为骚动、抽搐、意识模糊、呼吸困难,迅速陷入昏迷状态,可因呼吸麻痹而死亡,若抢救治疗及时,1~5 天可痊愈。在接触极高浓度时(1000mg/m³ 以上),可发生"闪电型"死亡,即在数秒钟突然倒下,瞬间停止呼吸,立即进行人工呼吸尚可望获救。

从上面的分析可以看出发生硫化氢中毒的特点:硫化氢最大的危害是意外接触造成突然死亡;不能根据臭鸡蛋味来判断作业场所是否存在硫化氢及其浓度。

3. 硫化氢进入人体的途径

(1)经呼吸道吸收:整个呼吸道的黏膜和肺泡都能不同程度地吸收硫化氢。硫化氢经肺部进入血液循环系统,所以不经过肝脏解毒,因而具有较大的危险性。在石油企业中发生的职业中毒,大多数是经呼吸道吸入体内而导致中毒的。因为它与血液中的溶解氧发生化学反应,当硫化氢的浓度极低时,它将被氧化,对人体威胁不大。而其浓度较高时,将夺去血液中的氧,阻断细胞内呼吸而导致全身性缺氧。中枢神经对缺氧最敏感,首先会受到损害,由于中枢神经麻痹,使人丧失意识,而出现全身中毒反应,甚至死亡。有实例表明血液中存在酒精能加剧硫化氢的毒性。硫化氢接触湿润黏膜后与组织中的碱性物质结合成硫化物,具有腐蚀性,造成眼和呼吸道的损害。

(2)通过皮肤吸收:脂溶性毒物,经毛囊空间到达皮脂腺及腺体细胞而被吸收,一小部分则通过汗腺进入人体。毒物进入人体的这一途径也不经肝脏转化,直接进入血液系统而散布全身,危险性也较大。但当皮肤出汗时,硫化氢接触汗液并溶解成氢硫酸,对皮肤有一定的刺激作用。

(3)通过消化道吸收:多由不良卫生习惯造成误食或由呼吸道侵入人体,一部分沾附在鼻咽部混于其分泌物中,无意被吞入。毒物进入消化道后,大多随粪便排出,其中一小部分在小肠内被吸收,经肝脏解毒转化后被排出,只有一小部分进入血液循环系统。

4. 硫化氢对人体造成的主要损害

1) 中枢神经系统损害(最为常见)

接触较高浓度硫化氢,常先出现眼和上呼吸道刺激,随后出现头痛、头晕、乏力等症状,并发生轻度意识障碍。

接触高浓度硫化氢,以脑病表现为显著,出现头痛、头晕、易激动、步态蹒跚、烦躁、意识模糊、谵妄、癫痫样抽搐,可呈全身性强直阵挛发作等。可突然发生昏迷;也可发生呼吸困难或呼吸停止后的心跳停止。眼底检查可见个别病例有视神经乳头水肿,部分病例可同时伴有肺水肿。

接触极高浓度硫化氢后可发生电击样死亡,即在接触后数秒或数分钟内呼吸骤停,数分钟后可发生心跳停止;也可立即或数分钟内昏迷,并呼吸骤停而死亡。死亡可在无警觉的情况下发生,当察觉到硫化氢气味时可立即丧失嗅觉,少数病例在昏迷前瞬间可嗅到令人作呕的甜味。死亡前一般无先兆症状,可先出现呼吸深而快,随之呼吸骤停。

急性中毒时多在事故现场发生昏迷,其程度因接触 H_2S 的浓度和时间而异,偶可伴有或无呼吸衰竭。部分病例在脱离事故现场或转送医院途中即可复苏。到达医院时仍维持生命体征的患者,如无缺氧性脑病,多恢复较快。昏迷时间较长者在复苏后可有头痛、头晕、视力或听力减退、定向障碍、癫痫样抽搐等,绝大部分病例可完全恢复。

2) 呼吸系统损害

可出现化学性支气管炎、肺炎、肺水肿、急性呼吸窘迫综合征等。少数中毒病例以肺水肿的临床表现为主,而神经系统症状较轻,可伴有眼结膜炎、角膜炎。

3) 心肌损害

急性中毒出现心肌梗死样表现,可能由硫化氢的直接作用使冠状血管痉挛、心肌缺血、水肿、炎性浸润及心肌细胞内氧化障碍所致。

急性硫化氢中毒致死病例的尸体解剖结果表明,硫化氢中毒常与病程长短有关,常见的是脑水肿、肺水肿,其次为心肌病变。一般可见尸体明显发绀,解剖时发出硫化氢气味,血液呈流动状,内脏略呈绿色。脑水肿最常见,脑组织有点状出血、坏死等;可见脊髓神经组织变性。电击样死亡的尸体解剖呈非特异性窒息现象。

在中毒病程中,部分病例可发生心悸、气急、胸闷或心绞痛症状,少数病例在昏迷恢复、中毒症状好转1周后发生心肌梗死表现。心电图呈急性心肌梗死样图形,但可很快消失。其病情较轻,病程较短,愈后良好,诊疗方法与冠状动脉样硬化性心脏病所致的心肌梗死不同,故考虑为弥漫性中毒性心肌损害。心肌酶谱检查可有不同程度异常。

(二)硫化氢对金属材料的腐蚀

硫化氢的职业危害大部分是由硫化氢对设备腐蚀造成泄漏而引发的。

硫化氢溶于水形成弱酸,它对钢材的腐蚀与油气井中含水及其矿化度、二氧化碳含量及环境参数等有关。如果油气井中既含二氧化碳也含硫化氢则腐蚀更强烈,有资料表明一些井投产短时间后井下管串即被腐蚀报废。

含硫油气田设备的腐蚀形式有电化学腐蚀、氢脆破坏。氢脆破坏往往造成井下管柱的突然断落、地面管汇和仪表的爆破、井口装置的破坏,甚至发生严重的井喷失控或着火事故。其中由于钻杆受到拉、压、挤、扭、冲等复杂载荷的作用,且工作环境十分恶劣,钻杆的腐蚀最为严重。

1. 电化学腐蚀

电化学腐蚀也称失重腐蚀,是硫化氢在有水的条件下在金属表面产生的电化学反应,其反应式为

$$Fe + H_2S \rightarrow Fe_xS_y \downarrow + H_2 \uparrow$$

其中 Fe_xS_y 有几种形式,如 FeS_2、Fe_9S_8。这个反应要在有水的条件下才能进行,因为只有在有水的情况下,才有硫离子存在。生成物 Fe_xS_y 是一种疏松的物质,因此这种腐蚀对钢材产生破坏作用。失重腐蚀使钢材产生蚀坑、斑点和大面积脱落,造成设备变薄、穿孔、强度减弱等现象,甚至造成破裂。

2. 氢脆破坏

这类腐蚀的原理同电化学腐蚀。原电池产生的氢原子,在结合成氢分子时体积增大,进入金属内部,造成巨大的内压,即在金属内部形成巨大的内应力,致使低强度钢和软钢发生氢鼓泡变硬,若是高强度钢则会变脆,延展性下降,产生裂纹。

氢脆的机理:延迟断裂现象的产生是由于零件内部的氢向应力集中的部位扩散聚集,应力集中部位的金属缺陷多(原子点阵错位、空穴等)。氢扩散到这些缺陷处,氢原子变成氢分子,在金属内部产生巨大的压力,这个压力与材料内部的残留应力及材料受的外加应力组成一个合力,当这合力超过材料的屈服强度,就会导致断裂发生。这样的氢原子进入金属的晶格内,造成晶格的外扭,产生很大的内应力,使金属镀层和基体的韧性下降,金属材料就变脆了。这就是"氢脆"。"氢脆"同时往往还伴有起泡和针孔等现象。应该说金属都有此现象,只是程度不同。一般对氢吸附能力强的金属此现象较明显。这些金属中该现象最明显的是铬,其次是铁及其合金等,其他金属很小或者几乎没有。这些金属材料电镀等加工后都要做"驱氢"处理。处理方法一般是将金属放到烘箱里烘或者放到热油里加热。

应力腐蚀的特点:断口平整,不存在塑性变形,像陶瓷断口;断口裂纹与拉力方向垂直;往往是突然性断裂,无先兆;属于低应力下破裂;裂源多发生在应力集中点。

3. 影响硫化氢腐蚀的因素

影响硫化氢腐蚀金属的因素主要有温度、溶液的 pH 值、金属自身的性能(金相组织硬度等)。

1)温度

一般来说,化学反应速度是随温度升高而加快,随温度的降低而变慢,这就是在潮湿、高温环境下金属很快被腐蚀的原因。在25℃左右,金属材料被破坏所用的时间最短,硫化氢应力腐蚀最为活跃。温度很低(<-5℃)时,氢的扩散速度慢,不会有明显的硫化物应力腐蚀,温度很高(>90℃)时,氢的扩散速度极大,从钢材中逸出,反而不会发生硫化物应力腐蚀。

2)溶液 pH 值

随着溶液 pH 值降低(酸性增大),腐蚀增加,当 pH 值<6 时,硫化氢应力腐蚀严重,当 pH 值>6 时,产生一般腐蚀。如果含有硫化氢、二氧化碳的天然气中同时含有微量水,硫化氢及二氧化碳在微量水中将会达到饱和,此时,其酸性达到最大,对钢材的腐蚀速度会大大增加。

3)钢材金相组织、硬度、焊接处理情况等的影响

钢材性能与硫化物应力腐蚀的关系。在分析硫化物应力破裂的机理时已知,氢原子渗透到金属内部,特别是在有缺陷、组织不均匀或应力集中处,结合成氢分子,在金属内形成很大的内应力,这使原来比较软的金属变硬,而本来较硬的金属变脆,更易于破裂。一般来说,较硬的钢材容易受硫化氢应力腐蚀,许多碳素钢和低合金钢硫化氢应力腐蚀破裂表明,其破裂的敏感性主要取决于钢材的金相组织,通过对钢材合理的处理,可以得到抗硫性能良好的金相组织。硬度相同的钢材,经调质处理,可得到一种呈均匀球形分布的索氏体金相组织,抗硫化氢性能最好。

这里要特别指出,焊接件的焊口对硫化氢的应力腐蚀极为敏感,这是因为焊口处的金相组织呈马氏体,缺陷很多,容易聚集氢原子,造成严重的氢脆。

钢材的表面情况对硫化氢应力腐蚀也有很大影响。完好的表面可以均匀地分布载荷,避免出现应力集中。受损伤的表面,如机械伤痕处就容易成为应力集中点,往往是设备断裂的根源。因此,在硫化氢环境中的钢材设备要尽量避免损伤表面,或对设备进行冷加工,尽量减少残余应力。

(三)硫化氢加速非金属材料老化

硫化氢能加速非金属材料的老化。在地面设备、井口装置、井下工具中,有橡胶、浸油石墨、石棉等非金属材料制作的密封件。它们在硫化氢环境中使用一定时间后,橡胶会鼓泡胀大、失去弹性;浸油石墨及石棉绳上的油被溶解而导致密封件的失效。

(四)硫化氢对钻井液污染

硫化氢对水基钻井液有较大的污染。它会使钻井液性能发生很大变化,如使其密度下降、pH 值下降、黏度上升,以致形成流不动的冻胶;使钻井液的颜色变成瓦灰色、墨色或墨绿色。

(五)硫化氢对环境的污染

硫化氢属于恶臭物质,是大气污染物。硫化氢主要由有机物腐败而产生,估计全世界每年进入大气的量约 1×10^8 t。每年人为产生硫化氢约 300×10^4 t,其主要来源是牛皮纸浆厂、炼焦厂、炼油厂和人造丝厂等。采用焚烧方法来控制硫化氢污染,实际上不过是把它转化为二氧化硫排入大气。现已有成熟的方法回收硫化氢,用以制造硫酸或回收硫磺。硫化氢在大气中存留时间只有几小时,很快就会氧化成二氧化硫。硫化氢可使含铅颜料和铜变黑,还会侵蚀混凝土。

四、硫化氢中毒的现场急救

在现场发生硫化氢中毒事故,应该第一时间对中毒人员采取正确的救护措施,争取挽救患者的生命。

(一)硫化氢中毒急救预案

1. 现场防护

(1)培训员工了解硫化氢的特性和防护、急救方法、防毒面具的佩戴。岗位上严禁吸烟、饮水和进食,下班后及时淋浴、换洗工作服。

(2)在生产开始时,利用硫化氢检测仪对工作区域进行监控,当浓度高于 15mg/m³ 时,组织现场人员撤离。

(3)防护器材。应配备过滤式防毒面具或正压式空气呼吸器、化学安全防护眼镜、橡胶手套、防护服等。

(4)设备物资储备。应储备的设备物资包括硫化氢气体浓度测试仪、救援绳索(30~50m,用于救援中毒伤员)、防爆电筒等。

提示:救援人员进入硫化氢浓度较高的环境内(例如出现昏迷/死亡病例或死亡动物的环境,或者现场快速检测硫化氢浓度高于 150mg/m³),必须使用自给式空气呼吸器,现场救援人员的皮肤防护无特殊要求;如现场中毒患者中无昏迷/死亡病例,或现场快速检测硫化氢浓度在 15mg/m³~150mg/m³ 之间,选用可防硫化氢气体全面型呼吸防护器(参见 GB/T 2890—2009);进入已经开放通风,且现场快速检测硫化氢浓度低于 15mg/m³ 的环境内,一般不需要穿个体防护装备;现场处置人员在进行井下和坑道救援与调查时,必须系好安全带(绳),并携带通信工具。在开放空间开展现场救援工作对防护服穿戴无特殊要求。医疗救护人员在现场医疗区救治中毒病人时,不必穿戴防护装备。

2. 紧急处置

1)报警

发生硫化氢中毒事故,立即通知现场管理者。现场指挥启动立即行动计划,向上级管理部门报告,同时拨打 119、120 向消防、医疗等部门报警,还要将事故情况报告当地质监、安监等有关部门。

2)人员疏散

现场管理人员应组织人员迅速撤离现场,疏散至上风处,被疏散人员统一集中在安全地带,清点人数,并及时向应急救援指挥中心报告。

3)监视组

监控现场的所有情况,并随时向应急指挥中心报告事态发展的情况,处置程序和结果。

4)抢险组

接到应急指挥中心的命令后,应准确了解现场地形,据硫化氢监测情况,佩戴好防毒面具,然后进入现场进行抢险和抢救伤员,抢险组在进入现场时,必须两人以上组成一个小组佩戴防毒面具进行工作。

5)伤员处置

首先,迅速将中毒患者移离中毒现场至空气新鲜处,脱去被污染衣服,松开衣领,保持呼吸道通畅,注意保暖。

当出现大批中毒患者,应首先进行现场检伤分类,优先处理黑标、红标患者。

(1)红标是指具有下列表现之一者:昏迷;咯大量泡沫样痰;窒息;持续抽搐。

(2)黄标是指具有下列表现之一者:意识朦胧、混浊状态;抽搐;呼吸困难。

(3)绿标是指具有下列表现之一者:出现头痛、头晕、乏力、流泪、畏光、眼刺痛、流涕、咳嗽、胸闷等表现。

(4)黑标是指同时具有下列指标者:意识丧失,无自主呼吸,大动脉搏动消失,瞳孔散大。

有条件现场治疗单位,对于红标患者要保持复苏体位,立即建立静脉通道;对于黄标患者要密切观察病情变化,出现反复抽搐、窒息等情况时,要及时采取对症治疗措施;对于绿标患者,脱离环境后,暂不予特殊处理,但要观察病情变化。

中毒患者经现场急救处理后,应立即就近转送至综合医院或中毒救治中心继续观察和治疗,有条件的可转运至有高压氧治疗条件的医院。

6)事故应急处置安全注意事项

(1)抢险人员必须经过专门训练,并佩戴防毒面具、空气呼吸器等防护用品,抢险时必须严格执行防火、防静电、防中毒等安全技术要求。

(2)根据现场情况确定抢险方案。如现场情况变化,应重新制定方案,不得随意蛮干。

(3)事故救援应以人员安全为首要任务,在必要的情况下,应迅速撤离事故现场。

(4)硫化氢中毒不可使用口对口吹气法,万不得已时与病人间隔数层水湿的纱布,防止吸入患者的呼出气或衣服内逸出的硫化氢,以免发生二次中毒。

7)善后处理

(1)在应急阶段结束后必须清点进出事故现场抢险人员的人数和名单,以及事故现场人员及伤残人员的人数和名单,并且尽快进行系统恢复。

(2)善后处理小组妥善处理善后事宜,包括家属的安抚与事故的理赔工作。

(3)应急救援指挥中心应完成整个事件的报告以及后续整改问题的确定、落实、执行与审核。

(4)协调组负责妥善地处理和外界职能部门的联系,配合并参与上级职能部门对硫化氢中毒的调查工作,并做进一步的跟进。

(二)硫化氢中毒现场急救程序与护理常识

1. 现场急救程序

(1)离开毒气区:抢救人员应了解 H_2S 气体的来源地、确定风向(如果中毒事件发生在室外)、确定进出线路,避免自身中毒,为进入现场实施抢救做好准备。

(2)报警器报警:按动报警器,并使报警器报警。如果报警器在毒气区里,或附近没有合适的报警系统,大声警告在毒气区的其他人。同时拨打求救电话。

(3)戴呼吸装置:在安全区,取离自己最近的地方放置的防护设备,按照程序要求佩戴好呼吸器。

(4)搬运中毒者:选择一个合适的搬运伤员的方法(拖两臂法、两人抬四肢法),使中毒者尽快离开毒气区。

(5)使中毒者苏醒:中毒者撤离至安全地带时,检查中毒者的中毒情况。若中毒者已停止心跳和呼吸,应立即实施心肺复苏技术进行抢救,在医护人员到达(或送往医院救治过程中),心肺复苏不得停止,直至心跳和呼吸恢复正常;若中毒者能自行进行呼吸,有条件者立刻进行吸氧,并应保持中毒者处于放松状态、保持中毒者的体温。

(6)进行医疗救护:对每一个受害者进行医疗救护,不管他是否中毒倒下。继续抢救使中毒者复苏,一直到医护人员到达或送往医院。

高压氧治疗对加速昏迷的复苏和防治脑水肿有重要作用。凡昏迷患者,不论是否已复苏,均应尽快给予高压氧治疗,但需配合综合治疗。对中毒症状明显者需早期、足量、短程给予肾上腺糖皮质激素,有利于防治脑水肿、肺水肿和心肌损害。较重患者需进行心电监护及心肌酶谱测定,以便及时发现病情变化及时处理。对有眼刺激症状者,立即用清水冲洗,对症处理。

2. 现场一般护理常识

(1)若中毒者转移到新鲜空气区后能立即恢复正常呼吸,可认为已迅速恢复正常;
(2)应让中毒者放松并给予输氧;
(3)当呼吸和心跳完全恢复后,可给中毒者饮用些兴奋性饮料(如浓咖啡);
(4)如果眼睛受到轻微损害,可用清水清洗,也可进行冷敷;
(5)若轻微中毒,中毒者经1至2天休息后,可继续工作。

3. 含硫化氢环境中的人身安全防护措施

(1)配备相应的硫化氢监测仪及防护装置,并有专人管理;
(2)作业环境应设立风向标;
(3)供气装置的空气压缩机应置于上风方向处;
(4)重点监测区应设置醒目的标志、硫化氢监测探头、报警器及排风扇;
(5)进入重点监测区作业时,应佩戴正压式空气呼吸器,至少两人同行(一人作业,一人监护);

当硫化氢浓度持续上升无法控制时,进入紧急状态,立即疏散无关人员并实施应急方案,迅速打开排风扇,疏散下风向人员。作业人员应戴上防护面具,禁止动用电、气、焊,抢救人员进行戒备状态,查明泄漏原因,迅速采取措施,控制泄漏。

五、硫化氢气体防护技术

硫化氢不仅对人体有致命的危害,对油田的管材、设备也可以造成很大的破坏。油气田在作业过程中针对硫化氢的各种危害,现场已有很多防范措施。主要防范措施包括硫化氢泄漏的预防、硫化氢的监测、作业现场通风、作业人员呼吸防护以及中毒人员的现场急救。

(一)硫化氢泄漏的预防

1. 采用合适的材质

1) 油管、套管防腐措施

(1) 选择防硫管材。

以长庆靖边气田为例,长庆靖边气田属于低含硫气藏,碳硫比较高。其油管主要为80级防硫油管,已建气井采用的油管主要有KO—80SS、SM—80SS、APIN80三种类型。在气田开发中,对于高含硫区块的气井,主要选择抗H_2S应力腐蚀的KO—80SS或SM—80SS油管。

(2) 使用缓蚀剂。

石油的钻探、开采、集输、炼制中,经常要使用缓蚀剂。尤其是开发高含硫的油气田,由于硫化氢气体对钻杆设备和油套管的严重腐蚀,必须使用抗硫化氢腐蚀的缓蚀剂。

气井缓蚀剂:含硫气田,特别是高含硫的气田腐蚀防护,是开发天然气中一项十分重要的工作。由于采出的天然气带有大量硫化氢、二氧化碳、卤水等浸蚀性物质,严重腐蚀井口采气设备和井下油管、套管,会造成闸门丝杆断裂,油管、套管穿孔断裂,集输管线爆裂等事故,因此,国内外都十分重视防止硫化氢引起的腐蚀问题。如研究抗硫化氢腐蚀的新钢材或涂料钢管。但较好的办法是同时采用缓蚀剂联合防腐。即定期向油气井投加抗硫化氢腐蚀的缓蚀剂。中国石油四川石油管理局天然气研究所在研究和应用油溶性气井缓蚀剂防止硫化氢腐蚀工作方面,取得了较好的成绩。20世纪70年代他们使用4—甲基吡啶、粗吡啶等缓蚀剂防护,使设备腐蚀大大减轻。此外,他们研究出川天2—1、川天2—2、川天2—3系列产品,在含硫气田中使用效果很好。长庆油田目前靖边气田根据气井产水相关情况及现场缓蚀剂试验、选型评价,主要采用ZD1—1、XK—05和IMC—80BH等三种缓蚀剂对气井井筒进行腐蚀防护。

油井缓蚀剂:随着油田开发时间的延长,综合含水量不断增加,采油井采出的油水中含CO_2、H_2S、溶解氧、有机酸、硫酸盐还原菌,且水的矿化度高,对油井油管、套管和原油集输系统造成腐蚀。不少油田发现油井油管、套管腐蚀穿孔、变形和断裂,原油集输系统管线穿孔现象日益严重,直接影响了油田的正常生产。油井加药防腐不但可以保护油管、套管及井下设备,而且也可以起到保护集输管线和设备的作用,是一项成本低、容易实施、见效快的措施。中原油田应用的2SY92—1油井缓蚀剂是以合成的炔氧甲基铵盐和炔氧甲基季铵盐复配而成,为水溶油分散吸附成膜型的缓蚀剂。用泵将缓蚀剂注入油套管环形空间,靠缓蚀剂的自重降到井底,随产出液从油管内返出,在这一过程中,缓蚀剂大部分溶解于产出水中,少量分散在油中,随着上返,缓蚀剂在金属表面被吸附而形成保护膜,由此起到了防护作用。

2) 钻柱防腐措施

(1) 合理选择钢材材质。

现代钻井中,在含硫井中直接采用防硫钻杆技术,已被全球越来越多钻井承包商所接受。虽然在防硫管材制造方面,国内外油井管材制造商都先后推出了各具特色的防硫管材产品,但在防硫钻杆技术上,由于受制造技术和管体原材料限制,目前国内还没有生产出成熟的防硫钻杆产品,主要从美国格兰特公司、德国曼林斯曼公司进口防硫钻杆。值得一提的是,国内几家合资公司已经开始研究开发防硫钻杆产品,如江苏曙光格兰特钻杆有限公司、渤海能克钻杆有限公司。

(2)控制使用环境。

控制使用环境的具体措施有:控制钻井液性能,避免含硫化氢流体溢出;保持钻井液的高pH值(pH>10),使硫化物具有非活性的较小腐蚀性能;选用除硫剂(碱式碳酸锌),用化学处理方法使硫化物以惰性方式沉淀;采用油基钻井液钻井;选用抗硫化氢缓蚀剂;采用内涂层钻具,利用塑料内涂层隔离保护钻柱内表面,与腐蚀性介质非接触;配用双台阶高强抗扭钻杆接头,提高防硫钻杆接头对管体的抗扭强度。

2. 采取其他技术措施,消除或减少硫化氢气体的泄漏和聚集

在工业生产中,应当不断完善工艺装置,尽量采取连续、密闭工艺,并严防工艺装置中的"跑、冒、滴、漏"现象,这是生产过程中控制气体的泄漏的重要手段。

钻井作业现场也应尽量采取密闭工艺和技术,防止和减弱硫化氢的泄漏和泄漏后的危害。具体措施有:钻井液循环系统尽量密闭,钻井液管道及管件连接部位确保密封完好,尽量保持钻井液处于循环状态;采用碱性钻井液中和硫化氢气体,防止泄漏;在有可能泄漏的位置(如钻台、振动筛等)安装防爆通风机,防止硫化氢聚集。

(二)硫化氢的监测

监测的目的就是给人员提前发出警告,在没有采取适当的防范措施以前不要进入已知的危险区域。在可能存在硫化氢泄漏的场所,对空气中硫化氢含量进行监测并报警,是重要的防护手段。常用的监测仪器包括便携式硫化氢监测仪和固定式硫化氢监测仪。

1. 便携式硫化氢监测仪

便携式硫化氢报警仪,用来检测未设固定探头区域空气中硫化氢的浓度或固定式报警仪损坏时使用。便携式报警仪通常在硫化氢浓度超过设定值时进行声光报警并能持续读出硫化氢的浓度值。

图14-1所示为一款油气田现场超小型自动吸引式的硫化氢气体检测仪(XP-335型)。

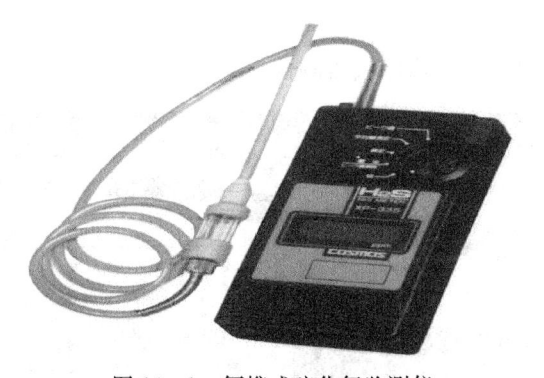

图14-1 便携式硫化氢监测仪

1)特点

(1)小型、重量轻:外形简明,重量仅有700g。

(2)数字浓度显示:3位液晶大屏数字浓度显示,测定值一目了然。

(3)平均值检测功能:除连续检测外,还可做硫化氢平均浓度检测。

(4)峰值保持:记忆并显示检测中的最大值。

(5)二级报警:一级报警值为10ppm;二级报警值为20ppm。

(6)操作简单:使用方法简单,单手即可操作,只要转动一个旋转开关,就可完成开机、关机、电池电量查看、连续检测、平均值检测及峰值显示等功能的转换。

(7)自动吸引式:采用独自开发的微型泵,操作极其简便。

2)操作程序

(1)装入电池:正确装入电池,使用5号碱性干电池为最佳,可连续使用16h以上(但以无报警为条件)。

(2)确认电池电压:将转换开关由"OFF"转至"电池/峰值解除"(BATTERY/RELEASE)位置,约显示30秒钟"----"后,显示出电池电压。如果显示"E:00",则表示电池电压不足,须更换新电池,(最低电压为5.25V)。

(3)零位确认:将转换开关由"电池/峰值解除"(BATTERY/RELEASE)转至"测定"(MEASUREMENT)位置,确认是否显示"0.0ppm"。

(4)测量:将转换开关转至"测定"(MEASUREMENT)位置,并将吸气管靠近被测的位置来测量,待测量显示数值稳定后再读取数据。

(5)测量完毕:务必使其吸入洁净空气,待显示值为"0.0ppm"时,再关闭电源。

3)操作注意事项

(1)电池电压长时间在最低电压以下,或长时间未装入电池时,待装入新电池时,需等待30min以后,再开机使用。

(2)本硫化氢检测仪在高温(例如夏季阳光直射的汽车内)或寒冷(−10℃以下)的地方保存时,会损坏机器性能。

2. 固定式硫化氢监测仪

用于油气井作业的固定式硫化氢监测系统,应能同时发出声光报警,并能确保整个作业区域的人员都能看见或听到。

图14-2所示为一种固定式硫化氢监测仪。

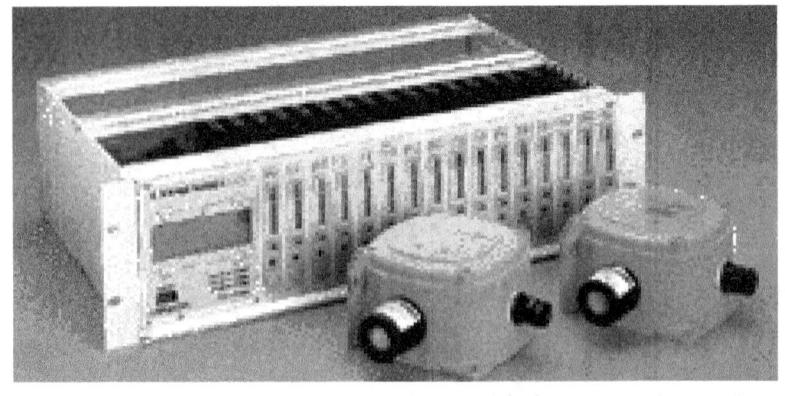

图14-2 固定式硫化氢监测仪

1)安装探头

安装位置:一般安装在离可能泄漏硫化氢气体地点处 1m 范围内。

安装方法:遵守一个原则,即将传感器防雨罩的圆柱面指向地。

主机安装:一般将主机安放到有人坚守的值班室内。

零点调节:经极化稳定后,在现场没有被检测气体的情况下,将探头顶盖打开,调节调零电位器"Z",使主机先是为"000",并使测量探头输出信号为+400±5mv。

探头校正:探头一般每三个月校正一次。

2)监测传感器的位置

监测传感器至少应在下述位置安装:

(1)操作员所在的位置。

(2)易出现硫化氢的工作室。

(3)易泄漏硫化氢的设备、设施附近。

(4)其他硫化氢可能聚集的区域。

3)警报的设置

(1)当空气中硫化氢含量超过阈限值时(15mg/m^3),监测仪应能自动报警。

(2)第一级报警值设置在阈限值时(硫化氢含量 15mg/m^3),达到此浓度时启动报警,提示现场人员硫化氢的浓度超过阈限值,并应:

①立即安排专人观察风向、风速以便确定受侵害的危险区;

②切断危险区不防爆的电器的电源;

③安排专人佩带正压式空气呼吸器到危险区检查泄露点;

④组织非作业人员撤入安全区。

(3)第二级报警值应设置在安全临界浓度(硫化氢含量 30mg/m^3),达到此浓度时,现场作业人员应佩戴正压式空气呼吸器,并应:

①向上级(第一责任人及授权人)报告;

②指派专人进行硫化氢监测,需要时监测点可适当加密;

③控制硫化氢泄漏源;

④撤离现场的非应急人员;

⑤清点现场人员;

⑥切断作业现场可能的着火源;

⑦通知救援机构。

(4)第三级报警值应设在危险临界浓度(硫化氢含量 150mg/m^3),报警信号应与二级报警信号有明显区别,警示立即组织现场人员撤离,并应:

①由现场总负责人或其指定人员向当地政府报告,协助当地政府做好 500m 范围内的居民的疏散工作,根据监测情况决定是否扩大撤离范围;

②关停生产设施;

③设立警戒区,任何人未经许可不得入内;

④请求救援。

4)监测设备的检查、校验和检定

(1)在极端潮湿、温度、灰尘和其他有害环境的作业条件下,检查、校验和测试的周期应缩短。

(2)监测设备应由有资质的机构定期进行检定(一般一年校验一次)。

(3)检查、校验和测试应做好记录,并妥善保存,保存期至少1年。

(4)设备警报的功能测试至少每天一次。

5)使用维护及注意事项

(1)因固定式报警器是长周期工作的,传感器会出现零点漂移,检测数量也会出现偏差。因此,仪器的报警设定点及零点每天至少检查一次。若发现有异常要及时调整过来。

(2)每月校准一次零点。

(3)保护好防爆部件的隔爆面,不得损伤。

(4)经常或定期清洗探头的防雨罩,用压缩空气吹扫防虫网,防止堵塞。

(5)在通电情况下严禁拆卸探头。

(6)更换传感器时应小心操作,以免破坏探头的防爆结构。

(三)加强通风

为了使现场集聚的硫化氢尽快逸散,避免人员受到伤害,要有一个良好的通风环境。

1. 自然通风

封闭空间开启门窗或通风口,开放空间保证通风良好。

2. 机械通风

低洼处或空间自然通风不良或硫化氢可能泄漏量较大时,应采取机械通风,如图14-3所示。

图14-3 机械通风

(四)配备硫化氢防毒用具

1. 过滤式防毒面具

1)结构

由滤毒罐(盒)、导气管、面罩组成,如图14-4所示。

据GB/T 2890—2009的规定:硫化氢防毒面具滤毒灌的颜色为蓝色。

图14-4 防毒面具

2)使用时注意事项

(1)使用前检查全套面具的气密性,严格按照说明书佩带;

(2)过滤式防毒面具只能在有毒区氧气浓度大于18%或有毒气体,浓度小于2%时使用;

(3)使用时若闻到微弱的气味,或感觉呼吸困难,应立即离开有毒区域;

(4)过滤式防毒面具禁止在塔灌容器等封闭设备内使用;

(5)两次使用时间间隔在一天以上,不用时应将滤毒罐的螺帽盖拧上,塞紧橡皮塞;

(6)面罩使用后要消毒;

(7)滤毒罐应保存在干燥、清洁、空气流通的库房,严防受潮受热;

(8)过滤式防毒面具只能短时间使用,使用时间不超过30min。

(9)过滤式防毒面具有效期限为5a。

2. 空气呼吸器

1)结构

空气呼吸器的结构如图14-5所示。

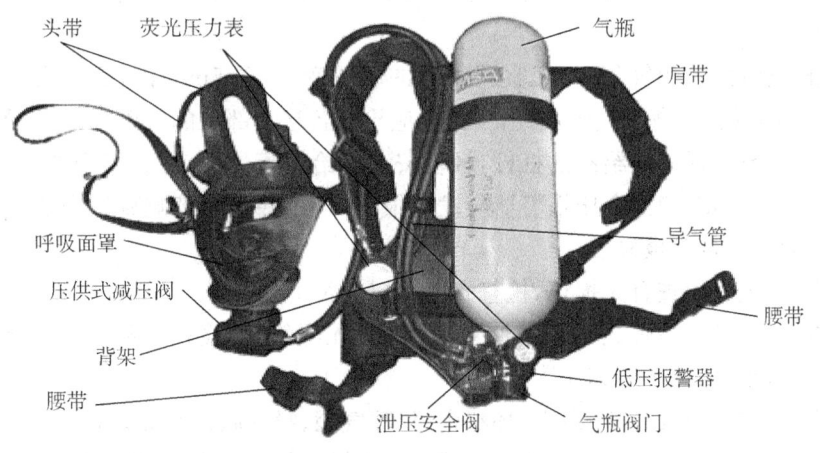

图14-5 正压式空气呼吸器的结构

(1)呼吸面罩:为大视野面窗,面窗镜片采用聚碳酸酯材料,透明度高、耐磨性强,具有防雾功能,网状头罩式佩戴方式,佩戴舒适、方便,胶体采用硅胶,无毒、无味、无刺激,气密性能好。

(2)气瓶:为铝内胆碳纤维全缠绕复合气瓶,工作压力30MPa,具有质量轻、强度高、安全性能好的特点,瓶阀具有高压安全防护装置。气瓶通过瓶带组固定在背架上。

(3)头带:作用是将面罩固定在头部,调整头带松紧度可以确保面罩的气密性。

(4)肩带:由阻燃聚酯织物制成,背架采用双侧可调结构,使重量落于腰胯部位,减轻肩带对胸部的压迫,使呼吸顺畅。在肩带上设有宽大弹性衬垫,可减轻对肩的压迫。

(5)低压报警器:置于胸前,报警声易于分辩,体积小、重量轻。

(6)压力表:大表盘、具有夜视功能,配有橡胶保护罩。

(7)气瓶阀门:具有高压安全装置,开启力矩小。

(8)压供式减压阀:体积小、流量大,输出压力稳定。

(9)背架:背架设计符合人体工程学原理,由碳纤维复合材料注塑成型,具有阻燃及防静电功能,质轻、坚固,在背托内侧衬有弹性护垫,佩戴舒适。

(10)腰带组:卡扣锁紧、易于调节。

(11)导气管:结构简单、功能性强、输出流量大。

2)工作原理

呼吸器是以压缩空气为供气源的隔绝开路式呼吸器。当打开气瓶阀时,贮存在气瓶内的高压空气通过气瓶阀进入减压器组件,同时,压力表显示气瓶空气压力。高压空气被减压为中压,中压空气经中压管进入安装在面罩上供气阀,供气阀根据使用者的呼吸要求,能提供大于200L/min 的空气。同时,面罩内保持高于环境大气的压力。当人吸气时,供气阀膜片根据使用者的吸气而移动,使阀门开启,提供气流;当人呼气时,供气阀膜片向上移动,使阀门关闭,呼出的气体经面罩上的呼气阀排出,当停止呼气时,呼气阀关闭,准备下一次吸气。这样就完成了一个呼吸循环过程。

3)使用前的检查

(1)检查瓶内压力:将气瓶阀门完全打开,观察压力表显示压力,气瓶内的储存压力一般为 25 到 30MPa。

(2)检查气密性:关闭气瓶阀,观察压力表的读数变化,在 5min 内,压力表读数下降应不超过 2MPa,表明供管系高压气密性好。否则,应检查各接头部位的气密性。

(3)检查报警笛:通过供给阀的杠杆,轻轻按动供给阀膜片组,使管路中的空气缓慢排出,当压力下降至 4~6MPa 时,余压报警器应发出报警声音,并且连续响到压力表指示值接近零时。否则,就要重新校验报警器。

(4)检查压力表:检查有无损坏,检查它的连接是否牢固。

(5)检查中压导管:检查是否老化、有无裂痕、有无漏气处,检查它和供给阀、快速接头、减压器的连接是否牢固、有无损坏。

(6)检查全面罩:检查镜片、系带、环状密封、呼气阀、吸气阀是否完好,检查有无缺件,检查供给阀的连接位置是否正确、连接是否牢固。全面罩的镜片及其他部分要清洁、明亮和无污物。检查全面罩与面部贴合是否良好并气密,方法是用手掌遮住接头入口,检查面罩的密封性。

(7)检查空气瓶和减压器:检查二者连接是否牢固、气密性是否良好。

(8)检查背带、腰带:检查二者是否完好,有无断裂处等。

4)佩戴

(1)空呼放平,面罩放在空呼右侧。

(2)放长肩带,半蹲姿势把空呼背上。

(3)扣上腰带插口,腰带插口凸面朝身体一面,拉紧腰带。

(4)收紧肩带,直至背架与背部完全吻合舒适为止。

(5)将面具挂在颈部,双手拉开头带,把面罩套在下巴上,再把头带拉向脑后,扶平头带,依次收紧头带(颈部、两侧、前额)。

(6)打开气瓶阀至少两圈。

(7)将减压阀连接到面罩上(旋转、听到"咔嚓"声)。

5)使用注意事项

(1)自给式空气呼吸器使用期间,应注意观看压力表。气瓶压力低于 5±0.5MPa 时,报警笛开始鸣叫,在鸣警开始时人员应尽快撤离危险区域。

(2)戴眼镜、蓄有胡须的人、面部形状或有很深疤痕以至在佩戴时无法保证面罩的气密性的人不得使用自给式空气呼吸器。

(3)不要单独使用,至少 2 人一组。在进入危险区域之前气瓶压力必须达到额定压力的 80%。

(4)切勿使头发卡在面罩和脸部之间,以免影响密封性。

(5)在使用过程中如发现面罩或与之相连的呼吸保护装置的性能有问题,应立即离开工作区域。

(6)在离开所工作的区域时,切勿将面罩褪下。

(7)褪下面罩时,应用拇指向前拉开钩环,使束带放松。再将拇指插入面罩和下颚之间,从下颚处开始逐步脱开。

(8)在紧急情况下(如有人员受伤、呼吸困难或佩戴者需要额外空气补给时),按下供气阀上的额外空气补给按钮,空气流量将会增大。

6)维护保养

(1)空气呼吸器及其零件应避免日光直接照射,以免橡胶件老化;
(2)呼吸器要求保持清洁;
(3)空气呼吸器严禁沾污油脂;
(4)保管室内的温度应保持在 5～30℃之间;
(5)橡胶件长期不使用应涂上一层湿石粉。

第三节 其他有毒有害气体防护技术

一、二氧化硫气体的防护技术

(一)二氧化硫的物理性质

常温下,二氧化硫是无色、有毒的刺激性气体;密度 2.551g/L(标准状况下),比空气重;沸点为 －10.0℃;熔点为 －72.4℃。二氧化硫是硫化氢及有机硫化物在空气中燃烧的产物,相对分子质量为 64。二氧化硫易溶于水和油,溶解性随溶液温度升高而降低。

(二)二氧化硫的化学性质

二氧化硫化学性质很多,下面介绍重要的几个。

1. 二氧化硫与水反应

二氧化硫又称亚硫酸酐,它与水反应生成亚硫酸,反应方程式为

$$SO_2 + H_2O \Longrightarrow H_2SO_3$$

H_2SO_3 是不稳定的二元弱酸(具有弱酸性)。

2. 二氧化硫的还原性

二氧化硫与氧气在催化剂作用下反应生成三氧化硫,与水反应生成硫酸。生成三氧化硫的反应方程式为

$$2SO_2 + O_2 \xrightarrow{\text{高温高压,催化剂}} 2SO_3$$

3. 二氧化硫的氧化性

二氧化硫与硫化氢反应生成硫和水,反应方程式为

$$SO_2 + 2H_2S \Longrightarrow 3S\downarrow + 2H_2O$$

二氧化硫能使氯水、溴水、$KMnO_4$ 溶液褪色,这表现出它较强的还原性。

4. 二氧化硫具有酸性氧化物的通性

(1)二氧化硫可与碱性氧化物反应,有相关反应式为 $\quad SO_2 + Na_2O \Longrightarrow Na_2SO_3$

(2)二氧化硫可与碱反应,有相关反应式为 $\quad SO_2 + 2NaOH \Longrightarrow Na_2SO_3 + H_2O$

5. 二氧化硫的漂白性

二氧化硫能漂白某些有色物质,并可使品红溶液褪色(化合生成不稳定的化合物,加热后又恢复为原来的红色)。可利用这一现象来检验 SO_2 的存在。

(三)二氧化硫的来源

大气中的二氧化硫主要是由含硫燃料燃烧和生产工艺过程中采用含硫原料所产生的。

1. 含硫燃料的燃烧

煤,石油等都含相当量的硫元素,这些矿物如果不经处理,燃烧时会产生大量的二氧化硫,而二氧化硫是大气污染物,是形成酸雨的主要因素。

2. 工厂排出的尾气

铁、铜、铅、锌、铝等矿石的冶炼,原油的炼制,硫酸等化工产品生产排放的废气中都含有大量二氧化硫。

3. 火山喷发

自然界火山喷发,常会有大量二氧化碳随岩浆喷出。

4. 自然界含硫矿石的分解

由于我国的能源结构主要依靠燃煤,因此二氧化硫的排放是很严重的,如火力发电排出的烟气中二氧化硫含量约在0.1％左右。我国北方的煤一般含硫量较低,多在1％以下;而南方煤则含硫量高,一般可在3％～5％左右。有色金属矿的含硫量远比煤和石油高,冶炼过程中排出的烟气里二氧化硫的含量可高达7％～13％,一般为2.5％～5％,最低也在1％左右。

(四)二氧化硫的危害

1. 对人的危害

二氧化硫主要引起不同程度的呼吸道及眼黏膜刺激症状。
(1)轻度中毒者可有眼部灼痛、畏光、流泪,流涕,咳嗽,常为阵发性干咳,鼻、咽喉部有烧灼样痛、声音嘶哑,甚至有呼吸短促、胸痛、胸闷。
(2)严重二氧化硫中毒可在数小时内发生肺水肿,出现呼吸困难和紫绀,咳粉红色泡沫样痰。有的病人可因合并细支气管痉挛而引起急性肺气肿。有的病人出现昏迷、血压下降、休克和呼吸中枢麻痹。个别患者因严重的喉头痉挛而窒息致死。
(3)较高浓度的二氧化硫可使肺泡上皮脱落、破裂,引起自发性气胸,导致纵隔气肿。
液体二氧化硫可引起皮肤及眼灼伤、起泡、肿胀、坏死。

2. 对设施设备的腐蚀

SO_2转变成的硫酸盐气溶胶散射阳光,可使能见度降低。因其形成的硫酸雾和酸性硫酸盐腐蚀金属、建筑材料和其他物品。

3. 对环境的污染

高浓度二氧化硫能使敏感的针叶树脱叶甚至枯死。树木长期接触二氧化硫,生长会减慢。由其形成的酸随着雨雪降到土壤上,对植物的危害尤为严重,被称为"酸雨"。

(五)二氧化硫的防护措施

呼吸系统防护:佩戴正压式空气呼吸器。
眼睛防护:佩戴防护面罩。
身体防护:穿防毒服。
手防护:戴橡胶手套。

(六)二氧化硫的急救措施

皮肤接触:立即脱去污染的衣服,用大量流动清水冲洗,并立即就医。
眼睛接触:提起眼睑,用流动清水或生理盐水冲洗,并立即就医。
吸入:迅速脱离至空气新鲜处,保持呼吸道通畅。如呼吸困难,立即给输氧;如呼吸停止,立即进行人工呼吸,并立即就医。

食入:用水漱口,给饮牛奶或蛋清。并立即就医。

二、一氧化碳气体的防护技术

(一)一氧化碳的产生

凡含碳元素的物质燃烧不完全时,都可产生一氧化碳气体。在工业生产中接触一氧化碳的作业很多,如冶金工业中炼焦、炼铁、锻冶、铸造和热处理等生产过程;化学工业中氨、丙酮、光气、甲醇的生产;矿井的放炮、煤矿中瓦斯的爆炸;石油开采生产;碳素石墨电极制造;内燃机试车……,都可能接触一氧化碳。炸药或火药爆炸后的气体含一氧化碳约30%~60%。使用柴油、汽油的内燃机废气中也含一氧化碳约1%~8%。

(二)一氧化碳的性质

1. 物理性质

通常情况下,一氧化碳为无色、无臭、无刺激性的气体。其相对分子质量28.01,标准状况下气体密度为1.25g/L,和空气密度(标准状况下1.293g/L)相差很小,略比空气轻(这也是容易发生煤气中毒的因素之一)。其冰点为－207℃,沸点为－190℃。难溶解于水,但易溶于氨水。

2. 化学性质

1)可燃性

一氧化碳是易燃气体,可在空气中或氧气中燃烧,生成二氧化碳,爆炸极限为12.5%~74%。

$$2CO+O_2 = 2CO_2$$

2)还原性

一氧化碳作为还原剂,高温或加热时能将许多金属氧化物还原成金属单质,因此常用于金属的冶炼,如将黑色的氧化铜还原成红色的金属铜,将氧化锌还原成金属锌。

$$2CO+CuO = Cu+2CO_2\uparrow$$
$$2CO+ZnO = Zn+2CO_2\uparrow$$

3)毒性

一氧化碳是剧毒气体。一氧化碳的中毒机理是由于一氧化碳吸入通过肺部进入血液后,与血液里的血红蛋白牢固结合,使血红蛋白不能有效地跟氧气结合,因而使血液失去输送氧气的能力,造成重要器官与组织缺氧,特别是脑细胞会因缺氧而很快坏死。

(三)一氧化碳对人的危害

一氧化碳属窒息性气体,主要作用于中枢神经、心血管和血液三方面。接触不同的浓度和时间,造成危害严重程度不同,高浓度短时间接触也可使人窒息死亡。长期反复吸入一定量的一氧化碳可引起神经和心血管系统损害,常见的有神经衰弱综合征、心肌损害和动脉粥样硬化。

表 14-3 反映了一氧化碳和硫化氢对人体的影响。

表 14-3　CO 和 H_2S 对人体影响比较表

气体名称	气体浓度 mL/m^3	对人体影响
CO	50	允许的暴露极限,可暴露 8h
	200	2～3h 内可能会导致轻微的前额头痛
	400	1～2h 后会前额头痛并呕吐,2.2～3.5h 后眩晕
	800	45min 内头痛、头晕、呕吐,2h 内昏迷,可能死亡
	1600	20min 内头痛、头晕、呕吐,1h 内昏迷死亡
	3200	5～10min 内头痛,头晕,30min 内无知觉,有死亡危险
H_2S	0.13	最小可察觉到臭气味道
	4.6	易察觉的有适度的臭味浓度
	10	开始刺激眼球,可允许的暴露浓度,可暴露 8h
	27	强烈的不愉快的臭味,不能忍受
	100	咳嗽,刺激眼球损伤嗅觉神经和眼睛
	200～300	暴露 1h 后,明显的结膜炎,呼吸道受刺激
	500～700	失去知觉,几分钟内呼吸停止并死亡

(四)一氧化碳中毒及临床表现

1. 急性中毒

急性一氧化碳中毒是我国发病和死亡人数最多的急性职业中毒。CO 也是许多国家引起意外生活性中毒中致死人数最多的毒物。急性 CO 中毒的发生与接触 CO 的浓度及时间有关。我国车间空气中 CO 的最高容许浓度为 $24mL/m^3$。有资料证明,CO 浓度达 $236.16mL/m^3$ 时,可使人产生严重的头痛、眩晕等症状;CO 浓度达到 $936mL/m^3$ 时,吸入超过 60min 可使人发生昏迷;CO 浓度超过 $936mL/m^3$ 时,数分钟内即可使人致死。

1)一般接触反应

接触 CO 后如出现头痛、头昏、心悸、恶心等症状,吸入新鲜空气后症状即可迅速消失者,属一般接触反应。

2)轻度中毒

轻度中毒者出现剧烈的头痛、头昏、心跳、眼花、四肢无力、恶心、呕吐、烦躁、步态不稳、轻度至中度意识障碍(如意识模糊、朦胧状态),但无昏迷。离开中毒场所吸入新鲜空气或氧气数小时后,症状逐渐完全恢复。

3)中度中毒

中度中毒者除具有轻度中毒症状外,初期尚有多汗、烦躁、步态不稳和皮肤黏膜樱红,意识障碍,表现为浅至中度昏迷。及时移离中毒场所并经抢救后可渐恢复,一般数日可恢复,无明显并发症或后遗症。

4) 重度中毒

重度中毒者除具有轻、中度中毒全部或部分症状外,意识障碍严重,呈深度昏迷或植物状态。昏迷可持续十几小时,甚至几天,可出现阵发性和强直性痉挛。常见瞳孔缩小,对光反射正常或迟钝,四肢肌张力增高,牙关紧闭,并可出现大小便失禁。脑水肿继续加重时,体温升高至 39~40℃,脉快而弱,血压下降,面色苍白或发绀,四肢发凉,出现潮式呼吸。

重度中毒患者经过救治从昏迷中苏醒的过程中,常出现躁动、意识混浊、定向力丧失,或失去远、近记忆。经过积极抢救治疗,多数重度中毒患者仍可完全恢复。少数出现植物状态,表现为意识丧失、睁眼不语。

重度中毒者中还可出现其他脏器的缺氧性改变或并发。一般伴有心肌损害,肺炎、肺水肿及水电解质混乱等严重并发症,有时可迅速引起死亡。

2. 慢性中毒

长期反复吸入低浓度 CO 可能对人体健康造成两方面的影响。

(1) 神经系统:头晕、头痛、耳鸣、乏力、睡眠障碍、记忆力减退等脑衰弱综合征的症状比较多见,神经行为学测试可发现异常,多于脱离 CO 接触后即可恢复。

(2) 心血管系统:通过调查资料,结合动物实验研究,在低浓度 CO 的长期作用下,心血管系统有可能受到不利影响,出现心肌损害和动脉粥样硬化。

(五) 一氧化碳急救与预防

1. 一氧化碳中毒治疗

(1) 尽快将患者移离中毒现场至空气新鲜的地方,松解衣服,但要注意保暖,密切观察意识状态。

(2) 及时纠正脑缺氧,医治期间加压给氧,采用面罩、气管插管或气管切开连上和氧相通的橡皮囊或呼吸机。高压氧治疗疗效最好,重症者 3 天内 2 次,以后每日一次,其原则是尽量用得早、压力够、时间足。

(3) 对于呼吸衰竭者,可使用呼吸兴奋剂,应用尼可刹米、洛贝林静脉注射或加入 10% 葡萄糖注射液静脉滴注。呼吸已停止者,应立即施行人工呼吸或气管插管人工加压给氧,直至出现自主呼吸。对大量黏痰和泡沫痰阻塞呼吸道者,可实施吸痰,消除痰液;如有呼吸抑制可尽快实行气管切开术,以保持呼吸通畅,改善呼吸;如有血压降低立即进行抗休克治疗。

(4) 心理治疗:指急性一氧化碳中毒昏迷者苏醒后神经、精神尚处于不平衡状态时的心理治疗,其中护理尤为重要。

(5) 其他对症治疗:现场对轻度中毒者在通知医院治疗的同时,可以采取吸入氧气的办法,缓解症状;对中度及重度中毒者,应立即送往医院救治;对呼吸心跳停止者,现场立即进行人工呼吸和胸外心脏按压,直到病人恢复自主呼吸、心跳(在送往医院的途中,心肺复苏也不能停)。

2.一氧化碳中毒预防措施

1)控制接触

生产场所工艺设备应尽量密闭,加强自然通风,在可能产生一氧化碳的地方安装一氧化碳报警器。经常测定空气中一氧化碳浓度和监视一氧化碳浓度的变化;

定期维修管道及设备,以防泄漏。

2)从业禁忌证

不宜从事一氧化碳作业的人群及情况:患有各种中枢神经和周围神经器质性疾患,明显的心血管疾患的人,不宜从事一氧化碳作业;

机体处于紧张、疲劳、贫血、饥饿和营养不良状态时,易引发一氧化碳中毒;

作业环境同时存在高温、氮氧化合物、二氧化碳、氰化物、苯和汽油等职业危害因素时,也易引发一氧化碳中毒。因此,一氧化碳作业应安排在无上述职业危害因素的情况下进行。

3)个人防护及作业防护

严格遵守操作规程,进入有一氧化碳逸出而又通风不良的场所之前,应证实安全后方可工作,绝对禁止单独进入高浓度区。对可能发生中毒事故场所,应根据标准划分各类危险区,以采取预防措施。

加强个人防护,凡进入危险工作区时,须佩戴适宜的呼吸防护器材,如正压式空气呼吸器等。

4)防护培训

加强预防一氧化碳知识的培训,防止生活中 CO 中毒事故的发生。

5)监护性体检

按中华人民共和国国家标准《职业性急性一氧化碳中毒诊断标准》(GBZ 23—2002)规定,对从事一氧化碳作业人员应每 1~3 年进行一次监护性体检,项目包括详细的内科、神经科及心电图方面的检查。

三、天然气的防护技术

(一)天然气的组成

广义的天然气指埋藏于地层中自然形成的气体的总称。但通常所称的天然气只指储存于地层较深部的一种富含碳氢化合物的可燃气体,而与石油共生的天然气常称为油田伴生气。此类天然气多由亿万年前的有机物质转化而来,是一种混合物,主要成分是甲烷,此外根据不同的地质形成条件,尚含有不同数量的乙烷、丙烷、丁烷、戊烷、己烷等低碳烷烃以及二氧化碳、氮气、氢气、硫化物、水等非烃类物质;有的气田中还含有氦气。常用的天然气含甲烷85%以上。

(二)天然气的用途

在现代社会生活中,每一个人都享受着天然气给人类带来的益处,生活在城市里的朋友会说,烧饭用的是天然气;生活在农村中的朋友会说,用的化肥是用天然气生产的。它遍及人们的衣、食、住、行,有些是直接的,而有些是间接的。天然气作为一种清洁能源,主要用于以下几个方面。

1. 天然气发电

天然气发电具有缓解能源紧缺、降低燃煤发电比例、减少环境污染的优点。从经济效益看,天然气发电的单位装机容量所需投资少、建设工期短、上网电价较低,具有较强的竞争优势。

2. 天然气化工工业

天然气是制造氮肥的最佳原料,具有投资少、成本低、污染少等特点。截至2018年,天然气占氮肥生产原料的比重,国外约为80%左右,我国因为"煤多气少"而约为21%。天然气也广泛用于甲醇合成。

3. 城市燃气事业

随着人民生活水平的提高及环保意识的增强,我国大部分城市对天然气的需求明显增加。天然气作为民用燃料的经济效益也大于工业燃料。以工业带动民用,渐进地稳步发展民用天然气,将是我国天然气利用的方向。据预计,在用作城市燃气的天然气中,50%将用于居民生活,30%供工业窑炉,20%供城市商业及其他用户。

4. 压缩天然气汽车

以天然气代替汽车用油,具有价格低、污染少、安全等优点。目前我国开始有计划地加大天然气汽车的发展力度,以节约用油和减少城市汽车尾气污染。随着新的天然气田的不断发现,我国天然气开发利用越来越受到重视。

目前人们的环保意识提高,世界需求干净能源的呼声高涨,各国也通过立法程序来顺应这种趋势,天然气曾被视为最干净的能源之一,因此,在还未发现真正的替代能源前,天然气需求量自然会增加。

(三)天然气的性质

天然气的主要成分是甲烷(CH_4)。

1. 物理性质

甲烷是无色、无嗅、无毒的气体。其相对分子质量为16.04;蒸气压为53.32kPa/−168.8℃;闪点为−188℃;熔点为−182.5℃;沸点为−161.5℃,难以液化;相对密度(空气=1)为0.55,比空气约轻一半,能在较低处扩散到相当远的地方;极难溶于水,在20℃、0.1kPa时,100单位体积的水,只能溶解3个单位体积的甲烷;易溶于醇、乙醚等一些有机溶剂。

2. 化学性质

甲烷是正四面体结构,一个碳原子以sp^3杂化位于正四面体中心,4个氢原子位于正四面体的4个顶点上,C—H键能为413kJ/mol,H—C—H键角为109°28′,是非极性分子。它的化学性质很稳定,一般不发生反应,但在特殊条件仍能反应。

1)氧化反应

甲烷是易燃气体,纯净的气体能安静燃烧,火焰呈淡蓝色。与空气混合能形成爆炸性混合物,遇明火、高热极易爆炸。其爆炸极限为5%~15%。

$$CH_4 + 2O_2 = CO_2 + 2H_2O$$

2)取代反应

有机物分子里的原子或原子团被其他原子或原子团代替的反应,称为取代反应。甲烷在光照条件下与卤素发生取代反应,如与氯气在光照条件下反应生成一系列产物:

$$CH_4 + Cl_2 = CH_3Cl(一氯甲烷) + HCl$$
$$CH_3Cl + Cl_2 = CH_2Cl_2(二氯甲烷) + HCl$$
$$CH_2Cl_2 + Cl_2 = CHCl_3(三氯甲烷,又称氯仿) + HCl$$
$$CHCl_3 + Cl_2 = CCl_4(四氯甲烷,又称四氯化碳) + HCl$$

3)高温分解反应

甲烷高温分解可得炭黑,用作颜料、油墨、油漆以及橡胶的添加剂等,其反应方程式为

$$CH_4 \xrightarrow{\text{高温}} C + 2H_2 \uparrow$$

(四)天然气的危害及防护

1. 天然气的危害

1)健康危害

(1)甲烷对人基本无毒,但浓度过高时,可使空气中氧含量明显降低,使人窒息。当空气中甲烷含量达25%~30%时,可引起头痛、头晕、乏力、注意力不集中、呼吸和心跳加速、共济失调。若不及时远离,可致窒息死亡。

(2)皮肤接触液化的甲烷,可致冻伤。

(3)若天然气同时含有硫化氢则毒性增加。早期症状为头晕、头痛、恶心、呕吐、乏力等,严重者甚至呼吸困难、四肢强直、呼吸麻痹、昏迷等。

病程中尚可出现精神症状,步态不稳,昏迷过程久者,醒后可有运动性失语及偏瘫。长期接触天然气者,可出现神经衰弱综合征。

2)危险特性

天然气易燃,与空气混合能形成爆炸性混合物,遇热源和明火有燃烧爆炸的危险。与五氧化溴、氯气、次氯酸、三氟化氮、液氧、二氟化氧及其他强氧化剂接触反应剧烈。

2. 天然气中毒急救

发现人员在天然气泄漏场所中毒,应迅速将病人脱离中毒现场,吸氧或新鲜空气。

对有意识障碍者,以改善缺氧,解除脑血管痉挛、消除脑水肿为主。可吸氧,用氟美松、甘

露醇、呋塞米等静滴,并用脑细胞代谢剂如细胞色素 C、ATP、维生素 B_6 和辅酶 A 等静滴。轻症患者仅做一般对症处理。

对呼吸心跳停止者,现场立即进行人工呼吸和胸外心脏按压,恢复自主呼吸、心跳,进行相应的救治。另外,若有冻伤应就医治疗。

提醒:在使用天然气的时候,一定要保持室内通风,使用完要及时关闭阀门,同时不要私自改装燃气设施,定期检查天然气软管,发现有老化、漏气的,要及时通知专业人员来维修或更换,以免发生意外。

3. 天然气泄漏应急处理处置

1)泄漏应急处理

(1)迅速撤离泄漏污染区人员至上风处,并进行隔离,严格限制出入。

(2)切断火源。建议应急处理人员戴自给正压式呼吸器,穿一般消防防护服。

(3)切断泄漏源。合理通风,加速扩散,禁止泄漏物进入受限制的空间(如下水道等),以避免发生爆炸,并使用喷雾状水稀释,构筑围堤或挖坑收容产生的大量废水。如有可能,将漏出气用排风机送至空旷地方或装设适当喷头烧掉。也可以将漏气的容器移至空旷处,通过技术处理清除可能剩下的气体。

2)操作处置与储存

天然气的压缩气体,应储存于阴凉、干燥、通风良好的不燃库房;仓温不宜超过 30℃;远离火种、热源;防止阳光直射;应与氧气、压缩空气、卤素(氟、氯、溴)、氧化剂等分开存放。储存间内的照明、通风等设施应采用防爆型。若是储罐存放,储罐区域要有禁火标志和防火防爆技术措施。禁止使用易产生火花的机械设备和工具。槽车运送时要灌装适量,不可超压超量运输。搬运时轻装轻卸,防止钢瓶及附件破损。

4. 天然气泄漏防护措施

1)个体防护

呼吸系统防护:一般不需要特殊防护,但建议特殊情况下,佩戴空气呼吸器。
眼睛防护:一般不需要特别防护,高浓度接触时可戴安全防护眼镜。
身体防护:穿防静电工作服。
手防护:戴一般作业防护手套。

2)现场防护

工作现场严禁吸烟,避免长期反复接触;

进入罐、限制性空间作业,作业前必须用便携式监测仪检测,合格后才能作业(进入受限空间作业气体检测标准),且有监护人在场;

其他高浓度区作业,要充分通风,使用便携式监测仪检测,合格后才能作业。

5. 天然气火灾

灭火方法:切断气源。若不能立即切断气源,则不允许熄灭正在燃烧的气体。喷水冷却容器,可能的话将容器从火场移至空旷处。

灭火剂:雾状水、泡沫、二氧化碳、干粉。

四、氨气的防护技术

(一)氨气的性质

1. 物理性质

氨气是一种无色气体,有刺激性恶臭味,可感觉最低浓度为 $5.3mL/m^3$。比空气轻,极易溶于水,易液化。其分子式为 NH_3。相对分子质量 17.03。

2. 化学性质

氨溶于水时,氨分子跟水分子结合成一水合氨($NH_3·H_2O$),一水合氨能小部分电离成铵离子和氢氧根离子,所以氨水显弱碱性。

1)与酸反应

氨与酸作用得可到铵盐,如：

$$NH_3+HCl=\!=\!=NH_4Cl$$
$$NH_3+H_2O+CO_2=\!=\!=NH_4HCO_3$$

2)还原性

蒸气与空气混合遇明火爆炸,如有油类或其他可燃性物质存在,则危险性更高。爆炸极限为 16%～25%。其化学方程式为

$$4NH_3+5O_2=\!=\!=4NO+6H_2O$$

(二)氨气的危害

氨是碱性物质,它对皮肤组织有腐蚀和刺激作用。它可以吸收皮肤组织中的水分,使组织蛋白变性,并使组织脂肪皂化,破坏细胞膜结构;气体形式的氨被吸入肺后容易通过肺泡进入血液,与血红蛋白结合,破坏运氧功能。人在短期内吸入大量氨气后可出现流泪、咽痛、声音嘶哑、咳嗽、痰带血丝、胸闷、呼吸困难,可伴有头晕、头痛、恶心、呕吐、乏力等,严重可发生肺水肿、成人呼吸窘迫综合征。同时,由于氨的溶解度极高,对人体的上呼吸道有刺激和腐蚀作用,减弱人体对疾病的抵抗力。

(三)氨气的预防措施

(1)生产过程密闭化和自动化,防止"跑、冒、滴、漏":生产过程中加强密闭化,液氨管线阀门应经常检修,防止意外破裂。

(2)加强通排风,进入高浓度环境必须佩戴防毒面具:加强通风,降低车间空气中氨气浓度。使用时应严格遵守安全操作规程,做好个人防护。

(3)使用、运输和储存时应注意安全,防止容器破裂和泄漏:使用、储存和运输液氨或氨水时,应防热、防晒,免受震动,以免膨胀炸裂。

(4)现场安装氨气监测仪及时报警发现:氨气的生产、储存、经营、使用单位,应按照国家、行业的标准的要求安装氨气监测报警装置,并对监测报警器进行定期检验、维护,确保一旦氨气泄漏能及时报警,确保人员安全。

此外,严格执行"氨标"中规定,凡从事氨作业人员均应进行就业前体检,有明显的呼吸系统疾病、肝病或肾脏疾病、心血管疾病者应禁忌从事氨作业。根据接触情况,对作业者每1~2年进行体检一次。

五、氯气的防护技术

(一)氯气的性质

通常情况下,氯气为有强烈刺激性气味的黄绿色的气体;在标准情况下密度为3.17g/L,比空气重;易液化,降温加压可将氯气液化为液态氯;熔沸点较低,在101kPa下,熔点为 $-107.1℃$,沸点为 $-34.6℃$;可溶于水,1体积水在常温下可溶解2体积氯气,形成氯水,也易溶于有机溶剂(例如四氯化碳)。

氯气有极强的氧化性和助燃性。氯气可以支持燃烧。氢气、金属钠、金属铜、金属铁等都能够在氯气中燃烧,生成相应的氯化物。

(二)氯气毒性及中毒表现

氯气有毒,通过呼吸道吸入后,它主要作用于气管、支气管、细支气管和肺泡,造成上呼吸道黏膜炎性水肿、充血和坏死。吸入后会立即出现眼和上呼吸道刺激反应,如流泪、咽痛、呛咳等,继之咳嗽加剧,出现胸闷、气急、胸骨后疼痛、呼吸困难或哮喘发作等症状;有时伴有恶心、呕吐、腹胀、上腹痛等消化系统症状或头晕、头痛、烦躁、嗜睡等神经系统症状。严重者可在1h内出现肺水肿,甚至呈急性呼吸窘迫综合征。吸入极高浓度氯气时,可致喉头痉挛窒息死亡或陷入昏迷;出现脑水肿或中毒性休克,甚至心搏骤停类似电击式死亡;还可引起支气管黏膜坏死、脱落,导致窒息。1L空气中最多可允许含氯气0.001mg,超过这个量就会引起人体中毒。

(三)氯气中毒救治

首先应使氯气中毒者立即脱离现场,搬移至空气新鲜处,保持安静及保暖。至少观察12h,眼或皮肤接触液氯者须立即用清水彻底冲洗,维持呼吸道畅通,可给予支气管解痉剂,如喘定、氨茶碱等,药物雾化吸入,必要时气管切开,积极处理肺水肿。

(四)氯气处理措施

氯气泄漏应急处理:迅速撤离泄漏污染区人员至上风处,并立即进行隔离,小泄漏时隔离150m,大量泄漏时隔离450m,严格限制出入。启动氯气吸收风机、脱氯除害系统以及消防水系统。

发生氯气泄漏事件时,污染区居民切忌惊慌,应向上风向地区转移,并用湿毛巾护住口鼻;到了安全地带立即休息,避免剧烈运动,以免加重心肺负担,恶化病情;眼或皮肤接触液氯时应立即用清水彻底冲洗,中毒者可适当使用钙剂、维生素 C 和脱水剂;早期足量使用糖皮质激素和抗生素,可以减轻呼吸道和肺部损伤;使用超声喷雾途径,将药物直接送达呼吸道,效果较好;患者应及时送到医院或有职业病科的医疗单位救治。

习 题

1. 什么是有毒物质的安全临界浓度?我国规定硫化氢的安全临界浓度是多少?
2. 钻井作业中哪些区域有可能聚集硫化氢?
3. 简述硫化氢有哪些物理性质。
4. 硫化氢的中毒症状有哪些?
5. 硫化氢侵入人体的途径有哪些?
6. 硫化氢对人体造成的主要损害有哪些方面?
7. 硫化氢有什么危害?
8. 影响硫化氢腐蚀金属的因素有哪些?
9. 现场硫化氢防腐的措施有哪些?
10. 硫化氢中毒现场急救程序是什么?
11. 硫化氢的防护技术有哪些?
12. 固定式硫化氢监测仪的传感器安装在什么位置?
13. 现场应当怎样设置硫化氢监测警报仪?报警后应采取什么措施?
14. 简述过滤式防毒面具的结构。GB 2890—2009 的规定硫化氢防毒面具滤毒罐的颜色是?
15. 简述硫化氢防毒面具使用时应注意的事项。
16. 使用正压式空气呼吸器前应检查哪些项目?
17. 二氧化硫的防护措施有哪些?
18. 一氧化碳急性中毒的临床表现有哪些?
19. 简述一氧化碳的中毒机理及对人的损害。
20. 简述天然气的防护措施。
21. 简述氨气的预防措施。
22. 简述氯气泄漏的处理措施。

第十五章 作业许可

本章系统地介绍了作业许可体系,介绍了危险作业的类型、特点以及典型的危险作业的安全管理要求。本章内容有较强的系统性。学习本章内容,应从危险作业的特点入手,掌握危险作业控制的理念和要求。在危险作业控制中,作业许可管理规范是纲,是管理基础,而典型危险作业则是目。学习中,应在作业许可管理规范的基础上,结合各种危险作业的特点来理解危险作业管理与控制要求。

第一节 作业许可体系

一、作业许可体系简介

石油及石油化工行业属于高风险行业。除了日常生产过程中要面对各种各样的健康、安全与环境风险以外,还存在一些非常规作业和危险作业的风险。HSE管理通过作业许可这一制度对这些非常规作业和危险作业进行管理与控制。作业许可是指在从事危险作业(如进入受限空间、动火、挖掘、高处作业、移动式起重机吊装、临时用电、管线打开、化学清洗等)及缺乏工作程序(规程)的非常规作业之前,为保证作业安全,必须取得授权许可方可实施作业的一种管理制度。对这些危险作业或许可作业的管理与控制的体系称为作业许可体系。

作业许可体系以遵循直线责任和属地管理的为原则,以危害辨识和风险评估为基础,以落实风险控制措施、保证持续的安全作业为条件,确定书面作业方案,使从事该项作业的人员清楚并得到授权,从而保障作业安全,防止事故发生。

作业许可管理范围主要针对生产或施工作业区域内管理规程未涵盖的非常规作业和专门程序规定的危险作业。非常规作业是指临时性的、缺乏程序规定的作业和承包商的作业活动,包括未列入日常维护计划的和无程序指导的维修作业,偏离安全标准、规则和程序要求的作业,交叉作业等。非常规作业在施工前应办理作业许可证。危险作业是指从事高空、高压、易燃、易爆、剧毒、放射性等对作业人员产生高度危害的作业,包括进入受限空间、动火、挖掘、高处作业、临时用电、化学清洗、移动式起重机吊装、管线打开等。对这些危险作业还应同时办理专项作业许可证。

二、危险作业的控制

由于非常规作业和危险作业具有较高的危险性,必须对其严格控制。中石油、中石化普遍采用许可证制度,即从事以上作业前要申请相应的许可证。申办许可证的过程实质上就是落实各项预防措施以及制定作业程序的过程。千万不能认为申办了许可证就是安全的,重要的是要落实各项安全措施。许可证就是从事某项许可作业的正规指导性文件。

(一)许可作业管理流程

1. 提交作业许可申请

(1)作业前申请人应提出申请,填写作业许可证并准备好相关资料。申请人由作业单位现场负责人(如项目经理、作业单位负责人、现场作业负责人或区域负责人)来承担,申请人应实地参与作业许可证所涵盖的工作,否则作业许可证不能被批准。当作业许可证涉及多个负责人时,涉及的负责人均应列在申请表内。

(2)申请作业许可票时需要准备的资料:
①作业许可证;
②作业内容说明;
③附图,如作业环境示意图、工艺流程示意图、平面布置示意图等;
④风险评估结果(工作前安全分析);
⑤作业方案。

2. 工作前安全分析

申请人应组织作业人员及相关人员,对申请的作业进行工作前安全分析。

如果一个作业许可证包含多种类型的危险作业,应统筹考虑作业类型、作业内容、交叉作业界面、工作时间等因素,由涉及的所有作业方共同完成工作前安全分析。

工作前安全分析是识别作业危害,控制作业风险有效的工具,他可以通过四步来完成:第一步:明确作业内容并将作业活动分解为若干工作步骤;第二步:识别每一步骤中的危害及其风险程度;第三步:制定风险消减、消除和控制措施以及突发情况下的应急处置措施;第四步:进行沟通,确保参与作业的每一个人都清楚这些危害及其风险控制、应急处置的措施。

3. 制定作业方案

根据工作前安全分析的结果和技术要求,制定作业方案,内容包括:
(1)作业描述及作业点周边环境描述;
(2)作业相关人(负责人、作业人员、其他相关人员)的资质;
(3)设备设施、工具及其相关技术参数;
(4)有关标准、规范;
(5)工作流程及风险控制措施;
(6)个人防护用品的配备;
(7)上锁挂签情况或现场监护制度。

4. 许可证书面审查

在收到申请人的作业许可申请后,批准人应组织申请人及相关人员集中对许可证内容进行审查,并记录审查结论。批准人是有权提供、调配、协调风险控制资源的直线管理人员。

审查内容包括:
(1)确认作业的详细内容;
(2)确认所有的相关支持文件(工作前安全分析、作业方案、作业区域相关示意图、作业人

员资质等);

(3)确认安全完成作业所涉及的其他相关规范;

(4)确认作业前、过程中及作业完成后应采取的所有安全措施,包括应急措施;

(5)分析、评估周围环境或相邻工作区域间的相互影响,并确认安全措施;

(6)确认许可证期限;

(7)其他。

5. 现场核查(可与许可证书面审查"合二为一")

许可证书面审查通过后,所有参加审查的人员均应在许可证上涉及的工作区域进行实地核查,确认各项安全措施的落实情况。确认内容包括但不限于:

(1)与作业有关的设备、工具、材料;

(2)现场作业人员资质及能力情况;

(3)个人防护用品配备情况;

(4)系统隔离、置换、吹扫、检测情况;

(5)安全消防设施的配备情况,应急措施的落实情况;

(6)培训、沟通情况;

(7)作业方案中提出的其他安全措施落实情况。

6. 许可证审批

书面审查和现场核查确认合格后,批准人或其授权人、申请人及工作执行人(员工或承包商负责人)和受影响的相关各方签字。

作业人员、监护人员等现场关键人员变更时,应经过批准人和申请人的批准。

审批时应与相关方充分沟通,确定许可证的时限、延期次数。

7. 作业人员培训

作业许可证经批准后,由申请人和现场负责人对作业人员和相关人员实施现场培训。培训内容包括:

(1)工作危害识别/风险评估;

(2)安全工作方案及作业流程;

(3)作业许可证相关内容(期限、要求、制度);

(4)应急措施及安全设施、劳保用品;

(5)岗位职责;

(6)与相关方协调、沟通所达成的协议。

8. 实施作业

作业许可证管理时,保证作业许可证一式四联,许可证应编号,编号由许可证批准人填写。第一联(白色),悬挂在作业现场;第二联(黄色),张贴在公开处,让现场所有有关人员了解现场正在进行的作业位置和内容;第三联(粉色),送交相关方,以示沟通;第四联(蓝色),保留在作业票管理部门。

在执行作业许可程序时,应严格落实作业许可证及以下相关文件中提出的安全要求:工作前安全分析;作业方案;许可证审查和现场核查的结论与要求;与相关方协调、沟通所达成的协议。

工作前安全分析和安全措施只适用于特定区域的系统、设备和指定的时间段。如果工作时间超出许可证有效时限或工作地点改变,必须停止作业,重新办理作业许可证。

在工作实施期间,申请方应时刻持有有效的作业许可证;并将作业许可证、附带的其他专项作业许可证放置于工作现场的醒目处。当同一工作有多个施工单位参与时,每个施工单位都应有一份作业许可证(或复印件)。

9. 作业许可证的取消

当作业环境发生变化,出现违章、安全措施未落实、发生事故等情况时,各方都有责任随时取消作业许可,停止作业,并应通知相关方。一份作业许可证控制多种类型作业时,若其中任何一项作业因上述原因被停止,其他相关作业应同时停止,本作业许可证及其项下所有许可证也同时取消。当正在进行的工作出现紧急情况或已发出紧急撤离信号时,所有的许可证立即失效。

取消的作业许可证应立即收回,并注明取消原因,经提出人和批准人在许可证上签字后,由批准方存档。

重新作业,需要重新申请,办理新的作业许可证。

10. 作业许可证期限及延期

一般情况下,许可证的有效期限不超过1个班次。如果审查确认需要更多的时间进行作业,批准人可延长作业许可证期限,但不能超过24h。

办理许可证延期不得超过24h,原因是:作业的环境可能或已经发生变化;作业的设备可能或已经发生变化;作业的进度或内容可能已经发生变化;实施作业的人员可能或已经发生变化。

如果在许可证有效期内没有完成工作,申请人可申请延期,批准人重新核查,如果有新的要求,应在许可证上注明(如夜间作业要求),在所有安全要求都落实以后,申请人和批准人方可在作业许可证上签字延期。

办理作业许可证延期的目的是:保证在交接班时各项安全措施能够经过现场再确认;保证接班人员明确作业现场的安全措施以及相应的安全知识已沟通或培训;保证接班人员知晓作业现场已经发现或正在整改的不安全项目;保证现场上锁挂签及隔离的安全移交;保证各项交接工作留下清楚的文字记录。

11. 作业许可关闭

作业完成后,申请人与批准人在现场验收,确保现场没留下任何安全隐患,现场已恢复到正常状态,双方同时在作业许可证第一联上签字后,方可关闭作业许可证。

作业许可证第一联上签字后,交批准方存档。

12. 作业许可管理中应注意的事项

(1)如果涉及多家单位或多个承包商,则相关责任方应在作业许可证上共同签字(明确责任);

(2)一旦批准,申请人要向邻近工作区域受影响方说明工作情况,以确保邻近工作区域的

人员了解本方所从事的工作,从而调整受影响方的计划(专人告知);

(3)监护人应掌握应急知识,要佩戴明显标志,坚守岗位(过程监护);

(4)申请人应全过程留在工作现场监护,以确保其工作在任何时间都符合许可证的要求;

(5)作业许可制度应遵守本单位的相关规定,严格审核,不可盲目扩大化。

(二)中国石油天然气集团公司作业许可证内容

(1)综合信息:包括生产单位名称、作业单位名称、作业区域、作业地点、工作内容描述和受影响的相关方。

(2)工作类型判定:包括非常规作业和危险作业。非常规作业办理作业许可证,危险作业除办理作业许可证外,还要办理专项作业许可证。

(3)危害因素识别:从工艺设备、作业工具、作业地点等方面识别危害因素,危害因素识别尽可能全面。

(4)安全措施:作业前各种安全措施落实到位,作业人员个人安全防护设备佩戴齐全。

(5)作业前气体检测:作业前根据作业环境的情况,对氧气、可燃气体、有毒气体进行检测,检测合格后方可进行作业,必要时还需进行气体置换或通风。

(6)许可证的签批:本部分是作业申请人、作业审批人签字栏。应按照表格要求签署姓名、签署日期及时间。

(7)受影响相关方共同签署:本栏由收到作业许可证的相关方单位负责签署。包括单位名称、签署日期及时间,以保证相关方清楚有关的许可作业,并采取必要措施对许可作业进行沟通、关注。

(8)许可证的延期:作业许可证需要延期时,由作业申请人、作业审批人、相关方在本栏签字。

(9)许可证的关闭:作业完成后,经作业申请人、审批人、相关方人员现场确认作业已经完成、现场已经恢复后,在本栏签字认可。

(10)许可证的取消:作业现场出现需要取消许可作业的情况时,应立即取消许可作业。由提出人、申请人、审批人在本栏签字确认,并停止许可作业。

作业许可证的式样见表15-1。

表15-1 作业许可证(式样)

编号:

作业单位	
生产单位	
作业区域	
作业地点	

作业内容描述:	
受影响相关方:	
是否附安全工作方案　□是　□否	其他附件(危害识别等):
是否附图纸　　　　　□是　□否	图纸说明:
有效期:　从____年____月____日____时到____年____月____日____时	

工作类型判定（带*工作需办理专项作业许可证）：

□承包商工作	□*进入受限空间	□*化学清洗作业
□非计划性维修工作	□*吊装作业	□没有安全程序可遵循的工作
□交叉作业	□*管线打开	□偏离规则/程序要求的工作
□*临时用电	□*挖掘作业	□解除连锁和安全应急设备、屏蔽报警
□*动火作业	□*高处作业	□其他_____

危害识别（工艺设备、作业工具、作业地点是否存在下列危险）：

□爆炸性粉尘	□易燃性物质	□腐蚀性液体	□蒸汽
□高压气体/液体	□有毒有害化学品	□高温/低温	□触电
□惰性气体	□噪声	□产生火花/静电	□旋转设备
□淹没/埋没	□辐射	□不利天气	□坠落
□其他（请注明）_____	□	□	□

安全措施（需要打"√"，不需要打"×"）：

工作前安全措施		个人防护装备	
□切断工艺流程	□设路障	□安全眼镜	□全封闭眼罩
□设备隔离、吹扫、置换	□工作警示牌	□焊接护目镜	□安全帽
□完成上锁挂牌	□通信工具	□防静电服装	□护耳
□通风	□火花防护罩	□安全鞋	□防毒面罩
□气体检测	□气体检测仪	□正压式呼吸器	□防化服
□工作区域围栏、警戒线	□防爆机具	□手套	□绝缘服
□紧急疏散指示	□急救设施	□防弧面具	□安全带
□需要夜间照明和警示灯具	□消防设施	□安全绳	□逃生设施
□设备安全检查合格并已贴标签	□安全冲淋设施	□人员培训已完成	□特殊工种人员均持有有效资质
□办理专项作业许可证	□安全工作方案审核通过	□其他个人防护装备：	
	□其他措施：		

作业前气体检测结果

检测时间				
检测位置				
氧气检测浓度,%				
可燃气体浓度 LEL,%（　　　　）				
有毒气体浓度,%（　　　　）				

续表

本人确认工作开始前气体检测已合格。
检测人：　　　　　　　　　　确认人：

注明工作过程中气体检测要求(位置、频次和检测标准,另附气体检测记录表)：

许可证的签批：

本人在工作开始前,已同工作区域负责人讨论了该工作及安全工作方案,并对工作内容进行了现场检查,该作业的安全措施已落实。	作业申请人：	(作业单位现场作业负责人) 年　月　日　时
本人已同工作执行单位(人员)讨论了该工作及安全工作方案,并对工作内容进行了现场检查,同意作业。	作业批准人：	(生产单位工作区域负责人) 年　月　日　时

受影响相关方共同签署：

本人确认收到许可证,了解工作对本单位的影响,将安排人员对此项工作给予关注,并和相关各方保持联系。	单位：　　　　　　确认人： 单位：　　　　　　确认人：

许可证的延期(如果延期,须在工作许可证失效前办理新的许可证或延期)：

本许可证是否可以延期　　□是　　□否最多延期次数：　　次
延期有效期：从____年____月____日____时到____年____月____日____时 作业申请人：　　　　　　相关方：　　　　　　作业批准人：
延期有效期：从____年____月____日____时到____年____月____日____时 作业申请人：　　　　　　相关方：　　　　　　作业批准人：

许可证的关闭：

工作结束,已经确认现场没有遗留任何安全隐患,并已恢复到正常状态,同意许可证关闭。	申请人： 年　月　日　时	相关方： 年　月　日　时	批准人： 年　月　日　时

许可证的取消：

因以下原因,此许可证取消：	提出人： 相关方： 批准人： 年　月　日　时

第二节 高处作业安全管理

一、高处作业的定义与分级

(一)定义

高处作业是指在坠落高度基准面 2m 以上(含 2m)位置进行的作业。高处作业分为一般高处作业和特殊高处作业两类。

(二)一般高处作业的分级

一般高处作业分为四级:高度在 2~5m(含 2m),称为一级高处作业;高度在 5~15m(含 5m),称为二级高处作业;高度在 15~30m(含 15m),称为三级高处作业;高度在 30m(含 30m)以上,称为特级高处作业。

(三)特殊高处作业

具有直接引起坠落的客观危险因素的高处作业称为特殊高处作业。
(1)阵风风力五级(风速 8.0m/s)以上;
(2)在国家标准规定的Ⅱ级或Ⅱ级以上的高温条件下的高处作业;
(3)平均气温等于或低于 5℃的作业环境;
(4)接触冷水温度等于或低于 12℃的作业;
(5)作业场地有冰、雪、霜、水、油等易滑物;
(6)作业场所光线不足,能见度差;
(7)作业活动范围与危险电压带电体的距离应小于表 15-2 的规定;

表 15-2 作业活动范围与危险电压带电体的距离

危险电压带电体的电压等级,kV	距离,m
≤10	1.7
35	2.0
63~110	2.5
220	4.0
330	5.0
500	6.0

(8)摆动,立足处不是平面或只有很小的平面,即任一边小于 500mm 的矩形平面、直径小于 500mm 的圆形平面或有类似尺寸的其他形状的平面,致使作业者无法维持正常姿势;

(9)国家标准规定的Ⅲ级或Ⅲ级以上的体力劳动;
(10)存在有毒气体或空气中含氧量低于19.5%的作业环境;
(11)可能会引起各种灾害事故的作业环境和抢救突然发生的各种灾害事故。
存在以上任何一种或一种以上客观危险因素的高处作业分为三级:
(1)作业高度在2~5m(含2m,5m),为二级高处作业。
(2)作业高度在5~15m(含15m),为三级高处作业。
(3)作业高度在15m以上,为四级高处作业。
对风险进行了识别和控制,可不办理高处作业许可证,按相关规定执行。

二、高空坠落事故分析

高处作业的主要危害是作业人员高空坠落。表15-3给出了高空坠落事故的原因和预防措施。

表15-3 高空坠落危害因素辨识和风险控制、削减措施

作业过程	事故	序号	危害因素	危险源	后果	预防措施	削减措施
石油化工、石油钻井、井下作业、采油采气、集输等搬迁、生产、检修过程中的高空作业	高空坠落	1	人员不宜从事高空作业:如作业人员未经培训,身体心理不适,情绪波动	高处设施或登高设施	人员伤亡,影响生产	1.日常对作业人员及监护人进行安全教育和高空作业培训,落实持证上岗制度;2.作业前对作业人员进行检查,确保作业人员健康状况良好及劳保齐全;3.日常对安全设施如刹车、护栏、安全带、专用梯子、脚手架等进行检查维护,保证其使用正确;4.对于强令冒险行为予以拒绝;5.加强安全监督检查,发现隐患、违章行为及时整改、纠正;6.特殊高空作业执行许可作业程序,申请工作票,监督员旁站监督;7.恶劣天气停止作业	1.生产单位应准备必要的急救物资如担架、急救包等,对人员急救培训;2.现场目击人呼救,并根据具体情况采取停机、断电等措施;3.实施现场急救;4.汇报、送医院救治;5.恢复生产
		2	监护人员错误:如无监护人员或监护人员注意力分散、监护方法错误、监护不当等				
		3	违章:包括酒后作业、疲劳作业、恶劣天气(5级以上大风)作业,强令冒险等				
		4	高空作业时无防护或不当:不使用安全带或使用不当(规格、使用等不当)				
		5	安全设施缺陷:高空作业时有关制动失灵、设备意外转动、安全带缺陷、操作台护栏缺陷、梯子、脚手架以及登高设施缺陷等				

三、高处作业人员的基本要求

经医生诊断,凡有高血压、心脏病、贫血病、癫痫病、严重关节炎、手脚残废者以及其他禁忌高处作业的人员,不得从事高处作业。酒后不得从事高处作业。
作业人员应熟悉并掌握高处作业的操作技能,并需经培训合格。

四、高处作业安全管理要求

坠落防护应通过采取消除坠落危害、坠落预防和坠落控制等措施来实现。坠落防护措施的优先选择顺序如下:尽量选择在地面作业,避免高处作业;设置固定的楼梯、护栏、屏障和限制系统;使用工作平台,如脚手架或带升降的工作平台等;使用坠落保护装备,如配备缓冲装置的全身式安全带和安全绳。如果以上防护措施无法实施,不得进行高处作业。

(一)消除坠落危害

(1)在高处作业项目的设计和计划阶段,应评估工作场所和作业过程高处坠落的可能性,制定设计方案,选择安全可靠的工程技术措施和作业方式,避免高处作业。

(2)在设计阶段应考虑减少或消除攀爬临时梯子的风险,确定提供永久性楼梯和护栏。在安装永久性护栏系统时,应尽可能在地面进行。

(3)在与承包商签订合同时,凡涉及高处作业,尤其是屋顶作业、大型设备的施工、架设钢结构等作业,应制定坠落保护计划。

(4)项目设计人员应能够识别坠落危害,熟悉坠落预防技术、坠落保护设备的结构和操作规程。安全专业人员在项目规划初期,推荐合适的坠落保护措施与设备。

(二)坠落预防措施

(1)不能完全消除坠落危害时,应通过改善工作场所的作业环境来预防坠落,如安装楼梯、护栏、屏障、行程限制系统、逃生装置等。

(2)应避免临边作业,尽可能在地面预制好装设缆绳、护栏等设施的固定点,避免在高处进行作业。如必须临边作业时,必须采取可靠的防护措施。

(3)作业前应预先评估,在合适位置预制锚固点、吊绳及安全带的固定点。

(4)高处作业尽可能地采用脚手架、操作平台和升降机作为安全作业平台。高空电缆桥架作业(安装和放线)应设置作业平台。

(5)禁止在不牢固的结构物(如石棉瓦、木板条等)上进行作业,禁止在平台、孔洞边缘、通道或安全网内休息。楼板上的孔洞应设盖板和围栏。禁止在屋架、桁架的上弦、支撑、檩条、挑架、挑梁、砌体、不固定的构件上行走或作业。

(6)梯子在使用前应仔细检查,结构必须牢固。梯子踏步间距不得大于300mm;人字梯有坚固的铰链和限制跨度的拉链。禁止踏在梯子顶端工作。用靠梯时,脚距梯子顶端不得少于四步,用人字梯时不得少于二步。靠梯的高度如超过6m,应在中间设支撑加固。

(7)在平滑面上使用的梯子,应采取端部套、绑防滑胶皮等措施。直梯应放置稳定,与地面夹角以60~70°为宜。在容易滑偏的构件上靠梯时,梯子上端应用绳绑在上方牢固构件上。禁止在吊架上架设梯子。

(三)坠落控制

(1)作业前评估作业过程和坠落危害,合理选择使用坠落保护设备设施,包括安全带、安全绳、缓冲器、抓绳器、吊绳、锚固点、安全网等。

(2)个人坠落保护装备包括锚固点、连接器、全身式安全带、吊绳、带有自锁钩的安全绳、抓绳器、缓冲器、缓冲安全绳或其组合。使用前应对防坠落装备进行全面的检查,确认完好。

(3)自动收缩式救生索应直接连接到安全带的背部D形环上,一次只能一人使用,严禁与缓冲安全绳一起使用或与其连接。

(4)在屋顶、脚手架、贮罐、塔、容器、人孔等处作业、攀登垂直固定梯子、移动式梯子及升降平台等设施时,应考虑使用自动收缩式救生索。

(5)吊绳应由专业人员指导安装和使用。水平吊绳可以充当机动固定点,能够在水平移动的同时提供防坠落保护;垂直吊绳从顶部独立的锚固点上延伸出来,使用期间应该保持垂直状态。安全绳应通过抓绳器装置固定到垂直吊绳上。

(6)全身式安全带使用前应进行检查,确认完好;使用时必须系挂在施工作业处上方的牢固构件上,不得系挂在有尖锐棱角的部位。安全带系挂点下方应有足够的净空,如净空不足可短系使用。安全带应高挂(系)低用,不得采用低于肩部水平的系挂方法。禁止用绳子捆在腰部代替全身式安全带。

(7)安全网在使用时应按 GB 5725—2009 进行安装和坠落测试,满足要求后方可投入使用。安全网每周检查一次磨损、损坏和老化情况,及时清除掉入安全网内的材料、构件和工用具。

(四)其他安全要求

(1)作业人员应系好安全带,戴好安全帽,衣着灵便,禁止穿带钉易滑的鞋。

(2)高处作业应使用符合标准规范的吊架、梯子、脚手板、防护围栏和挡脚板等。作业前,作业人员应仔细检查作业平台是否坚固、牢靠。

(3)高处作业应与架空电线保持安全距离。夜间高处作业应有充足的照明。

(4)高处作业禁止投掷工具、材料和杂物等,工具应有防掉绳,并放入工具袋。所用材料应堆放平稳,作业点下方应设安全警戒区,应有明显警戒标志,并设专人监护。

(5)禁止在同一坠落面上进行上下立体交叉高处作业,如需进行分层作业,中间应有隔离措施。

(6)30m 以上的高处作业与地面联系应配备相应的通讯装置、设施。

(7)同一架梯子只允许一个人在上面工作,不准串人移动梯子。在通道处使用梯子,应有人监护或设置围栏。外用电梯、罐笼应有可靠的安全装置。非载人电梯、罐笼严禁乘人。作业人员应沿着通道、梯子上下,禁止沿着绳索、立杆或栏杆攀爬。

(8)严禁在六级以上大风和雷电、暴雨、大雾等气象条件下以及 40℃及以上高温、−20℃及以下寒冷环境下从事高空作业,在 30～40℃的高温环境下的高空作业应按规定要求轮换作业。

(9)严禁在设有排放有毒、有害气体及粉尘超出允许浓度的烟囱等排放口邻近区域进行高处作业。如在允许浓度范围内,也应采取有效的防护措施。

表 15-4 给出了某油田高处作业许可证。

表 15-4　某油田高处作业许可证

编号：

作业单位	
生产单位	
作业地点	
作业人员	

作业内容描述：

是否附安全工作方案	□是　□否	是否附救援预案	□是　□否
是否附图纸	□是　□否	图纸说明：	
有效期：	从　　年　　月　　日　　时至　　年　　月　　日　　时		

安全措施：

□身体条件符合要求	□携带工具袋	□垂直分层作业中间有隔离
□着装符合工作要求	□设置围栏、警戒线、夜间警示灯	□梯子符合安全要求
□佩戴安全带	□作业点照明充足	□在非承重物上作业时搭设承重板
□30m以上作业配备通信工具	□员工进行了培训	□员工清楚坠落风险
□其他措施	□——	□

坠落防护设施

锚固点：	垂直吊绳：	水平吊绳：
□锚固点适当	□强度＞2268kg	□专业人员设计
□独立于工作面	□不用来做平衡	□用索人员数量
□支撑力＞每人2268kg	□无刃口接触	□专门的锚固点
□锚固点充足	□侧向摆动防护	□有初始松弛度
□高于肩部	□连接/断开保护	□无磨损
□首次上下保护		□钢制滑扣件
坠落阻止器：	安全绳：	弹性救生索：
□与救生索匹配	□不超过1.8m	□培训已完成
□有操纵杆	□机械钩锁	□高于头部
□在可用状态	□可手动调节	□维护检查计划
□安装方向正确	□是双重安全绳	□末端正确绞接
□有自锁装置	□有缓冲装置	
□定期检查		
钩锁：	全身式安全带：	其他事项：
□双锁式钩锁	□连接部件齐全	□坠落净空
□受压/磨损/变形/弹性检查	□完成使用培训	□有救援方案
□制造商认可的方式连接	□定期检查	□坠落摆动隐患消除
	□承载连接不用尼龙	□

作业人员和监护人签名	
本人已阅读许可并且确信所有条件都满足。	作业人： 作业监护人：

许可证的审批：	
本人在工作开始前,已同工作区域负责人讨论了该工作及相关的安全计划,并对工作内容进行了检查,该工作许可证的安全措施已落实。	作业申请人： 　　年　月　日　时
本人已同工作执行单位(人员)讨论了该工作及安全计划,并对工作内容进行了检查,我对本工作及工作人员的安全负责。	作业批准人： 　　年　月　日　时

受影响相关方共同签署：	
本人确认收到许可证,了解工作对本部门的影响,将安排人员对此项工作给予关注,并和相关各方保持联系。	单位：　　　　　确认人： 单位：　　　　　确认人：

许可证的延期：(本许可证有效期为一个工作班次,如超过期限需延续,许可证应延期)		
本许可证延期从：　年　月　日　时至　年　月　日　时		
申请人： 　年　月　日　时	相关方： 　年　月　日　时	批准人： 　年　月　日　时

许可证的关闭：			
工作结束,已经确认现场没有遗留任何安全隐患,许可证关闭。	申请人： 年　月　日　时	相关方： 年　月　日　时	批准人： 年　月　日　时

许可证的取消：	
因以下原因,此许可证取消：	提出方： 相关方： 批准人： 　　年　月　日　时

第三节　动火作业安全管理

一、定义与分级

(一)定义

动火作业是指能直接或间接产生明火的临时作业。动火作业分为工业动火作业(指在油气、易燃易爆危险区域内和油气容器、管线、设备或盛装过易燃易爆物品的容器、管线上的动火作业)和非工业动火作业(指除工业动火以外的其他生产性动火作业)。

(二)工业动火分级

《中国石油天然气股份有限公司工业动火安全管理办法(2013年1月修订)》把动火作业分为以下三级。

1. 一级动火

(1)原油储量在10000m³以上(含10000m³)的油库、联合站,围墙以内爆炸危险范围内的在用油气管线及容器本体动火;

(2)容量大于5000m³(含5000m³,包括原油罐、污油罐、含油污水罐、含天然气水罐等)的容器本体及附件动火;

(3)天然气气柜和容量大于400m³(含400m³)的石油液化气储罐动火;

(4)容量大于1000m³(含1000m³)的成品油罐和轻烃储罐动火;

(5)直径大于426mm(含426mm)的集输气管线、在输油(气)干线上停输动火或带压不停输更换管线设备动火;

(6)天然气净化装置、集输站及场内的加热炉、溶剂塔、分离器罐、换热设备动火;

(7)天然气压缩机厂房、流量计间、阀组间、仪表间、天然气管道的管件和仪表处动火;

(8)天然气井井口无控制部分动火。

2. 二级动火

(1)原油储量在1000~10000m³的油库、联合站,围墙以内爆炸危险区域范围内的在用油气管线及容器本体动火;

(2)容量小于5000m³的储罐、容器本体及附件动火;

(3)容量小于400m³的石油液化气储罐动火;

(4)容量小于1000m³的成品油罐和轻烃储罐动火;

(5)容量1000~10000m³的原油库的原油计量标定间、计量间、阀组间、仪表间及原油、污油泵房动火;

(6)铁路槽车油料装卸栈桥、汽车罐车油料灌装油台及卸油台内外设备及管线上动火;

(7)输油(气)站、石油液化气站站内外设备及管线上,以及液化气充装间、气瓶库、残液回收库等动火。

3. 三级动火

(1)原油储量小于1000m³(含1000m³)的油库、集输站围墙以内爆炸危险区域范围内的在用油气管线及容器动火;

(2)容量小于1000m³(含1000m³)的油罐和原油库的计量标定间、计量间、阀组间、仪表间、污油泵房动火;

(3)在油气生产区域内的油气管线穿孔正压补漏动火;

(4)采油井单井联头和采油井井口处动火;

(5)钻穿油气层时没有发生井涌、气侵条件下的井口处动火;
(6)输油(气)干线穿孔微正压补漏、腐蚀穿孔部位补焊加固动火;
(7)焊割盛装过油、气及其他易燃易爆介质的桶、箱、槽、瓶动火;
(8)制作和防腐作业中,使用有挥发性易燃介质为稀释剂的容器、槽、罐等处动火;
(9)除一级、二级动火外其他油气区生产和严禁烟火区域生产动火。

此外,如装置、管道内有轻烃、凝析油,动火等级上调一级。

二、动火工作许可证的管理

石油、石油化工企业工业动火实行工业动火作业证制度。工业动火作业许可证应详细说明动火作业范围、确定危害和评估风险、制定相应防范措施。依据中国石油天然气集团公司的企业标准《动火作业安全管理规范》(Q/SY 1241—2009)、《作业许可管理规范》(Q/SY 1240—2009)和《中国石油天然气股份有限公司工业动火安全管理办法》(2013年10月修订)等制度进行审批与管理。

三、工业动火安全要求

动火作业具有极高的危险性,因为动火程序不当引起的事故屡见不鲜。在油气、易燃易爆危险区域内和油气容器、管线、设备或盛装过易燃易爆物品的容器上进行动火作业,其主要事故有泄漏、火灾、爆炸,另外在有毒气体环境动火可能引起中毒事故或环境污染事故。引起以上事故的原因比较复杂,有作业人员、设施设备、操作程序、现场管理等各方面的原因。

为了确保工业动火安全,中国石油天然气集团公司企业标准《动火作业安全管理规范》(Q/SY 1241—2009)和《中国石油天然气股份有限公司工业动火安全管理办法》(2013年10月修订)规定了工业动火安全要求以及现场管理规定,其主要思想如下。

(一)落实动火作业责任制

1. 作业区域所在单位的安全职责

作业区域所在单位是指动火作业现场的属地主管单位,安全职责主要包括:向作业单位进行安全交底,告知作业单位动火作业现场存在的风险,协助作业单位开展风险分析;向作业单位提供现场作业安全条件;审查作业单位动火作业措施或相关方案,监督作业单位落实安全措施;监督现场动火作业安全,发现违章有权停止作业。

2. 作业单位的安全职责

作业单位是指承担具体动火作业任务的单位,安全职责主要有:开展动火作业风险分析,制定并严格落实动火作业安全措施或方案;开展作业前安全培训和交底,安排具有相应能力的作业人员从事作业;随时检查作业现场安全状况,及时纠正违章行为;现场不具备安全作业条件时,立即停止作业,并及时报告作业区域所在单位。

3.作业申请人的安全职责

作业申请人是指提出动火作业申请的作业单位现场负责人。安全职责主要有：与动火作业区域所在单位进行安全交底，填写动火作业许可证，落实安全措施，并确保安全措施的有效与可靠；对作业人员进行作业前安全交底；组织实施动火作业，指定具体作业监护人；及时纠正作业过程中的违章行为，现场不具备安全作业条件时，有权立即停止作业。

4.作业批准人的安全职责

作业批准人是指负责审批动火作业许可的责任人或授权人，通常是作业区域所在单位负责人。其安全职责主要是：与作业单位沟通工作区域风险和基本安全要求；核查动火作业安全措施落实情况，并对动火作业的安全负责；进行书面授权后，承担动火作业安全的最终责任。

5.作业人员的安全职责

作业人员是指动火作业的具体实施者，必须经过培训并具备相应能力。其主要安全职责是：在动火作业前核实动火部位、动火时间，确认各项安全措施已落实；动火作业过程中，严格执行动火作业许可证及操作规程的相关要求；作业监护人提出停止动火要求时，应当立即停止作业；发现异常情况应当立即停止作业，并立即报告；动火作业结束后，负责清理作业现场，确保现场无安全隐患。

6.作业监护人的安全职责

作业监护人是指在作业现场对动火作业过程实施安全监护的作业单位的指定人员，必须经过相应培训并考核合格。其安全职责主要是：检查作业现场安全措施的落实情况，发现安全措施落实不完善时，有权提出暂不进行作业；了解动火作业区域和部位状况，对动火作业实施全过程现场监护；掌握紧急情况下的应急处置措施，熟练使用消防器材及其他救护器具；及时纠正或制止违章行为，发现异常情况及时要求停止作业并立即报告。

(二)动火作业现场管理

1.基本要求

动火作业实行作业许可管理，没有办理动火作业许可证，没有落实安全措施或安全工作方案，未设现场监护人，禁止动火。一份动火作业许可证只限在同类介质、同一设备（管线）、指定的部位和措施范围内使用，且不得涂改、代签，严禁与动火作业许可证内容不符的动火。动火现场应按动火安全措施要求，配备足够的消防车、消防及医疗救护设备和器材。正常生产的装置和罐区内，凡是可不动火的一律不动火，凡是能拆下来的部件必须拆移到安全场所动火。在带有易燃易爆、有毒有害介质的容器、设备和管线上原则上不允许动火。必须动火时，应制定有效的安全工作方案及应急预案后方可动火。

2.作业前做好系统的隔离

(1)动火施工区域应设置警戒，严禁与动火作业无关人员或车辆进入动火区域。
(2)工业动火前应切断动火部位物料来源并可靠隔离，彻底吹扫、清洗、置换后，打开人孔，通风换气。

(3)与动火部位相连的易燃易爆介质管线必须进行可靠的隔离、封堵或拆除处理。

(4)与动火直接相连的阀门应上锁挂牌;动火作业区域内的设备设施须由生产单位人员操作。

(5)动火作业人员在动火点的上风作业,应位于避开油气流可能喷射和封堵物射出的方位。特殊情况,应采取围隔作业并控制火花飞溅。

(6)距离动火点 30m 内不准有液态烃或低闪点的油品泄漏;半径 15m 以内不准有其他可燃物泄漏和暴露;距离动火点 15m 以内的所有漏斗、排水口、各类井口、排气管、管道、地沟等应封严盖实。

3. 动火作业的气体检测要求

(1)动火作业前必须对动火作业空间进行气体检测,且气体检测时距动火时间不得超过 30min。

(2)使用便携式可燃气体报警仪或其他类似手段分析,被测的可燃气体或可燃液体蒸气浓度应小于其与空气混合爆炸下限(LEL)的 10%,应使用两只监测仪对比检测。使用色谱分析等分析手段时,被测的可燃气体或可燃液体蒸气的爆炸下限大于等于下限 4%时,其被测浓度应小于 0.5%;当被测的可燃气体或可燃液体蒸气的爆炸下限小于 4%时,其被测浓度应小于 0.2%。

(3)凡进入罐、塔、釜、槽车等设备、容器和管线内动火,首先要对其进行清洗、置换、通风,然后要检测受限空间内气体。气体检测应包括可燃气体浓度、有毒有害气体浓度、氧气浓度等,其可燃介质含量必须低于该介质与空气混合物的爆炸下限的 10%(体积),氧含量 19.5%~23.5%,有毒有害气体含量应符合国家相关标准的规定。出现异常现象,应停止动火,重新检测。

(4)在动火施工全过程中,动火检测人应至少每 1h 进行一次气体浓度检测,做好相关记录,并记录清楚检测时间、检测部位及检测仪器型号。气体检测的位置和所采的样品应具有代表性,必要时分析样品(采样分析)应保留到动火结束。

4. 做好动火设施、设备、材料的管理

(1)采用电焊进行动火施工的储罐、容器及管道等应在焊点附近安装接地线,其接地电阻应小于 10Ω。施工现场电气线路布局与要求应符合《电气装置安装工程 爆炸和火灾危险环境电气装置施工及验收规范》(GB 50257—2014)的要求。

(2)电焊机等电气设备应有良好的接地装置,并安装漏电保护装置。

(3)用气焊(割)动火作业时,氧气瓶和乙炔瓶的间隔不小于 10m,乙炔瓶严禁卧放,二者与动火点的距离不得小于 10m,并不准在烈日下暴晒。

(4)各种施工机械、工具、材料及消防器材应摆放在动火安全措施确定的安全区域内。

5. 其他特殊动火作业的管理

带压不置换动火作业是特殊危险动火作业,应严格控制。严禁在生产不稳定以及设备管道等严重腐蚀情况下进行带压不置换动火;严禁在含硫原料气管道等可能存在中毒危险环境下进行带压不置换动火。确需动火,应采取可靠的安全措施,制定应急预案。

动火作业若涉及高空作业、挖掘作业、进入有限空间等作业时,应按照相应的规定实施管理。表 15-5 给出了某油田动火作业(许可证)。

表 15-5　某油田动火作业许可证

编号：

作业单位	
生产单位	
作业区域	

作业地点		动火监护人	
动火作业人		动火作业审核人	

作业内容描述：

是否有动火作业计划书和安全工作方案：□是　□否	其他附件（危害辨识等）：
是否附图纸：　　□是　□否	图纸说明：

作业许可证有效期：___年___月___日___时___分到___年___月___日___时___分

动火作业类型：
□焊接　□气焊　□切割　□明火　□研磨　□打磨　□钻孔　□破碎　□锤击
□其他_____
□使用非防爆的电气设备　　□使用内燃发动机设备　　□其他特种作业
□其他_____

可能产生的危害：
□爆炸　□火灾　□灼伤　□烫伤　□机械伤害　□中毒　□辐射　□触电　□泄露
□窒息　□坠落　□落物　□掩埋　□噪声　□其他：

安全措施：(符合"√"，不符合"×")

□设备已排空、置换、吹扫	□动火区域可燃物已清楚	□消防设备准备妥当
□设备已有效隔离	□动火区域通风已合格	□消防监护到位
□设备已上锁挂签	□需要其他特种作业许可证	□设备机具、检测仪器符合要求
□动火区域已设置围栏和标识	□动火监护人已到位	□人员培训合格
□气体检测合格	□个人防护装备齐全	□其他应急设施和热源到位
□特种作业人员持证	□窑井、沟渠、地沟等已封堵	□其他

气体检测：

测试时间					
测试位置					
氧气测试浓度，%					
可燃气体浓度 LEL，%					
有毒气体浓度，%					

本人确认工作开始前气体检测已合格。
检测人：　　　　　　　　　　　确认人：

续表

注明作业过程中气体测试要求(位置、频次及检测记录,可以附表):

申请 (现场负责人)	保证本人及本人下属,已阅读理解并遵照执行动火安全方案和许可证,并在动火过程中负责落实各项安全措施,在动火结束时通知生产单位现场负责人。 作业申请人:　　　　　　　　　　　　　　　　　　　　　年　月　日		
作业监护	本人已阅读许可证并确信所有条件已满足,承诺坚守现场。 双方作业监护人:　　　　　　　　　　　　　　　　　　　年　月　日		
批准	本人已审核过本动火方案和许可证的相关文件,确认符合公司安全管理规定的要求,并与相关人员一同检查过现场,符合动火条件,因此,同意动火。 作业批准人:　　　　　　　　　　　　　　　　　　　　　年　月　日		
相关方	本人确认收到许可证,了解工作对本单位的影响,将安排人员对此项工作给予关注,并和相关各方保持联系。 单位:　　　　　　　　　　确认人: 单位:　　　　　　　　　　确认人:		
延期	本许可证延期从:　年　月　日　时至　年　月　日　时 申请人:　　　　　　　　相关方:　　　　　　　　批准人: 　年　月　日　时　　　年　月　日　时　　　年　月　日　时		
关闭	动火结束后,监护人坚守现场,确认无任何火源和隐患后关闭作业。动火结束时间:	申请人: 年　月 日　时	相关方: 年　月 日　时	批准人: 年　月 日　时
取消	因以下原因,此许可证取消: 1. 2. 3.	申请人: 相关方: 批准人: 　　　　　年　月　日　时	

第四节　进入受限空间作业安全管理

一、受限空间作业简介

(一)受限空间作业的定义

受限空间作业,是指凡在生产区域内进入或探入炉、塔、釜、罐、仓、槽车以及管道、烟道、隧道、下水道、沟、坑、井、池、涵洞等封闭、半封闭设施及场所的作业。

(二)受限空间作业的特征

受限空间作业,除应同时符合以下三条物理条件外,还至少符合以下危险特征之一。

1. 物理条件

(1)有足够的空间,让员工可以进入并进行指定的工作;
(2)进入和撤离受到限制,不能自如进出;
(3)并非设计用来给员工长时间在内工作的。

2. 危险特征

(1)内部存在或可能产生有毒有害气体;
(2)内部存在或可能出现能掩埋进入者的物料;
(3)受限空间的内部结构可能将进入者困在其中(如,内有固定设备或四壁向内倾斜收拢)。

(三)特殊的"受限空间"

1. 围堤

符合下列条件之一的围堤,可视为受限空间:
(1)高于1.2m的垂直墙壁围堤,且围堤内外没有到顶部的台阶;
(2)在围堤区域内,作业者身体暴露于物理或化学危害之中;
(3)围堤内可能存在比空气重的有毒有害气体。

2. 动土或开渠

符合下列条件之一的动土或开渠,可视为受限空间:
(1)动土或开渠深度大于1.2m,或作业时人员的头部在地面以下的;
(2)在动土或开渠区域内,身体处于物理或化学危害之中;
(3)在动土或开渠区域内,可能存在比空气重的有毒有害气体;
(4)在动土或开渠区域内,没有撤离通道的。

3. 用惰性气体吹扫的空间

用惰性气体吹扫的空间,可能在空间开口处附近产生气体危害,此处可视为受限空间。在进入准备和进入期间,应进行气体检测,确定开口周围危害区域的大小,设置路障和警示标志,防止人员误入。

4. 其他区域或地点

有些区域或地点不符合受限空间的定义,但可能会遇到类似进入受限空间时发生的潜在危害,如把头伸入30cm直径的管道或洞口。

二、受限空间作业的潜在事故

在石油、石油化工生产过程中,许多作业属于进入受限空间作业,典型的如清罐作业、下水道清淤作业、进入塔器作业、反应釜内有关作业等。在这些作业中,作业人员要进入这些受限空间,可能要接触到有毒有害物质、易燃易爆物质,受限空间可能存在机械设备、电器、高空作业等,面临着火灾、爆炸、中毒、窒息、机械伤害、触电、淹溺、高空坠落等潜在事故,如果受限空间内存在固体颗粒状或散状物料(如催化剂等),还存在作业人员被掩埋的风险。因此受限空间也属于危险作业,应办理受限空间作业票。若涉及其他危险作业,还需办理相应的工作票。

三、进入受限空间作业前的准备工作

(一)隔离要求

进入受限空间前,应事先编制隔离清单,隔离相关能源和物料的外部来源;与其相连的附属管道应用盲板隔离;相关设备应在机械上和电气上被隔离并挂牌;应按清单内容逐项核查隔离措施,并作为许可证的附件。

(二)清理、清洗

进入受限空间作业前,应进行清理、清洗工作,根据作业内容对作业空间进行相应的清空、清扫、置换等,并中和其中的危害物质。

(三)气体检测

1. 检测要求

(1)取样和检测应由培训合格的人员进行。检测仪器应在校验有效期内,每次使用前后应检查。
(2)取样应有代表性,应特别注重人员可能工作的区域,取样点应包括空间顶端、中部和底部,取样时应停止任何气体吹扫,测试次序应为氧含量→易燃易爆气体→有毒有害气体。
(3)当取样人员在受限空间外无法完成足够取样,需进入空间内进行初始取样时,应制定特别的控制措施,获得进入受限空间作业许可。
(4)进入受限空间期间,气体环境可能发生变化时,应进行气体检测;气体检测宜优先选择连续监测方式进行检测,若采用间断性监测,间断时间不应超过 2h;连续检测仪器应安装在工作位置附近,且便于监护人、作业人员看见或听见。
(5)受限空间内气体检测 30min 后,仍未开始作业,应重新进行检测;如作业中断,再进入之前应重新进行气体检测。

2. 检测标准

(1)受限空间内外的氧浓度应一致,若不一致,在授权进入受限空间前,应确定偏差的原因,应保持氧浓度在 19.5%~23.5%。

(2)不论是否有焊接、敲击等,受限空间内部任何部位的易燃易爆气体或液体挥发物的浓度满足以下条件:当其爆炸下限≥4%时,浓度应小于0.5%(体积);当爆炸下限小于4%时,浓度应小于0.2%(体积)。同时还应考虑作业的设备是否带有易燃易爆(如氢气)或挥发性气体。

(3)受限空间内有毒、有害物质浓度超过国家规定的"车间空气中有毒物质的最高允许浓度"的指标时,不得进入或应立即停止作业。

四、进入受限空间作业过程中的安全要求

(1)作业前应当进行安全交底,并严格按照进入受限空间作业许可证的相关要求进行。

(2)指定专人监护,不得在无监护人的情况下作业;相互明确联络方式并始终保持有效沟通;进入特别狭小空间时,作业人员应系安全可靠的保护绳,并利用保护绳与监护人进行沟通。

(3)受限空间内的温度应当控制在不对人员产生危害的安全范围内。

(4)受限空间内应当保持通风,保证空气流通和人员呼吸需要,可采取自然通风或强制通风,严禁向受限空间通纯氧。

(5)受限空间内应有足够的照明,使用符合安全电压和防爆要求的照明灯具;手持电动工具等应当有漏电保护装置,所有电气线路绝缘良好。

(6)受限空间作业应当采取防坠落或滑跌的安全措施;必要时,应当提供符合安全要求的工作面和到达工作面的路径。

(7)应当对受限空间内阻碍人员移动、对作业人员造成危害或影响救援的设备采取固定措施,必要时移出受限空间。

(8)应当根据受限空间作业中存在的风险配备个人防护装备,并能得到正确使用。

(9)进入受限空间作业期间,应当根据规定的气体检测时间和频次进行检测,记录检测时间和检测结果,检测结果不合格时应立即停止作业。

(10)携带进入受限空间作业的工具、材料要登记,作业结束后应当清点,以防遗留在作业现场。

(11)如需进入受限空间进行救援,应明确监护人与救援人员的联络方法;救援人员应佩戴安全带、救生索,并携带气体防护装备。

(12)受限空间内作业人员应当安排轮换作业或休息。

(13)如果作业中断,继续作业前应当重新确认安全条件。

表 15-6 给出了某油田进入受限空间作业许可证。

表 15-6 某油田进入受限空间作业许可证

编号:

作业单位			
生产单位			
作业地点			
作业人员		监护人员	
作业内容描述:			
是否附安全工作方案:□是 □否		是否附应急预案:□是 □否	
是否附图纸: □是 □否		图纸说明:	
有效期: 从____年____月____日____时到____年____月____日____时			

作业类型(符合"√"不符合"×"):

□焊接	□压力吹扫	□撞击	□挖掘
□燃烧	□切削	□用电	□其他
□明火	□打磨	□喷涂	
□化学清洗	□钻孔	□蒸煮	

危害识别(符合"√"不符合"×"):

□爆炸性粉尘	□易燃性物质	□腐蚀性液体	□挥发性物质
□高压介质	□有毒有害化学品	□高温、低温	□触电
□惰性气体	□噪声	□火花、静电	□转动设备
□(机械)能量集聚	□蒸汽	□淹没、掩埋	□坠落、滑跌
□辐射	□空间内活动受限	□其他	

安全措施(需要"√"不需要"×"):

设备隔离	设备清理	用电	防火
□停止传送	□蒸煮	□断开电路	□水源与输送
□断开或盲板隔离	□吹扫置换	□防爆设备、工具	□阻燃毯
□张贴警告标志	□化学清理	□工具、照明的安全电压	□泡沫灭火器
□设置警戒	□清污	□接地和漏电保护	□干粉灭火器
□临近作业危险	□泄漏检测	□绝缘工具	□防火服
□盖上工业下水道井盖	□内部观察		□消防车

个人防护及应急措施(需要"√"不需要"×"):

□通风设施	□雨衣	□冲淋设施	□安全带
□防尘面具	□化学防护服	□连在入口点的救生索	□护耳、耳塞
□空气呼吸器	□布质颈脖覆盖物	□声光报警器	□通信设备
□防酸头罩	□橡胶手套	□检测仪	□应急预案

气体检测:

检测时间		
检测位置		
氧气检测浓度,%		
可燃气体浓度 LEL,%(　　　　)		
有毒气体浓度,% (　　　　)		

本人确认工作开始前气体检测已合格。
　　检测人签字:　　　　　　　　　确认人签字:

工作过程中气体检测要求(位置、频次,另附气体检测记录表):

作业人员和监护人签名:

本人已阅读许可并且确信所有条件都满足。	作业人员:
	监护人员:

许可证的签批:

本人在工作开始前,已同工作区域负责人讨论了该工作及相关的安全计划,并对工作内容进行了检查,该工作许可证的安全措施已落实。	作业申请人: 年　月　日　时
本人已同工作执行单位(人员)讨论了该工作及安全计划,并对工作内容进行了检查,我对本工作及工作人员的安全负责。	作业批准人: 年　月　日　时

受影响相关方共同签署:

本人确认收到许可证,了解工作对本部门的影响,将安排人员对此项工作给予关注,并和相关各方保持联系。	单位:　　　　确认人: 单位:　　　　确认人:

许可证的延期:(本许可证有效期为一个工作班次,如超过期限需延续,许可证应延期。)

本许可证延期从:　年　月　日　时至　年　月　日　时			
作业申请人: 年　月　日　时		相关方: 年　月　日　时	作业批准人: 年　月　日　时

许可证的关闭:

工作结束,已经确认现场没有遗留任何安全隐患,许可证关闭。	作业申请人: 年　月　日　时	相关方: 年　月　日　时	作业批准人: 年　月　日　时

许可证的取消:

因以下原因,此许可证取消:	提出人: 相关方: 批准人: 　　　　　年　月　日　时

第五节　其他危险作业安全管理

一、挖掘作业

(一)什么是挖掘作业

中国石油天然气公司集团公司企业标准《挖掘作业安全管理规范》(Q/SY 1247—2009)规

定:挖掘作业是指在生产、作业区域使用人工或推土机、挖掘机等施工机械,通过移除泥土形成沟、槽、坑或凹地的挖土、打桩、地锚入土作业;或建筑物拆除以及在墙壁开槽打眼,并因此造成某些部分失去支撑的作业。

(二)挖掘作业的危险

挖掘作业可能涉及地下的油气管线、管道、光缆、文物、电缆等设施的损坏而引发各种事故和纠纷;同时还存在挖出物归属问题,施工材料和挖掘的作业面的坍塌事故;还可能危及临近的房屋、墙壁、道路、高架等公共设施或其他结构物,造成破坏或员工伤害事故。

(三)挖掘作业的安全要求

(1)挖掘作业应办理挖掘作业许可证。

(2)挖掘工作开始前,现场相关人员应拥有最新的作业区域地下设施布置图,明确标注地下设施(油气管线、电缆)的位置、走向及可能存在的危害,必要时可采用探测设备进行探测。挖掘前应用手工工具(例如铲子、锹、尖铲)来确认1.2m以内的任何地下设施的正确位置和深度。确定应采取的相关措施,必要时要制定挖掘作业方案。

(3)对于挖掘深度6m以内的作业,为防止挖掘作业面发生坍塌,应根据土质的类别设置斜坡和台阶、支持和挡板等保护系统。对于挖掘深度超过6m所采取的保护系统,应由有资质的专业人员设计。挖出物或其他物料至少应距坑、沟槽边沿1m,堆积高度不得超过1.5m,坡度不大于45°。

(4)对于挖掘作业危及邻近的房屋、墙壁、道路或其他结构物,应当使用支撑系统或其他保护措施,如支撑、加固或托换基础来确保这些结构物的稳定性,并保护员工免受伤害。

(5)作业人员在坑、沟槽内作业应正确穿戴安全帽、防护鞋、手套等个人防护装备。不应在坑、沟槽内休息,不得在升降设备、挖掘设备下或坑、沟槽上端边沿站立、走动。挖掘深度超过1.2m时,应在合适的距离内提供梯子、台阶或坡道等,用于安全进出。作业场所不具备设置进出口条件,应设置逃生梯、救生索及机械升降装置等,并安排专人监护作业,始终保持有效沟通。

二、移动式起重机吊装作业

(一)移动式起重设备

石油天然气钻井、井下作业频繁存在搬迁作业,这些搬迁作业中涉及移动式起重设备的使用。
移动式起重机即自行式起重机,包括履带起重机、轮胎起重机,不包括桥式起重机、龙门式起重机、固定式桅杆起重机、悬挂式伸臂起重机以及额定起重量不超过1t的起重机。

(二)移动式起重吊装作业的危险

移动式起重机吊装作业可能存在员工伤亡事故和设备损坏事故,具体包括:作业人员挤压、碰撞、砸伤、触电、高处坠落等事故,起重机吊具或吊物坠落事故,起重机倾翻、折断、倒塌等事故。

(三)移动式起重机吊装作业安全要求

(1)移动式起重机吊装作业实行作业许可管理,吊装前需办理吊装作业许可证。

(2)使用前起重机各项性能均应检查合格。吊装作业应遵循制造厂家规定的最大负荷能力,以及最大吊臂长度限定要求。

(3)禁止起吊超载、埋置物件和重量不清的货物。在大雪、暴雨、大雾等恶劣天气及风力达到六级时应停止起吊作业,并卸下货物、收回吊臂。

(4)夜间应有足够的照明,光线阴暗视线不清时禁止吊装作业。

(5)一级、二级吊装作业应设置起吊指挥人员,起重作业指挥人应佩戴标识,并与起重机司机保持可靠的沟通;任何情况下,严禁起重机带载行走;无论何人发出紧急停车信号,都应立即停车。

(6)在可能产生易燃易爆、有毒有害气体的环境中工作时,应进行气体检测,检测不达标不能进行起吊作业。需在电力线路附近使用起重机时,起重机与电力线路的安全距离应符合相关标准。

(7)吊装作业前,应预先在吊装现场设置安全警戒带或其他方式隔离,无关人员不得进入该区域内。

(8)吊装作业人员必须戴安全帽。任何人员不得在悬挂的货物下工作、站立、行走,不得随同货物或起重机械升降。操作中起重机应处于水平状态,在操作过程中可通过引绳来控制货物的摆动,禁止将引绳缠绕在身体的任何部位。

三、管线打开作业

(一)管线打开简介

管线打开是指根据生产需要而改变封闭管线或设备及其附件完整性的作业。

管线打开包括但不限于以下方式:解开法兰;从法兰上去掉一个或多个螺栓;打开阀盖或拆除阀门;调换8字盲板;打开管线连接件;去掉盲板、盲法兰、堵头和管帽;断开仪表、润滑系统、控制系统的管线;断开加料或卸料的管线;用机械方法或其他方法穿透管线;开启检查孔;微小调整等。

(二)管线打开的危险

管线打开后可能存在腐蚀物、有毒有害物质、热介质(>60℃)、低温介质、易燃易爆物、高压介质和窒息物的泄漏,从而导致腐蚀、中毒、烫伤、冻伤、窒息、高压刺伤、火灾爆炸等事故的发生。

(三)管线打开作业的安全要求

(1)管线打开实施作业许可,由施工单位的现场负责人申请办理《管线打开作业许可证》,

作业批准人组织有关工艺技术、生产、工程、安全、消防人员深入现场调查,根据介质的危害属性、状态、数量来评估作业风险,根据评估结果制定相应的控制措施,批准后方可进行管线打开作业。

(2)需要打开的管线或设备必须与系统隔离,其中的物料应采用排尽、冲洗、置换、吹扫等方法除尽。清理合格应符合以下要求:

①系统温度介于−10~60℃之间;

②已达到大气压力;

③与气体、蒸汽、雾沫、粉尘的毒性、腐蚀性、易燃性有关的风险已降低到可接受的水平。

(3)隔离要求

①作业前应首先切断物料来源并加好盲板,经彻底吹扫、清洗、置换后,经检测介质有关的风险已降低到可接受的水平后方可作业。如检测超过30min后作业的,应对介质进行再次检测,合格后方可作业。

②与作业部位相连的其他介质管线必须进行可靠的隔离、封堵或拆除处理。

③与作业直接有关的阀门必须挂牌标明状态;与作业直接有关阀门的控制由生产单位安排专人操作和监护(可加装安全锁具)。

④必要时在受管线打开影响的区域设置路障或警戒线,控制无关人员进入。

⑤作业人员不得直面作业点,采取上风作业,应位于避开介质可能喷射和封堵物射出的方位。

管线打开作业时应选择和使用合适的个人防护装备,并确保现场人员能够及时获取个人防护装备。

四、临时用电作业

临时用电,是指除按照标准成套配置的,有插头、连线、插座的专用接线排和接线盘以外的,所有其他用于临时性用电的电气线路,包括电缆、电线、电气开关、设备等(简称临时用电线路)。

(一)临时用电的危险

临时用电作业时,如果没有有效的个人防护装备,临时用电设备存在缺陷及电气线路不规范,容易发生触电、电弧烧伤等事故造成人员伤亡,同时还有可能造成火灾爆炸事故的发生。

(二)临时用电的安全要求

临时用电应执行相关的电气安全管理、设计、安装、验收等标准规范,实行作业许可,办理临时用电许可证。超过6个月的临时用电,应按照相关工程设计规范配置线路。

临时用电的基本要求是:

(1)安装、维修、拆除临时用电线路的作业,应由电气专业人员进行;

(2)在开关上接引、拆除临时用电线路时,其上级开关应断电上锁;

(3)潮湿区域、户外的临时用电设备及临时建筑内的电源插座应安装漏电保护器,在每次

使用之前应利用试验按钮进行测试;

(4)各类移动电源及外部自备电源不得接入电网;

(5)动力和照明线路应分路设置;

(6)临时用电单位不得擅自增加用电负荷,变更用电地点、用途,禁止任意增加用电负荷或私自向其他单位转供电,一旦发生此类现象,生产单位应立即停止供电;

(7)检修和施工队伍的自备电源不能接入公用电网;

(8)严禁带电移动电气设备;

(9)临时用电线路和电气设备的设计与选型应满足爆炸危险区域的防爆等级分类要求,并采取相应的防爆安全措施;

(10)进行临时用电拆、接线路的工作人员必须按规定佩戴个人防护装备。

习 题

1. 请简述作业许可管理范围。
2. 申请作业许可证时需要准备哪些资料?
3. 作业许可证批准后,对作业人员和相关人员实施现场培训,包括哪些培训内容?
4. 怎样管理作业许可证?
5. 试分析作业许可证延期的目的。
6. 什么是高处作业?一般高处作业可分为几级?
7. 哪些人员不能从事高处作业?
8. 使用安全带应注意哪些问题?
9. 什么是动火作业?动火作业可能会引发哪些事故?
10. 动火作业气体检测的要求有哪些?
11. 什么是受限空间?受限空间作业可能会引发哪些事故?
12. 进入受限空间前的气体检测标准是什么?
13. 什么是挖掘作业?挖掘作业有哪些危险?
14. 什么是管线打开作业?管线打开作业包括哪些类别?

第十六章 现场急救

现场急救技术是现场作业人员必备的基本技能。本章主要内容包括现场急救基本技术（如人员搬运、通气技术、止血、伤口包扎与固定、骨折的急救等）、心肺复苏技术、常见伤害急救技术以及中毒的急救。本章的重点是熟练掌握各种急救技术的基础知识和操作要领，并通过反复训练，形成规范、快速、准确的急救技能，从而达到抢救生命的目的。

第一节 现场急救概述

现场急救是指在机关、学校、工矿企业、家庭或室外人群中对突发疾病或意外伤害事故的急危重症伤病员的紧急救护，是指专业医护人员到达现场之前"第一目击者"对伤病员所进行的初步急救护理，因此又称院前急救。它是重要的第一线救死扶伤工作。

一、现场急救的特点

(一)突发性

现场急救往往是在人们预料之外的突然发生的灾害性事件中出现伤员或病员，有时是少数的，有时是成批的，有时是分散的，有时是集中的。伤病员多为生命垂危者，往往现场没有专业医护人员，这时，不仅需要在场人员进行急救，还需要呼请场外更多的人参加急救。

(二)紧迫性

突发意外事故后，伤病员可能会多器官同时受损、病情垂危，不论是伤员还是家属，他们的求救心情都十分急切。4min 内开始心肺复苏可能有 50% 的伤病员可被救活；一旦心跳、呼吸骤停超过 4min，脑细胞将发生不可逆转的损害。10min 后开始心肺复苏者几乎 100% 不能存活。因此，时间就是生命，必须分秒必争，立即采用心肺复苏技术抢救心跳、呼吸骤停者，采用止血、固定等方法抢救大出血、骨折等病危者。

(三)艰难性

意外事故发生时，伤病员种类多、伤情重，一个人身上可能有多个系统、多个器官同时受损，需要具有丰富的医学知识、过硬的技术才能完成急救任务。有的灾害现场虽然伤病员比较少，但灾害通常是在紧急的情况下发生的，甚至伤病员身边无人，更无专业医护人员，只能依靠自救或依靠"第一目击者"进行现场急救。

(四)灵活性

现场急救常是在缺医少药的情况下进行的,常无齐备的抢救器材、药品和转运工具。因此,要机动、灵活地在伤病员周围寻找代用品,通过就地取材获得消毒液、绷带、夹板、担架等,否则就会丢失去急救时机,给伤病员造成更大灾难和不可挽救的后果。

二、现场急救的原则

现场急救的任务是采取及时、有效的急救措施和技术,最大限度地减少伤病员的疾苦,降低致残率,减少死亡率,为医院抢救打好基础。经过现场急救能存活的伤病员优先抢救,这是总的原则。为了更好地完成这一艰巨的任务,还必须遵守以下原则。

(一)先复苏后固定的原则

遇有心跳、呼吸骤停又有骨折者,应首先用口对口呼吸和胸外按压等技术使心肺脑复苏,直到心跳呼吸恢复后,再进行骨折固定。

(二)先止血后包扎的原则

遇到大出血又有创口者,首先立即用指压、止血带或药物等方法止血,接着再消毒创口进行包扎。

(三)先救重伤员后救轻伤员的原则

遇到垂危的和较轻的伤病员时,优先抢救危重者,后抢救较轻的伤病员。

(四)先急救后转运的原则

过去遇到伤病员,多数是先送后救,这样可能会错过最佳抢救时机,造成不应有的死亡或致残。现在应把它颠倒过来,先救后送。在送伤病员到医院途中,不要停止实施抢救,继续观察病情变化,少颠簸,注意保暖,快速平安地到达目的地。

(五)急救与呼救并重的原则

在遇到成批伤病员时,应较快地争取到大量急救外援。有计划、有组织地进行抢救、分类、转送伤员等工作。

(六)搬运与医护的一致原则

由于协调配合不好,途中应该继续抢救却没有得到保障,加之车辆严重颠簸等情况,结果增加了伤病员不应有的痛苦和死亡,这种情况在国内外屡见不鲜。医护和抢救应在任务要求一致、协调步调一致、完成任务一致的情况下进行,在运送危重伤病员时,才能减少痛苦、死亡,安全到达目的地。

第二节 现场急救基本技术

本节将介绍有关现场急救的基本技术,这些技术在各种急救活动中常常用到,如通气技术,病人的搬运、止血、包扎、固定等方面的等。

一、通气

所谓通气,就是使病人呼吸道保持畅通。呼吸是人的生命体征之一,呼吸停止直接威胁生命。人类大脑对缺氧的耐受力很低,缺氧达到一定时间和程度,脑细胞会出现损伤,一旦发展为不可逆转的损伤,脑细胞就会坏死。

病人通气障碍表现为呼吸节律和频率发生改变,并伴有呼吸困难——"三凹征",即胸骨上窝、锁骨上窝、肋间隙出现明显凹陷,同时伴随出现发绀,严重时停止呼吸。通气障碍的原因有舌根后坠(这是由于病人昏迷时全身肌肉松弛,舌肌因松弛在仰卧时后坠堵塞呼吸道)、呼吸道炎症或痉挛、呼吸道异物(由于误吸、淹溺导致固体或液体进入呼吸道)。如果病人出现通气障碍,应马上做出以下判断并采取相应措施。

(一)判定病人意识是否存在

现场发现危重病人,应大声喊病人的名字或者高声喊"喂,喂,你怎么了!"并轻拍病人的面颊或肩部及掐人中("一喊二拍三掐")如无睁眼、呻吟、肢体活动反应,即可确定意识丧失,已陷入危重状态。此时应保持病人呼吸道畅通,谨防窒息。不能猛烈摇晃患者,特别是对脑外伤、脑出血、脊柱损伤的患者。如患者神志清醒,应尽量记下其姓名、住址、家人联系方式、受伤时间和受伤经过等情况。

(二)判断病人呼吸是否停止

判断病人呼吸是否存在,要用耳贴近伤员口鼻,听有无气流声音;头部侧向病人胸部,观察病人胸部有无起伏;用手指和面部感觉病人呼吸道有无气流呼出。如胸廓有起伏,并有气流声音及气流感,说明尚有呼吸存在。反之,即呼吸已停止。判断有无呼吸要在3~5s内完成。如无呼吸,应立即进行人工呼吸。

(三)判定病人心跳是否停止

正常人的心跳为60~100次/min。严重的心律不齐、急性心肌梗死、大失血以及其他急危重症患者,常有胸闷、心慌、气短、剧烈胸疼等先兆出现,这时心跳多不规则,触摸脉搏常感到脉细而弱、不规则。若患者出现口唇发绀、意识丧失,则多说明心脏已陷入严重衰竭阶段,可有心室纤维性颤动(室颤)。如患者脉搏随之更慢,迅速陷入昏迷并倒地,脉搏消失,预示发生心跳停止。如有心跳停止,应马上进行胸外心脏按压。

1. 触摸颈动脉

因颈总动脉较粗,且离心脏最近,又容易暴露,便于迅速触摸,所以常用触摸颈动脉的方法来判断患者心跳是否停止。

触摸方法:施救者一手放在病人前额,使其头部保持后仰,另一手的食指、中指尖并拢,置于病人的喉部,由喉结向下滑动2~3cm,感知颈动脉有无搏动,见图16-1。

此处应注意:

(1)触摸颈动脉不能用力过大,以免影响血液循环。

(2)不要用拇指触摸,触摸时间一般不少于5~10s,禁止同时触摸两侧颈动脉。无心跳者应立刻实施胸外心脏按压术。一旦确认伤员心跳呼吸停止应立即施行心肺复苏。

图16-1 触摸颈动脉

(3)正确判断有无心跳很重要,因为对有心跳的病人进行胸外心脏按压会引起严重的并发症。

2. 直接听心跳

有时病人心跳微弱,血压下降,脉搏摸不清楚,尤其当怀疑病人出现严重情况,心跳发生显著变化时,救护人员可以用耳朵贴近其左胸部(左乳头下方)倾听有无心跳。特别是衣着较少时,用此法十分方便。如果无法听清或听不到心音,则说明心跳停止,应立即进行心肺复苏。

(四)打开气道

1. 方法

迅速将病人搬离危险场所,仰卧放置;检查口鼻有无阻塞,及时清理呕吐物、杂物;松开衣领、内衣、裤带,解除呼吸阻力;将头后仰可解除舌根后坠,气道可获通畅;以上无效时,可以用气管插管通气或气管切开术通气。

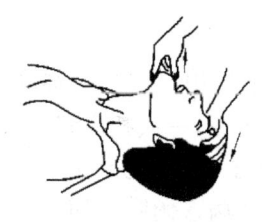

1)仰头举颌法

病人仰卧,抢救者将一手掌小鱼际(小拇指侧)置于病人前额,下压,另一手的食指与中指举起其下颌,将颌部向前抬起,使其头部后仰、气道开放。必要时拇指可轻牵下唇,使口微微张开,如图16-2所示。

图16-2 仰头举颌法

2)仰头抬颈法

病人仰卧,抢救者一手抬起病人颈部,另一手以小鱼际侧压病人前额,使其头部后仰、气道开放,如图16-3所示。

2.气道异物的清除

1)手指清除法

图16-3 仰头抬颈法

病人仰卧位,打开病人口腔,一手食指伸入口腔向前下压舌面并将下颌抬起,发现异物,用另一手食指沿患者颊内侧伸入并钩出,莫使异物落入深部。

2)海姆利希(Heimlich)法

病人处立位、座位、仰卧位;抢救者站位或跪位,身体紧靠病人背部,一手握拳,拳心置于病人脐部以上剑突以下的腹部,快速向上、向内猛拉膈肌,使肺部残气冲出,如此6~10次,可排除异物。

3)背部叩击法

病人立位或坐位,抢救者一手平放患者胸前,支撑病人,使其处于前倾前曲位,另一手掌面用力拍击病人两肩胛背间区域4~5次。此法较适于儿童。

二、伤员的搬运

在意外现场,在采取了有关现场急救措施后,要及时把伤员送往附近医院,以便进行更高一级的救治。

现场伤员搬运的原则是就地取材、因地制宜,视当时伤员受伤情况采取不同的搬运方法。常用的伤员搬运方法有单人肩背式搬运法(图16-4)、双人椅式搬运法(图16-5)、临时担架搬运法等。

图16-4 单人肩背式搬运法　　　　图16-5 双人椅式搬运法

在搬运脊柱损伤的伤员时,要特别注意。在搬运时可就地取材,如用担架、门板、铺板等(图16-6),一定要保持伤员身体的平稳;对胸腰椎损伤者宜3人一齐平托,一人托肩背、一人托腰脊、一人托下肢,三人协同用平托法将伤员仰卧位平放在硬板担架上,勿使躯干屈曲或旋转(图16-7),或用滚动法(图16-8)。如无硬板而用软毯抬送时,宜使病人俯卧。切忌一人背送或一人抱头一人抱腿,致使脊柱屈曲,加重损伤。搬运颈椎损伤病人时,要一人在伤员头

前用两手抱病人下颌略施牵引,平卧于硬板后,头两侧用枕头或砂袋围起,如无砂袋,可将较厚实的上衣自下向上横行折叠,然后将折叠的衣服置于颈前,两袖反系于颈后,固定头颈部。

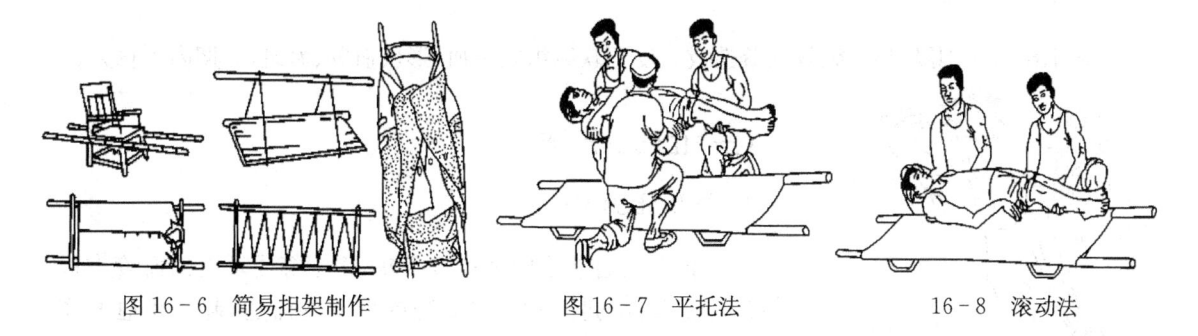

图 16-6 简易担架制作　　　图 16-7 平托法　　　16-8 滚动法

三、止血

在各种突发外伤中,出血往往是突出表现。现场及时、有效地止血能减少出血,保存血容量,防止休克发生。因此,有效止血是挽救生命、降低死亡率,为伤员进一步治疗赢得时间的重要技术。

(一)判断受损血管的性质

1. 动脉出血

动脉血管压力较高,出血时血液自伤口向外喷射或一股一股地冒出。血液为鲜红色,出血速度快、量多。在短时间内人体大量失血会危及生命。

2. 静脉出血

血液呈暗红色,呈涌出状或缓缓外流,无搏动,出血速度不及动脉快,出血量中等。

3. 毛细血管出血

微小的血管出血时,血液像水珠样流出或渗出,由鲜红变为暗红色,量少,多能自行凝固止血。

4. 混合出血

一般在动静脉出血时,混合型出血比较常见,且兼具上述三种单纯性出血的特点。

(二)判断出血的种类

1. 外出血

外出血是指机体受到外伤后,血管破裂,血液从伤口流出体外,能够看见出血情况。

2. 内出血

深部组织和内脏损伤,血液由破裂的血管流入组织或脏器、体腔内,从体表看不见血,称为内出血。内出血对伤员的健康和生命威胁很大,且常被出血、瘀血、骨折等明显的伤痛所掩盖,必须密切注意。

3.皮下出血

皮下出血多因跌、撞、挤、挫伤等造成。皮下软组织内出血,形成血肿、瘀斑,短期内可自愈。

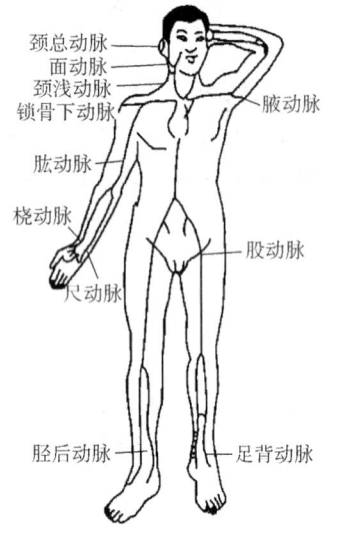

(三)止血的方法

1.手压止血法

手压止血法通常是用手指或手掌,将中等或较大的血管靠近心端压迫于深部的骨头上,以此阻断血液的流通,起到止血的作用。此法止血,只适用于应急状态下,短时间控制出血。手压止血法要准确掌握动脉压迫点(图16-9)。

(1)颞浅动脉压迫点:头顶部及前额出血时,在同侧耳前,对准耳屏上前方1.5cm处(搏动点),可用食指或拇指压迫颞浅动脉止血(图16-10)。

(2)面动脉压迫点:颜面部一侧出血,可用食指或拇指压迫同侧下颌骨下缘、下颌角前方约3cm的凹陷处。此处可触及一搏动点(面动脉),压迫此点可控制一侧颜面出血(图16-11)。

图16-9 全身动脉血管压迫点

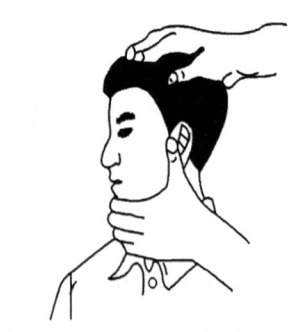

图16-10 颞浅动脉压迫止血

图16-11 面动脉压迫点

(3)颈总动脉压迫点:头面部一侧出血,可用大拇指或其他四指压迫同侧气管外侧与胸锁乳突肌前缘中点之间搏动处(颈总动脉)控制出血(图16-12)。此法非紧急时不可用,禁止同时压迫两侧颈总动脉,防止脑缺血而致伤者昏迷死亡。

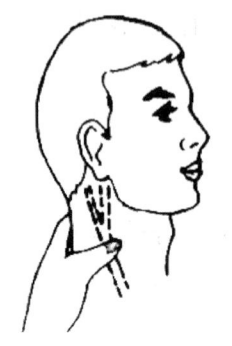

图16-12 颈总动脉压迫点

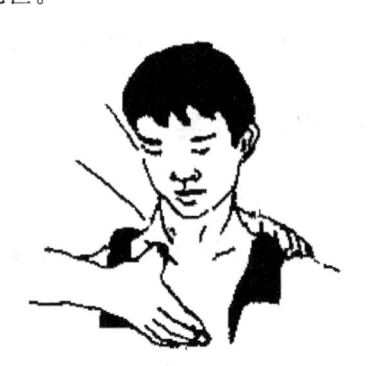

图16-13 锁骨下动脉压迫点

(4)锁骨下动脉压迫点：腋部和上臂出血时，可用拇指或食指压迫同侧锁骨上窝中部的搏动处(锁骨下动脉)，将其压向深处的第一肋骨方向控制出血(图16-13)。

(5)肱动脉压迫点：前臂及手部出血时，可用拇指或其他四指压迫上臂内侧肱二头肌与肱骨之间的搏动点(肱动脉)控制出血(图16-14)。

(6)桡动脉、尺动脉压迫点。腕及手掌部出血时，可用双手拇指分别压迫手腕横纹稍上处的内、外搏动点(桡动脉、尺动脉)控制出血[图16-15(a)]；自救时可用另一手拇指和食指压迫指掌固有动脉压迫点[图16-15(b)]。

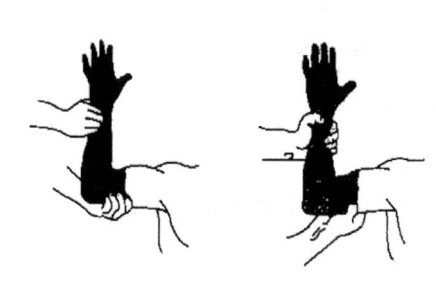

图16-14 肱动脉压迫点　　　　图16-15 桡动脉、尺动脉压迫点

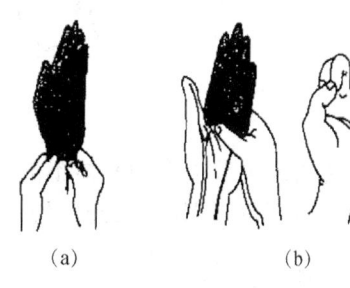

(7)股动脉压迫点：下肢大出血时，可压迫股动脉。压迫点位于腹股沟韧带中点偏内侧的下方(腹股沟皱纹中点)股动脉搏动处，用手指向下方的股骨面压迫(图16-16)。

(8)腘动脉压迫点：小腿及以下严重出血时，在腘窝中部摸到腘动脉搏动后用拇指向腘窝深部压迫(图16-17)。

(9)胫后动脉和足背动脉压迫点：足部出血时，可用两手的拇指分别压迫内踝与跟骨之间的胫后动脉和足背皮肤皱纹处中点的足背动脉(图16-18)。

图16-16 股动脉压迫点 　　图16-17 腘动脉压迫点图 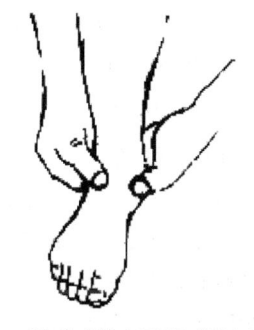　　图16-18 胫后动脉和足背动脉压迫点

2. 加压包扎止血法

加压包扎止血法适用于静脉、毛细血管或小动脉出血，出血速度不是很快和出血量很大的情况下。止血时，先将消毒敷料盖在伤口处，然后用三角巾或绷带适度加力包扎，松紧要适中，以免因过紧影响必要的血液循环，造成局部组织缺血性坏死，而过松又达不到止血的目的。伤口有碎骨存在时，禁用此法。

3. 加垫屈肢止血法

前臂或小腿出血可在肘窝或腋窝放辅料、纸卷、毛巾、衣服等柔软物做垫，屈曲关节，用三角巾或绷带将屈曲的肢体紧紧缠绑起来控制出血(图 16-19)。

用加垫屈肢止血法止血时应注意：

图 16-19 加垫屈肢止血法

(1)有骨折或关节损伤的肢体不能用加垫屈肢止血法；
(2)使用时要每隔 1h 左右慢慢松开一次，观察 3~5min，防止肢体坏死。

4.止血带止血法

止血带止血法主要用于暂时不能用其他方法控制的出血，特别是对四肢较大的动脉出血或较大的混合型出血，此法有较好的止血效果。

(1)橡皮止血带止血：先在缠止血带的部位(伤口的上部、近心端)用纱布、毛巾或衣服垫好，然后以左手拇指、食指、中指拿止血带头端，另一手拉紧止血带绕肢体缠两圈，并将止血带末端放入左手食指、中指之间拉回固定。

(2)就便材料绞紧止血法：在没有止血带的情况下，可用手边现成的材料，如三角巾、绷带、手绢、布条等，折叠成条带状缠绕在伤口的上方(近心端)，缠绕部位用衬垫垫好，用力勒紧然后打一活结，在结内或结下穿一短棒，旋转此棒使带绞紧，至不流血为止，将棒一端插入活结环内，再拉紧活结头与另一端打结固定短棒。

(3)止血带止血注意事项：一是止血带不能直接缠在皮肤上，止血带与皮肤之间要加垫无菌辅料或干净的毛巾、手帕等；二是止血带应固定在伤口的上部(近心端)，上肢应扎在伤口上 1/3 处，下肢应扎在大腿中部；三是要确认止血效果和松紧程度，摸不到远端动脉搏动和出血停止即可；四是上止血带后要每隔 30~60min 松解一次，松开之前用手指压迫止血，每次松解 1~2min，之后在另一稍高平面绑扎；五是上好止血带后，必须做出明显标记，如挂上红、白、黄布条等标记，并尽快将伤者送医院处理，上止血带的总时间不能超过 2~3h。严禁用电线、铁丝、绳索代替止血带。

四、伤口的包扎与固定

包扎伤口的目的是保护伤口，减少伤口污染和帮助止血，一般常用的材料有绷带和三角巾。在没有绷带和三角巾的条件下，可临时选用洁净的毛巾、被单或衣物等代替。

(一)包扎伤口的要点

(1)包扎的基本方法为先在受伤的部位放几块消毒敷料，然后用绷带或三角巾等包扎好。

(2)内脏外露的伤口的包扎,注意不可将内脏送回腹腔内,应该用干净、消毒的纱布围成一圈保护,或者用干净饭碗扣住已脱出的内脏,再进行包扎。

(3)异物刺入体内,切忌拔出,应该先用棉垫等物将异物固定住再包扎。

(二)绷带包扎法

1.环形法

环形法是绷带包扎中最常用的方法,适用于肢体粗细较均匀处伤口的包扎,其操作要点如下(图16-20):

(1)伤口用无菌敷料覆盖,用左手将绷带固定在敷料上,右手持绷带卷围绕肢体紧密缠绕;

(2)将绷带打开一端稍呈斜状环绕第一圈,将第一圈斜出的一角压入环形圈内,环绕第二圈;

(3)加压绕肢体环形缠绕4~5层,每圈盖住前一圈,绷带缠绕范围要超出敷料边缘;

(4)最后用胶布粘贴固定,或将绷带尾从中央纵向剪开形成两个布条后绕肢体打结固定。

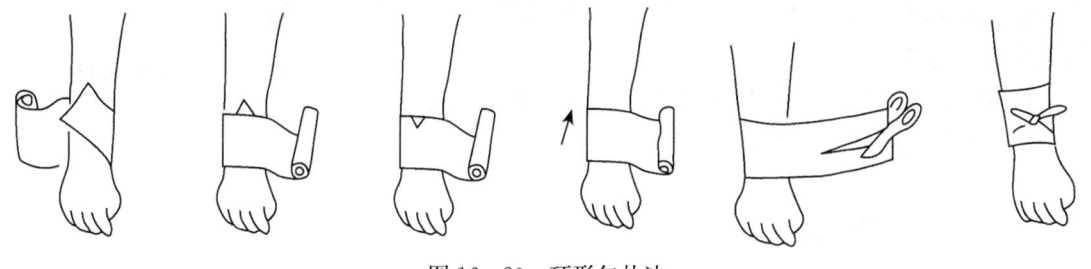

图16-20 环形包扎法

2."8"字包扎法

手掌、腕部、肘部、踝部和其他关节处伤口用"8"字绷带包扎法,选用弹力绷带,其操作要点如下(图16-21):

(1)用无菌敷料覆盖伤口;

(2)在关节的一端先环形缠绕两圈,再绕关节上下呈"8"字形缠绕;

(3)最后用胶布粘贴固定,或将绷带尾从中央纵向剪开形成两个布条后绕肢体打结固定;

(4)包扎手时从腕部开始,先环形缠绕两圈,然后经手和腕呈"8"字形缠绕,最后将绷带尾端打结固定于腕部。

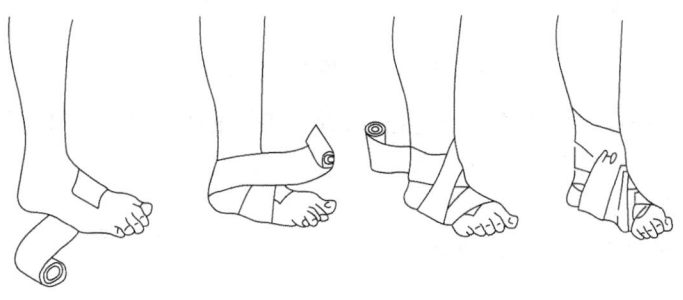

图16-21 "8"字包扎法

3. 螺旋包扎法

螺旋包扎法适用上肢、躯干的包扎,其操作要点如下(图16-22):

(1)用无菌敷料覆盖伤口;
(2)先环形缠绕两圈;
(3)从第三圈开始,环绕时压住上圈的1/2或1/3;
(4)最后用胶布粘贴固定,或将绷带尾从中央纵向剪开形成两个布条后绕肢体打结固定。

图16-22 螺旋包扎法

4. 螺旋反折包扎法

如图16-23所示,螺旋反折包扎法用于肢体粗细不等部分(如小腿、前臂等)的包扎。操作要点如下:

(1)用无菌敷料覆盖伤口;
(2)先用环形法固定始端;
(3)螺旋方法使每圈反折一次,反折时,以左手拇指按住绷带上面的正中处,右手将绷带向下反折,向后绕并拉紧(注意反折处不要在伤口上);
(4)最后用胶布粘贴固定,或将绷带尾从中央纵向剪开形成两个布条后绕肢体打结固定。

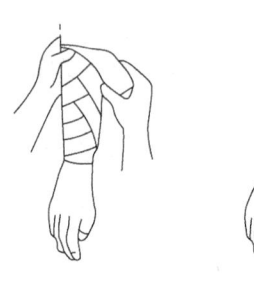

图16-23 螺旋反折包扎法

(三)三角巾包扎法

使用三角巾时,注意边要固定,角要抓紧,中心伸展,敷料贴实。在应用时可按需要折叠成不同的形状,用于不同部位的包扎。

1. 头顶帽式包扎法

头顶帽式包扎法的操作要点如下(图16-24):

图16-24 头顶帽式包扎法

(1)将三角巾的底边叠成约两横指宽,边缘置于伤员前额齐眉,顶角向后位于脑后;
(2)三角巾的两底角经两耳上方拉向头后部交叉并压住顶角;
(3)再绕回前额相遇时打结;
(4)顶角拉紧,掖入头后部交叉处内。

2. 肩部包扎法

1）单肩包扎法

单肩包扎法的操作要点如下（图 16-25）：

(1)三角巾折叠成燕尾式，燕尾夹角约 90°，大片在后压小片，放于肩上；
(2)燕尾夹角对准侧颈部；
(3)燕尾底边两角包绕上臂上部并打结；
(4)拉紧两燕尾角，分别经胸、背部至对侧腋下打结。

2）双肩包扎法

双肩包扎法的操作要点如下：

(1)三角巾折叠成燕尾式，燕尾夹角约 120°；
(2)燕尾披在双肩上，燕尾夹角对准颈后正中部；
(3)燕尾角过肩，由前往后包肩于腋下，与燕尾底边打结。

图 16-25　单肩包扎法

3. 胸部包扎法

胸部包扎法的操作要点如下（图 16-26）：

(1)三角巾折叠成燕尾式，燕尾夹角是 100°；
(2)将燕尾置于胸前，夹角对准胸骨上凹；
(3)两燕尾角过肩于背后；
(4)将燕尾顶角系带，围胸在背后打结；
(5)将一燕尾角系带拉紧绕横带后上提，再与另一燕尾角打结。

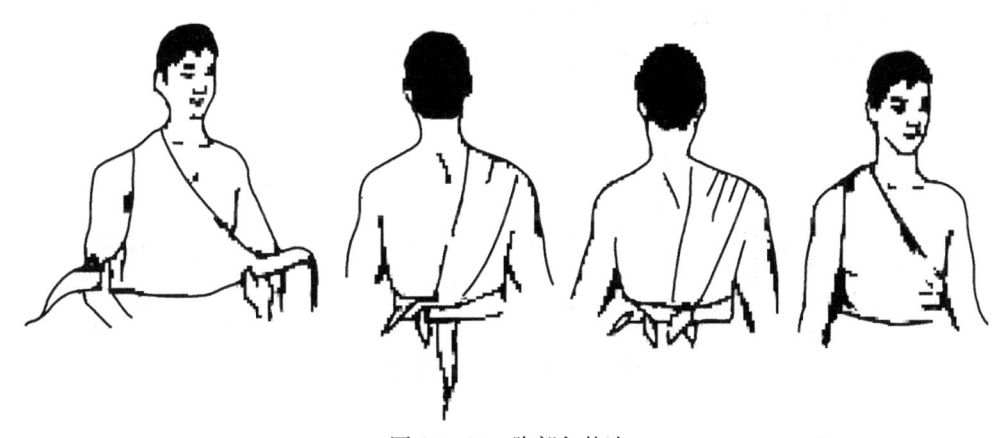

图 16-26　胸部包扎法

4. 腹部包扎法

腹部包扎法的操作要点如下（图 16-27）：

(1)三角巾底边向上，顶角向下横放在腹部；
(2)两底角围绕至腰部后打结；

(3)顶角由两腿间拉向后面与两底角连接处打结。

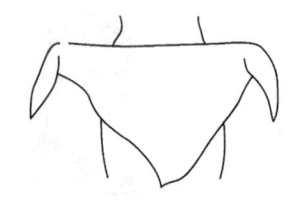

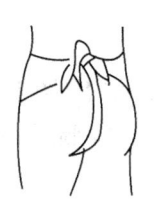

图 16-27 腹部包扎法

5.单侧臀部包扎法

单侧臀部包扎法的操作要点如下(图 16-28)：
(1)将三角巾叠成燕尾式,夹角约 60°朝下对准外侧裤线；
(2)伤侧臀部的后大片压着前面的小片；
(3)顶角与底边中央分别过腹腰部到对侧打结；
(4)两底角包绕伤侧大腿根打结。

6.手(足)包扎法

手(足)包扎法的操作要点如下(图 16-29)：
(1)将三角巾展开；

图 16-28 单侧臀部包扎法

(2)将手掌或足趾尖对向三角巾的顶角；
(3)将手掌或足平放在三角巾的中央；
(4)指缝或趾缝间插入敷料；
(5)将顶角折回,盖于手背或足背；
(6)两底角分别围绕至手背或足背处交叉；
(7)再在腕部或踝部围绕一圈后在手背或足背处打结。

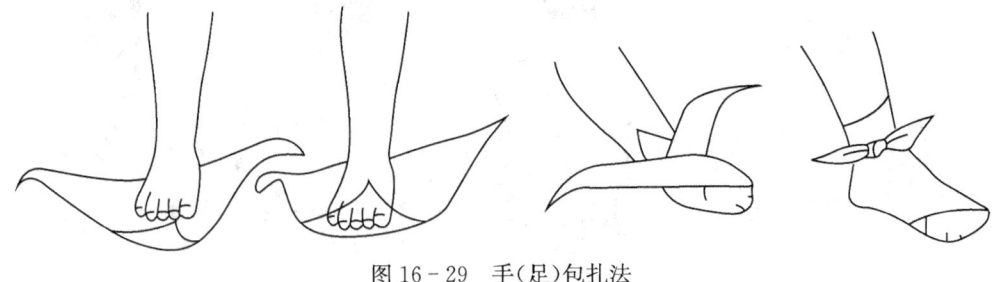

图 16-29 手(足)包扎法

7.膝部带式包扎法

膝部带式包扎法的操作要点如下(图 16-30)：
(1)将三角巾折叠成适当宽度的带状；
(2)将中段斜放于受伤部位,两端向后缠绕,返回时两端分别压于中段上、下两边；
(3)包绕肢体 1 周后打结。

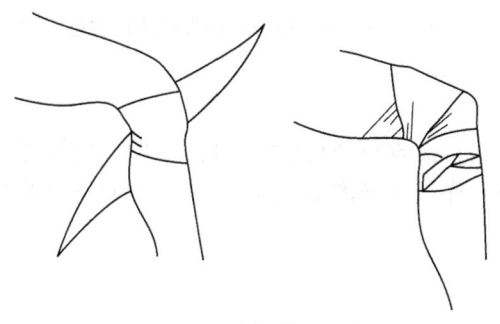

图 16-30　膝部带式包扎法

(四)包扎注意事项

(1)操作时尽可能戴上医用手套,如无手套,可用敷料、干净布片、塑料袋、餐巾纸作为隔离层。
(2)必须脱去或剪开伤员衣服,暴露伤口,检查伤情。
(3)伤口封闭要严密,防止污染。伤口用妥善的方法止血、包扎。
(4)不用水冲洗伤口(化学伤除外)。
(5)对嵌入异物或骨折断端外漏伤者应保持原位,并对伤口进行保护后再包扎。
(6)不要在伤口上涂抹药膏。
(7)伤口上要加盖敷料,不要在伤口上使用弹力绷带。
(8)不要将绷带缠绕过紧,经常检查肢体血运。有绷带过紧的体征时,立即松开绷带,重新缠绕。
(9)不要将绷带缠绕于手指、足趾末端,除非有损伤。末端循环不良时应注意观察甲床颜色的变化。
(10)如必须用裸露的手进行伤口处理,在处理完成后,用肥皂洗手及消毒。

五、骨折的急救和固定

骨的完整性或连续性中断时称为骨折。对骨折进行临时固定,可以有效地防止骨折断端损伤血管、神经及重要脏器,减少伤员疼痛,防止休克,同时也便于搬运伤员到医院进行进一步救治。

(一)骨折的表现

1.局部表现

(1)骨折的专有体征:畸形、反常活动、骨擦音或骨擦感,以上三种体征只要发现其中之一,即可确诊。但未见此三种体征时,也可能有骨折,例如嵌插骨折、裂缝骨折等。畸形是指骨折段移位后,受伤体部的形状改变;反常活动是指在肢体没有关节的部位,骨折后可有不正常的活动;骨擦音或骨擦感是指骨折端互相摩擦时,可听到骨擦音或感到骨擦感。

（2）骨折的其他表现：主要有疼痛与压痛、局部肿胀与瘀斑、肢体活动功能障碍等。

2. 全身表现

多发性骨折、股骨骨折、骨盆骨折、脊柱骨折和严重的开放性骨折时，伤员多伴有广泛的软组织损伤、大量出血、剧烈疼痛或并发内脏损伤，并往往引起休克等全身表现。

(二)骨折的急救

1. 一般处理

凡有骨折可疑的病人，均应按骨折处理，一切动作要谨慎、轻柔、稳妥。首先抢救生命，如病人处于休克状态中，应以抗休克为首要任务，注意保暖，有条件时应即时输血、输液。对有颅脑复合伤而处于昏迷中的病人，应注意保证呼吸道通畅。不必脱去骨折病人的衣服、鞋袜等，以免过多搬动患肢，增加疼痛。若患肢肿胀较剧，可以剪开衣袖或裤管。

2. 创口包扎

绝大多数的创口出血，用绷带压迫包扎后即可止血，除止血外，还可防止创口再污染。在大血管出血时，可用止血带，应记录开始用止血带的时间。若骨折端已戳出创口并污染，但未压迫血管、神经时，不应立即复位，以免将污物带进创口深处，可待送医院后再作处理。若在包扎创口时，骨折端自行滑回创口内，则需在送医院后向医师说明。

3. 妥善固定

妥善固定是骨折急救处理时最重要的一项。固定时不要试行复位，因为此时不具备复位的条件，若有显著畸形，可用手力牵引患肢，使之挺直，然后固定。若备有特制的夹板最好，否则应就地取材，如树枝、木棍、木板等，都适于作夹板。若无物可用，也可以将受伤的上肢绑在胸部，将受伤的下肢同健肢一并绑起来。

4. 迅速运输

将伤员迅速、正确送至医院或急救站。

(三)骨折的常用固定法

1. 前臂骨折固定法

前臂骨折可用两块木板或木棒等，分别放于掌侧和背侧，若只有一块，先放于背侧，然后用三角巾或手帕、毛巾等，叠成带状绑扎固定，进而用三角巾或腰带，将前臂吊于胸前(图16-31)。

2. 上臂骨折固定法

在上臂外侧放一块木板，用两条布带将骨折上下端固定，将前臂用三角巾或腰带吊于胸前(图16-32)。

如果没有上述材料，可单用三角巾把上臂直接固定于胸部，然后再用三角巾或腰带，将前臂吊于胸前(图16-33)。

图 16-31 前臂骨折固定　　图 16-32 上臂骨折固定　　图 16-33 自体固定

3. 大腿骨折固定法

大腿骨折时,先将一块长度相当于从脚到腋下的木板或木棒、竹片等,平放于伤肢外侧,并在关节及骨突出处加垫,然后用 5~7 条布带或就便材料将伤肢分段平均固定,若与健侧同时固定效果更佳(图 16-34)。

4. 小腿骨折固定法

小腿骨折时,将木板平放于伤肢外侧,如可能,内外各放一块更好,其长度应超出上下两个关节之间的距离,并在关节处加垫,然后用 3~5 条包扎带均匀固定。如果没有木板等固定材料,也可直接固定于健侧小腿上(图 16-35)。

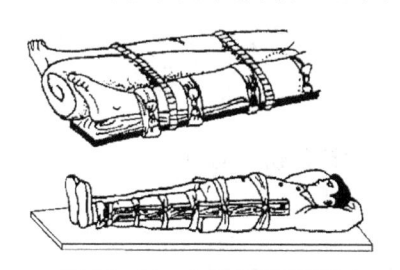

图 16-34 大腿骨折固定法　　图 16-35 小腿骨折及木板固定法

5. 锁骨骨折固定法

锁骨发生骨折时,先用毛巾或敷料垫于两腋前上方,再将三角巾折叠成带状,两端呈"8"字围绕双肩,拉紧三角巾的两头,在背部打结,尽量使双肩后张(图 16-36)。

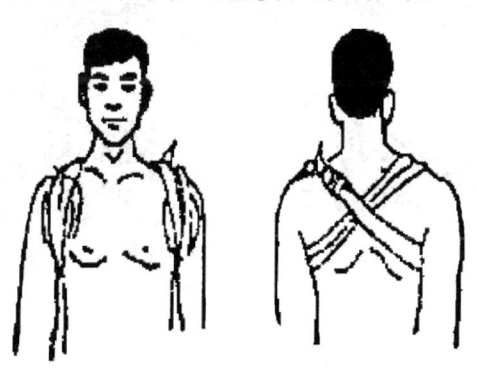

图 16-36 锁骨骨折固定法

(四)骨折固定的注意事项

(1)伤口有出血时,应先止血后包扎,然后再行固定;
(2)大腿和脊柱骨折应就地固定,不宜轻易搬动;
(3)固定要牢固,松紧要适宜,不但要固定骨折的两个近端,而且还要固定好骨折部位上下的两个关节;
(4)固定四肢时,应先固定好骨折部的上端,然后固定骨折部的下端;
(5)要仔细观察供血情况,如发现指(趾)苍白或青紫,应及时松开,另行固定;
(6)固定部位应适当加垫,不宜直接接触皮肤,特别是骨突出部位和关节处更应适量加棉花、衣物等柔软物,防止引起压迫损伤;
(7)离体断肢应及时包好,随伤员一起迅速送往医院施断肢再植手术。

第三节　心肺复苏技术

一、人工呼吸

(一)口对口人工呼吸

1. 方法

(1)人工呼吸首先是在呼吸道畅通的基础上进行;
(2)用按在前额一手的拇指与食指,捏闭伤员的鼻孔,同时打开伤员的口;
(3)抢救者深吸一口气后,贴紧伤员的嘴(要把伤员的嘴全部包住);
(4)用力快速向伤员口内吹气,观察其胸部有无上抬;
(5)一次吹气完毕后,应立即与伤员口部脱离,轻轻抬起头部,面朝伤员胸部,吸入新鲜空气,准备下一次人工呼吸,同时松开捏鼻子的手,以使伤员呼吸,观察伤员胸部向下恢复原状(图16-37)。

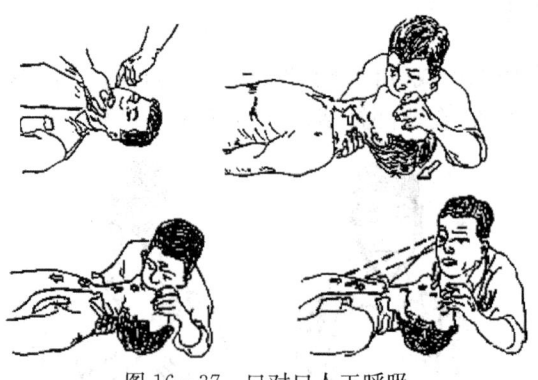

图 16-37　口对口人工呼吸

2. 注意事项

在抢救开始后,首次人工呼吸应连续吹气两口,每次吹入气量约为 800～1200mL,不宜超过 1200mL,以免造成胃扩张。同时要注意观察伤员胸部有无起伏,有起伏,人工呼吸有效;无起伏,人工呼吸无效。吹气时不要按压胸部。

(二)口对鼻人工呼吸

当伤员牙关紧闭、不能张口、口腔有严重损伤时,可用口对鼻人工呼吸。

1. 方法

首先开放伤员气道,捏闭口部,然后深吸气并用力向伤员鼻孔吹气,再打开伤员口部,以利于伤员呼气。

2. 注意事项

注意事项与口对口呼吸法相同。

二、胸外心脏按压

胸外心脏按压是对心脏骤停病人实施的急救方法,目的是恢复心跳,抢救生命。心脏按压是利用人体生理解剖特点来进行的,通过外界施加的压力,将心脏向后压于脊柱上使心脏内血液被排出,按压放松时,胸廓因自然的弹性而扩张,胸内出现负压,大静脉血液被吸进心房内,如此反复进行,推动血液循环。

(一)胸外心脏按压技术

1. 病人体位

病人应仰卧于硬板床或地上。

2. 快速确定按压位置

首先触及病人两侧肋弓交点,寻找胸骨下切迹,并以切迹作为定位标志,然后将食指及中指横放于胸骨下切迹上方,食指上方的胸骨正中部即为按压区。再以另一手掌根部紧贴食指上方,放在按压区。之后,把定位手取下,重叠将掌根放于另一掌之上,两手手指交叉抬起,使手指脱离胸壁(图 16-38)。

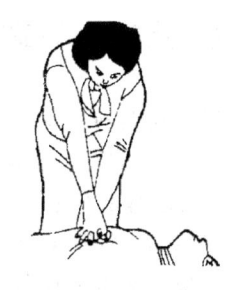

图 16-38 胸外心脏按压法

3. 抢救者的身体姿势

抢救者双肩应绷直,双肩位于伤员胸骨上方正中,垂直向下用力。按压时,利用上半身重量和肩、臂部肌肉的力量进行。

4. 按压的用力方式

按压应平稳有规律地进行,不能采用冲击式的猛压。下压及向上放松时间应相等;按压至最低点处,应有一明显的停顿;用力要垂直,不要前后、左右摆动;放松时,定位的手掌根部不要离开胸骨定位点,应尽量放松,使胸骨不受任何压力。

5. 按压频率及深度

按压的频率应保持在每分钟 80~100 次之间。按压深度,成人一般 4~5cm。

6. 按压的有效指标

按压时能试到大动脉的搏动;面色、口唇、指甲床及皮肤等色泽转红润;扩大的瞳孔再度缩小。在按压时,要不断检查有效指标,以判断按压的效果。

(二)胸外心脏按压常见的并发症及防治

1. 颈或脊柱损伤

开放气道时,对于疑有颈或脊柱损伤的伤员必须慎重进行,否则会加重其损伤程度。

2. 骨折及脏器破裂

按压时手指与掌根同时贴在胸骨上,如用力过猛或按压用力不垂直,容易引起肋骨骨折、胸骨骨折。按压定位不正确,向下易使剑突受压折断而导致肝破裂,向两侧易使肋骨或肋软骨骨折,导致血气胸、肺挫伤等。应掌握正确的胸外按压位置并适当施力,按压应平稳、规律。按压与放松时间应相等,避免突发性动作。

三、现场 CPR 技术的步骤和方法

CPR 技术也叫心肺复苏技术,是指对心跳及呼吸同时停止的病人实施的急救技术,目的是恢复心跳和呼吸。

(一)脑细胞对缺氧的反应

脑细胞是神经系统最主要的细胞,其耐氧性最差。在常温下,心跳停止 3s 病人即感头晕;10~20s 即发生昏厥;30~40s 出现瞳孔散大、抽搐、呼吸不规则或变慢,呈叹息样呼吸;60s 可出现呼吸停止、大小便失禁;4~6min 脑细胞发生不可逆转的损伤。因此,心跳、呼吸骤停的病人,必须在停止 4~5min 内进行有效的 CPR,以便心跳呼吸恢复后,神志意识也能得到恢复。复苏开始越早,成功率越高。临床实践证明,4min 内进行 CPR 者约有一半人被救活;4~6min 开始 CPR 者,10% 可被救活;超过 6min 者存活率仅 1%;而超过 10min 者存活率接近于 0。

由此可见,心跳、呼吸骤停对神经系统的影响极大,直接危及病人的生命。现场有效的 CPR 就意味着时间就是生命。

(二)现场单人心肺复苏的抢救步骤

(1)呼叫,判断病人有无意识;

(2)放置适宜体位,开放气道;

(3)判断有无呼吸;

(4)无呼吸时,施人工呼吸;

(5)判断有无心跳;

(6)无心跳时,立即实施胸外心脏按压;

(7)每按压 15 次,做 2 次人工呼吸;

(8)开始 1min 后,检查一次脉搏、呼吸、瞳孔,以后每隔 4~5min 检查一次,检查时间不超过 5s,最好由协助者检查;

(9)如用担架搬运伤员,心肺复苏中断不能超过 5s。

(三)双人心肺复苏的抢救方法

双人抢救是指两人同时进行心肺复苏术,即一人进行心脏按压,另一人进行人工呼吸。

(1)两人协调配合,吹气必须在胸外按压松弛时间内完成。

(2)按压频率为每分钟 80~100 次。

(3)按压与呼吸比例为 5:1,即 5 次胸外心脏按压后进行 1 次人工呼吸。

(4)为配合默契,由按压者数口诀"1234、2234、3234、4234、5234",然后再从 1234 开始,周而复始。"12"为向下按,"34"为向上松,当"52"按完后,在"34"松弛时间内,由人工呼吸者吹气。

(5)人工呼吸者除通畅呼吸道、吹气外,还应经常触摸动脉、观察瞳孔等(图 16-39)。

图 16-39 双人心肺复苏

(四)现场 CPR 的注意事项

(1)吹气不能与向下心脏胸外按压同时进行;

(2)数口诀速度要均匀,快慢要一致;

(3)人工呼吸者和心脏按压者可互换位置,互换操作,但中断时间不能超过 5s;

(4)第二抢救者到场后,应首先检查颈动脉搏动情况,然后再开始人工呼吸。如心脏按压有效,则应触及搏动,如不能触及搏动,应检查操作方法是否正确,必要时应增加按压深度或重新定位。

第四节 常见伤害急救技术

一、烧伤

烧伤是由火焰、蒸汽、热水、钢水、电流、放射线或强酸、强碱等化学物质作用于人体组织而引起的损伤。烧伤不仅是皮肤损伤,可深达肌肉、骨骼,严重者能引起一系列的全身变化,如休克、感染。若处理不当,很容易造成死亡。

(一)急救

烧伤急救的首要措施,是使伤员迅速脱离伤因。在现场急救中,要使伤员迅速脱离火场,并立即组织在场的人员进行自救、互救。

(1)烧伤急救的原则是立刻消除造成烧伤的原因,设法使伤员镇静、止痛,保护创面,并防止进一步遭受损伤。

(2)对于引起烧伤的不同原因应采取不同的急救措施,以消除烧伤的原因。例如火焰烧伤,要立即脱去着火的衣服或就地慢慢打滚扑灭火焰;不可滚得太快,切勿奔跑,以免火借风势而烧得更旺,加重烧伤;切勿呼喊,以免火焰被吸入引起呼吸道烧伤;也不要用手扑火,以免双手烧伤。他人救助时,应使用大量清水或其他灭火材料将火扑灭。凝固汽油烧伤时,应以湿布覆盖;蒸汽或热水烫伤,要迅速将烫湿衣服脱下,但注意不要强行撕脱,烫伤后立即用身边的无害液体浸泡或冲洗伤处,分秒必争,至少持续 20min 以上,以不再有剧痛为止。牛奶、盐水、自来水等都是很好的浸泡或冲洗材料,可随机取用。急降温后轻伤处应保持干燥清洁,有必要时可间断涂碘伏消毒;重伤者应送医院救治。化学物质烧伤时,最简单、最有效的处理方法是,脱离现场后即刻脱去被化学物质沾染或浸透的衣服、手套、鞋袜等,用大量清洁冷水冲洗烧伤处,时间不得少于 20~30min,还要特别注意检查病人的眼睛,如有损伤应予冲洗。电烧伤时,立即切断电源,再接触患者。电弧烧伤者,切断电源后,按火焰烧伤处理。

(二)保护创面

将创面用清洁的被单或衣服简单包扎,避免污染和再次损伤。

(三)镇静、止痛

烧伤后伤员都有不同程度的疼痛和烦躁不安,应予以镇痛。可选用哌替啶或吗啡(伴有呼吸道烧伤和颅脑损伤者禁用)静脉注射。对持续躁动不安的患者,要考虑是否有休克,不可盲目镇静。

(四)补液支持,防止休克

当烧伤面积达到一定程度时,患者可能发生休克。伤员如果出现烦渴要水的早期休克症状,可给淡盐水、淡盐茶水或烧伤饮料(1000mL 水中加氯化钠 3g,碳酸氢钠 1.5g,葡萄糖 50g)少量多次饮用,一般一次口服成人不宜超过 200mL,小儿不宜超过 100mL,防止呕吐。不要单纯喝白开水或糖水,更不可饮水太多,以防发生胃扩张或脑水肿。如有条件,应尽早输液。

(五)呼吸道烧伤

如发生呼吸道烧伤,应注意保持呼吸道通畅,伤员心脏停搏时,及时做心脏按压,恢复心跳。

(六)合并大出血

如伤员发生合并大出血应立即止血。有骨折者给以简单固定。
最后,应及时将伤员送往医院。

二、电击伤

电击伤是指人体直接接触电源或雷击,电流通过人体造成的损伤。交流电比直流电的危险性大3倍。电压越高,电流越强,电流通过人体的时间越长,损伤也越重。电击伤严重者会因为心跳、呼吸停止而立即死亡。

(一)症状

(1)轻型:触电时伤员感到一阵惊恐不安,脸色苍白或呆滞,接着由于精神过度紧张而出现心慌、气促、甚至昏厥,醒后常有疲乏、头晕、头痛等症状,一般很快恢复。

(2)重型:肌肉发生强直性收缩,因呼吸肌痉挛而发生尖叫。呼吸中枢受抑制或麻痹,可表现为呼吸浅而快或不规则,甚至呼吸停止。受伤者的心率会明显增快,心律不齐,以致心室颤动、血压下降、昏迷,甚至造成很快死亡。

(3)局部烧伤:主要见于接触处和出口处,局部呈焦黄色,与正常组织分界清楚,少数人可见水疱,深层组织的破坏较皮肤伤面广泛,以后可形成疤痕。如果损伤局部血管壁可致出血或营养障碍,如果损伤腋动脉、锁骨下动脉等血管而致出血,有致命危险。

(二)现场急救

(1)立即使触电者脱离电源,立即关闭电源开关,并用绝缘物品挑开电线等。

(2)脱离电源后,要立即检查心、肺,如触电者呼吸、心跳无异常,仅有心慌、乏力、四肢发麻症状,可安静休息,以减轻心脏负担,加快恢复。

(3)如触电者呼吸、心跳微弱或停止、瞳孔散大,须立即作心肺复苏处理,直至复苏或者尸斑出现才停止。

(4)心跳、呼吸恢复后,伴有休克者给予相应处理。

(5)对局部烧伤创面及局部出血予以及时处理。

三、冻伤

人体受到寒冷刺激而发生的全身或局部的损伤,称为冻伤。

(一)症状

冻伤按其严重程度分为四度:

— 463 —

(1)一度冻伤最轻,亦即常见的"冻疮",损伤在表皮层,受冻部位皮肤红肿充血,自觉热、痒、灼痛,症状在数日后消失,伤愈后除有表皮脱落外,不留瘢痕。

(2)二度冻伤伤及真皮浅层,伤后除红肿外,伴有水泡,泡内可为血性液,深部可出现水肿,剧痛,皮肤感觉迟钝。

(3)三度冻伤伤及皮肤全层,出现黑色或紫褐色,疼痛感觉丧失。伤后不易愈合,除遗有瘢痕外,可有长期感觉过敏或疼痛。

(4)四度冻伤伤及皮肤、皮下组织、肌肉甚至骨头,可出现坏死,感觉丧失,伤愈后可有疤痕形成。

(二)治疗

1. 局部冻伤

局部冻伤可用温水(35~40℃)洗数次伤处,擦干,搽冻伤膏,盖上棉被及其他保暖物品。包扎要轻松,以免压迫局部血管。

2. 全身冻伤

(1)青壮年及身体条件较好的病人多用较快的速度复温,将病人放入38~42℃的温水中,口鼻要露在水面外,一直到指(趾)甲床潮红为止。神志清醒后10分钟左右移出擦干身体,用厚被子保暖。对冻伤病人绝对不能用火烤。对于年老、体弱者应采用缓慢复温的方法。把病人放在温暖的房间里用棉被裹身保暖使体温逐渐上升。

(2)绝对不可用手按摩冻伤部位,这样会加剧破坏受伤的细胞组织,还会加剧患者的疼痛,甚至导致休克。

(3)病人清醒后应给热的饮料,如姜糖水、热红茶等,让其充分休息。

(三)预防

(1)加强个人防护,配用个人保暖防寒用品。

(2)当室外环境温度低于7℃时,应考虑采暖,手部温度不低于20℃,全身平均皮肤温度不应低于32℃。

(3)要定期进行体检,有高血压、心血管系统疾病、肝脏疾病、胃酸过多症、胃肠机能障碍或肾功能异常等疾患者,不宜从事低温作业。

四、中暑

(一)病因

(1)烈日暴晒;

(2)高温环境中劳动,大量出汗,丧失盐分;

(3)气温超过34℃,湿度高,通风差。

(二)症状

1. 先兆中暑

在高温作业场所劳动一定时间后,出现多汗、口渴、头昏、耳鸣、胸闷、心悸、恶心、全身乏力、四肢酸软、注意力不集中等症状,体温正常或略有升高(不超过 37.5℃)为先兆中暑的表现。

2. 轻症中暑

轻症中暑除先兆中暑的症状加重外,出现面色潮红、大量出汗、脉搏快速等表现,体温升高至 38.5℃以上。

3. 重症中暑

重症中暑可分为热射病、热痉挛和热衰竭,也可出现混合型。
(1)热射病:热射病(包括日射病)又称中暑性高热,其特点是在高温环境中突然发病,体温高达 40℃以上,疾病早期大量出汗,继之"无汗",可伴有皮肤干热及不同程度的意识障碍等。
(2)热痉挛:热痉挛主要表现为明显的肌痉挛,伴有收缩痛,好发于活动较多的四肢肌肉及腹肌等,尤以腓肠肌为显著。常呈对称性,时而发作,时而缓解。患者意识清,体温一般正常。主要与气温过高、大量出汗丢失盐分有关。
(3)热衰竭:又称循环衰竭,起病迅速,主要临床表现为头昏、头痛、多汗、口渴、恶心、呕吐,继而皮肤湿冷、血压下降、心律失常、轻度脱水,体温稍高或正常。

(三)急救

1. 先兆中暑与轻症中暑

(1)首先使患者避开阳光照射,在通风良好的地方静卧,稍抬高头部和肩部。
(2)放松紧束身体的衣裤、腰带及鞋带。
(3)轻症中暑者可口服十滴水、人丹、风油精等药物,并补充清凉含盐饮料或静脉输注葡萄糖生理盐水。

2. 重症中暑

(1)迅速物理降温,体温高者用冷水或 30%～50%的酒精擦身并按摩四肢使皮肤发红,或做冷敷。
(2)迅速送医院用药物降温,纠正水、电解质与酸碱紊乱,积极防治休克及脑水肿。

(四)预防

遮盖热源,通风降温。加强个人防护措施,在工作及休息场所供给充足的清凉含盐饮料,准备防暑成药如仁丹、藿香正气水、风油精等。

第五节 中毒及急救

一、基本概念

(一)毒物与中毒

某些物质进入机体后,能损害机体的组织与器官,通过生物化学或生物物理学作用,使组织细胞的代谢和功能遭受损害,引起机体发生病理变化的过程,称为中毒。在一定剂量内引起中毒的物质,称为毒物。

(二)中毒的分类

中毒可分为急性、亚急性、慢性三类。大量毒物在短时间内进入机体内,引起一系列中毒症状甚至死亡者,称为急性中毒。少量毒物多次逐渐进入体内,经过一个时期的积累,达到中毒浓度而出现中毒症状者,称为慢性中毒。亚急性中毒介于二者之间。

(三)毒物进入人体内的途径

1. 呼吸道吸收

呼吸道是毒物进入人体最主要、最常见、最危险的途径。毒物在科研生产中以气体、蒸汽、烟、尘、雾等形态存在,经呼吸可直接进入人体肺泡,而烟、尘、雾的粒径小于 5 μm,特别是小于 3 μm 时,可直接被吸入肺泡。

人的整个呼吸道具有很强的吸收能力,所以对毒物的吸收很快,并且经过呼吸道进入人体的毒物,不经肝脏的解毒作用,直接通过血液循环分布到全身。大于 10 μm 的微粒,经鼻腔和上呼吸道阻留,无法进入人体。

2. 皮肤黏膜吸收

皮肤吸收有多种方式:通过无损伤皮肤;经皮孔、经皮汗腺;经毛囊及皮脂腺。

经皮表面是皮肤吸收的主要方式,具有脂溶性和水溶性的毒物易通过皮肤表面被人体吸收,如苯、有机磷化合物等。

毒物经皮肤吸收的数量与速度,除与脂溶性和水溶性浓度等因素有关外,还与作业环境的气温、湿度,皮肤损伤程度和接触面积等因素有关。

3. 消化道吸收

在科研生产中,毒物经消化道进入人体是极少见的,一般是由于误服造成的。

由于呼吸道进入的毒物有部分黏附在鼻咽部位或混在分泌物中,借吞咽进入消化道,或由于不好的卫生习惯,或在使用毒物的实验室、车间饮食、吸烟、用污染的手取食品造成毒物进入消化道。

二、常见中毒及其急救方法

(一)食物中毒

食物中毒是指吃入食物中的有毒物质引起的身体不良反应。食物中毒者最常见的症状是剧烈的呕吐、腹泻,同时伴有中上腹部疼痛。食物中毒者常会因上吐下泻而出现脱水症状,如口干、眼窝下陷、皮肤弹性消失、肢体冰凉、脉搏细弱、血压降低等,最后可致休克或死亡。故必须给患者补充水分,有条件的可输入生理盐水。食物中毒往往发作迅速、涉及人员多。

1. 分类

食物中毒按毒物种类分为以下几种类型。

(1)细菌性食物中毒:是指人们摄入含有细菌或细菌毒素的食品而引起的食物中毒。

(2)真菌毒素中毒:真菌在谷物或其他食品中生长繁殖产生有毒的代谢产物,人和动物食入这种毒性物质发生的中毒,称为真菌性食物中毒。中毒发生主要通过被真菌污染的食品,用一般的烹调方法加热处理不能破坏食品中的真菌毒素。真菌生长繁殖及产生毒素需要一定的温度和湿度,因此中毒往往有比较明显的季节性和地区性。

(3)动物性食物中毒:食入动物性中毒食品引起的食物中毒即为动物性食物中毒,如食用河豚中毒等。

(4)植物性食物中毒:一般因误食有毒植物或有毒的植物种子,或烹调加工方法不当,没有把植物中的有毒物质去掉而引起。可引起中毒甚至死亡的植物性食物有毒蘑菇、菜豆、马铃薯、曼陀罗、银杏、苦杏仁、桐油等。植物性中毒多数没有特效疗法,对一些能引起死亡的严重中毒,尽早排出毒物对中毒者的愈后非常重要。

(5)化学性食物中毒:食入化学性中毒食品引起的食物中毒即为化学性食物中毒。化学性食物中毒发病特点是发病与进食时间、食用量有关。一般进食后不久发病,常有群体性,病人有相同的临床表现。剩余食品、呕吐物、血和尿等样品中可测出有关化学毒物。在处理化学性食物中毒时应突出一个"快"字,不但对挽救中毒者的生命十分重要,同时对控制事态发展更为重要。

2. 食物中毒的预防

(1)加强食堂管理,落实各种管理制度。

(2)定期在食堂开展灭蝇、灭鼠及卫生清洁活动,杜绝细菌、病毒传播途径。

(3)加强生活用水管理。根据油田生产实际,对于一些野外作业单位,应从水质清洁的水源拉运生活用水,并对水质做好化验监控等工作。

(4)做好食品采购、加工、储存等环节的管理工作。

(5)个人要养成良好的卫生习惯,养成饭前、便后洗手的卫生习惯。外出不便洗手时,餐前一定要用酒精棉或消毒餐巾擦手。

(6)餐具要卫生,每个人要有自己的专用餐具,饭后将餐具洗干净存放在一个干净的塑料袋内或纱布袋内。

(7)饮食要卫生,生吃的蔬菜、瓜果类食物一定要洗净皮。不要吃隔夜变味的饭菜,不要食用腐烂变质的食物和病死的禽、畜肉。剩饭菜食用前一定要热透。

(8)在工作场所特别是接触化学品的场所,禁止饮食。

(二)硫化氢中毒

硫化氢为无色、有臭鸡蛋气味的剧毒气体,常存在于石油、天然气、下水道、地沟、污水井中,含硫有机物腐败也可产生硫化氢气体。在钻井、采油、井下作业、阴沟疏通、河道挖掘、污物清理等作业中以及密闭空间中作业极易发生硫化氢中毒。如防范不当,极易造成人员伤亡。

1. 诊断

硫化氢中毒的症状:硫化氢中毒后,会出现眼部刺痛、畏光、流泪,结膜充血,咽部灼热感、咳嗽等眼和上呼吸道刺激表现,或有头痛、头晕、乏力、恶心等神经系统症状,严重者有意识障碍、昏迷甚至多脏器衰竭甚至死亡等。

2. 急救处理原则

(1)迅速脱离现场,吸氧、保持安静、卧床休息,严密观察,注意病情变化。

(2)抢救、治疗原则以对症及支持疗法为主,积极防治脑水肿、肺水肿,早期、足量、短程使用肾上腺糖皮质激素。对中、重度中毒,有条件者应尽快安排高压氧治疗。

(3)对呼吸、心搏骤停者,立即进行心、肺复苏,待呼吸、心跳恢复后,有条件者尽快采取高压氧治疗,并积极对症治疗。

(三)一氧化碳中毒

一氧化碳俗称煤气,为无色、无臭、无味、无刺激性的气体。凡是含碳物质燃烧不完全都可产生一氧化碳。当吸入的一氧化碳与血红蛋白(Hb)结合形成稳定的碳氧血红蛋白(COHb)时,使丧失携氧能力,从而引起重要器官与组织缺氧,出现中枢神经系统、循环系统等中毒症状。

1. 临床表现

(1)轻度(血液COHb含量为10%～20%)中毒:有头痛、头晕、耳鸣、恶心、呕吐、心悸、四肢无力或有短暂的晕厥。离开中毒环境,吸入新鲜空气后,症状可很快消失。

(2)中度(血液COHb含量为30%～40%)中毒:除上述症状加重外,出现程度较浅的昏迷。患者面色潮红、口唇及皮肤呈樱桃红色,脉快多汗、烦躁,此时若抢救及时,可使病人苏醒。

(3)重度(血液COHb含量在50%以上)中毒:除上述症状外,常并发肺水肿、脑水肿、呼吸困难、心律失常等。如呼吸中枢麻痹,可在短时间内死亡。

2. 诊断

(1)有一氧化碳吸入史。

(2)有一氧化碳中毒的临床表现。

(3)血液中COHb定性阳性或定量超过10%即可确诊。

(4)应注意与急性安眠药中毒相鉴别。

3. 急救与治疗

(1)抢救：应尽快离开有毒现场，将中毒者移送至空气新鲜处，解开领口、裤带，清除口鼻分泌物，保持呼吸通畅。呼吸心跳停止者实施 CPR 急救，注射呼吸兴奋剂，并注意保温。

(2)供氧：高压氧对一氧化碳中毒的疗效较好，但对中毒超过 36h 者效果甚微。若无高压氧设备，应采用氧浓度大于 60%，面罩给氧或鼻导管给氧（不超过 24h）。

(3)防治脑水肿：应用高渗脱水剂如 20% 的甘露醇 250mL 静点，8～12h 可重复 1～2 次，同时可与呋塞米交替使用及地塞米松 10～30mg 分次静注。

(4)输血或换血：输血或换血可迅速增加氧合血红蛋白，改善组织缺氧。对重症昏迷病人，在血压稳定的前提下，可放血 300～400mL，在严格无菌操作条件下充氧后待血液呈鲜红色后输入。若无上述条件或血压不宜放血者，可输入新鲜全血 200～400mL。

(5)改善脑循环。采用低分子右旋糖酐 500mL/日静脉滴注，疗程 5～7 日；或 0.1% 普鲁卡因 500mL 静脉滴注，于 2～4h 内滴完，每日 1 次，疗程 5～7 日。

(6)改善脑组织代谢：静脉滴注细胞色素 C 每日 30～60mg（注意皮试），脑活素 10～20mL 置于 250mL 生理盐水中静脉滴注，每日 1 次，7～10 日为一疗程。胞磷胆碱 400～600mg 静脉滴注，每日 1 次，以及大剂量维生素 C 和维生素 B。

(7)人工冬眠：人工冬眠适于高热、抽搐病人，可增加脑对氧的耐受性。

(8)防止继发感染：应加强口腔及全身护理，防止发生褥疮。发生感染及时给予敏感抗生素。

(9)针灸疗法：针灸疗法对一般中毒症状有良好效果，将患者置于空气新鲜环境中，以合谷、太阳、百合、少商、涌泉为主穴，以头维、承浆、哑门、风府、中冲、太冲、曲池、足三里等为配穴，每次针刺 2～5 穴或更多。根据病情，选择刺激手法，留针 20～40min，每隔 3～5min 捻针 1 次。

(四)天然气中毒

天然气的主要成分是甲烷、乙烷、丙烷及丁烷等低分子量的烷烃，还含有少量的硫化氢、二氧化碳、氢、氮等气体。常用的天然气含甲烷 85% 以上，常因火灾、爆炸、泄漏事故而造成人员中毒。

1. 中毒表现

天然气中毒主要表现为窒息，若天然气同时含有硫化氢则毒性增加。天然气中毒的早期表现有头晕、头痛、恶心、呕吐、乏力等，严重者出现直视、昏迷、呼吸困难、四肢强直、呼吸麻痹等。

2. 急救

迅速将病人脱离中毒现场，吸氧或新鲜空气。

对有意识障碍者，以改善缺氧、解除脑血管痉挛、消除脑水肿为主。可吸氧，用氟美松、甘露醇、呋塞米等静脉滴注，并用脑细胞代谢剂如细胞色素 C、ATP、维生素 B_6 和辅酶 A 等静滴。

轻症患者仅做一般对症处理。

习 题

1. 现场急救的特点是什么?
2. 请简述现场急救的原则。
3. 如果病人出现通气障碍,应马上做出哪些判断?
4. 使用触摸颈动脉法判断病人心跳是否停止时,应注意哪些方面?
5. 请简述清除气道异物的方法海姆利希法。
6. 如何判断受损血管的性质?
7. 简述加压包扎止血法的适用范围及注意事项。
8. 包扎伤口的要点有哪些?
9. 环形法包扎伤口的操作要点是什么?
10. "8"字包扎法的操作要点是什么?
11. 骨折固定应注意哪些事项?
12. 请简述口对口人工呼吸的方法。
13. 口对口人工呼吸法应注意哪些事项?
14. 简述脑细胞对缺氧的反应。
15. 现场单人心肺复苏的抢救步骤有哪些?
16. 双人心肺复苏的抢救方法是什么?
17. 请简述电击伤的急救方法。
18. 请简述中暑的症状。
19. 食物中毒分哪几类?
20. 硫化氢中毒的急救处理原则是什么?

参考文献

董国永,赵朝成,2000.石油天然气工业健康、安全环境管理体系培训教程[M].北京:石油工业出版社.
公安部消防局,1999.易燃易爆化学物品安全操作与管理[M].北京:新华出版社.
关荐伊,2006.化工安全技术[M].北京:高等教育出版社.
郭书好,等,2007.有机化学[M].北京:清华大学出版社.
国家环境保护局,1991.中国环境管理制度[M].北京:中国环境科学出版社.
含硫化氢的油气生产和天然气处理装置作业的推荐作法:SY/T 6137—2005[S].
含硫化氢油气井安全钻井推荐作法:SY/T 5087—2005[S].
含硫化氢油气井井下作业推荐作法:SY/T 6610—2005[S].
化学品分类和危险性公示通则:GB 13690—2009[S].
姜亢,2007.劳动卫生学[M].北京:中国劳动社会保障出版社.
李正,2000.现场急救[M].东营:石油大学出版社.
卢宝文,等,1997.环境保护概论[M].北京:石油工业出版社.
曲格平,等,1987.环境科学基础知识[M].北京:中国环境科学出版社.
张海峰,2008.危险化学品安全技术全书.北京:化学工业出版社,
张坤民,1998.环境与可持续发展[M].北京:气象出版社.
郑社教,2016.HSE管理理念、方法与技术.北京:石油工业出版社.
郑社教,2011.HSE风险管理思想模式的探究[J].安全、健康和环境,11(8):12—14.
中国石油天然气集团公司工程技术与市场部,2006.中国石油天然气集团公司井喷事故案例汇编[M].北京:石油工业出版社.
中国石油天然气集团公司质量安全环保部,2003.安全监督[M].北京:石油工业出版社.
中国石油天然气集团公司质量安全环保部,2009.HSE风险管理的理论与实践[M].北京:石油工业出版社.
周学勤,2005.职业卫生管理与技术[M].北京:中国石化出版社.
朱仁,2006.无机化学[M].5版.北京:高等教育出版社.
自吸过滤式防毒面具:GB 2890—2009[S].

全书习题答案

第一章

1. 所谓"一体化"管理,就是将健康、安全与环境三个管理对象纳入一个管理体系即 HSE 管理体系实施管理。

2. 1997 年 6 月 27 日正式颁布了中华人民共和国石油天然气行业标准《石油天然气工业健康、安全与环境管理体系》(SY/T 6276—1997),自 1997 年 9 月 1 日起实施。同期颁布的标准还有《石油地震队健康、安全与环境管理规范》(SY/T 6280—1997)、《石油天然气钻井健康、安全与环境管理体系指南》(SY/T 6283—1997),1997 年 11 月 1 日实施。

3. (1)Q/CNPC 104.1—2004《健康、安全与环境管理体系,第 1 部分:规范》,2004 年 7 月 29 日颁布,2004 年 10 月 1 日实施;(2)Q/SY 1002.1—2007《标准,健康、安全与环境管理体系,第 1 部分:规范》,2007 年 8 月 20 日发布,同时实施;(3)Q/SY 1002.1—2013《健康、安全与环境管理体系,第 1 部分:规范》,2013 年 7 月 23 日发布,2013 年 10 月 1 日实施。

4. 主要的变化有以下几个方面。

(1)增加了"判别准则""健康损害""工作场所""有感领导""直线责任"和"属地管理"六个术语;对个别术语名称进行了修改,对"事故"等 13 个术语内容进行了澄清性修改。

(2)Q/SY 1002.1—2013 标准增加了"职业健康"和"清洁生产"这两个二级要素,删除了二级要素"管理者代表",并将其内容与"组织结构与职责"合并。

(3)对部分二级要素的名称进行了修改,几乎对所有的二级要素的内容进行了修改,不仅管理要求有了变化,而且为许多要素增加了管理方法或工具。

5. (1)"遵守法律法规和其他要求"的原则;(2)"预防为主、防治结合"的原则;(3)"全员参与"的原则;(4)"持续改进"的原则。

6. 由于事故可能会导致人员伤亡、财产损失及环境污染等后果,给组织造成无法挽回的经济损失和声誉影响,也会给相关方带来严重影响。因此,对于事故,预防是第一位的,组织应识别其业务范围内所有的潜在事故和危害,并积极采取预防措施,以降低事故发生的可能性和后果的严重性,这就是预防。另外,组织应针对其潜在的突发事件和事故制定必要的补救措施或应急措施,一旦预防失效而发生突发事件或事故,能迅速将其后果和影响降到最低,这就是防治结合。这是人们对于事故应有的态度,必须将这种态度体现到行动上。

7. 该模式的含义是:在从事某项活动(包括管理活动或生产活动)之前,必须依据过程的目标、指标,经过认真的调查、分析和策划,制定出计划,这就是"计划"的含义;然后在该计划的指导下,"实施"该项活动,严禁实施者对计划进行修改,所有对计划的修改必须经过计划审核者的批准,这就是"实施";在实施过程中,必须随时随地地对实施过程进行检查,防止实施中对计划的任何偏离,以免产生质量或健康、安全与环境事故,这就是"检查";如果在检查过程中发现了实施活动中存在对计划的偏离,必须采取改进活动,对偏差进行及时纠正,即使没有发现偏离,也要对整个实施过程进行总结、回顾或专项审核,发现存在的不足,确保下次从事类似活动时予以改进,这就是"改进"。

8. (1)以顾客为关注焦点;(2)领导作用;(3)全员参与;(4)过程方法;(5)管理的系统方法;(6)持续改进;(7)基于事实的决策方法;(8)与供方互利的关系。

第二章

1. Q/SY1002.1—2013 涵盖了 7 个一级要素及 26 个二级要素。

2. 七个一级要素中,"领导和承诺"是健康、安全与环境管理体系建立与实施的前提条件;"健康、安全与环境方针"是健康、安全与环境管理体系建立和实施的总体原则;"策划"是健康、安全与环境管理体系建立与实施的输入;"组织结构、职责、资源和文件"是健康、安全与环境管理体系建立与实施的基础;"实施和运行"是健康、安全与环境管理体系实施的关键;"检查与纠正措施"是健康、安全与环境管理体系有效运行的保障;"管理评审"是推进健康、安全与环境管理体系持续改进的动力。

3. "有感领导"是指组织的各级领导通过以身作则的良好个人安全行为,使员工真正感知到安全的重要性,感受到领导做好安全防范的示范性,感悟到自身做好安全防范的必要性。

"有感领导"主要包括三层含义:

(1)安全影响力:有感是部属的感觉不是领导者本人的感觉,是让员工和下属体会到领导对安全的重视。往往一个企业的领导对安全的重视程度,决定着这个企业的安全生产态势。让员工和下属体会领导对安全的重视,最明显的标志就是形成安全文化氛围。

(2)安全示范力:自上而下,领导通过强有力的个人参与,各级管理者深入现场,以身作则,亲力亲为,向全体员工示范,展示遵守 HSE 管理制度、要求的重要性。示范是表率作用,只有率先垂范,以身作则,才能让员工感知到安全的重要性。在中国石油天然气集团公司 HSE 管理九项原则中要求各级管理者必须亲自参加健康安全环境审核,各级管理者对业务范围内的健康安全环境工作负责。

(3)安全执行力:领导提供人力、物力和组织运作上的保障,让员工感受到各级管理者履行对安全责任做出承诺;安全执行力,是"有感领导"是否有效践行的关键。安全执行力是各级管理者对安全责任所做出的承诺和保障。

4. (1)对实现安全、健康与环境管理方针、战略目标和计划的承诺;

(2)对遵守法律法规、以人为本、持续改进、事故预防、清洁生产等方面的承诺;

(3)对 HSE 优先位置和有效实施 HSE 管理的承诺;

(4)在一切活动中满足 HSE 要求和规定的承诺;

(5)对员工 HSE 表现的期望;

(6)对承包商 HSE 表现的期望。

5. (1)划分作业活动;(2)辨识危害因素;(3)确定风险;(4)确定风险是否可承受;(5)制定风险控制措施计划;(6)评审措施计划的充分性;(7)实施风险控制措施。

6. 应考虑:(1)法律、法规和其他要求;

(2)危害因素辨识、风险评价的结果和风险控制的效果;

(3)可选择的技术方案;

(4)财务、运行和经营要求;

(5)过程性指标和结果性指标结合;

(6)相关方的意见。

7. (1)目标的明确表述;

(2)明确各相关层次为实现目标的职责和权限;

(3)实现目标所采取的方法、措施;

(4)资源需求及配备;

(5)实施方案的进度表;

(6)促进和鼓励员工参与作业场所健康、安全与环境事务的协商、评审和改进活动,建立协商和信息沟通的机制;

(7)建立评优机制;

(8)确定评审和改进的机制等。

8. 包括:(1)基础设施;

(2)人力资源;

(3)专项技能;

(4)技术资源;

(5)财力资源;

(6)信息资源。

9. 员工 HSE 能力评估主要包含但不限于以下内容:

(1)资历,指学历、工龄等;

(2)工作表现,包括责任心、工作态度、工作业绩等;

(3)理论考核和操作考核,包括考核方法、综合测评方法等;

(4)岗位培训要求;

(5)各方面的意见。

10. (1)参与危险因素辨识、风险评价和确定风险控制措施;

(2)参与事件调查;

(3)参与健康、安全与环境方针、目标的制定、实施和评审;

(4)参与商讨影响工作场所内人员健康和安全的条件和因素的任何变更;

(5)对健康、安全与环境事务发表意见。

11. HSE 体系文件分为三个层次:HSE 管理手册、HSE 程序文件、HSE 作业文件。具体包括以下五类:

(1)HSE 管理体系管理手册;

(2)程序文件;

(3)管理作业文件,HSE 作业指导书、HSE 作业计划书、HSE 检查表;

(4)项目 HSE 计划;

(5)其他文件。

12. (1)组织的 HSE 体系文件被分类、归档、标记、便于查找,并由专门部门负责管理;

(2)定期进行文件的评审,在必要时进行修订,并在发布前由授权人认可其适用性;

(3)在需要使用文件的岗位都可得到文件的现行版本;

(4)文件失效以后,应立刻从所有发放处和使用处剔除、回收;

(5)出于法律、法规要求需要留存的失效文件应予以留存,并标记清楚。

所有的文件都应字迹清楚,注明发布日期(包括修订日期)、实施日期、文件编号、版本号、修改码、受控要求。

13. (1)能提供符合健康、安全与环境要求的服务或产品;

(2)具备相关要求的资质与资格;

(3)具有保证组织 HSE 绩效的技术装备、检验与试验和质量保障能力;

(4)承包方和(或)供应商作业人员的资质和素质,按合同要求开展 HSE 培训情况;

(5)健康、安全与环境管理现状和业绩;

(6)服务或产品质量信誉、售后服务等。

14. (1)化学因素,包括各种化学毒物引起的慢性危害和急性危害;

(2)物理因素,包括噪声、高温、低温、振动、电离辐射和非电离辐射等;

(3)粉尘,由粉尘引起的慢性危害;

(4)生物因素;

(5)人机工效学和心理健康等。

15. (1)确定提议的变更;

(2)对变更及其实施可能导致的健康、安全与环境风险和影响进行分析,并制定相应措施;

(3)提议的变更应当经过授权部门或人员的批准;

(4)对变更实施程序采取控制措施;

(5)跟踪验证、沟通和培训、信息更新等变更后续管理。

16. 突发事件包括自然灾害(洪水、地质灾害、地震、火山爆发、恶劣天气等)、工业事故(如火灾、爆炸、危险化学品泄漏、井喷、坍塌、交通事故、个体伤害事故等)、公共安全事件(如绑架、袭击、踩踏等事件等)、公共卫生事件(如疫情蔓延、食物中毒等)和其他突发事件。

17. (1)系统识别组织内存在的事件或突发事件。(2)分别对这些突发事件进行风险评价、分析研究,制定应急预案。(3)做好应急预案的管理工作。(4)组织建立好应急管理系统,如应急机构、应急队伍建设、通信系统、专家咨询系统等。(5)准备好应急物资。

18. (1)通知有关单位或相关方;

(2)确定起因或根源;

(3)制定行动计划或改善计划;

(4)实施与不符合相匹配的纠正、预防措施;

(5)进行控制管理,保证所有实施的纠正、预防措施都有效;

(6)修改程序,加强措施,防止事故的再次发生,并将程序的变化通知相关人员去执行。

19. (1)找出事故根源,确定采取的行动,以防再次发生;

(2)达到调查和报告的法律规定的要求;

(3)提供事故发生条件的真实记录。

20. "5.6.1 绩效测量和监视""5.6.2 合规性评价""5.6.6 内部审核""5.7 管理评审"。

第三章

1. 有六个方面:

第一,通过颁布 HSE 承诺及健康、安全与环境方针、编写与发布 HSE 体系文件,通过贯标学习、培训以及初始风险评价实践,初步形成组织的 HSE 管理理念或 HSE 文化,形成组织 HSE 管理骨干队伍;

第二,根据需要,调整组织的内部结构和职能,形成 HSE 管理的组织结构-职责体系;

第三,优化资源配置,为实施、改进 HSE 管理提供必要的资源;

第四,通过开展初始风险评价活动,系统、全面掌握组织面对的 HSE 风险以及所需要的控制；

第五，编写体系文件，形成对各个重要的管理过程和作业过程控制的指导文件与控制标准；

第六，至少开展一次内部审核和管理评审，并通过外部审核。

2. 有如下七个步骤：

(1)领导决策与准备；

(2)HSE 标准宣贯与有关培训，如 HSE 标准培训、体系文件编写人员培训、风险管理人员培训、内部审核员培训等。

(3)初始风险评价；

(4)组织 HSE 管理体系策划；

(5)HSE 体系文件的编写、评审与发布；

(6)HSE 管理体系试运行；

(7)HSE 管理体系的审核与管理评审。

3. 初始风险评价主要的任务有

(1)了解组织的主要业务或生产过程，了解所涉及的原辅料、中间品、产品；

(2)了解组织的生产工艺、设备、工作流程、生产方式等；

(3)系统识别组织应当遵守的法律法规、工业标准和规范；

(4)系统识别组织活动、产品、服务中存在的健康、安全与环境风险，并予以评价；

(5)了解目前的风险削减措施，并予以评价，提出和实施风险削减措施；

(6)对组织的健康、安全与环境管理进行评价，并提出改进意见。

4. 包括：

(1)手册封面

(2)批准页

(3)组织概况

(4)组织最高管理者的 HSE 承诺；

(5)组织的健康、安全与环境方针和目标；

(6)组织的 HSE 管理者代表任命文件；

(7)目录；

(8)目的与范围；

(9)术语和定义；

(10)组织机构、职责与权限；

(11)体系要素描述；

(12)组织开发的程序文件、作业文件名称及归口部门一览表。

5. HSE 程序文件普遍采用以下格式和内容。

(1)文件编号和标题：文件采用统一编号，程序文件名称为"＊＊＊＊管理程序"。

(2)目的和适用范围：介绍编制本程序文件的目的，本程序文件的适用范围。

(3)术语：对程序中需要解释的名词或术语进行解释或说明。

(4)职责：介绍执行程序时主管部门、相关部门的职责。

(5)程序内容：为程序的正文部分。

(6)相关程序、文件和记录：指需要引用或与本程序相关的程序、文件和记录。

(7)报告和记录格式:指使用本程序所产生的记录和报告的格式。

6. 管理作业文件的格式与内容包括以下几个方面。

(1)标题:可以是"×××管理规定",文件代码可依据组织的文件编码规则编制。

(2)目的和范围:介绍开发该管理作业文件的目的及其适用范围。

(3)职责:介绍归口部门及相关部门的职责。

(4)管理内容:依据5W1H的要求,规定由谁来做、何时做、何地做、做什么、怎样做、做到什么程度等内容。

(5)更改:指明文件更改的有关规定。

(6)相关文件、相关程序、相关记录:指出需要引用的文件、程序和管理过程涉及和需要完成的记录。

(7)报告和记录格式:规定该管理过程产生的报告或记录表的格式。

7. HSE作业计划书内容包括:

(1)项目概述;

(2)施工单位基本情况;

(3)HSE政策和目标;

(4)HSE管理组织及职责;

(5)风险识别与控制;

(7)HSE管理制度和文件控制;

(8)信息交流;

(9)监测与整改;

(10)审核;

(11)附件(包括附图、附表等)。

8. 岗位HSE作业指导书基本内容有:

(1)岗位简述;

(2)岗位职责;

(3)岗位风险;

(4)岗位条件与岗位规定;

(5)相关记录;

(6)附件(包括岗位操作卡等)。

9. (1)组织的最高管理者应发挥有感领导的作用,持续保持对HSE管理的高度重视。

(2)组织的管理层应不断完善HSE管理制度,做好HSE基础管理工作。

(3)组织应做好管理过程与生产过程的控制,确保各个过程全面受控。

(4)组织应做好记录管理,确保HSE管理过程的可追溯性。

(5)组织应发挥HSE管理体系审核和管理评审的作用,使体系得到不断的改进。

第四章

1. 客观性体现在审核员与受审核单位无利益关系,审核员要以客观的证据为基础,公正客观的评价审核对象,不能主观地给出结论;审核时搜集审核证据的方法及对审核证据评价的方法是客观的。审核的方法采用抽样的方法,根据审核员编制的审核检查表进行抽样检查,并不是非找到不符合不可。对审核证据的评价方法是把审核证据与审核准则进行比较获得结论,不能有主观臆断。

2. 可以作为审核准则的有：
(1)国家法律、法规、标准；
(2)组织的 HSE 承诺、方针、合同规定，组织的 HSE 体系文件、企业标准；
(3)Q/SY 1002.1—2013；GB/T 24001—2016；GB/T 28001—2016，GB/T 19001—2016 等标准。

3. (1)发生了严重的健康、安全与环境问题或相关方有严重的抱怨；
(2)组织的领导层、隶属关系、内部机构、承诺、方针、目标、重大危害与影响因素、生产工艺有较大的改变；
(3)即将进行第二方、第三方审核；
(4)获证后，证书到期又期望保持认证资格。

4. 审核方式是指审核的实施方式，有集中式审核和滚动式审核两种。集中式审核在一次审核中覆盖组织全部部门和体系所有要素，而滚动式审核是指在一个审核周期内，按照审核计划对全部门、全要素滚动审核一遍。外部审核一般采用集中式，内审既可以采用集中式也可以采取滚动式审核。

5. 审核组长的职责包括：
(1)负责组建审核组；
(2)负责文件审核；
(3)合理分配审核员的工作任务；
(4)制定审核计划；
(5)指导编制审核检查表；
(6)及时与审核组织部门进行沟通；
(7)编制和提交审核报告；
(8)组织跟踪验证活动。

6. 不符合通常有以下几种类型。
(1)体系性不符合：即 HSE 体系文件没有完全达到健康、安全与环境管理体系标准或法律法规、工业标准的要求；
(2)实施性不符合：即 HSE 管理体系未按文件规定执行。
(3)效果性不符合：即体系运行结果未达到计划的目标、指标，即实施效果差。

7. 形成不符合项时，应注意以下三点。
(1)要以客观事实为基础。
(2)要以审核准则为依据。
(3)对于不符合的原因要进行分析，找出体系上存在的问题。

8. 可能导致重大健康、安全与环境影响或后果，或体系运行严重失效等情况，可以判定为严重不符合。一般在出现下列情况时，可判为严重不符合。
(1)体系系统性失效。同一要素出现多个一般不符合，使该要素或过程无法得到有效实施或控制，而又没有采取有效措施。
(2)体系区域性失效。如某一部门的有关要素全面失效。
(3)体系运行后造成了严重的健康、安全与环境危害。这说明体系未能对重要的健康、安全与环境危害因素未能进行有效的控制。

9. 审核报告的主要内容有：

(1)审核目的、范围；

(2)审核准则；

(3)审核组成员；

(4)审核时间；

(5)审核过程简介，包括遇到的问题；

(6)不符合项的分布；

(7)审核综述，如运行情况、对管理体系的建议等；

(8)审核结论。

10. 根据不符合项的性质，采取不同的跟踪验证方式，方式包括以下几个方面。

(1)专门组织跟踪验证活动，检查纠正、预防措施的实施和效果，这种方式适合于严重不符合项和需要到现场才能确认的一般不符合项。

(2)审核员检查纠正、预防措施实施记录，确认纠正预防措施已经实施，这种方式适合于一般不符合项的跟踪验证。

(3)下次审核时复查，这种方式适合于已经制定了纠正预防措施而短时间内措施无法完成的一般不符合项的跟踪验证。

11. HSE 审核员具备以下方面的知识：

(1)具备相关的工程技术方面的知识和经验；

(2)具备 GB/T 18000、GB/T 24001、GB/T 19001、Q/SY 1002.1 等相关管理体系标准方面的知识，熟悉职业卫生、安全、环境保护等方面法律、法规、标准及事故预防和控制方面的知识。

(3)具备有关职业健康安全、环境保护、安全生产方面的知识和技能；

(4)具备 HSE 管理体系审核方面的知识和技能。

12. 谈话、提问时，切忌生硬、死板的提问，要做到自然、和谐。提出的问题有开放式和封闭式两种。开放式问题需要对方说明和解释才能回答的问题，封闭式问题只需对方简单的回答"是"或"否"即可。应尽可能采取开放式问题，由此可以获得更多的信息，但会花费较多的审核时间。

13. 管理评审的意义在于：

(1)评审 HSE 方针和目标的实现情况，确保组织持续不断地满足众多相关方的期望和要求；

(2)检查体系的薄弱环节，识别改进需求；

(3)评估 HSE 管理体系因外部条件、环境的变化而对改进的要求；

(4)在体系发生重大变更后，评价体系的有效性和适宜性。

14. 管理评审报告的主要内容有：

(1)评审时间、地点、主持人、参加人员；

(2)对每一评审专题的评审结论；

(3)对 HSE 管理体系有效性、适宜性给予总结；

(4)有关改进措施和实施验证安排。

第五章

1. 有以下五种策略:

(1)避免风险策略;

(2)控制风险策略;

(3)分散与中和风险策略;

(4)承担风险策略;

(5)转移风险策略。

2. 危险化学品重大危险的定义是:长期地或临时地生产、加工、使用或储存危险化学品,且危险化学品的数量等于或者超过临界量的单元。当单元中有多种危险化学品时,如果各类物质的量满足下式,就是重大危险源。

$$\sum_{i=1}^{N} \frac{q_i}{Q_i} \geqslant 1$$

式中 q_i——单元中物质 i 的实际存在量;

Q_i——物质 i 的临界量;

N——单元中物质的种类数。

3. 事故隐患是指生产作业场所的设备、设施、生产工艺等方面存在的可能导致人员伤亡、设备损失的缺陷或问题。事故隐患按照可能引发的事故类别分为特大事故隐患、重大事故隐患、较大事故隐患和一般事故隐患四类。

4. 有如下六个步骤:

(1)划分作业活动;

(2)辨识危害;

(3)评价风险;

(4)依据风险可容许标准,确定出不可容许的风险;

(5)制定风险控制措施计划;

(6)评审措施计划。

5. 分为识别、评价、控制与补救四个环节。

6. 危害因素辨识的范围包括:

(1)所有的工作场所。包括生活与行政区域、辅助生产区域、生产区域、移动工作区域和临时工作场所。

(2)组织运行的各种活动。如生产活动、营销与宣传活动、会议与集会等。

(3)组织所有的项目:如新、改、扩建项目,检修与维修项目,科技研发与推广项目等。

(4)组织内运行的所有过程。如所有的管理过程、作业过程等。

(5)组织内现有的设施、设备、材料。如基础设施、在用设备、停用设备、报废设备、HSE设施与设备。

(6)所有的人员。包括组织的内部员工、临时承包商员工、长期承包商员工、临时访问人员。

(7)所有的工作状态。如正常状态、异常状态、事故状态、危机状态等。

7. 危害因素辨识应坚持如下四个原则:

(1)合法性原则;(2)系统性原则;(3)全员参与的原则;(4)科学性原则。

8.《企业职工伤亡事故分类》标准将人员伤亡事故分为以下 20 种类型:

物体打击、车辆伤害、机械伤害、起重伤害、触电、淹溺、灼烫、火灾、高处坠落、坍塌、冒顶片帮、透水、放炮、瓦斯爆炸、火药爆炸、锅炉爆炸、容器爆炸、其他爆炸、中毒和窒息、其他伤害。

9.《危险、有害因素分类与代码》(GB/T 13861—2009)标准将生产过程中的危险有害因素分为四大类,分别是"人的因素"、"物的因素"、"环境因素"和"管理因素"。

10. 查危险化学品临界量表可知,丙酮、甲醇、环己烷的临界量都是 500t,所以有

$$\sum_{i=1}^{N}\frac{q_i}{Q_i}=(200/500+200/500+300/500)=0.4+0.4+0.6=1.4>1$$

故该原料罐区属于重大危险源。

11. (1)可能的事故有机械伤害、火灾、其他爆炸、触电、物体打击、中毒窒息、其他伤害;(2)职业卫生危害有噪声危害、硫化氢中毒、苯系物导致的肿瘤。

12. (1)原油(烃)蒸气向大气泄漏;(2)原油或润滑油渗入泵房土壤中;(3)噪声排放;(4)固体废弃物的排放;(5)原油中的硫化氢向大气排放。

13. 事件包括储油罐内存在油气混合物、储油罐附近有着火源。

14. 事件包括吊物(油管)坠落或脱落、人员处于起吊作业危险范围内。

15. 机械伤害事故,事件有抽油机正在运转或突然启动,检查人员进入曲柄、平衡块旋转范围。

16. 物体打击、高空坠落、车辆伤害、触电、其他伤害。

17. 略。

18. 略。

第六章

1. 风险评价的目的有三个,一是计算出事故的风险值 R;二是确定事故风险是否为可接受风险,三是判断风险削减措施的充分性。

2. (1)安全检查表(SCL);

(2)危险性预分析法(PHA);

(3)故障树分析(FTA);

(4)事件树分析(ETA);

(5)故障类型及影响分析法(FMEA);

(6)危险与可操作性研究(HAZOP);

(7)矩阵法。

3. 安全评价是以实现安全为目的,应用安全系统工程原理和方法,辨识与分析工程、系统、生产经营活动中的危险、有害因素,预测发生事故造成职业危害的可能性及其严重程度,提出科学、合理、可行的安全对策措施建议,做出评价结论的活动。

4. 安全评价有三种类型,即安全预评价、安全验收评价、安全现状评价。

5. 安全现状评价是针对生产经营活动中、工业园区内的事故风险、安全管理等情况,辨识与分析其存在的危险、有害因素,审查确定其与安全生产法律、法规、规章、标准、规范要求的符合性,预测发生事故或造成职业危害的可能性及其严重程度,提出科学、合理、可行的安全对策措施建议,做出安全现状评价结论的活动。是在系统生命周期内的生产运行期进行的评价活动。

6. 略。

7. 略。

8. 分四类,即综合安全检查表、车间安全检查表、岗位安全检查表和专业性安全检查表。

9. 主要依据有相关规程、规范、规定、标准、手册等;同行业国内外事故相关信息;安全评价、分析结果;本单位经验教训。

第七章

1. (1)目的性(有效性),是由风险削减措施的本质决定的,风险削减措施就是要降低事故风险,要有效果。(2)针对性,所谓针对性,是指某一项风险削减措施只针对某一特定事故。(3)实用性,即措施简便、经济实用、容易实施。

2. 3E对策是指教育培训措施、工程技术措施和强化安全管理措施。

3. 从本质上消除事故隐患,是理想、积极、进步的事故预防措施。其基本的作法是以新的系统、新的技术和工艺代替旧的不安全系统和工艺,从根本上消除发生事故的基础。

4. 冗余性原则是指通过多重保险、后援系统等措施,提高系统的安全系数,增加安全余量。

5. 在系统中设置薄弱环节,以最小的、局部的损失换取系统的总体安全。

6. 应按照"消除""替代""降低""隔离""程序""个人防护装备"的顺序,优先选择排在前面的风险削减措施。

7. 在制订风险削减措施时,应注意以下问题。

(1)制订风险削减措施的最终目的是控制事故,因此把风险值降低到可接受风险以下是最终目标。决不能为了节省投入而降低对事故控制的标准。

(2)一定要确保风险削减措施的针对性。应针对每一个危害因素确定风险削减措施,注意风险削减措施和危害因素的对应关系,否则就是盲目的。

(3)应注意风险削减措施与方案的关系。

(4)在三类风险削减措施中,工程技术措施投入最高,但控制效果最好,同时有时也有标准要求,因此应以工程技术措施为基础,其他措施为补充。

(5)制订方案时应反复进行风险评价。

8. 风险削减措施的评价就是对方案的评价。为了控制某一种事故,就是在众多的方案中选择一种控制效果好、投资费用低、实施难度小的方案。

第八章

1. 应急管理是指政府及其他公共机构在突发事件的事前预防、事发应对、事中处置和善后恢复过程中,通过建立必要的应对机制,采取一系列必要措施,应用科学、技术、规划与管理等手段,保障公众生命、健康和财产安全,促进社会和谐健康发展的有关活动。

应急管理的主体是政府及其他公共机构。应急管理的客体,也就是应急管理的对象是突发事件。

2. 突发事件是指突然发生,造成或者可能造成严重社会危害,需要采取应急处置措施予以应对的自然灾害、事故灾难、公共卫生事件和社会安全事件。

自然灾害主要包括水旱灾害、气象灾害、地震灾害、地质灾害、海洋灾害、生物灾害和森林草原火灾等。

事故灾难主要包括工矿商贸等企业的各类安全事故、交通运输事故、公共设施和设备事故、环境污染和生态破坏事件等。

公共卫生事件主要包括传染病疫情、群体性不明原因疾病、食品安全和职业危害、动物疫情以及其他严重影响公众健康和生命安全的事件。

社会安全事件主要包括恐怖袭击事件、经济安全事件和涉外突发事件等。

3. 按照社会危害程度、影响范围等因素，自然灾害、事故灾难、公共卫生事件分为特别重大、重大、较大和一般四级，分别用Ⅰ、Ⅱ、Ⅲ、Ⅳ表示。一般情况下，Ⅳ级事件由县级人民政府应对，Ⅲ级事件由市级人民政府应对，Ⅱ级突发事件由省级人民政府应对，Ⅰ级突发事件由国务院应对。突发事件的分级标准由国务院或者国务院确定的部门制定。在应急预案中，一般会对事件分级进行说明。

4. 应急预案是针对可能发生的事故，为迅速、有序地开展应急行动而预先制定的行动方案，具有以下基本功能。

(1) 指定组织和个人的有关责任，在紧急情况下超越了某个机构的能力或常规职责时，在预定的时间和地点采取特定的行动。

(2) 说明各自权限以及机构之间的关系，如何协调所有的行动。

(3) 描述紧急情况和灾难发生时如何保护生命、财产安全和环境。

(4) 明确辖区内（单位内）在应急响应和恢复行动中可以利用的人员、设备、设施、物资和其他资源。

(5) 明确应急响应和恢复行动过程中实施减灾的步骤。

5. 有六个工作原则，包括以人为本、减少危害；居安思危、预防为主；统一领导、分级负责；依法规范、加强管理；快速反应、协同应对；依靠科技、提高素质。

6. 安全生产法第七十九条：危险物品的生产、经营、储存单位以及矿山、金属冶炼、城市轨道交通运营、建筑施工单位应当建立应急救援组织；生产经营规模较小的，可以不建立应急救援组织，但应当指定兼职的应急救援人员。

7. (1) 突发事件所规定的四类事件为自然灾害、事故灾难、公共卫生事件和社会安全事件。对这些事件应准确识别，并编制应急预案。

(2) 组织应针对各类生产安全事故、道路交通事故编制应急预案。

(3) 组织应针对潜在的环境污染、生态破坏事故编写应急预案。

(4) 组织应针对潜在的职业病危害事件编制应急预案。

(5) 危险化学品的生产、储存、经营、使用、运输单位应针对危险化学品事故编制应急预案。

(6) 特种设备使用单位应针对潜在的特种设备事故编制应急预案。

(7) 组织应针对重大危险源编制重大危险源事故应急预案。

企、事业单位应编制各自的应急预案并在上级单位以及县级人民政府备案，县级以及县级以上各级人民政府应当针对以上情况编制政府预案。

8. (1) 制订符合法律法规的、适合组织情况的"应急管理控制程序"，作为组织应急管理的基本制度。

(2) 准确识别组织内潜在的突发事件或事故，对这些突发事件进行风险评估、制订并落实预防措施，预防这些突发事件或事故的发生。

(3) 针对以上突发事件或事故编制应急预案，形成本单位的应急预案体系。

(4) 做好应急准备工作。

(5) 做好突发事件的应对和处置工作。

9. 应急管理的"一案三制"是具有中国特色的应急管理体系。"一案"为国家突发公共事件应急预案体系,"三制"为应急管理体制、运行机制和法制。

10. 我国目前的应急管理体制是全国应急工作在党中央、国务院的统一领导下,实行地方政府的首长负责制,实行分类管理、分级负责、条块结合、属地为主的管理体制。

11. 应急管理机制或运行机制主要解决的是应急组织结构在应急活动中如何运转、协调的问题。应急运行机制是指突发事件全过程中各种制度化、程序化的应急管理方法与措施。

12. "拳头模式"是一种"政府主导下的整合多种力量合力应对的应急管理运行模式"。体现了在重大自然灾害面前,必须有强有力的政府领导、指挥与组织协调,综合调动各种社会力量,快速有效地参与应对。

中国应对突发事件主要依靠五种基本力量。这五种基本力量分别是:党政组织、人民军队、专业技术应急队伍、社会与人民群众、国际救援组织。在应对突发事件的过程中,以党政组织为领导核心,以人民军队为主干力量,以专业技术应急队伍为专业依托,以社会与人民群众为坚实基础,以国际救援组织为有益补充,相互协调配合,充分发挥五种基本力量各自的优势,形成拳头,共同构成应对突发事件的强大合力。

13. 国家《突发事件应对法》将应急管理划分为预防与应急准备、监测与预警、应急处置与救援、事后恢复与重建四个阶段。

14. (1)识别本组织内潜在的突发事件和事故,评估其风险,采取措施防止突发事件的发生。

(2)针对组织内潜在的突发事件,做好应急准备工作。具体工作任务包括建立应急管理制度、编制应急救援预案、成立应急救援组织、准备应急救援物资、签定有关互助协议、其他准备。

15. (1)建立监测与预警网络体系;

(2)对突发事件发生的可能性及后果进行预警;

(3)适时发出预警信号;

(4)对预警信号予以规定。

16. (1)报警与接警;

(2)应急响应;

(3)应急处置救援

应急指挥根据事态情况,结合应急预案,确定处置救援方案并指挥各应急小组进行处置。主要任务包括警戒与疏散、搜救失踪和受伤人员、处置事故或突发事件、消除次生灾害。

17. (1)受灾居民安置。

(2)生产恢复。

(3)保险理赔和救灾资金申请;

(4)预案评审与修订。

18. (1)全面分析本单位危险因素,可能发生的事故类型及事故的危害程度;

(2)排查事故隐患的种类、数量和分布情况,并在隐患治理的基础上预测可能发生的事故类型及事故的危害程度;

(3)确定事故危险源,进行风险评估;

(4)针对事故危险源和存在的问题,确定相应的防范措施;

(5)客观评价本单位应急能力;

(6)充分借鉴国内外同行业事故教训及应急工作经验。

19. (1)组建应急预案编制工作组。

(2)资料收集。

(3)危险源与风险分析。

(4)应急能力评估。

(5)应急预案编制。

(6)应急预案评审与发布。

20. 专项应急预案是针对具体的事故类别(如火灾爆炸、危险化学品泄漏等事故)、危险源和应急保障而制定的计划或方案,是综合应急预案的组成部分,应按照综合应急预案的程序和要求组织制定,并作为综合应急预案的附件。专项应急预案应制定明确的救援程序和具体的应急救援措施。

21. 有三类,即桌面演练、功能演练、全面演练。

22. (1)应急体系是否完整;

(2)应急预案内容是否符合要求;

(3)应急机构是否全面,职责是否清楚;

(4)报警、接警程序是否简洁、快速;

(5)各种应急处置程序是否科学、实用。

(6)人员能力是否充分,应急管理部门是否定期依照应急预案组织演练;

(7)应急物资是否充分;

(8)通讯联络是否可靠、有效。

第九章

1. 从广义上讲,职业病是指职业性危害因素所引起的特定疾病;从狭义上讲,职业病是指国家颁布的具有立法意义的职业病。

2. 根据卫生部、人力资源和社会保障部于 2013 年 12 月 23 日最新颁布的《职业病分类和目录》的规定,我国法定的职业病现有十大类,132 种。这 10 大类包括:职业性尘肺病及其他呼吸系统疾病(职业性尘肺病 13 种,其他呼吸系统疾病 6 种)、职业性皮肤病(9 种)、职业性眼病(3 种)、职业性耳鼻喉口腔疾病(4 种)、职业性化学中毒(60 种)、物理因素所致职业病(7 种)、职业性放射性疾病(11 种)、职业性传染病(5 种)、职业性肿瘤(10 种)和其他职业病(3 种)。

3. (1)劳动组织和劳动作息安排上的不合理;(2)职业心理紧张;(3)生产定额不当、劳动强度过大,与劳动者生理状况不相适应;(4)过度疲劳。

4. (1)自然环境中的有害因素;(2)厂房建筑或布置不合理;(3)由不合理的生产过程所致环境污染。

5. (1)中暑;(2)减压病;(3)高原病;(4)航空病;(5)手臂振动病;(6)激光所致眼损伤;(7)冻伤。

6. 钻井生产中有以下职业危害因素。

(1)生产性毒物:有原油和油田气的烃类化合物、硫化氢、硫醇、二氧化碳等物质,辅助作业时的有机溶剂、油田助剂等。

(2)生产性粉尘:如钻井液配制用的黏土、固井用的水泥、喷砂作业用的矽尘等。

(3)噪声、振动:如柴油机、电动机、机泵、钻盘、风动工具等。

(4)放射性物质:γ射线、中子源等。

(5)其他：钻井多为野外作业，受环境条件(包括不良气象条件)影响大。个别作业(如起、下钻时)有强制体位和个别器官、组织紧张，易发生外伤。

7. 炼油生产中有以下职业危害因素。

(1)生产性毒物：不同生产工艺稍有差别。

(2)噪声振动：泵、压缩机、火炬、蒸汽放空等流体动力噪声及电磁交变噪声等。

(3)高温、热辐射：加热炉、反应器、换热器、焚烧炉、锅炉、蒸汽管线等。

(4)粉尘：一些催化剂在使用前后有粉尘产生。

(5)放射性：如放射性料位计、液位计的应用等。

8. 劳动保护，即保护劳动者在劳动过程中的生命安全和身体健康，就是要通过采取各种措施，改善劳动卫生条件，有效保障劳动者生命安全和身体健康。

9. 采取安全技术、改善劳动卫生环境、改善劳动条件、实行劳逸结合。

10. (1)建立规章制度，强制性的使用防护用品，列入劳动合同内容。(2)使用防护用品的人员事先应进行训练，以便正确使用。(3)对每个化学净化供氧(空气)呼吸防护器，均应准备一个记录卡，记明药罐(盒)或供气瓶的最后检查和更换日期，以及已用过的次数等。(4)以压缩空气作为供气源时，应注意压缩空气机是否过热，以免产生一氧化碳。(5)定期检查面具、蛇管和支撑附件等是否泄漏或损坏，以便及时更换，防止失效。(6)耳塞、面具和口罩应定期清洗消毒，特别是公用的用品每次使用后必须及时清洗消毒、晾干。(7)保障个人卫生设施。

11. 职业健康是指各行业的工人在身体上的、精神上的和社会福利上的良好状态。职业健康的目标定义为：保持和改善劳动者身体上、精神上以及社会福利上的良好状态；防止职业病和因工受伤；使工作地点和工作环境满足工人的需求；工作重点放在预防而非治疗。

12. 工作时间是劳动者在企业、事业单位和个体经济组织中必须用来完成其所担负的工作任务的时间，即国家法律规定劳动者在一定的时间(工作日、工作周)内应该劳动的小时数。工作日是指在一昼夜内职工进行工作的时间长度(小时数)，可分为定时工作日、不定时工作日和综合计算工时工作制。

13. 针对女职工在经期、孕期、产期、哺乳期(四期)等的生理特点，在工作任务分配和工作时间等方面所进行的特殊保护，其目的不仅是保护女工身心健康和持久的劳动积极性，同时也考虑到女职工在社会生活中还承担养育下一代的责任，因此，对女工实行特殊的劳动保护也是为了保护社会下一代的健康成长。

第十章

1. 在环境管理体系或 HSE 管理体系中，环境是指组织运行活动的外部存在，包括空气、水、土地、自然资源、植物、动物、人以及这些事物之间的相互关系。

2. 环境污染是指人类活动产生的污染物或污染因素，超过了环境容量或环境的自净能力，导致环境质量的恶化或破坏的现象。环境污染既破坏生态环境又危害人类自身。污染通过空气、水、土壤、食物等进入人体，会直接或间接影响人的健康。

3. 环境保护是指人类为解决现实的或潜在的环境问题，协调人类与环境的关系，保障经济社会的持续发展而采取的各种行动的总称。其方法有工程技术的方法、行政管理的方法，也有法律、经济、宣传教育等方法。

4. 新《中华人民共和国环境保护法》进一步明确了政府对环境保护监督管理职责，完善了生态保护红线等环境保护基本制度，强化了企业污染防治责任，加大了对环境违法行为的法律制裁,法律条文也从原来的47条增加到70条,增强了法律的可执行性和可操作性,被称为"史上最严"的环境保护法。

5. 增加规定公民应当遵守环境保护法律法规,配合实施环境保护措施,按照规定对生活废弃物进行分类放置,减少日常生活对环境造成的损害。规定每年6月5日为环境日。

6. 实施清洁生产、减少环境污染和危害、按照排污标准和总量排放、安装使用监测设备、建立环境保护制度、缴纳排污费以及制定环境事件应急预案等。

7. 解决了违法成本低的问题,新中华人民共和国环境保护法加大了处罚力度,一是规定了按日计罚制度;二是责令停业、关闭;三是规定了行政拘留。

8. 环境影响评价适用在我国领域和我国管辖的其他海域内建设对环境有影响的项目。另外,流域的开发、开发区的建设、城市新区建设和旧区改建等区域性开发,编制建设规划时,应当进行环境评价。

9. 危险弃废物污染防治要求有:危险废弃物的包装物、处置场所必须设有识别标志;产生危险废弃物的单位,必须按照国家规定处置;处置危险废物不符合国家规定,应缴纳排污费,用于危险废物污染防治;从事收集、储存、运输危险废物经营活动的单位必须申请领取经营许可证;收集、储存危险废物必须分类进行;从事危险废物经营活动的人员经培训考试合格才能上岗;禁止经中华人民共和国国境转移危险废物。

10. 三同时制度"是指建设项目中的环境保护设施必须与主体工程同时设计、同时施工、同时投产使用的制度。它是我国环境管理制度之一,是控制新污染源的产生,实现预防为主的重要途径。适用范围:新建、扩建、改建项目;技术改造项目;一切可能对环境造成污染和破坏的工程建设项目;确有经济效益的综合利用项目。

11. 征收排污费的对象是超过国家或地方污染物排放标准排放污染物的企业、事业单位,对其他单位只征收采暖锅炉烟尘排污费。

12. 限期治理制度是指对现已存在的危害环境的污染源,由法定机关做出决定,令其在一定期限内治理并达到规定要求的一套措施。它是减轻或消除现有的污染源的污染,改善环境质量状况的一项环境法律制度,也是我国环境管理中所普遍采用的一项制度。

13. 排污申报登记制度是指由排污者向环境保护行政主管部门申报其污染物的排放和防治情况,并接受监督管理的一系列法律规范构成的规则系统。它是排污申报登记的法制化。实行这一制度,有利于环境保护行政主管部门及时准确地掌握有关污染物排放和污染防治情况的准确信息,为进行其他方面的环境管理提供依据。

14. 环境保护许可证按其作用可分为三类:一是防止环境污染许可证,如排污许可证,危险废物的收集、贮存、处置许可证,放射性同位素与射线装置的生产、使用、销售许可证,废物进口许可证等;二是防止环境破坏许可证,如林木采伐许可证,渔业捕捞许可证,野生动物特许捕猎证、狩猎证、驯养繁殖许可证等;三是整体环境保护许可证,如建设规划许可证等。

15. 我国根据环境标准的适用范围、性质、内容和作用,实行三级五类标准体系。三级是国标准、地方标准和行业标准。五类是环境质量标准、污染物排放标准、方法标准、样品标准、基础标准。

16. 依据地表水水域环境功能和保护目标将水域分为五类。

Ⅰ类:主要适用于源头水、国家自然保护区。

Ⅱ类:主要适用于集中式生活饮用水源地一级保护区、珍贵鱼类保护区、鱼虾产卵场等。

Ⅲ类:主要适用于集中式生活饮用水源地二级保护区、一般鱼类保护区及游泳区。

Ⅳ类：主要适用于一般工业用水区及人体非直接接触的娱乐区用水。

Ⅴ类：主要适用于农业用水区及一般景观要求的水域。

17. 造成水体的水质、生物、底质质量恶化的各种物质称为水体污染物。根据污染物的物理、化学、生物学性质及其污染特性，可将水体污染物分为四大类，即无机无毒物、无机有毒物、有机无毒物和有机有毒物。

18. 无机无毒物主要指排入水体的酸、碱及无机盐类和氮、磷等植物营养物质。主要来自工业废水、农田施肥、农业废弃物、城市生活污水。

酸性、碱性废水的污染，破坏了水体的自然缓冲作用，抑制了细菌及微生物的生长，妨碍了水体的自净，腐蚀管道、水工建筑物和船舶。氮、磷污染物将导致水体富营养化，在江河湖泊出现水花（又叫水华），在海洋中出现赤潮现象。

19. 无机有毒物质主要是指工业废水中所携带的重金属、氰化物和氟化物。重金属主要来自采矿和冶炼；氰化物主要来自电镀废水以及煤气洗涤水、合成氨、冶炼和制药等工业废水；氟化物主要来自电镀加工含氟废水和含氟废气的洗涤水。

无机有毒物具有强烈的生物毒性，它们排入天然水体会影响水中生物，并可以通过食物链的进入人体而危害人体健康。重金属在水体环境中不易消失，具有明显的积累性，不同的重金属会对人体造成不同的伤害。氰化物的危害主要表现在破坏人和动物的血液系统，影响运送氧和氢的机能而致死亡。氟化物浓度过高会使人骨骼变形，引起氟骨症并损害肾脏。

20. 污水处理的物理方法是通过物理作用，分离回收污水中的不溶解的悬浮态污染物。常用的技术有：

（1）沉淀法（如使用沉沙池、沉淀池、隔油池等）；

（2）过滤法（如使用格栅、栅网、砂滤机、真空过滤机、压滤机等）；

（3）气浮（浮选）法；

（4）离心分离法。

21. 污水处理的化学方法是通过化学反应来分离、回收污水中的某些污染物，或使其转化为无害物质。常用的方法有：

（1）化学沉淀法，如处理重金属和氰化物。

（2）混凝法，用于处理固体颗粒、乳状油及胶体物质。

（3）中和法，用于处理酸碱废水。

（4）氧化还原法，如空气氧化法处理含硫废水。

（5）电解法，主要用于含铬及含氰废水处理。

22. 大气中的十项污染物是：二氧化硫、总悬浮颗粒、可吸入颗粒、氮氧化物、二氧化氮、一氧化碳、臭氧、铅、苯并芘、氟化物。

23. 颗粒物污染物是指空气中分散的液态或固态污染物，其直径在 0.002 μm 和 500 μm 之间，具体包括气溶胶、烟、尘、雾和炭灰等，可分为降尘和飘尘。

颗粒物污染物能引起尘肺病，对眼、皮肤有刺激作用，引起炎症、中毒；颗粒物污染物中的爆炸性粉尘引起爆炸；引起机电设备磨损；降低能见度。

24.（1）控制和消除噪声源；

（2）噪声传播途径控制；

（3）控制噪声的接收；

（4）定期健康体检。

第十一章

1. 燃烧过程的发生和发展,必须具备以下三个必要条件,即:可燃物、氧化剂(助燃物)和着火源。人们总是用"燃烧三角形"来表示燃烧的三个必要条件。只有在上述三个条件同时具备的情况下可燃物质才能发生燃烧,三个条件无论缺少哪一个,燃烧都不能发生。

2. 直接火源有:

(1)明火,指生产、生活中的炉火、灯(烛)火、焊接火、吸烟火、撞击、摩擦打火、机动车辆排气筒火星、飞火等。

(2)电弧、电火花,指电气设备、电气线路、电器开关及漏电打火;电话、手机、BP机等通信工具火花;静电火花(物体静电放电、人体衣物静电打火、人体集聚静电对物体放电打火)等。

(3)瞬间高压放电的雷击,此火源能引燃任何可燃物。

3. 燃烧的类型有四种,即闪燃、燃烧、自燃和爆炸。

4. 在一定温度下,易燃或可燃液体(包括能蒸发的固体,如石蜡、樟脑、萘等)产生的蒸气与空气混合后,达到一定浓度时遇火源发生一闪即灭的现象,这种燃烧现象称为闪燃。液体发生闪燃的最低温度称为闪点。

5. 可燃物开始持续燃烧所需要的最低温度称为燃点(又称着火点)。

6. 可燃气体、蒸气或粉尘必须与空气混合后,成为具有一定浓度的爆炸性混合物,并遇到火源,才能发生爆炸。这种能够发生爆炸的浓度范围称为爆炸极限。可燃气体、蒸气的爆炸极限通常用可燃气体、蒸气与空气的体积百分比来表示。可燃粉尘是用 g/m^3 为单位来表示其爆炸极限的。

7. 防爆电器的标志为 Ex,各类防爆电器,隔爆型的代号为 d;增安型的代号为 e;本安型的代号为 i;正压型的代号为 p;充油型的代号为 o;充沙型的代号为 q;浇封型的代号为 m;无火花型的代号为 n;特殊型的代号为 s。

8. 电气线路的导线由于各种原因造成相线与相线、相线与零线(地线)的相接或相碰,在回路中引起电流的瞬间骤然增大的现象称为短路。

电气线路中允许连续通过而不致使电线过热的电流量,称为安全载流或安全电流。如果电流超安全电流值,就称为导线过载。

9. 灭火的基本方法有冷却灭火法、隔离灭火法、窒息灭火法和抑制灭火法四种。

10. 将火灾分为 A、B、C、D 四类。

A 类火灾:指固体火灾,相关物质往往具有有机物性质,一般在燃烧时能产生灼热的余烬,如木材、棉、毛、麻、纸张的火灾等。

B 类火灾:指液体火灾和可熔化的固体物质火灾,如汽油、煤油、原油、甲醇、乙醇、沥青、石蜡的火灾等。

C 类火灾:指气体火灾,如煤气、天然气、甲烷、乙烷、丙烷、氢气的火灾等。

D 类火灾:指金属火灾,如钾、钠、镁、钛、锆、锂、铝镁合金的火灾等。

另外电气设备火灾可以看作 E 类火灾。

11. 红色表示禁止、停止的意思。禁止、停止和有危险的器件设备或环境涂以红色的标记。如停止按钮、消防设备等。

黄色表示注意、警告的意思。需警告人们注意的器件、设备或环境涂以黄色的标记。

蓝色表示指令、必须遵守的意思。例如,指令标志中必须佩戴个人防护用具等使用蓝色。

绿色表示通行、安全和提供信息的意思。例如,表示通行、机器启动按钮、安全信号旗等使用绿色。

12. 指令标志的含义是强制人们必须采取某种行为的图形标志。其形状为圆形,图形符号为蓝色,衬底为白色。

第十二章

1. 化学品中具有易燃、易爆、有毒、腐蚀性等特性,对人(包括生物)、设备、环境能造成伤害和侵害的物质叫危险化学品。

依据 GB 13690—2009《化学品分类和危险性公示　通则》分类,危险化学品分三大类。第一类理化危险分为 16 类;第二类健康危险分为 10 类;第三类环境危险分为 7 类。

2. GHS 设定危险货物危险性象形图主要要表述爆炸、燃烧、加强燃烧、加压气体、腐蚀危险、毒性危险、健康危险、危害水环境、警告等 9 种象形图。

化学品分类和标记的标签信号词为"危险"和"警告","危险"用于较为严重的危险类别,"警告"用于较轻的类别。

3. (1)有符合国家标准的生产工艺、设备或者储存方式、设施;

(2)工厂、仓库的周边防护距离符合国家标准或者国家有关规定;

(3)有符合生产或者储存需要的管理人员和技术人员;

(4)有健全的安全管理制度;

(5)符合法律、法规规定和国家标准要求的其他条件。

4. 危险化学品安全技术说明书是化学品生产或销售企业按法律要求向客户提供的有关化学品特征的一份综合性法律文件。

5. 化学品安全技术说明书作为最基础的技术文件,作用体现在化学品的供应商向下游用户传递化学品基本危害信息(包括运输、操作处置、储存和应急行动信息)。同时化学品安全技术说明书还可以向公共机构、服务机构和其他涉及该化学品的相关方传递化学品的基本危害信息。

6. 安全标签用文字、图形符号和编码的组合形式表示化学品所具有的危险性和安全注意事项。危险化学品安全标签是针对危险化学品而设计、用于提示接触危险化学品的人员的一种标识。它用简单、明了、易于理解的文字、图形符号和编码的组合形式表示该危险化学品所具有的危险性、安全使用的注意事项和防护的基本要求。

7. 危险化学品安全标签应包括化学品标识(名称、分子式、编号)、象形图、信号词、危险性说明、防范说明(预防措施、事故响应、安全储存、废弃处置)、供应商标识(生产厂家地址、电话)、应急咨询电话、参阅资料等八项内容。

8. (1)替代,选用无毒或低毒的化学品代替有毒有害化学品,选用可燃化学品代替易燃化学品。

(2)变更工艺,采用新技术、改变原料配方,消除或降低化学品危害。

(3)隔离,将生产设备封闭起来,或设置屏障,避免作业人员直接暴露于有害环境中。

(4)通风,借助于有效的通风,使作业场所空气中有害气体、蒸气或粉尘的浓度降低。

(5)个体防护是一道阻止有害物质进入人体的屏障。

(6)卫生,包括保持作业场所清洁和作业人员个人卫生两个方面。

9. (1)防止可燃可爆混合物的形成:监控、防止可燃物质外溢泄漏;采取惰性气体保护;加强通风置换。

(2)控制工艺参数:将温度、压力、流量、物料配比等工艺参数严格控制在安全限度范围内,防止超压、超温、物质泄漏。

(3)消除点火源:远离明火、高温表面、化学反应热、电气设备,避免撞击摩擦、静电火花、光线照射,防止自燃发热。

(4)限制火灾爆炸蔓延扩散:采用阻火装置、阻火设施、防爆泄压装置及隔离措施。

第十三章

1. 人身安全与设备安全两个方面。人身安全是指在从事电气设备操作使用过程中人员的安全;设备安全是指电气设备及有关其他设备、建筑的安全。

2. 触电事故、静电事故、雷击事故、射频危害、电气设置故障等五类。

3. 电伤和电击。电伤是指由于电流的热效应、化学效应和机械效应引起人体外表的局部伤害,如电灼伤、电烙印、皮肤金属化等;电击是指电流流过人体内部造成人体内部器官的伤害。

4. 电流大小的影响;电流持续时间的影响;电流途径的影响;电流种类的影响;个体特征的影响;人体电阻的影响。

5. 绝缘:是用绝缘物把带电体封闭起来。电气设备的绝缘应符合其相应的电压等级、环境条件和使用条件。电气设备的绝缘不得受潮,表面不得有粉尘、纤维或其他污物,不得有裂纹或放电痕迹,表面光泽不得减退,不得有脆裂、破损,弹性不得消失,运行时不得有异味。绝缘的电气指标主要是绝缘电阻。任何情况下绝缘电阻不得低于每伏工作电压 1000Ω,并应符合专业标准的规定。

屏护:屏护是采用遮栏、护罩、护盖、箱闸等将带电体同外界隔绝开来。屏护装置应有足够的尺寸。应与带电体保证足够的安全距离。屏护装置应安装牢固。金属材料制成的屏护装置应可靠接地(或接零)。遮栏、栅栏应根据需要挂标示牌。遮栏出入口的门上应根据需要安装信号装置和连锁装置。

间距:间距是将可能触及的带电体置于可能触及的范围之外。其安全作用与屏护的安全作用基本相同。对安全间距的基本要求是,带电体与地面之间、带电体与树木之间、带电体与其他设施和设备之间、带电体与带电体之间均应保持一定的安全距离,安全距离的大小决定于电压高低、设备类型、环境条件和安装方式等因素。架空线路的间距须考虑气温、风力、覆冰和环境条件的影响。

6. 保护接地预防技术和保护接零预防技术。保护接地,就是将设备的某一部位经接地装置与大地紧密连接起来;保护接零就是电气设备在正常情况下不带电的金属部分与配电网中性点之间,即与保护零线之间紧密连接。

7. 安全电压是指在不佩戴任何防护设备的情况下,人体接触到的对人体各部分组织(如皮

— 491 —

肤、心脏、神经等)没有任何损坏的电压。

8. 雷电的破坏作用有电效应的破坏作用,热效应的破坏作用,静电感应,电磁感应,雷电波侵入和防雷装置上的高电压对建筑物的反击作用六种。

加油站、液化气站、天然气站、输油管道、储油罐(池)、油井、弹药库等易燃易爆场所,除安装防直击雷的设施外,对储气(油)罐(池)及管道、设备等还必须安装防静电感应雷、防电磁感应雷的装置,指定专人看护,发现问题及时处理,并定期向专业检测机构申请检测。

9. 减少摩擦起电,静电接地,降低电阻率,增加空气湿度。

10. (1)在有防爆要求的工作场所,不得使用塑料、橡胶等绝缘地面,并尽可能保持湿润。操作人员应穿防静电鞋,以减少人体带电。如铺有地毯应夹织金属丝,并良好接地。

(2)在易燃易爆场所,工作人员不能穿合成纤维织物的衣服,应穿防静电工作服。

(3)易燃易爆场所的坐椅不宜采用人造革之类的高阻材料制造。

(4)对高压带电体应加屏蔽,人体应避免与高速喷射的气体接近,以防静电感应。

第十四章

1. 工作人员在露天安全工作 8h 可接受的某种有毒物质在空气中的最高浓度。硫化氢的安全临界浓度为 30mg/m³。

2. 钻井液出口;防喷器口;井架底座;振动筛;除气器;节流管汇或钻井液循环管汇系统;生活区;发电机、配电房抽风口处。

3. 硫化氢是无色、剧毒(毒性为一氧化碳的 5~6 倍,几乎与氰化氢同样剧毒)的酸性气体。具有臭鸡蛋味,比空气重。其沸点为 -60.2℃,熔点为 -82.9℃。溶于水(溶解比例 1:2.6)、乙醇、二硫化碳、甘油、汽油、煤油、原油中。溶解性随液体温度升高而下降。

4. (1)轻度中毒:有畏光流泪、眼刺痛、流涕、鼻及咽喉灼热感,数小时或数天后自愈。(2)中度中毒:出现头痛、头晕、乏力、呕吐、运动失调等中枢神经系统症状.同时有喉痒、咳嗽、视觉模糊、角膜水肿等刺激症状。经治疗可很快痊愈。(3)重度中毒:表现为骚动、抽搐、意识模糊、呼吸困难,迅速陷入昏迷状态,可因呼吸麻痹而死亡,若抢救治疗及时,1~5 天可痊愈。在接触极高浓度时(1000mg/m³ 以上),可发生"闪电型"死亡,即在数秒钟突然倒下,瞬间停止呼吸,立即进行人工呼吸尚可望获救。

5. 硫化氢主要经呼吸道进入人体,整个呼吸道的黏膜和肺泡都能不同程度地吸收;通过皮肤吸收,脂溶性毒物,经毛囊空间到达皮脂腺及腺体细胞被吸收,一小部分则通过汗腺进入人体;通过消化道吸收,多由不良卫生习惯造成误食或由呼吸道侵入人体,一部分沾附在鼻咽部混于其分泌物中,无意被吞入。

6. 中枢神经系统损害最为常见;呼吸系统损害;心肌损害。

7. 硫化氢对人的危害;硫化氢对金属材料的腐蚀;硫化氢加速非金属材料老化;硫化氢对钻井液污染;硫化氢对环境的污染。

8. 温度;溶液 pH 值;钢材金相组织、硬度、焊接处理情况等自身的性能。

9. (1)油管、套管防腐措施:选择防硫管材,使用缓蚀剂。(2)钻柱防腐措施:合理选择钢材材质,控制使用环境。

— 492 —

10. 离开毒气区、报警器报警、戴呼吸装置、救护中毒者、使中毒者苏醒、进行医疗救护。

11. 硫化氢泄漏的预防：硫化氢的监测；加强通风；配备硫化氢防毒用具。

12. 操作员所在的位置；易出现硫化氢的工作室；易泄漏硫化氢的设备、设施附近；其他硫化氢可能聚集的区域。

13. (1)当空气中硫化氢含量超过阈限值时($15mg/m^3$)，监测仪应能自动报警。

(2)第一级报警值应设置在阈限值时(硫化氢含量$15mg/m^3$)，达到此浓度时启动报警，提示现场人员硫化氢的浓度超过阈限值。在现场应立即安排专人观察风向、风速以便确定受侵害的危险区，切断危险区的不防爆的电器的电源，安排专人佩带正压式空气呼吸器到危险区检查泄露点，组织非作业人员撤入安全区。

(3)第二级报警值应设置在安全临界浓度(硫化氢含量$30mg/m^3$)，达到此浓度时，现场作业人员应佩戴正压式空气呼吸器，并向上级(第一责任人及授权人)报告；指派专人进行硫化氢监测，需要时监测点可适当加密；控制硫化氢泄漏源；撤离现场的非应急人员；清点现场人员；切断作业现场可能的着火源；通知救援机构。

(4)第三级报警值应设在危险临界浓度(硫化氢含量$150mg/m^3$)，报警信号应与二级报警信号有明显区别，警示立即组织现场人员撤离，并由现场总负责人或其指定人员向当地政府报告，协助当地政府做好500m范围内的居民的疏散工作，根据监测情况决定是否扩大撤离范围；关停生产设施；设立警戒区，任何人未经许可不得入内；请求救援。

14. 由滤毒罐(盒)、导气管、面罩组成。蓝色。

15. 使用时注意事项：使用前检查全套面具的气密性，严格按照说明书佩戴；过滤式防毒面具只能在有毒区氧气浓度大于18%或有毒气体浓度小于2%时使用；使用时若闻到微弱的气味，或感觉呼吸困难，应立即离开有毒区域；禁止在塔灌容器等封闭设备内使用；两次使用时间间隔在一天以上，不用时应将滤毒罐的螺帽盖拧上，塞紧橡皮塞；面罩使用后要消毒；滤毒罐应保存在干燥、清洁、空气流通的库房，严防受潮受热；只能短时间使用，最好不超过30min。应在有效期限(5a)使用。

16. 检查瓶内压力；检查气密性；检查报警笛；检查压力表；检查中压导管；检查全面罩及密封性；检查空气瓶和减压器的连接是否牢固、气密性是否良好；检查背带、腰带是否完好，有无断裂处等。

17. 呼吸系统防护，佩戴正压式空气呼吸器；眼睛防护，佩戴防护面罩；身体防护，穿防毒服；手防护，戴橡胶手套。

18. (1)一般接触反应：接触一氧化碳后如出现头痛、头昏、心悸、恶心等症状，吸入新鲜空气后症状即可迅速消失者，属一般接触反应。

(2)轻度中毒：轻度中毒者出现剧烈的头痛、头昏、心跳、眼花、四肢无力、恶心、呕吐、烦躁、步态不稳、轻度至中度意识障碍(如意识模糊、朦胧状态)，但无昏迷。离开中毒场所吸入新鲜空气或氧气数小时后，症状逐渐完全恢复。

(3)中度中毒：中度中毒者除具有轻度中毒症状外，初期尚有多汗、烦躁、步态不稳和皮肤黏膜樱红，意识障碍表现为浅至中度昏迷。及时移离中毒场所并经抢救后可恢复，一般数日可恢复，无明显并发症或后遗症。

(4)重度中毒：重度中毒者除具有轻、中度中毒全部或部分症状外，意识障碍严重，呈深度昏迷或植物状态。昏迷可持续十几小时,甚至几天,可出现阵发性和强直性痉挛。常见瞳孔缩小,对光反射正常或迟钝,四肢肌张力增高,牙关紧闭,并可出现大小便失禁。脑水肿继续加重时,体温升高达39～40℃,脉快而弱,血压下降,面色苍白或发绀,四肢发凉,出现潮式呼吸。

19. 由于一氧化碳吸入通过肺部进入血液后。与血液里的血红蛋白牢固结合,使血红蛋白不能有效地跟氧气结合,因而使血液失去输送氧气的能力,造成重要器官与组织缺氧,特别是脑细胞会因缺氧而很快坏死。一氧化碳主要作用于中枢神经、心血管和血液三方面。

20. (1)个体防护。

①呼吸系统防护:一般不需要特殊防护,但建议特殊情况下,佩戴空气呼吸器。②眼睛防护:一般不需要特别防护,高浓度接触时可戴安全防护眼镜。③身体防护:穿防静电工作服。④手防护:戴一般作业防护手套。

(2)现场防护。

工作现场严禁吸烟,避免长期反复接触;进入罐、限制性空间作业,作业前必须用便携式监测仪检测,合格后才能作业(进入受限空间作业气体检测标准),且有监护人在场;其他高浓度区作业,要充分通风,使用便携式监测仪检测,合格后才能作业。

21. 生产过程密闭化和自动化,防止"跑、冒、滴、漏";加强通排风,进入高浓度环境必须佩戴防毒面具;使用、运输和贮存时应注意安全,防止容器破裂和泄漏;现场安装氨气监测仪及时报警发现。

22. 迅速撤离泄漏污染区人员至上风处,并立即进行隔离,小泄漏时隔离150m,大泄漏时隔离450m,严格限制出入。启动氯气吸收风机、脱氯除害系统以及消防水系统。污染区居民切忌惊慌,应向上风向地区转移,并用湿毛巾护住口鼻;到了安全地带立即休息,避免剧烈运动,以免加重心肺负担,恶化病情;眼或皮肤接触液氯时应立即用清水彻底冲洗,中毒者可适当使用钙剂、维生素C和脱水剂;早期足量使用糖皮质激素和抗生素,可以减轻呼吸道和肺部损伤;使用超声喷雾途径,将药物直接送达呼吸道,效果较好;患者应及时送到大医院或有职业病科的医疗单位救治。

第十五章

1. 作业许可管理范围包括生产或施工作业区域内管理规程未涵盖的非常规作业和专门程序规定的危险作业。非常规作业是指临时性的、缺乏程序规定的和承包商作业的活动,包括未列入日常维护计划的和无程序指导的维修作业,偏离安全标准、规则和程序要求的作业,交叉作业等。高危作业是指从事高空、高压、易燃、易爆、剧毒、放射性等对作业人员产生高度危害的作业,包括进入受限空间、动火、挖掘、高处作业、临时用电、化学清洗、移动式起重机吊装、管线打开等。

2. 作业许可证;作业内容说明;附图,如作业环境示意图、工艺流程示意图、平面布置示意图等;风险评估结果(工作前安全分析);作业方案。

3. 工作危害识别/风险评估;安全工作方案及作业流程;作业许可证相关内容(期限、要求、制度);应急措施及安全设施、劳保用品;岗位职责;与相关方协调、沟通所达成的协议。

4. 作业许可证一式四联,许可证应编号,编号由许可证批准人填写。第一联(白色,悬挂在作业现场;第二联(黄色),张贴在公开处,让现场所有有关人员了解现场正在进行的作业位置和内容;第三联(粉色),送交相关方,以示沟通;第四联(蓝色),保留在作业票管理部门。

5. 作业许可证延期的目的是:保证在交接班时各项安全措施能够经过现场再确认;保证接班人员明确作业现场的安全措施以及相应的安全知识已沟通或培训;保证接班人员知晓作业现场已经发现或正在整改的不安全项目;保证现场上锁挂签及隔离的安全移交;保证各项交接工作留下清楚的文字记录。

6. 高处作业是指在坠落高度基准面2m以上(含2m)位置进行的作业。高处作业分为一般高处作业和特殊高处作业两类。一般高处作业分为四级,高度在2~5m(含2m),称为一级高处作业;高度在5~15m(含5m),称为二级高处作业;高度在15~30m(含15m),称为三级高处作业;高度在30m(含30m)以上,称为特级高处作业。

7. 经医生诊断,凡患有高血压、心脏病、贫血病、癫痫病、严重关节炎、手脚残废以及其他禁忌高处作业的人员,不得从事高处作业;酒后不得从事高处作业;没有经过高处作业操作技能培训的人员不得从事高处作业。

8. 全身式安全带使用前应进行检查,确认完好;使用时必须系挂在施工作业处上方的牢固构件上,不得系挂在有尖锐棱角的部位;安全带系挂点下方应有足够的净空,如净空不足可短系使用;安全带应高挂(系)低用,不得采用低于肩部水平的系挂方法;禁止用绳子捆在腰部代替全身式安全带。

9. 动火作业是指能直接或间接产生明火的临时作业。动火作业分为工业动火作业(指在油气、易燃易爆危险区域内和油气容器、管线、设备或盛装过易燃易爆物品的容器、管线上的动火作业)和非工业动火作业(指除工业动火以外的其他生产性动火作业)。

在油气、易燃易爆危险区域内和油气容器、管线、设备或盛装过易燃易爆物品的容器上进行动火作业,其主要事故有泄漏、火灾、爆炸,另外在有毒气体环境动火可能引起中毒事故或环境污染事故。

10. 动火作业前必须对动火作业空间进行气体检测,且气体检测时距动火时间不得超过30min;使用色谱分析等分析手段时被测的可燃气体或可燃液体蒸气的爆炸下限大于等于下限4%时,其被测浓度应小于0.5%;当被测的可燃气体或可燃液体蒸气的爆炸下限小于4%时,其被测浓度应小于0.2%;凡进入罐、塔、釜、槽车等设备、容器和管线内动火,首先要对其进行清洗、置换、通风,然后要检测受限空间内气体,气体检测应包括可燃气体浓度、有毒有害气体浓度、氧气浓度等,其可燃介质含量必须低于该介质与空气混合物的爆炸下限的10%(体积),氧含量19.5%~23.5%,有毒有害气体含量应符合国家相关标准的规定;在动火施工全过程中,动火检测人应至少每1小时进行一次气体浓度检测,做好相关记录。

11. 受限空间作业,是指凡在生产区域内进入或探入炉、塔、釜、罐、仓、槽车以及管道、烟道、隧道、下水道、沟、坑、井、池、涵洞等封闭、半封闭设施及场所的作业。

在受限空间中可能发生的事故有:火灾、爆炸、中毒、窒息、机械伤害、触电、淹溺、高空坠落等潜在事故,如果受限空间内存在固体颗粒状或散状物料(如催化剂等),还存在作业人员被掩埋的风险。

12. 氧浓度在19.5%~23.5%。不论是否有焊接、敲击等,受限空间内部任何部位的易燃易爆气体或液体挥发物的浓度满足以下条件:当其爆炸下限≥4%时,浓度应<0.5%(体积)。当爆炸下限<4%时,浓度应<0.2%(体积)。受限空间内有毒、有害物质浓度不超过国家规定

的"车间空气中有毒物质的最高允许浓度"。

13. 挖掘作业是指在生产、作业区域使用人工或推土机、挖掘机等施工机械,通过移除泥土形成沟、槽、坑、或凹地的挖土、打桩、地锚入土作业;或建筑物拆除以及在墙壁开槽打眼,并因此造成某些部分失去支撑的作业。

挖掘作业可能涉及地下的油气管线、管道、光缆、文物、电缆等设施的损坏而引发各种事故和纠纷;同时还存在挖出物归属问题,施工材料和挖掘的作业面的坍塌事故;还可能危及临近的房屋、墙壁、道路、高架等公共设施或其他结构物,造成破坏或员工伤害事故。

14. 管线打开是指根据生产需要而改变封闭管线或设备及其附件完整性的作业。

管线打开包括但不限于:解开法兰;从法兰上去掉一个或多个螺栓;打开阀盖或拆除阀门;调换8字盲板;打开管线连接件;去掉盲板、盲法兰、堵头和管帽;断开仪表、润滑系统、控制系统的管线;断开加料或卸料的管线;用机械方法或其他方法穿透管线;开启检查孔;微小的调整等。

第十六章

1. 突发性、紧迫性、艰难性、灵活性。

2. (1)先复苏后固定的原则;(2)先止血后包扎的原则;(3)先救重伤员后救轻伤员的原则;(4)先急救后转运的原则;(5)急救与呼救并重的原则;(6)搬运与医护的一致原则。

3. (1)判定病人意识是否存在;(2)判定病人呼吸是否停止;(3)判断病人心跳是否停止。

4. (1)触摸颈动脉不能用力过大,以免影响血液循环。(2)不要用拇指触摸,触摸时间一般不少于5~10s,禁止同时触摸两侧颈动脉。无心跳者应立刻实施胸外心脏按压术。一旦确认伤员心跳呼吸停止应立即施行心肺复苏。(3)正确判断有无心跳很重要,因为对有心跳的病人进行胸外心脏按压会引起严重的并发症。

5. 病人处立位、座位、仰卧位;抢救者站位或跪位,身体紧靠病人背部,一手握拳,拳心置于病人脐部以上剑突以下的腹部,快速向上、向内猛拉膈肌,使肺部残气冲出,如此6~10次,可排除异物。

6. (1)动脉出血:动脉血管压力较高,出血时血液自伤口向外喷射或一股一股地冒出。血液为鲜红色,出血速度快、量多。在短时间内人体大量失血会危及生命。(2)静脉出血:血液呈暗红色,呈涌出状或缓缓外流,无搏动,出血速度不及动脉快,出血量中等。(3)毛细血管出血:微小的血管出血时,血液像水珠样流出或渗出,由鲜红变为暗红色,量少,多能自行凝固止血。(4)混合出血:一般在动静脉出血时,混合型出血比较常见,且兼具上述三种单纯性出血的特点。

7. 加压包扎止血法适用于静脉、毛细血管或小动脉出血,出血速度不是很快和出血量很大的情况下。止血时,先将消毒敷料盖在伤口处,然后用三角巾或绷带适度加力包扎,松紧要适中,以免因过紧影响必要的血液循环,造成局部组织缺血性坏死,而过松又达不到止血的目的。伤口有碎骨存在时,禁用此法。

8. (1)包扎的基本方法为先在受伤的部位放几块消毒敷料,然后用绷带或三角巾等包扎好。(2)内脏外露的伤口的包扎,注意不可将内脏送回腹腔内,应该用干净、消毒的纱布围成一圈保护,或者用干净饭碗扣住已脱出的内脏,再进行包扎。(3)异物刺入体内,切忌拔出,应该先用棉垫等物将异物固定住再包扎。

9. (1)伤口用无菌敷料覆盖,用左手将绷带固定在敷料上,右手持绷带卷围绕肢体紧密缠绕;(2)将绷带打开一端稍呈斜状环绕第一圈,将第一圈斜出的一角压入环形圈内,环绕第二圈;(3)加压绕肢体环形缠绕4～5层,每圈盖住前一圈,绷带缠绕范围要超出敷料边缘;(4)最后用胶布粘贴固定,或将绷带尾从中央纵向剪开形成两个布条后绕肢体打结固定。

10. (1)用无菌敷料覆盖伤口;(2)在关节的一端先环形缠绕两圈,再绕关节上下呈"8"字形缠绕;(3)最后用胶布粘贴固定,或将绷带尾从中央纵向剪开形成两个布条后绕肢体打结固定;(4)包扎手时从腕部开始,先环形缠绕两圈,然后经手和腕呈"8"字形缠绕,最后将绷带尾端打结固定于腕部。

11. (1)伤口有出血时,应先止血后包扎,然后再行固定;(2)大腿和脊柱骨折应就地固定,不宜轻易搬动;(3)固定要牢固,松紧要适宜,不但要固定骨折的两个近端,而且还要固定好骨折部位上下的两个关节;(4)固定四肢时,应先固定好骨折部位的上端,然后固定骨折部位的下端;(5)要仔细观察供血情况,如发现指(趾)苍白或青紫,应及时松开,另行固定;(6)固定部位应适当加垫,不宜直接接触皮肤,特别是骨突出部位和关节处更应适量加棉花、衣物等柔软物,防止引起压迫损伤;(7)离体断肢应及时包好,随伤员一起迅速送往医院施断肢再植手术。

12. (1)人工呼吸首先是在呼吸道畅通的基础上进行;(2)用按在前额一手的拇指与食指,捏闭伤员的鼻孔,同时打开伤员的口;(3)抢救者深吸一口气后,贴紧伤员的嘴(要把伤员的嘴全部包住);(4)用力快速向伤口内吹气,观察其胸部有无上抬;(5)一次吹气完毕后,应立即与伤员口部脱离,轻轻抬起头部,面朝伤员胸部,吸入新鲜空气,准备下一次人工呼吸,同时松开捏鼻子的手,以使伤员呼吸,观察伤员胸部向下恢复原状。

13. 在抢救开始后,首次人工呼吸应连续吹气两口,每次吹入气量约为800～1200mL,不宜超过1200mL,以免造成胃扩张。同时要注意观察伤员胸部有无起伏,有起伏,人工呼吸有效;无起伏,人工呼吸无效。吹气时不要按压胸部。

14. 脑细胞是神经系统最主要的细胞,其耐氧性最差。在常温下,心跳停止3s病人即感头晕;10～20s即发生昏厥;30～40s出现瞳孔散大、抽搐、呼吸不规则或变慢,呈叹息样呼吸;60s可出现呼吸停止、大小便失禁;4～6min脑细胞发生不可逆转的损伤。因此,心跳、呼吸骤停的病人,必须在停止4～5min内进行有效的CPR,以便心跳呼吸恢复后,神志意识也能得到恢复。复苏开始越早,成功率越高。临床实践证明,4min内进行CPR者约有一半人被救活;4～6min开始CPR者,10%可被救活;超过6min者存活率仅1%;超过10min者存活率接近于0。

15. (1)呼叫,判断病人有无意识;(2)放置适宜体位,开放气道;(3)判断有无呼吸;(4)无呼吸时,施人工呼吸;(5)判断有无心跳;(6)无心跳时,立即实施胸外心脏按压;(7)每按压15次,做2次人工呼吸;(8)开始1min后,检查一次脉搏、呼吸、瞳孔,以后每隔4～5min检查一次,检查时间不超过5s,最好由协助者检查;(9)如用担架搬运伤员,心肺复苏中断不能超过5s。

16. (1)两人协调配合,吹气必须在胸外按压松弛时间内完成。(2)按压频率为每分钟80～100次。(3)按压与呼吸比例为5:1,即5次胸外心脏按压后进行1次人工呼吸。(4)为配合默契,由按压者数口诀"1234、2234、3234、4234、5234",然后再从1234开始,周而复始。"12"为向下按,"34"为向上松,当"52"按完后,在"34"松弛时间内,由人工呼吸者吹气。(5)人工呼吸者除通畅呼吸道、吹气外,还应经常触摸动脉,观察瞳孔等。

17. (1)立即使触电者脱离电源,立即关闭电源开关,并用绝缘物品挑开电线等;(2)脱离电源后,要立即检查心、肺,如触电者呼吸、心跳无异常,仅有心慌、乏力、四肢发麻症状可安静休息,以减轻心脏负担,加快恢复;(3)如触电者呼吸、心跳微弱或停止、瞳孔散大,须立即作心肺复苏处理,直至复苏或者尸斑出现才停止;(4)心跳、呼吸恢复后,伴有休克者给予相应处理;(5)对局部烧伤创面及局部出血予以及时处理。

18. (1)先兆中暑。在高温作业场所劳动一定时间后,出现多汗、口渴、头昏、耳鸣、胸闷、心悸、恶心、全身乏力、四肢酸软、注意力不集中等症状,体温正常或略有升高(不超过 37.5℃)为先兆中暑的表现。

(2)轻症中暑。轻症中暑除先兆中暑的症状加重外,出现面色潮红、大量出汗、脉搏快速等表现,体温升高至 38.5℃ 以上。

(3)重症中暑。重症中暑可分为热射病、热痉挛和热衰竭三型,也可出现混合型。

①热射病。热射病(包括日射病)又称中暑性高热,其特点是在高温环境中突然发病,体温高达 40℃ 以上,疾病早期大量出汗,继之"无汗",可伴有皮肤干热及不同程度的意识障碍等。

②热痉挛。热痉挛主要表现为明显的肌痉挛,伴有收缩痛,好发于活动较多的四肢肌肉及腹肌等,尤以腓肠肌为显著。常呈对称性,时而发作,时而缓解。患者意识清,体温一般正常。主要与气温过高、大量出汗丢失盐分有关。

③热衰竭。热衰竭又称循环衰竭,起病迅速,主要临床表现为头昏、头痛、多汗、口渴、恶心、呕吐,继而皮肤湿冷、血压下降、心律失常、轻度脱水,体温稍高或正常。

19. 细菌性食物中毒、真菌毒素中毒、动物性食物中毒、化学性食物中毒、植物性食物中毒。

20. (1)迅速脱离现场,吸氧、保持安静、卧床休息,严密观察,注意病情变化。(2)抢救、治疗原则以对症及支持疗法为主,积极防治脑水肿、肺水肿,早期、足量、短程使用肾上腺糖皮质激素。对中、重度中毒,有条件者应尽快安排高压氧治疗。(3)对呼吸、心搏骤停者,立即进行心、肺复苏,待呼吸、心跳恢复后,有条件者尽快采取高压氧治疗,并积极对症治疗。